高顿财经
GOLDEN FINANCE

2019
注册会计师全国统一考试备考用书

U0674821

注册会计师全国统一考试

四维考霸 之

财务成本管理

高顿财经研究院◎编

"会说话"的CPA智能互动教辅

东北财经大学出版社
Dongbei University of Finance & Economics Press
大 连

图书在版编目（CIP）数据

注册会计师全国统一考试四维考霸之财务成本管理/高顿财经研究院编．—大连：东北财经大学出版社，2019.6

（注册会计师全国统一考试备考用书）

ISBN 978-7-5654-3475-4

Ⅰ．注…　Ⅱ．高…　Ⅲ．企业管理-成本管理-资格考试-自学参考资料　Ⅳ．F275.3

中国版本图书馆 CIP 数据核字（2019）第 036688 号

东北财经大学出版社出版

（大连市黑石礁尖山街217号　邮政编码　116025）

网　　址：http：//www.dufep.cn

读者信箱：dufep@dufe.edu.cn

大连华伟印刷有限公司印刷　　　　　东北财经大学出版社发行

幅面尺寸：185mm×260mm　　　字数：761千字　　　印张：31.75

2019年6月第1版　　　　　　　　　　2019年6月第1次印刷

责任编辑：李　栋　曲以欢　　责任校对：王　娟　曲以欢　周　晗
　　　　　周　晗　王　玲　　　　　　　　王　玲　赵　楠　孟　鑫

封面设计：张智波　　　　　　　版式设计：钟福建

定价：79.00元

教学支持　售后服务　　联系电话：（0411）84710309

版权所有　侵权必究　　举报电话：（0411）84710523

如有印装质量问题，请联系营销部：（0411）84710711

"注册会计师全国统一考试备考用书"
编写委员会

主　编

周　越

委　员（按姓氏音序排列）：

陈琼妹　陈淑惠　董凤娟　邓韶君　丁　文　高凌燕　高胜男　何建红

黄煜晖　李　莉　林　珑　李　墨　孙彩萍　吴天琳　王宇明　谢红艳

颜晓蕾　张丽丽　周　元

序　言

　　注册会计师行业较快发展并不断做强、做大是国家发展的需要，因为建立和完善我国的注册会计师制度，是保证资金市场正常运转、促进我国会计与国际接轨的一个重要途径。随着执业质量和社会公信力的稳步提升，作为会计信息质量的重要鉴证者、市场经济秩序的重要维护者、企业提高经营管理水平的重要参谋，注册会计师已成为维系正常经济秩序、保障各方合法经济利益的重要社会监督力量。

　　注册会计师的执业资格标准是注册会计师这一职业群体与社会大众的一种契约标准，注册会计师考试是体现这一契约标准的重要途径之一，也是注册会计师行业人才建设和公信力建设的重要保证和基石。1991年，财政部注册会计师考试委员会先后发布了《注册会计师全国第一次统一考试、考核办法》《注册会计师考试命题原则》《注册会计师全国第一次统考考试工作规则》，从此初步形成了包括规范考试报名条件、考试科目、考试范围、试题结构等内容的考试基本制度以及考试组织管理制度。同年12月7日至8日，我国举办了第一届注册会计师全国统一考试。自此开始，经过二十多年的发展、改革与完善，注册会计师考试已成为国内声誉最高的职业资格考试之一。

　　近年来，参加我国注册会计师考试的考生人数明显增多，人们对于注会考试的重视程度也越来越高，但是在不断完善考试形式、丰富考试内容、强化考试管理、提升考试质量的过程中，我国注册会计师考试的难度也逐年加大。由于注册会计师考试涵盖的知识量大、知识面广而且更新迅速，又需要合理的应试策略，因此很多人甚至在学习阶段还没结束时就放弃了参加考试的计划。

　　高难度的考试需要高质量的备考辅导书，高顿财经研究院的研发团队在经过实践检验的名师讲义基础上融合最新注会考试更改内容，并增加了考霸笔记、微课点拨和智能测评等内容，将重点放在培养读者的专业知识、基本技能和职业道德要求上，形成了四个维度的一系列备考辅助资料，可谓逻辑清晰、结构新颖、内容翔实。"是金子总会发光的"，希望本系列备考辅导书能在广大注册会计师考生群体中引起共鸣，得到认可，也希望高顿财经研究院能再接再厉，多出精品。

　　在财政部制定的《会计改革与发展"十三五"规划纲要》中，我们可以看到，不久的将来，我国注册会计师行业的业务领域将得到显著扩展，在公共部门注册会计师审计、涉税服务、管理会计咨询、法务会计服务等新型业务领域，注册会计师们将大有作为。从另一个角度讲，我国对高品质注册会计师人才的需求将会更加迫切。希望会计教育界的同仁们一起，通过扎实的研究、踏实的工作和不懈的努力，共同为促进中国注册会计师行业的发展作出贡献！

刘永泽

前 言 Preface

作决定的刹那，我们有梦想，似乎也拥有无穷的勇气和动力。

备考CPA，是深思熟虑，还是一时冲动的决定？是技多不压身的淡定，还是对深刻蜕变的渴求？已然作出决定并付出代价的事，纵然有千万个"纵然"，我们都下定决心一战到底！

在奋战的路上，"放弃"却成了萦绕在我们心头的主旋律。

梦想是作决定时描绘的美好画卷，却遮盖不了路上的残酷。三千多页的教材，动摇着我们前行的决心；数千个怎么也吃不透的疑难问题，蚕食着我们仅存的动力；练习时的不知所措，终于把所有的勇气击退成一个个"无望"。而所有的"无望"最后都可能汇聚成"放弃"这首主旋律。你瞧那决战之地（考场上），过半之众已然凋零⋯⋯

不言放弃，是前辈们用智慧战胜一个个无望所积聚的真正勇气。

他们化繁为简，于纷杂中厘清脉络，精炼要点；他们攻坚克难，用一行行笔记书写自己战胜疑难的心得；他们训练有方，通过有效的反馈，不断提升自己实战的能力。他们用自己的智慧战胜一个个"无望"，铸就"不言放弃"的真正勇气。

"四维考霸系列"正是将前辈们（名师与考霸）的这些智慧凝结成名师讲义、考霸笔记、微课点拨、智能测评这"四维"精要，帮你开启省时、省力、省心的备考之路，让你也拥有不言放弃的底气。

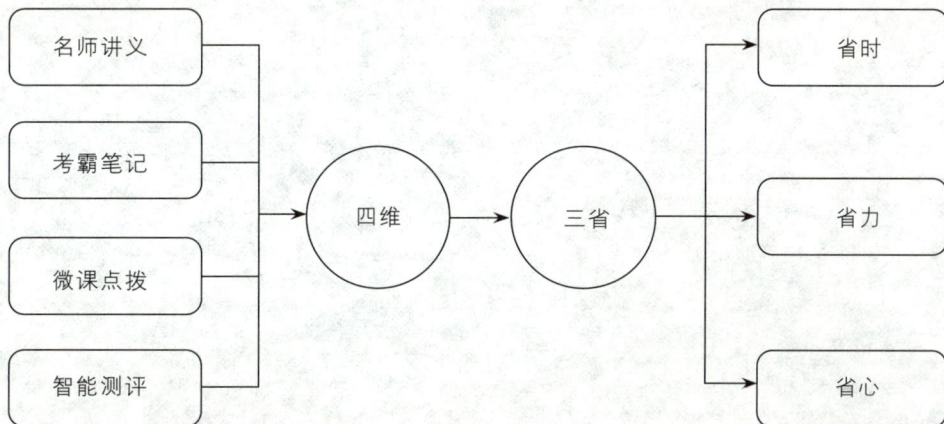

省时的教辅——名师独家精炼讲义，厘清重点！

名师讲义：本套教辅以高顿一线CPA名师10年教学积累的独家讲义为基础文本，涵盖全面、行文简明、结构清晰、内容精炼、可读性强，能帮考生花费更少的时间厘清脉络与重点。

省力的教辅——考霸智慧倾囊助力，攻坚克难！

考霸笔记：我们整理筛选了近百位注会考霸前辈的学习笔记，从最真实的备考视角出发，对考生在学习过程中可能存在的疑难点，通过考霸笔记的形式进行一一注释，使考生无须耗时费力钻研也能在最自然的学习情境中解决困惑。

微课点拨：对于书中知识点，感觉理解上有些难度、存有疑问的地方，考生可以扫描二维码，立即观看短视频微课。这些微课是由高顿一线讲师倾力打造的，3~5分钟精准解决具体问题，让考生无须费力检索就可以轻松获取帮助。全系列图书共两千多堂疑难点微课，让每一堂微课为你精准解决一个问题！

省心的教辅——免费经典应试题库，训练有方！

智能测评：对于书中各部分习题，考生均可扫描二维码，链接到高顿智能测评中心进行在线练习。并可进一步通过测评报告，了解自己的知识掌握情况，从而有针对性地进行复习强化训练。测评题目配有详细的文字解析，重点题目可选择观看视频解析，方便考生熟悉解题思路及答题技巧，使考生能够安心刷题，省心释疑。

我们衷心希望本套教辅能帮助广大考生获取不言放弃的底气，并顺利通过考试。但由于编者的时间和水平有限，在编写过程中难免出现一些疏漏和不足。在此，还望各位读者不吝批评指正，帮助我们不断提高和完善。

编　者

2019 年 4 月

目 录 Contents

第一部分 命题趋势分析与备考建议

第二部分 应试辅导与强化训练

第三部分　跨章节综合集训

第一部分

命题趋势分析与备考建议

一、2019年注册会计师考试基本情况

（一）注册会计师总体考试情况

注册会计师全国统一考试是国家法定职业资格考试，由中国注册会计师协会（简称中注协）组织实施。1991年起，注册会计师考试制度不断完善，组织管理不断优化，目前考试划分为专业阶段考试和综合阶段考试，形成了"6+1"考试科目体系。根据中注协公布的数据，截至2018年底，共有25.37万人通过CPA（注册会计师）考试并取得了全科合格证书。2018年专业阶段考试有139.28万人报名（同比增加20.16%），6个科目合计报考科次381.56万（同比增加21.39%），再创历史新高，平均出考率为35.46%，较2017年增加了1.78%。2018年专业阶段考试6个科目平均合格率为27.93%，比2017年提高了2.66%。

由此可见，CPA考试拼的不仅仅是智商，还有耐心和毅力，CPA出考率低的原因不是考试难度大，而是很多考生在备考过程中选择半途而废或是报名时的错误预估。备考CPA，只要坚持走到最后，你就会发现CPA并没有传说中那么难！

（二）本科目考试的情况

CPA（注册会计师）考试"财务成本管理"2018年报考人数是49.82万，通过率为29.39%，在CPA考试中属于难度偏大的科目。"财务成本管理"科目看似内容很多但不零散，所有章节被分成三大模块，各章节之间存在紧密的逻辑主线，因此备考思路较为清晰。就"财务成本管理"科目考试特点来说，题目覆盖面广、计算量大，大部分考生无法做完题目。从2017年开始，命题方向更加侧重于管理会计，其中主观题综合性较强，涉及多章内容，往往带有案例分析的性质，一般分为若干解题步骤。

二、2019年教材各章节结构及重要程度分析

根据近几年考题情况，各章知识难度、重要程度和高频题型分析见附表1-1。

附表1-1　　　　　　　　　　　各章考情表

章名	近三年平均分值	知识难度	重要程度	说明
第一章　财务管理基本原理	3	★	★	次重要
第二章　财务报表分析和财务预测	9	★★★	★★★	十分重要
第三章　价值评估基础	3	★★	★	较重要
第四章　资本成本	7	★★	★★	较重要
第五章　投资项目资本预算	9	★★★	★★★	十分重要
第六章　债券、股票价值评估	3	★★★	★★	重要
第七章　期权价值评估	8	★★★	★★	重要
第八章　企业价值评估	4	★★★	★★★	十分重要
第九章　资本结构	6	★★	★★	次重要
第十章　长期筹资	4	★	★	次重要
第十一章　股利分配、股票分割与股票回购	3	★★	★★	次重要
第十二章　营运资本管理	3	★★	★★★	十分重要
第十三章　产品成本计算	9.5	★★	★★★	十分重要
第十四章　标准成本法	5	★★	★★	较重要
第十五章　作业成本法	1.5	★	★	次重要

章名	近三年平均分值	知识难度	重要程度	说明
第十六章　本量利分析	12	★★	★★★	十分重要
第十七章　短期经营决策	1.5	★	★	次重要
第十八章　全面预算	2	★★	★★	较重要
第十九章　责任会计	1.5	★	★	次重要
第二十章　业绩评价	4	★	★★	较重要
第二十一章　管理会计报告	1	★★	★★★	十分重要

注：★表示次重要，★★表示较重要，★★★表示十分重要。

三、2019年官方教材主要变化及分析

总体来说，2019年官方教材变化不大，主要变化见附表1-2。

附表1-2　　　　　　　　　　　2019年官方教材主要变化及分析

章名	主要变化
第一章　财务管理基本原理	无实质性变化
第二章　财务报表分析和财务预测	**新增内容：** "财务报表分析的维度" **修改内容：** （1）财务报表相关报表项目进行了重新调整 （2）对知识点"杜邦分析体系的局限性"进行了修订
第三章　价值评估基础	无变化
第四章　资本成本	**修改内容：** （1）"期望报酬率"改为"必要报酬率" （2）混合筹资资本成本的估计中，"认股权证筹资"改为"附认股权证债券筹资" **删除内容：** （1）资本成本内部影响因素中的"股利政策" （2）β值的驱动因素中的"收益的周期性"
第五章　投资项目资本预算	无实质性变化
第六章　债券、股票价值评估	无实质性变化
第七章　期权价值评估	无实质性变化
第八章　企业价值评估	**修改内容：** （1）"会计价值与市场价值"改为"会计价值与现时市场价值"、"现行市场价值"改为"现时市场价值" （2）"市盈率模型的优点"中，"风险补偿率"改为"风险" （3）市销率的驱动因素，"销售净利率"改为"营业净利率"，"增长率"改为"增长潜力"，"股权成本"改为"风险" **删除内容：** （1）"企业的整体价值"中，删除"整体价值只有在运行中才能体现出来"的相关表述 （2）"企业的经济价值"中，删除"未来售价计价"相关表述 （3）"两阶段增长模型的使用条件"中，删除第一阶段的表述

章名	主要变化
第九章　资本结构	无实质性变化
第十章　长期筹资	**章节调整：** 将原书"第十一章"改为"第十章"，"第一节"和"第二节"互换 **新增内容：** "股票的发行方式"知识点进行重新编写，新增部分内容 **删除内容：** "股票的销售方式"知识点
第十一章　股利分配、股票分割与股票回购	无实质性变化
第十二章　营运资本管理	**新增内容：** 按复利计算，放弃现金折扣成本的公式
第十三章　产品成本计算	**修改内容：** 成本的定义 **新增内容：** （1）"制造成本与产品成本、非制造成本与期间成本"的相关表述 （2）将"约当产量法"进行具体分类，分为加权平均法和先进先出法，新增相关表述、公式与例题
第十四章　标准成本法	无实质性变化
第十五章　作业成本法	**修改内容：** （1）将"作业成本法的优点"进行重新表述 （2）将"作业成本法的局限性"部分内容进行重新表述 **新增内容：** 将"品种级作业成本库"改为"品种级（产品级）作业成本库"，并增加相关表述
第十六章　本量利分析	**新增内容：** （1）在变动成本法下，增加对"完全成本法"的相关表述 （2）对于单一产品，息税前利润的计算公式
第十七章　短期经营决策	**修改内容：** 将"限制资源最佳利用决策"改为"约束资源最优利用决策" **新增内容：** （1）"共同成本"的特征和举例 （2）"约束资源"知识点的相关表述 **删除内容：** "有闲置能力条件下的定价方法"中，删除成本加固的公式
第十八章　全面预算	**修改内容：** 将"增量预算法、零基预算法、弹性预算法"的定义重新进行表述 **新增内容：** "零基预算法"的适用情况
第十九章　责任会计	**修改内容：** 将"成本中心"和"利润中心"的定义重新进行表述 **新增内容：** "内部转移价格"的定义，并对"内部转移价格的分类"重新进行表述

章名	主要变化
第二十章　业绩评价	**修改内容：** "税后净营业利润"的计算公式 **新增内容：** "关于简化的经济增加值"相关例题 **删除内容：** 披露的经济增加值中调整事项由10项删减为5项
第二十一章　管理会计报告	无实质性变化

四、历年考试命题规律总结及2019年命题趋势分析

1.考试题型、题量与分值

近三年（2016—2018）"财务成本管理"科目的题型、题量和分值情况见附表1-3，供考生参考。

附表1-3　　　　　　2019年"财务成本管理"科目考试信息表

项目	题型	分/题	题量	分值	考试时间分配建议	
客观题 （分值：45分）	单项选择题	1.5	14	21	21分钟	1.5分钟/题
	多项选择题	2	12	24	19分钟	1.5分钟/题
主观题 （分值：55分）	简答题	8	5	40	75分钟	15分钟/题
	综合题	15	1	15	35分钟	35分钟/题
合计			32	100	150分钟	

说明：

（1）关于"英文附加分"："简答题"中第一道分值为8分的题目，可以选择用中文或英文作答。如果该题全部以英文作答并回答正确，则可以得到附加分5分。加上英文附加分卷面满分为105分。

（2）从历年标准来看，及格分数线为60分（具体以中注协官方公布信息为准）。

（3）2019年"财务成本管理"科目的考试时间为10月19日（星期六）13：00—15：30。

2.考试命题规律及趋势分析

"财务成本管理"科目历年试题的命题范围以考试大纲为依据，基本覆盖了考试大纲的考试内容。

很多考生在考试中答不完题，遗憾离场，非常可惜，这是因为在规定时间内答题不仅要求大家掌握知识点，还要求大家有较快的答题速度。所以在备考"财务成本管理"科目时要反复做习题，但同时要注重题目的质量，一个知识点要做透，而不是泛泛地做，要形成做题手感，考场上拿到题做到快而准！考试的题型主要包括客观题和主观题，具体特点如下：

（1）客观题：覆盖范围广，考查灵活。

包括单项选择题和多项选择题。客观题考查范围广，重点与非重点都有可能涉及，要求考生对教材有全面的认识。

近年来，直接考查知识点文字描述的客观题比较多，大家要熟读教材。

（2）主观题：计算分析量加大。

从近三年的出题情况看，"财务成本管理"科目试题的简答题和综合题的分值占总分值的比重为55%，虽然比笔试阶段的主观题分值减少了，但由于前面的单选题涉及很多小计算，将占用较多的考试时间，导致留给主观题的时间十分有限。这是大家提高答题速度的阻力，因此考试要求大家更熟练地掌握公式，以加快答题速度，提高答题效率！

3.总体趋势和应对策略（见附表1-4）

附表1-4 总体趋势和应对策略

总体趋势	应对策略
趋势一：更加注重考文字性的题	要通读教材，熟练掌握一些概念性的知识点
趋势二：题干变长，阅读量变大	多做题，快速找出题干和考点
趋势三：机考模式加大解题难度	在掌握知识点的条件下，要加强网上答题模式的训练

五、应试备考建议

1.制订合理的学习计划并严格执行

"凡事预则立，不预则废"。备考之前，一定要制订清晰、实用的学习计划。这里给大家的建议是将整个备考过程分为三个阶段：

第一阶段：基础阶段

建议学习时长：180小时～200小时，基础阶段计划表见附表1-5。

附表1-5 基础阶段计划表

目标	建立知识框架，打好基础，攻克客观题
内容	通读教材，听课辅助理解，按章做题
方法	本阶段应以章为单位，借助网课和真题，对教材进行整体通读和理解，步步为营，打好基础 第一步：通读教材 对官方教材进行通读，不需要搞清楚哪些是重点、哪些是非重点，囫囵吞枣般先看过一遍。此时无须刻意记忆，对知识点不能全部弄明白也没关系，但是一定要对教材整体知识架构有所了解，对知识点有大致印象，能建立简单的知识框架 第二步：听课辅助理解 在通读教材的同时，需要通过听课来辅助理解。在老师讲解的基础上，通过思考、自我举例等，搞清楚每一个知识点的内容。由于仍处于基础阶段，对于教材所有知识点要求全面理解，不能厚此薄彼。注意：此时不推荐大家记忆主观题考点 第三步：整章练习 每学习完一章的知识点之后，即进行整章练习。本阶段做计算题可能有难度，但是大家要注重练习，任何知识点都是从难到易、从慢到快。集中练习，一方面可以熟悉命题形式，另一方面可以回顾复习知识点，加深理解和记忆，培养灵活运用知识点的能力。针对错题，一定要反复练习和思考，直至完全弄懂为止

第二阶段：强化阶段

建议学习时长：50～60小时，强化阶段计划表见附表1-6。

附表1-6　　　　　　　　　　　　强化阶段计划表

目标	主观题专项突破
内容	记忆主观题知识点，按章练习主观题
方法	在本阶段，要着重针对可以考查主观题的知识点进行反复练习，总结解题思路，有了清晰的思路，在考场上才能快速找准切入点，提升答题速度。当然，总结的基础是熟练掌握，这就要求大家在第一阶段熟练掌握各章知识点

第三阶段：冲刺阶段

建议学习时间：30～50小时，冲刺阶段计划表见附表1-7。

附表1-7　　　　　　　　　　　　冲刺阶段计划表

目标	熟悉机考界面，培养考感，查漏补缺
内容	套卷模拟测试，整体回顾复习
方法	考前最后一点时间，还需要好好磨刀，完成冲刺 在这段时间里，套卷练习必不可少。注意，套卷练习是需要完全模拟考试环境进行的，因此需要在机考环境下按照考试时间（2.5个小时）进行模拟练习，建议直接使用中注协机考模拟系统（http://cpademo.cicpa.org.cn）进行练习。试卷完成后必须进行反思，查漏补缺，这样才能在最后一段时间内有效提分 另外需注意的是，考生要提前熟悉机考模式，尤其是"财务成本管理"这门考试科目，包含了大量的计算分析题，手写公式比输入公式要更方便，这就更加要求考生熟悉机考界面，掌握相关公式的输入，这样考试的时候就不会手忙脚乱，影响发挥了 冲刺阶段完成后，你就可以从容步入考场，成功已经在向你招手了

2.考试时间合理分配

"财务成本管理"科目的考题计算量大，而考试时间只有2.5小时，是非常紧张的。所以在平时的练习中就要注意提高答题效率、熟悉机考模式，在考试中将有限的时间合理分配给各种题型，这样一来，通关的概率就会大大提升。

了解了考试的命题规律和备考方法建议，接下来，就请你严格执行学习计划，一步一个脚印，千万不要轻易放弃！CPA考试是一场马拉松，胜利属于坚持到最后的人。

第二部分

应试辅导与强化训练

本章导学

第 一 章
财务管理基本原理

本章框架图

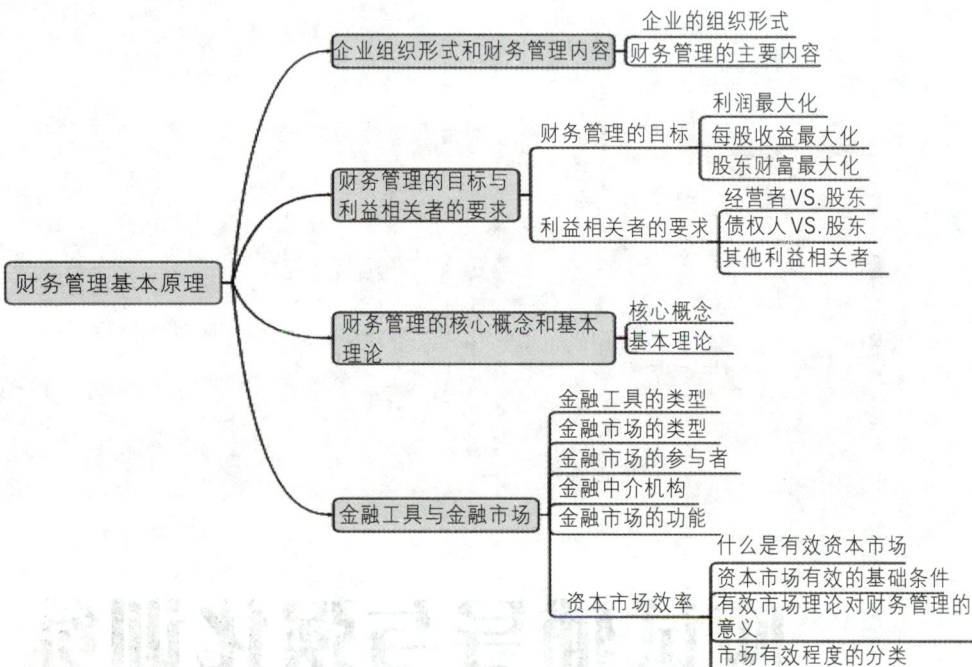

财务管理基本原理
- 企业组织形式和财务管理内容
  - 企业的组织形式
  - 财务管理的主要内容
- 财务管理的目标与利益相关者的要求
  - 财务管理的目标
    - 利润最大化
    - 每股收益最大化
    - 股东财富最大化
  - 利益相关者的要求
    - 经营者VS.股东
    - 债权人VS.股东
    - 其他利益相关者
- 财务管理的核心概念和基本理论
  - 核心概念
  - 基本理论
- 金融工具与金融市场
  - 金融工具的类型
  - 金融市场的类型
  - 金融市场的参与者
  - 金融中介机构
  - 金融市场的功能
  - 资本市场效率
    - 什么是有效资本市场
    - 资本市场有效的基础条件
    - 有效市场理论对财务管理的意义
    - 市场有效程度的分类

本章考情概述

本章考情分析

本章主要介绍了财务管理的基本理论与基本概念，目的在于使考生对财务管理这门学科有一个框架性的认识，为学习后续内容奠定理论基础。学习过程中，如果遇到难以理解的内容，考生无需着急，因为本章内容具有综合性，有些内容需要学习后续的相关章节后才能理解。本章近5年考试题型题量分析见表1-1。

表1-1　　　　　　　　　　近5年考试题型题量分析

年份	2014年	2015年	2016年	2017年	2018年
单项选择题	2题3分	1题1.5分			1题1.5分
多项选择题	3题6分	1题2分	2题4分	1题2分	
计算分析题					
综合题					
合计	5题9分	2题3.5分	2题4分	1题2分	1题1.5分

重要考点预览

1. 财务管理目标三种观点的主张、理由和存在的问题
2. 利益相关者的冲突与协调
3. 财务管理的核心概念及财务管理的基本理论
4. 金融工具的种类及特点
5. 金融市场的种类及含义
6. 三类有效资本市场的区分

第一节　企业组织形式和财务管理内容

一、企业的组织形式——理财的主体（见表1-2）★

企业的组织形式包括哪些？如何区分这些组织形式？

表1-2　　　　　　　　　　企业的组织形式

项目	个人独资企业	合伙企业	公司制企业
含义	由一个自然人投资，财产为投资人个人所有，投资人以其个人财产对企业债务承担无限责任的经营实体	由合伙人订立合伙协议，共同出资，合伙经营，共享收益，共担风险，并且对合伙债务承担无限连带责任的营利性组织（普通合伙）	依据公司法设立的经政府注册的营利性法人组织，并且独立于所有者和经营者
优点	（1）创立容易 （2）维持的固定成本较低 （3）无需缴纳企业所得税	与个人独资企业类似，只是程度有区别	（1）无限存续 （2）有限责任 （3）股权便于转让
缺点	（1）业主对企业债务承担无限责任 （2）企业的存续年限受制于业主的寿命 （3）难以从外部获得大量资本用于经营	与个人独资企业类似，只是程度有区别	（1）组建公司的成本高 （2）存在代理问题 （3）双重课税

考霸笔记

除非特别指明，本教材所讨论的财务管理均指公司财务管理，主要基于工商业财务管理。

二、财务管理的主要内容——理财的对象★★

（一）长期投资

长期投资指公司对经营性长期资产的直接投资。它具有以下特征（见表1-3）：

表1-3　　　　　　　　　　长期投资的特征

特征	说明
投资的主体是公司	工商业公司投资是直接投资，即现金直接投资于经营性资产（生产性资产），然后用其开展经营活动并获取现金
投资的对象是经营性长期资产	经营性资产投资的对象是指销售商品或提供劳务所涉及的资产。长期经营资产包括建筑物、厂房、机器设备等
直接目的是获取经营活动所需的实物资源	长期投资的直接目的是获取生产经营所需的固定资产等劳动手段，以便运用这些资源赚取营业利润，而不是获取固定资产的再出售收益

考霸笔记

对子公司以及合营企业和联营企业的长期股权投资也属于经营性投资，主要目的是控制其经营和资产以增加本企业的价值，而不是为了获取股利和再出售收益。

（二）长期筹资

长期筹资是指公司筹集生产经营所需要的长期资本。它具有以下特点（如图1-1所示）：

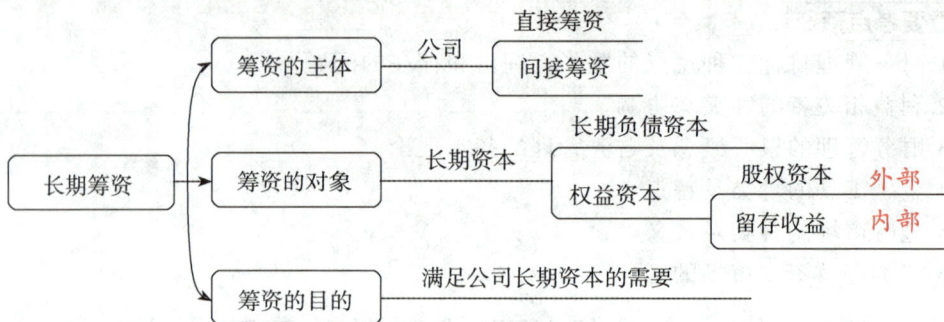

图1-1　长期筹资的特点

（三）营运资本管理 *短期财务管理*

营运资本，是指流动资产和流动负债的差额。计算公式为：营运资本＝流动资产－流动负债。营运资本管理的分类见表1-4。

表1-4　　　　　　　　　　营运资本管理的分类

内容	说明
营运资本投资管理	制定营运资本投资政策，决定分配多少资本用于应收账款和存货，决定保留多少现金以备支付，以及对这些资本进行日常管理
营运资本筹资管理	制定营运资本筹资政策，决定向谁借入短期资金，借入多少短期资金，是否需要采用赊购融资等

如何区分利润最大化、每股收益最大化与股东财富最大化？

第二节　财务管理的目标与利益相关者的要求

一、财务管理的基本目标★

（一）利润最大化（见表1-5）

表1-5　　　　　　　　　　利润最大化知识表

项目	说明
观点	利润（收入－成本）代表了公司新创造的财富（公司财富增长的来源），利润越多则说明公司的财富增加得越多，越接近公司的目标
缺点	（1）没有考虑利润的取得时间 （2）没有考虑所获利润和所投入资本数额的关系（绝对数） （3）没有考虑获取利润和所承担风险的关系，容易导致经营者的短期行为
使用条件	利润取得的时间相同、投入资本相同、相关的风险相同

考霸笔记：许多财务经理人都把提高利润（提高收入、降低成本）作为公司的短期目标。

（二）每股收益最大化（见表1-6）

表1-6　　　　　　　　　　每股收益最大化知识表

项目	说明
观点	把公司的利润与股东投入的资本联系起来考查，用每股收益（EPS）来概括企业的财务目标
缺点	（1）没有考虑每股收益取得的时间 （2）没有考虑每股收益的风险
使用条件	每股收益的时间相同、相关的风险相同

考霸笔记：许多投资人都把每股收益作为评价公司业绩的关键指标。

（三）股东财富最大化（Maximum of Shareholders Wealth）

1.股东财富最大化目标的解读（见表1-7）

表1-7　　　　　　　　　　股东财富最大化目标的解读

项目	说明
观点	股东创办公司的目的是增加财富，如果公司不能为他们创造价值，股东就不会为公司提供资本，公司也就不存在，因此，公司要为股东创造价值
计量	• 股东财富：可用股东权益的市场价值（股数×股价）来衡量 • 股东财富的增加：可以用股东权益的市场价值与股东投资资本的差额来衡量，被称为"股东权益的市场增加值"，表示公司为股东创造的价值

2.股东财富最大化目标的变形（见表1-8）

表1-8　　　　　　　　　　股东财富最大化目标的变形

变形	说明
股价最大化	在股东投资资本不变的情况下，股价上升可以反映股东财富的增加，股价下跌可以反映股东财富的减损，因此，（有效资本市场下）股价最大化等同于股东财富最大化
公司价值最大化	由于公司价值=债务市场价值+股权市场价值=债务市场价值+（股东投资资本+股东权益的市场增加值），因此，当股东投资资本不变且债务价值不变时，公司价值最大化等同于股东财富最大化

【提示】从财务管理的角度看，公司价值不是资产负债表中总资产（单项资产加总）的账面价值。

【总结】三种基本目标是否考虑了以下三个因素（见表1-9）？

表1-9　　　　　　　　　　因素分析表

项目	投入资本	时间价值	风险因素
利润最大化	×	×	×
每股收益最大化	√	×	×
股东财富最大化	√	√	√

二、利益相关者的要求 ★

（一）经营者的利益要求与协调

1.股东与经营者的目标（见表1-10）

表1-10　　　　　　　　　　股东与经营者的目标

项目	说明
股东的目标	使自己的财富最大化，要求公司经营者以最大的努力去实现这个目标
经营者的目标	增加报酬（利、名），增加闲暇时间，避免努力工作得不到应有报酬的风险

考霸笔记：这里可以简单地用股数乘以股价表示股东权益的市场价值，第3章"价值评估基础"将精确定义财管中"价值"的含义。

考霸笔记：公司价值也叫企业价值，可以理解为企业所能创造的预计未来现金流量的现值（价值创造角度），或者是企业所有者权益和债权人权益的市场价值（价值归属角度）。

考霸笔记：经营者的利益和股东的利益（目标）并不完全一致，经营者有可能为了自身利益而背离股东的利益。

如何协调不同企业利益相关者的冲突？

2.经营者与股东利益冲突的表现（见表1-11）

考霸笔记
经营者背离股东目标的条件是双方信息不对称，经营者了解的企业信息比股东多。

表1-11　　　　　经营者与股东利益冲突的表现

项目	道德风险	逆向选择
含义	经营者是为了实现自己的目标，而不是尽最大努力去实现企业的目标	经营者为了实现自己的目标而背离股东的目标
举例	（1）他们没有必要为提高股价而冒险，股价上升的好处将归于股东，如果失败，他们的"身价"将下跌 （2）他们不做什么错事，只是不十分卖力，以增加自己的闲暇时间（得过且过）	（1）装修豪华的办公室，购置高档汽车等 （2）借口工作需要乱花股东的钱（国企差旅费报销，你懂的……） （3）蓄意压低股票价格，自己借款买回，导致股东财富受损（损公肥私）

考霸笔记
监督成本、激励成本和偏离股东目标的损失之间，此消彼长、相互制约，股东要权衡轻重，找出能使三项之和最小的解决办法，就是最佳的解决办法。

3.协调利益冲突的制度性措施（见表1-12）

表1-12　　　　　协调利益冲突的制度性措施

项目	监督	激励
含义	股东获取更多的信息，对经营者进行制度性的监督，完善公司治理结构，减少信息不对称	使经营者分享企业增加的财富，鼓励他们采取符合股东利益最大化的行动
举例	（1）股东支付审计费聘请CPA对公司财务状况进行审计 （2）减少经营者的报酬，甚至解雇他们	企业盈利率或股票价格提高后，给经营者以现金、股票期权奖励

（二）债权人的利益要求与协调

1.公司借款的目的和债权人的要求（见表1-13）

表1-13　　　　　公司借款的目的和债权人的要求

项目	说明
公司借款的目的	扩大经营，投入有风险的生产经营项目
债权人的要求	到期时收回本金，并获得约定的利息收入

2.股东伤害债权人利益的表现（见表1-14）

表1-14　　　　　股东伤害债权人利益的表现

项目	说明
资产置换	股东不经债权人的同意，投资于比债权人预期风险更高的新项目。对债权人而言，超额利润肯定拿不到，发生损失却有可能要分担
债权稀释	股东为了提高公司的利润，不征得债权人同意而指示管理当局发行新债。发行新债后资产负债率上升，破产的可能性增加。如果公司破产，旧债权人和新债权人要共同分配破产财产，使旧债券的风险加大，其价值下降

考霸笔记
有关借款合同"限制性条款"的详细问题，参见第11章"长期筹资：第2节"长期债务筹资"。

3.债权人防止利益被损害的方法（见表1-15）

表1-15　　　　　债权人防止利益被损害的方法

方法	说明
求助法律	寻求立法保护，如破产时优先接管、优先于股东分配剩余财产等
事前说清	在借款合同中加入限制性条款，如规定贷款的用途、规定不得发行新债或限制发行新债的额度等
事后强硬	发现公司有损害其债权意图时，拒绝进一步合作，不再提供新的贷款或提前收回贷款

（三）其他利益相关者的利益要求与协调

1.利益相关者的范围（见表1-16）

表1-16　　　　　　　　　　利益相关者的范围

范围	说明
广义的利益相关者	涵盖一切与企业决策有利益关系的人，包括： （1）资本市场利益相关者：股东和债权人 （2）产品市场利益相关者：主要顾客、供应商、所在社区和工会组织 （3）企业内部利益相关者：经营者和其他员工
狭义的利益相关者	除股东、债权人和经营者之外的、对企业现金流量有潜在索偿权的人

2.利益相关者的分类与协调方法（见表1-17）

表1-17　　　　　　　利益相关者的分类与协调方法

项目	合同利益相关者	非合同利益相关者
构成	包括主要客户、供应商和员工，他们和公司之间存在法律关系，受到合同的约束	包括一般消费者、社区居民以及其他与公司有间接利益关系的群体
协调方法	（1）立法调节：公司只要遵守合同就可以基本满足合同利益相关者的要求 （2）此外，还需要诚信道德规范的约束，以缓和双方的矛盾	公司的社会责任政策，对非合同利益相关者影响很大

第三节　财务管理的核心概念和基本理论

一、财务管理的核心概念（见表1-18）★

表1-18　　　　　　　　财务管理的核心概念

核心概念	说明
货币的时间价值	指货币在经过一定时间的投资和再投资后所增加的价值
风险与报酬	风险与报酬的权衡关系，是指高收益的投资机会必然伴随着巨大的风险（富贵险中求），风险小的投资机会必然只有较低的收益

二、财务管理的基本理论（见表1-19）★

表1-19　　　　　　　　财务管理的基本理论

基本理论	说明
现金流量理论	是关于现金、现金流量和自由现金流量的理论，是财务管理最基础的理论
价值评估理论	指关于内在价值（针对特定证券）、净增加值（针对特定项目）和价值评估模型（针对公司整体）的理论，是财务管理的一个核心理论
投资组合理论	讨论证券组合的风险与收益
资本结构理论	讨论资本结构与财务风险、资本成本以及公司价值之间的关系

第四节　金融工具与金融市场

一、金融工具的类型 ★

（一）固定收益证券（见表1-20）

表1-20　　　　　　　　　　固定收益证券

项目	说明
含义	指能够提供固定或根据固定公式计算出来的现金流的证券
典型证券	债券（固定利率、浮动利率）、优先股
收益特征	与发行人的财务状况相关程度低，除非发行人破产或违约，否则证券持有人将按规定数额取得收益

（二）权益证券（见表1-21）

表1-21　　　　　　　　　　权益证券

项目	说明
含义	代表特定公司所有权的份额
典型证券	普通股
收益特征	与发行人的财务状况相关程度高，发行人事先不对持有者作出支付承诺，收益的多少不确定，要看公司经营的业绩和净资产的价值

【提示】权益证券是公司筹资的最基本形式，任何公司都必须有股权资本。

（三）衍生证券（见表1-22）

表1-22　　　　　　　　　　衍生证券

项目	说明
含义	指由另一种证券（股票、债券、货币或者商品）构成或衍生而来的证券
典型证券	期权、期货、利率互换合约、认股权证（种类繁多）
收益特征	价值依赖于其他证券

二、金融市场的类型（见表1-23）★

表1-23　　　　　　　　　　金融市场的类型

分类标准	类型
按证券期限	货币市场和资本市场
按证券属性	债务市场和股权市场
按证券是否初次发行	一级市场和二级市场
按交易程序（地点）	场内交易市场和场外交易市场

【提示】金融市场的重要划分类型见表1-24。

如何判断不同类型的金融工具？

6456

考霸笔记
金融工具是指形成一方的金融资产，并形成其他方的金融负债或权益工具的合同。

考霸笔记
浮动利率债券虽然利率是浮动的，但规定有明确的计算方法，所以也属于固定收益证券。

考霸笔记
权益证券的风险高于固定收益证券。

如何区分不同类型的金融市场？

6457

表1-24 金融市场的重要划分类型

项目	货币市场	资本市场
含义	又称短期金融市场，是指以期限在 1年 以内的金融工具为媒介，进行短期资金融通的市场	又称长期金融市场，是指以期限在1年以上的金融工具为媒介，进行长期资金交易活动的市场
交易工具	短期国债（英、美称为国库券）、可转让存单、商业票据、银行承兑汇票等	股票、公司债券、长期政府债券、银行长期贷款等
主要功能	保持金融资产的流动性，以便随时转换为现实的货币。它满足了借款者的短期资本需求，同时为暂时性闲置资金找到出路	进行长期资本的融通
利率特点	（1）短期债务利率低于长期债务利率 （2）短期利率的波动大于长期利率	期限长，风险较大，利率或要求的报酬率高

三、金融市场的参与者 ★

金融市场的参与者主要是资本的提供者和需求者，主要包括居民、公司和政府。其中，居民是金融市场上最主要的资本提供者，公司是金融市场上最大的资本需求者。

四、金融中介机构（见表1-25）★

表1-25 金融中介机构

类别	说明
银行	指从事存贷业务的金融机构，包括商业银行、邮政储蓄银行、农村合作银行等
非银行金融机构	指从事非存贷业务的金融机构，包括保险公司、投资基金、证券市场机构等

五、金融市场的功能（见表1-26）★

表1-26 金融市场的功能

项目	说明
基本功能	资金融通、风险分配
附带功能	价格发现、调节经济、节约信息成本

六、资本市场效率 ★

（一）资本市场效率的意义

1.什么是有效资本市场（见表1-27）

表1-27 有效资本市场

项目	说明
有效资本市场的含义	"有效资本市场"是指资本市场上的价格能够同步地、完全地反映全部的可用信息
有效市场理论的观点	价格能够完全反映证券特征，运行良好的资本市场上价格是公平的，任何投资者都不能获得超额收益（不能低买高卖）
市场有效的外部标志	（1）证券的有关信息能够充分地披露和均匀地分布，使每个投资者在同一时间内得到等量等质的信息（静态反应） （2）价格能迅速地根据有关信息变动，而不是没有反应或反应迟钝（动态反应）

考霸笔记
资本市场效率与财务管理理论有密切关系：财务管理的基本理论都以市场有效为假设前提。

2.资本市场有效的基础条件（见表1-28）

考霸笔记
三个条件只要有一个存在，市场就是有效的。

表1-28　　　　　　　　　　　　　　　资本市场有效的基础条件

条件	说明
理性的投资人	假设所有投资人都是理性的，当市场发布新的信息时所有投资者都会以理性的方式（立即）调整自己对股价的估计
独立的理性偏差	市场有效性并不要求所有投资者都是理性的，总有一些非理性的人存在。如果假设乐观的投资者和悲观的投资者人数大体相同，他们的非理性行为就可以互相抵消，使得股价变动与理性预期一致，市场仍然是有效的
套利	市场有效性并不要求所有的非理性预期都会相互抵消，有时他们的人数并不相当，市场会高估或低估股价。专业投资者会理性地重新配置资产组合，进行套利交易（低买高卖），使市场保持有效

3.有效市场理论对财务管理的意义（见表1-29）

表1-29　　　　　　　　　　有效市场理论对财务管理的意义

意义	说明
管理者不能通过改变会计方法提升股票价值	如果资本市场是半强式有效的，即财务报告信息可以被股价完全吸收，并且财务报告的信息是充分的、合规的，即投资人可以通过数据分析测算出不同会计政策选择下的会计盈利，那么管理者的这种努力徒劳无益
管理者不能通过金融投机获利	（1）管理者的责任是管理好自己的公司，利用竞争优势在产品或服务市场上赚取净现值 （2）实业公司的管理者属于金融产品的"业余投资者"，通过企图预测利率和外汇的走势，赚取额外利润的投机活动，不仅葬送了许多实业公司，甚至拖垮了一些银行和其他金融机构（例如，投资期权具有巨大的杠杆作用）
关注自己公司的股价是有益的	资本市场既是企业的一面镜子，又是企业行为的校正器。因此，管理者应该关注自己公司的股价，可以从中看出市场对公司行为的评价

（二）资本市场效率的程度

如何辨析不同类型的有效资本市场？

法玛将与证券有关的信息分为三类（见表1-30）：

表1-30　　　　　　　　　　　　　　证券信息表

分类	说明
历史信息	指证券价格、交易量等与证券交易有关的历史信息
公开信息	指公司的财务报表、附表、补充信息等公司公布的信息，以及政府和有关机构公布的影响股价的信息
内部信息	指没有发布的只有内幕者知悉的信息。所谓的"内幕者"一般定义为大股东、董事会成员、监事会成员和公司高管成员，以及有能力接触内部信息的人士

【提示】根据股价反映的信息，可以把资本市场分为三种有效程度，如图1-2所示。

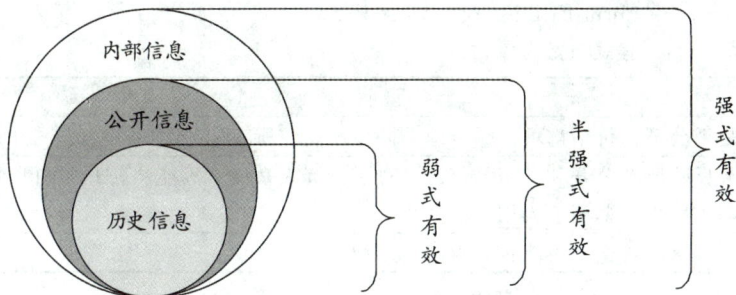

图1-2　资本市场的有效程度

1. 弱式有效资本市场（Weak Form Efficiency，见表1-31）

表1-31　　　　　　　　　　　弱式有效资本市场

项目	说明
特征	资本市场的股价只反映历史信息 - - - - - - - - - - - - - - -
无用策略	如果市场达到弱式有效，则技术分析无用。有关证券的历史资料（如价格、交易量等）对证券的现在和未来价格变动没有任何影响
验证方法	（1）随机游走模型：检验证券价格的变动模式，看其是否与历史价格相关 （2）过滤检验：设计一个投资策略，将其所获收益与"简单购买/持有"策略所获收益相比较

考霸笔记

如果有关证券的历史资料对证券的价格变动仍有影响，则证券市场尚未达到弱式有效（无效市场）。

【提示】

（1）在一个达到弱式有效的资本市场上，并不意味着投资者不能获取一定的收益，并不是说每个投资人的每次交易都不会获利或亏损。（个别投资者、个别时间）

（2）"市场有效"只是平均而言，从大量交易的长期观察看，任何利用历史信息的投资策略所获取的平均收益，都不会（持续）超过"简单购买/持有"策略所获取的平均收益。（与风险相称的报酬）

2. 半强式有效资本市场（Semi-strong Form Efficiency，见表1-32）

表1-32　　　　　　　　　　　半强式有效资本市场

项目	说明
特征	资本市场的价格不仅反映历史信息，还能反映所有公开可得的信息
无用策略	对于投资人来说，在半强式有效的资本市场中不能通过对公开信息的分析获得超额利润。公开信息已反映于股票价格，所以基本分析是无用的
验证方法	（1）事件研究法：比较事件发生前后的投资收益率，看特定事件（异常事件）的信息能否被价格迅速吸收。如果超额收益只与当天披露的事件相关，则市场属于半强式有效 （2）投资基金表现研究法：如果市场半强式有效，技术分析、基本分析和各种估价模型都是无效的，各种共同基金就不能（持续）取得超额收益

3.强式有效资本市场（Strong Form Efficiency，见表1-33）

表1-33　　　　　　　　　　　强式有效资本市场

项目	说明
特征	无论可用信息是否公开，价格都可以完全地、同步地反映所有信息
无用策略	由于市价能充分反映所有公开和私下的信息，对于投资人来说，不能从公开的和非公开的信息分析中获得利润，所以内幕消息无用
验证方法	主要考察"内幕者"参与交易时能否获得超常盈利

智能测评

在线练习		我要提问
扫码在线做题	扫码看答案	扫码答疑
本书"本章同步强化训练"均配备二维码，打开微信"扫一扫"即可完成在线测评，查看本章详细的测评反馈报告，了解知识掌握情况，也可扫码直接看答案噢。　快来扫码做题吧！		本书配备答疑专用二维码，打开微信"扫一扫"，即可完成在线提问，获取专业老师全面个性化解答，让学习问题不再拖延。　快来扫码提问吧！

本章同步强化训练

一、单选题

1.在股东投资资本不变的情况下，下列各项中能够体现股东财富最大化这一财务管理目标的是（　　）。

A.利润最大化　　　　　B.每股收益最大化　　　　　C.每股股价最大化　　　　　D.公司价值最大化

2.下列有关增加股东财富的表述中，正确的是（　　）。

A.收入是增加股东财富的因素，成本费用是减少股东财富的因素

B.股东财富的增加可以用股东权益的市场价值来衡量

C.多余现金用于再投资有利于增加股东财富

D.提高股利支付率，有助于增加股东财富

3.企业的下列财务活动中，不符合债权人目标的是（　　）。

A.提高利润留存比率　　　　　　　　　　　B.降低财务杠杆比率

C.发行公司债券　　　　　　　　　　　　　D.非公开增发新股

4.从狭义来看，公司的利益相关者不包括（　　）。

A.社区居民　　　　　B.债权人　　　　　C.供应商　　　　　D.员工

5.在以下金融资产中，收益与发行人的财务状况相关程度较高、持有人非常关心公司的经营状况的证券是（　　）。

A.变动收益证券　　　　　B.固定收益证券　　　　　C.权益证券　　　　　D.衍生证券

6.下列各项中，属于货币市场工具的是（ ）。

A.可转换债券 B.优先股 C.银行承兑汇票 D.银行长期贷款

7.如果投资基金经理根据公开信息选择股票，投资基金的平均业绩与市场整体收益率大体一致，说明该资本市场至少是（ ）。

A.弱式有效 B.完全无效 C.强式有效 D.半强式有效

8.如果股票价格的变动与历史股价相关，资本市场（ ）。

A.无效 B.弱式有效 C.半强式有效 D.强式有效

9.某投资者通过对于异常事件与超常收益数据的统计分析，发现超常收益只与当天披露的事件相关，则该市场属于（ ）。

A.无效市场 B.弱式有效市场 C.半强式有效市场 D.强式有效市场

二、多选题

1.下列各项中，属于利润最大化和每股收益最大化财务管理目标的共同缺点的有（ ）。

A.没有考虑取得的时间 B.没有考虑风险

C.没有考虑所获利润与投入资本数额的关系 D.计算数据不便于取得

2.下列有关企业财务目标的说法中，正确的有（ ）。

A.企业的财务目标是利润最大化

B.财务目标的实现程度可以用股东权益的市场增加值度量

C.追加投资资本可以增加企业的股东权益价值，但不一定增加股东财富，因此股东权益价值最大化不是财务目标的准确描述

D.增加借款可以增加债务价值以及企业价值，但不一定增加股东财富，因此企业价值最大化不是财务目标的准确描述

3.为防止经营者背离股东目标，股东可以采取的措施有（ ）。

A.给予经营者股票期权奖励 B.对经营者实行固定年薪制

C.要求经营者定期披露信息 D.聘请注册会计师审计财务报告

4.经营者对股东目标的背离表现在道德风险和逆向选择两个方面，下列选项属于逆向选择的是（ ）。

A.不愿为提高股价而冒险 B.装修豪华的办公室

C.借口工作需要乱花股东的钱 D.蓄意压低股票价格，以自己的名义借款买回

5.公司的下列行为中，可能损害债权人利益的有（ ）。

A.提高股利支付率 B.提高资产负债率

C.加大为其他企业提供的担保 D.加大高风险投资比例

6.下列金融资产中，属于固定收益证券的有（ ）。

A.固定利率债券 B.浮动利率债券 C.可转换债券 D.优先股

7.下列证券中，属于固定收益证券的是（ ）。

A.甲公司发行的利率为5%、每年付息一次、期限为3年的公司债券

B.乙公司发行的利率按照国库券利率上浮2个百分点确定的债券

C.丙公司发行的到期一次还本付息的债券

D.丁公司发行的到期按面值还本的债券

8.下列金融工具在货币市场中交易的有（ ）。

A.股票   B.银行承兑汇票

C.期限为3个月的政府债券   D.期限为12个月的可转让定期存单

9.在有效资本市场上，管理者可以通过（   ）。

A.财务决策增加公司价值从而提升股票价格

B.从高利率、外汇等金融产品的投机交易获取超额利润

C.关注公司股价对公司决策的反映而获得有益信息

D.改变会计方法增加会计盈利从而提升股票价格

10.根据有效市场假说，下列说法中正确的有（   ）。

A.只要所有的投资者都是理性的，市场就是有效的

B.只要投资者的理性偏差具有一致倾向，市场就是有效的

C.只要投资者的理性偏差可以互相抵消，市场就是有效的

D.只要有专业投资者进行套利，市场就是有效的

11.如果资本市场是完全有效的，下列表述中正确的有（   ）。

A.股价可以综合反映公司的业绩   B.运用会计方法改善公司业绩可以提高股价

C.公司的财务决策会影响股价的波动   D.投资者只能获得与投资风险相称的报酬

12.假设市场是完全有效的，基于市场有效原则可以得出的结论有（   ）。

A.股票的市价等于股票的内在价值

B.在证券市场上，购买和出售金融工具的交易的净现值等于零

C.账面利润始终决定着公司股票价格

D.财务管理目标是股东财富最大化

13.甲投资基金利用市场公开信息进行价值分析和投资，在下列效率不同的资本市场中，该投资基金可获取超额收益的有（   ）。

A.无效市场   B.弱式有效市场   C.半强式有效市场   D.强式有效市场

14.如果资本市场半强式有效，投资者（   ）。

A.通过技术分析不能获得超额收益   B.运用估价模型不能获得超额收益

C.通过基本面分析不能获得超额收益   D.利用非公开信息不能获得超额收益

第二章
财务报表分析和财务预测

本章导学

本章框架图

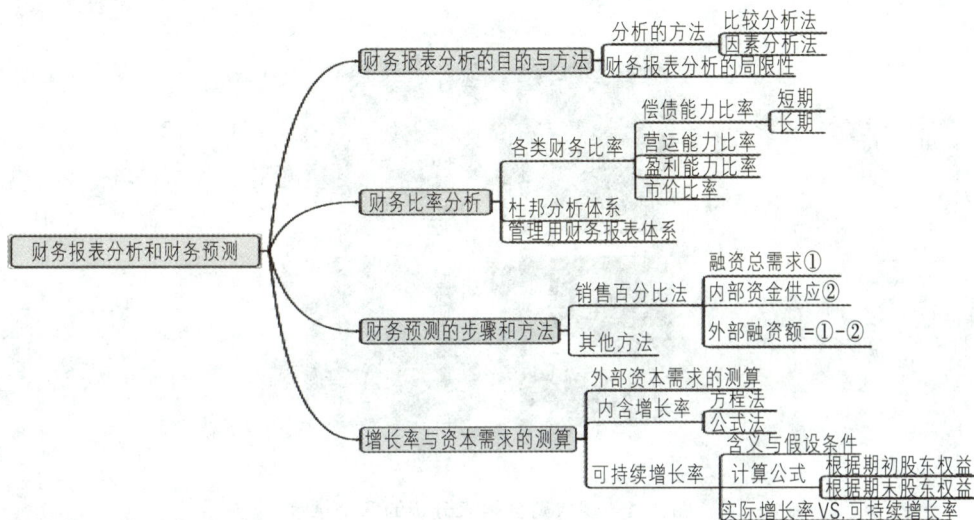

本章考情概述

本章考情分析

　　本章是非常重要的基础章节，是学习"第八章企业价值评估"等重要内容的前提。财务报表分析涉及数十个公式，多而零散，对初学者是一个挑战，但是本章公式都比较简单，学习时要注意总结、勤于练习，注意知识点之间的联系。内含增长率和可持续增长率的相关内容是财务预测的重点，学习时要从前提条件、表现特征、计算方法等角度来掌握。本章近5年题型题量分析见表2-1。

表2-1　　　　　　　　　　　近5年题型题量分析

年份	2014年	2015年	2016年	2017年	2018年
单项选择题	1题1.5分	1题1.5分	2题3分	1题1.5分	1题1.5分
多项选择题	4题8分		1题2分		2题4分
计算分析题	1题8分	1题8分	1题8分	1题8分	1题8分
综合题	0.4题6分				
合计	6.4题23.5分	2题9.5分	4题13分	2题9.5分	4题13.5分

重要考点预览

　1.财务比率的计算与分析

　2.杜邦分析体系

　3.销售百分比法预测外部融资额

　4.外部融资需求的影响因素

5.内含增长率的计算与结论

6.可持续增长率的计算、分析与应用

第一节 财务报表分析的目的与方法

一、财务报表分析的目的及维度 ★

财务报表分析的目的是将财务报表数据转换成有用的信息，以帮助信息使用者改善决策。现代财务报表分析一般包括以下四个维度（如图2-1所示）：

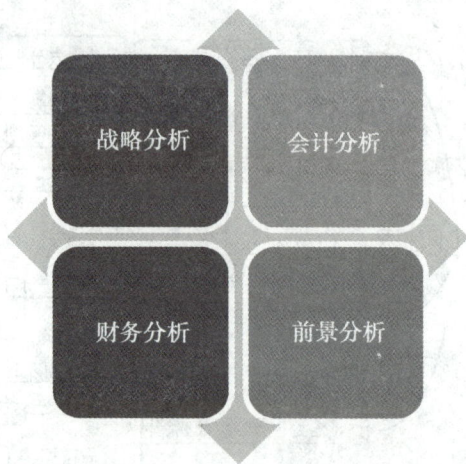

战略分析　会计分析

财务分析　前景分析

图2-1　现代财务报表分析的四个维度

二、财务报表分析的方法 ★

（一）比较分析法

财务报表分析的比较分析法，是对两个或几个有关的可比数据进行对比，从而揭示存在的趋势或差异。比较分析法的类别如图2-2所示。

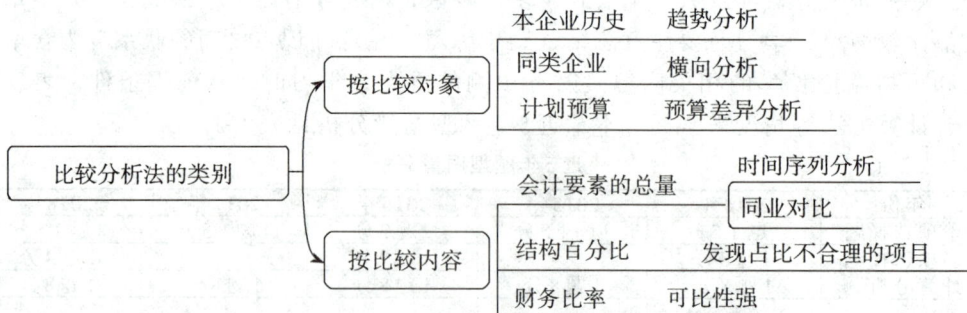

图2-2　比较分析法的类别

（二）因素分析法

因素分析法，是将财务指标分解为各个可以计量的驱动因素，依据财务指标与其驱动因素之间的关系，从数量上确定各因素对指标影响程度的一种方法。

1.连环替代法

（1）计算过程

考霸笔记

本章主要讨论财务报表分析，与其他分析相比，财务报表分析更强调分析的系统性和有效性，并透过财务数据发现企业问题，但分析本身不能解决问题。

考霸笔记

比较分析法只能反映一个变化的结果，因素分析法用来找出变化的原因。

如何区分连环替代法与差额分析法，在运用时需要注意什么？

考霸笔记

每次替代一个因素，每次替代以上次替代为基础，有几个因素就替代几次。

已知某财务指标 K=A×B×C。计算过程见表2-2。

表2-2 计算过程

步骤	按顺序替代因素并计算该指标	因素变动影响
确定基数（过去、计划、标准）	$K_0=A_0×B_0×C_0$	—
替换A因素	$K'=A_1×B_0×C_0$	$K'-K_0$：A因素变动对K的影响
替换B因素	$K''=A_1×B_1×C_0$	$K''-K'$：B因素变动对K的影响
	$=A_1×B_1×C_1$	K_1-K''：C因素变动对K的影响

$(K'-K_0)+(K''-K')+(K_1-K'')=K_1-K_0$

步骤（见表2-3）

由计算过程回顾分析步骤

	说明
	分析的财务指标，比较其实际数额和标准数额（如上年实 并计算两者的差额
	务指标的内在逻辑关系，建立财务指标与各驱动因素之间 模型
	据驱动因素的重要性进行排序： 质量（如，产量→单耗→价格）； 控）后外（不可控）；
	确指出各驱动因素的分析顺序，关键在于需要考生确定 驱动因素之间的关系

是追溯产生差异的原因，本法提供了定量解释差
异

刘昆昆 画

考霸笔记
该财务指标报
告期相对于基
期的变化 Δ=
Δ1 + Δ2 + Δ3

关系时，可以采用差额分析法。设某财务指标 K
=A×B×C。差额分析法（简化方法）见表2-4。

表2-4 差额分析法（简化方法）

替代顺序	差异计算
第1次替代A因素	$Δ1=(A_1-A_0)×B_0×C_0$
第2次替代B因素	$Δ2=A_1×(B_1-B_0)×C_0$
第3次替代C因素	$Δ3=A_1×B_1×(C_1-C_0)$

【提示】差额分析法的计算技巧（见表2-5）。

表2-5 差额分析法的计算技巧

因素	计算技巧
正在分析的因素	报告期-基期
尚未分析的因素	固定在基期
已经分析的因素	固定在报告期

第二节 财务比率分析

一、学习财务指标的知识铺垫

（一）财务指标的命名规则（见表2-6）

表2-6 财务指标的命名规则

指标名称	命名规律	示例
XY率	母子率：X位于分母，Y位于分子	资产负债率=负债总额/资产总额
Y比率	分子比率：Y位于分子，分母单独记忆	流动比率=流动资产/流动负债
X乘数（倍数）	分母乘数（倍数）：X位于分母，分子单独记忆	权益乘数=资产/股东权益

如何理解存量与流量的概念

（二）存量与流量的概念（见表2-7）

表2-7 存量与流量的概念

项目	说明
存量	反映的是现象在某一时刻上的总量，与某一个时点挂钩，也叫时点数
流量	反映的是现象在一段时期内的总量，和某一时间段挂钩，也叫时期数

（三）财务指标计算时的取数问题（见表2-8）

表2-8 财务指标计算时的取数问题

项目	说明
理论要求	当一个财务比率的分子和分母，一个来自利润表或现金流量表的流量数据，另一个来自资产负债表的存量数据，该存量数据通常需要计算该期间的平均值（偿债能力指标除外）
考试做法	按照以下顺序确定：按照题目要求→理论要求→考虑数据的可获得性

二、短期偿债能力比率★★

（一）偿债能力概述

1.衡量偿债能力的方法（见表2-9）

表2-9 衡量偿债能力的方法

项目	说明
静态角度	比较可供偿债资产与债务的存量，资产存量超过债务存量较多，则认为偿债能力较强
动态角度	比较经营活动现金流量和偿债所需现金，如果产生的现金超过需要的现金较多，则认为偿债能力较强

2.偿债能力的分类（见表2-10）

表2-10　　　　　　　　　　偿债能力的分类

方法	关注要点
短期偿债能力分析	资产变现能力（流动性）：有借有还，主要是还本
长期偿债能力分析	偿债的基础、结构：不仅要还本，还要支付利息

（二）可偿债资产与短期债务的存量比较

1.营运资本（见表2-11）

表2-11　　　　　　　　　　营运资本

项目	说明
含义	营运资本（working capital）是指流动资产超过流动负债的部分
计算公式	营运资本＝流动资产－流动负债＝长期资本－长期资产
图示	营运资本为正　　　　　　　　　营运资本为正负 有部分长期资本被用于流动资产　　　有部分长期资产由流动负债提供资本来源 营运资本是流动负债"穿透"流动资产的"缓冲垫"：它是长期资本用于流动资产的部分，不需要在1年或1个营业周期内偿还
分析要点	（1）营运资本的数额越大，财务状况越稳定，对流动负债的偿还能力越有保障 （2）营运资本也不是越多越好，因为流动性强的资产盈利性差
缺点	营运资本是绝对数，不便于不同历史时期及不同企业之间的比较（纵横向都不可比）

【思考】如果流动资产与流动负债相等，是否足以保证短期偿债能力没有问题？

【答案】不能。因为债务的到期与流动资产的现金生成不可能同步同量；为维持经营，企业不可能清算全部流动资产来偿还流动负债，而是必须维持最低水平的现金、存货、应收账款等。

2.短期债务的存量比率

（1）**流动比率（Current Ratio）**（见表2-12）。

表2-12　　　　　　　　　　流动比率

项目	说明
计算公式	流动比率＝流动资产÷流动负债
指标含义	假设全部流动资产都可用于偿还流动负债，表明每1元流动负债有多少流动资产作为偿债保障
分析要点	①流动比率是相对数，排除了企业规模的影响，更适合同业比较以及本企业不同历史时期的比较。（纵横可比） ②不存在统一、标准的流动比率数值：营业周期越短的行业，合理的流动比率越低。 ③为了考察流动资产的变现能力，有时还需要分析其周转率（变现质量）
局限性	① 流动比率假设全部流动资产都可以变为现金并用于偿债，全部流动负债都需要还清。实际上，经营性流动资产是企业持续经营所必需的，不能全部用于偿债；经营性应付项目可以滚动存续，无需动用现金全部结清。 ② 有些流动资产的账面金额与变现金额有较大差异，如产成品等

如何理解营运资本的概念，它可以代表短期偿债能力吗？

考霸笔记
可偿债资产的存量，指资产负债表中列示的流动资产年末余额；短期债务的存量，指资产负债表中列示的流动负债年末余额。两者的比较可以反映短期偿债能力。

考霸笔记
营运资本的合理性主要通过短期债务的存量比率评价。

如何分析流动比率，它可以代表短期偿债能力吗？

【提示1】 相关指标：营运资本配置比率=营运资本÷流动资产（与流动比率同方向变化）

【提示2】 营业周期（如图2-3所示）：指从外购承担付款义务，到收回因销售商品或提供劳务而产生的应收账款的这段时间。在时间上主要是存货周转天数与应收账款周转天数之和。

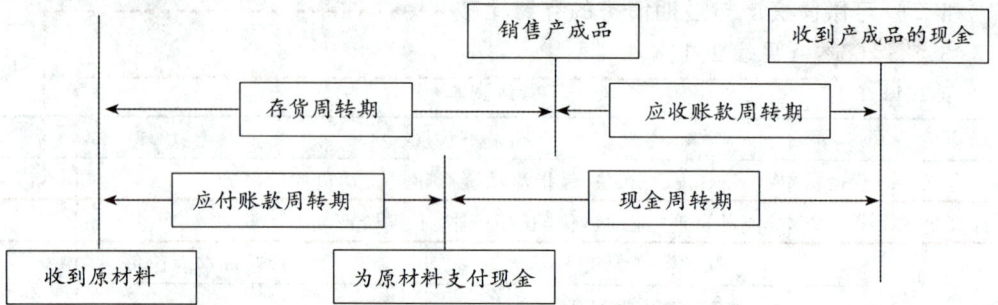

图2-3　营业周期

（2）速动比率（Quick Ratio/Acid-Test Ratio）（见表2-13）

表2-13　　　　　　　　　　　　　　　　速动比率

项目	说明
计算公式	速动比率=速动资产÷流动负债
指标含义	假设速动资产是可偿债资产，表明每1元流动负债有多少速动资产作为偿债保障。
速动资产	指可以在较短时间内变现，转变为现金不超过一个步骤的资产，包括货币资金、交易性金融资产、各种应收款项
分析要点	1）不同行业的速动比率差别很大。如，大量现金销售的商店<应收账款较多的企业 2）影响速动比率可信性的重要因素：应收款项的变现能力 ①账面上的应收款项未必都能收回变现，实际坏账可能比计提的准备要多； ②季节性的变化，可能使报表上的应收款项金额不能反映平均水平

考霸笔记
应收票据、应收账款、应收利息、应收股利、其他应收款。

【思考】 为什么速动资产中不包括存货等项目？

因为这些资产的变现金额和时间具有较大的不确定性。

①存货变现速度很慢，部分存货可能已经毁损报废、尚未处理，也可能被抵押；存货估价有多种方法，可能与变现金额相距甚远。

②一年内到期的非流动资产、其他流动资产（如待抵扣的进项税额）具有偶然性，不代表正常的变现能力。

资产的变现如图2-4所示。

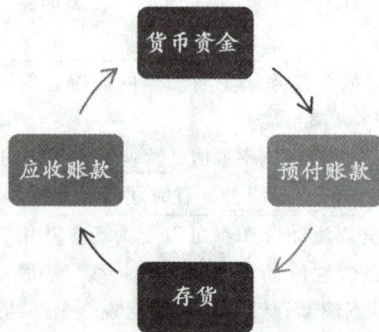

图2-4　资产的变现

（3）现金比率（Cash Ratio）（见表2-14）。

考霸笔记

与其他速动资产不同，现金本身就是可以直接偿债的资产，无需等待。

表2-14　　　　　　　　　　现金比率

项目	说明
计算公式	现金比率=货币资金÷流动负债
指标含义	假设现金是可偿债资产，表明每1元流动负债有多少现金作为偿债保障

【总结】一般情况下，对于同一公司而言：流动比率＞速动比率＞现金比率。

（三）经营活动现金流量净额与短期债务的比较（见表2-15）

表2-15　　　　　　　经营活动现金流量净额与短期债务的比较

项目	说明
计算公式	现金流量比率=经营活动现金流量净额÷流动负债
指标含义	现金流量比率（Cash Flow Ratio）表明每1元流动负债的经营活动现金流量保障程度
数据口径	（1）该比率中的经营活动现金流量净额采用"经营活动产生的现金流量净额"，它代表企业创造现金的能力，且已经扣除了经营活动自身所需的现金流出，是可以用来偿债的现金流量 （2）该比率中的流动负债采用期末数而非平均数，因为实际需要偿还的是期末金额，而非平均金额

【提示】相对于存量比率，现金流量比率更具说服力：

（1）该比率克服了可偿债资产未考虑未来变化及变现能力等问题；

（2）实际用以支付债务的通常是现金，而不是其他可偿债资产。

（四）影响短期偿债能力的其他因素（表外因素）（如图2-5所示）

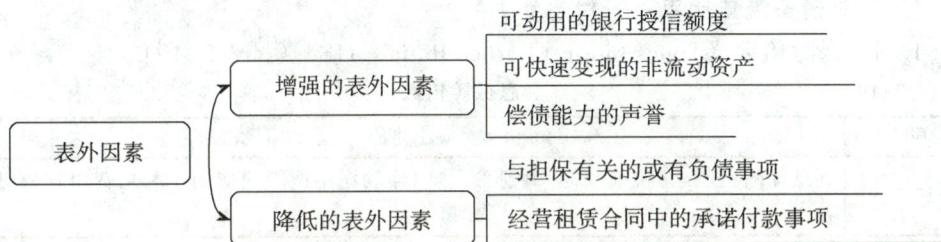

如何判断不同事项对短期偿债能力的影响？

图2-5　影响短期偿债能力的其他因素（表外因素）

三、长期偿债能力比率★★

（一）总债务存量比率——还本能力

长期来看，所有债务都要偿还。企业对所有负债的清偿能力取决于其总资产水平，因此，反映长期偿债能力的存量比率是总资产、总债务和股东权益之间的比例关系。

长期偿债能力比率包括哪些，重点需要掌握哪些内容？

1.资产负债率（Total Debt Ratio）（见表2-16）

表2-16　　　　　　　　　　资产负债率

项目	说明
计算公式	资产负债率=负债总额÷资产总额×100%
指标含义	该指标反映总资产中有多大比例是通过负债取得的，它可用于衡量企业清算时对债权人利益的保障程度
分析要点	（1）资产负债率越低，企业偿债越有保障，负债越安全 （2）反映企业的举债能力：资产负债率越低，举债越容易 （3）不同企业的资产负债率不同，与持有的资产类别有关。例如，房地产的变现价值损失小，专用设备则难以变现

2.资产负债率的其他表现形式（见表2-17）

表2-17　　　　　　　　资产负债率的其他表现形式

项目	说明	
计算公式	产权比率=负债总额÷股东权益	权益乘数=资产总额÷股东权益
指标含义	表明每1元股东权益配套的总负债的金额	表明每1元股东权益配套的总资产的金额
分析要点	（1）它们是常用的财务杠杆比率，表明负债的比例，与偿债能力相关。 （2）财务杠杆影响总资产净利率和权益净利率之间的关系，表明权益净利率的风险高低，与盈利能力有关	

【提示】指标间的换算关系：$权益乘数=\dfrac{1}{1-资产负债率}=1+产权比率$

• 三者是同向变动的，如果一个指标达到最大，另外两个指标也达到最大。

3.长期资本负债率（见表2-18）

考霸笔记
由于流动负债的金额经常变化，非流动负债较为稳定，资本结构管理通常使用长期资本结构来衡量。

表2-18　　　　　　　　长期资本负债率

项目	说明
计算公式	长期资本负债率=非流动负债÷（非流动负债＋股东权益）×100%
指标含义	表示非流动负债占长期资本的百分比，是反映公司（狭义）资本结构的一种形式

（二）总债务流量比率——付息能力

1.利息保障倍数（Times Interest Earned Ratio，TIE）（见表2-19）

表2-19　　　　　　　　利息保障倍数

项目	说明
计算公式	利息保障倍数=息税前利润÷利息费用=（净利润＋所得税费用＋利息费用）÷利息费用
指标含义	该指标表明每1元利息费用有多少倍的息税前利润（权责发生）作为偿付保障。如果一个公司一直保持按时付息的信誉，则长期负债可以延续，举借新债也比较容易
数据口径	（1）分子的"利息费用"：指计入本期利润表"财务费用"项目中的"利息费用"。 （2）分母的"利息费用"：指本期的全部应付利息。 ①包括计入利润表财务费用的利息费用； ②包括计入资产负债表固定资产等成本的资本化利息
分析要点	（1）利息保障倍数越大，利息支付越有保障。 （2）利息保障倍数应当＞1： ①利息保障倍数＜1：表明自身产生的经营收益不能支持现有规模的债务。利息支付尚且缺乏保障，归还本金就更难指望。 ②利息保障倍数=1：也很危险，因为息税前利润（EBIT）受经营风险的影响，很不稳定，而支付利息却是固定的（此时利润总额、净利润均为零）

考霸笔记
这里的"利息费用"，不完全等同于利润表里面的"财务费用"，因为"财务费用=利息费用－利息收入"，计算利息保障倍数时只使用其中的"利息费用"，不考虑利息收入。

【思考】为何采用EBIT来作为利息保障倍数的计算依据？

【答案】EBIT=净利润（股东）＋所得税费用（国家）＋利息费用（债权人），债权人具有企业日常税前经营利润的优先受偿权利。

2. 现金流量利息保障倍数（见表2-20）

表2-20 现金流量利息保障倍数

项目	说明
计算公式	现金流量利息保障倍数=经营活动现金流量净额÷利息费用
指标含义	该指标表明每1元利息费用有多少倍的经营活动现金流量净额作为支付保障（收付实现）

3. 现金流量与负债比率（见表2-21）

表2-21 现金流量与负债比率

项目	说明
计算公式	现金流量与负债比率=经营活动现金流量净额÷负债总额×100%
指标含义	该指标表明企业用经营活动现金流量净额偿付全部债务的能力
数据口径	负债总额采用期末数而非平均数，因为实际需要偿还的是期末金额，而非平均金额

（三）影响长期偿债能力的其他因素（表外因素）（见表2-22）

表2-22 影响长期偿债能力的其他因素（表外因素）

项目	说明
长期经营租赁	当企业的经营租赁额比较大、期限比较长或具有经常性时，就形成了一种长期性融资
债务担保	在分析企业长期偿债能力时，应根据有关资料判断担保责任带来的潜在长期负债问题
未决诉讼	未决诉讼一旦判决败诉，可能会影响企业的偿债能力（诉讼时间长）

四、营运能力比率 ★★

（一）营运能力比率的含义及统一计算公式（见表2-23）

营运能力比率是衡量企业资产管理效率的财务比率，即企业运用各项资产以赚取收入的能力。

表2-23 营运能力比率的含义及统一计算公式

统一指标名称及计算公式	含义
××资产周转次数（周转率）$=\dfrac{营业收入}{××资产}$	表明1年中××资产周转的次数，或者说明每1元××资产投资支持的营业收入
××资产周转天数$=\dfrac{365}{××资产周转次数}$ $=\dfrac{××资产×365}{营业收入}$	也称为××资产收现期，表明从××资产开始投入到收回现金（周转一次）所需要的平均天数。 ● 1年的天数具体题目中会明确告知
××资产与收入比$=\dfrac{××资产}{营业收入}$	表明每1元营业收入所需要的××资产投资额

【知识扩展】在供、产、销各环节中，销售有着特殊的意义。因为产品只有销售出去，才能实现其价值，收回最初投入的资金，顺利地完成一次资金周转。这样，就可以通过产品销售情况与企业资金占用量来分析企业的资金周转状况，评价企业的营运能力。

考霸笔记
它比以利润为基础的利息保障倍数更可靠，因为实际用以支付利息的是现金，而不是利润。

如何区分现金流量比率和现金流量与负债比率，计算时需要注意的事项是什么？

考霸笔记
××资产的取数问题：题目要求→理论要求→数据的可获得性。

考霸笔记
经营租赁不出现在资产负债表中，但是关于这些租赁业务的信息仍会在年度报告的其他部分中揭示。在有效资本市场中，不在资产负债表中反映租赁的企图（降低资产负债率）是徒劳的，它是不会影响股票价格的。

（二）在计算和使用相关比率时应注意的问题

1.应收账款周转率（Receivables Turnover Ratio）（见表2-24）

表2-24   应收账款周转率

问题	分析
营业收入的赊销比例问题	应收账款是赊销引起的，对应金额是赊销收入，而非全部收入。外部分析人员无法在财务报表内取得公司的赊销数据（除非题目给出），只好直接使用营业收入计算： （1）只要现销与赊销的比例保持稳定，不妨碍与上期数据的可比性，只是一贯高估了周转次数。 （2）不同公司之间不好直接比较，因为不了解可比公司的赊销比例
应收账款年末余额的可靠性问题	计算时常用多个时点的"平均"应收账款，以排除特定时点的存量、季节性变化、偶然因素或人为因素影响
应收账款的坏账准备问题	如果坏账准备的金额较大，就应进行调整，或者使用未计提坏账准备的应收账款（余额）进行计算。报表附注中披露的应收账款坏账准备信息，可作为调整的依据
应收票据的影响	大部分应收票据是赊销形成的，应将其纳入应收账款周转率的计算
应收账款周转天数是否越少越好	不一定，要结合信用政策综合考虑。 <table><tr><td></td><td>周转天数</td><td>信用期</td></tr><tr><td>甲公司</td><td>18</td><td>20</td></tr><tr><td>乙公司</td><td>15</td><td>10</td></tr></table>● 甲公司的收款业绩优于乙公司，尽管其周转天数较多。 【跨章节综合】第十二章 营运资本管理——应收款项管理

【点评】任何财务分析都是以认识经营活动的本质为目的，不可根据数据高低作简单结论。

2.存货周转率（Inventory Turnover Ratio）（见表2-25）

表2-25   存货周转率

周转额的选择	适用情形
营业收入	（1）短期偿债能力分析：为了评估资产的变现能力需要计量存货转换为现金的金额和时间。（销售之后） （2）分解总资产周转天数：为系统分析各项资产的周转情况并识别主要的影响因素
营业成本	为了评估存货管理的业绩。（销售之前）

【提示】两种周转率的差额是毛利引起的：

存货（成本）周转次数=存货（收入）周转次数×销售成本率

3.其他营运能力比率（见表2-26）

表2-26   其他营运能力比率

比率	分析
流动资产周转率	通常，流动资产中应收账款和存货占绝大部分，因此它们的周转状况对流动资产周转具有决定性影响
营运资本周转率	严格意义上，应仅有经营性资产和负债被用于计算这一指标，即短期借款、交易性金融资产和超额现金等因不是经营活动必需的而应被排除在外
非流动资产周转率	该指标主要用于投资预算和项目管理，以确定投资与竞争战略是否一致，收购和剥离政策是否合理等
总资产周转率	该指标的驱动因素是各项资产： 总资产周转天数（与收入比）=$\sum$ 各项资产周转天数（与收入比）

在分析应收账款周转率时，需要注意的问题是什么？

在分析应收账款周转率时，如何判断分子分母的取数对应收账款周转率的影响？

考霸笔记
平均应收账款、平均存货的计算与"第十二章 营运资本管理"的"应收款项管理"和"存货管理"有联系，可以利用周转率"倒求"平均应收账款或平均存货。

在分析存货周转率时，需要注意的问题是什么？

五、盈利能力比率 ★★

（一）营业净利率（Profit Margin on Sales）（见表2-27）

表2-27　　　　　　　　　　营业净利率

项目	说明
计算公式	营业净利率=净利润÷营业收入×100%
指标含义	反映每1元营业收入与其成本费用之间可以挤出来的净利润，反映产品最终的盈利能力
驱动因素	该比率的变动是由利润表各个项目变动引起的，应重点关注金额变动和结构变动较大的项目

考霸笔记
"营业收入""净利润"两者相除可以概括企业的全部经营成果。

（二）总资产净利率（Return on Assets，ROA）（见表2-28）

表2-28　　　　　　　　　　总资产净利率

项目	说明
计算公式	总资产净利率=净利润÷总资产×100%
指标含义	反映每1元总资产创造的净利润，衡量企业资产的盈利能力
分析要点	详细分析参见"七、杜邦分析体系"

考霸笔记
该指标的分母是股东的投入，分子是股东的所得，对于股权投资者来说，具有非常强的综合性，概括了公司的全部经营业绩和财务业绩。

（三）权益净利率（Return on Equity，ROE）（见表2-29）

表2-29　　　　　　　　　　权益净利率

项目	说明
计算公式	权益净利率=净利润÷股东权益×100%
指标含义	反映每1元股东权益赚取的净利润，可以衡量企业的总体盈利能力
分析要点	详细分析参见"七、杜邦分析体系"

六、市价比率 ★★

考霸笔记
市价比率主要用于公司整体的价值评估，具体应用方法将在"第八章企业价值评估"中讨论。

（一）市盈率（Price/Earnings Ratio，P/E）（见表2-30）

表2-30　　　　　　　　　　市盈率

项目	说明
计算公式	市盈率=每股市价÷每股收益
指标含义	反映普通股股东愿意为每1元（而非每股）净利润支付的价格
中间指标	每股收益=普通股股东净利润÷流通在外普通股加权平均股数
分析要点	（1）市盈率反映了投资者对公司未来前景的预期，相当于每股收益的资本化。如果投资者预期收益将由当前水平大幅增长，市盈率将会相当高，也许是20倍、30倍或更多。但是，如果投资者预期收益将由当前水平下降，市盈率将会相当低，如10倍或更少。 （2）如果某股票的市盈率过高，则也意味着这只股票具有较高的投资风险
注意事项	每股收益的概念仅适用于普通股，如果存在优先股，则计算每股收益时需要调整： 每股收益=（净利润-当年宣告或累积的优先股股利）÷流通在外普通股加权平均股数

市价比率包括哪些内容，需要重点掌握的内容是什么？

（二）市净率（Price/Book Ratio，P/B）（见表2-31）

考霸笔记
每股净资产表示每股普通股股东享有的净资产，是理论上的每股最低价值。

表2-31　　　　　　　　　　　　　　市净率

项目	说明
计算公式	市净率=每股市价÷每股净资产
指标含义	反映普通股股东愿意为每1元净资产支付的价格，说明市场对公司净资产质量的评价
中间指标	每股净资产=普通股股东权益÷流通在外普通股股数
注意事项	既有优先股又有普通股的公司，通常只为普通股计算每股净资产： 普通股权益=股东权益总额-优先股权益=股东权益总额-（清算价值+拖欠股利）

（三）市销率（Price/Sales Ratio，P/B）（见表2-32）

表2-32　　　　　　　　　　　　　　市销率

项目	说明
计算公式	市销率=每股市价÷每股营业收入
指标含义	反映普通股股东愿意为每1元营业收入支付的价格，也称为"收入乘数"
中间指标	每股营业收入=营业收入÷流通在外普通股加权平均股数

【总结】

（1）有关普通股股数的选择（见表2-33）。

表2-33　　　　　　　　　　　　有关普通股股数的选择

财务指标	普通股股数的选择
市盈率	加权平均数
市净率	期末数
市销率	加权平均数

（2）市价比率之间的关系：

① 市净率=市盈率×ROE

② 市销率=市盈率×营业净利率

七、杜邦分析体系★★

（一）杜邦分析体系的核心比率（如图2-6和表2-34所示）

考霸笔记
助记：ROE=A×B×C

$$\boxed{ROE} = \frac{净利润}{股东权益}$$

$$= \frac{净利润}{总资产} \times \frac{总资产}{股东权益} = \boxed{ROA} \times \boxed{权益乘数}$$

$$= \frac{净利润}{营业收入} \times \frac{营业收入}{总资产} \times \frac{总资产}{股东权益} = \boxed{营业净利率} \times \boxed{总资产周转次数} \times \boxed{权益乘数}$$

$\boxed{盈利能力}$　　$\boxed{营运能力}$　　$\boxed{偿债能力}$

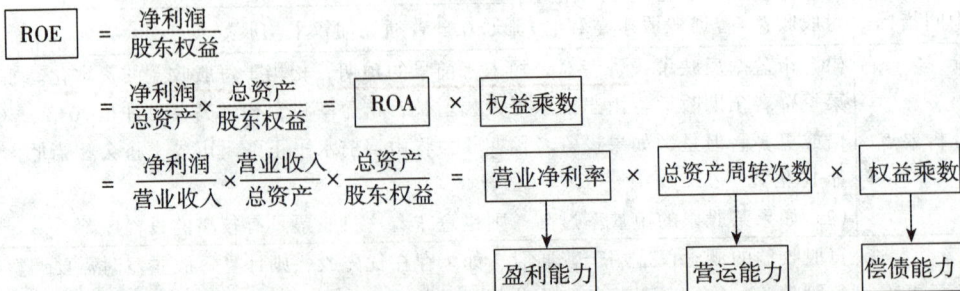

图2-6　杜邦分析体系的核心比率

表2-34　　　　　　　　　　杜邦分析体系的核心比率

分解指标	解读
营业净利率	利润表的一种概括表示，可以概括企业经营成果
权益乘数	资产负债表的一种概括表示，表明资产、负债和股东权益的比例关系，可以反映企业最基本的财务状况
总资产周转次数	把利润表和资产负债表联系起来，使ROE可以综合分析评价整个企业经营成果和财务状况

【跨学科联系·经济法】根据相关规定，上市公司公开增发股票的基本条件之一：最近3个会计年度加权平均净资产报酬率平均不低于6%。

（二）杜邦分析体系的基本框架（如图2-7所示）

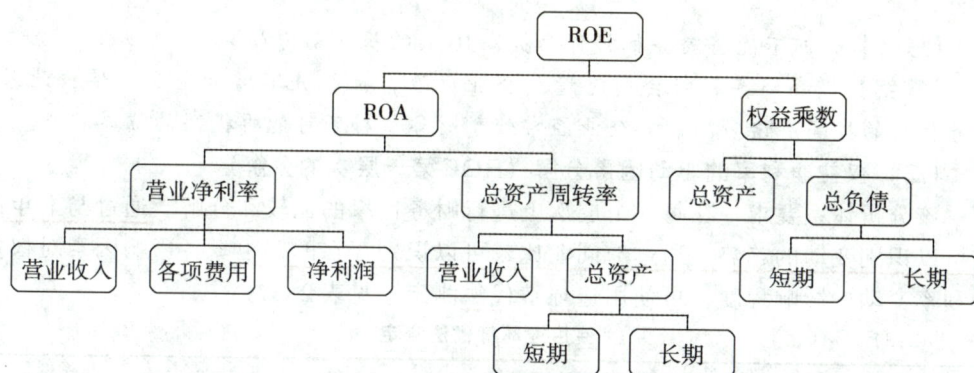

图2-7　杜邦分析体系的基本框架

考霸笔记
杜邦分析体系是一个多层次的财务比率分解体系。各项财务比率可以逐级向下分解，逐步覆盖公司经营活动的每个环节，以实现系统、全面评价公司经营成果和财务状况的目的。

【提示1】杜邦分析体现的财务平衡：财务政策必须与经营战略相匹配。（两个"反向变化"）

（1）经营战略（见表2-35）

表2-35　　　　　　　　　　经营战略

项目	说明
财务指标	分解出来的营业净利率和总资产周转次数，可以反映公司的经营战略
分析要点	通常，二者呈反方向变化，这种现象不是偶然的： ①为了提高营业净利率，就要增加产品附加值，往往需要增加投资，引起周转率下降。（高盈利、低周转） ②为了加快周转，就要降低价格，引起营业净利率下降（低盈利、高周转）
相关结论	①采取"高盈利、低周转"还是"低盈利、高周转"的方针，是企业根据外部环境和自身资源作出的战略选择。 ②仅从营业净利率的高低并不能看出业绩好坏，应把它与总资产周转次数联系起来考察企业经营战略。ROA反映管理者运用受托资产赚取盈利的业绩，是最重要的盈利能力

（2）财务政策（见表2-36）

表2-36 　　　　　　　　　　　　　　财务政策

项目	说明
财务指标	分解出来的权益乘数（财务杠杆）可以反映企业的财务政策
分析要点	通常，总资产净利率和权益乘数呈反方向变化，这种现象也不是偶然的： ①为了提高ROE，公司倾向于尽可能提高财务杠杆，但是债权人更倾向于为预期经营活动现金流量比较稳定的企业提供贷款。 ②为了稳定现金流量，企业可以降低价格以减少竞争，或者增加营运资本以防止现金流中断，这都会导致ROA下降
相关结论	ROA与财务杠杆负相关，共同决定了公司的权益净利率

考霸笔记
分解的目的是识别引起变动（或产生差距）的原因，并衡量其重要性，为后续分析指明方向。

【提示2】ROA是公司盈利能力的关键，是提高权益净利率（ROE）的基本动力。

【思考】为何不能将财务杠杆作为提高ROE的基本动力？

【答案】提高财务杠杆会同时增加企业风险，往往并不增加企业价值；此外，财务杠杆的提高有诸多限制，企业经常处于财务杠杆不可能再提高的临界状态。

（三）权益净利率的驱动因素分解（ROE第一层次的分解）

该分析体系要求，在每一个层次上进行财务比率的比较和分解。通过与上年比较可以识别变动的趋势，通过与同业比较可以识别存在的差距。各影响因素对权益净利率变动的影响程度，可使用连环替代法测定（见表2-37）。

考霸笔记
报告期相对于基期的变化 $\Delta = \Delta 1 + \Delta 2 + \Delta 3$

表2-37 　　　　　　　　　　　　　使用连环替代法测定

步骤	计算	差异分析
基期	$ROE_0 = A_0 \times B_0 \times C_0$	—
替代A因素	$\Delta 1 = (A_1 - A_0) \times B_0 \times C_0$	由于A变动对ROE的影响
替代B因素	$\Delta 2 = A_1 \times (B_1 - B_0) \times C_0$	由于B变动对ROE的影响
替代C因素	$\Delta 3 = A_1 \times B_1 \times (C_1 - C_0)$	由于C变动对ROE的影响

（四）传统杜邦分析体系的局限性（如图2-8所示）

考霸笔记
此处的"经营活动"包括生产性资产投资活动，与对外发布的"现金流量表"的"经营活动"一词含义不同：在"现金流量表"中，将企业活动分为经营活动、投资活动和筹资活动三部分，"经营活动"不包括投资活动。

传统杜邦分析体系的局限性
- 计算ROA的"总资产"与"净利润"不匹配
- 没有区分金融资产、负债与经营资产、负债
- 没有区分经营活动损益和金融活动损益

图2-8　传统杜邦分析体系的局限性

【提示】经营和金融的划分：

（1）区分经营活动和金融活动（见表2-38）

表2-38 　　　　　　　　　区分经营活动和金融活动

	经营活动	金融活动
含义	包括销售商品或提供劳务等营业活动，以及与此有关的生产性资产投资活动	包括筹资活动以及多余资本的利用
活动地点	公司在产品和要素市场上进行这些活动	公司在资本市场上进行这些活动

（2）区分经营资产、负债与金融资产、负债（见表2-39）

表2-39　　　　　　　区分经营资产、负债与金融资产、负债

	经营项目	金融项目
资产	指销售商品或提供劳务所涉及的资产	指利用多余资本进行投资所涉及的资产
负债	指销售商品或提供劳务所涉及的负债	指筹资活动所涉及的负债

八、管理用财务报表体系 ★★★

☑管理用财务报表的分析思路（见表2-40）

表2-40　　　　　　　　管理用财务报表的分析思路

内容	说明
总体要求	将经营活动和金融活动分开考察
资产负债表	区分经营资产、负债和金融资产、负债
利润表	区分经营损益和金融损益
现金流量表	区分经营现金流量和金融现金流量

（一）管理用资产负债表（见表2-41）

表2-41　　　　　　　　　管理用资产负债表

净经营资产		净负债＋股东权益	
经营营运资本	经营性流动资产	金融负债	净负债
	-经营性流动负债	-金融资产	
净经营性长期资产	经营性长期资产	股东权益	
	-经营性长期负债		

【助记】资产负债表中的"净"字，代表一项差额。

【总结】常见易混淆的报表项目的区分（见表2-42）

排列组合

表2-42　　　　　　　　常见易混淆的报表项目的区分

报表项目	特征/包含项目	经营	金融
货币资金	将全部"货币资金"列为经营性资产，理由是企业应当用多余的货币资金购买有价证券，保留在"货币资金"项目中的数额应当是其生产经营所需要的	√	
	根据行业或企业历史平均的"货币资金÷营业收入×100%"以及本期营业收入，推算经营活动所需的货币资金数额，多余部分列为金融资产	部分经营	部分金融
	将"货币资金"全部列为金融资产，理由是货币资金本来就是金融资产，生产经营需要的数量难以估算		√
应收、应付票据	无息	√	
	以市场利率计息		√
债权性投资	交易性金融资产、持有至到期投资、可供出售金融资产		√

管理用三大报表中各个变量之间的关系是怎么样的？

考霸笔记
管理用资产负债表的恒等公式：净经营资产＝净负债＋股东权益＝净投资资本

如何区分经营资产与金融资产、经营负债与金融负债？

报表项目	特征/包含项目	经营	金融
短期权益性投资	交易性金融资产		√
长期股权投资	对其他企业经营活动的投资	√	
应收利息	来源于债权性投资		√
应收股利	来源于经营性长期权益投资	√	
	来源于短期权益性投资		√
应付利息	债务筹资的应计费用		√
应付股利	无论是优先股还是普通股		√
一年内到期的非流动负债	一般属于长期债券、长期借款重分类的结果		√
优先股	从普通股角度看		√
长期应收款	经营活动引起	√	
长期应付款	融资租赁		√
	经营活动引起	√	

考霸笔记
一致性原则：经营性资产和负债形成的损益，属于经营损益；金融性资产和负债形成的损益，属于金融损益。

- 其他资产和负债的属性，需要查找财务报表附注确定；如果附注中没有说明，则一般作为<u>经营项目</u>。

（二）管理用利润表

1.区分经营损益和金融损益

（1）金融损益和经营损益（见表2-43）。

经营损益和金融损益的划分，应与资产负债表上经营资产和金融资产的划分相对应。

表2-43　　　　　　　　　　金融损益和经营损益

项目	说明
金融损益	指金融负债利息与金融资产收益的<u>差额</u>
经营损益	指除金融损益以外的当期损益

（2）金融损益的调整项目（见表2-44）。

表2-44　　　　　　　　　　金融损益的调整项目

报表项目	特征/包含项目	经营	金融
财务费用	现金折扣	√	
	利息支出（减利息收入）、汇兑损益、手续费		√
公允价值变动损益	来源于经营资产	√	
	来源于金融资产		√
投资收益	来源于经营资产	√	
	来源于金融资产		√
资产减值损失	来源于经营资产	√	
	来源于金融资产		√

考霸笔记
金融损益也称为"广义的利息费用"，在管理用报表分析体系下，有时也简称"利息费用"。

【提示】

①现金折扣从理论上属于经营损益，但实际被计入财务费用的数额很少，所以可以把"财务费用"全部作为金融损益处理。

②对于其他损益项目，一定要看题目的说明。

（3）金融损益的计算公式

$$金融损益 = 财务费用 + \frac{金融资产公允价值}{变动损失、投资损失} + 金融资产减值损失 - \frac{金融资产公允价值}{变动收益、投资收益}$$

【助记】金融损益=财务费用＋损失－收益（本书中金融损益的符号与教材相反，作者特意作此调整，便于大家理解）

2.管理用利润表的编制思路

营业收入　　　　　　　　　财务费用
－营业成本　　　　　　　　＋资产减值损失（金融）
－税金及附加　　　　　　　＋公允价值变动损失（金融）
－销售费用　　　　　　　　－公允价值变动收益（金融）
－管理费用　　　　　　　　＋投资损失（金融）
－资产减值损失（经营）　　－投资收益（金融）
＋公允价值变动收益（经营）
－公允价值变动损失（经营）
＋投资收益（经营）
－投资损失（经营）
±营业外收支

（息税前利润EBIT　　－　　利息费用I）　　×（1－T）=净利润

简单拆开来看（如图2-9所示）：

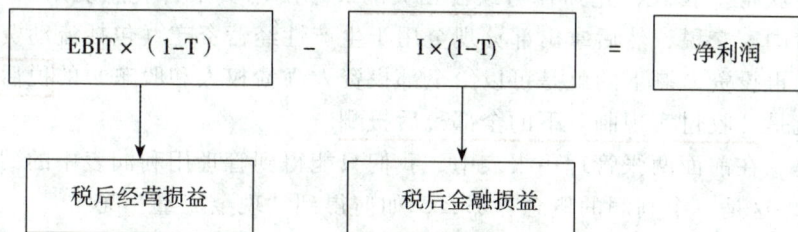

$$EBIT×（1-T）　-　I×（1-T）　=　净利润$$

税后经营损益　　　　　税后金融损益

图2-9　管理用利润表的编制思路

【提示1】EBIT也叫作税前经营利润，I代表利息费用（广义的）。

【提示2】所得税税率T的确定方法（见表2-45）。

表2-45　　所得税税率T的确定方法

方法	说明
简化方法	平均所得税税率T=所得税费用÷利润总额
严格方法	需要分别根据各个损益项目的适用税率计算应负担或抵扣的所得税

3.管理用利润表的基本公式（见表2-46）

考霸笔记：利润表中的"净"字，代表税后。

表2-46　　管理用利润表的基本公式

角度	计算公式
企业实体	• 直接法：税后经营净利润=EBIT×（1-T） • 间接法：税后经营净利润=净利润＋税后利息费用=净利润＋利息费用×（1-T）
股东	净利润=EBIT×（1-T）-利息费用×（1-T）

（三）管理用现金流量表

☑ 财务管理中对现金流量的理解

在学习管理用现金流量表之前，大家一定要和会计中的"现金流量表"相区分。现金流量表中的"现金流量"从本质上来说是一笔现金收支的"流水账"，反

考霸笔记

企业的实体现金流量，也就是经营现金流量，是企业全部现金流入扣除成本费用和必要的投资后的剩余部分，它是企业一定期间可以提供给所有投资人（包括股权投资人和债权投资人）的税后现金流量。

正确认识经营活动现金流量——企业实体现金流量？

映企业一年之内所有现金和现金等价物的明细变动情况，但是它没有从生产经营角度反映企业真正能从"经营活动"中获得的"现金资源"，即使是"经营活动现金净流量"这个项目也不能反映企业真正能够获取的经济利益流入企业的情况。例如赊销产生了应收账款，年末编制财务报表时仍未收回货款，那么现金流量表就无法体现这个业务过程。同时，现金流量表中的"经营活动"并未包括了为了经营而进行的经营性固定资产等长期资产的投资，是不完整的经营活动。

在财务管理中，我们所谈论的现金流量其实是一个"经济利益流入企业"的概念，仍以赊销产生应收账款为例（贷方发生额为营业收入），虽然没有收到现金，但是这个业务能够使得企业获得经济利益流入，因为应收账款最终都是要收回来的（事前决策分析时不考虑坏账问题）。所以，财务管理把全部的营业收入（无论赊销还是现销产生的）都作为现金流入量。另外，财务管理的现金流量不包括"现金等价物"，所以，管理用现金流量表的编制与传统现金流量表没有直接联系。

1.正确认识经营活动现金流量——企业实体现金流量

（1）从实体现金流量的理解到公式的推导——剩余流量法（从实体现金流量的来源分析）：三步法

企业获得了收入，先弥补与经营相关的成本费用（不含利息费用），再拿出真金白银给国家交税，然后拿出部分现金用于生产性经营资产（包括流动资产和长期资产）的再投资，剩下的就是可以给全部投资人（债权人和股东）的税后现金流量了，也就是"收付实现制"下的全部税后报酬。

但是，在前面两张管理用报表中，我们只能得到管理用利润表中的"税后经营净利润"，这是一个利润的概念。那么，如何得到"现金流量"呢？

在计算经营利润（归属于企业实体）时，我们扣除了没有实际支付现金的各种当年计提的各种长期资产的折旧与摊销，所以，计算现金流量时，需要把这些当年计提的各种长期资产的折旧与摊销加回来，然后再扣除必要的投资（经营营运资本的增加和资本支出），得到企业真正在生产经营过程中"生产出来的"现金流量。从而，实体现金流量的编制公式如图2-10所示。

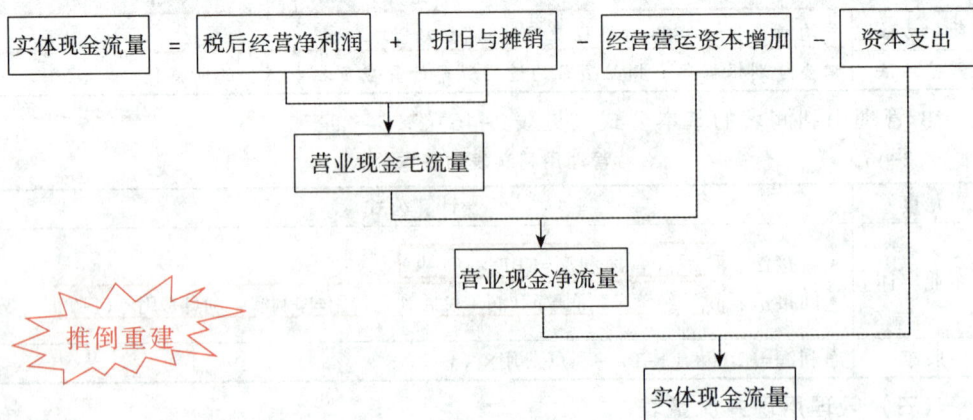

推倒重建

实体现金流量 = 税后经营净利润 + 折旧与摊销 - 经营营运资本增加 - 资本支出

营业现金毛流量

营业现金净流量

实体现金流量

图2-10　实体现金流量的编制公式

● 中间指标的确定方法（见表2-47）

表2-47　　　　　　　　　　　中间指标的确定方法

中间指标	数据来源	计算方法
税后经营净利润	管理用利润表	直接使用
折旧与摊销	现金流量表补充资料	找到当年计提金额（而非累计）
经营营运资本增加	管理用资产负债表	年末金额－年初金额
资本支出	管理用资产负债表和现金流量表补充资料	净经营长期资产增加＋折旧与摊销

【提示】经营现金流量指企业因销售商品或提供劳务等营业活动以及与此有关的生产性资产投资活动产生的现金流量。通过经营活动取得正的现金净流量是企业的目的，也是增加股东财富的基本途径。因此，企业的价值取决于企业经营活动产生的现金流量。

2.从"三步法"到"净投资扣除法"计算实体现金流量

实体现金流量＝税后经营净利润＋折旧与摊销－Δ经营营运资本－资本支出……公式Ⅰ

　　　　　　＝税后经营净利润＋折旧与摊销－Δ经营营运资本－（Δ净经营性长期资产＋折旧与摊销）

　　　　　　＝税后经营净利润－Δ经营营运资本－Δ净经营性长期资产

　　　　　　＝税后经营净利润－（Δ经营营运资本＋Δ净经营性长期资产）

　　　　　　＝税后经营净利润－实体净投资……公式Ⅱ

【提示】实体净投资＝净经营资产净增加＝期末净经营资产－期初净经营资产

2.站在硬币的背面看融资现金流量（从实体现金流量的去向分析）

金融现金流量是指企业因筹资活动和金融市场投资活动而产生的现金流量，又称为"融资现金流量"。金融现金流量包括债务现金流量和股权现金流量。

（1）债务现金流量。

债务现金流量指企业与债权人之间的交易形成的现金流量，包括支付利息、偿还或借入债务资金以及购入和出售金融资产，其中，购入金融资产可以看成偿还债务，出售金融资产可以看成借入债务。现在，站在债权人角度看现金流量的符号见表2-48。

表2-48　　　　　　　　　站在债权人角度看现金流量的符号

业务	债权人角度	现金流量符号
企业支付税后利息给债权人	债权人得到现金	＋
企业给债权人偿还借款	债权人得到现金	＋
企业从债权人手里借钱	债权人掏出现金	－

所以：

【考霸笔记】融资现金流量是站在债权人和股东的角度看的，要跳出企业角度，否则现金流量的符号就会搞错！

债务现金流量=税后利息费用+偿还债务本金-新增债务本金

=税后利息费用-（新增债务本金-偿还债务本金）

=税后利息费用-净负债增加（债权净投资）……公式Ⅲ

● 中间指标的确定方法（见表2-49）

表2-49 中间指标的确定方法

中间指标	数据来源	计算方法
税后利息费用	管理用利润表	直接使用
净负债增加	管理用资产负债表	年末金额-年初金额

【提示】 债权净投资=期末净负债-期初净负债

（2）股权现金流量。

股权现金流量指企业与股东之间的交易形成的现金流量，包括股利分配、股份发行和回购。现在，站在股东角度看现金流量的符号（见表2-50）。

表2-50 站在股东角度看现金流量的符号

业务	股东角度	现金流量符号
企业支付现金股利给股东	股东得到现金	+
企业从股东手里回购股票	股东得到现金	+
企业增发新股给股东	股东掏出现金	−

所以：

股权现金流量=股利分配+股票回购-股票发行

=股利分配-（股票发行-股票回购）

=股利分配-股权资本净增加……公式Ⅳ

=（净利润-留存收益增加）-股权资本净增加

=净利润-（留存收益增加+股权资本净增加）

=净利润-股东权益增加（股权净投资）……公式Ⅴ

● 中间指标的确定方法（见表2-51）

表2-51 中间指标的确定方法

中间指标	数据来源	计算方法
股利分配	股东权益变动表	找出当年分配的现金股利
股权资本净增加	股东权益变动表	找出当年"所有者投入和减少资本"的金额
股东权益增加	管理用资产负债表	年末金额-年初金额

【提示】

①这里的股利分配仅仅指"现金股利"，不包括"股票股利"。

②股权资本是指"外部资本"，而不是全部的所有者权益（股东权益），从会计的角度看，企业与股东之间的交易影响的会计科目是股本和资本公积。

③股权净投资是指整个"股东权益"的变化，包括外部资本和内部资本（留存收益）。计算方法为：

股权净投资=期末股东权益-期初股东权益

3.管理用现金流量表的总结

（1）管理用现金流量表的基本等式

> 实体现金流量=融资现金流量
> 营业现金毛流量−经营营运资本增加−资本支出=债务现金流量＋股权现金流量

（2）实体现金流量的符号（如图2-11所示）

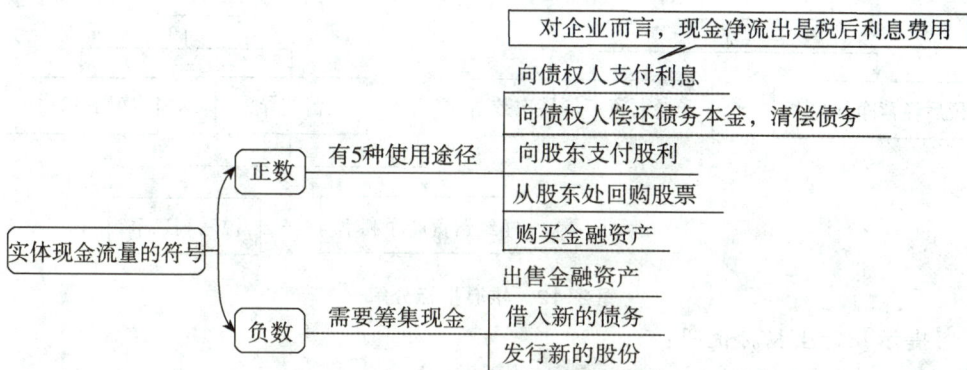

考霸笔记
从实体现金流量的来源分析，它是营业现金毛流量超出经营营运资本增加和资本支出的部分，即来自经营活动；从实体现金流量的去向分析，它被用于债务融资活动和权益融资活动，即被用于金融活动。

图2-11　实体现金流量的符号

【总结】管理用财务报表之间的数据勾稽关系（见表2-52）

表2-52　　　　　管理用财务报表之间的数据勾稽关系

	现金流量表		利润表		资产负债表
实体	实体现金流量	=	税后经营利润	−	实体净投资
	‖		‖		‖
债权	债务现金流量	=	税后利息	−	债权净投资
	+		+		+
股权	股权现金流量	=	净利润	−	股权净投资

● 管理用财务报表体系，有"三主体、四相等"的重要勾稽关系：

（1）三主体：企业实体、债权人、股东；

（2）四相等：现金流量、税后利润、净投资、价值（"第八章　企业价值评估"中涉及）。

（四）改进的财务分析体系的核心公式

1.核心公式（指标）的推导

考霸笔记
助记：ROE＝A＋（A−B）×C

$$权益净利率=\frac{净利润}{股东权益}=\frac{税后经营净利润}{股东权益}-\frac{税后利息费用}{股东权益}$$

$$=\frac{税后经营净利润}{净经营资产}\times\frac{净经营资产}{股东权益}-\frac{税后利息费用}{净负债}\times\frac{净负债}{股东权益}$$

$$=\frac{税后经营净利润}{净经营资产}\times\left(1+\frac{净负债}{股东权益}\right)-\frac{税后利息费用}{净负债}\times\frac{净负债}{股东权益}$$

$$=\frac{税后经营净利润}{净经营资产}+\frac{税后经营净利润}{净经营资产}\times\frac{净负债}{股东权益}-\frac{税后利息费用}{净负债}\times\frac{净负债}{股东权益}$$

$$=\frac{税后经营净利润}{净经营资产}+\left(\frac{税后经营净利润}{净经营资产}-\frac{税后利息费用}{净负债}\right)\times\frac{净负债}{股东权益}$$

$$=净经营资产净利率＋（净经营资产净利率−税后利息率）×净财务杠杆$$

改进的财务分析体系的核心公式，包括哪些驱动因素？

2.核心指标分解（如图2-12所示）

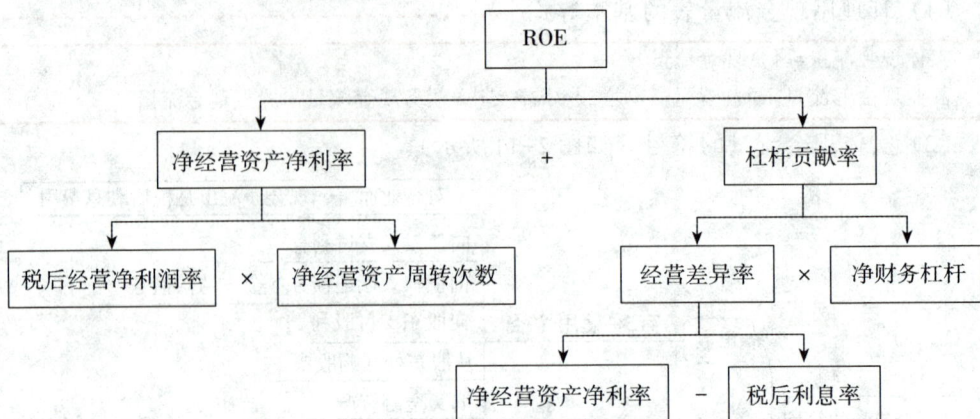

图2-12　核心指标分解

考霸笔记
从增加股东报酬来看，净经营资产净利率是企业可以承担的借款税后利息率的上限。

【提示】衍生指标说明：

（1）经营差异率（见表2-53）

表2-53　　　　　　　　　　　　　　经营差异率

项目	说明
含义	它表示每借入1元债务资本投资于净经营资产所产生的净收益偿还税后利息后的剩余部分，该剩余归股东享有
分析	它是衡量借款是否合理的重要依据之一： ① 经营差异率为正数：借款会增加股东报酬； ② 经营差异率为负数：借款会减少股东报酬

考霸笔记
基本分析之后，逐级往下分解，分别考察净经营资产净利率、税后利息率和净财务杠杆的变动原因。

（2）杠杆贡献率：如果采用增加借款来提高经财务杠杆，进而拟提高杠杆贡献率，会增加财务风险，推动利息率上升，使经营差异率进一步缩小。因此，进一步提高净财务杠杆可能是不明智之举，依靠提高净财务杠杆来增加杠杆贡献率是有限度的。

3.权益净利率的驱动因素分解

各驱动因素对权益净利率变动的影响程度，可使用连环替代法测定（见表2-54）。

表2-54　　　　　　　　　　　　　使用连环替代法测定

步骤	计算	差异分析
基期	$ROE_0 = A_0 + (A_0 - B_0) \times C_0$……①	
替代A因素	$A_1 + (A_1 - B_0) \times C_0$……②	$\Delta_1 = ② - ①$：由于A变动对ROE的影响
替代B因素	$A_1 + (A_1 - B_1) \times C_0$……③	$\Delta_2 = ③ - ②$：由于B变动对ROE的影响
替代C因素	$A_1 + (A_1 - B_1) \times C_1$……④	$\Delta_3 = ④ - ③$：由于C变动对ROE的影响
报告期	$ROE_1 = A_1 + (A_1 - B_1) \times C_1$	报告期相对于基期的变化 $\Delta = \Delta_1 + \Delta_2 + \Delta_3 = ④ - ①$

第三节　财务预测的步骤和方法

一、财务预测的意义 ★ （见表2-55）

表2-55　　　　　　　　　　　　　　　　　财务预测的意义

分类	说明
狭义	仅指估计公司未来的融资需求（本章讲述）
广义	编制全部的预计财务报表（"第八章 企业价值评估"讲述）

二、财务预测的方法 ★ ★

（一）销售百分比法

1.销售百分比预测法概述

（1）销售百分比法的含义与假设（见表2-56）

表2-56　　　　　　　　　　　　　　　销售百分比法的含义与假设

项目	说明
含义	销售百分比法（Percentage of Sales Approach），是根据资产负债表和利润表中有关项目与营业收入之间的依存关系预测（外部）资金需要量的一种方法
假设	（经营）资产、（经营）负债与营业收入存在稳定的百分比关系（各项周转率不变）

（2）**销售百分比法的基本原理**（如图2-13所示）

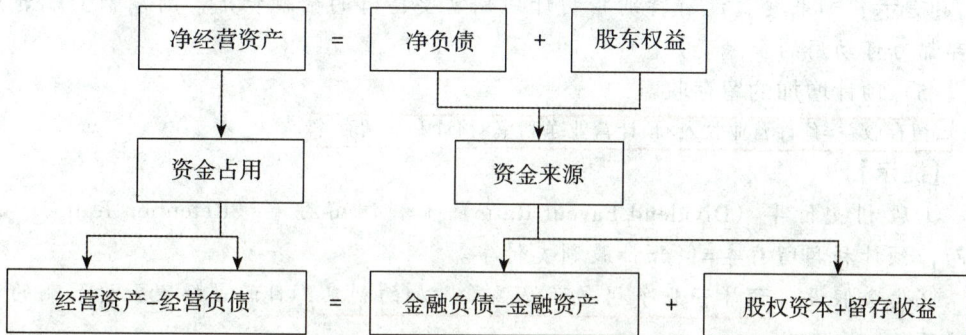

图2-13　销售百分比法的基本原理

【提示】

①融资的目的是为了净经营资产的投资，融资总需求等于净经营资产的增加。

②融资的优先顺序（见表2-57）。

表2-57　　　　　　　　　　　　　　　　　融资的优先顺序

步骤	来源	
1	内部资本	动用现存的金融资产
2		增加留存收益
3	外部资本	增加金融负债
4		增加股本

2.预测步骤（总额法：根据总的营业收入预测）

（1）确定（经营）资产和负债项目的销售百分比

（经营）各项目销售百分比=$\dfrac{\text{基期各（经营）资产或负债}}{\text{基期营业收入}}$

考霸笔记

企业增长的财务意义是营业收入的增长，从而引起资本需求增加，企业增长率一般指销售增长率。

考霸笔记

在CPA的《财务成本管理》中，经营负债的自然增长不属于"资金来源"。

销售百分比法的基本思路是什么，有哪几种计算方法？

【提示】两个重要事项（见表2-58）

表2-58　　　　　　　　　　　两个重要事项

事项	说明
报表的选取	采用经过调整的管理用财务报表数据，资产、负债一般采用期末数据即可
比例的确定	① 根据基期的数据确定； ② 根据以前若干年度的平均数确定

（2）预计各项经营资产和经营负债

各项经营资产（或负债）=预计营业收入×各项目销售百分比

（3）计算融资总需求

融资总需求=预计净经营资产-基期净经营资产=净经营资产的增加

【提示】考试时如果无需编制预计报表，则融资总需求可以一步到位求得，无需分项计算加总：

$$融资总需求=预计净经营资产-基期净经营资产$$
$$=预计营业收入×净经营资产销售百分比-基期净经营资产$$
$$=基期营业收入×（1+销售增长率）×净经营资产销售百分比-基期净经营资产$$
$$=基期净经营资产×（1+销售增长率）-基期净经营资产$$
$$=基期净经营资产×销售增长率$$

（4）预计可动用的金融资产

可动用的金融资产=基期金融资产-预计拟持有的金融资产

【提示】如果题目没有特别指明计划期需要持有的金融资产，则期初金融资产全部都为可动用的金融资产。

（5）预计增加的留存收益

Δ留存收益=预计营业收入×预计营业净利率×预计利润留存率

【提示】

① 股利支付率（Dividend Payout Ratio）+利润留存率（Retention Ratio）=1，从而，预计利润留存率=1-预计股利支付率。

② 隐含假设：预计营业净利率可以涵盖增加的利息，目的是摆脱融资预测的数据循环。

③ 区分年末留存收益和留存收益增加（即当年利润留存）见表2-59。

表2-59　　　　　　　　区分年末留存收益和留存收益增加

概念	说明	计算方法
留存收益增加	利润分配的概念	留存收益增加=当年净利润-当年股利分配
年末留存收益	资产负债表上的权益类项目	年末留存收益=年初留存收益+留存收益增加

（6）预计外部融资额（External Financing Needed，EFN）

外部融资额=融资总需求-可动用的金融资产-Δ留存收益

【提示】需要的外部融资额，可以通过增加借款或增发股票筹集，涉及资本结构管理问题：

① 在目标资本结构允许的情况下，企业会优先使用借款融资。

② 如不宜再增加借款，则需要增发股票。

3.采用简便方法计算融资需求量（增加额法：根据增加的营业收入预测）（如图2-14所示）

考霸笔记
增加的营业收入带来增量的净经营资产需求（融资总需求），无须分项预测。

$$融资总需求=\Delta 净经营资产=增加的营业收入\times 净经营资产销售百分比$$

$$外部融资额=融资总需求-可动用的金融资产-增加的留存收益$$

图2-14　采用简便方法计算融资需求量

4.销售百分比法的评价（见表2-60）

表2-60　　　　　　　　　　　销售百分比法的评价

项目	说明
优点	销售百分比法是一种比较简单、粗略的预测方法
缺点	（1）该方法假设各项经营资产和经营负债与营业收入保持稳定的百分比，可能与事实不符； （2）该方法假设预计营业净利率可以涵盖借款利息的增加，也未必合理

（二）财务预测的其他方法（见表2-61）

表2-61　　　　　　　　　　　财务预测的其他方法

预测方法	说明
回归分析法	利用一系列历史资料求得各资产负债表项目和营业收入的函数关系，然后基于预计营业收入预测资产、负债数量，最后预测融资需求。 ● 回归方程：某项资产（负债）$=a+b\times$营业收入
电子系统预测	现实中影响融资需求的变量很多，如产品组合、信用政策、价格政策等。将这些变量纳入预测模型后，需要使用计算机才能完成大量的计算过程。主要的预测手段有三种： （1）电子表软件：最简单 （2）交互式财务规划模型：比较复杂 （3）综合数据库财务计划系统：最复杂

第四节　增长率与资本需求的测算

一、外部资本需求的测算 ★★

考霸笔记
外部融资销售增长比就是销售增长和筹资需求之间存在的比例关系，根据这种关系，就可以直接计算特定销售增长下的筹资需求。

（一）外部融资销售增长比

外部融资额占销售增长的百分比，简称"外部融资销售增长比"，是指每增加1元营业收入需要追加的外部融资额。

1.外部融资销售增长比的计算方法

利用外部融资额"增加额"法，将等式的两边同时除以"增加的营业收入"：

（1）计算总的外部融资额

$$外部融资额=\frac{增加的营业收入}{}\times 净经营资产销售百分比-可动用的金融资产-预计营业收入\times 预计营业净利率\times 预计利润留存率$$

（2）两边同时除以"增加的营业收入"：

如何分析外部融资销售百分比与内含增长率之间的关系？

$$外部融资销售增长比=净经营资产销售百分比-\frac{可动用的金融资产}{增加的营业收入}$$

$$\frac{基期营业收入\times(1+销售增长率)}{基期营业收入\times销售增长率}\times预计营业净利率\times预计利润留存率$$

（3）如果可动用的金融资产为零，上式变为：

$$\frac{外部融资}{销售增长比}=\frac{净经营资产}{销售百分比}-\frac{1+销售增长率}{销售增长率}\times\frac{预计营业}{净利率}\times\frac{预计利润}{留存率}$$

2.外部融资销售增长比的应用（见表2-62）

表2-62　　　　　　　外部融资销售增长比的应用

作用	说明
预计外部融资额	预计外部融资额=Δ营业收入×外部融资销售增长比
调整股利政策	外部融资销售增长比为负数时，说明企业不仅没有外部融资需求，还有剩余资金，可用于增加股利或进行短期投资（投资于金融资产）
预计通货膨胀对筹资的影响	含有通货膨胀的销售增长率=（1+销售增长率）×（1+通货膨胀率）-1

考霸笔记
即使销量增长为零，也需要补充资金，以弥补通货膨胀造成的货币贬值损失。

（二）外部融资需求的敏感分析（见表2-63）

考霸笔记
Δ净经营资产<Δ留存收益

表2-63　　　　　　　外部融资需求的敏感分析

影响方式	影响因素	影响方向
影响融资总需求	销售增长率	同向
	经营资产销售百分比	同向
	经营负债销售百分比	反向
影响内部资金供应	营业净利率	反向
	利润留存率	反向

考霸笔记
销售增加，不一定引起外部融资需求的增加。

二、内含增长率的测算★★

（一）内含增长率的含义

假设公司没有可动用的金融资产，且不能或不打算从外部融资，只靠内部积累（即增加留存收益）实现销售增长，其销售增长率被称为"内含增长率"（Internal Growth Rate）。

（二）内含增长率的计算

1.方程法

假设外部融资额为零，由外部融资销售增长比的公式可得：

$$0=净经营资产销售百分比-\frac{1+g}{g}\times预计营业净利率\times预计利润留存率$$

解一元一次方程（初中数学），得出增长率g。

如何判断不同指标对外部融资额与内含增长率的关系？

2.公式法

假设外部融资额为零，由外部融资销售增长比的公式可得：

$$0=\frac{净经营资产}{销售百分比}-\frac{1+增长率}{增长率}\times\frac{预计营业}{净利率}\times\frac{预计利润}{留存率}$$

解出增长率：

$$内含增长率=\frac{预计营业净利率×净经营资产周转次数×预计利润留存率}{1-预计营业净利率×净经营资产周转次数×预计利润留存率}\quad\cdots\cdots三乘法$$

$$=\frac{\dfrac{预计净利润}{预计营业收入}×\dfrac{基期营业收入}{基期净经营资产}×\dfrac{预计利润留存}{预计净利润}}{1-\dfrac{预计净利润}{预计营业收入}×\dfrac{基期营业收入}{基期净经营资产}×\dfrac{预计利润留存}{预计净利润}}\quad\cdots\cdots 助记:\frac{A×B×C}{1-A×B×C}$$

$$=\frac{\dfrac{预计净利润}{预计净经营资产}×预计利润留存率}{1-\dfrac{预计净利润}{预计净经营资产}×预计利润留存率}\quad\cdots\cdots二乘法$$

【提示】

（1）公式中使用的指标理论上为预测期数据，如果题中给出相关指标不变或沿用基期，则可以使用基期指标。

（2）只要题目没有特别指明，取自资产负债表的数据可以采用期末数。

（3）$\dfrac{净经营资产}{周转次数}=\dfrac{营业收入}{净经营资产}=1\Big/\dfrac{净经营资产}{营业收入}==\dfrac{1}{净经营资产销售百分比}$

● 由于内含增长率的计算是基于"销售百分比法"，所以预计的净经营资产周转次数和基期的净经营资产周转次数相等。

（4）一个关键比率的理解（见表2-64）：$\dfrac{预计净利润}{预计净经营资产}$

表2-64　　　　　　　　　　　一个关键比率的理解

问题	说明
计算口径	① 分子：传统利润表中的净利润，而非管理用利润表中的"税后经营净利润"。 ② 分母：管理用资产负债表的"净经营资产"。 ● 该比率不能读成"净经营资产净利率"，因为管理用财务报表分析中已经用到这个名词，表示"税后经营净利润/净经营资产"
数据时期	① 如果预计净利率和基期净利率一致，则该比率可以用基期的比率： $\dfrac{预计净利润}{预计净经营资产}=\dfrac{基期净利润}{基期净经营资产}$ ② 如果预计净利率发生变化，则不能用基期数值计算，必须用预计数值重新计算预计净利润和预计净经营资产： （1）预计净利润=预计收入×预计净利率=基期收入×（1+销售增长率）×预计净利率 （2）预计净经营资产=基期净经营资产×（1+销售增长率）

（三）内含增长率的应用（见表2-65）

表2-65　　　　　　　　　　　内含增长率的应用

预计销售增长率	外部融资额	数量关系
预计销售增长率=内含增长率	=0	Δ净经营资产=Δ留存收益
预计销售增长率>内含增长率	>0	Δ净经营资产>Δ留存收益
预计销售增长率<内含增长率	<0	Δ净经营资产<Δ留存收益

如何根据实际增长率与内含增长率的关系，判断外部融资额的大小？

考霸笔记
预测的真正价值在于有助于应变：未来的不确定性越大，预测给企业带来的收益越大。

在分析和计算可持续增长率时，需要重点掌握的内容是什么？

6480

考霸笔记
公司希望避免出售股权的原因多种多样，例如，发行新股可能会因为巨额费用而十分昂贵，或者现有股东不愿意引入新的股东，或者新发行股票的资本成本较高。

三、可持续增长率的测算 ★★

（一）可持续增长率的概念（见表2-66）

表2-66　　　　　　　可持续增长率的概念

项目	说明
含义	可持续增长率（Sustainable Growth Rate）是指不发行新股，不改变经营效率（营业净利率和资产周转率）和财务政策（权益乘数和利润留存率）时，其销售所能达到的增长率
假设条件	（1）大前提：不愿意或不打算增发新股（包括股份回购），增加债务是唯一的外部筹资来源。 （2）4个财务比率不变： ① 公司营业净利率将维持当前水平，并且可以涵盖新增债务增加的利息； ② 公司总资产周转率将维持当前水平； ③ 公司目前的资本结构是目标资本结构（资产负债率等），并且打算继续维持下去； ④ 公司目前的利润留存率是目标利润留存率，并且打算继续维持下去

（二）可持续增长率的计算

1. 推导思路（见表2-67）

表2-67　　　　　　　推导思路

利用的假设	推导结果
总资产周转率不变	可持续增长率（销售增长率）=总资产增长率
资本结构不变	总资产增长率=股东权益增长率
不增发新股	股东权益增长率=$\dfrac{本年股东权益的增加}{期初股东权益}$=$\dfrac{本年留存收益的增加}{期初股东权益}$

【提示】

（1）在上述假设条件成立的情况下：销售的增长率=可持续增长率

（2）企业的这种增长状态，称为可持续增长或平衡增长，在这种状态下，其资产、负债和股东权益同比例增长，见表2-68。

表2-68　　可持续增长状态下资产、负债和股东权益同比例增长

年初资产100	年初负债40
	年初股东权益60
Δ资产10	Δ负债4
	Δ股东权益6

考霸笔记
可持续增长时，权益净利率不变，说明单纯的销售增长不一定会增加股东的投入产出比率。

2. 公式推导（见表2-69）

表2-69　　　　　　　公式推导

方法	计算公式
根据期初股东权益	$g_{可持续}$=期初权益本期净利率×利润留存率 =营业净利率×期末总资产周转次数×期末总资产期初权益乘数×利润留存率
根据期末股东权益	$g_{可持续}$=$\dfrac{期末权益净利率×利润留存率}{1-期末权益净利率×利润留存率}$ =$\dfrac{营业净利率×期末总资产周转次数×期末总资产权益乘数×利润留存率}{1-营业净利率×期末总资产周转次数×期末总资产权益乘数×利润留存率}$

（三）可持续增长率与实际增长率的关系

1.经营效率和财务政策不改变

可持续增长率是企业当前经营效率和财务政策决定的未来内在增长能力。只要公司不断增加的产品能为市场接受，这种增长状态，在资金上可以永远持续发展下去，可称为平衡增长。平衡增长时，各指标的本年$g_{实际}$=本年$g_{可持续}$=上年$g_{可持续}$，见表2-70。

考霸笔记
实际增长率和可持续增长率经常不一致。分析两者差异，可以了解企业经营效率和财务政策有何变化。

表2-70　　　　　　　　　平衡增长时的财务指标

报表	财务指标
资产负债表	本年股东权益增长率=本年总资产增长率=本年负债增长率
利润表	本年营业收入增长率=本年税后利润增长率
所有者权益变动表	本年利润留存增长率=本年股利增长率
现金流量表	实体现金流量增长率=股权现金流量增长率

2.经营效率或财务政策发生改变（见表2-71）

表2-71　　　　　　　　经营效率或财务政策发生改变

项目	说明	
情形	在不增发新股的情况下，某一年公式中的4个财务比率有一个或多个比率升高	在不增发新股的情况下，某一年公式中的4个财务比率有一个或多个比率下降
结果	（1）本年$g_{实际}$＞上年$g_{可持续}$ （2）本年$g_{可持续}$＞上年$g_{可持续}$	（1）本年$g_{实际}$＜上年$g_{可持续}$ （2）本年$g_{可持续}$＜上年$g_{可持续}$
解释	由此可见，超常增长是"改变"财务比率的结果，而不是持续当前状态的结果。企业不可能每年提高这4个财务比率，也就不可能使超常增长继续下去	这是超常增长之后的必然结果，企业对此要事先有所准备。如果不愿意接受这种现实，继续勉强冲刺，现金周转的危机很快就会来临

3.如何确定高速增长（本年$g_{实际}$＞上年$g_{可持续}$）时所应改变的财务比率（见表2-72）

考霸笔记
如果某一年公式中4个财务比率已经达到公司的极限，只有通过发行新股增加资金，才能提高销售增长率。

表2-72　　如何确定高速增长（本年$g_{实际}$＞上年$g_{可持续}$）时所应改变的财务比率

拟提高的财务比率	计算方法	
营业净利率、利润留存率	利用可持续增长率的公式倒推求得该财务比率	
总资产周转率	（1）计算本期增加的留存收益 （2）计算期末股东权益=期初股东权益＋本期留存收益 （3）利用不变的权益乘数计算期末总资产 （4）计算改变后的总资产周转率	不能利用公式倒推，只能利用不变的其他财务比率推算
权益乘数	（1）计算本期增加的留存收益 （2）计算期末股东权益=期初股东权益＋本期留存收益 （3）利用不变的总资产周转次数计算期末总资产 （4）计算改变后的权益乘数	

【提示】可持续增长的思想，不是说企业的增长不可以高于或低于可持续增长率，问题在于管理人员必须事先预计并且解决公司超过可持续增长率的增长所导致的财务问题。

（四）基于管理用财务报表的可持续增长率

1.假设条件（见表2-73）

表2-73　　　　　　　　　　　假设条件

项目	说明
大前提	不愿意或不打算增发新股（包括股份回购），增加债务是唯一的外部筹资来源
4个财务比率不变	（1）公司营业净利率将维持当前水平，并且可以涵盖新增债务增加的利息； （2）公司净经营资产周转率将维持当前水平； （3）公司目前的资本结构是目标资本结构（净财务杠杆不变），并且打算继续维持下去； （4）公司目前的利润留存率是目标利润留存率，并且打算继续维持下去

2.计算公式（见表2-74）

表2-74　　　　　　　　　　　计算公式

项目	计算公式
根据期初股东权益	$g_{可持续}$=营业净利率×期末净经营资产周转次数×期末净经营资产期初权益乘数×利润留存率
根据期末股东权益	$g_{可持续}=\dfrac{营业净利率×期末净经营资产周转次数×期末净经营资产权益乘数×利润留存率}{1-营业净利率×期末净经营资产周转次数×期末净经营资产权益乘数×利润留存率}$

【总结】内含增长率与可持续增长率的区别（见表2-75）

表2-75　　　　　　　内含增长率与可持续增长率的区别

项目	内含增长率				可持续增长率			
假设	销售百分比法的假设				5个假设			
融资方式	金融资产	留存收益	金融负债	发行新股	金融资产	留存收益	金融负债	发行新股
	×	√	×	×	×	√	√	×
资本结构	不增加外部债务，资本结构因留存收益增加而改变				资本结构不变，可以增加外部金融负债，配合股东权益的增加			
股利政策	可以调整				不能调整			
融资需求	判断外部融资需求的界限				不是判断外部融资需求的界限			
留存收益	Δ净经营资产=Δ留存收益				Δ股东权益=Δ留存收益			

智能测评

在线练习		我要提问
扫码在线做题	扫码看答案	扫码答疑
本书"本章同步强化训练"均配备二维码，打开微信"扫一扫"即可完成在线测评，查看本章详细的测评反馈报告，了解知识掌握情况，也可扫码直接看答案噢。 　快来扫码做题吧！		本书配备答疑专用二维码，打开微信"扫一扫"，即可完成在线提问，获取专业老师全面个性化解答，让学习问题不再拖延。 　快来扫码提问吧！

本章同步强化训练

一、单选题

1.下列关于营运资本的说法中，正确的是（　　）。

A.营运资本越多的企业，流动比率越大

B.营运资本越多，长期资本用于流动资产的金额越大

C.营运资本增加，说明企业短期偿债能力提高

D.营运资本越多的企业，短期偿债能力越强

2.流动比率小于1时，赊购原材料若干，将会（　　）。

A.增大流动比率　　　　B.降低流动比率　　　　C.增大营运资本　　　　D.降低营运资本

3.现金流量比率是反映企业短期偿债能力的一个财务指标。在计算年度现金流量比率时，通常使用流动负债的（　　）。

A.年初余额　　　　　　　　　　　　　B.年末余额

C.年初余额和年末余额的平均值　　　　D.各月末余额的平均值

4.下列事项中，有助于提高企业短期偿债能力的是（　　）。

A.利用短期借款增加对流动资产的投资

B.为扩大营业面积，与租赁公司签订一项新的长期房屋租赁合同

C.补充长期资本，使长期资本的增加量超过长期资产的增加量

D.提高流动负债中的无息负债比率

5.下列各项中，会使企业实际短期偿债能力大于财务报表所反映的能力的是（　　）。

A.存在将很快变现的存货　　　　　　　B.存在或有负债及未决诉讼案件

C.为别的企业提供信用担保　　　　　　D.未使用的银行贷款限额

6.ABC公司无优先股，去年每股收益为4元，每股发放股利2元，留存收益在过去一年中增加了500万元。年底每股净资产为30元，负债总额为5 000万元，则该公司的资产负债率为（　　）。

A.30%　　　　　　　B.33%　　　　　　　C.40%　　　　　　　D.44%

7.在"利息保障倍数$=\dfrac{净利润+利息费用+所得税费用}{利息费用}$"计算式中，分子的"利息费用"是（　　）。

A.计入本期现金流量表的利息支出

B.计入本期利润表的费用化利息

C.计入本期利润表的费用化利息和资产负债表的资本化利息

D.计入本期资产负债表的资本化利息

8.已知甲公司本年财务费用为100万元（其中利息费用为140万元，利息收入为40万元），资本化利息为25万元，净利润为500万元，所得税费用为150万元。则本年的利息保障倍数为（　　）。

A.5.36　　　　　　　B.5.64　　　　　　　C.4.55　　　　　　　D.4.79

9.现金流量与负债比率是反映企业长期偿债能力的一个财务指标，在计算指标时（　　）。

A.通常使用长期负债的年末余额作为分母

B.通常使用长期负债的年初余额和年末余额的平均值作为分母

C.通常使用全部负债的年末余额作为分母

D.通常使用全部负债的的年初余额和年末余额的平均值作为分母

10.甲公司的生产经营存在季节性，每年的6月到10月是生产经营旺季，11月到次年5月是生产经营淡季。如果使用应收账款年初余额和年末余额的平均数计算应收账款周转次数，计算结果会（　　　）。

A.高估应收账款周转速度

B.低估应收账款周转速度

C.正确反映应收账款周转速度

D.无法判断对应收账款周转速度的影响

11.甲公司是一家电器销售企业，每年6月到10月是销售旺季，管理层拟用存货周转率评价全年存货管理业绩，适合使用的公式是（　　　）。

A.存货周转率=销售收入/（∑各月末存货/12）

B.存货周转率=销售收入/［（年初存货＋年末存货）/2］

C.存货周转率=销售成本/［（年初存货＋年末存货）/2］

D.存货周转率=销售成本/（∑各月末存货/12）

12.某企业存货周转次数（以成本为基础确定）为30次，销售毛利率为40%，则存货（以收入为基础确定）周转次数为（　　　）次。

A.12　　　　　　　　B.25　　　　　　　　C.40　　　　　　　　D.50

13.某企业20×4年的总资产周转次数为2次，非流动资产周转次数为3次，若一年按360天计算，则流动资产周转天数为（　　　）天。

A.360　　　　　　　B.180　　　　　　　C.120　　　　　　　D.60

14.某企业的总资产净利率为20%，若产权比率为1，则权益净利率为（　　　）。

A.15%　　　　　　　B.20%　　　　　　　C.30%　　　　　　　D.40%

15.甲公司上年净利润为250万元，流通在外的普通股加权平均股数为100万股，优先股为50万股，优先股股息为每股1元。如果上年年末普通股的每股市价为30元，甲公司的市盈率为（　　　）。

A.12　　　　　　　　B.15　　　　　　　　C.18　　　　　　　　D.22.5

16.甲公司2016年年初流通在外普通股8 000万股，优先股500万股；2016年6月30日增发普通股4 000万股。2016年年末股东权益合计35 000万元，优先股每股清算价值10元，无拖欠的累积优先股股息。2016年年末甲公司普通股每股市价12元，市净率是（　　　）。

A.2.8　　　　　　　B.4.8　　　　　　　C.4　　　　　　　　D.5

17.已知某公司某年每股收益为2元，销售净利率为10%，年末市盈率为20倍。则该公司的市销率为（　　　）。

A.1.5　　　　　　　B.2　　　　　　　　C.3　　　　　　　　D.4

18.甲公司2008年的销售净利率比2007年下降5%，总资产周转次数提高10%，假定其他条件与2007年相同，那么甲公司2008年的权益净利率比2007年提高（　　　）。

A.4.5%　　　　　　B.5.5%　　　　　　C.10%　　　　　　　D.10.5%

19.甲公司的销售净利率为8%，总资产周转次数为2次，若权益净利率为30%，则产权比率为（　　　）。

A.1.875　　　　　　B.0.875　　　　　　C.1　　　　　　　　D.0.12

20.在其他因素不变的情况下，下列各项变化中，能够增加经营营运资本需求的是（　　）。

A.采用自动化流水生产线，减少存货投资

B.原材料价格上涨，销售利润率降低

C.市场需求减少，销售额减少

D.发行长期债券，偿还短期借款

21.某公司20×5年度利润表中利润总额为1 260万元，财务费用为120万元，资产减值损失为60万元，其中：应收账款减值损失为40万元，可供出售金融资产减值损失为20万元。该公司采用管理用报表体系进行财务分析，平均所得税税率为20%，则20×5年度的税后经营净利润为（　　）万元。

A.1 008　　　　　　　B.1 104　　　　　　　C.1 120　　　　　　　D.1 152

22.假设其他因素不变，在税后经营净利率大于税后利息率的情况下，下列变动中不利于提高杠杆贡献率的是（　　）。

A.提高税后经营净利率　　　　　　　　B.提高净经营资产周转次数

C.提高税后利息率　　　　　　　　　　D.提高净财务杠杆

23.销售百分比法是预测企业未来融资需求的一种方法。下列关于应用销售百分比法的说法中，错误的是（　　）。

A.根据预计存货/销售百分比和预计销售收入，可以预测存货的资金需求

B.根据预计应付账款/销售百分比和预计销售收入，可以预测应付账款的资金需求

C.根据预计金融资产/销售百分比和预计销售收入，可以预测可动用的金融资产

D.根据预计销售净利率和预计销售收入，可以预测净利润

24.某企业20×7年年末的经营资产为600万元，经营负债为200万元，金融资产为40万元，20×7年的销售收入为1 000万元。经营资产、经营负债占销售收入的百分比保持不变，销售净利率保持为10%，股利支付率保持为40%。若预计20×8年销售收入将达到1 500万元，金融资产保留10万元，则需要从外部筹集的资金为（　　）万元。

A.70　　　　　　　　　B.80　　　　　　　　　C.100　　　　　　　　D.110

25.某公司经营资产销售百分比为60%，经营负债销售百分比为30%。假设该公司不存在可动用的金融资产，外部融资销售增长比为5.2%，如果该公司预计的销售净利率为8%，股利支付率为40%，则该公司销售增长率为（　　）。

A.20%　　　　　　　　B.22%　　　　　　　　C.24%　　　　　　　　D.26%

26.甲公司2×15年经营资产销售百分比70%，经营负债销售百分比15%，销售净利率8%。假设公司2×16年上述比率保持不变，没有可运用的金融资产，不打算进行股票回购，并采用内含增长方式支持销售增长，为实现10%的销售增长目标，预计2×16年股利支付率为（　　）。

A.37.5%　　　　　　　B.42.5%　　　　　　　C.57.5%　　　　　　　D.62.5%

27.假设市场是充分的，企业在经营效率和财务政策不变时，同时权益资本和借款，以下指标不会增长的是（　　）。

A.销售收入　　　B.税后利润　　　C.销售增长率　　　D.权益净利率

28.甲公司上年的可持续增长率为10%，净利润为500万元，留存收益增加300万元，上年利润分配之后资产负债表中留存收益为800万元。若预计今年处于可持续增长状态，则今年利润分配之后资产负债表中留存收益为（　　）万元。

A.1 010　　　　　　　B.1 100　　　　　　　C.1 130　　　　　　　D.1 170

29.某盈利企业不存在金融资产，当前净财务杠杆大于零、股利支付率小于1。如果经营效率和股利支付率不变，并且未来仅靠内部融资来支持增长，则企业的净财务杠杆会（　　　）。

A.逐步上升　　　　　　B.逐步下降　　　　　　C.保持不变　　　　　　D.三种情况都有可能

30.可持续增长率和内含增长率的共同点是（　　　）。

A.都不增加借款　　　　　　　　　　　　B.都不增发股票

C.都不改变资本结构　　　　　　　　　　D.都不改变股利支付率

二、多选题

1.影响速动比率的因素有（　　　）。

A.应收账款　　　　　B.存货　　　　　　C.短期借款　　　　　　D.应收票据

E.预付账款

2.权益乘数为4，则下列表述中正确的有（　　　）。

A.资产权益率为25%　　　　　　　　　　B.产权比率为3

C.资产负债率为25%　　　　　　　　　　D.资产负债率为75%

3.甲公司是制造业企业，采用管理用财务报表进行分析，下列各项中，属于甲公司金融负债的有（　　　）。

A.优先股　　　　　　　　　　　　　　　B.融资租赁形成的长期应付款

C.无息应付票据　　　　　　　　　　　　D.应付股利

4.甲公司是一家非金融企业，在编制管理用财务报表时，下列项目中属于金融负债的有（　　　）。

A.应付利息　　　　　　　　　　　　　　B.应付普通股股利

C.应付优先股股利　　　　　　　　　　　D.融资租赁形成的长期应付款

5.甲公司是一家非金融企业，在编制管理用资产负债表时，下列资产中属于金融资产的有（　　　）。

A.短期债券投资　　　　　　　　　　　　B.长期债券投资

C.短期股票投资　　　　　　　　　　　　D.长期股权投资

6.下列关于实体现金流量计算的公式中，正确的有（　　　）。

A.实体现金流量=税后经营净利润−净经营资产净投资

B.实体现金流量=税后经营净利润−经营性营运资本增加−资本支出

C.实体现金流量=税后经营净利润−经营性资产增加−经营性负债增加

D.实体现金流量=税后经营净利润−经营性营运资本增加−净经营性长期资产增加

7.下列关于实体现金流量的说法中，正确的有（　　　）。

A.实体现金流量是可以提供给债权人和股东的税后现金流量

B.实体现金流量是企业经营现金流量

C.实体现金流量是税后经营净利润扣除净经营资产增加后的剩余部分

D.实体现金流量是营业现金净流量扣除资本支出后的剩余部分

8.甲公司2011年的税后经营净利润为250万元，折旧和摊销为55万元，经营营运资本净增加80万元，分配股利50万元，税后利息费用为65万元，净负债增加50万元，公司当年未发行权益证券。下列说法中，正确的有（　　　）。

A.公司2011年的营业现金毛流量为225万元　B.公司2011年的债务现金流量为50万元

C.公司2011年的实体现金流量为65万元　　　D.公司2011年的资本支出为160万元

9.满足销售增长引起的资金需求增长的途径有（　　）。

A.动用金融资产　　　　　　　　　　　B.增加内部留存收益

C.经营负债的自然增长　　　　　　　　D.增加借款和（或）发行新股

10.假设其他因素不变，下列变动中有利于减少企业外部融资额的有（　　）。

A.提高产品毛利率　　　　　　　　　　B.提高存货周转率

C.提高权益乘数　　　　　　　　　　　D.提高股利支付率

11.甲公司无法取得外部融资，只能依靠内部积累增长。在其他因素不变的情况下，下列说法中正确的有（　　）。

A.销售净利率越高，内含增长率越高

B.净经营资产周转次数越高，内含增长率越高

C.经营负债销售百分比越高，内含增长率越高

D.股利支付率越高，内含增长率越高

12.企业销售增长时需要补充资金，假设每元销售所需资金不变，以下说法中，正确的有（　　）。

A.当企业的实际增长率高于本年的内含增长率时，企业需要从外部融资

B.当企业的实际增长率低于本年的内含增长率时，企业无需从外部融资

C.销售净利率越低，内含增长率越大

D.如果外部融资销售增长比为负数，说明企业有剩余资金，可用于增加股利或短期投资

13.下列关于可持续增长率的说法中，错误的有（　　）。

A.可持续增长率是指企业仅依靠内部筹资时，可实现的最大销售增长率

B.可持续增长率是指不改变经营效率和财务政策时，可实现的最大销售增长率

C.在经营效率和财务政策不变时，可持续增长率等于实际增长率

D.在可持续增长状态下，企业的资产、负债和权益保持同比例增长

14.在企业可持续增长的情况下，下列计算各相关项目的本期增加额的公式中，正确的有（　　）。

A.本期资产增加=$\dfrac{\text{本期销售收入增加}}{\text{基期销售收入}}\times$基期期末总资产

B.本期负债增加=基期销售收入×销售净利率×利润留存率×$\dfrac{\text{基期期末负债}}{\text{基期期末股东权益}}$

C.本期股东权益增加=基期销售收入×销售净利率×利润留存率

D.本期销售增加=基期销售收入×$\dfrac{\text{基期净利润}}{\text{基期期初股东权益}}\times$利润留存率

15.下列计算可持续增长率的公式中，正确的有（　　）。

A.$\dfrac{\text{利润留存率}\times\text{销售净利率}\left(1+\dfrac{\text{负债}}{\text{期初股东权益}}\right)}{\dfrac{\text{总资产}}{\text{销售额}}-\text{利润留存率}\times\text{销售净利率}\times\left(1+\dfrac{\text{负债}}{\text{期初股东权益}}\right)}$

B.$\dfrac{\text{利润留存率}\times\text{销售净利率}\times\left(1+\dfrac{\text{负债}}{\text{期末股东权益}}\right)}{\dfrac{\text{总资产}}{\text{销售额}}-\text{利润留存率}\times\text{销售净利率}\times\left(1+\dfrac{\text{负债}}{\text{期末股东权益}}\right)}$

C. $\dfrac{\text{本期净利润}}{\text{期末总资产}} \times \dfrac{\text{期末总资产}}{\text{期初股东权益}} \times \text{本期利润留存率}$

D. 销售净利率×总资产周转率×利润留存率×期末权益期初总资产乘数

16. 下列有关可持续增长率与实际增长率的表述中，正确的有（　　　）。

A. 可持续增长率是指不发股票，且保持目前经营效率和财务政策条件下公司销售所能增长的最大比率

B. 实际增长率是本年销售额与上年销售额的增长百分比

C. 可持续增长的假设条件之一是公司目前的股利支付率是一个目标股利支付率，并且打算继续维持下去

D. 如果某一年不发股票，且经营效率和财务政策与上年相同，则实际增长率等于上年的可持续增长率

17. 假设企业本年的经营效率、资产负债率和股利支付率与上年相同，目标销售收入增长率为30%（大于可持续增长率），则下列说法中正确的有（　　　）。

A. 本年权益净利率为30%　　　　　　　　B. 本年净利润增长率为30%

C. 本年新增投资的报酬率为30%　　　　　　D. 本年总资产增长率为30%

三、计算分析题

1. 甲公司是一家汽车销售企业，现对公司财务状况和经营成果进行分析，以发现与主要竞争对手乙公司的差异，相关资料如下：

（1）甲公司2015年的主要财务报表数据（单位：万元）。

①资产负债表项目（2015年年末）见表2-76：

表2-76　　　　　　　　　　　　资产负债表项目

项目	金额
货币资金	1 050
应收账款	1 750
预付款项	300
存货	1 200
固定资产	3 700
资产总计	8 000
流动负债	3 500
非流动负债	500
股东权益	4 000
负债和股东权益总计	8 000

假设资产负债表项目年末余额可代表全年平均水平。

②利润表项目（2015年度）见表2-77：

表2-77　　　　　　　　　　　　利润表项目

项目	金额
营业收入	10 000
减：营业成本	6 500
营业税金及附加	300
销售费用	1 400
管理费用	160
财务费用	40
利润总额	1 600
减：所得税费用	400
净利润	1 200

（2）乙公司相关财务比率见表2-78。

表2-78　　　　　　　　　　　　　　乙公司相关财务比率

销售净利率	总资产周转次数	权益乘数
24%	0.6	1.5

要求：

（1）使用因素分析法，按照销售净利率、总资产周转次数、权益乘数的顺序，对2015年甲公司相对乙公司权益净利率的差异进行定量分析。

（2）说明销售净利率、总资产周转次数、权益乘数3个指标各自的经济含义以及各自评价企业哪方面能力，并指出甲公司与乙公司在经营战略和财务政策上的差别。

2. 甲公司是一个材料供应商，拟与乙公司建立长期合作关系，为了确定对乙公司采用何种信用政策，需要分析乙公司的偿债能力和营运能力。为此，甲公司收集了乙公司2013年度的财务报表，相关的财务报表数据以及财务报表附注中披露的信息如下：

（1）资产负债表项目（单位：万元）见表2-79。

表2-79　　　　　　　　　　　　　　资产负债表项目

项目	年末金额	年初金额
流动资产合计	4 600	4 330
其中：货币资金	100	100
交易性金融资产	500	460
应收账款	2 850	2 660
预付款项	150	130
存货	1 000	980
流动负债合计	2 350	2 250

（2）利润表项目（单位：万元）见表2-80。

表2-80　　　　　　　　　　　　　　利润表项目

项目	本年金额	上年金额（略）
营业收入	14 500	
财务费用	500	
资产减值损失	10	
所得税费用	32.50	
净利润	97.50	

（3）乙公司的生产经营存在季节性，每年3月份至10月份是经营旺季，11月份至次年2月份是经营淡季。

（4）乙公司按照应收账款余额的5%计提坏账准备，2013年年初坏账准备余额140万元，2013年年末坏账准备余额150万元。最近几年乙公司的应收账款回收情况不好，截至2013年年末账龄三年以上的应收账款已达到应收账款余额的10%。为了控制应收账款的增长，乙公司在2013年收紧了信用政策，减少了赊销客户的比例。

（5）乙公司2013年资本化利息支出100万元，计入在建工程。

（6）计算财务比率时，涉及的资产负债表数据均使用其年初和年末的平均数。

要求：

（1）计算乙公司2013年的速动比率。评价乙公司的短期偿债能力时，需要考虑哪些因素？具体分析这些因素对乙公司短期偿债能力的影响。

（2）计算乙公司2013年的利息保障倍数。分析并评价乙公司的长期偿债能力。

（3）计算乙公司2013年的应收账款周转次数。评价乙公司的应收账款变现速度时，需要考虑哪些因素？具体分析这些因素对乙公司应收账款变现速度的影响。

3.甲公司是一家动力电池生产企业，拟采用管理用财务报表进行财务分析。相关资料如下：

（1）2018年主要财务报表数据

• 资产负债表/2018年12月31日（单位：万元）见表2-81。

表2-81 资产负债表

项目	金额
货币资金	200
应收账款	800
存货	1 500
固定资产	5 500
资产总计	8 000
应付账款	2 000
长期借款	2 000
股东权益	4 000
负债及股东权益总计	8 000

• 利润表/2018年度（单位：万元）见表2-82。

表2-82 利润表

项目	金额
营业收入	10 000
减：营业成本	6 000
税金及附加	320
销售和管理费用	2 000
财务费用	160
利润总额	1 520
减：所得税费用	380
净利润	1 140

（2）甲公司货币资金全部为经营活动所需，财务费用全部为利息支出，甲公司的企业所得税税率25%。

（3）乙公司是甲公司的竞争对手，2018年相关财务比率见表2-83：

表2-83 2018年相关财务比率

净经营资产净利率	税后利息率	净财务杠杆	权益净利率
22%	8%	60%	30.4%

要求：

（1）编制甲公司2018年管理用财务报表（结果填入下方表格中，不用列出计算过程）。

• 管理用资产负债表/2018年12月31日（单位：万元）见表2-84。

表2-84 管理用资产负债表

项目	金额
经营性资产	
经营性负债	
净经营资产	
金融负债	
金融资产	
净负债	
股东权益	
净负债及股东权益总计	

- 管理用利润表/2018年度（单位：万元）见表2-85。

表2-85　　　　　　　　　　　　　管理用利润表

项目	金额
税前经营利润	
减：经营利润所得税	
税后经营净利润	
利息费用	
减：利息费用抵税	
税后利息费用	
净利润	

（2）基于甲公司管理用财务报表，计算甲公司的净经营资产净利率、税后利息率、净财务杠杆和权益净利率。（注：资产负债表相关数据用年末数计算）

（3）计算甲公司与乙公司权益净利率的差异。并使用因素分析法，按照净经营资产净利率、税后利息率和净财务杠杆的顺序，对该差异进行定量分析。

4.甲公司为一家制衣公司，该公司的相关资料如下：

- 资料1：最近2年传统的简要资产负债表（单位：万元）见表2-86。

表2-86　　　　　　　　　　　　　简要资产负债表

项目	2010年年末	2011年年末	项目	2010年年末	2011年年末
货币资金	45	25	短期借款	45	67.5
应收账款	115	145	应付账款	90	110
存货	85	150	其他应付款	22.5	25
预付款项	15	17.5	流动负债合计	157.5	202.5
流动资产合计	260	337.5	长期借款	60	50
固定资产净值	195	182.5	股东权益	237.5	267.5
资产总计	455	520	负债及股东权益	455	520

除银行借款外，其他资产负债表项目均为经营性质。

- 资料2：最近2年传统的简要利润表（单位：万元）见表2-87。

表2-87　　　　　　　　　　　　　简要利润表

项目	2010年	2011年
营业收入	675	800
减：营业成本	510	607.5
销售费用及管理费用	82.5	100
财务费用	10	12.5
利润总额	72.5	80
所得税费用	22.5	25
净利润	50	55
其中：现金股利	37.5	25
留存收益	12.5	30

经营损益所得税和金融损益所得税根据当年实际负担的平均所得税率进行分摊。

要求：

（1）编制管理用资产负债表。

（2）编制管理用利润表。

（3）计算2011年的实体现金流量、债务现金流量和股权现金流量。

5.甲公司是一家新型建筑材料生产企业，为做好2017年财务计划，拟进行财务报表分析和预测。相关资料如下：

（1）甲公司2016年主要财务数据（单位：万元）。

● 资产负债表见表2-88。

表2-88

资产负债表

项目	2016年年末
货币资金	600
应收账款	1 600
存货	1 500
固定资产	8 300
资产总计	12 000
应付账款	1 000
其他流动负债	2 000
长期借款	3 000
股东权益	6 000
负债及股东权益总计	12 000

● 利润表见表2-89。

表2-89

利润表

项目	2016年度
营业收入	16 000
减：营业成本	10 000
税金及附加	560
销售费用	1 000
管理费用	2 000
财务费用	240
利润总额	2 200
减：所得税费用	550
净利润	1 650

（2）公司没有优先股且没有外部股权融资计划，股东权益变动均来自留存收益。公司采用固定股利支付率政策，股利支付率60%。

（3）销售部门预测2017年公司营业收入增长率10%。

（4）甲公司的企业所得税税率25%。

要求：

（1）假设2017年甲公司除长期借款外所有资产和负债与营业收入保持2016年的百分比关系，所有成本费用与营业收入的占比关系维持2016年水平，用销售百分比法初步测算公司2017年融资总需求和外部融资需求。

（2）假设2017年甲公司除货币资金、长期借款外所有资产和负债与营业收入保持2016年的百分比关系，除财务费用和所得税费用外所有成本费用与营业收入的占比关系维持2016年水平，2017年新增财务费用按新增长期借款期初借入计算，所得税费用按当年利润总额计算。为满足资金需求，甲公司根据要求（1）的初步测算结果，以百万元为单位向银行申请贷款，贷款利率8%，贷款金额超出融资需求的部分计入货币资金。预测公司2017年年末资产负债表和2017年度利润表（结果填入下方表格中，不用列出计算过程）。

- 资产负债表见表2-90。

表2-90　　　　　　　　　　　　资产负债表

项目	2017年年末
货币资金	
应收账款	
存货	
固定资产	
资产总计	
应付账款	
其他流动负债	
长期借款	
股东权益	
负债及股东权益总计	

- 利润表见表2-91。

表2-91　　　　　　　　　　　　利润表

项目	2017年度
营业收入	
减：营业成本	
税金及附加	
销售费用	
管理费用	
财务费用	
利润总额	
减：所得税费用	
净利润	

6.甲公司是一家制造业企业，为做好财务计划，甲公司管理层拟利用财务报表进行分析，相关材料如下：

（1）甲公司2014年的重要财务报表数据（单位：万元）：

- 资产负债表项目见表2-92。

表2-92　　　　　　　　　　　　资产负债表项目

项目	2014年年末
货币资金	300
应收账款	800
存货	750
长期股权投资	500
固定资产	3 650
资产总计	6 000
应付账款	1 500
长期借款	1 500
股东权益	3 000
负债及股东权益总计	6 000

● 利润表项目见表2-93。

表2-93   利润表项目

项目	2014年度
营业收入	10 000
减：营业成本	6 000
营业税金及附加	320
管理费用	2 000
财务费用	80
加：投资收益	50
利润总额	1 650
减：所得税费用	400
净利润	1 250

（2）甲公司没有优先股，股东权益变动均来自利润留存，经营活动所需的货币资金是本年销售收入的2%，投资收益均来自长期股权投资。

（3）根据税法相关规定，甲公司长期股权投资收益不缴纳所得税，其他损益的所得税税率为25%。

（4）甲公司使用固定股利支付率政策，股利支付率为60%，经营性资产、经营性负债与销售收入保持稳定的百分比关系。

要求：

（1）编制甲公司2014年的管理用财务报表（提示：按照各种损益的适用税率计算应分担的所得税，结果填入下方表格中，不用列出计算过程）

① 管理用资产负债表见表2-94。

表2-94   **管理用资产负债表**

项目	2014年年末
净经营资产总计	
净负债	
股东权益	
净负债及股东权益总计	

② 管理用利润表见表2-95。

表2-95   **管理用利润表**

项目	2014年度
税后经营净利润	
税后利息费用	
净利润	

（2）假设甲公司目前已达到稳定状态，经营效率和财务政策保持不变，且不增发新股和回购股票，可以按照之前的利率水平在需求的时候取得借款，不变的销售净利率可以涵盖新增债务增加的利息，计算甲公司2015年的可持续增长率。

（3）假设甲公司2015年销售增长率为25%，销售净利率与2014年相同。在2014年年末金融资产都可动用的情况下，用销售百分比法预测2015年的外部融资额。

（4）从经营效率和财务政策是否变化角度，回答上年可持续增长率、本年可持续增长率、本年实际增长率之间的联系。

第三章
价值评估基础

本章导学

本章框架图

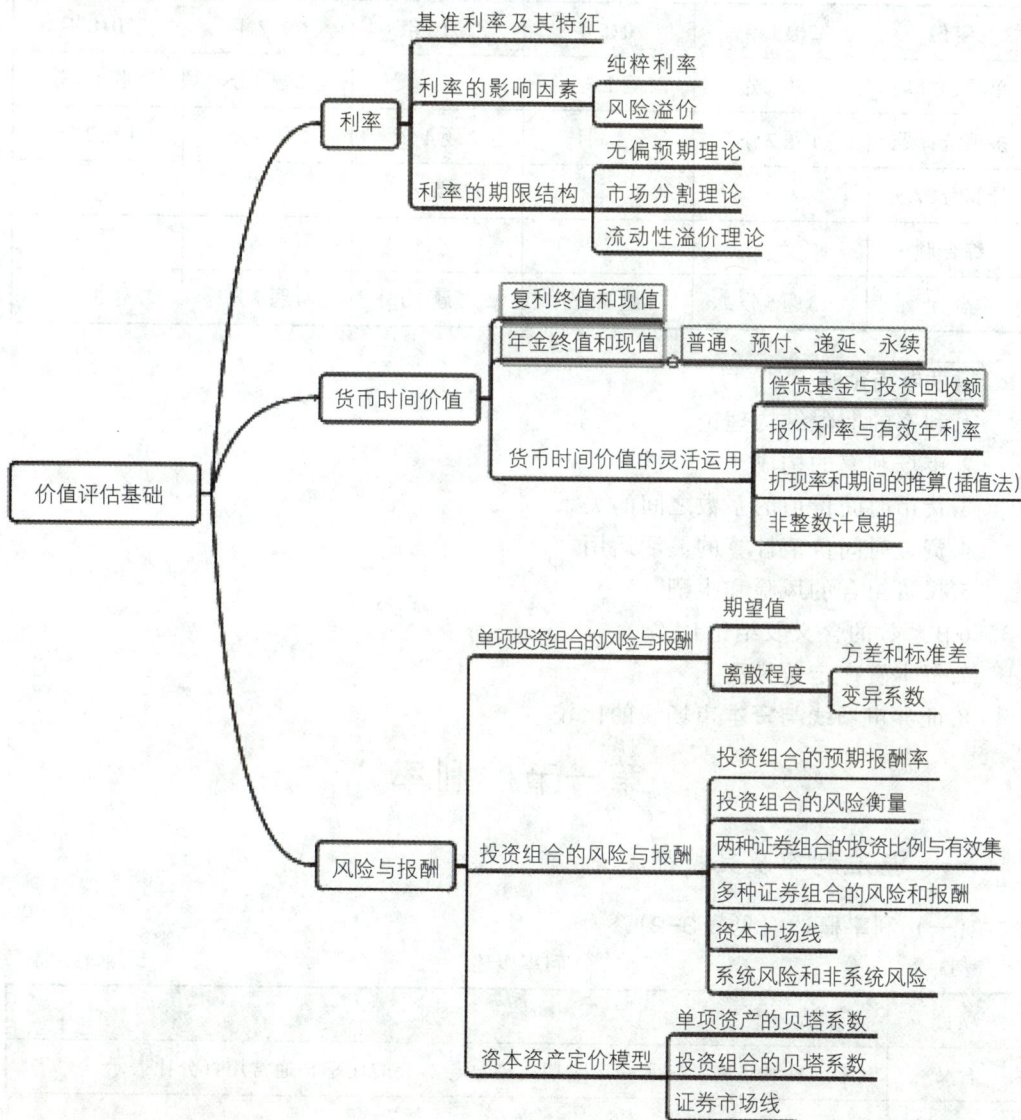

本章考情概述

本章考情分析

有关"利率"的相关内容系近年教材中增加的考点，我们主要掌握基本概念等定性知识即可。

　　货币时间价值是教材最基本的计算基础，是后面章节必须用到的知识点。考生应注意结合后续章节，需要多练习，避免眼高手低而出错。

　　同风险与报酬相关的理论是教材中较难的部分，需要大家有一定的抽象思维能力，结合图像来掌握。这部分的内容并非考试的重点，在听懂老师授课的基础上，适当练习，直接掌握计算公式和相关结论即可。本章近5年题型题量分析见表3-1。

表3-1　　　　　　　　　　　　　　近5年题型题量分析

年份	2014年	2015年	2016年	2017年	2018年
单项选择题	2题3分	1题1.5分		2题3分	1题1.5分
多项选择题	1题2分		2题4分	2题4分	1题2分
计算分析题			0.75题6分		
综合题					
合计	3题5分	1题1.5分	2.75题10分	4题7分	2题3.5分

重要考点预览

1. 利率的期限结构理论
2. 市场利率的构成
3. 货币时间价值的系数之间的关系
4. 资金时间价值计算的灵活运用
5. 投资组合的风险和报酬
6. β系数的含义及结论1
7. 资本资产定价模型
8. 证券市场线与资本市场线的比较

第一节　利率

一、基准利率及其特征★★

（一）利率概述（见表3-2）

考霸笔记
利率在资金的分配及个人和企业作出财务决策的过程中起着重要作用。

表3-2　　　　　　　　　　　　　　利率概述

项目	说明
含义	利率又称利息率，表示一定时期内利息与本金的比率，通常用百分比表示
计算公式	利率＝利息÷本金×100%
表示方法	根据计量的期限标准，可以将利率表示为年利率、月利率、日利率等
影响因素	（1）产业的平均利润水平、货币的供给与需求状况、经济发展的状况； （2）物价水平、利率管制、国际经济状况和货币政策因素

（二）基准利率（见表3-3）

表3-3　　　　　　　　　　　　基准利率

项目	说明
含义	基准利率是金融市场上具有普遍参照作用的利率，其他利率水平或金融资产价格均可根据这一基准利率水平来确定。
确定方法	以中国人民银行（央行）对国家专业银行和其他金融机构规定的存贷款利率为基准利率
作用	基准利率是利率市场化机制形成的核心：融资者衡量融资成本，投资者计算投资收益，都将其作为参考
基本特征	（1）市场化：基准利率必须是由市场供求关系决定，而且不仅反映实际市场供求状况，还反映市场对未来的预期。 （2）基础性：基准利率在利率体系、金融产品价格体系中处于基础性地位。 （3）传递性：基准利率所反映的市场信号，能有效传递到其他金融市场和金融产品价格上

二、利率的影响因素 ★★★

> 市场利率的影响因素包括哪些？

在市场经济条件下，市场利率（名义利率）的确定方法表示如下：

市场利率 $r = r^* + RP = r^* + IP + DRP + LRP + MRP$

其中：r^*——纯粹利率

　　　　RP——风险溢价（Risk Premium）

　　　　IP——通货膨胀溢价（Inflation Premium）

　　　　DRP——违约风险溢价（Default Risk Premium）

　　　　LRP——流动性风险溢价（Liquidity Risk Premium）

　　　　MRP——期限风险溢价（Maturity Risk Premium）

> **考霸笔记**
>
> 影响纯利率的基本因素是资金供应量和需求量，因而纯利率不是一成不变的，它随资金供求的变化而不断变化。

（一）纯粹利率（见表3-4）

表3-4　　　　　　　　　　　　纯粹利率

项目	说明
含义	也称真实无风险利率，是指在没有通货膨胀、无风险情况下资金市场的平均利率
近似表达	没有通货膨胀时，短期政府债券的利率可以视作纯粹利率

（二）通货膨胀溢价（见表3-5）

表3-5　　　　　　　　　　　　通货膨胀溢价

项目	说明
含义	指证券存续期间预期的平均通货膨胀率
重要计量	纯粹利率与通货膨胀溢价之和，称为"名义无风险利率"，并简称为"无风险利率"： 名义无风险利率 $r_{RF} = r^* + IP$

> **考霸笔记**
>
> 此处的公式与第四章利用资本资产定价模型估计普通股资本成本时"无风险利率的估计"中的公式不同，这里是简化处理，未考虑利息本身也受通货膨胀的影响（$r^* \cdot IP$）。

（三）违约风险溢价（见表3-6）

表3-6 违约风险溢价

项目	说明
含义	指债券发行者在到期时不能按约定足额支付本金或利息的风险，该风险越大，债权人要求的贷款利息越高
应用	（1）政府债券：通常认为没有违约风险，违约风险溢价为零，其利率被视为名义无风险利率。 （2）公司债券：公司评级越高，违约风险越小，违约风险溢价越低

考霸笔记
流动性是指金融工具在必要时迅速转变为现金而不致遭受损失的能力。

（四）流动性风险溢价（见表3-7）

表3-7 流动性风险溢价

项目	说明
含义	指债券因存在不能短期内以合理价格变现的风险而给予债权人的补偿
应用	（1）国债的流动性好，流动性溢价较低。 （2）小公司发行的债券流动性较差，流动性溢价相对较高

考霸笔记
在利率剧烈波动的情况下，也会出现短期利率高于长期利率的情况，但这种偶然情况并不影响期限风险溢价的特点。

（五）期限风险溢价（见表3-8）

表3-8 期限风险溢价

项目	说明
含义	指债券因面临持续期内市场利率上升导致价格下跌的风险而给予债权人的补偿，因此也被称为"市场利率风险溢价"
特点	（1）距离债券到期日的时间越长，债权人承受的不确定性因素就越多，期限风险越大，因此期限风险溢价将会随着到期期限的增加而增加。 （2）但是，期限风险的增加速率呈现下降的趋势，因而期限风险溢价也将呈现同样的变动趋势

三、利率的期限结构 ★★★

（一）利率期限结构的含义与作用（见表3-9）

表3-9 利率期限结构的含义与作用

项目	说明
含义	利率期限结构（Term Structure of Interest Rate）是指某个时点不同期限债券的到期收益率与期限之间的关系，反映的是长期利率和短期利率的关系
作用	研究利率期限结构，有助于反映不同期限债券的供求关系，揭示市场利率的总体水平和变化方向，为投资者从事债券投资和政府部门加强管理提供参考依据

（二）利率期限结构的理论

1.无偏预期理论（见表3-10）

表3-10　　　　　　　　　　　　　　无偏预期理论

项目	说明
观点	利率期限结构完全取决于市场对未来利率的预期，即长期债券即期利率是（长期债券到期之前）短期债券预期利率的函数。也就是说长期即期利率是短期预期利率的无偏估计
计算公式	n年期即期利率 $= \sqrt[n]{\prod_{i=1}^{n}(1+\text{第i年即期利率})} - 1$ $= \sqrt[n]{(1+\text{第1年即期利率})\times(1+\text{第2年即期利率})\times\cdots\times(1+\text{第n年即期利率})} - 1$
假定	（1）人们对未来短期利率具有确定的预期； （2）资金在长期资金市场和短期资金市场之间的流动完全自由
缺点	这两个假定都过于理想化，与金融市场的实际差距太远

考霸笔记
几何平均数

2.市场分割理论（见表3-11）

表3-11　　　　　　　　　　　　　　市场分割理论

项目	说明
观点	由于存在法律制度、文化心理、投资偏好等不同，投资者会比较固定地投资于某一期限的债券，即每类投资者固定偏好于收益率曲线的特定部分，从而形成了以期限为划分标志的细分市场。因此，即期利率水平完全由各个期限市场上的供求关系决定；单个市场上的利率变化不会对其他市场上的供求关系产生影响
缺点	该理论认为不同期限的债券市场互不相关。因此，该理论无法解释不同期限债券的利率所体现的同步波动现象，也无法解释长期债券市场利率随短期债券市场利率波动呈现的有规律变化的现象

考霸笔记
该理论将不同期限的债券市场看作完全独立和相互分割的，投资者和债券的发行者都不能无成本地实现资金在不同期限的证券之间自由转移。因此，证券市场并不是一个统一的无差别的市场，而是分别存在着短期市场、中期市场和长期市场。

3.流动性溢价理论（见表3-12）

表3-12　　　　　　　　　　　　　　流动性溢价理论

项目	说明
观点	短期债券的流动性比长期债券高，因为债券到期期限越长，利率变动的可能性越大，利率风险就越高。投资者为了减少风险，偏好于流动性好的短期债券，因此，长期债券要给予投资者一定的流动性溢价，即长期即期利率是未来短期预期利率平均值加上一定的流动性风险溢价
特点	该理论综合了预期理论和市场分割理论的特点，认为不同期限的债券虽然不像预期理论所述的那样是完全替代品，但也不像市场分割理论说的那样完全不可相互替代

第三章

第二节　货币时间价值

考霸笔记

实务中，通常以利率、报酬率等来替代货币的时间价值率。

一、货币时间价值的概念★

（一）货币时间价值的含义与作用（见表3-13）

有关货币时间价值的计算公式有哪些？

表3-13　　　　　　货币时间价值的含义与作用

项目	说明
含义	货币时间价值（Time Value）是指货币经历一定时间的投资和再投资所增加的价值
作用	不同时点产生的现金流量包含了时间价值，单位货币的价值不相等，需要把它们折算到同一时点，才能进行大小的比较和比率的计算

【提示】

（1）资金循环：随着时间的延续，货币总量在循环和周转中按几何级数增长，形成了货币的时间价值。

（2）计算货币时间价值时，使用相对数字，即增加价值占投入货币的百分比。

（二）货币时间价值的重要概念

1.终值与现值（Future Value & Present Value）（见表3-14）

表3-14　　　　　　　　终值与现值

项目	说明
终值	指现在一定量的货币（单笔或数笔款项）按照给定的利息率折算到未来某一时间点的价值
现值	指未来一定量的货币（单笔或数笔款项）按照给定的利息率折算到现在的价值

考霸笔记

财务管理中一般都按照复利方式计算货币的时间价值。

2.单利与复利（Single Interest & Compound Interest）（见表3-15）

表3-15　　　　　　　　单利与复利

项目	说明
单利	只对本金计算利息，不对以前计息期的利息计算利息，各期利息相等
复利	既对本金计算利息，也对以前计息期的利息计算利息，各期利息不同（利滚利）

【提示】计息期：指相邻两次计息的时间间隔，如年、月、日等；除非特别指明，计息期为1年。

二、复利终值和现值★★（见表3-16）

考霸笔记

复利终值和复利现值都只针对一次性款项。

如何判断各个系数之间的关系？

表3-16　　　　　　　　复利终值和现值

	复利终值	复利现值
含义	现在的特定资金按复利计算的将来一定时间的价值，或者说是现在的一定本金在将来一定时间按复利计算的本金与利息之和。	未来一定时间的特定资金按复利计算的现在价值，或者说是为取得将来一定本利和现在所需要的本金
计算公式	$F = P \times (1+i)^n$	$P = \dfrac{F}{(1+i)^n}$
系数	$(1+i)^n$	$(1+i)^{-n}$
符号	$(F/P, i, n)$	$(P/F, i, n)$

【提示】复利终值系数和复利现值系数互为倒数。

三、年金终值和现值 ★ ★

（一）年金概述

1.年金的含义（见表3-17）

表3-17　　　　　　　　　　　　年金的含义

项目	说明
含义	年金（Annuity）指等额、定期的系列收支
举例	分期付款赊购、分期偿还贷款、发放养老金、分期支付工程款、每年相同的销售收入等

> **考霸笔记**
> 在年金中，等额收支的间隔期不一定是"一年"，只要间隔期相等（不超过一年），都可称之为"年金"，例如每季末等额支付的债务利息也是年金。

2.年金的种类（见表3-18）

表3-18　　　　　　　　　　　　年金的种类

种类	特点	图示
普通年金	也称后付年金，从第一期开始每期期末收款、付款	
预付年金	从第一期开始每期期初收款、付款，又称即付年金或期初年金	
递延年金	从第二期或第二期以后开始收款、付款	
永续年金	无期限定额收款、付款	

> **考霸笔记**
> 货币时间价值图：横线代表时间的延续，用数字标出各期的顺序号，其中 0 表示"现在"，数字之间表示年金收付的"间隔期"（不一定为 1 年）；竖线的位置表示收付的时刻，竖线末端的数字表示收付的金额。

（二）年金终值和现值

1.普通年金（Ordinary Annuity）（见表3-19）

表3-19　　　　　　　　　　　　普通年金

	终值	现值
含义	指最后一次收付时的本利和，它是每次收付款项的复利终值之和	指每期期末收付的相等金额折算到第一期期初（零时点）的现值之和
计算思路	$F = A + A \cdot (1+i) + A \cdot (1+i)^2 + \cdots + A \cdot (1+i)^{n-1}$	$P = \dfrac{A}{1+i} + \dfrac{A}{(1+i)^2} + \cdots + \dfrac{A}{(1+i)^n}$
计算公式	$F = A \times \dfrac{(1+i)^n - 1}{i}$	$P = A \times \dfrac{1 - (1+i)^{-n}}{i}$
符号	$(F/A, i, n)$	$(P/A, i, n)$

【提示】

(1) 公式推导过程中，使用了等比数列求和公式：$S_n = a_1 \cdot \dfrac{1-q^n}{1-q}$，其中，$a_1$ 为首项，q 为公比。

- 年金终值 $F = A + A \cdot (1+i) + A \cdot (1+i)^2 + \cdots + A \cdot (1+i)^{n-1}$

$$= A \times 1 \times \frac{1-(1+i)^n}{1-(1+i)} = A \times \frac{(1+i)^n - 1}{i}$$

- 年金现值 $P = \dfrac{A}{1+i} + \dfrac{A}{(1+i)^2} + \cdots + \dfrac{A}{(1+i)^n} = A \times \left[\dfrac{1}{1+i} \times \dfrac{1 - \dfrac{1}{(1+i)^n}}{1 - \dfrac{1}{1+i}} \right] = A \times \dfrac{1-(1+i)^{-n}}{i}$

(2) 普通年金终值系数和其现值系数的关系为：$\boxed{(F/A, i, n) = (P/A, i, n) \times (1+i)^n}$

2. 预付年金 (Annuity Due) (见表3-20)

考霸笔记

普通年金终值时点为最后一次流量发生时点，预付年金终值时点为最后一次流量发生的下一个时点。

表3-20　　　　　　　　　　预付年金

	终值	现值
计算思路	比期数相同的普通年金多复利一次	比期数相同的普通年金少折现一次
计算公式	$F = A \times \dfrac{(1+i)^n - 1}{i} \times (1+i)$ $= A \times \left[\dfrac{(1+i)^{n+1} - 1}{i} - 1 \right]$	$P = A \times \dfrac{1-(1+i)^{-n}}{i} \times (1+i)$ $= A \times \left[\dfrac{1-(1+i)^{-(n-1)}}{i} + 1 \right]$
符号	$(F/A, i, n) \times (1+i)$ 或 $(F/A, i, n+1) - 1$	$(P/A, i, n) \times (1+i)$ 或 $(P/A, i, n-1) + 1$
计算技巧	比较普通年金终值系数：期数 + 1，系数 - 1	比较普通年金现值系数：期数 - 1，系数 + 1

考霸笔记

公式中的 n 表示的是 A 的个数，与递延期无关。

3. 递延年金 (Deferred Annuity)

(1) 终值 (见表3-21)

考霸笔记

递延期期数 (m) 是相对于普通年金而言的

表3-21　　　　　　　　　　终值

项目	说明
思路	和普通年金类似，只考虑有几期 (n) 年金收付，与递延期 (m) 无关
图示	
计算公式	$F = A \times \dfrac{(1+i)^n - 1}{i} = A \cdot (F/A, i, n)$

在计算递延年金现值时有哪些方法？计算时需要注意哪些？

(2) 现值

计算递延年金的现值，有三种方法。

①方法一：两次折现（见表3-22）。

表3-22 两次折现

项目	说明
思路	把递延年金视为n期普通年金，先求出n期年金在递延期末（m时点）的"现值"，然后再将此"现值"折现到第一期期初（零时点）
图示	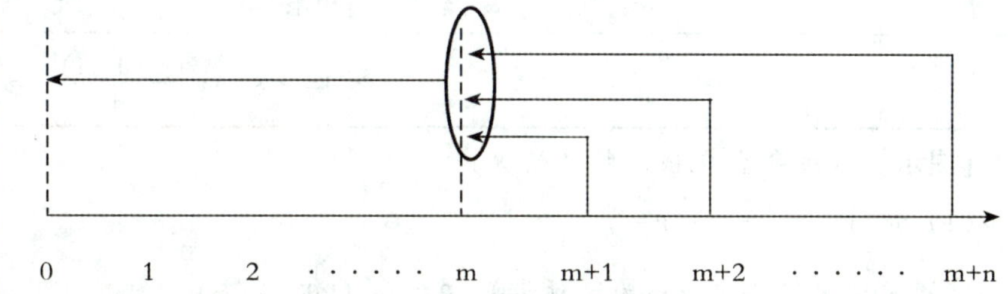
计算公式	$P = A \cdot \dfrac{1-(1+i)^{-n}}{i} \cdot (1+i)^{-m} = A \cdot (P/A,i,n) \cdot (P/F,i,m)$

②方法二：年金现值系数之差（见表3-23）。

表3-23 年金现值系数之差

项目	说明
思路	假设递延期中也进行收付，先求出（m + n）期的年金现值，然后扣除实际并未收付的递延期间（m）的年金现值
图示	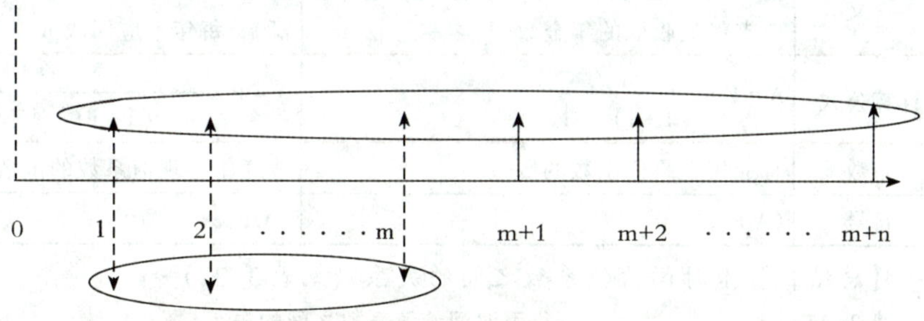
计算公式	$P = A \cdot \left[\dfrac{1-(1+i)^{-(m+n)}}{i} - \dfrac{1-(1+i)^{-m}}{i}\right] = A \cdot \left[(P/A,i,m+n) - (P/A,i,m)\right]$

③方法三：先算终值再算现值（见表3-24）。

表3-24 先算终值再算现值

项目	说明
思路	计算n期的年金到整个时期末（m + n时点）的终值，然后再将此终值折现到第一期期初（0时点）求现值
图示	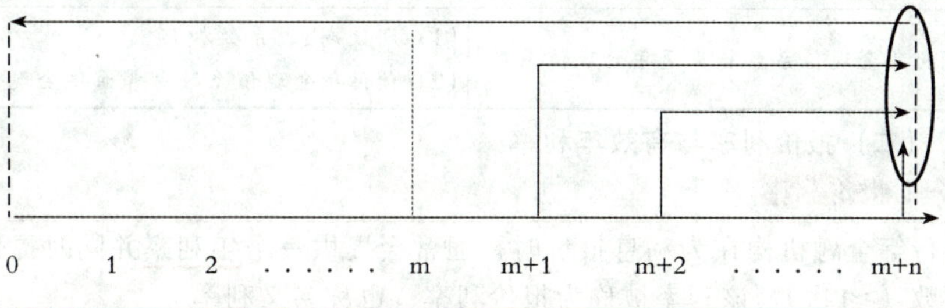
计算公式	$P = A \cdot \dfrac{(1+i)^n - 1}{i} \cdot (1+i)^{-(n+m)} = A \cdot (F/A,i,n) \cdot (P/F,i,n+m)$

4.**永续年金**（Perpetual Annuity/Perpetuity）（见表3-25）

表3-25　　　　　　　　　　　　永续年金

	终值	现值
计算思路	永续年金没有终止的时间，也就没有终值	求期数 n 为无穷大时普通年金现值的极限
计算公式	—	$P = A \times \lim\limits_{n \to \infty} \dfrac{1-(1+i)^{-n}}{i} = \dfrac{A}{i}$

【提示】永续年金现值的特殊情况：

（1）预付永续年金：$P = A + \dfrac{A}{i}$

（2）递延永续年金（m为递延期）：$P = \dfrac{A}{i} \times (P/F, i, m)$

考霸笔记
已知现值求年金。

考霸笔记
已知终值求年金。

四、货币时间价值的灵活运用 ★★

（一）已知年金终值或现值倒求年金（见表3-26）

表3-26　　　　　　　已知年金终值或现值倒求年金

	偿债基金	投资（资本）回收额
含义	指为使年金终值达到既定金额，每年末应支付或收取的年金数额	指为弥补初始的投资金额（或借款金额），每年末应回收或偿还的年金数额
计算公式	$A = F \times \dfrac{i}{(1+i)^n - 1}$	$A = P \times \dfrac{i}{1-(1+i)^{-n}}$
系数	普通年金终值系数的倒数	普通年金现值系数的倒数
符号	(A/F, i, n)	(A/P, i, n)

【总结】货币时间价值系数之间的关系（见表3-27）

表3-27　　　　　　货币时间价值系数之间的关系

项目	关系
复利终值系数与复利现值系数	互为倒数
普通年金终值系数与偿债基金系数	互为倒数
普通年金现值系数与资本回收系数	互为倒数
预付年金终值系数与普通年金终值系数	（1）期数加1，系数减1（2）预付年金终值系数＝普通年金终值系数×（1＋i）
预付年金现值系数与普通年金现值系数	（1）期数减1，系数加1（2）预付年金现值系数＝普通年金现值系数×（1＋i）

考霸笔记
"名义利率"一词有时还指包含通货膨胀因素的利率，为避免混淆，我们把与每年复利次数同时报价的年利率称为"报价利率"。

考霸笔记
当题目告知报价利率，要求计算终值或现值，只需将年利率调整为计息期利率，年数调整为期数即可。

（二）报价利率与有效年利率

1.报价利率

银行等金融机构在为利息报价时，通常会提供一个年利率并同时提供每年的复利次数（≥1次）。该利率被称为报价利率，也称名义利率。

【提示】在提供报价利率时，必须同时提供每年的复利次数（或计息期的天数），否则意义是不完整的。

2. 计息期利率（见表3-28）

表3-28　　　　　　　　　　计息期利率

项目	说明
含义	指借款人对于每1元本金每期支付的利息，它可以是年利率，也可以是半年利率、季度利率、每月或每日利率等
计算公式	计息期利率 = $\dfrac{报价利率}{每年复利次数m}$

3. 有效年利率（见表3-29）

表3-29　　　　　　　　　　有效年利率

项目	说明
含义	有效年利率（Effective Annual Rate，EAR）是指在按照给定的计息期利率和每年复利次数计算利息时，能够产生相同结果的每年复利一次的年利率，也称等价年利率
计算公式	有效年利率 = $\left(1+\dfrac{报价利率}{m}\right)^{m}-1$

如何区分报价利率、计息期利率与有效年利率的关系？

【提示】

（1）复利次数（频率）对有效年利率的影响（见表3-30）：复利次数越多，有效年利率越大。

表3-30　　　　复利次数（频率）对有效年利率的影响

情形	说明
每年计息一次	有效年利率 = 报价利率
每年计息多次	有效年利率 > 报价利率

（2）已知有效年利率倒求报价利率：报价利率 = $\left(\sqrt[m]{1+有效年利率}-1\right)\times m$

3. 利率（折现率）和期间的推算——插值法（如图3-1所示）

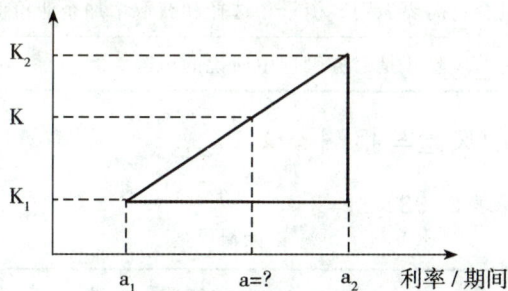

图3-1　利率（折现率）和期间的推算——插值法

（1）根据题目已知条件，得出未知利率i或期间n的时间价值系数K，查相应的时间价值系数表，找到两个不同的利率i或者期间n（a_1和a_2）对应的时间价值系数（K_1和K_2），其中一个大于K，另一个小于K；

（2）列一元一次方程：$\dfrac{a(?)-a_1}{a_2-a_1}=\dfrac{K-K_1}{K_2-K_1}$

（3）求出未知数a（即为相应的i或n）。

考霸笔记：在计算时，将未知数a放在整个等式的最左上角的位置，便于在科学计算器上一次性求出结果，且不易出错。

【提示】永续年金的利率可以通过公式 $i = A/P$ 来计算。

（三）非整数计息期（见表3-31）

考霸笔记

结合"第6章 债券、股票价值评估"中"流通债券的价值"。

表3-31　　　　　　　　　　　　　　非整数计息期

项目	说明
案例	若有效年利率为12%，则46个月后收到的1 000元的现值为多少？ ● 没有特殊说明时，必要报酬率一年复利一次
错误做法	$P = 1\,000 \div (1 + 12\% \div 12)^{46} = 632.73$
正确做法	$P = 1\,000 \div (1 + 12\%)^{46/12} = 647.64$
错误分析	题目给的有效年利率是一年复利一次的利率，不能自行增加条件变成每月复利一次，只能对折现时间按照年的倍数进行折现

考霸笔记

与收益相关的风险，需要学习投资组合理论与资本资产定价理论。不断精确定义风险概念是为了明确风险和收益之间的权衡关系，并在此基础上给风险定价。

【提示】本案例还可以根据必要报酬率（有效年利率）倒算按月计算的计息期利率，然后对1 000元"按月"进行折现：按月计算的计息期利率 $= \sqrt[12]{1 + 12\%} - 1 = 0.9489\%$，现值 $= 1\,000 \div (1 + 0.9489\%)^{46} = 647.63$。

第三节　风险与报酬

一、风险的含义 ★ （见表3-32）

考霸笔记

资产的风险是资产收益率的不确定性，其大小可以用资产报酬率的离散程度来衡量。离散程度是指资产报酬率的各种可能结果与预期报酬率的偏差。

表3-32　　　　　　　　　　　　　　风险的含义

概念演进	说明
最初概念	风险是发生财务损失的可能性。发生损失的可能性越大，风险越大
新的概念	风险是预期结果的不确定性，不仅包括负面效应的不确定性，还包括正面效应的不确定性，即危险与机会并存： （1）对于危险：需要识别、衡量、防范和控制，即对危险进行管理，如保险活动。 （2）对于机会：需要识别、衡量、选择和获取增加企业价值的机会
财管概念	与收益相关的风险才是财务管理中所说的风险

二、单项投资的风险与报酬 ★★

（一）预期值（见表3-33）

考霸笔记

预期值不能衡量投资的风险。

在分析单项投资的风险与报酬时涉及哪些计算指标？

表3-33　　　　　　　　　　　　　　预期值

项目	说明	
含义	随机变量的各个取值，以相应的概率为权数的加权平均数，叫做随机变量的预期值（数学期望或均值），它反应随机变量取值的平均化，也称为"期望报酬率"（expected rate of return）	
计算公式	已知未来各种情况下的收益率及其概率	已知收益率的历史数据
	$\bar{K} = \sum_{i=1}^{n} (K_i \times P_i)$	$\bar{K} = \sum_{i=1}^{n} K_i \big/ n$

（二）离散程度

1.绝对指标

（1）已知未来各种情况下的收益率及其概率（见表3-34）

表3-34 已知未来各种情况下的收益率及其概率

指标	计算公式
方差	$\sigma^2 = \sum_{i=1}^{n} (K_i - \bar{K})^2 \times P_i$
标准差	$\sigma = \sqrt{\sum_{i=1}^{n} (K_i - \bar{K})^2 \times P_i}$

【提示】方差（Variance）或标准差（Standard Deviation，SD）属于表示随机变量离散程度的量数（以均值为中心），反映概率分布离均值的远近程度。

（2）已知收益率的历史数据（见表3-35）

表3-35 已知收益率的历史数据

项目	总体	样本
方差	$\sigma^2 = \dfrac{\sum_{i=1}^{N} (K_i - \bar{K})^2}{N}$	$\sigma^2 = \dfrac{\sum_{i=1}^{n} (K_i - \bar{K})^2}{n-1}$
标准差	$\sigma = \sqrt{\dfrac{\sum_{i=1}^{N} (K_i - \bar{K})^2}{N}}$	$\sigma = \sqrt{\dfrac{\sum_{i=1}^{n} (K_i - \bar{K})^2}{n-1}}$

【提示】总体，是指我们准备加以测量的一个满足指定条件的元素或个体的集合，也称母体。在实际工作中，为了了解研究对象的某些数学特征，往往只能从总体中抽出部分个体作为资料，用数理统计的方法加以分析。所抽得的部分称为"样本"。通过对样本的测量，可以推测整体的特征。

2.相对指标（见表3-36）

表3-36 相对指标

项目	说明
计算公式	变异系数 = $\sigma / \bar{K}$
意义	变异系数（Coefficient of Variation，CV）是标准差与均值的比，剔除均值大小的影响，从相对角度观察差异的离散程度

三、投资组合的风险与报酬★★

投资组合理论认为，若干种证券组成的投资组合（Portfolio），其收益是这些证券收益的加权平均数，但是其风险不是这些证券风险的加权平均风险，投资组合能降低风险。

【提示】这里的"证券"是"资产"的代名词，它可以是任何产生现金流的东西，例如一项生产性实物资产、一条生产线或一个企业。

考霸笔记

方差或标准差衡量绝对风险：两项资产期望值相等时才能比较其风险大小。方差或标准差越大，风险越大。

考霸笔记

由于在财务管理实务中使用的样本量都很大，区分总体标准差和样本标准差没有什么实际意义。如果样本量比较小，则应当加以区分。

考霸笔记

变异系数度量了单位报酬的风险，为项目的选择提供了更有意义的比较基础。

第三章

（一）投资组合的期望报酬率（见表3-37）

表3-37 投资组合的期望报酬率

项目	说明
计算公式	$r_p = \sum_{j=1}^{m} r_j \cdot A_j$
含义	若干（m）种证券组成的投资组合，期望报酬率是这些证券期望收益率的加权平均数，权数为各种证券在全部投资额中的比重（A_j）
影响因素	个别资产的期望报酬率及其投资比重

在分析投资组合的风险与报酬时，涉及哪些计算指标和需要掌握哪些重要结论？

【提示】组合报酬率的范围：

（1）将资金100%投资于最高预期报酬率的资产，可获得最高组合预期报酬率；

（2）将资金100%投资于最低预期报酬率的资产，可获得最低组合预期报酬率。

（二）投资组合的风险衡量

考霸笔记

各种股票之间不可能完全正相关，也不可能完全负相关，所以不同股票的投资组合可以降低风险，但又不能完全消除风险。

1.两种证券报酬率的相关性

证券组合的标准差，并不是单个证券标准差的简单加权平均。证券组合的风险不仅取决于组合内的各证券的风险，还取决于各个证券之间的关系。假设某投资者投资100万元，证券A和证券B各占50%：

（1）完全正相关的证券组合数据（见表3-38）

如果A和B的报酬率完全正相关，即A报酬率的增加值永远与B报酬率的增加值成正比（本例为1：1），组合的风险不减少也不扩大，可以看出投资组合报酬率的标准差为A和B各自报酬率的标准差的加权平均数。

表3-38 完全正相关的证券组合数据　　　　　　　　金额单位：万元

方案	A			B			组合		
年度	收益额	报酬率①	增加值②	收益额	报酬率	增加值	收益额	报酬率	增加值
20×1	20	40%	＋25%	20	40%	＋25%	40	40%	＋25%
20×2	－5	－10%	－25%	－5	－10%	－25%	－10	－10%	－25%
20×3	17.5	35%	＋20%	17.5	35%	＋20%	35	35%	＋20%
20×4	－2.5	－5%	－20%	－2.5	－5%	－20%	－5	－5%	－20%
20×5	7.5	15%	0	7.5	15%	0	15	15%	0
平均数	7.5	15%		7.5	15%		15	15%	
标准差		22.6%			22.6%			22.6%	

【备注】报酬率①＝收益额/投资额，增加值②＝某年的报酬率－各年的平均报酬率

（2）完全负相关的证券组合数据（见表3-39）

表3-39 　　　　　　　　 完全负相关的证券组合数据 　　　　　 金额单位：万元

方案	A			B			组合		
年度	收益额	报酬率	增加值	收益额	报酬率	增加值	收益额	报酬率	增加值
20×1	20	40%	+25%	−5	−10%	−25%	15	15%	0
20×2	−5	−10%	−25%	20	40%	+25%	15	15%	0
20×3	17.5	35%	+20%	−2.5	−5%	−20%	15	15%	0
20×4	−2.5	−5%	−20%	17.5	35%	+20%	15	15%	0
20×5	7.5	15%	0	7.5	15%	0	15	15%	0
平均数	7.5	15%		7.5	15%		15	15%	
标准差		22.6%			22.6%			0	

如果A和B的报酬率完全负相关，即A报酬率的增加值永远与B报酬率的增加值成反比（本例为1：−1），组合的风险被全部抵销。

考霸笔记
常考该指标的影响因素。

2.投资组合的标准差

投资组合的风险不是各证券标准差的简单加权平均数，而是：

$$\sigma_P = \sqrt{\sum_{j=1}^{m}\sum_{k=1}^{m} A_j \cdot A_k \cdot \sigma_{jk}}$$

其中：

m——组合内证券种类总数

A_j——第j种证券在投资总额中的比例

A_k——第k种证券在投资总额中的比例

σ_{jk}——第j种证券与第k种证券报酬率的协方差

（1）协方差（Covariance）（见表3-40）

表3-40 　　　　　　　　　　　　　　 协方差

项目	说明
计算公式	$\sigma_{jk} = \dfrac{\sum_{i=1}^{n}(x_i - \bar{x}) \times (y_i - \bar{y})}{n-1}$
意义	两种证券预期报酬率的协方差，用来衡量它们之间共同变动的程度（相互关系）： ①协方差>0：表示两种证券报酬率同方向变动； ②协方差<0：表示两种证券报酬率反方向变动； ③协方差=0：表示两种证券报酬率不一起变动，变化方向相独互立
结论	证券组合的风险不仅取决于组合内的各个证券的风险，还取决于各个证券报酬率之间的协同关系

考霸笔记
协方差是针对两项证券而言的，将各自收益率与其平均收益率的差额相乘，而非各个证券自身差异的平方。

【案例】两种证券历史上已获得收益率见表3-41。

表3-41　　　　　　　　　　　两种证券历史上已获得收益率

年度	A股票收益率 (X_i) [%]	B股票收益率 (Y_i) [%]	$(X_i - \bar{X})$ [%]	$(Y_i - \bar{Y})$ [%]	$(X_i - \bar{X}) \times (Y_i - \bar{Y})$ [%²]
1	1.8	1.5	-0.08	0.25	-0.02
2	-0.5	1	-2.38	-0.25	0.595
3	2	0	0.12	-1.25	-0.15
4	-2	-2	-3.88	-3.25	12.61
5	5	4	3.12	2.75	8.58
6	5	3	3.12	1.75	5.46
合计	11.3	7.5			27.075
平均数	1.88	1.25			
标准差	2.8358	2.1389			

解出：$\sigma_{AB} = 27.075 \div (6-1) = 5.415$（%²）

（2）相关系数（Correlation）（见表3-42）

表3-42　　　　　　　　　　　相关系数

项目	说明
计算公式	$r_{jk} = \dfrac{\sigma_{jk}}{\sigma_j \cdot \sigma_k} = \dfrac{\sum_{i=1}^{n}(x_i - \bar{x}) \times (y_i - \bar{y})}{\sqrt{\sum_{i=1}^{n}(x_i - \bar{x})^2} \times \sqrt{\sum_{i=1}^{n}(y_i - \bar{y})^2}}$
意义	相关系数总是在[-1, 1]取值： ①r = 1：表示一种证券报酬率的增长与另一种证券报酬率的增长成比例，反之亦然。 ②r = -1：表示一种证券报酬率的增长与另一种证券报酬率的减少成比例，反之亦然。 ③r = 0：表示缺乏相关性，每种证券的报酬率相对于另外的证券的报酬率独立变动

考霸笔记
方差项为m个，协方差项为 $m^2 - m$ 个。

【案例】承（1）中案例，解出：$r_{AB} = \dfrac{\sigma_{AB}}{\sigma_A \cdot \sigma_B} = \dfrac{5.415}{2.8358 \times 2.1389} = 0.8928$

（3）协方差矩阵（见表3-43）

表3-43　　　　　　　　　　　协方差矩阵

项目	说明
计算公式	$\sum_{j=1}^{m}\sum_{k=1}^{m} A_j \cdot A_k \cdot \sigma_{jk}$
意义	根号内的双重∑（求和）符号，表示对所有可能配成组合的协方差，分别乘以两种证券的投资比例，然后求其总和
结论	协方差比方差更重要：当组合中证券数量较多时，总方差主要取决于各证券间的协方差。因此，充分投资组合的风险，只受证券之间协方差的影响，而与各证券本身的方差无关

【案例】 当 m = 3 时，所有可能的配对组合的协方差矩阵如下：

$$A_1 \cdot A_1 \cdot \sigma_{1,1} \qquad A_1 \cdot A_2 \cdot \sigma_{1,2} \qquad A_1 \cdot A_3 \cdot \sigma_{1,3}$$
$$A_2 \cdot A_1 \cdot \sigma_{2,1} \qquad A_2 \cdot A_2 \cdot \sigma_{2,2} \qquad A_2 \cdot A_3 \cdot \sigma_{2,3}$$
$$A_3 \cdot A_1 \cdot \sigma_{3,1} \qquad A_3 \cdot A_2 \cdot \sigma_{3,2} \qquad A_3 \cdot A_3 \cdot \sigma_{3,3}$$

①对角线上的投资组合：$\sigma_{1,1} = r_{1,1} \cdot \sigma_1 \cdot \sigma_1 = \sigma_1^2$（$r_{1,1} = 1$），即协方差就是各证券自身的方差。

②非对角线上的投资组合：$\sigma_{j,k} = \sigma_{k,j}$，即计算<u>两次</u>。

（4）两种证券投资组合标准差的计算

$$\sigma_P = \sqrt{a^2 + b^2 + 2ab \cdot r_{1,2}}$$

其中：

$a = A_1 \times \sigma_1$，$b = A_2 \times \sigma_2$

A_i——某种证券的投资比例

$r_{1,2}$——两种证券的相关系数

【助记】 类似完全平方公式：根号下面的 a 和 b 可以念成"<u>比差积</u>"，即比重和标准差的乘积。

【提示】 相关系数的取值对组合标准差的影响（见表3-44）

表3-44　　　　　　相关系数的取值对组合标准差的影响

相关系数	组合的标准差	风险分散情况
$r_{1,2} = 1$	$\sigma_P = A_1 \times \sigma_1 + A_2 \times \sigma_2$	σ_P 达到 max：组合不能分散任何风险
$r_{1,2} = -1$	$\sigma_P = |A_1 \times \sigma_1 - A_2 \times \sigma_2|$	σ_P 达到 min：组合能最大程度地分散风险
$-1 < r_{1,2} < 1$	$0 < \sigma_P < A_1 \times \sigma_1 + A_2 \times \sigma_2$	组合能分散部分风险

①只要两种证券期望报酬率的相关系数小于1，证券组合期望报酬率的标准差就小于各证券期望报酬率标准差的加权平均数，即达到风险分散效应。

②不论投资组合中两项资产报酬率之间的相关系数如何，只要投资比例不变，各项资产的期望报酬率不变，则该投资组合的期望报酬率就不变，即<u>投资组合能分散风险但不降低预期收益</u>。

（三）两种证券组合的投资比例与有效集

1.不同投资比例的组合

之前讨论的是两种证券在固定投资比例下的投资组合的情况，现在，<u>改变两种证券的投资比例，投资组合的预期报酬率和标准差也会发生变化</u>。假设A证券的期望报酬率为10%，标准差为12%；B证券的期望报酬率为18%，标准差为20%；A、B两个证券期望报酬率的相关系数为0.2。计算结果见表3-45。

表3-45　　　　　　　　　计算结果

组合	投资A的比例	投资B的比例	组合的期望报酬率	组合的标准差	标准差的加权平均数
1	1	0	10.00%	12.00%	12.00%
2	0.8	0.2	11.60%	11.11%*	13.60%
3	0.6	0.4	13.20%	11.78%	15.20%
4	0.4	0.6	14.80%	13.79%	16.80%
5	0.2	0.8	16.40%	16.65%	18.40%
6	0	1	18.00%	20.00%	20.00%

考霸笔记

分散投资不一定总能分散风险，要看证券之间的相关系数：如同即使把5个鸡蛋放在5个篮子里，但是这些篮子一个套一个（相关系数为1），一旦失手，5个鸡蛋都会摔破，没有分散任何风险。

第三章

*以组合 2 为例：

$a = 0.8×12\% = 0.096$

$b = 0.2×20\% = 0.04$

组合标准差 $= \sqrt{0.096^2 + 0.04^2 + 2 × 0.096 × 0.04 × 0.2} = \sqrt{0.012352} = 11.11\%$

2.机会集曲线

（1）机会集曲线的含义

以投资组合的标准差为横轴，期望报酬率为纵轴，将表3-45中的数据在坐标图中描点，连接这些黑点所形成的曲线就称为机会集（Opportunity Set）曲线，它描述了<u>不同投资比例组合（只投资于风险资产时）的风险与报酬的权衡关系</u>，机会集曲线如<u>图3-2</u>所示。

考霸笔记

直线（虚线表示）是由全部投资于A和全部投资于B所对应的两点连接而成的，它是当两种证券完全正相关时（无分散化效应）的机会集曲线。

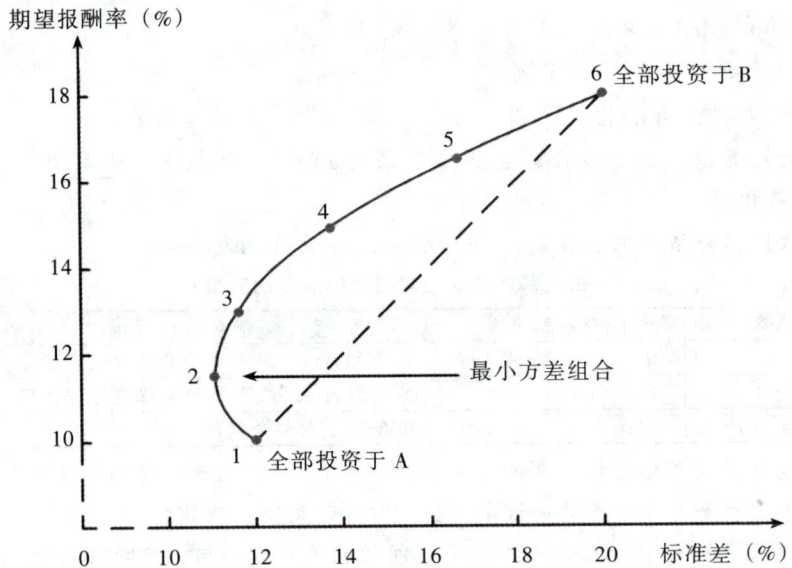

图 3-2　机会集曲线

（2）<u>机会集曲线的特征</u>（见表3-46）

表3-46　　　　　　　　　　　　机会集曲线的特征

特征	说明
它揭示了分散化效应	比较曲线和以虚线绘制的直线的距离可以判断分散化效应的大小
它表达了最小方差组合	曲线最左端的第2点组合被称作<u>最小方差组合</u>，它在持有证券的各种组合中有最小的标准差。离开此点，无论增加或减少投资于B证券的比例，都会导致标准差的小幅上升
它表达了投资的有效集	有效集（Efficient Set）亦称<u>有效边界</u>（Efficient Frontier），它位于机会集的顶部，<u>从最小方差组合点起到最高期望报酬率点为止</u>。集合内的投资组合在既定的风险水平上，期望报酬率是最高的；或者说在既定的期望报酬率下，风险是最低的

【提示】

①投资组合的抵消风险的效应可以通过曲线1~2的弯曲看出来：从第1点出

发，拿出一部分资金投资于标准差较大的B证券会比将全部资金投资于标准差小的A证券的组合标准差还要小。这种结果与人们的直觉相反，揭示了风险分散化的内在特征，<u>一种证券的未预期变化往往会被另一种证券的反向未预期变化所抵消</u>。尽管从总体上看，这两种证券是同向变化的（相关系数大于0），抵消效应还是存在的。

②无效集：

a.曲线1~2被称为"无效集"，相对于最小方差组合，不但标准差大（即风险大），而且报酬率也低。

b.<u>无效集的出现并非必然，与证券收益率之间的相关系数有关</u>：当相关系数不是足够小（与1差距不大）时，投资组合分散风险的效应不明显，机会集曲线不会产生向左"凸出"的现象。

③掌握机会集曲线的关键（见表3-47）：4个边界。

表3-47　　　　　　　　　　掌握机会集曲线的关键

项目	最大值	最小值
投资组合期望报酬率	单项资产最大收益率	单项资产最小收益率
投资组合标准差	单项资产最大标准差	不一定是单项资产最小标准差 △△△

考霸笔记

一对证券之间只存在一个相关系数，这里只是假设不同相关系数对A、B证券投资组合标准差的影响。

3.相关性对风险的影响

在"2.机会集曲线"的基础上，增加两条相关系数分别为0.5和－1的机会集曲线，如图3-3所示。

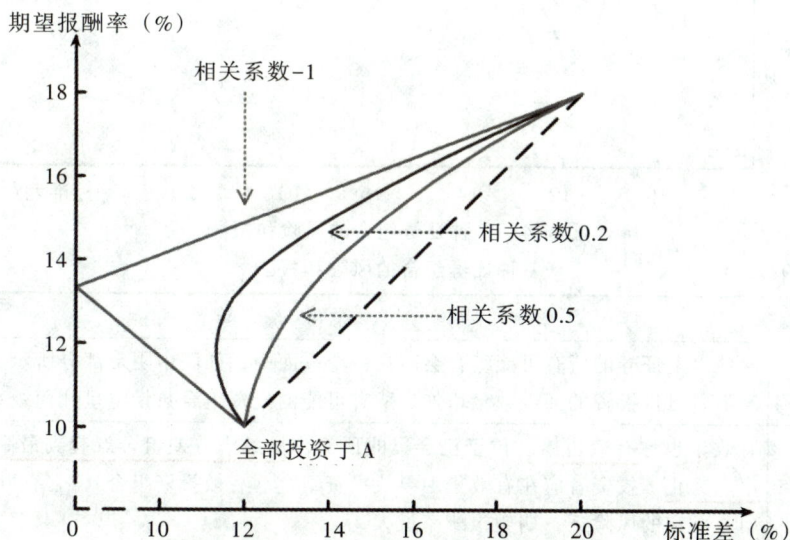

图3-3　增加两条机会集曲线

根据图3-3，可以看出不同的相关系数对投资组合机会集曲线的影响（见表3-48）。

表3-48 不同的相关系数对投资组合机会集曲线的影响

相关系数	风险分散效应
1	完全正相关的投资组合，其机会集是一条直线，不具有风险分散化效应
0.5	机会集曲线与完全正相关的直线产生了距离，但没有向点A左侧凸出的现象，能分散部分风险，新的有效边界就是整个机会集
0.2	机会集曲线更加弯曲，风险分散化效应也就越强，产生了向点1左侧凸出的现象
-1	机会集是一条折线，拐点与纵轴相交，投资组合能最大程度地分散风险

【结论】证券报酬率的相关系数越小，机会集曲线就越弯曲，风险分散效应也就越强：

（1）在期望报酬率相同时，相关系数越小，组合的风险越小，r＝-1时风险分散化效应最强。

（2）在标准差相同时，相关系数越小，组合的期望报酬率越高，r＝-1时达到最高。

（四）多种证券组合的风险和报酬（如图3-4所示）

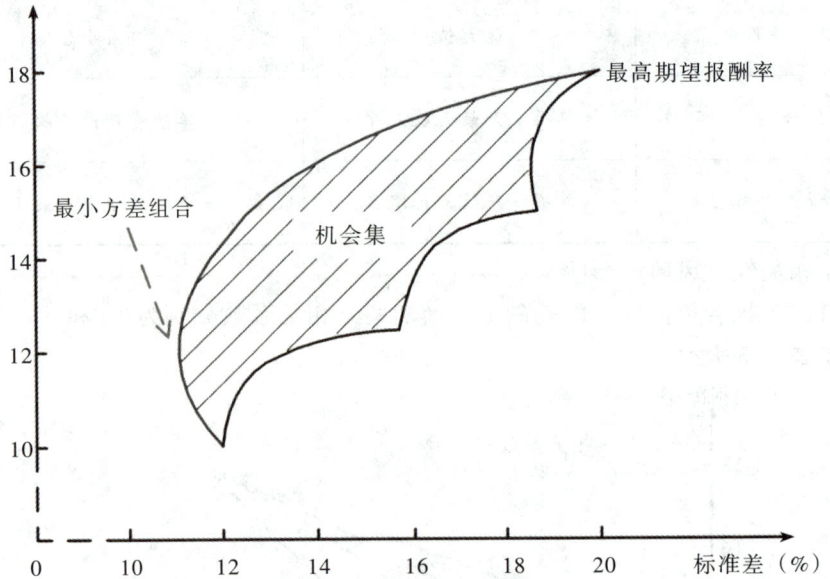

图3-4 多种证券组合的风险和报酬

考霸笔记

投资启示：如果投资者的投资组合是无效的，可以通过改变投资比例转换到有效边界上的某个组合，以达到提高期望报酬率而不增加风险，或降低风险而不降低期望报酬率，或得到一个既提高期望报酬率又降低风险的组合。

表3-49 多种证券组合的风险和报酬

项目	说明
机会集	两种以上证券的所有可能组合会落在一个平面中，如图中阴影部分所示。 ● 随着可供投资的证券数量增加，所有可能的投资组合数量将呈几何级数上升
有效集	有效集也称有效边界，位于机会集的顶部，从最小方差组合点起到最高预期报酬率点为止。投资者应在有效集上寻找投资组合（有效投资组合），它有以下特点： （1）既定的风险下，期望报酬率最大； （2）既定的期望报酬率下，投资组合风险最小
无效集	有效集以外的投资组合与有效边界上的投资组合相比，有三种情况： （1）相同的标准差和较低的期望报酬率； （2）相同的期望报酬率和较高的标准差； （3）较低的期望报酬率和较高的标准差

（五）资本市场线

在"4.多种证券组合的风险与报酬"中，是假设所有处于有效集上的证券都是有风险的。现在，扩大被投资证券的范围，投资者可以将一个有风险的证券投资组合和一个无风险的证券投资构成新的二次组合，例如将部分资金投资于国库券，剩余资金仍然投资于风险资产组合。

1.资产市场线的含义

如果存在无风险证券，新的有效边界是从无风险资产的报酬率开始并和有效边界相切的直线，该直线称为资本市场线（Capital Market Line，CML），如图3-5所示。

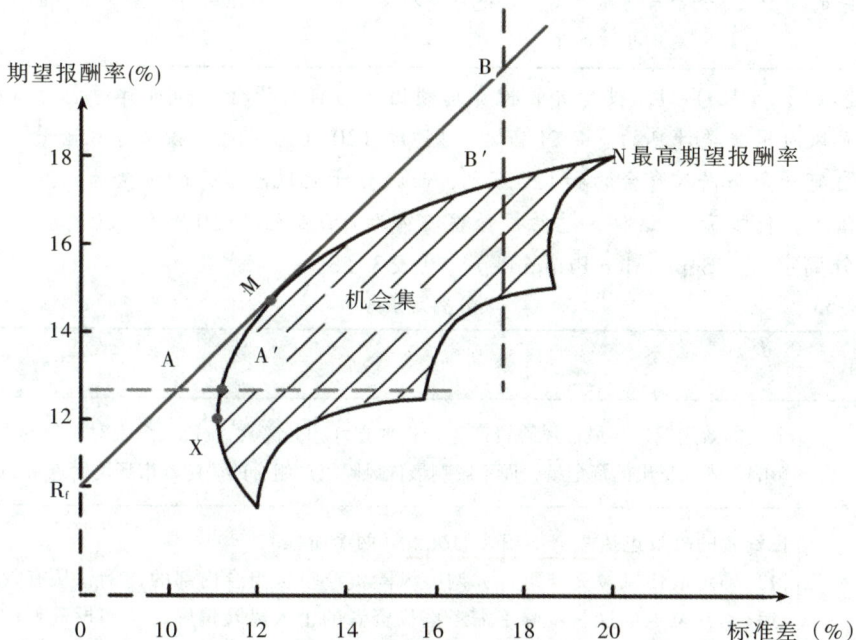

图3-5 资本市场线

> 分析资本市场线时，需要重点掌握的内容是什么？

> **考霸笔记**
> 切点M是市场均衡点，它代表唯一最有效的风险资产组合，它是所有证券以各自的总市场价值为权数的加权平均组合，我们将其定义为"市场组合"。现实市场中，M点就是股票综合指数。

2.二次组合的投资策略（见表3-50）

相对于原来只投资于风险资产的组合（XMN上），二次组合（MRf上）后能更进一步地降低风险。

表3-50　　　　　　　　　　　二次组合的投资策略

情形	说明
相同的报酬率和较低的标准差	A点报酬率＝A′点报酬率，但A点标准差＜A′点标准差
相同的标准差和较高的报酬率	B点标准差＝B′点标准差，但B点报酬率＞B′点报酬率

3.资本市场线的数理模型（见表3-51）

表3-51　　　　　　　　　　　资本市场线的数理模型

指标	计算公式
组合期望报酬率	总期望报酬率＝风险组合的期望报酬率 R_M×Q＋无风险报酬率 R_f×（1－Q） 其中： Q——投资者自有资本总额中投资于风险组合M的比例 1－Q——投资于无风险资产的比例
组合风险	总标准差＝风险组合的标准差 σ_M×Q • 贷出资金：Q＜1，投资者承担的风险＜市场平均风险 • 借入资金：Q＞1，投资者承担的风险＞市场平均风险

> **考霸笔记**
> 无论借入或贷出，利息都是固定的无风险资产的报酬率。

【提示1】CML揭示出持有不同比例的无风险资产和市场组合情况下风险和期望报酬率的权衡关系（见表3-52）。

表3-52　CML揭示出持有不同比例的无风险资产和市场组合情况下风险和期望报酬率的权衡关系

风险偏好	投资权衡
厌恶风险的投资人	在M点的左侧（Q<1），将同时持有无风险资产和风险资产组合
偏好风险的投资人	在M点的右侧（Q>1），将仅持有市场组合M，并会借入资金以进一步投资于市场组合M，以使期望报酬率增加；与此同时，投资组合的风险（标准差）也增加了

【提示2】如果Q>1，投资者的投资总额仍然为自有资金：如自有资金为100万元，借入以无风险报酬率计息的资金20万元，则Q=120÷100=1.2。投资于风险资产组合的资金为自有资金与借入资金的和120万元，而投资于无风险资产的资金为－20万元（负号表示借入，负投资），这样，总的投资额仍然为100万元（120+（－20））。

4.分离定理（Separation Principle）（见表3-53）

表3-53　分离定理

项目	说明
含义	个人的效用偏好与最佳风险资产组合相独立（相分离），投资人个人对风险的态度仅仅影响借入或贷出的资金量，而不影响最佳风险资产组合的确定（市场均衡点M的位置）
应用	投资者的决策包括**两个不相关的决策**（两个阶段）： （1）确定最佳风险资产组合：调整风险资产投资组合内部的比例，从有效集上的点移动到M点。这一步骤不需考虑投资者的个人风险偏好，比如投资者的风险规避的态度，因为M点是由整个资本市场决定的，是客观存在的。 （2）考虑无风险资产和最佳风险资产组合的理想组合：投资者可以部分投资于无风险资产，部分投资于风险资产组合，本阶段受投资人风险反感程度的影响

【知识扩展】由资本市场线的方程式推导影响市场均衡点（切线斜率）的因素

由于 $\sigma_P = Q \times \sigma_M$，变形得 $Q = \dfrac{\sigma_P}{\sigma_M}$，代入总期望报酬率表达式，得到：

$$R_P = Q \times R_M + (1-Q) \times R_f = \frac{\sigma_P}{\sigma_M} \times R_M + \left(1 - \frac{\sigma_P}{\sigma_M}\right) \times R_f = R_f + \frac{R_M - R_f}{\sigma_M} \times \sigma_P$$

● 截距 R_f：表示无风险利率。

● 斜率 $\dfrac{R_M - R_f}{\sigma_M}$：代表总风险的市场价格，当标准差增长某一幅度时相应要求的报酬率的增长幅度，即每单位整体风险的超额收益，也称为"夏普比率"，即某段期间内的平均权益风险除以标准差。

（六）**系统风险和非系统风险**（见表3-54）

资产的风险可以用标准差计量，这个标准差是指它的整体风险。在投资组合的讨论中，按照风险的可分散性程度，把整体风险划分为系统风险和非系统风险。

考霸笔记

风险划分对定价的影响：充分的投资组合几乎没有非系统风险，所以理性的投资人都会选择充分投资组合，非系统风险将与资本市场无关，市场不会对它给予任何价格补偿，因此，某项资产的必要报酬率只与系统风险相关。

如何区分系统风险与非系统风险各自衡量的指标分别是什么？

表3-54 系统风险和非系统风险

	系统风险	非系统风险
含义	指影响所有公司的因素引起的风险	指发生于个别公司的特有事件造成的风险
例子	战争、经济衰退、通货膨胀、高利率等非预期的变动……	一家公司的工人罢工、新产品开发失败、失去重要的销售合同、诉讼失败、宣告发现新矿藏、取得一个重要合同……
多样化投资的影响	由于各个股票处于同一系统中，不管投资多样化有多充分，也不可能消除全部风险，即使购买的是全部股票的市场组合	发生于一家公司的不利事件可以被其他公司的有利事件所抵消
别称	• 市场风险：影响整个资本市场； • 不可分散风险：没有有效的方法消除	• 特殊风险：个别公司或个别资产所特有； • 可分散风险：可以通过投资多样化分散

【提示】在风险分散过程中，不应当过分夸大资产多样性的作用。一般地，随着资产组合中资产个数的增加，资产组合的风险会逐渐降低；当资产的个数增加到一定程度时（经验值20），组合风险的降低将非常缓慢直到基本不再降低。如果继续增加资产数目，对分散风险没有多大的实际意义，只会增加管理成本。

【总结】投资组合的风险与报酬的重要结论：

（1）证券组合的风险不仅与组合中每个证券报酬率的标准差有关，而且与各证券报酬率之间的协方差有关。

（2）对于一个含有两种证券的组合，投资机会集曲线描述了不同投资比例组合的风险和报酬之间的权衡关系。

（3）风险分散化效应有时使得机会集曲线向左凸出，并产生比最低风险证券标准差还低的最小方差组合。

（4）有效边界就是机会集曲线上从最小方差组合点到最高期望报酬率的那段曲线。

（5）持有多种彼此不完全正相关的证券可以降低风险。

（6）如果存在无风险证券，新的有效边界是从无风险资产的报酬率开始并和机会集相切的直线，该直线称为资本市场线，该切点被称为市场组合，其他各点为市场组合与无风险投资的有效搭配。

（7）资本市场线横坐标是标准差，纵坐标是期望报酬率。该直线反映两者的关系即风险价格。

考霸笔记
资本资产主要指股票资产，而定价则试图解释资本市场如何决定股票报酬率，进而决定股票价格。

四、资本资产定价模型 ★★★

资本资产定价模型（Capital Asset Pricing Model，CAPM）的研究对象，是充分组合情况下风险与必要报酬率之间的均衡关系。资本资产定价模型可用于回答如下不容回避的问题：为了补偿某一特定程度的风险，投资者应该获得多大的报酬率？在前面的讨论中，我们已经知道了在高度分散化的资本市场里只有系统风险，并且会得到相应的回报。现在讨论如何衡量系统风险以及如何给风险定价。

如何理解单项资产的β系数的含义？

[QR code]

（一）单项资产系统风险的度量

1.度量指标——β系数（见表3-55）

表3-55　　　　　　　　　度量指标——β系数

项目	说明
含义	某资产的β值（系数）是指该资产的系统风险相当于市场组合系统风险的倍数
计算公式	$\beta_j = \dfrac{COV(K_j, K_m)}{\sigma_m^2} = \dfrac{r_{j,m} \cdot \sigma_j \cdot \sigma_m}{\sigma_m^2} = r_{j,m} \times \dfrac{\sigma_j}{\sigma_m}$
经济意义	某一股票的β值告诉我们相对于市场组合而言特定资产的系统风险是多少，反映这种股票报酬率变动与整个股票市场报酬率变动之间的相关性及其程度。 （1）A资产的β＝0.5：表明它的系统风险是市场组合系统风险的0.5倍，其报酬率的变动性只有整体市场报酬率变动性的一半，且同向变化。 （2）B资产的β＝－2：表明它的系统风险是市场组合系统风险的2倍，其报酬率的变动性是整体市场报酬率变动性的两倍，但反向变化

2.计算方法（见表3-56）

表3-56　　　　　　　　　　　　计算方法

方法	说明
回归直线法	β系数均可以通过同一时期内的资产报酬率（y）和市场组合报酬率（x）的历史数据，使用线性回归方程预测出来。β系数就是该线性回归方程的回归系数（特征线的斜率）。 求解回归方程：$y = a + b \cdot x$ • 列方程组：$\sum xy = a\sum x + b\sum x^2,\ \sum y = na + b\sum x$ • 解方程组：$a = \dfrac{\sum y - b\sum x}{n},\ b = \dfrac{n\sum xy - \sum x\sum y}{n\sum x^2 - \left(\sum x\right)^2}$
定义法	根据证券与股票指数报酬率的相关系数、股票指数的标准差和股票报酬率的标准差直接计算

考霸笔记

资产组合不能抵消系统风险，所以组合β值直接等于单项资产β值的加权平均数。

（二）投资组合的β系数

投资组合的β_p等于被组合各证券β值的加权平均数：

$$\beta_p = \sum_{i=1}^{n} \beta_i \cdot \omega_i$$

分析证券市场线时，需要重点掌握的内容是什么？

[QR code]

（三）证券市场线

根据风险和收益的关系，投资者要求的必要报酬率可以表示为：

必要报酬率＝无风险报酬率＋风险附加率

按照资本资产定价模型理论，单一证券的系统风险可由β系数来度量，而且其风险与收益之间的关系可由证券市场线（The Security Market Line，SML）的函数表达式来描述：

$$R_i = R_f + \beta \times (R_m - R_f)$$

☑ 有关参数（见表3-57）

表3-57　　　　　　　　　　　有关参数

参数	说明
横轴（自变量）β	以β值表示的系统风险
纵轴（因变量）R_i	第i个股票的必要报酬率
截距 R_f	无风险报酬率（通常以国库券的报酬率来衡量） • 由于无风险证券的β＝0，故R_f成为证券市场线在纵轴的截距
斜率（$R_m - R_f$）	市场风险溢价率，表示经济系统中风险厌恶感的程度。在均衡状态下，它是投资者为补偿承担超过无风险报酬的平均风险而要求的额外收益，即单位系统风险价格。 • 其中：R_m为平均股票的必要报酬率（指β＝1的股票的必要报酬率，也指包括所有股票的组合即市场组合的必要报酬率）
某资产的风险附加率β×（$R_m - R_f$）	从证券市场线可以看出，投资者的必要报酬率不仅仅取决于市场风险，而且还取决于无风险报酬率（证券市场线的截距）和市场风险补偿程度（证券市场线的斜率）

考霸笔记

斜率反映的是整个股票市场对风险的态度，而非个股。

如何区分证券市场线与资本市场线？

（四）资本市场线与证券市场线的区别（见表3-58）

表3-58　　　　　　　　　资本市场线与证券市场线的区别

项目	资本市场线	证券市场线
描述内容	由风险资产和无风险资产构成的投资组合的有效边界	在市场均衡条件下单项资产或资产组合（无论它是否已经有效地分散风险）的期望收益与风险之间的关系
适用范围	窄：仅适用于有效组合（已经有效地分散了风险），不适用于单个证券	宽：适用于单项资产（无效）或资产组合（无效或有效）
函数表达	$R_P = R_f + \dfrac{R_M - R_f}{\sigma_M} \times \sigma_P$	$R_i = R_f + \beta \times (R_m - R_f)$
横轴	• 测度风险的工具：组合的标准差 • 测量的风险：总风险（含系统风险和非系统风险）	• 测度风险的工具：β系数 • 测量的风险：系统风险
纵轴	期望报酬率：指使净现值为零的报酬率	必要报酬率：也称最低要求报酬率，是指准确反映预期未来现金流量风险的报酬率，是等风险投资的机会成本
截距	无风险利率 • 影响因素：预计通货膨胀率（同向）	
斜率	夏普比率：$\dfrac{R_M - R_f}{\sigma_M}$	市场风险溢价率：$R_m - R_f$
风险厌恶感	投资者个人对风险的态度仅仅影响借入或贷出的资金量，不影响最佳风险组合，也不影响资本市场线的斜率。 • 考试时，如果没有特别指明，投资者的风险态度一般是说投资者"个人"。 • 若特别指明投资者"整体/普遍"的风险厌恶感加强，则资本市场线的斜率就会提高	市场整体风险厌恶感越强，对风险资产所要求的风险补偿越大，即要求的报酬率越高，证券市场线的斜率越大。 • 考试时，如果没有特别指明，投资者的风险态度一般是说投资者"整体"
通货膨胀率	预计通货膨胀率提高时，无风险报酬率会随之提高，导致两条直线都向上平移	

智能测评

在线练习	我要提问
扫码在线做题　　扫码看答案	扫码答疑
本书"本章同步强化训练"均配备二维码，打开微信"扫一扫"即可完成在线测评，查看本章详细的测评反馈报告，了解知识掌握情况，也可扫码直接看答案噢。 　快来扫码做题吧！	本书配备答疑专用二维码，打开微信"扫一扫"，即可完成在线提问，获取专业老师全面个性化解答，让学习问题不再拖延。 　快来扫码提问吧！

本章同步强化训练

一、单选题

1.下列行为中，通常会导致纯粹利率水平提高的有（　　）。

A.中央银行提高存款准备金率　　　　　　　B.中央银行降低存款准备金率

C.中央银行发行央行票据回笼资金　　　　　D.中央银行增加货币发行

2.政府债券不需要考虑的风险溢价是（　　）。

A.通货膨胀溢价　　　B.违约风险溢价　　　C.流动性风险溢价　　　D.期限风险溢价

3.下列各项说法中，符合流动性溢价理论的是（　　）。

A.长期即期利率是短期预期利率的无偏估计

B.不同期限的债券市场互不相关

C.债券期限越长，利率变动可能性越大，利率风险越高

D.即期利率水平由各个期限市场上的供求关系决定

4.下列关于利率期限结构的表述中，属于预期理论观点的是（　　）。

A.不同到期期限的债券无法相互替代

B.长期债券的利率等于在其有效期内人们所预期的短期利率的平均值

C.到期期限不同的各种债券的利率取决于该债券的供给与需求

D.长期债券的利率等于长期债券到期之前预期短期利率的平均值与随债券供求状况变动而变动的流动性溢价之和

5.假定1年期即期利率6%，市场预测1年后1年期预期利率7%。那么，2年期即期利率计算公式为（　　）。

A.（6%＋7%）/2

B.$\sqrt{(1+6\%)\times(1+7\%)}-1$

C.（1＋6%）×（1＋7%）－1

D.$\dfrac{(1+6\%)\times(1+7\%)-1}{2}$

6.假设银行利率为i，从现在开始每年年末存款1元，n年后的本利和为$\dfrac{(1+i)^n-1}{i}$元。如果改为每年年初存款，存款期数不变，n年后的本利和应为（　　）元。

A.$\dfrac{(1+i)^{n+1}-1}{i}$　　　　B.$\dfrac{(1+i)^{n+1}-1}{i}-1$　　　　C.$\dfrac{(1+i)^{n+1}-1}{i}+1$　　　　D.$\dfrac{(1+i)^{n-1}-1}{i}+1$

7. 某企业拟建立一项基金，每年年初投入 100 000 元，若利率为 10%，五年后该项基金本利和将为（　　）元。

　　A.671 560　　　　　　B.564 100　　　　　　C.871 600　　　　　　D.610 500

8. 已知（P/A，8%，5）= 3.9927，（P/A，8%，6）= 4.6229，（P/A，8%，7）= 5.2064，则 6 年期、折现率为 8% 的预付年金现值系数是（　　）。

　　A.2.9927　　　　　　B.4.2064　　　　　　C.4.9927　　　　　　D.6.2064

9. 有一项年金，前 3 年无流入，后 5 年每年年初流入 500 万元，假设年利率为 10%，其现值为（　　）万元。

　　A.1 994.59　　　　　　B.1 566.36　　　　　　C.1 813.48　　　　　　D.1 423.21

10. 归国华侨吴先生想支持家乡建设，特地在祖籍所在县设立奖学金。奖学金每年发放一次，奖励每年高考的文理科状元各 10 000 元。奖学金的基金保存在中国银行该县支行，银行一年的定期存款利率为 2%。吴先生要投资（　　）元作为奖励基金。

　　A.10 000　　　　　　B.20 000　　　　　　C.500 000　　　　　　D.1 000 000

11. 某公司预计最近两年不发放股利，预计从第三年开始每年年末支付每股 0.5 元的股利，假设折现率为 10%，则该公司股利的现值为（　　）元。

　　A.5　　　　　　B.4.55　　　　　　C.4.13　　　　　　D.3.76

12. 在利率和计息期相同的条件下，以下公式中，正确的是（　　）。

A.普通年金终值系数×普通年金现值系数 = 1

B.普通年金终值系数×偿债基金系数 = 1

C.普通年金终值系数×投资回收系数 = 1

D.普通年金终值系数×预付年金现值系数 = 1

13. 假设某企业按 12% 的年利率从银行取得贷款 200 000 元，银行要求在 5 年内每年年末等额偿还，则该企业每年的偿付额应为（　　）元。

　　A.40 000　　　　　　B.52 000　　　　　　C.55 482　　　　　　D.64 000

14. 下列关于名义利率与有效年利率的说法中，正确的是（　　）。

A.名义利率是指不包含通货膨胀的金融机构的报价利率

B.计息期小于一年时，有效年利率大于名义利率

C.名义利率不变时，有效年利率随着每年复利次数的增加而呈线性递增

D.名义利率不变时，有效年利率随着计息期利率的递减而呈线性递减

15. 某企业于年初存入银行 10 000 元，假定年利率为 12%，每年复利两次。已知（F/P，6%，5）= 1.3382，（F/P，6%，10）= 1.7908，（F/P，12%，5）= 1.7623，（F/P，12%，10）= 3.1058，则第 5 年年末的本利和为（　　）元。

　　A.13 382　　　　　　B.17 623　　　　　　C.17 908　　　　　　D.25 816

16. 某企业于每半年末存入银行 10 000 元，假定年利率为 6%，每年复利两次。已知（F/A，3%，5）= 5.3091，（F/A，3%，10）= 11.464，（F/A，6%，5）= 5.6371，（F/A，6%，10）= 13.181，则第 5 年年末的本利和为（　　）元。

　　A.53 091　　　　　　B.56 371　　　　　　C.114 640　　　　　　D.131 810

17. B 公司正在平价发行每半年计息一次的债券，若投资人期望获得 10% 的有效年利率，B 公司报价利率至少为（　　）。

　　A.10%　　　　　　B.9.86%　　　　　　C.9.76%　　　　　　D.9.5%

18.甲公司拟购买某企业债券，当名义利率相同的情况下，下列计息方式中对甲公司最有利的是（　　）。

　　A.每年付息　　　　B.每半年付息　　　C.每季度付息　　　D.每月付息

19.某企业拟进行一项存在一定风险的工业项目投资，有甲、乙两个方案可供选择：已知甲方案净现值的期望值为1 000万元，标准差为300万元；乙方案净现值的期望值为1 200万元，标准差为330万元。下列结论中，正确的是（　　）。

　　A.甲方案与乙方案的风险相同　　　　B.甲方案的风险小于乙方案
　　C.甲方案的风险大于乙方案　　　　　D.无法评价甲乙方案的风险大小

20.甲公司拟投资于两种证券X和Y，两种证券期望报酬率的相关系数为0.3，根据投资X和Y的不同资金比例测算，投资组合期望报酬率与标准差的关系如下图所示，甲公司投资组合的有效组合是（　　）。

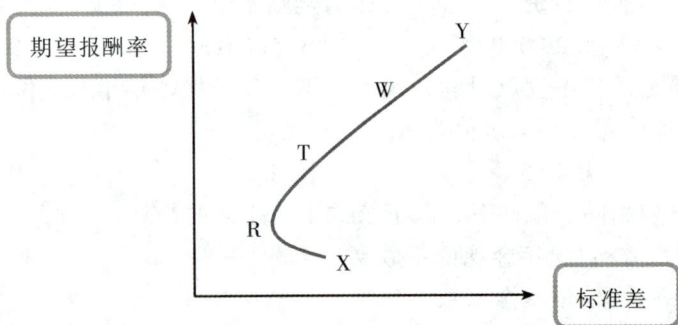

　　A.XR曲线　　　　　B.X、Y点　　　　　C.RY曲线　　　　　D.XRY曲线

21.下列关于两种证券组合的机会集曲线的说法中，正确的是（　　）。

　　A.曲线上的点均为有效组合

　　B.曲线上报酬率最低点是最小方差组合点

　　C.两种证券报酬率的相关系数越大，曲线弯曲程度越小

　　D.两种证券报酬率的标准差越接近，曲线弯曲程度越小

22.当存在无风险资产并可按无风险报酬率自由借贷时，下列关于最有效风险资产组合的说法中正确的是（　　）。

　　A.最有效风险资产组合是投资者根据自己风险偏好确定的组合

　　B.最有效风险资产组合是风险资产机会集上最高期望报酬率点对应的组合

　　C.最有效风险资产组合是风险资产机会集上最小方差点对应的组合

　　D.最有效风险资产组合是所有风险资产以各自的总市场价值为权数的组合

23.证券市场组合的期望报酬率是16%，甲投资人以自有资金100万元和按6%的无风险利率借入的资金40万元进行证券投资，则甲投资人的期望报酬率是（　　）。

　　A.20%　　　　　　　B.18%　　　　　　　C.19%　　　　　　　D.22.4%

24.下列事项中，能够改变特定企业非系统风险的是（　　）。

　　A.竞争对手被外资并购　　　　　　　B.国家加入世界贸易组织

　　C.汇率波动　　　　　　　　　　　　D.货币政策变化

25.关于证券投资组合理论的以下表述中，正确的是（　　）。

　　A.证券投资组合能消除大部分系统风险

B.证券投资组合的总规模越大，承担的风险越大

C.最小方差组合是所有组合中风险最小的组合，所以报酬最大

D.一般情况下，随着更多的证券加入到投资组合中，整体风险降低的速度会越来越慢

26.在进行投资项目评价时，投资者要求的风险报酬率取决于该项目的（　　）。

A.经营风险　　　　　B.财务风险　　　　　C.系统风险　　　　　D.特有风险

27.假设有一投资组合，均等地投资于无风险资产和两只股票，如果其中一只股票的贝塔系数是1.5，并且整个组合与市场组合的风险水平一致，则组合中另一只股票的贝塔系数为（　　）。

A.0.5　　　　　　　B.1.0　　　　　　　C.1.5　　　　　　　D.2.0

28.证券市场线可以用来描述市场均衡条件下单项资产或资产组合的期望收益与风险之间的关系。当投资者的风险厌恶感普遍减弱时，会导致证券市场线（　　）。

A.向上平行移动　　　B.向下平行移动　　　C.斜率上升　　　　　D.斜率下降

29.下列关于投资组合的说法中，错误的是（　　）。

A.有效投资组合的期望收益与风险之间的关系，既可以用资本市场线描述，也可以用证券市场线描述

B.用证券市场线描述投资组合（无论是否有效地分散风险）的期望收益与风险之间的关系的前提条件是市场处于均衡状态

C.当投资组合只有两种证券时，该组合收益率的标准差等于这两种证券收益率标准差的加权平均值

D.当投资组合包含所有证券时，该组合收益率的标准差主要取决于证券收益率之间的协方差

二、多选题

1.基准利率是指导性利率，以下表述中正确的有（　　）。

A.基准利率虽然是中央银行公布的指导性利率，但必须由市场供求关系决定

B.基准利率与其他金融市场的利率或金融资产的价格具有较强的关联性

C.基准利率所反映的市场信号能有效地传递到其他金融市场和金融产品价格上

D.基准利率必须只反映市场对未来的预期，不反映实际市场供求状况

2.下列各项因素中，能够影响无风险报酬率的有（　　）。

A.平均资金利润率　　B.资金供求关系　　　C.国家宏观调控　　　D.预期通货膨胀率

3.按照市场分割理论对收益率曲线的解释，下列表述正确的有（　　）。

A.短期债券市场的均衡利率水平高于长期债券市场的均衡利率水平，表现为下斜收益率曲线

B.短期债券市场的均衡利率水平低于长期债券市场的均衡利率水平，表现为上斜收益率曲线

C.各个期限市场的均衡利率水平持平，则表现为水平收益率曲线

D.中期债券市场的均衡利率水平最低，则表现为峰型收益率曲线

4.按照流动性溢价理论，上斜收益率曲线解释正确的有（　　）。

A.市场预期未来短期利率可能上升　　　　　B.市场预期未来短期利率可能不变

C.市场预期未来短期利率可能下降　　　　　D.市场预期未来短期利率先上升后下降

5.下列表述中，可以被看作年金的是（　　）。

A.采用直线法计提的折旧　　　　　　　　　B.投资者每期收到的普通股股利

C.投资者每期收到的优先股股利　　　　　　D.按产量基础计算的奖金

6.市场上有两种有风险证券 x 和 y，下列情况下，两种证券组成的投资组合风险低于二者加

权平均风险的有（　　　）。

A.x 和 y 期望报酬率的相关系数是 0　　　　B.x 和 y 期望报酬率的相关系数是 - 1

C.x 和 y 期望报酬率的相关系数是 1　　　　D.x 和 y 期望报酬率的相关系数是 0.5

7.假设甲、乙证券收益的相关系数接近于零，甲证券的预期报酬率为 6%，标准差为 10%，乙证券的预期报酬率为 8%，标准差为 15%，则由甲、乙证券构成的投资组合（　　　）。

A.最高的预期报酬率为 8%　　　　　　　　B.最低的预期报酬率为 6%

C.最高的标准差为 15%　　　　　　　　　　D.最低的标准差为 10%

8.下列有关证券组合投资风险的表述中，正确的有（　　　）。

A.证券组合的风险不仅与组合中每个证券报酬率的标准差有关，而且与各证券之间报酬率的协方差有关

B.持有多种彼此不完全正相关的证券可以降低风险

C.资本市场线反映了持有不同比例无风险资产与市场组合情况下风险和报酬的权衡关系

D.投资机会集曲线描述了不同投资比例组合的风险和报酬之间的权衡关系

9.下列关于投资者对风险的态度的说法中，符合投资组合理论的有（　　　）。

A.投资者在决策时不考虑其他投资者对风险的态度

B.不同风险偏好投资者的投资都是无风险投资和最佳风险资产组合的组合

C.投资者对风险的态度不仅影响其借入或贷出的资金量，还影响最佳风险资产组合

D.当存在无风险资产并可按无风险利率自由借贷时，市场组合优于其他资产组合

10.下列因素中，影响资本市场线中市场均衡点的位置的有（　　　）。

A.无风险利率　　　　　　　　　　　　　　B.风险组合的期望报酬率

C.风险组合的标准差　　　　　　　　　　　D.投资者个人的风险偏好

11.影响某股票贝塔系数大小的因素有（　　　）。

A.该股票报酬率的标准差

B.整个股票市场报酬率的标准差

C.该股票报酬率与整个股票市场报酬率的相关性

D.整个股票市场报酬率与无风险报酬率的相关性

12.下列关于单个证券投资风险度量指标的表述中，正确的有（　　　）。

A.贝塔系数度量投资的系统风险

B.方差度量投资的系统风险和非系统风险

C.标准差度量投资的非系统风险

D.变异系数度量投资的单位期望报酬率承担的系统风险和非系统风险

13.贝塔系数和标准差都能衡量投资组合的风险。下列关于投资组合的贝塔系数和标准差的表述中，正确的有（　　　）。

A.贝塔系数度量的是投资组合的系统风险

B.标准差度量的是投资组合的非系统风险

C.投资组合的贝塔系数等于被组合各证券贝塔系数的算术加权平均值

D.投资组合的标准差等于被组合各证券标准差的算术加权平均值

14.下列关于证券市场线的说法中，正确的有（　　　）。

A.无风险报酬率越大，证券市场线在纵轴的截距越大

B.证券市场线描述了有风险资产和无风险资产构成的投资组合的有效边界

C.预计通货膨胀率提高时，证券市场线将向上平移

D.投资者对风险的厌恶感越强，证券市场线的斜率越大

15.A证券的预期报酬率为12%，标准差为15%；B证券的预期报酬率为18%，标准差为20%。投资于两种证券组合的机会集是一条曲线，有效边界与机会集重合，以下结论中正确的有（　　）。

A.最小方差组合是全部投资于A证券

B.最高预期报酬率组合是全部投资于B证券

C.两种证券报酬率的相关性较高，风险分散化效应较弱

D.可以在有效集曲线上找到风险最小、期望报酬率最高的投资组合

16.下列关于资本资产定价模型β系数的表述中，正确的有（　　）。

A.β系数可以为负数

B.β系数是影响证券必要报酬率的唯一因素

C.投资组合的β系数一定会比组合中任一单只证券的β系数低

D.β系数反映的是证券的系统风险

17.下列关于β值和标准差的表述中，正确的有（　　）。

A.β值测度系统风险，而标准差测度非系统风险

B.β值测度系统风险，而标准差测度整体风险

C.β值测度财务风险，而标准差测度经营风险

D.β值只反映市场风险，而标准差还反映特有风险

三、计算分析题

1.假定甲、乙两项资产的历史收益率的有关资料见表3-59。

表3-59　　　　　　　　　甲、乙两项资产的历史收益率的有关资料

年份	甲资产收益率	乙资产收益率
20×1	－10%	15%
20×2	5%	10%
20×3	10%	0
20×4	15%	－10%
20×5	20%	30%

（1）计算两项资产的预期收益率。

（2）计算两项资产的标准差。

（3）计算两项资产的变异系数。

（4）比较两项资产风险的大小。

2.假设资本资产定价模型成立，表3-60的数字是相互关联的。求出表3-60各个字母代表的数字（请将结果填写在给定的表格中，并列出计算过程）。

表3-60　　　　　　　　　资本资产定价模型相关数据

证券名称	必要报酬率	标准差	与市场组合的相关系数	β
无风险资产	（A）	（B）	（C）	（D）
市场组合	（E）	0.1	（F）	（G）
A股票	0.22	（H）	0.65	1.3
B股票	0.16	0.15	（I）	0.9
C股票	0.31	（J）	0.2	（K）

本章导学

第四章
资本成本

本章框架图

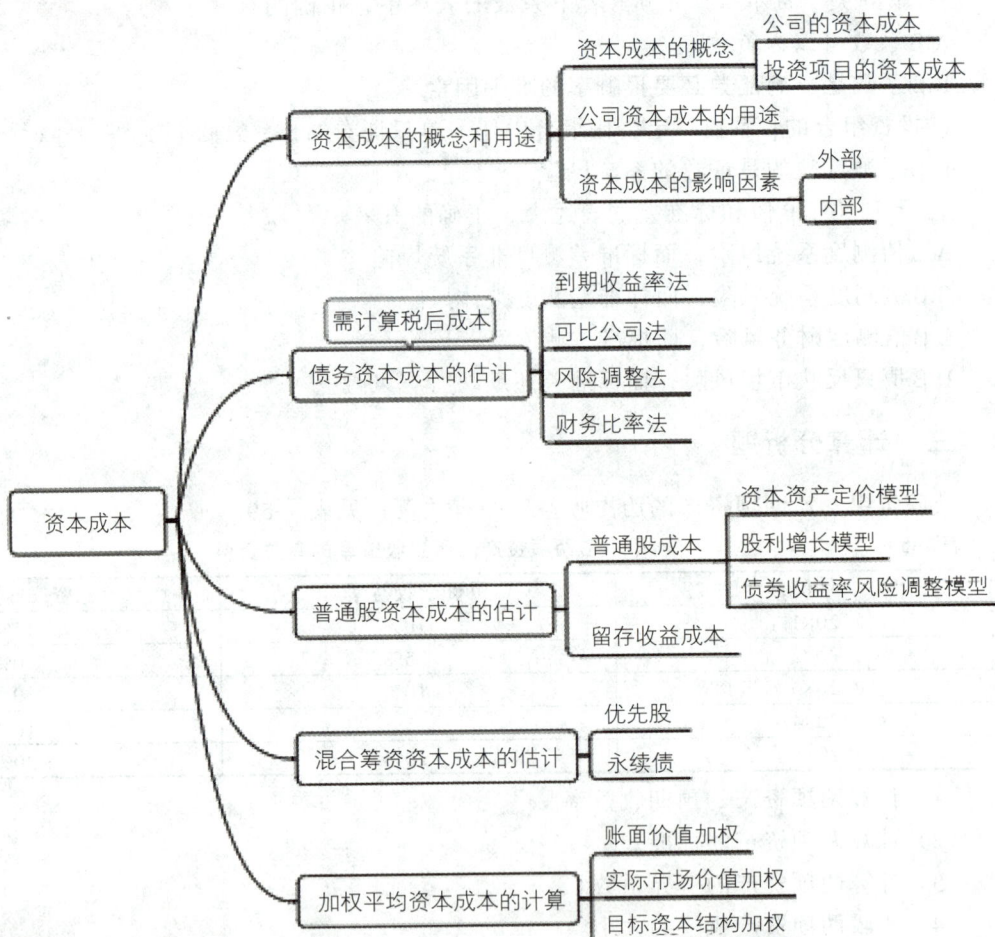

资本成本
- 资本成本的概念和用途
  - 资本成本的概念
    - 公司的资本成本
    - 投资项目的资本成本
  - 公司资本成本的用途
  - 资本成本的影响因素
    - 外部
    - 内部
- 债务资本成本的估计（需计算税后成本）
  - 到期收益率法
  - 可比公司法
  - 风险调整法
  - 财务比率法
- 普通股资本成本的估计
  - 普通股成本
    - 资本资产定价模型
    - 股利增长模型
    - 债券收益率风险调整模型
  - 留存收益成本
- 混合筹资资本成本的估计
  - 优先股
  - 永续债
- 加权平均资本成本的计算
  - 账面价值加权
  - 实际市场价值加权
  - 目标资本结构加权

本章考情概述

本章考情分析

本章是财务管理部分的一个核心基础章节，主要阐述资本成本的概念、资本成本的用途、估计各种要素资本成本和公司加权资本成本的方法等。财务管理的核心概念是净现值，而资本成本就是折现率，所以资本成本是后面很多章节的计算基础。

学习资本成本除需熟练掌握本章的主要内容及计算公式外，还应强化本章与其他章节相关内容结合上的训练，建议考生详细研读历年真题中与资本成本有关的跨章节主观题，熟悉解题思路。本章近5年题型题量分析，见表4-1。

表4-1　　　　　　　　　　　　　　近5年题型题量分析

年份	2014年	2015年	2016年	2017年	2018年
单项选择题			1题1.5分		1题1.5分
多项选择题		1题2分	1题2分	1题2分	2题4分
计算分析题	1题8分	0.5题4分		1题8分	
综合题	0.3题5分		0.2题3分		
合计	1.3题13分	1.5题6分	2.2题6.5分	2题10分	3题5.5分

重要考点预览

1.资本成本的概念
2.债务资本成本估计的四种方法
3.普通股资本成本估计的三种方法
4.优先股和永续债资本成本的估计方法
5.加权平均资本成本的计算
6.资本成本的影响因素

第一节　资本成本的概念和用途

如何理解资本成本的概念？

一、资本成本的概念 ★

（一）资本成本概述（见表4-2）

表4-2　　　　　　　　　　　　　　资本成本概述

项目	说明
含义	资本成本（Cost of Capital）指投资资本的机会成本，这种成本不是实际支付的成本，而是一种失去的报酬，是投资人放弃的其他投资机会中报酬率最高的一个。因此，资本成本也称为最低期望报酬率、投资项目的取舍率、最低可接受的报酬率（必要报酬率）
两个方面	（1）资本成本与公司的筹资活动有关，它是公司募集和使用资金的成本，即筹资的成本。 （2）资本成本与公司的投资活动有关，它是投资所要求的必要报酬率
表示方法	以年度的相对比率为计量单位（有效年利率）

【提示】资本成本是财务管理的一个非常重要的概念。有两个原因：

（1）公司要达到股东财富最大化，必须使所有的投入成本最小化，其中包括资本成本的最小化，所以正确估计和合理降低资本成本是制定筹资决策的基础。

（2）为了增加股东财富，公司只能投资于投资报酬率高于其资本成本率的项目，正确估计项目的资本成本是制定投资决策的基础。

（二）公司的资本成本（如图4-1所示）

公司的资本成本指组成公司资本结构的各种资金来源的成本的组合，也就是各种资本要素成本的加权平均数。

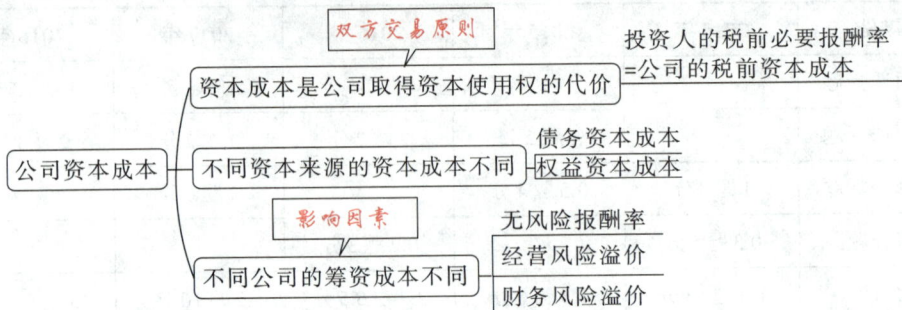

考霸笔记

由于公司所经营的业务不同（经营风险不同）、资本结构不同（财务风险不同），因此各公司的资本成本不同。

图 4-1　公司的资本成本

（三）投资项目的资本成本

1.区分公司资本成本和项目资本成本（见表4-3）

表4-3　　　　　　区分公司资本成本和项目资本成本

项目	说明
公司的资本成本	指全体投资人（债权人和股东）针对整个公司（全部资产）要求的最低报酬率
项目的资本成本	指公司投资于资本支出项目所要求的必要报酬率

如何区分公司资本成本和项目资本成本？

2.每个项目有自己的机会资本成本（见表4-4）

考霸笔记

投资项目的资本成本将在"第五章 投资项目资本预算"中详细讨论。本章主要介绍公司资本成本。

表4-4　　　　　　每个项目有自己的机会资本成本

情形	说明
新的投资项目的风险 = 企业现有资产的平均风险	项目资本成本 = 公司资本成本
新的投资项目的风险 > 企业现有资产的平均风险	项目资本成本 > 公司资本成本
新的投资项目的风险 < 企业现有资产的平均风险	项目资本成本 < 公司资本成本

二、资本成本的用途★（如图4-2所示）

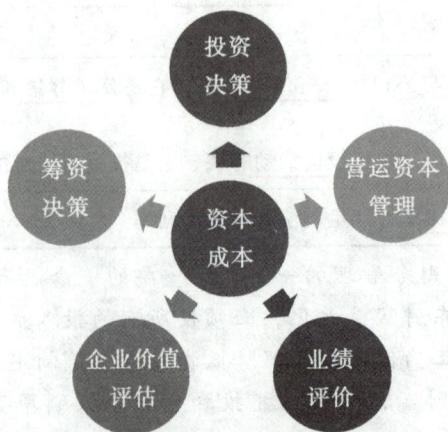

图 4-2　资本成本的用途

三、资本成本的影响因素 ★

（一）外部因素（见表4-5）

表4-5　　　　　　　　　　　　外部因素

因素	说明
利率	市场利率上升，投资人的机会成本增加了，公司的债务成本会上升；利率上升也会引起普通股和优先股成本的上升；反之亦然
市场风险溢价	市场风险溢价由资本市场上的供求双方决定，个别公司无法控制，根据资本资产定价模型可以看出，市场风险溢价会影响股权成本
税率	税率是政府政策，税率变化直接影响税后债务成本以及公司加权平均资本成本

（二）内部因素（见表4-6）

表4-6　　　　　　　　　　　　内部因素

因素	说明
资本结构	增加债务的比重，会使平均资本成本趋于降低，同时会加大公司的财务风险。财务风险的提高，又会引起债务成本和股权成本上升。因此，公司应适度负债，寻求资本成本最小化的资本结构
股利政策	改变股利政策，影响分配给股东的股利，根据股利折现模型，其会引起股权成本的变化
投资政策	公司的资本成本反映现有资产的平均风险。如果公司向高于现有资产风险的新项目投资，公司资产的平均风险就会提高，并使得资本成本上升

第二节　债务资本成本的估计

一、债务资本成本的概念 ★

考霸笔记：债务资本成本是针对金融负债来说的，不涉及经营负债。

如何从不同维度理解债务资本成本的概念？

估计债务成本就是确定债权人要求的收益率。在估计时，需区分三个问题：

（一）区分债务的历史成本和未来成本（见表4-7）

表4-7　　　　　　区分债务的历史成本和未来成本

项目	说明
未来成本	作为投资决策和企业价值评估依据的资本成本，只能是未来借入新债务的成本
历史成本	现有债务的历史成本，对于未来的决策来说是不相关的沉没成本

（二）区分债务的期望收益与承诺收益（见表4-8）

表4-8　　　　　　区分债务的期望收益与承诺收益

项目	说明
期望收益	对于筹资人来说，债权人的期望收益是其债务的真实成本，因为公司可以违约，所以承诺收益夸大了债务成本
承诺收益	在实务中，往往把债务的承诺收益率作为债务成本，原因如下： （1）多数公司的违约风险不大，债务的期望报酬与承诺报酬的区别很小，可以忽略不计。 （2）按照承诺报酬计算到期收益率很容易，而估计违约风险就比较困难

（三）区分长期债务成本和短期债务成本（见表4-9）

考霸笔记

有时候公司无法发行长期债券或取得长期银行借款，被迫采用短期债务筹资并将其不断续约，这种债务实质上是一种长期债务，是不能忽略的。

表4-9　　区分长期债务成本和短期债务成本

项目	说明
长期债务	由于加权平均资本成本主要用于资本预算，涉及的债务是长期债务，在计算资本成本时，通常只考虑长期债务，而忽略各种短期债务
短期债务	通常，临时性资本需求靠短期借款和发行商业票据，其数额和筹资成本经常变动，不便于计划

二、税前债务资本成本的估计★★

（一）到期收益率法

1.不考虑发行费用（见表4-10）

考霸笔记

对于年内付息多次的债券，首先计算"计息期到期收益率"，然后计算税前年有效到期收益率，即税前资本成本，再确定税后资本成本；不能使用名义到期收益率作为债务资本成本。

表4-10　　不考虑发行费用

项目	说明
适用条件	公司目前有上市的长期债券
计算公式	到期收益率是使下式成立的 K_d： $P_0 = \sum_{t=1}^{n} \dfrac{I}{(1+K_d)^t} + \dfrac{M}{(1+K_d)^n}$
参数	P_0——债券的当前市价； K_d——到期收益率即税前债务成本； n——债务的剩余期限，通常以年表示
计算方法	逐步测试法（试误法）：逐步测试求折现率，即找到使得未来现金流出的现值等于现金流入的现值的那一个折现率

如何理解到期收益率法？

2.考虑发行费用

如果存在发行费用，需要将其从筹资额中扣除。此时，债券资本的税前成本 K_d 应使下式成立：

$$P_0 \times (1-f) = \sum_{t=1}^{n} \frac{I}{(1+K_d)^t} + \frac{M}{(1+K_d)^n}$$

其中：f——发行费用率

（二）可比公司法（见表4-11）

考霸笔记

发行费用系债券发行时一次性产生，对债券未来的现金流量没有影响。

表4-11　　可比公司法

项目	说明
适用条件	需要计算债务成本的公司，没有上市债券，就要找一个拥有可交易债券的可比公司作为参照物
估计方法	计算可比公司长期债券的到期收益率，（直接将其）作为本公司的长期（税前）债务成本
要求	（1）可比公司应当与目标公司处于同一行业，具有类似的商业模式； （2）最好两者的规模、负债比率和财务状况也比较类似

（三）风险调整法（见表4-12）

表4-12　　　　　　　　　　　　　　风险调整法

项目	说明
适用条件	本公司没有上市的债券，而且找不到合适的可比公司，但是有信用评级
估计方法	税前债务成本＝同期限（到期）政府债券的市场回报率＋（同评级）企业的信用风险补偿率

【提示】

（1）不同期限债券的利率不具有可比性，期限长的债券利率较高。对于已经上市的债券来说，到期日（而非债券的整个"发行期限"）相同则可以认为未来的期限相同（期限风险溢价相同），其无风险利率相同，两者的利率差额是风险不同引起的。（按照第三章的"利率"的说法，还应假设流动性风险溢价相同）

（2）关于政府债券的市场回报率，将在股权成本的估计中讨论，这里讨论如何估计企业的信用风险补偿率。

☑ 估计信用风险的步骤

（1）选择若干信用级别与本公司相同的上市的公司债券（不一定符合可比公司条件）；
（2）计算这些上市公司债券的（税前年有效）到期收益率（而非票面利率）；
（3）计算与这些上市公司债券同期（到期日相同）的长期政府债券（税前年有效）到期收益率（无风险利率）；
（4）计算上述两个到期收益率的差额，即信用风险补偿率；
（5）计算信用风险补偿率的平均值，作为本公司的信用风险补偿率。

【提示】 实务中，寻找与公司债券到期日完全相同的政府债券几乎不可能，因此，选择到期日与公司债券近似的政府债券即可。

（四）财务比率法（见表4-13）

表4-13　　　　　　　　　　　　　　财务比率法

项目	说明
适用条件	目标公司没有上市的长期债券，也找不到合适的可比公司，并且没有信用评级资料
估计方法	需要知道目标公司的关键财务比率，根据这些比率可以大体上判断该公司的信用级别，有了信用级别就可以使用"风险调整法"确定其债务成本

【总结】如何选择估计债务成本的方法（见表4-14）

表4-14　　　　　　　　　　如何选择估计债务成本的方法

考虑因素			估计方法	掌握程度
债券是否上市	是否存在可比公司	是否存在信用评级		
√			到期收益率法	定量
×	√		可比公司法	定性
×	×	√	风险调整法	定量
×	×	×	财务比率法	定性

考霸笔记

三个关键点：期限、政府债券张数、（年有效）到期收益率。

如何快速掌握估计信用风险的步骤？

考霸笔记

财务比率和信用级别存在相关关系。

如何理解不同债务资本成本计算方法的适用范围？

第四章

三、税后债务资本成本的估计★★（见表4-15）

表4-15　　　　　　　　　　　　税后债务资本成本的估计

考霸笔记

税后债务成本才是企业真正负担的成本。

项目	说明
计算公式	税后债务成本＝税前债务成本×（1－所得税税率）
理解	利息可以免税，政府实际上支付了部分债务成本，所以公司的债务成本小于债权人要求的报酬率

第三节　普通股资本成本的估计

一、不考虑发行费用的普通股资本成本的估计★★

（一）资本资产定价模型

在估计权益成本时，使用最广泛的方法是资本资产定价模型。按照该模型，普通股资本成本等于无风险利率加上风险溢价：

$$K_s = R_f + \beta \times (R_m - R_f)$$

其中：

R_f——无风险利率

β——该股票的贝塔系数

R_m——平均风险股票报酬率

$R_m - R_f$——权益市场风险溢价

$\beta \times (R_m - R_f)$——该股票的风险溢价

1.无风险利率的估计

通常认为，政府债券没有违约风险，可以代表无风险利率。具体操作时有三个问题需要解决：

（1）债券期限的选择（见表4-16）

表4-16　　　　　　　　　　　　债券期限的选择

如何估计无风险利率？

项目	说明
要求	在计算公司股权资本成本时选择长期政府债券的利率比较适宜
原因	①普通股是长期的有价证券：政府长期债券期限长，比较接近普通股的现金流。 ②资本预算涉及的时间长：长期政府债券的期限和投资项目现金流持续时间能较好地配合。 ③长期政府债券的利率波动较小，而短期政府债券的波动性较大

（2）选择票面利率还是到期收益率（见表4-17）

表4-17　　　　　　　　　　选择票面利率还是到期收益率

项目	说明
要求	应当采用上市交易的政府长期债券的（年有效）到期收益率作为无风险利率的代表
原因	票面利率不适宜的原因： ①不同时间发行的长期政府债券，其票面利率不同，有时相差较大； ②长期政府债券的付息期不同：有半年期或一年期等，还有到期一次还本付息

考霸笔记

不同年份发行的、票面利率和计息期不等的上市债券，根据当前市价和未来现金流计算的到期收益率只有很小差别。

（3）选择名义无风险利率还是实际无风险利率

①通货膨胀对利率的影响（见表4-18）。

表4-18　　　　　　　　　　通货膨胀对利率的影响

项目	说明
名义利率	指包含了通货膨胀因素的利率（nominal rate）
实际利率	指排除了通货膨胀因素的利率（effective rate）

☑ 相互关系：$1 + r_{名义} = (1 + r_{实际}) \times (1 + 通货膨胀率)$

②通货膨胀对现金流量的影响（见表4-19）。

表4-19　　　　　　　　　　通货膨胀对现金流量的影响

项目	含义
名义现金流量	指包含了通货膨胀影响的现金流量
实际现金流量	指基于预算年度的价格水平，并消除了通货膨胀的影响后预测出来的未来现金流量

☑ 相互关系：$名义现金流量 = 实际现金流量 \times \prod_{i=1}^{n}(1 + 通货膨胀率_i)$

特别的，当各年通货膨胀率相同时：

$名义现金流量 = 实际现金流量 \times (1 + 通货膨胀率)^n$

其中：

n——相对于基期的期数（实际现金流量是以基期的购买力形式表示的）

③决策分析的原则。

在决策分析中必须遵守的原则：一致性原则，即含有通胀的现金流量要使用含有通胀的折现率进行折现，实际的现金流量要使用实际的折现率进行折现。

④实务中对利率的选择（见表4-20）。

表4-20　　　　　　　　　　实务中对利率的选择

考霸笔记

政府债券的未来现金流，都是按含有通胀的货币支付的，据此计算出来的到期收益率是含有通胀的。

情形	说明
一般情况	使用含通胀的名义货币编制预计财务报表并确定现金流量，并使用含通胀的无风险利率计算资本成本
特殊情况	使用实际利率：存在恶性的通货膨胀（通货膨胀率已经达到两位数）；预测周期特别长，通货膨胀的累积影响巨大，例如核电站投资

【总结】一般来说，选择长期政府债券的名义到期收益率作为无风险利率的代表。

估计β值时应注意什么？

6504

2.β值的估计

β值是证券i的报酬率与市场组合报酬率的协方差与市场组合报酬率方差的比值：

$$\beta = \frac{COV(R_i, R_m)}{\sigma_m^2}$$

计算方法可以采用回归直线法，也可以采用定义公式。具体操作时有三个问题需要解决：

（1）选择有关预测期间的长度（见表4-21）

表4-21　　　　　选择有关预测期间的长度

情形	预测期长度
公司风险特征无重大变化	可以采用5年或更长的预测期长度
公司风险特征发生重大变化	应当使用变化后的年份作为预测期长度

考霸笔记

在进行回归分析的区间里，2年前公司举借了大量的债务用于收购其他公司，公司的基本风险特征有很大变化，那么用最近2年的数据计算的结果要比用5年的数据更能反映公司未来的风险。

（2）选择收益计量的时间间隔（见表4-22）

表4-22　　　　　选择收益计量的时间间隔

不同时间间隔的收益计量	说明	是否采用
每日报酬率	使用它会提高回归中数据的观察量，但有些日子没有成交或停牌，该期间的报酬率为零，由此引起的偏差会降低股票报酬率与市场组合报酬率之间的相关性，也会降低该股票的β值	×
年度报酬率	较少采用，因为回归分析需要使用很多年的数据，在此期间资本市场和企业都发生了很大变化	×
每周或每月报酬率	能显著地降低每日报酬率的偏差，也能获取较多的数据	√

考霸笔记

只要有一个方面发生改变，就不能利用历史的β值，需要按照"第五章　投资项目资本预算"中"投资项目的折现率的估计"进行处理。

（3）历史的β值是否可以指导未来（见表4-23）

表4-23　　　　　历史的β值是否可以指导未来

项目	说明
一般要求	财务估价使用的现金流量数据是面向未来的，而计算股权成本使用的β值却是历史的，时间基础不一致。虽然未来的β值不能确定，只要公司β值的驱动因素没有显著改变，就能使用历史的β值
关键驱动因素	①经营杠杆 ②财务杠杆 ⎱ 在"第九章　资本结构"进行详细学习 ③收益的周期性：指一个公司的收入和利润对整个经济周期状态的依赖性强弱

市场风险溢价与市场平均报酬率的区别是什么？

6505

3.市场风险溢价的估计

市场风险溢价是指在一个相当长的历史时期里，权益市场平均报酬率（R_m）与无风险资产平均报酬率（R_f）之间的差异。前面已经解决了无风险资产报酬率的估计问题，因此，剩下的只是市场平均报酬率的估计。可以利用历史数据进行分析，具体操作时有两个问题需要解决：

（1）选择时间跨度（见表4-24）

表4-24　　　　　　　　　　　选择时间跨度

项目	说明
要求	应选择较长的时间跨度
原因	股票报酬率非常复杂多变，影响因素很多，较短的期间所提供的风险溢价比较极端，无法反映平均水平

（2）权益市场平均报酬率的计算方法（见表4-25）

表4-25　　　　　　　　　权益市场平均报酬率的计算方法

	算术平均数（arithmetic average）	几何平均数（geometric average）
计算公式	$R_m = \dfrac{\sum\limits_{t=1}^{n} R_t}{n}$ ，$R_t = \dfrac{P_t - P_{t-1}}{P_{t-1}}$	$R_m = \sqrt[n]{\dfrac{P_n}{P_0}} - 1$
	其中：P_t——股票市场在第 t 年的价格指数	
如何选择	几何平均数考虑了复合平均，能更好地预测长期的平均风险溢价，多数人倾向于采用此法	

（二）股利增长模型

股利增长模型假定股利以固定的年增长率递增，则股权资本成本的计算公式为：

$$K_s = \frac{D_1}{P_0} + g$$

其中：

K_s——普通股成本

D_1——预期下年股利额：如果一家企业正在支付股利，那么 D_0 就是已知的，$D_1 = D_0 \times (1 + g)$

P_0——普通股当前市价

g——股利的年增长率（长期平均增长率）：预测的关键

1.历史增长率（见表4-26）

根据过去的股利支付数据估计未来的股利增长率，可以按几何平均数计算，也可以按算术平均数计算。

表4-26　　　　　　　　　　　历史增长率

	算术平均增长率	几何平均增长率
计算公式	$g = \dfrac{\sum\limits_{t=0}^{n}\left(D_{t+1} - D_t\right)/D_t}{n}$	$g = \sqrt[n]{\dfrac{FV}{PV}} - 1 = \sqrt[n]{\dfrac{D_n}{D_0}} - 1$
如何选择	几何增长率适合投资者在整个期间长期持有股票的情况，而本模型的增长率，需要长期的平均增长率，所以几何增长率更符合逻辑	

【提示】

（1）如果公司过去的股利增长率相对平稳，且预期这种趋势会继续下去，那么过去的增长率就可以作为未来增长率的估计值。

（2）股利支付与企业所处的生命周期有关，在企业初创期和成长期很少支付股利，进入成熟期以后才会有较多的股利支付。

考霸笔记

用过去几十年的数据计算权益市场平均报酬率，既包括经济繁荣时期，也包括经济衰退时期，要比只用最近几年的数据计算更具代表性。

考霸笔记

用几何平均数得出的预期风险溢价，一般情况下比算术平均数要低一些。

（3）实际上股利稳定增长的公司不多，历史增长率法很少单独应用，它仅仅是估计股利增长率的一个参考，或是一个需要调整的基础。

2.可持续增长率（见表4-27）

考霸笔记

考试时一般通过计算可持续增长率，从而应用股利增长模型来计算股权资本成本。

可持续增长率作为估计长期平均增长率的前提条件是什么？

表4-27　　　　　　　　　　　　可持续增长率

项目	说明
估计方法	股利的增长率＝可持续增长率＝期初权益预期净利率×预期利润留存率
重要假设	（1）未来公司不发行新股； （2）预期新投资的权益净利率等于当前预期报酬率； （3）利润留存率不变； （4）未来投资项目的风险与现有资产相同

3.采用证券分析师的预测（见表4-28）

证券分析师发布的各公司增长率预测值，通常是分年度或季度的，而不是一个唯一的长期增长率。

表4-28　　　　　　　　　　　采用证券分析师的预测

解决办法	说明
将不稳定的增长率平均化	计算未来足够长期间（30~50年）的年度增长率的几何平均数
根据不均匀的增长率直接计算股权成本	利用两阶段增长模型，结合"试误法"求解K_s，设不均匀增长的时间段为m年，之后为固定增长，则有： $$P_0 = \sum_{t=1}^{m} \frac{D_t}{(1+K_s)^t} + \frac{P_m}{(1+K_s)^m}, \quad P_m = \frac{D_{m+1}}{K_s - g}$$ 其中：P_m——第m年年末的股价

（三）债券报酬率风险调整模型（见表4-29）

表4-29　　　　　　　　　　债券报酬率风险调整模型

项目	说明
理论依据	风险越大，要求的报酬率越高：普通股股东对企业的投资风险大于债券投资者，因而会在债券投资者要求的报酬率上再要求一定的风险溢价
计算公式	$K_s = K_{dt} + RP_c$

其中：

K_{dt}——税后债务成本

RP_c——股东比债权人承担更大风险所要求的风险溢价

☑ 风险溢价RP_c的估计（见表4-30）

表4-30　　　　　　　　　　风险溢价RP_c的估计

方法	说明
凭借经验估计	某企业普通股风险溢价对其自己发行的债券（而非政府债券）来讲，大约在3%~5%
使用历史数据分析	比较过去不同年份的权益报酬率和债券报酬率，虽然权益报酬率和债券报酬率有较大波动，但两者的差额RP_c相当稳定，因此历史的RP_c可以用来估计未来普通股成本

二、考虑发行费用的普通股资本成本的估计★★（见表4-31）

表4-31　　　　　　　考虑发行费用的普通股资本成本的估计

常用方法	发行费用的影响
资本资产定价模型	发行费用对计算股权资本成本没有影响
股利增长模型	新发行普通股会产生发行费用，需要将其从筹资额中扣除：$$K = \dfrac{D_1}{P_0 \times (1-f)} + g$$ 其中：f——发行费用率

三、留存收益资本成本的估计★★（见表4-32）

表4-32　　　　　　　留存收益资本成本的估计

项目	说明
筹资特征	留存收益来源于净利润，归属于普通股股东。股东愿意将其留在公司，其必要报酬率与普通股相同，因此，留存收益也有资本成本，是一种典型的机会成本
资本成本	与不考虑发行费用的普通股资本成本相同

第四节　混合筹资资本成本的估计

一、混合筹资的含义及内容★（见表4-33）

表4-33　　　　　　　混合筹资的含义及内容

项目	说明
含义	混合筹资兼具债权和股权筹资双重属性
内容	优先股筹资、永续债筹资、可转换债券筹资和认股权证筹资等

考霸笔记

"第十一章 长期筹资"将详细介绍可转换债券筹资和认股权证筹资。

二、优先股资本成本的估计★★（见表4-34）

表4-34　　　　　　　优先股资本成本的估计

项目	说明
含义	优先股资本成本是优先股股东要求的必要报酬率，包括股息和发行费用
筹资特点	优先股股息通常是固定的，公司以税后利润，在派发普通股股利之前，优先派发优先股股息
计算公式	$$K_P = \dfrac{D_P}{P_P \times (1-f)}$$

其中：

D_P——优先股每股年股息

P_P——优先股每股发行价格

f——发行费用率

三、永续债资本成本的估计 ★ ★ （见表4-35）

考霸笔记

永续债(perpetual bond)是指没有明确到期日或期限非常长的债券，债券发行方只需支付利息，没有还本义务（实际操作中会附加赎回及利率调整条款）。

表4-35　　　　　　　永续债资本成本的估计

项目	说明
筹资特点	永续债是具有一定权益属性的债务工具，其利息是一种永续年金
计算公式	税前 $K_{pb} = \dfrac{I_{pb}}{P_{pb} \times (1 - f)}$

其中：

I_{pb}——永续债每年利息

P_{pb}——永续债发行价格

f——发行费用率

【提示】对于年内付息多次的永续债，首先计算"计息期报酬率"，然后计算税前年有效报酬率，作为税前资本成本，再确定税后资本成本；不能使用名义报酬率作为资本成本。

【总结】同一家公司各种要素资本成本的比较：债务成本＜优先股成本＜留存收益成本＜发行新股成本。

第五节　加权平均资本成本的计算

一、加权平均资本成本的意义 ★ （见表4-36）

考霸笔记

资本成本的主要用途是决策，而决策总是面向未来的，所以：债务成本是发行新债务的成本，而不是已有债务的利率；股权成本是新筹资权益资本的成本，而不是过去的股权成本。

表4-36　　　　　　　加权平均资本成本的意义

项目	说明
含义	加权平均资本成本是公司全部长期资本的平均成本，一般按各种长期资本的比例加权计算
计算公式	$WACC = \sum K_j \cdot W_j$ 其中： $WACC$——公司的加权平均资本成本 K_j——第 j 种个别资本成本（税后） W_j——第 j 种个别资本占全部资本的比重（权数）
主要问题	(1) 确定每一种资本要素的成本。 (2) 确定公司总资本结构中各要素的权重

【提示】一般情况下，各个要素资本成本都是指"税后"年有效资本成本。

二、加权平均资本成本的计算方法 ★★（见表4-37）

表4-37　　　　　　　　加权平均资本成本的计算方法

项目	账面价值加权	实际市场价值加权	目标资本结构加权
含义	根据企业（管理用）资产负债表上显示的会计价值来衡量每种资本的比例	根据当前负债和权益的市场价值比例来衡量每种资本的比例	根据按市场价值计量的目标资本结构来衡量每种资本要素的比例
评价	（1）账面结构反映的是历史的结构，不一定符合未来的状态。（2）账面价值会歪曲资本成本，因为账面价值与市场价值有极大的差异	由于市场价值不断变动，负债和权益的比例也随之变动，计算出的加权平均资本成本数额也是经常变化的	公司的目标资本结构，代表未来将如何筹资的最佳估计。如果公司向目标资本结构发展，目标资本结构权重更为合适

【提示】 目标资本结构可以适用于公司评价未来资本结构，而账面价值权数和实际市场价值权数只反映过去和现在的资本结构。

考霸笔记

考试时权重按照题目的要求来选，如果考试没有说明以什么为权重，通常是以基于管理用财务报表的账面价值为权重。

如何理解加权平均资本成本计算时关于权重的选择问题？

智能测评

在线练习	我要提问
扫码在线做题　　　扫码看答案	扫码答疑
本书"本章同步强化训练"均配备二维码，打开微信"扫一扫"即可完成在线测评，查看本章详细的测评反馈报告，了解知识掌握情况，也可扫码直接看答案噢。 快来扫码做题吧！	本书配备答疑专用二维码，打开微信"扫一扫"，即可完成在线提问，获取专业老师全面个性化解答，让学习问题不再拖延。 快来扫码提问吧！

第四章

本章同步强化训练

一、单选题

1.下列各项经营活动中，通常不使用资本成本的是（　　）。

A.企业价值评估　　　　B.营运资本管理　　　　C.存货采购决策　　　　D.产品定价决策

2.在进行投资决策时，需要估计的债务成本是（　　）。

A.现有债务的承诺收益　　　　　　　　B.未来债务的期望收益

C.未来债务的承诺收益　　　　　　　　D.现有债务的期望收益

3.丁公司拟按照面值发行债券筹集资金150万元，每张面值1 000元，每季度付息一次。该公司认为发行债券税前成本应该为12%，则丁公司适用的票面年利率为（　　）。

A.11.49%　　　　　　B.12%　　　　　　C.14%　　　　　　D.14.12%

4.某长期债券的总面值为100万元，平价发行，期限为3年，票面年利率11%，每年付息，到期一次还本。手续费为筹资金额的2%，则发行该债券的税前资本成本为（　　）。

A.9%　　　　　　B.10%　　　　　　C.11%　　　　　　D.11.83%

5.甲公司采用风险调整法估计债务成本，在选择若干已上市公司债券以确定本公司的信用风险补偿率时，应当选择（　　）。

A.与本公司债券期限相同的债券　　　　B.与本公司信用级别相同的债券

C.与本公司所处行业相同的公司的债券　　D.与本公司商业模式相同的公司的债券

6.甲公司为A级企业，发行10年期债券。目前市场上交易的A级企业债券中，乙公司发行的债券的市价与面值一致，票面利率为7%；与甲公司债券具有同样到期日的政府债券的票面利率为4%，到期收益率为3%；与乙债券具有同样到期日的政府债券的票面利率为4%，到期收益率为3.5%。根据风险调整法，甲公司债券的税前资本成本应为（　　）。假设以上提到的所有债券都是每年付息一次。

A.7.5%　　　　　　B.7.0%　　　　　　C.6.5%　　　　　　D.6.0%

7.财务比率法是估计债务成本的一种方法，在运用这种方法时，通常也会涉及（　　）。

A.到期收益率法　　　　　　　　　　　B.可比公司法

C.风险调整法　　　　　　　　　　　　D.债券收益率风险调整模型

8.某公司计划发行债券，面值500万元，年利息率为10%，期限5年，每年付息一次，到期还本。预计发行价格为600万元，所得税税率为25%，则该债券的税后资本成本为（　　）。

A.5.05%　　　　　　B.4.01%　　　　　　C.3.54%　　　　　　D.3.12%

9.某公司发行总面额1 000万元、票面利率为15%、偿还期限2年、每半年付息的债券，公司适用的所得税税率为25%，该债券发行价为1 000万元，则债券税后资本成本为（　　）。

A.9%　　　　　　B.11.25%　　　　　　C.11.67%　　　　　　D.15.56%

10.甲投资方案的寿命期为一年，初始投资额为6 000万元，预计第一年年末扣除通货膨胀影响后的实际现金流为7 200万元，投资当年的预期通货膨胀率为5%，名义折现率为11.3%，则该方案能够提高的公司价值为（　　）万元。

A.469　　　　　　B.668　　　　　　C.792　　　　　　D.857

11.利用资本资产定价模型确定普通股资本成本时，有关无风险利率的表述中，正确的是（　　）。

A.选择长期政府债券的票面利率比较适宜

B.选择上市交易的短期政府债券的到期收益率比较适宜

C.必须选择实际的无风险利率

D.政府债券的未来现金流，都是按名义货币支付的，据此计算出来的到期收益率是名义无风险利率

12.在利用过去的股票市场收益率和某个公司的股票收益率进行回归分析计算贝塔值时，正确的是（　　）。

A.如果公司风险特征无重大变化，可以采用较短的预测期长度

B.如果公司风险特征发生重大变化，应当使用变化后的年份作为预测期长度

C.预测期长度越长越能正确估计股票的平均风险

D.股票收益应尽可能建立在每天的基础上

13.下列关于"运用资本资产定价模型估计权益成本"的表述中，错误的是（　　）。

A.通货膨胀率较低时，可选择上市交易的政府长期债券的到期收益率作为无风险利率

B.公司三年前发行了较大规模的公司债券，估计β系数时应使用发行债券日之后的交易数据计算

C.金融危机导致过去两年证券市场萧条，估计市场风险溢价时应剔除这两年的数据

D.为了更好地预测长期平均风险溢价，估计市场风险溢价时应使用权益市场的几何平均收益率

14.某公司预计未来保持经营效率、财务政策不变，且预期未来不发行股票，企业当前的每股股利为3元，每股净利润为5元，每股净资产为20元，每股市价为50元，则股票的资本成本为（　　）。

A.11.11%　　　　　B.16.25%　　　　　C.17.78%　　　　　D.18.43%

15.某公司普通股目前的股价为12元/股，筹资费用率为7%，刚刚支付的每股股利为1元，预计以后的利润留存率和期初权益本期净利率都保持不变，分别为50%和8%，则该企业普通股资本成本为（　　）。

A.12.33%　　　　　B.12.67%　　　　　C.12.96%　　　　　D.13.32%

16.已知某普通股的β值为1.2，无风险利率为6%，股票市场的平均风险收益率为10%，普通股目前的市价为10元/股，预计第一期的股利为0.8元/股。不考虑筹资费用，假设根据资本资产定价模型和股利增长模型计算得出的普通股资本成本相等，则该普通股股利的年增长率为（　　）。

A.10%　　　　　B.3%　　　　　C.2.8%　　　　　D.2%

17.在采用债券收益率风险调整模型估计普通股资本成本时，风险溢价是（　　）。

A.目标公司普通股相对长期国债的风险溢价

B.目标公司普通股相对短期国债的风险溢价

C.目标公司普通股相对可比公司长期债券的风险溢价

D.目标公司普通股相对目标公司债券的风险溢价

18.甲公司是一家上市公司，使用"债券收益加风险溢价法"估计甲公司的权益资本成本时，债券收益是指（　　）。

A.政府发行的长期债券的票面利率　　　　　B.政府发行的长期债券的到期收益率

C.甲公司发行的长期债券的税前债务成本　　　　　D.甲公司发行的长期债券的税后债务成本

19. 某公司债券税前资本成本为10%，所得税税率为25%，该公司股权相对于债权风险溢价5%，按照风险溢价法所确定的普通股成本为（　　　）。

A.10.5%　　　　　　　　B.12.5%　　　　　　　　C.13%　　　　　　　　D.15%

20. 公司增发的普通股的市价为12元/股，筹资费用率为市价的6%，本年发放股利每股0.6元，已知同类股票的预计收益率为11%，则维持此股价需要的股利年增长率为（　　　）。

A.5%　　　　　　　　B.5.39%　　　　　　　　C.5.68%　　　　　　　　D.10.34%

21. 某公司普通股目前的股价为10元/股，筹资费用率为6%，刚刚支付的每股股利为2元，股利固定增长率为2%，则该公司新发行普通股的资本成本为（　　　）。

A.22.00%　　　　　　　　B.22.40%　　　　　　　　C.23.28%　　　　　　　　D.23.70%

22. 某公司普通股目前的股价为10元/股，筹资费用率为6%，刚刚支付的每股股利为2元，股利固定增长率为2%，则该企业利用留存收益的资本成本为（　　　）。

A.22.00%　　　　　　　　B.22.40%　　　　　　　　C.23.28%　　　　　　　　D.23.70%

23. 某企业经批准平价发行优先股股票，发行费用率和年股息率分别为5%和9%，所得税税率为25%，则优先股资本成本为（　　　）。

A.6.41%　　　　　　　　B.7.11%　　　　　　　　C.8.55%　　　　　　　　D.9.47%

24. 某公司现有面值为100元的优先股，股息率为12%、每季付息的永久性优先股，当前市价122元/股。如果新发行优先股，需要承担每股2元的发行成本。公司所得税税率为25%。则该优先股的资本成本为（　　　）。

A.7.79%　　　　　　　　B.10.21%　　　　　　　　C.10.38%　　　　　　　　D.12%

25. 某企业经批准发行永续债，发行费用率和年利息率分别为5%和9%，每半年付息一次，所得税税率为25%，则永续债的税后资本成本为（　　　）。

A.9.48%　　　　　　　　B.9.70%　　　　　　　　C.7.11%　　　　　　　　D.7.28%

26. 某公司的预计的资本结构中，产权比率为2/3，税前债务资本成本为14%。目前市场上的无风险报酬率为8%，市场上所有股票的平均收益率为16%，该公司股票的β系数为1.2，所得税税率为30%。假设流动负债可以忽略不计，长期负债均为金融负债，则该公司加权平均资本成本为（　　　）。

A.11.31%　　　　　　　　B.14.48%　　　　　　　　C.15.44%　　　　　　　　D.16.16%

27. 某企业希望在筹资计划中确定期望的加权平均资本成本，为此需要计算个别资本占全部资本的比重。此时，最适宜采用的计算基础是（　　　）。

A.目前账面价值　　　　B.目前市场价值　　　　C.预计账面价值　　　　D.目标市场价值

二、多选题

1. 下列关于投资项目资本成本的说法中，正确的有（　　　）。

A.资本成本是投资项目的取舍率　　　　　　B.资本成本是投资资本的必要报酬率
C.资本成本是投资项目的内含报酬率　　　　D.资本成本是投资资本的机会成本

2. 下列行为中，通常会导致纯粹利率水平提高的有（　　　）。

A.中央银行提高存款准备金率　　　　　　　B.中央银行降低存款准备金率
C.中央银行发行央行票据回笼货币　　　　　D.中央银行增加货币发行

3. 影响资本成本的外部因素包括（　　　）。

A.利率　　　　　　　　B.市场风险溢价　　　　　　　C.投资政策　　　　　　　D.税率

4.企业在进行资本预算时需要对债务成本进行估计。如果不考虑所得税的影响，下列关于债务成本的说法中，正确的有（　　　）。

A.债务成本等于债权人的期望收益

B.当不存在违约风险时，债务成本等于债务的承诺收益

C.估计债务成本时，应使用现有债务的加权平均债务成本

D.计算加权平均债务成本时，通常不需要考虑短期债务

5.甲公司目前没有上市债券，在采用可比公司法测算公司的债务资本成本时，选择的可比公司应具有的特征有（　　　）。

A.与甲公司商业模式类似　　　　　　　B.与甲公司在同一行业

C.拥有可上市交易的长期债券　　　　　D.与甲公司在同一生命周期阶段

6.采用实体现金流量模型进行企业价值评估时，为了计算资本成本，无风险利率需要使用实际利率的情况有（　　　）。

A.预测周期特别长　　　　　　　　　　B.β系数较大

C.存在恶性通货膨胀　　　　　　　　　D.市场风险溢价较高

7.在计算公司股权资本成本时选择长期政府债券比较适宜，其理由包括（　　　）。

A.普通股是长期的有价证券　　　　　　B.资本预算涉及的时间长

C.长期政府债券的利率波动较小　　　　D.长期政府债券的信誉良好

8.在存在稳定通货膨胀的情况下，下列表述中正确的有（　　　）。

A.名义现金流量要使用名义折现率进行折现，实际现金流量要使用实际折现率进行折现

B.$1 + r_{名义} = （1 + r_{实际}）×（1 + 通货膨胀率）$

C.实际现金流量 ＝ 名义现金流量×（1＋通货膨胀率）^{n}

D.排除了通货膨胀影响得出的现金流量叫名义现金流量

9.资本资产定价模型是估计权益成本的一种方法。下列关于资本资产定价模型参数估计的说法中，正确的有（　　　）。

A.估计无风险报酬率时，通常可以使用上市交易的政府长期债券的票面利率

B.估计贝塔值时，使用较长年限数据计算出的结果比使用较短年限数据计算出的结果更可靠

C.估计市场风险溢价时，使用较长年限数据计算出的结果比使用较短年限数据计算出的结果更可靠

D.预测未来资本成本时，如果公司未来的业务将发生重大变化，则不能用企业自身的历史数据估计贝塔值

10.有关市场风险溢价的估计，下列说法中不正确的有（　　　）。

A.市场风险溢价是当前资本市场中权益市场平均收益率与无风险资产平均收益率之差

B.计算市场风险溢价的时候，应该选择较长期间的数据进行估计

C.用算术平均数或几何平均数计算出来的风险溢价差距很小

D.一般情况下，几何平均法得出的预期风险溢价，比算术平均法要高一些

11.甲公司是一家稳定发展的制造业企业，经营效率和财务政策过去十年保持稳定且预计未来继续保持不变。未来不打算增发或回购股票，公司现拟用股利增长模型估计普通股资本成本。下列各项中，可作为股利增长率的有（　　　）。

A.甲公司内含增长率　　　　　　　　　B.甲公司可持续增长率

C.甲公司历史股利增长率　　　　　　　D.甲公司历史股价增长率

12. 下列各项中可用于估计普通股资本成本的方法有（　　　）。

A.财务比率法　　　　　　　　　　　　B.资本资产定价模型

C.固定股利增长模型　　　　　　　　　D.债券收益率风险调整模型

13. 以下事项中，会导致公司加权平均资本成本降低的有（　　　）。

A.因总体经济环境变化，导致无风险报酬率降低

B.公司固定成本占全部成本的比重降低

C.公司股票上市交易，改善了股票的市场流动性

D.发行公司债券，增加了长期负债占全部资本的比重

14. 在计算加权平均资本成本时，需要解决的两个主要问题包括（　　　）。

A.确定某一种资本要素的资本成本　　　B.确定公司总资本中各资本要素的权重

C.各种筹资来源的手续费　　　　　　　D.各种外部环境的影响

15. 下列关于计算加权平均资本成本的说法中，正确的有（　　　）。

A.计算加权平均资本成本时，理想的做法是按照以市场价值计量的目标资本结构的比例计量每种资本要素的权重

B.计算加权平均资本成本时，每种资本要素的相关成本是未来增量资金的机会成本，而非已经筹集资金的历史成本

C.计算加权平均资本成本时，需要考虑发行费用的债务应与不需要考虑发行费用的债务分开，分别计量资本成本和权重

D.计算加权平均资本成本时，如果筹资企业处于财务困境，需将债务的承诺收益率而非期望收益率作为财务资本成本

三、计算分析题

1. 甲公司是一家上市公司，主营保健品生产和销售。2017年7月1日，为对公司业绩进行评价，需估算其资本成本。相关资料如下：

（1）甲公司目前长期资本中有长期债券1万份，普通股600万股，没有其他长期债务和优先股。长期债券发行于2016年7月1日，期限5年，票面价值1000元，票面利率8%，每年6月30日和12月31日付息。公司目前长期债券每份市价935.33元，普通股每股市价10元。

（2）目前无风险利率6%，股票市场平均收益率11%，甲公司普通股贝塔系数1.4。

（3）甲公司的企业所得税税率25%。

要求：

（1）计算甲公司长期债券税前资本成本。

（2）用资本资产定价模型计算甲公司普通股资本成本。

（3）以公司目前的实际市场价值为权重，计算甲公司加权平均资本成本。

（4）在计算公司加权平均资本成本时，有哪几种权重计算方法？简要说明各种权重计算方法并比较优缺点。

2. 甲公司是一家制造业企业，信用级别为A级，目前没有上市债券。为投资新产品项目，公司拟通过发行面值1000元的5年期债券进行筹资，公司采用风险调整法估计拟发行债券的税前债务资本成本，并以此确定该债券的票面利率。

2012年1月1日，公司收集了当时上市交易的3种A级公司债券及与这些上市债券到期日接近的政府债券的相关信息（见表4-38）。

表4-38 A级公司债券及政府债券的相关信息

发债公司	A级公司债券		政府债券	
	到期日	到期收益率	到期日	到期收益率
X公司	2016.6.1	7.5%	2016.6.8	4.5%
Y公司	2017.1.5	7.9%	2017.1.10	5%
Z公司	2018.1.3	8.3%	2018.2.20	5.2%

2012年7月1日，甲公司发行该债券，该债券每年6月30日付息一次，2017年6月30日到期，发行当天的等风险投资市场报酬率为10%。

要求：

（1）计算2012年1月1日，A级公司债券的平均信用风险补偿率，并确定甲公司拟发行债券的票面利率。

（2）计算2012年7月1日，甲公司债券的发行价格。

（3）2014年7月1日，A投资人在二级市场上以970元购买了甲公司债券，并计划持有至到期。投资当天等风险投资市场报酬率为9%，计算A投资人的到期收益率，并据此判断该债券价格是否合理。

3.甲公司拟于2014年10月发行3年期的公司债券，债券面值为1 000元，每半年付息一次，2017年10月到期还本。甲公司目前没有已上市债券，为了确定拟发行债券的票面利率，公司决定采用风险调整法估计债务成本。财务部新入职的小王进行了以下分析及计算：

（1）收集同行业的3家公司发行的已上市债券，并分别与各自发行期限相同的已上市政府债券进行比较，结果见表4-39：

表4-39 3家公司与政府债券的相关信息

公司债券				政府债券			票面利率差额
发债公司	期限	到期日	票面利率	期限	到期日	票面利率	
A公司	3年期	2015年5月6日	7.7%	3年期	2016年6月8日	4%	3.7%
B公司	5年期	2016年1月5日	8.6%	5年期	2017年10月10日	4.3%	4.3%
C公司	7年期	2017年8月5日	9.2%	7年期	2018年10月10日	5.2%	4%

（2）公司债券的平均风险补偿率 = （3.7% + 4.3% + 4%）÷3 = 4%；

（3）使用3年期政府债券的票面利率估计无风险利率，无风险利率 = 4%；

（4）税前债务成本 = 无风险利率 + 公司债券的平均风险补偿率 = 4% + 4% = 8%；

（5）拟发行债券的票面利率 = 税后债务成本 = 8%×（1 - 25%）= 6%。

要求：

（1）请指出小王在确定公司拟发行债券票面利率过程中的错误之处，并给出正确的做法（无需计算）。

（2）如果对所有错误进行修正后等风险债券的税前债务资本成本为8.16%，请计算拟发行债券的票面利率和每期（半年）付息额。（提示：债券按照面值发行）

4.B公司是一家制造企业，2009年度财务报表有关数据（单位：万元）见表4-40：

表4-40 　　　　　　　　　　　　 2009年度财务报表有关数据

项目	2009年度	项目	2009年12月31日
营业收入	10 000	股东权益	2 025
营业成本	6 000	流动负债	700
销售及管理费用	3 240	长期负债	1 350
息税前利润	760	负债合计	2 050
利息支出	135	流动资产	1 200
利润总额	625	长期资产	2 875
所得税费用	125	资产总计	4 075
净利润	500		
本年股利分配	350		
本年利润留存	150		

B公司没有优先股，目前发行在外的普通股为1 000万股。假设B公司的资产全部为经营资产，流动负债全部是经营负债，长期负债全部是金融负债。公司目前已达到稳定增长状态，未来年度将维持2009年的经营效率和财务政策不变（包括不增发新股和回购股票），可以按照目前的利率水平在需要的时候取得借款，不变的销售净利率可以涵盖不断增加的负债利息。2009年的期末长期负债代表全年平均负债，2009年的利息支出全部是长期负债支付的利息。公司适用的所得税税率为25%。

要求：

（1）计算B公司2010年的预期销售增长率。

（2）计算B公司未来的预期股利增长率。

（3）假设B公司2010年年初的股价是9.45元/股，计算B公司的股权资本成本和加权平均资本成本。

第五章
投资项目资本预算

本章导学

本章框架图

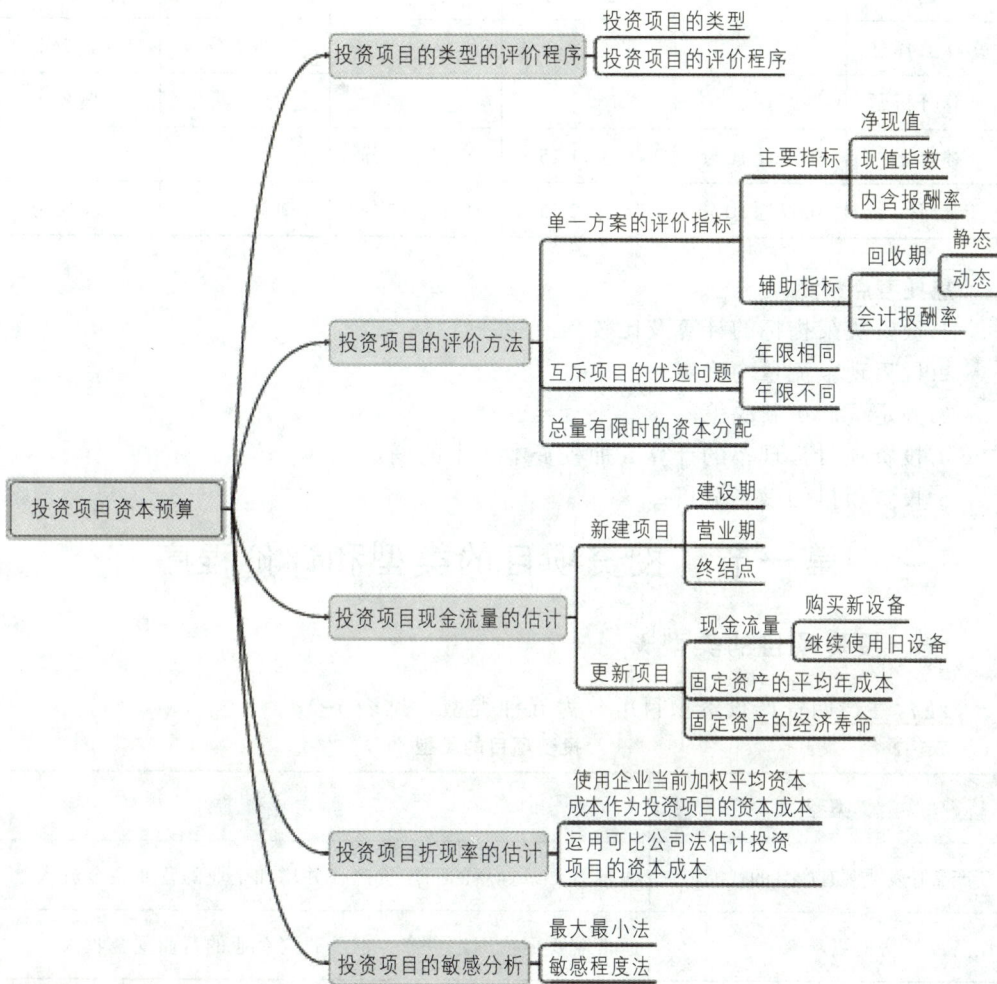

投资项目资本预算
- 投资项目的类型的评价程序
  - 投资项目的类型
  - 投资项目的评价程序
- 投资项目的评价方法
  - 单一方案的评价指标
    - 主要指标
      - 净现值
      - 现值指数
      - 内含报酬率
    - 辅助指标
      - 回收期
        - 静态
        - 动态
      - 会计报酬率
  - 互斥项目的优选问题
    - 年限相同
    - 年限不同
  - 总量有限时的资本分配
- 投资项目现金流量的估计
  - 新建项目
    - 建设期
    - 营业期
    - 终结点
  - 更新项目
    - 现金流量
      - 购买新设备
      - 继续使用旧设备
    - 固定资产的平均年成本
    - 固定资产的经济寿命
- 投资项目折现率的估计
  - 使用企业当前加权平均资本成本作为投资项目的资本成本
  - 运用可比公司法估计投资项目的资本成本
- 投资项目的敏感分析
  - 最大最小法
  - 敏感程度法

本章考情概述

本章考情分析

　　本章属于教材中非常重要的一章。投资项目的资本预算可以说是企业投资决策、经营决策和筹资决策的综合应用，理论和实际联系非常紧密。学习本章，重在理解有关投资项目评价方法的基本原理，熟练掌握投资项目3个阶段典型现金流量的计算方法，能迅速识别并计算特殊的现金流量。从历年考试的情况来看，本章题目的灵活性较大，考生要在反复练习历年试题的基础上，加强对综合性强、紧密联系实际的重点习题的训练。本章内容与其他章的内容具有重要联系，具体概括如下：（1）第四章：资本成本的计算。（2）第十六章：根据本量利基本方程计算税前经营利润（EBIT），作为利用间接法计算营业期现金流量的中间数据。本章近5年题型题量分析，见表5-1。

表5-1 近5年题型题量分析

年份	2014年	2015年	2016年	2017年	2018年
单项选择题		1题1.5分			
多项选择题				1题2分	1题2分
计算分析题					1题8分
综合题	0.67题10分	0.75题11.25分	0.8题12分		
合计	0.67题10分	1.75题12.75分	0.8题12分	1题2分	2题10分

重要考点预览

1.投资决策指标的计算及比较
2.税后现金流量的确定
3.固定资产更新决策
4.投资项目折现率的计算（加权资本成本的确定）
5.投资项目的敏感分析

第一节　投资项目的类型和评价程序

一、投资项目的类型★

经营性长期资产投资项目可分为五种类型，见表5-2。

表5-2 投资项目的类型

类型	特点
新产品开发或现有产品的规模扩张	通常需要添置新的固定资产，并增加企业的营业现金流入
设备或厂房的更新	通常需要更换固定资产，但不改变企业的营业现金收入
研究与开发	通常不直接产生现实的收入，而得到一项是否投产新产品的选择权
勘探	通常使企业得到一些有价值的信息
其他（如劳动保护设施建设、购置污染控制装置）	不直接产生营业现金流入，而使企业在履行社会责任方面的形象得到改善，有可能减少未来的现金流出

【提示】教材中和考试时只涉及前两类投资项目。

二、投资项目评价的程序（略）★

第二节　投资项目的评价方法

一、单一方案的评价指标 ★★★

（一）基本指标

1.净现值（见表5-3）

表5-3　　　　　　　　　　　　　　净现值

项目	说明
含义	净现值（Net Present Value，NPV）是指特定净项目未来现金流入的现值与未来现金流出的现值之间的差额，即PV（未来现金净流量）与PV（原始投资额）的差额，它是评价项目是否可行的最重要的指标
计算公式	$NPV = \sum\limits_{t=0}^{n}\dfrac{I_t}{(1+i)^t} - \sum\limits_{t=0}^{n}\dfrac{O_t}{(1+i)^t} = \sum\limits_{t=0}^{n}\dfrac{NCF_t}{(1+i)^t}$ ●折现率i的确定：投资项目的资本成本（投资人的必要报酬率）

决策原则	NPV	表明	决策
	> 0	投资报酬率 > 资本成本	采纳，项目可以增加股东财富
	= 0	投资报酬率 = 资本成本	没必要，项目不改变股东财富
	< 0	投资报酬率 < 资本成本	放弃，项目将减损股东财富

优点	具有广泛的适用性，在理论上也比其他方法更完善：净现值使用了现金流量，包含了项目的全部现金流量，并且对现金流量进行了合理的折现
局限性	NPV反映一个项目按现金流量计量的净收益现值，是绝对值，不便于比较投资额不同（对于独立项目）或期限不同（对于互斥项目）的项目

2.现值指数（见表5-4）

表5-4　　　　　　　　　　　　　　现值指数

项目	说明
含义	现值指数（Present Value Index，PVI）是指未来现金流入现值与现金流出现值的比率，亦称现值比率或获利指数
计算公式	$PVI = \sum\limits_{t=0}^{n}\dfrac{I_t}{(1+i)^t} \Big/ \sum\limits_{t=0}^{n}\dfrac{O_t}{(1+i)^t}$
决策原则	现值指数 > 1，方案可行
局限性	现值指数消除了投资额的差异，但是没有消除项目期限（对于互斥项目）的差异

【提示】

（1）净现值是绝对数，反映投资的效益；现值指数是相对数，反映投资的效率，两者各有自己的用途，在本节"二、三"知识点将涉及。

如何理解净现值?

考霸笔记

资本成本是投资人要求的必要报酬率，净现值为正数表明项目可以满足投资人的要求；净现值为负数，并非说明项目没有盈利，只是盈利没有达到投资人要求的必要报酬率。

考霸笔记

现值指数表示1元初始投资取得的现值毛收益，减去每1元的初始投资就得到现值净收益，即为股东创造的财富。

第五章

（2）净现值法和现值指数法虽然考虑了时间价值，可以说明投资项目的报酬率高于或低于资本成本，但没有揭示项目本身可以达到的报酬率是多少。

3.内含报酬率（见表5-5）

计算内含报酬率时需要注意什么？

考霸笔记

内含报酬率法依据的原理：IRR是项目本身的盈利能力，如果以内含报酬率作为贷款利率，通过借款来投资本项目，那么，还本付息后将一无所获。

表5-5　　　　　　　　　　　　　内含报酬率

项目	说明
含义	内含报酬率（Internal Rate of Return，IRR）指使未来现金流入量现值等于未来现金流出量现值的折现率，或是使投资项目净现值为零的折现率，它是项目本身的年投资报酬率
计算方法	（1）当各年现金净流量相等时：利用年金现值系数表，然后通过插值法求出内含报酬率。 （2）当各年现金净流量不等时，需要使用"逐步测试法"： ①逐步测试，找到使该项目的净现值一个刚好大于0，一个刚好小于0的两个折现率； ②结合插值法求出内含报酬率
决策原则	IRR＞资本成本，方案可行

【总结】基本指标之间的比较：

（1）相同点（见表5-6）：在评价单一方案可行与否的时候，结论一致。

基本指标都受折现率的影响吗？

表5-6　　　　　　　　　　　　　相同点

净现值	现值指数	内含报酬率
＞0	＞1	＞资本成本
＝0	＝1	＝资本成本
＜0	＜1	＜资本成本

（2）不同点（见表5-7）。

表5-7　　　　　　　　　　　　　不同点

项目	净现值	现值指数	内含报酬率
指标性质	绝对指标	相对指标	
指标反映的收益特性	衡量投资的效益	衡量投资的效率	
是否受预设折现率的影响	是（折现率的高低可能影响方案优先次序）	否	
是否反映项目投资方案本身报酬率	否		是

●在评价项目时要注意到，比率高的项目绝对数不一定大，反之也一样。这种不同与利润率和利润额不同是类似的。

（二）辅助指标

1.回收期（见表5-8）

表5-8　　　　　　　　　　　回收期

考霸笔记

考试时如果没有特别指明，回收期指的是"静态"回收期。

项目	说明	
含义	回收期（Payback Period，PP）指投资引起的现金流入累计到与投资额相等所需要的时间，它代表收回投资所需要的年限	
类别	静态回收期（不考虑货币时间价值）	动态回收期（考虑货币时间价值）
计算公式	（1）每年现金净流量相等时： $回收期 = \dfrac{原始投资额}{每年现金净流量}$ （2）每年现金净流量不等时，设第M年是收回原始投资的前一年： $回收期 = M + \dfrac{第M年尚未收回的投资额}{第(M+1)年的现金净流量}$	（1）每年现金净流量相等时，利用插值法计算，解出下列等式中的期数n： $(P/A,i,n) = \dfrac{原始投资额现值}{每年现金净流量}$ （2）每年现金净流量不等时，设第M年是收回原始投资现值的前一年： $回收期 = M + \dfrac{PV(第M年尚未收回的投资额)}{PV[第(M+1)年的现金净流量]}$
决策原则	回收期至少要短于投资项目的经济寿命周期，或者短于主观上设定的一个年限	
优点	（1）计算简便。 （2）容易为决策人所正确理解。 （3）可以大体上衡量项目的流动性和风险：一般说来，回收期越短的项目风险越低，因为时间越长越难以预计，风险越大。短期项目给企业提供了较大的灵活性，快速收回的资金可用于别的项目	
缺点	（1）静态回收期忽视了时间价值，把不同时间的货币收支看成是等效的。 （2）二者没有考虑回收期以后的现金流，也就是没有衡量盈利性。 （3）二者促使公司接受短期项目，放弃有战略意义的长期项目：有战略意义的长期投资往往早期收益较低，而中后期收益较高（急功近利）	

2.会计报酬率（见表5-9）

表5-9　　　　　　　　　　　会计报酬率

考霸笔记

原始投资额包括固定资产投资和营运资本垫支。

项目	说明
计算公式	会计报酬率 = 年平均净利润/原始投资额
决策原则	当会计报酬率高于预定的基准会计报酬率时，方案可行
优点	（1）一种衡量盈利性的简单方法，使用的概念易于理解。 （2）使用财务报告的数据，容易取得。 （3）考虑了整个项目寿命期的全部利润
缺点	（1）使用账面利润而非现金流量，忽视了折旧对现金流量的影响。 （2）忽视了净利润的时间分布对于项目经济价值的影响

二、互斥项目的优选问题 ★★★

（一）互斥项目概述（见表5-10）

表5-10　　　　　　　　　　互斥项目概述

项目	说明
含义	互斥项目（Mutually Exclusive Investment），是指接受一个项目就必须放弃另一个项目的情况，通常，它们是为解决一个问题设计的**两个备选方案**
举例	为了生产一个新产品，可以选择进口设备，也可以选择国产设备，它们的使用寿命、购置价格和生产能力均不同。企业只需购买其中之一就可解决目前的问题，而不会同时购置

为什么互斥项目选优问题不能使用内含报酬率法和现值指数法？

（二）互斥项目的决策方法

1.项目寿命期限相同（见表5-11）

表5-11　　　　　　　　　　项目寿命期限相同

项目	说明
决策原则	在项目寿命期限相同的情况下，如果是投资额不同引起的矛盾，以净现值法优先
原因	净现值大可以给股东带来的财富就大，股东需要的是实实在在的报酬而不是报酬的比率

考霸笔记

方案有正的净现值，表明各方案均收回了原始投资，并有超额报酬。在互斥方案中选优，方案的获利数额作为了选优的评价标准。

2.项目寿命期限不同

（1）共同年限法（见表5-12）

表5-12　　　　　　　　　　共同年限法

项目	说明
基本原理	假设投资项目可以在终止时进行重置，通过重置使两个项目达到相同的年限，然后比较其净现值，该法亦称重置价值链法
决策原则	调整后净现值最大的方案为优

【提示】

①通常选最小公倍寿命为共同年限。

②共同年限法有一个困难问题：共同比较期的时间可能很长，我们无法预计遥远未来的数据。

（2）等额年金法（见表5-13）

考霸笔记

在资本成本相同时，等额年金大的项目永续净现值肯定大，根据等额年金大小就可以直接判断项目的优劣。

表5-13　　　　　　　　　　等额年金法

项目	说明
计算步骤	①计算两项目的净现值； ②计算净现值的等额年金额：$等额年金额 = \dfrac{该方案净现值}{(P/A, i, n)}$ ③假设项目可以无限重置，且每次都在该项目的终止期，等额年金的资本化就是项目的净现值：$永续净现值 = \dfrac{等额年金额}{资本成本}$
决策原则	永续净现值最大的方案为优

【提示】 等额年金法实质上是将两个项目的投资期限都调整到<u>无限长</u>。

（3）决策方法的评价（见表5-14）

表5-14 决策方法的评价

项目	说明
共同缺点	①有的领域技术进步快，目前就可以预期升级换代不可避免，不可能原样复制。 ②如果通货膨胀比较严重，必须考虑重置成本的上升，对此两种方法都没有考虑。 ③从长期来看，竞争会使项目净利润下降，甚至被淘汰，对此分析时没有考虑
简化做法	①通常在实务中，只有<u>重置概率很高</u>的项目才适宜采用上述分析方法。 ②对于<u>预计项目年限差别不大的项目</u>，或者难以重置的项目，直接比较净现值，不需要做重置现金流的分析

【总结】 互斥项目的决策方法（见表5-15）

表5-15 互斥项目的决策方法

情形	说明
项目寿命期限相同	比较净现值
项目寿命期限不同	共同年限法或等额年金法

三、总量有限时的资本分配 ★★★

（一）决策相关的概念（见表5-16）

表5-16 决策相关的概念

项目	说明
独立项目	指被选项目之间是相互独立的（Independent Project），采用一个项目时不会影响另外项目的采用或不采用
资本分配	指在企业投资项目有<u>总量预算约束</u>的情况下，无法为全部NPV＞0的独立项目筹资，这时需要考虑有限的资本分配（Capital Rationing）给哪些项目

（二）资本分配的原则（见表5-17）

表5-17 资本分配的原则

项目	说明
一般原则	有限资源的净现值最大化
决策步骤	（1）计算项目的<u>现值指数</u>并排序。 （2）将全部项目排列出不同的组合，每个组合的投资需要不超过资本总量。 （3）计算各项目的净现值以及各组合的净现值合计。 （4）选择净现值最大的<u>组合</u>作为采纳的项目

【提示】 这种资本分配方法仅适用于<u>单一期间</u>的资本分配，不适用于多期间的资本分配问题。所谓多期间资本分配，是指资本的筹集和使用涉及多个期间。例如，今年筹资的限额是10 000万元，明年又可以筹资10 000万元；与此同时，已经投资的项目可以不断收回资金并及时用于另外的项目。

考霸笔记

问题的实质：独立投资方案之间比较时，决策要解决的问题是如何确定各种可行方案的投资顺序，即各独立方案之间的优先次序，属于筛分决策。

第三节 投资项目现金流量的估计

一、投资项目现金流量的构成 ★★

（一）投资项目现金流量的概念（见表5-18）

考霸笔记

在一般情况下，投资决策中的某年现金流量通常指当年的现金净流量（NCF）。

表5-18　　　　投资项目现金流量的概念

项目	说明
现金流出量	指项目引起的企业现金支出的增加额
现金流入量	指项目引起的企业现金收入的增加额
现金净流量	指项目引起的、一定期间现金流入量和现金流出量的差额

（二）投资项目现金流量的影响因素（见表5-19）

如何理解投资项目现金流量的影响因素？

表5-19　　　　投资项目现金流量的影响因素

影响因素	说明
区分相关成本和非相关成本	（1）相关成本：指与特定决策有关的、在分析评价时必须加以考虑的成本。（2）非相关成本：指与特定决策无关的、在分析评价时不必加以考虑的成本
不要忽视机会成本	指项目需要投入的企业现有的非货币资源的变现价值。例如，某项目需要使用原有的设备，相关的现金流量是指它的变现价值，而不是其账面价值
对公司其他项目的影响	采纳一个新的项目后，该项目可能对公司的其他项目造成有利影响（协同效应/Synergy）或不利影响（侵蚀效应/Erosion）
对营运资本的影响	投资项目形成了生产能力，需要考虑在流动资产上追加投资

考霸笔记

相关成本和非相关成本的区分将在"第十七章 短期经营决策"中讲述。

【提示】营运资本垫支的计算（见表5-20）

表5-20　　　　营运资本垫支的计算

步骤	计算公式
确定总量	某年营运资本需用额＝该年流动资产需用额－该年流动负债需用额
计算增量	某年营运资本垫支额（现金流出）＝本年营运资本需用额－上年营运资本需用额＝Δ流动资产－Δ流动负债

考霸笔记

在进行投资分析时，通常假定开始投资时筹措的营运资本在项目结束时收回

【总结】在确定与投资项目相关的现金流量时，应遵循的基本原则是：只有增量现金流量才是与项目相关的现金流量。所谓增量现金流量，是指接受或拒绝某个投资方案后，企业总现金流量因此发生的变动。只有那些由于采纳某个项目引起的现金支出增加额，才是该项目的现金流出；只有那些由于采纳某个项目引起的现金流入增加额，才是该项目的现金流入。

二、新建项目现金流量的估计方法 ★★★（如图5-1所示）

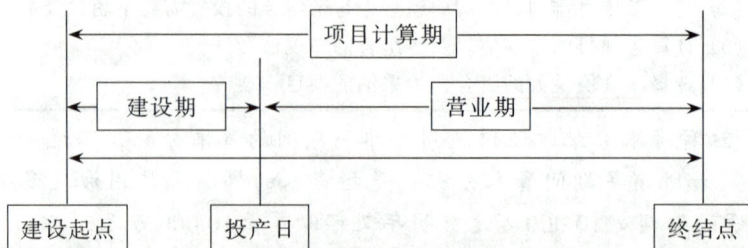

如何理解项目计算期？

图5-1　新建项目现金流量的估计方法

（一）无税时投资项目的现金流量（见表5-21）

表5-21　　　　　　　　　　　无税时投资项目的现金流量

	现金流入量（+）	现金流出量（-）
建设期	—	固定资产投资 垫支营运资本
营业期	各年的营业收入	各年的付现营业成本
终结点	固定资产变现价值 垫支营运资本的回收	—

【提示1】

（1）购置长期资产现金流量的发生时点（见表5-22）。

表5-22　　　　　　　　购置长期资产现金流量的发生时点

情形	现金流量的发生时点
假设没有建设期	固定资产原始投资在零时点一次性投入，如购买不需要安装的固定资产
建设期持续数年	原始投资是分次投入的，如工程建造，则应把投资归属于不同年份之中（考虑货币时间价值）

（2）计算营业期现金净流量时应注意的问题（见表5-23）。

- 营业期NCF = 营业收入 - 付现成本 = 营业收入 - （总成本 - 非付现成本）
  = 利润（EBIT）+ 非付现成本

表5-23　　　　　　　计算营业期现金净流量时应注意的问题

项目	说明
收入	指根据税法需要纳税的收入，不包括项目结束时收回垫支营运资本等现金流入
成本	①成本分为付现成本和非付现成本，前者指需要每年支付现金的成本，后者指每年不需要支付现金的成本，其中主要是固定资产的折旧费，有时还包括其他长期资产的摊销费用。 ②如无特殊说明，变动成本一般作为付现成本；而对于固定成本，一定要根据题目的说明来确定属于付现成本还是非付现成本

【提示2】现金流量的时点假设：

（1）以第一笔现金流出的时间为"现在"时间即"零"时点，不管它的日历时间是几月几日。在此基础上，一年为一个计息期。

（2）对于固定资产投资，如果没有特殊指明，均假设现金在每个"计息期期初"支付；如果固定资产投资不是一次性投入（如工程建造），则应把投资归属于不同投入年份之中。

（3）对于营运资本垫支，只有当建设期结束并进入营业期后才开始在每个"计息期期初"支付。

（4）对于收入、成本、利润，如果没有特殊指明，均假设在"计息期期末"取得。

考霸笔记

营业现金流量是从实体角度考虑的，项目以债务方式融资带来的利息支付和本金偿还以及股权方式融资带来的现金股利支付等，均不包括在内。

（二）有税时投资项目的现金流量

1.建设期的现金流量（见表5-24）

表5-24　　　　　　　　　　　建设期的现金流量

项目	说明
税收影响	存在所得税时，建设期现金流量的计算与无税时一致，没有区别
原因	无论企业是否纳税，购置资产与所得税无关

【提示】 建设期的特殊现金流量：

（1）建设期可能还有"费用化"的支出，例如支付一些日常费用等，这些费用在会计中作为期间费用列示，可以税前列支，真正的税后现金流出量=支付的费用×（1-所得税税率）。

如何理解营业期现金流量的计算方法？

（2）互斥项目中垫支营运资本的考虑：例如A方案相比B方案的初始营运资本可能有节约的差量，该差量可以作为A方案初始的一项现金流入；但是不要忘记项目终结时，这项初始的现金流入要作为A方案终结点的现金流出，因为相比B方案，A方案在终结点回收的营运资本要少。

2.营业期的现金流量（见表5-25）

考霸笔记

这里的营业期现金流量（NCF）与"第二章管理用现金流量表"中的"营业现金毛流量"内涵是一致的。

表5-25　　　　　　　　　　　营业期的现金流量

方法	计算公式
直接法	营业期NCF=营业收入-付现成本-所得税（自上而下法）
间接法	营业期NCF=税后经营净利润+非付现成本（自下而上法）
税盾法	营业期NCF=营业收入×（1-T）-付现成本×（1-T）+非付现成本×T

【提示1】 公式推导：

营业期NCF=营业收入-付现成本-所得税……直接法

　　　　　=营业收入-（总成本-非付现成本）-所得税

　　　　　=营业收入-总成本-所得税+非付现成本

　　　　　=税后经营净利润+非付现成本……间接法

　　　　　=（营业收入-总成本）×（1-T）+非付现成本

　　　　　=（营业收入-付现成本-非付现成本）×（1-T）+非付现成本

　　　　　=营业收入×（1-T）-付现成本×（1-T）+非付现成本×T……税盾法

【提示2】 如何理解折旧的抵税作用

所得税是企业的一种现金流出，它取决于利润大小和税率高低，而利润大小受折旧方法的影响。因此，讨论所得税问题必然会涉及折旧问题。由于折旧的存在，使得企业所得税减少了"折旧额×税率"元，这笔现金保留在企业里，不必缴出。从增量分析的观点来看，由于增加了一笔折旧，企业获得了"折旧额×税率"元的现金流入。税负减少额=折旧额×税率

● 税盾法将营业NCF视为两部分：第一部分就是在没有折旧支出的情况下公司的现金流量有多少，第二部分就是折旧乘以税率，被称为"折旧税盾"。

【提示3】 计算营业期现金流量应注意的问题：

（1）上述三个公式，最常用的是"税盾法"，因为企业的所得税是根据企业利润总额计算的。在决定是否投资某个项目时，往往使用的是"差额分析法"确定现

金流量，并不知道整个企业的税后经营净利润以及与此有关的所得税，这就妨碍了"直接法"和"间接法"的应用，而使用"税盾法"无需知道企业的税后经营净利润是多少，使用起来比较方便。但是，对于有些题目（可参考历年试题），间接法也是比较方便的。

（2）计算营业NCF不能想当然地加上"折旧抵税（折旧×T）"作为一笔现金流入量，要看采用哪种方法计算。

（3）计算折旧对现金流量的影响时应注意的问题。

①年折旧额的计算：按照题目中税法的规定计算，即考察题目中税法规定的使用年限和残值，与企业自己的预计使用年限（项目计算期）和残值无关。

②折旧按年提取，投入使用当年提取全年折旧，不考虑会计上"当月增加，当月不提"的问题。

③折旧抵税的年限的确定（见表5-26）：税法规定尚可使用年限与企业估计尚可使用年限熟短法。

表5-26　　　　　　　　　折旧抵税的年限的确定

情形	税法规定尚可使用年限	企业估计尚可使用年限	抵税年限
提前报废		4年	4年
超龄使用	5年	6年	5年

④两种加速折旧计算方法（见表5-27）。

表5-27　　　　　　　　　两种加速折旧计算方法

折旧方法	计算公式
双倍余额递减法	年折旧率＝2÷预计使用年限 年折旧额＝固定资产账面净值×年折旧率 最后两年平均摊销＝（固定资产账面净值－预计净残值）÷2
年数总和法	年折旧率＝尚可使用年限÷预计使用寿命的年数总和 年折旧额＝（固定资产原价－预计净残值）×年折旧率

（4）如果题目涉及营业收入逐年增长，那么马上要考虑到"增量垫支营运资本"，对现金流量需要特别考虑。假设营运资本需求与（税前）营业收入成固定比例（如10%，见表5-28）。

表5-28　　　　　　　　　营业期和终结点的处理

情形	营业期的处理	终结点的处理
营业收入每年都有增长	每年的"增量垫支营运资本"＝每年增加的营业收入×10%，作为现金流出量	把营业期各年"增量垫支营运资本"连同建设期垫支营运资本一并收回，作为现金流入量
营业收入每年都有下降	每年的"增量垫支营运资本"＝－每年减少的营业收入×10%，作为现金流入量	将尚未收回完毕的建设期垫支的营运资本收回，作为现金流入量

（5）在营业期间，有的题目也会出现"资本化支出"，此时需要按照题目的"摊销年限"计算各年度的相关流量。

（6）如果新项目的建设对公司原有其他项目有影响，则需要考虑新项目对其他项目的税后营业收入、税后付现营业成本和营运资本垫支的影响。

3.终结点的现金流量（见表5-29）

在项目终结点，所得税主要是对固定资产变现净损益产生影响。

考霸笔记

变现时固定资产账面价值是指固定资产账面原值与变现时按照税法规定计提的累计折旧的差额。

表5-29　　　　　　　　　　终结点的现金流量

项目	说明	
计算公式	固定资产变现净损益对现金净流量的影响＝（变现价值－账面价值）×所得税税率	
损益状态	变现价值－账面价值＜0（损失）	变现价值－账面价值＞0（利得）
现金流量	由于发生了变现净损失，可以抵税，减少现金流出，增加现金净流量（＋损失抵税）	由于实现了变现净收益，应该纳税，增加现金流出，减少现金净流量（－利得纳税）

【提示】

（1）回收营运资本垫支不产生损益，无需考虑所得税的影响。

（2）如果新项目的建设对公司原有其他项目有影响，在终结点时需要特别考虑原有其他项目营运资本垫支收回的金额。

【总结】新建项目现金流量的简化导图（如图5-2所示）

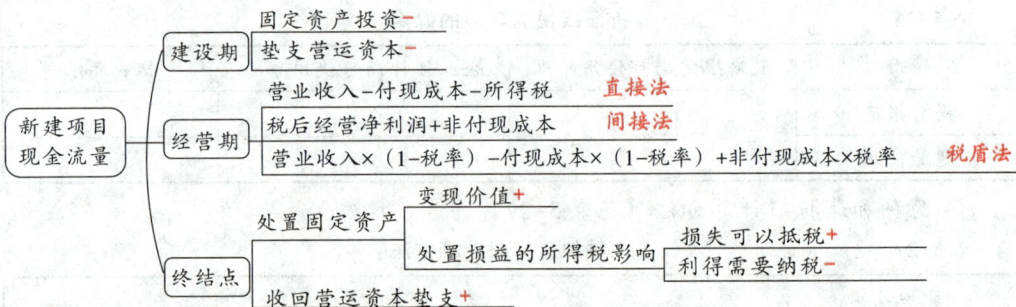

项目终结点现金流量都包括什么？

图5-2　新建项目现金流量的简化导图

三、更新项目现金流量的估计方法 ★★★

（一）固定资产更新项目的特殊性（见表5-30）

表5-30　　　　　　　　　　固定资产更新项目的特殊性

项目	说明
决策实质	固定资产更新决策主要问题在于决定是否更新，即继续使用旧资产还是更换新资产，属于互斥方案决策
流量特点	由于设备更换并不改变企业的生产能力，在考虑更新决策的现金流量时，一般只需考虑与设备有关的现金流量，无需考虑与产品生产、销售相关的现金流量（如营业收入、生产成本等）

考霸笔记

对于固定资产更新决策，营业期现金流量的计算一般采用税盾法。

（二）固定资产更新项目的现金流量

1.购买新设备（如图5-3所示）

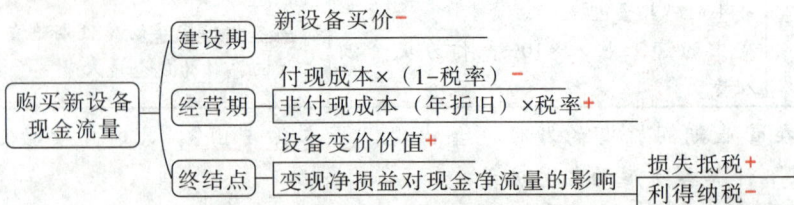

如何分析购买新设备各时点现金流量？

图5-3　购买新设备

【提示】固定资产更新决策是把继续使用旧设备和购置新设备看成两个互斥的方案，而不是一个更换设备的特定方案，也就是说，要有正确的"局外观"，不能将旧设备的变现价值作为购置新设备的一项现金流入。

2.继续使用旧设备（如图5-4所示）

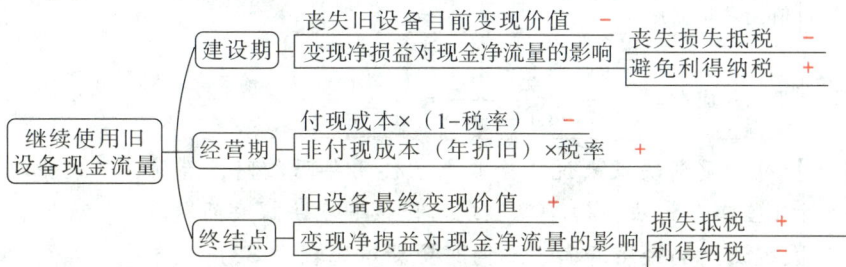

图5-4 继续使用旧设备

【提示1】确定相关现金流量应注意的问题：

（1）旧设备的初始投资额：以其变现价值考虑；

（2）设备的使用年限：按尚可使用年限考虑。

【提示2】建设期继续使用旧设备——固定资产变现净损益对现金净流量的影响（见表5-31）。

表5-31　原有旧资产的利用——固定资产变现净损益对现金净流量的影响

项目	说明	
计算公式	固定资产变现净损益对现金净流量的影响＝（变现价值－账面价值）×所得税税率	
损益状态	变现价值－账面价值＜0（损失）	变现价值－账面价值＞0（利得）
现金流量	丧失变现损失的抵税作用，现金流入减少，作为现金流出量（－丧失损失抵税）	避免变现利得的税收缴纳，现金流出减少，作为现金流入量（＋避免利得纳税）

【提示3】对于新建项目，如果在建设期需要占用现有的固定资产，那么该项目的现金流量如图5-5所示。

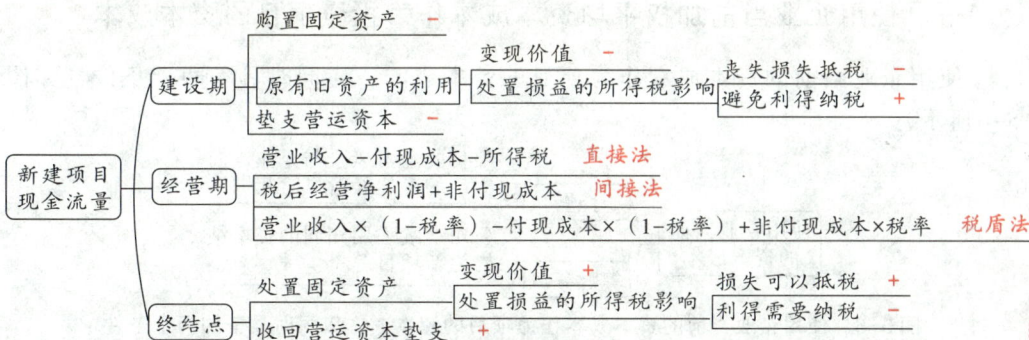

图5-5 新建项目现金流量

（三）固定资产的平均年成本（见表5-32）

当新设备和旧设备各自的使用寿命不同时，较好的分析方法是比较继续使用和更新的年成本，即获得1年的生产能力所付出的代价，据以判断方案的优劣。以较低者作为好方案。

考霸笔记
变现时固定资产账面价值指的是固定资产账面原值与变现时按照税法规定计提的累计折旧的差额。

考霸笔记
平均年成本法的假设前提是将来设备再更换时，可以按原来的平均年成本找到可代替的设备。

表5-32 固定资产的平均年成本

项目	说明
含义	固定资产的平均年成本，是指该资产引起的现金流出的年平均值，它是未来使用年限内现金流出总现值与年金现值系数的比值，即平均每年的现金流出（已知现值倒求年金）
计算公式	$平均年成本 = \dfrac{\sum\limits_{t=0}^{n} PV(现金流出_t)}{(P/A, i, n)} = -\dfrac{NPV}{(P/A, i, n)}$

【提示】对于更新决策来说，除非未来使用年限相同，否则，不能根据实际现金流动分析（差额分析法）的净现值或内含报酬率法解决问题。

（四）固定资产的经济寿命——何时更新（见表5-33）

表5-33 固定资产的经济寿命——何时更新

项目	说明
含义	固定资产的经济寿命指最经济的使用年限，使固定资产的平均年成本最低的那一使用年限
计算公式	$UAC = \left[C + \sum\limits_{t=1}^{n} \dfrac{C_t}{(1+i)^t} - \dfrac{S_n}{(1+i)^n} \right] \Big/ (P/A, i, n)$

其中：

C——固定资产原值

C_t——第t年运行成本

S_n——n年后固定资产余值

n——预计使用年限

i——投资必要报酬率

第四节 投资项目折现率的估计

一、使用企业当前加权平均资本成本作为投资项目的资本成本 ★ ★

使用企业当前的资本成本作为项目的资本成本，应同时具备两个条件（如图5-6所示）。

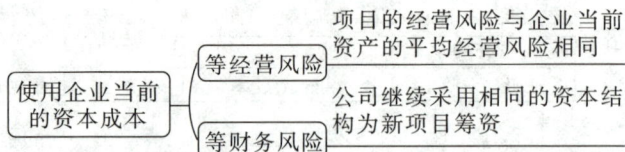

图5-6 使用企业当前的资本成本作为项目的资本成本应同时具备的两个条件

【提示】

（1）使用当前的资本成本作为折现率，隐含了一个重要假设，即新项目是企业现有资产的复制品，它们的系统风险相同，要求的报酬率才会相同。这种情况是经常会出现的，例如，公司继续采用相同的资本结构为固定资产更新项目或者现有生产规模的扩张项目筹资。

（2）如果新项目与现有项目的系统风险有较大差别，即不能同时具备以上两个条件时，则不能使用企业当前的平均资本成本作为新项目的资本成本，而应当估计项目的系统风险，并计算项目的资本成本即投资人对于项目要求的报酬率。

二、运用可比公司法估计投资项目的资本成本 ★★★

（一）可比公司法（非规模扩张型项目）

1.方法概述（见表5-34）

表5-34　　　　　　　　　　　　　　方法概述

项目	说明
适用情况	目标公司待评估项目的经营风险与原有经营风险不一致，但仍采用公司当前资本结构为新项目筹资
调整方法	可比公司法是寻找一个经营业务与待评价项目类似的上市公司，以该上市公司的β值替代待评价项目的β值

2.调整方法（见表5-35）

表5-35　　　　　　　　　　　　　　调整方法

步骤	计算公式
卸载可比企业财务杠杆	根据可比企业股东收益波动性估计的β值，是含有财务杠杆的β权益。可比企业的资本结构与待评估项目的目标公司不同，要将资本结构因素排除，确定可比公司不含财务杠杆的β值，该过程通常叫"卸载财务杠杆"： $$\beta_{资产} = \text{可比公司的} \beta_{权益} \Big/ \left[1 + \frac{(1-\text{可比企业税率}) \times \text{可比企业负债}}{\text{可比企业权益}}\right]$$ • β资产是假设全部用权益资本融资的β值，此时没有财务风险，或者说，此时股东权益的风险与资产的风险相同，股东只承担经营风险即资产的风险
加载目标公司财务杠杆	根据目标公司的资本结构调整β值，该过程称为"加载财务杠杆"： $$\beta_{权益} = \beta_{资产} \times \left[1 + \frac{(1-\text{目标公司税率}) \times \text{目标公司负债}}{\text{目标公司权益}}\right]$$ • 加载的财务杠杆是投资新项目后公司整体的产权比率（基于管理用报表），而非项目本身的筹资结构
根据目标公司β权益计算股权成本	此时的β权益既包含了项目的经营风险，也包含了目标公司的财务风险，可据以计算股东权益成本，即股东要求的报酬率： 股东权益成本＝无风险利率＋β权益×市场风险溢价
计算投资项目的加权平均资本成本	如果使用实体现金流量法计算项目的净现值，还需要计算加权平均资本成本： WACC＝负债税前成本×（1－T）×负债比重＋股东权益成本×权益比重

（二）可比公司法的扩展（规模扩张型项目）

1.方法概述（见表5-36）

表5-36　　　　　　　　　　　　　　方法概述

项目	说明
适用情况	目标公司待评估项目经营风险与公司原有经营风险一致，但项目的资本结构与公司原有资本结构不一致，满足等风险假设，但不满足等资本结构假设
调整方法	以本公司的原有β值替代待评估项目的β值

可比公司法估计投资项目资本成本的适用情境及解题步骤。

考霸笔记

运用可比公司法，应该注意可比公司的资本结构已经反映在其β值中。如果可比公司的资本结构与项目所在企业显著不同，那么在估计项目的β值时，应针对资本结构差异做出相应调整。

考霸笔记

β资产不含财务风险，β权益既包含了项目的经营风险，也包含了目标企业的财务风险。

第五章

2.调整方法（见表5-37）

表5-37   调整方法

步骤	计算公式
卸载本公司原有财务杠杆	$\beta_{资产} = 公司原有的\beta_{权益} / [1 + (1 - 公司原适用税率) \times 公司原产权比率]$
加载新投资项目后公司新的财务杠杆	$\beta_{权益} = \beta_{资产} \times [1 + (1 - 公司新适用税率) \times 公司新产权比率]$
根据新$\beta_{权益}$计算股东要求的报酬率	股东权益成本 = 无风险利率 + $\beta_{权益} \times$ 市场风险溢价
计算投资项目的加权平均资本成本	WACC = 负债税前成本 $\times (1 - T) \times$ 负债比重 + 股东权益成本 $\times$ 权益比重

【提示】如果待评价项目的经营风险和资本结构都发生了变化，处理方法与可比公司法一致，只是在加载财务杠杆时应该加载公司的新的目标资本结构，即：

$$\beta_{权益} = \beta_{资产} \times [1 + (1 - 目标公司新适用税率) \times 目标公司新产权比率]$$

第五节　投资项目的敏感分析

一、敏感分析的作用★

敏感分析（Sensitivity Analysis）是投资项目评价中常用的一种研究不确定性的方法。通过敏感分析，可以：

(1) 确定影响项目经济效益的敏感因素，如营业收入、经营成本、初始投资、寿命期等。
(2) 计算主要变量因素的变化引起项目经济效益评价指标变动的范围。
(3) 通过各种方案敏感度大小的对比，选择敏感度小的，即风险小的项目作投资方案。
(4) 通过对可能出现的最有利与最不利的经济效果变动范围的分析，为决策者预测可能出现的风险程度。

考霸笔记

投资项目的敏感分析，通常是在假定其他变量不变的情况下，测定某一变量发生特定变化时对净现值（或内含报酬率）的影响。

如何理解最大最小法？

二、敏感分析的方法★★★

（一）最大最小法（见表5-38）

表5-38   最大最小法

项目	说明
计算步骤	(1) 给定计算净现值的每个变量的预期值，即最可能发生的数值。 (2) 根据变量的预期值计算净现值，即基准净现值。 (3) 选择一个变量并假设其他变量不变，令净现值等于零，计算选定变量的临界值。 (4) 选择第二个变量，并重复步骤（3）
注意事项	与目标值同向变动的因素，计算最小值；反向变动的因素，计算最大值
意义	通过上述步骤，可以得出使基准净现值由正值变为负值（或相反）的各变量最大（或最小）值，可以帮助决策者认识项目的特有风险

（二）敏感程度法（见表5-39）

表5-39　　　　　　　　　　敏感程度法

项目	说明
计算步骤	（1）计算项目的基准净现值（方法与最大最小法相同）。 （2）选定一个变量，如每年税后营业现金流入，假设其发生一定幅度的变化，而其他因素不变，重新计算净现值。 （3）计算选定变量的敏感系数：$敏感系数 = \dfrac{目标值变动的百分比}{选定变量变动的百分比}$
注意事项	敏感系数表示选定变量变化1%时导致目标值变动的百分数，可以反映目标值对于选定变量变化的敏感程度
意义	敏感程度法向决策人展示了不同前景出现时的后果，这些信息可以帮助决策人认识项目的特有风险和应关注的重点

如何理解敏感程度法？

考霸笔记

若某参数（如营业收入）的小幅度变化能导致经济效果指标（如项目净现值）的较大变化（敏感系数的绝对值大于1），则称此参数为敏感性因素，反之则称其为非敏感性因素。

三、敏感分析的评价★（见表5-40）

表5-40　　　　　　　　　　敏感分析的评价

项目	说明
优点	计算过程简单，也易于理解
局限性	（1）在进行敏感分析时，只允许一个变量发生变动，而假设其他变量保持不变，但在现实中这些变量是相互关联的，会一起发生变动，但是变动的幅度不同。 （2）每次测算一个变量变化对净现值的影响，可以提供一系列分析结果，但是没有给出每一个数值发生的可能性

如何理解敏感分析的局限性？

智能测评

在线练习		我要提问
扫码在线做题	扫码看答案	扫码答疑

本书"本章同步强化训练"均配备二维码，打开微信"扫一扫"即可完成在线测评，查看本章详细的测评反馈报告，了解知识掌握情况，也可扫码直接看答案噢。

快来扫码做题吧！

本书配备答疑专用二维码，打开微信"扫一扫"，即可完成在线提问，获取专业老师全面个性化解答，让学习问题不再拖延。

快来扫码提问吧！

第五章

本章同步强化训练

一、单选题

1.若净现值为负数，表明该投资项目（   ）。

A.各年利润小于0，不可行

B.它的投资报酬率小于0，不可行

C.它的投资报酬率没有达到预定的折现率，不可行

D.它的投资报酬率超过了预定的折现率，不可行

2.ABC公司投资一个项目，初始投资在第一年年初一次性投入，该项目预期未来4年每年产生的现金净流量为9 000元。已知项目资本成本为9%，如果项目净现值（NPV）为3 000元，那么该项目的初始投资额为（   ）元。

A.11 253   B.13 236   C.26 157   D.29 160

3.现值指数与净现值的主要区别是（   ）。

A.现值指数未考虑资金时间价值

B.现值指数无需事先设定折现率就可以计算

C.现值指数可以从动态角度反映项目的效率

D.现值指数无需事先设定折现率就可以排定项目的优劣次序

4.对投资项目的内含报酬率指标大小不产生影响的因素是（   ）。

A.投资项目的原始投资额   B.投资项目的现金流量

C.投资项目的寿命期   D.投资项目设定的折现率

5.下列关于项目投资决策的表述中，正确的是（   ）。

A.两个互斥项目的初始投资额不一样，在权衡时选择内含报酬率高的项目

B.使用净现值法评估项目的可行性与使用内含报酬率法的结果是一致的

C.使用获利指数法进行投资决策可能会计算出多个获利指数

D.投资回收期主要测定投资方案的流动性而非盈利性

6.下列关于评价投资项目的回收期法的说法中，不正确的是（   ）。

A.它忽略了货币时间价值

B.它需要一个主观上确定的最长的可接受回收期作为评价依据

C.它不能测度项目的盈利性

D.它不能测度项目的流动性

7.某公司拟进行一项固定资产投资项目决策，资本成本为12%，有四个方案可供选择。其中甲方案的项目寿命期为10年，净现值为1 000万元；乙方案的现值指数为0.85；丙方案的项目寿命期为15年，净现值的等额年金为150万元；丁方案的内含报酬率为10%。最优的投资方案是（   ）。

A.甲方案   B.乙方案   C.丙方案   D.丁方案

8.对于多个投资组合方案，当资金总量受到限制时，应在资金总量范围内选择（   ）。

A.累计净现值最大的方案进行组合   B.累计会计收益率最大的方案进行组合

C.累计现值指数最大的方案进行组合   D.累计内含报酬率最大的方案进行组合

9.某公司拟新建一车间用以生产受市场欢迎的A产品。根据预测，A产品投产后每年可创造

150万元的现金流量；但公司原生产的B产品会因此受到影响，使其年现金流量由原来的300万元降低到200万元。则与新建车间相关的现金流量为（　　）万元。

　　A.50　　　　　　　　B.100　　　　　　　　C.150　　　　　　　　D.350

10.某项目经营期为5年，预计投产第一年流动资产需用额为50万元，流动负债需用额为15万元；投产第二年流动资产需用额为80万元，流动负债需用额为30万元。则该项目第二年的营运资本投资额为（　　）万元。

　　A.80　　　　　　　　B.50　　　　　　　　C.30　　　　　　　　D.15

11.某投资方案的年营业收入为120 000元，年营业成本为80 000元（含年折旧额15 000元），所得税税率为25%。该方案的年营业现金净流量为（　　）元。

　　A.30 000　　　　　　B.41 250　　　　　　C.45 000　　　　　　D.55 000

12.在计算投资项目的未来现金流量时，报废设备的预计净残值为12 000元，按税法规定计算的净残值为14 000元，所得税税率为33%，则设备报废引起的预计现金流入量为（　　）元。

　　A.7 380　　　　　　B.8 040　　　　　　C.12 660　　　　　　D.16 620

13.某项目的生产经营期为5年，设备原值为20.8万元，预计净残值收入5 000元，税法规定的折旧年限为4年，税法预计的净残值为8 000元，直线法计提折旧，所得税税率为30%。则设备使用5年后报废时相关的现金净流量为（　　）元。

　　A.23 900　　　　　　B.20 900　　　　　　C.8 900　　　　　　D.5 900

14.在设备更换不改变生产能力且新旧设备未来使用年限不同的情况下，固定资产更新决策应选择的方法是（　　）。

　　A.折现回收期法　　　　　　　　　　　B.净现值法

　　C.平均年成本法　　　　　　　　　　　D.内含报酬率法

15.ABC公司正在考虑卖掉现有的一台闲置设备。该设备于8年前以40 000元购入，税法规定的折旧年限为10年，按直线法计提折旧，预计残值率为10%，目前可以按10 000元价格卖出。假设所得税税率30%，则继续使用该设备对本期现金流量的影响是（　　）。

　　A.减少10 000元　　　　　　　　　　　B.减少10 360元

　　C.增加11 200元　　　　　　　　　　　D.增加10 360元

16.某公司的主营业务是从事家用洗衣机的生产和销售，目前准备投资汽车产业。汽车产业上市公司的β值为1.6，行业标准产权比率为0.85，投资汽车产业项目后，公司的产权比率将达到1.2。相关公司的所得税税率均为24%，则该项目的股东权益β值是（　　）。

　　A.1.8921　　　　　　B.1.2658　　　　　　C.0.9816　　　　　　D.1.8587

17.敏感系数所具有的性质是（　　）。

　　A.敏感系数为正数，参量值与目标值发生同方向变化

　　B.敏感系数为负数，参量值与目标值发生同方向变化

　　C.只有敏感系数大于1的参量才是敏感因素

　　D.只有敏感系数小于1的参量才是敏感因素

二、多选题

1.下列关于现值指数和内含报酬率的说法正确的有（　　）。

　　A.现值指数是相对数，反映投资的效率

　　B.内含报酬率是项目本身的投资报酬率

C.内含报酬率大于企业的资本成本率时，方案可行

D.现值指数的大小受事先给定的折现率的影响，而内含报酬率的大小不受事先给定的折现率的影响

2. 下列有关表述中正确的有（　　　）。

A.利用内含报酬率法评价投资项目时，计算出的内含报酬率是方案本身的投资报酬率，因此不需要再估计投资项目的资本成本或最低报酬率

B.资本投资项目评估的基本原理是，当投资项目的报酬率超过资本成本时，企业的价值将增加；投资项目的报酬率小于资本成本时，企业的价值将减少

C.一般情况下，使某投资方案的净现值小于零的折现率，一定大于该投资方案的内含报酬率

D.投资项目评价的现值指数法和内含报酬率法都是根据相对比率来评价投资方案，因此对于多方案排序决策，两种方法的评价结论也是相同的

3. 某项目需要在第一年年初投资76万元，寿命期为6年，每年年末产生现金净流量20万元。已知（P/A，14%，6）＝3.8887，（P/A，15%，6）＝3.7845。若公司根据内含报酬率法认定该项目具有可行性，则该项目的必要投资报酬率不可能为（　　　）。

A.13%　　　　　　　　B.14%　　　　　　　　C.15%　　　　　　　　D.16%

4. 在其他因素不变的情况下，下列财务评价指标中，指标数值越大表明项目可行性越强的有（　　　）。

A.净现值　　　　　　B.现值指数　　　　　　C.内含报酬率　　　　D.动态回收期

5. 动态投资回收期法是长期投资项目评价的一种辅助方法，该方法的缺点有（　　　）。

A.忽视了资金的时间价值

B.忽视了折旧对现金流的影响

C.没有考虑回收期以后的现金流

D.促使放弃有战略意义的长期投资项目

6. 下列关于投资项目评估方法的表述中，正确的有（　　　）。

A.现值指数法克服了净现值法不能直接比较投资额不同的项目的局限性，它在数值上等于投资项目的净现值除以初始投资额

B.动态回收期法克服了静态回收期法不考虑货币时间价值的缺点，但是仍然不能衡量项目的盈利性

C.内含报酬率是项目本身的投资报酬率，不随投资项目预期现金流的变化而变化

D.内含报酬率法不能直接评价两个投资规模不同的互斥项目的优劣

7. 下列指标中，不属于反映投资效益的指标是（　　　）。

A.净现值　　　　　　　　　　　　　　B.现值指数

C.内含报酬率　　　　　　　　　　　　D.静态回收期

8. 如果其他因素不变，一旦折现率提高，则下列指标中其数值将会变小的是（　　　）。

A.净现值　　　　　　　　　　　　　　B.现值指数

C.内含报酬率　　　　　　　　　　　　D.动态回收期

9. 甲公司拟投资一条生产线，该项目投资期限5年，资本成本12%，净现值200万元。下列说法中，正确的有（　　　）。

A.项目现值指数大于1　　　　　　　　B.项目内含报酬率大于12%

C.项目折现回收期大于5年　　　　　　D.项目会计报酬率大于12%

10. 对于两个期限不同的互斥项目，可采用共同年限法和等额年金法进行项目决策，下列关于两种方法共同缺点的说法中，正确的有（　　　）。

A. 未考虑项目收入带来的现金流入

B. 未考虑竞争导致的收益下降

C. 未考虑技术更新换代导致的投入产出变更

D. 未考虑通货膨胀导致的重置成本上升

11. 下列关于互斥项目的排序问题说法中，正确的有（　　　）。

A. 如果项目的寿命期相同，则比较净现值，净现值大的方案为优

B. 如果项目的寿命期不同，则可以使用共同年限法或等额年金法

C. 等额年金法也被称为重置价值链法

D. 共同年限法是比较净现值的平均值，选择净现值的平均值较大的方案

12. 某公司正在开会讨论是否投产一种新产品，对以下收支发生争论。你认为不应列入该项目评价的现金流量有（　　　）。

A. 新产品投产需要占用营运资本80万元，它们可在公司现有周转资金中解决，不需要另外筹集

B. 该项目利用现有未充分利用的厂房和设备，如将该设备出租可获收益200万元，但公司规定不得将生产设备出租，以防止对本公司产品形成竞争

C. 新产品销售会使本公司同类产品减少收益100万元，如果本公司不经营此产品，竞争对手也会推出此新产品使得本公司同类产品减少相同的收益

D. 动用为其他产品储存的原料约200万元

三、计算分析题

1. 甲公司是一家传统制造业上市公司，只生产A产品。2019年公司准备新上一条生产线，正在进行项目的可行性研究。相关资料如下：

（1）如果可行，该生产线拟在2019年年初投产，经营周期4年。预计A产品每年销售1 000万只，单位售价60元，单位变动制造成本40元，每年付现固定制造费用2 000万元，付现销售和管理费用800万元。

（2）项目需要一栋厂房、一套设备和一项专利技术。目前公司有一栋厂房正好适合新项目使用。该厂房正在对外出租，每年年末收取租金100万元。2018年年末租期到期，可续租也可收回自用。设备购置成本10 000万元，无须安装，可于2019年年初投入使用，4年后变现价值1 600万元。税法规定，设备采用直线法计提折旧，折旧年限5年，折旧期满后无残值。专利技术使用费8 000万元，于2019年年初一次性支付，期限4年。税法规定，专利技术使用费可按合同约定使用年限平均摊销，所得税前扣除。

（3）项目需增加营运资本200万元，于2019年年初投入，项目结束时收回。

（4）项目投资的必要报酬率12%。公司的企业所得税税率25%。假设项目每年销售收入和付现费用均发生在各年年末。

要求：

（1）计算该项目2018年年末至2022年年末的相关现金净流量、净现值和现值指数（单位：万元），见表5-41。

表5-41　　　　　该项目2018年年末至2022年年末的相关现金净流量、净现值和现值指数

项目	2018年年末	2019年年末	2020年年末	2021年年末	2022年年末
现金净流量					
折现系数（12%）					
现值					
净现值					
现值指数					

（2）根据净现值和现值指数，判断该项目是否可行，并简要说明理由。

（3）简要回答净现值和现值指数之间的相同点和不同点。

2. 甲公司是一家制药企业。2008年，甲公司在现有产品P-I的基础上成功研制出第二代产品P-II。如果第二代产品投产，需要新购置成本为10 000 000元的设备一台，税法规定该设备使用期为5年，采用直线法计提折旧，预计残值率为5%。第5年年末，该设备预计市场价值为1 000 000元（假定第5年年末P-II停产）。财务部门估计每年固定成本为600 000元（不含折旧费），变动成本为200元/盒。另外，新设备投产初期需要投入营运资本3 000 000元，于第5年年末全额收回。

新产品P-II投产后，预计年销售量为50 000盒，销售价格为300元/盒。同时，由于产品P-I与新产品P-II存在竞争关系，新产品P-II投产后会使产品P-I的每年经营现金净流量减

少 545 000 元。

新产品 P－Ⅱ项目的β系数为1.4。甲公司的债务权益比为4：6（假设资本结构保持不变），债务资本成本为8%（税前）。甲公司适用的公司所得税税率为25%。资本市场中的无风险利率为4%，市场组合的预期报酬率为9%。假定营业现金流量在每年年末取得。

要求：

（1）计算产品 P－Ⅱ投资决策分析时适用的折现率。

（2）计算产品 P－Ⅱ投资的初始现金流量、第1~4年营业现金净流量和第5年年末现金净流量。

（3）计算产品 P－Ⅱ投资的净现值。

3. B公司目前生产一种产品，该产品的适销期预计还有6年，公司计划6年后停产该产品。生产该产品的设备已经使用5年，比较陈旧，运行成本（人工费、维修费和能源消耗等）和残次品率较高。目前市场上出现了一种新设备，其生产能力、生产产品的质量与现有设备相同。新设备虽然购置成本较高，但运行成本较低，并且可以减少存货占用资金、降低残次品率。除此以外的其他方面，新设备与旧设备没有显著差别。

B公司正在研究是否应将现有旧设备更换为新设备，有关的资料见表5-42（单位：元）：

表5-42　　　　　　　　　　　　　　　相关资料

继续使用旧设备		更换新设备	
旧设备当初购买和安装成本	200 000	—	—
旧设备当前市值	50 000	新设备购买和安装成本	300 000
税法规定折旧年限（年）	10	税法规定折旧年限（年）	10
税法规定折旧方法	直线法	税法规定折旧方法	直线法
税法规定残值率	10%	税法规定残值率	10%
已经使用年限（年）	5	运行效率提高减少半成品存货占用资金	15 000
预计尚可使用年限（年）	6	计划使用年限（年）	6
预计6年后残值变现净收入	0	预计6年后残值变现净收入	150 000
年运行成本（付现成本）	110 000	年运行成本（付现成本）	85 000
年残次品成本（付现成本）	8 000	年残次品成本（付现成本）	5 000

B公司更新设备投资的资本成本为10%，所得税税率为25%；固定资产的会计折旧政策与税法有关规定相同。

要求：

（1）计算B公司继续使用旧设备的相关现金流出总现值（计算过程及结果填入表5-43内）。

表5-43　　　　　　　　　　　　　继续使用旧设备的相关数据

项目	现金流量（元）	时间	系数	现值（元）
丧失的变现收入				
丧失的变现损失抵税				
每年税后运行成本				
每年税后残次品成本				
每年折旧抵税				
残值变现损失抵税				
合计				

（2）计算B公司更换新设备方案的相关现金流出总现值（计算过程及结果填入表5-44内）。

表5-44   B公司更换新设备方案的相关数据

项目	现金流量（元）	时间	系数	现值（元）
新设备的购买和安装				
避免的运营资金投入				
每年税后运行成本				
每年税后残次品成本				
每年折旧抵税				
残值变现收入				
残值变现收益纳税				
丧失的运营资金收回				
合计				

（3）计算两个方案的净差额，并判断应否实施更新设备的方案。

4.甲公司主营电池生产业务，现已研发出一种新型锂电池产品，准备投向市场。为了评价该锂电池项目，需要对其资本成本进行估计。有关资料如下：

（1）该锂电池项目拟按照资本结构（负债/权益）30/70进行筹资，税前债务资本成本预计为9%。

（2）目前市场上有一种还有10年到期的已上市政府债券。该债券面值为1 000元，票面利率6%，每年付息一次，到期一次归还本金，当前市价为1 120元，刚过付息日。

（3）锂电池行业的代表企业是乙、丙公司，乙公司的资本结构（负债/权益）为40/60，股东权益的β系数为1.5；丙公司的资本结构（负债/权益）为50/50，股东权益的β系数为1.54。权益市场风险溢价为7%。

（4）甲、乙、丙三个公司适用的企业所得税税率均为25%。

要求：

（1）计算无风险利率。

（2）使用可比公司法计算锂电池行业代表企业的平均β（资产）、该锂电池项目的β（权益）与权益资本成本。

（3）计算该锂电池项目的加权平均资本成本。

5.甲公司是一家制造业上市公司，主营业务是易拉罐的生产和销售。为进一步满足市场需求，公司准备新增一条智能化易拉罐生产线。目前，正在进行该项目的可行性研究。相关资料如下：

（1）该项目如果可行，拟在2016年12月31日开始投资建设生产线，预计建设期1年，即项目将在2017年12月31日建设完成，2018年1月1日投入使用，该生产线预计购置成本4 000万元，项目预计持续3年。按税法规定，该生产线折旧年限4年，残值率为5%，按直线法计提折旧，预计2020年12月31日项目结束时该生产线变现价值1 800万元。

（2）公司有一闲置厂房拟对外出租，每年租金60万元，在出租年度的上年年末收取。该厂房可用于安装该生产线，安装期间及投资后，该厂房均无法对外出租。

（3）该项目预计2018年生产并销售12 000万罐，产销量以后每年按5%增长，预计易拉罐单位售价0.5元，单位变动制造成本0.3元，每年付现销售和管理费用占销售收入的10%，2018年、

2019年、2020年每年固定付现成本分别为200万元、250万元、300万元。

（4）该项目预计营运资本占销售收入的20%，垫支的营运资本在运营年度的上年年末投入，在项目结束时全部收回。

（5）为筹资所需资金，该项目拟通过发行债券和留存收益进行筹资，发行期限5年、面值1 000元、票面利率6%的债券，每年年末付息一次，发行价格960元，发行费用率为发行价格的2%。公司普通股β系数1.5，无风险报酬率3.4%，市场组合的必要报酬率7.4%。当前公司资本结构（负债/权益）为2/3，目标资本结构（负债/权益）为1/1。

（6）公司所得税税率25%。

假设该项目的初始现金流量发生在2016年年末，营业现金流量均发生在投产后各年年末。

要求：

（1）计算税后债务资本成本、股权资本成本和项目加权平均资本成本。

（2）计算项目2016年及以后各年年末现金净流量及项目净现值，并判断该项目是否可行（计算过程和结果填入表5-45）。

表5-45　　　　　　　　　　项目2016年及以后各年年末现金净流量及项目净现值

项　目	2016年年末	2017年年末	2018年年末	2019年年末	2020年年末
现金净流量					
折现系数（8%）					
现金流量现值					
净现值					

（3）假设其他条件不变，利用最大最小法计算生产线可接受的最高购置价格。

6. 甲公司是一家移动通信产品制造企业，主营业务是移动通信产品的生产和销售。为扩大市场份额，准备投产智能型手机产品（以下简称智能产品），目前，相关技术研发已经完成，正在进行该项目的可行性研究。相关资料如下：

（1）如果可行，该项目拟在2016年年初投产，预计该智能产品3年后（即2018年年末）停产，即项目预期持续3年，智能产品单位售价3 000元，2016年销售10万部，销量以后每年按10%增长，单位变动制造成本2 000元；每年付现固定制造费用400万元，每年付现销售和管理费用占销售收入的10%。

（2）为生产该智能产品，需要添置一条生产线，预计购置成本12 000万元，该生产线可在2015年年末前安装完毕，按税法规定，该生产线折旧年限4年，预计净残值率5%，采用直线法计提折旧，预计2018年年末该生产线的变现价值为2 400万元。

（3）公司现有一闲置厂房对外出租，每年年末收取租金80万元，该厂房可用于生产该智能产品，因生产线安装期较短，安装期间租金不受影响。由于智能产品对当前的替代效应，当前产品2016年销量下降1.5万部，下降的销量以后每年按10%增长；2018年年末智能产品停产，替代效应消失，2019年当前产品销量恢复至智能产品项目投产前的水平。当前产品的单位售价1 600元，单位变动成本1 200元。

（4）营运资本为销售收入的20%，智能产品项目垫支的营运资本在各年年初投入，在项目结束时全部收回，减少的当前产品垫支的营运资本在各年年初收回，在智能产品项目结束时重新投入。

（5）项目加权平均资本成本9%，公司所得税税率25%，假设该项目的初始现金流量发生在2016年年末，营业现金流量均发生在以后各年年末。

要求：

（1）计算项目的初始现金净流量（2015年年末增量现金净流量）、2016年至2018年的增量现金净流量及项目的净现值、折现回收期和现值指数，并判断项目是否可行。（计算过程和结果填入表5-46中）

表5-46 相关数据

项目	2015年年末（0）	2016年年末（1）	2017年年末（2）	2018年年末（3）

续表

项目	2015年年末（0）	2016年年末（1）	2017年年末（2）	2018年年末（3）
现金净流量				
折现系数（9%）				
现值				
累计净现值				

（2）为分析未来不确定性对该项目净现值的影响，应用最大最小法计算单位变动制造成本的最大值，应用敏感程度法计算当单位变动制造成本上升5%时净现值对单位变动制造成本的敏感系数。

7.甲公司是一家建设投资公司，业务涵盖市政工程绿化、旅游景点开发等领域。近年来，夏日纳凉休闲项目受到青睐，甲公司计划在位于市郊的A公园开发W峡谷漂流项目（简称"W项目"），目前正在进行项目评价，有关资料如下：

（1）甲公司与A公园进行洽谈并初步约定，甲公司一次性支付给A公园经营许可费700万元（税法规定在5年内摊销，期满无残值），取得W项目5年的开发与经营权；此外，甲公司还需每年按营业收入的5%向A公园支付景区管理费。

（2）W项目前期投资包括：修建一座蓄水池，预计支出100万元；漂流景区场地、设施等固定资产投资200万元；购入橡皮艇200艘，每艘市价5 000元。按税法规定，以上固定资产可在10年内按直线法计提折旧，期满无残值。5年后，A公园以600万元买断W项目，甲公司退出W项目的经营。

（3）为宣传推广W项目，前期需投入广告费50万元。按税法规定，广告费在项目运营后第1年年末税前扣除。甲公司经调研预计W项目的游客服务价格为200元/人次，预计第1年可接待游客30 000人次；第2年及以后年度项目将满负荷运营，预计每年可接待游客40 000人次。

（4）预计W项目第1年的人工成本支出为60万元，第2年增加12万元，以后各年人工成本保持不变。

（5）漂流河道、橡皮艇等设施的年维护成本及其他营业开支预计为100万元。

（6）为维持W项目正常运营，预计需按照营业收入的20%垫支营运资本。

（7）甲公司计划以2/3（负债/权益）的资本结构为W项目筹资。如果决定投资该项目，甲公司将于2014年10月发行5年期债券。由于甲公司目前没有已上市债券，拟采用风险调整法确定债务资本成本。W项目的权益资本相对其税后债务资本成本的风险溢价为5%。

甲公司的信用级别为BB级，目前国内上市交易的BB级公司债有3种，这3种债券及与其到期日接近的政府债券的到期收益率见表5-47：

表5-47　　　　　　　3种债券及与其到期日接近的政府债券的到期收益率

发债公司	上市债券到期日	上市债券到期收益率	政府债券到期日	政府债券到期收益率
H	2015年1月28日	6.5%	2015年2月1日	3.4%
M	2016年9月26日	7.6%	2016年10月1日	3.6%
N	2019年10月15日	8.3%	2019年10月10日	4.3%

（8）预计W项目短时间可建成，可以假设没有建设期。为简化计算，假设经营许可费、项目初始投资、广告费均发生在第1年年初（零时点），项目营业收入、付现成本等均发生在以后各年年末，垫支的营运资本于各年年初投入，在项目结束时全部收回。

（9）甲公司适用的企业所得税税率为25%。

要求：

（1）根据所给资料，估计无风险利率，计算W项目的加权平均资本成本，其中债务资本成本采用风险调整法计算，权益资本成本采用债券收益加风险溢价法计算。

（2）计算W项目的初始（零时点）现金流量、每年的现金净流量及项目的净现值（计算过程及结果填入表5-48中），判断项目是否可行并说明原因。

表5-48　　　　　W项目的初始（零过点）现金流量、每年的现金净流量及项目的净现值

项目	零时点	第1年	第2年	第3年	第4年	第5年
现金净流量						
折现系数						
NCF现值						
净现值						

（3）以项目目前净现值为基准，假设W项目各年接待游客人次下降10%，用敏感程度法计算净现值对接待游客人次的敏感系数。

第六章
债券、股票价值评估

本章导学

本章框架图

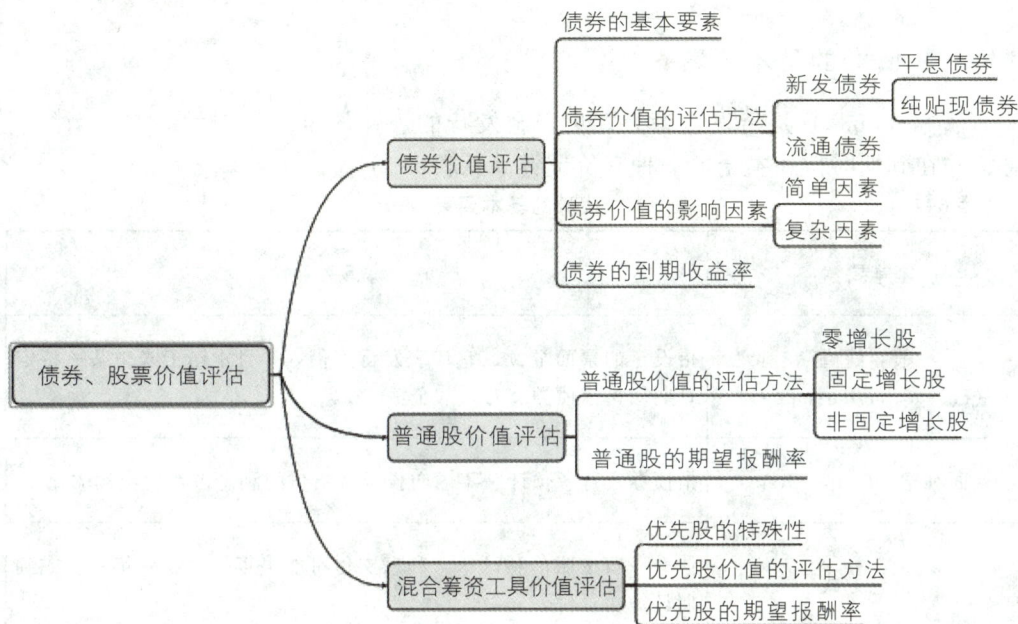

第六章

本章考情概述

本章考情分析

　　本章属于次重点章。债券、股票价值评估的基本模型都是第三章货币时间价值中现值计算的直接应用；债券到期收益率的计算为第四章税前债务资本成本的估计提供了最基础的方法；固定增长和非固定增长的股票价值评估模型为第八章企业价值评估的现金流量折现模型提供了计算手段。本章近5年题型题量分析见表6-1。

表6-1　　　　　　　　　　　　近5年题型题量分析

	2014年	2015年	2016年	2017年	2018年
单项选择题	1题1.5分			1题1分	1题1分
多项选择题		1题2分		1题2分	1题2分
计算分析题		0.5题4分	0.5题4分	0.25题2分	0.25题2分
综合题					
合计	1题1.5分	1.5题6分	0.5题4分	2.25题5分	2.25题5分

重要考点预览
1.不同债券的估值方法
2.债券价值的影响因素
3.债券的到期收益率
4.固定增长股票的估值
5.股票的期望报酬率

第一节 债券价值评估

一、债券的基本要素 ★

债券（Bond）是指发行者为筹集资金发行的、在约定时间支付一定比例的利息，并在到期时偿还本金的一种有价证券（见表6-2）。

表6-2 债券的基本要素

基本要素	说明
债券面值 （Face Value/Par Value）	指设定的票面金额，它代表发行人借入并且承诺于未来某一特定日期偿付给债券持有人的金额
票面利率（Coupon Rate）	指债券发行者预计一年内向投资者支付的利息占票面金额的比率
付息方式	债券一般按照单利计息，利息支付可能半年一次、一年一次或到期日一次总付
到期日（Maturity）	指偿还本金的日期

> **考霸笔记**
> 无论债券是否按平价发行，到期日发行公司都按照面值偿还，而非偿还实际的发行价格。

二、债券的类型（如图6-1所示）★

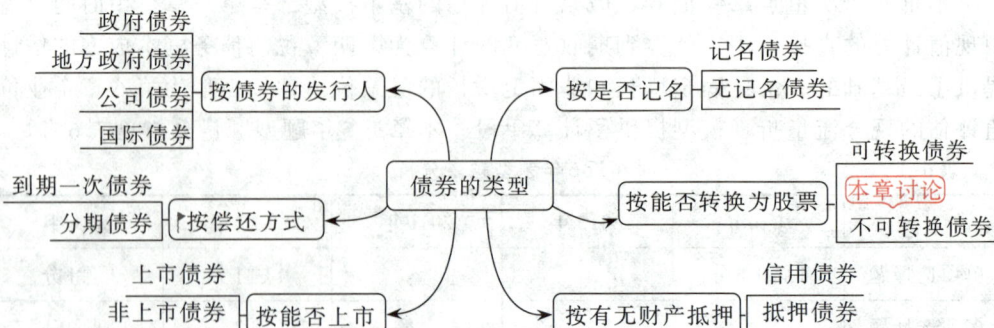

> 如何理解债券价值的评估方法？

图6-1 债券的类型

三、债券价值的评估方法 ★★

> **考霸笔记**
> 债券的价值即债券本身的内在价值。

债券的价值是发行者按照合同规定从现在至债券到期日所支付的款项的<u>现值</u>。

（一）新发行的债券

1.平息债券

（1）平息债券的价值（见表6-3）

考霸笔记

平息债券是指利息在到期时间内平均支付的债券。利息支付的频率可能是一年一次、半年一次或每季度一次等。

表6-3　　　　　　平息债券的价值

付息方式	计算公式
每年付息一次	$PV = I \times (P/A, i, n) + M \times (P/F, i, n)$
每年付息多次	$PV = I/m \times (P/A, i/m, n \times m) + M \times (P/F, i/m, n \times m)$
参数	PV 表示债券价值； I 表示每年的票面利息（面值×票面利率）； M 表示到期的本金（面值）； i 表示折现率，一般采用当前（估值时点）等风险投资的市场利率； n 表示债券到期前的年数（剩余到期时间）； m 表示每年付息次数

【提示】估价规则的内在统一性原则。

如何理解估价规则的内在统一性原则？

凡是利率都可以分为报价利率和有效年利率。当一年内要复利几次时，给出的利率是报价利率，报价利率除以年内复利次数得出计息周期利率，根据计息周期利率可以换算出有效年利率。对于这一规则，（票面/报价）利率和折现率都要遵守，否则就破坏了估价规则的内在统一性，也就失去了估价的科学性。因此，折现率也有报价折现率、周期折现率和有效年折现率之分。当一年内要折现几次时，给出的年折现率是报价折现率，报价折现率除以年内折现次数得出周期折现率，周期折现率可以换算为有效年折现率。

考试时只要不特指，债券的折现率与票面利率采用一样的计息方式和计息规则，即折现时采用计息期折现率（i/m），债券的发行期"年数（n）"变为"计息期数（n×m）"。

（2）平息债券定价的基本原则（见表6-4）

表6-4　　　　　　平息债券定价的基本原则

情形	债券价值	发行方式
票面利率＝市场利率	＝面值	平价发行（Par Value Bond）
票面利率＜市场利率	＜面值	折价发行（Discount Bond）
票面利率＞市场利率	＞面值	溢价发行（Premium Bond）

如何理解平息债券定价的基本原则？

【提示】投资决策原则：当债券价值高于购买价格时，值得购买。

2.纯贴现债券（见表6-5）

表6-5　　　　　　纯贴现债券

项目	说明
含义	承诺在未来某一确定日期作某一单笔支付的债券，到期日前投资人不能得到任何现金支付
计算公式	$PV = \dfrac{F}{(1+i)^n}$

【提示】 纯贴现债券有两种情况（见表6-6）：

表6-6 纯贴现债券的两种情况

情形	终值
零息债券	债券面值
到期一次还本付息（利随本清）	到期本利和（含债券发行期限的累计利息（一般按单利计算））

3.永久债券（见表6-7）

表6-7 永久债券

项目	说明
含义	指没有到期日，永不停止定期支付利息的债券
计算公式	$PV = \dfrac{I}{i}$

如何理解到期时间对债券价值的影响？

（二）流通债券（见表6-8）

表6-8 流通债券

项目	说明
含义	指已发行并在二级市场上流通的债券，不同于新发行债券，已经在市场上流通了一段时间
特点	（1）到期时间：小于债券发行在外的时间。 （2）估值时点：不在发行日，可以是任何时点，会产生"非整数计息期"问题
估值方法	（1）以现在为折算时间点，历年现金流量按非整数计息期折现。 （2）以最近一次付息时间（或最后一次付息时间）为折算时间点，计算历次现金流量现值，然后将其折算到现在时间点

考霸笔记

不同于流通债券，新发行债券总是在发行日估计其现值，到期时间等于发行在外的时间。

四、债券价值的影响因素 ★★

（一）简单影响因素（见表6-9）

表6-9 简单影响因素

影响因素	相关性	影响方式	
面值	同向	面值↑，债券价值↑	影响分子
票面利率	同向	票面利率↑，债券价值↑	
市场利率	反向	市场利率↑，债券价值↓	影响分母

（二）复杂影响因素

1.到期时间

（1）市场利率（折现率）在债券发行后维持不变（见表6-10）

表6-10 市场利率（折现率）在债券发行后维持不变

债券类型	说明		
平息债券	①付息期无限小（连续支付利息），不考虑付息期间的变化：债券价值逐渐接近其面值，至到期日债券价值等于债券面值，即债券价值表现为一条平滑的曲线		
	债券类型	价值变化趋势	
	溢价债券	到期时间↓（↑），债券价值↓（↑）	
	平价债券	到期时间↓（↑），债券价值不变	
	折价债券	到期时间↓（↑），债券价值↑（↓）	
	②每隔一段时间支付一次利息，考虑付息期间的变化：债券价值呈现周期性波动		
纯贴现债券	到期时间↓，债券价值↑，向其到期价值（面值或本利和）接近		

考霸笔记

债券的到期时间，是指当前日至债券到期日之间的时间间隔（剩余时间）。随着时间的延续，债券的到期时间逐渐缩短，至到期日时该间隔为零。

【案例】已知市场利率为8%，某公司刚刚发行了3种5年期债券，面值1 000元，票面利率分别为10%、8%和6%。随着到期时间的临近，3种债券的价值计算见表6-11。

表6-11　　　　　　　　　3种债券的价值计算　　　　　　　　　单位：元

到期时间	5年	4年	3年	2年	1年	0
票面利率10%（溢价）	1 079.87	1 066.21	1 051.51	1 035.63	1 018.49	1 000
票面利率8%（平价）	1 000	1 000	1 000	1 000	1 000	1 000
票面利率6%（折价）	920.16	933.73	948.43	964.30	981.45	1 000

【提示】如果题目特别指明债券已经在二级市场上"流通"，那么就要考虑付息期间的变化。

①折价发行的平息债券：发行后价值逐渐升高，在付息日由于割息而价值下降，然后又逐渐上升；总的趋势是波动上升。越临近付息日，利息的现值越大，债券的价值有可能超过面值；付息日后债券的价值下降，会低于其面值。

②溢价发行的平息债券：在债券到期日前其价值永远高于面值。

【思考】对于溢价发行的债券而言，随着到期时间的缩短，其价值将下降？

【答案】只有分期计算并支付利息，到期归还本金的溢价债券，其价值才会随时间延续而下降。但是，到期一次还本付息的债券，即使是溢价发行，其价值也不会随时间延续而下降，而是上升，最终等于到期本利和。

（2）市场利率（折现率）在债券发行后发生变动　双重影响。

随着到期时间的缩短，折现率变动对债券价值的影响越来越小。这就是说，债券价值对折现率特定变化的反应越来越不灵敏。

考霸笔记
马太效应：溢价越溢，折价越折。

2.利息支付频率（付息期）（见表6-12）

表6-12　　　　　　　　　利息支付频率

债券类型	影响方式
平价发行的债券	付息频率↑（付息期↓），债券价值不变
溢价发行的债券	付息频率↑（付息期↓），债券价值↑
折价发行的债券	付息频率↑（付息期↓），债券价值↓

如何理解利息支付频率对债券价值的影响？

【原理】某债券主要资料为：面值1 000元，票面利率8%，每年付息一次，期限5年。现改为每半年付息一次，具体见表6-13。

考霸笔记
加快付息频率→利差扩大→溢折价扩大。

表6-13　　　　　　　　　付息的计算　　　　　　　　　金额单位：元

付息方式	按年付息	半年付息					
指标 / 折现率	债券价值	债券价值		有效年票面利率		有效年折现率	
		结果	变动	结果	变动率	结果	变动率
8%	1 000	1 000	不变	8.16%	8.16% - 8% / 8% = 2%	8.16%	2%
6%	1 084.29	1 085.31	↑			6.09%	1.5%
10%	924.16	922.77	↓			10.25%	2.5%

五、债券的到期收益率（见表6-14）★★★

债券到期收益率计算时需要注意的要点有哪些?

表6-14 债券的到期收益率

项目	说明
含义	债券的到期收益率（Yield to Maturity，YTM）是指以特定价格购买债券并持有至到期日所能获得的（税前）收益率，它是使未来现金流量现值等于债券购入价格（P）的折现率，可以用来衡量债券的收益水平
计算公式	利用逐步测试结合插值法，求解含有折现率i的方程： $P = I \times (P/A, i, n) + M \times (P/F, i, n)$
测试方向	（1）平价购入的债券：到期收益率 = 票面利率 （2）溢价购入的债券：到期收益率 < 票面利率 （3）折价购入的债券：到期收益率 > 票面利率
决策原则	如果到期收益率高于投资人要求的报酬率，则应买进该债券，否则放弃

考霸笔记
插值法的测试起点：一般使用票面利率。

考霸笔记
购买价格P的确定：①新发行的债券：P=发行价格；②已发行的债券：P=流通价格。

【提示】

（1）题目要求计算债券的到期收益率时，如果到期收益率前面没有加上定语"年有效"，即为计算"名义"到期收益率。对于年内付息多次的债券，首先计算"计息期到期收益率"，然后直接将计息期到期收益率乘以年内计息次数即可，无须计算"年有效"到期收益率。这一点和利用到期收益率法计算债券的税前资本成本不同。

（2）债的到期收益率的计算方法与第五章资本预算中计算内含报酬率的方法相同，因此债券的到期收益率可以理解为债券投资的（税前）内含报酬率。

第二节　普通股价值评估

一、普通股价值的评估方法（见表6-15）★★

表6-15 普通股价值的评估方法

项目	说明
股票价值	指股票预期能够提供的所有未来现金流量的现值，即其内在价值
现金流量	股票带给持有者的现金流入包括两部分：股利收入和出售时的售价而非资本利得。
决策原则	若股票价值高于市价（购买价格），该股票值得购买

（一）零增长股票的价值（见表6-16）

表6-16 零增长股票的价值

项目	说明
股票特点	假设未来股利不变，其支付过程是一个永续年金
计算公式	$V_0 = \dfrac{D}{R_s}$

（二）固定增长股票的价值（见表6-17）

表6-17　　　　　　　　固定增长股票的价值

项目	说明
股票特点	有些企业的股利是不断增长的，假设其增长率是固定的
计算公式	$D_t = D_0 \times (1+g)^t \rightarrow V_0 = \sum_{t=1}^{\infty} \frac{D_0 \times (1+g)^t}{(1+R_s)^t}$ 当g为常数，且$R_s > g$时：$V_0 = \frac{D_1}{R_s - g} = \frac{D_0 \times (1+g)}{R_s - g}$
参数	（1）区分D_1和D_0：D_1在估值时点的下一个时点，D_0和估值时点在同一点。 （2）R_s的确定：利用资本资产定价模型。 （3）g的确定$\begin{cases} 满足可持续增长条件:g = 可持续增长率 \\ 固定股利支付率政策:g = 净利润增长率 \end{cases}$

【提示】如何判断题目中告知的股利是D_0还是D_1？具体见表6-18。

表6-18　　　　　　　　区别D_0和D_1

	D_0	D_1
时态	最近、已经、了、实际	将要、预计、期望
时间	本年、本期	下一年、下一期
关系	与估值时点同一期	比估值时点晚一期
计算	$D_0 \times (1+g)$ 转换为 D_1	直接代入公式计算

（三）非固定增长股票的价值（见表6-19）

表6-19　　　　　　　　非固定增长股票的价值

项目	说明
股票特点	股利在一段时间里高速增长（增长可能呈不规则变化），在另一段时间里正常固定增长或固定不变，此时，需要分段计算，才能确定股票的价值
计算公式	●非正常增长期的股利现值（持续 m 年）：$\sum_{t=1}^{m} PV(D_t) = PV(D_1) + PV(D_2) + \cdots + PV(D_m)$ ●固定增长期：计算在第m年底的内在价值 $V_m = \frac{D_{m+1}}{R_s - g} = \frac{D_m \times (1+g)}{R_s - g}$ ●估值时点（0时点）的股票价值 $= \sum_{t=1}^{m} PV(D_t) + V_m \times (P/F, R_s, m)$

二、普通股的期望报酬率（见表6-20）★★

表6-20　　　　　　　　普通股的期望报酬率

项目	说明
计算思路	找到使未来的现金流入现值等于现金流出现值的折现率
前提假设	（1）股票价格是公平的市场价格，证券市场处于均衡状态。 （2）在任一时点证券价格都能完全反映有关该公司的任何可获得的公开信息，而且证券价格对新信息能迅速作出反应
计算公式	$R_s = \frac{D_1}{P_0} + g$　　其中：P_0表示股票的购买价格
公式分解	（1）股利收益率（Dividend Yield）（D_1/P_0）：根据预期现金股利除以当前股价计算； （2）股利增长率（Capital Gains Yield）（g）：资本市场有效情况下，由于股利的增长速度也就是股价的增长速度，因此，g可以解释为股价增长率或资本利得收益率

g的数值可以根据公司的可持续增长率估计，因为在满足可持续增长的前提下，净利润按照可持续增长率增长，股利支付率不变，所以股利增长率等于可持续增长率。

考霸笔记
该公式具有通用性，第八章企业价值评估会用到此公式。只要未来现金流量逐年稳定增长，且期限趋于无穷，就可以利用此公式计算未来现金流量的现值。

如何判断题目中告知的股利是D_0还是D_1？

非固定增长股票价值如何计算？

考霸笔记
类似于债券的到期收益率，也类似于第五章资本预算中的内含报酬率。

考霸笔记
在这种假设条件下，股票的期望报酬率＝必要报酬率。

为什么股利增长率可以用股价增长率来表示？

【提示】另外两种股票的期望报酬率的计算方法见表6-21。

表6-21 　　　　　　　　　　另外两种股票的期望报酬率的计算方法

股票类型	期望报酬率的计算
零增长	$R_s = D/P_0$
非固定增长	逐步测试结合插值法

第三节　混合筹资工具价值评估

混合筹资工具是既带有债务融资特征又带有权益融资特征的特殊融资工具，常见的有优先股、永续债、可转换债券、认股权证等。此处以优先股为例讲述混合筹资工具的价值评估，其他工具在第十章讲解。

一、优先股的特殊性（见表6-22）★

考霸笔记
这些事项的决议，除须经出席会议的普通股股东（含表决权恢复的优先股股东）所持表决权的2/3以上通过之外，还须经出席会议的优先股股东（不含表决权恢复的优先股股东）所持表决权的2/3以上通过。

表6-22 　　　　　　　　　　　　　优先股的特殊性

特殊性	说明
优先分配利润	公司应当以现金的形式向优先股股东支付股息，在完全支付约定的股息之前，不得向普通股股东分配利润
优先分配剩余财产	公司因解散、破产等原因进行清算时，公司的剩余财产应当优先向优先股股东支付未派发的股息和公司章程约定的清算金额，不足以支付的按照优先股股东持股比例分配
表决权限制	除以下情况外，优先股股东不出席股东大会会议，所持股份没有表决权： （1）修改公司章程中与优先股相关的内容； （2）一次或累计减少公司注册资本超过10%； （3）公司合并、分立、解散或变更公司形式； （4）发行优先股； （5）公司章程规定的其他情形

【跨章节联系】在第二章中计算市价比率的注意点见表6-23。

表6-23 　　　　　　　　　　　第二章中计算市价比率的注意点

市价比率	说明
市盈率	归属于普通股股东的净利润=净利润-（当年宣告或累计的优先股股利）
市净率	普通股权益=股东权益总额-（优先股全部拖欠的股利+优先股清算价值）

二、优先股价值的评估方法（见表6-24）★ ★

表6-24　　　　　　　　　　　　优先股价值的评估方法

项目	说明
计算公式	$V_P = \dfrac{D_P}{R_P}$
参数	V_P表示优先股的价值； D_P表示优先股每期股息； R_P表示折现率，一般采用资本成本率或投资的必要报酬率

三、优先股的期望报酬率 ★ ★

$R_P = D_P/P_P$

其中：P_P表示优先股的当前价格。

智能测评

在线练习	我要提问
扫码在线做题　　扫码看答案	扫码答疑
本书"本章同步强化训练"均配备二维码，打开微信"扫一扫"即可完成在线测评，查看本章详细的测评反馈报告，了解知识掌握情况，也可扫码直接看答案噢。 　快来扫码做题吧！	本书配备答疑专用二维码，打开微信"扫一扫"，即可完成在线提问，获取专业老师全面个性化解答，让学习问题不再拖延。 　快来扫码提问吧！

如何理解优先股价值评估与优先股期望报酬率？

考霸笔记

永续债的估值与优先股类似，只需将分子替换成每年的利息，分母替换成当前市场利率即可。

考霸笔记

永续债的期望报酬率与优先股类似，只需将分子替换成每年的利息，分母替换成当前价格即可。

第六章

本章同步强化训练

一、单选题

1. 甲公司平价发行5年期的公司债券，债券票面利率为10%，每半年付息一次，到期一次偿还本金。该债券的有效年利率是（　　）。

A.9.5%   B.10%   C.10.25%   D.10.5%

2. 某公司拟发行5年期债券进行筹资，债券票面金额为100元，票面利率为12%，而当时市场利率为10%，那么，该公司债券发行价格应为（　　）元。

A.93.22   B.100   C.105.35   D.107.58

3. 某债券面值为5 000元，票面年利率为8%，期限3年，单利计息，利息到期时一次支付。若市场有效年利率为8%（复利），则其发行时的价格将（　　）元。

A.高于5 000   B.低于5 000   C.等于5 000   D.无法计算

4. 甲公司在20×1年年初发行面值为1 000元、票面年利率10%、每半年支付一次利息的债券，20×6年年末到期，投资者在20×5年3月1日购买该债券，假设年折现率为10%，则该债券的价值为（　　）元。

A.1 000   B.1 033.41   C.1 049.96   D.1 016.36

5. 假设折现率保持不变，溢价发行的平息债券自发行后债券价值（　　）。

A.直线下降，至到期日等于债券面值

B.波动下降，到期日之前一直高于债券面值

C.波动下降，到期日之前可能等于债券面值

D.波动下降，到期日之前可能低于债券面值

6. 债券A和债券B是两只在同一资本市场上刚发行的按年付息的平息债券。它们的面值和票面利率均相同，只是到期时间不同。假设两只债券的风险相同，并且等风险投资的必要报酬率低于票面利率，则（　　）。

A.偿还期限长的债券价值低

B.偿还期限长的债券价值高

C.两只债券的价值相同

D.两只债券的价值不同，但不能判断其高低

7. 某公司发行面值为1 000元的5年期债券，债券票面利率为10%，半年付息一次，发行后在二级市场上流通，假设必要投资报酬率为10%并保持不变，以下说法正确的是（　　）。

A.债券溢价发行，发行后债券价值随到期时间的缩短而逐渐下降，至到期日债券价值等于债券面值

B.债券折价发行，发行后债券价值随到期时间的缩短而逐渐上升，至到期日债券价值等于债券面值

C.债券按面值发行，发行后债券价值一直等于票面价值

D.债券按面值发行，发行后债券价值在两个付息日之间呈周期性波动

8. 假设其他条件不变，当市场利率低于票面利率时，下列关于拟发行平息债券价值的说法中，错误的是（　　）。

A.市场利率上升，价值下降   B.期限延长，价值下降

C.票面利率上升，价值上升　　　　　　　　D.计息频率增加，价值上升

9.ABC公司平价购买刚发行的面值为1 000元的债券，期限为5年，每半年支付利息40元，该债券按年计算的有效到期收益率为（　　　）。

A.4%　　　　　　　B.7.84%　　　　　　　C.8%　　　　　　　D.8.16%

10.债券到期收益率计算的原理是（　　　）。

A.到期收益率是购买债券后一直持有到期的内含报酬率

B.到期收益率是能使债券每年利息收入的现值等于债券买入价格的折现率

C.到期收益率是债券利息收益率与资本利得收益率之和

D.到期收益率的计算要以债券每年末计算并支付利息、到期一次还本为前提

11.有一笔国债，5年期，平价发行，票面利率12.22%，单利计息，到期一次还本付息，其到期收益率为（　　　）。

A.9%　　　　　　　B.10%　　　　　　　C.11%　　　　　　　D.12%

12.现有两只股票，A股票的市价为15元，B股票的市价为7元，某投资人经过测算得出A股票的价值为12元，B股票的价值为8元，则下列表达正确的是（　　　）。

A.股票A比股票B值得投资　　　　　　　B.股票B和股票A均不值得投资

C.应投资A股票　　　　　　　　　　　　D.应投资B股票

13.某种股票报酬率的方差为0.04，与市场投资组合报酬率的相关系数为0.3，最近刚刚发放的股利为每股1.8元，预计未来保持不变。假设市场投资组合的收益率和方差分别为10%和0.0625，无风险报酬率为5%，则该种股票的价值为（　　　）元。

A.25　　　　　　　B.48　　　　　　　C.29　　　　　　　D.12

14.甲公司已进入稳定增长状态，固定股利增长率4%，股东必要报酬率10%。公司最近一期每股股利0.75元，预计下一年的股票价格是（　　　）元。

A.7.5　　　　　　　B.12.5　　　　　　　C.13　　　　　　　D.13.52

15.假设资本市场有效，在股利稳定增长的情况下，股票的资本利得收益率等于该股票的（　　　）。

A.股利收益率　　　B.股利增长率　　　C.期望收益率　　　D.风险收益率

16.A公司股票目前的市价为50元/股，预计下一期的股利为1元，该股利将以5%的速度持续增长，则该股票的资本利得收益率为（　　　）。

A.2%　　　　　　　B.5%　　　　　　　C.7%　　　　　　　D.9%

17.在其他条件不变的情况下，下列事项中能够引起股票期望收益率上升的是（　　　）。

A.当前股票价格上升　　　　　　　　　　B.资本利得收益率上升

C.预期现金股利下降　　　　　　　　　　D.预期持有该股票的时间延长

18.假设A公司在今后不增发股票，预计可以维持20×5年的经营效率和财务政策，不断增长的产品能为市场所接受，不变的销售净利率可以涵盖不断增加的利息。若20×5年的可持续增长率是10%，A公司20×5年支付的每股股利为0.5元，20×5年末的股价为40元，则股票资本利得收益率为（　　　）。

A.10%　　　　　　　B.11.25%　　　　　　　C.12.5%　　　　　　　D.13.75%

19.某股票未来股利固定不变，当股票市价高于股票价值时，则期望报酬率（　　　）投资人要求的必要报酬率。

A.高于　　　　　　　B.低于　　　　　　　C.等于　　　　　　　D.不确定

20.A公司发行优先股，按季度永久支付优先股股利，每季度每股支付的优先股股利为4元，优先股年报价资本成本为8%，则每股优先股价值为（   ）元。

A.200　　　　　B.50　　　　　C.194.18　　　　　D.160

21.有一永久债券，每半年付息4元。假设当前市价为100元，该债券的期望报酬率为（   ）。

A.4%　　　　　B.8%　　　　　C.8.16%　　　　　D.10%

二、多选题

1.某企业准备发行三年期企业债券，每半年付息一次，票面年利率6%，面值1 000元，平价发行。以下关于该债券的说法中，正确的有（   ）。

A.该债券的名义利率是6%

B.该债券的计息周期利率为3%

C.由于平价发行，该债券的名义利率与名义到期收益率相等

D.该债券的年有效到期收益率是6.09%

2.甲企业两年前发行到期一次还本付息债券，该债券面值为1 000元，期限为5年，票面利率为10%（单利计息），当前市场利率为8%（按年，复利），则下列说法中不正确的有（   ）。

A.如果现在购买该债券，则不能获得过去两年的应计利息

B.如果发行时市场利率与当前相同，则该债券是溢价发行的

C.目前债券的价值为1 020.9元

D.如果目前债券价格是1 080元，则不值得购买

3.下列各项中，能够影响债券内在价值的因素有（   ）。

A.债券的价格

B.当前的市场利率

C.票面利率

D.债券的付息方式（分期付息还是到期一次付息）

4.假设其他因素不变，下列事项中，会导致折价发行的平息债券价值下降的有（   ）。

A.提高付息频率　　　　　　　　B.延长到期时间

C.提高票面利率　　　　　　　　D.等风险债券的市场利率上升

5.债券A和债券B是两只刚发行的平息债券，债券的面值和票面利率相同，票面利率均高于必要报酬率，以下说法中，正确的有（   ）。

A.如果两债券的必要报酬率和利息支付频率相同，偿还期限长的债券价值低

B.如果两债券的必要报酬率和利息支付频率相同，偿还期限长的债券价值高

C.如果两债券的偿还期限和必要报酬率相同，利息支付频率高的债券价值低

D.如果两债券的偿还期限和利息支付频率相同，必要报酬率与票面利率差额大的债券价值高

6.下列有关平息债券的说法中，正确的有（   ）。

A.如果等风险债券的市场利率保持不变，那么随着时间向到期日靠近，溢价发行债券的价值会逐渐下降

B.一种10年期的债券，票面利率为10%；另一种5年期的债券，票面利率亦为10%。两种债券的其他方面没有区别。在市场利率急剧上涨时，前一种债券价格下跌得更多

C.两种债券的面值、到期时间和票面利率相同，一年内复利次数多的债券实际周期利率较高

D.如果市场利率不变，对于折价债券，债券付息期越长，债券价值越高

7.甲公司折价发行公司债券，该债券期限5年，面值1 000元，票面利率8%，每半年付息一次，下列说法中，正确的有（　　　）。

A.该债券的到期收益率等于8%
B.该债券的报价利率等于8%
C.该债券的计息周期利率小于8%
D.该债券的有效年利率大于8%

8.在分期付息、到期一次还本的条件下，债券票面利率与到期收益率不一致的情况有（　　　）。

A.债券平价发行，每年付息一次
B.债券平价发行，每半年付息一次
C.债券溢价发行，每年付息一次
D.债券折价发行，每年付息一次

9.能够同时影响债券价值和债券到期收益率的因素有（　　　）。

A.债券价格　　　　B.必要报酬率　　　　C.票面利率　　　　D.债券面值

10.估算股票价值时的折现率，可以使用（　　　）。

A.股票市场的平均收益率
B.债券收益率加适当的风险报酬率
C.国债的利息率
D.投资人要求的必要报酬率

11.股票投资能够带来的现金流入量有（　　　）。

A.股利　　　　B.利息　　　　C.出售价格　　　　D.资本利得

12.与股票内在价值成反方向变化的因素有（　　　）。

A.股利年增长率　　　B.年股利　　　C.投资的必要报酬率　　D.贝塔系数

13.下列关于公式"股票价值$= \dfrac{D_1}{R_s - g}$"的说法中，正确的有（　　　）。

A.这个公式适用于股利增长额固定不变的股票
B.这个公式表示的是未来第一期股利的现值
C.这个公式适用于股东永远持有股票的情况
D.在可持续增长的情况下，其中的g可以根据公司的可持续增长率估计

14.下列情形中，优先股股东有权出席股东大会行使表决权的有（　　　）。

A.公司增发优先股
B.公司一次或累计减少注册资本超过10%
C.修改公司章程中与优先股有关的内容
D.公司合并、分立、解散或变更公司形式

15.相对普通股而言，下列各项中，属于优先股特殊性的有（　　　）。

A.当公司破产清算时，优先股股东优先于普通股股东求偿
B.当公司分配利润时，优先股股东优先于普通股股利支付
C.当公司选举董事会成员时，优先股股东优先于普通股股东当选
D.当公司决定合并、分立时，优先股股东表决权优先于普通股股东

三、计算分析题

1.小W因购买个人住房向甲银行借款300 000元，年利率6%，每半年计息一次，期限5年，自2014年1月1日至2019年1月1日，小W选择等额本息还款方式偿还贷款本息，还款日在每年的7月1日和1月1日。

2015年12月末小W收到单位发放的一次性年终奖60 000元，正在考虑这笔奖金的两种使用方案：

（1）2016年1月1日提前偿还银行借款60 000元。（当日仍需偿还原定的每期还款额）

（2）购买乙国债并持有至到期，乙国债为5年期债券，每份债券面值1 000元，票面利率4%，单利计息，到期一次还本付息，乙国债还有3年到期，当前价格1 020元。

要求：

（1）计算投资乙国债的到期收益率。小W应选择提前偿还银行借款还是投资国债，为什么？

（2）计算当前每期还款额，如果小W选择提前偿还银行借款，计算提前还款后的每期还款额。

2.甲公司有一笔闲置资金，可以进行为期一年的投资，市场上有三种债券可供选择，相关资料如下：

（1）三种债券的面值均为1 000元，到期时间均为5年，到期收益率均为8%。

（2）甲公司计划一年后出售购入的债券，一年后三种债券到期收益率仍为8%。

（3）三种债券票面利率及付息方式不同：

① A债券为零息债券，到期支付1 000元；

② B债券的票面利率为8%，每年年末支付80元利息，到期支付1 000元；

③ C债券的票面利率为10%，每年年末支付100元利息，到期支付1 000元。

（4）甲公司利息收入适用所得税税率30%，资本利得适用的所得税税率为20%，发生投资损失可以按20%抵税，不抵销利息收入。

要求：

（1）计算每种债券当前的价值。

（2）计算每种债券一年后的价值。

（3）计算甲公司投资于每种债券的税后收益率。

3.2017年7月1日发行的某债券，面值100元，期限3年，票面年利率8%，每半年付息一次，付息日为6月30日和12月31日。

要求：

（1）假设等风险证券的市场利率为8%，计算该债券的有效年利率和单利计息下全部利息在2017年7月1日的现值。

（2）假设等风险证券的市场利率为10%，计算2017年7月1日该债券的价值。

（3）假设等风险证券的市场利率为12%，2018年7月1日该债券的市价是85元，试问该债券当时是否值得购买？

（4）假设某投资者2019年7月1日以97元购入该债券，试问该投资者持有该债券至到期日的收益率是多少？

第七章
期权价值评估

本章导学

本章框架图

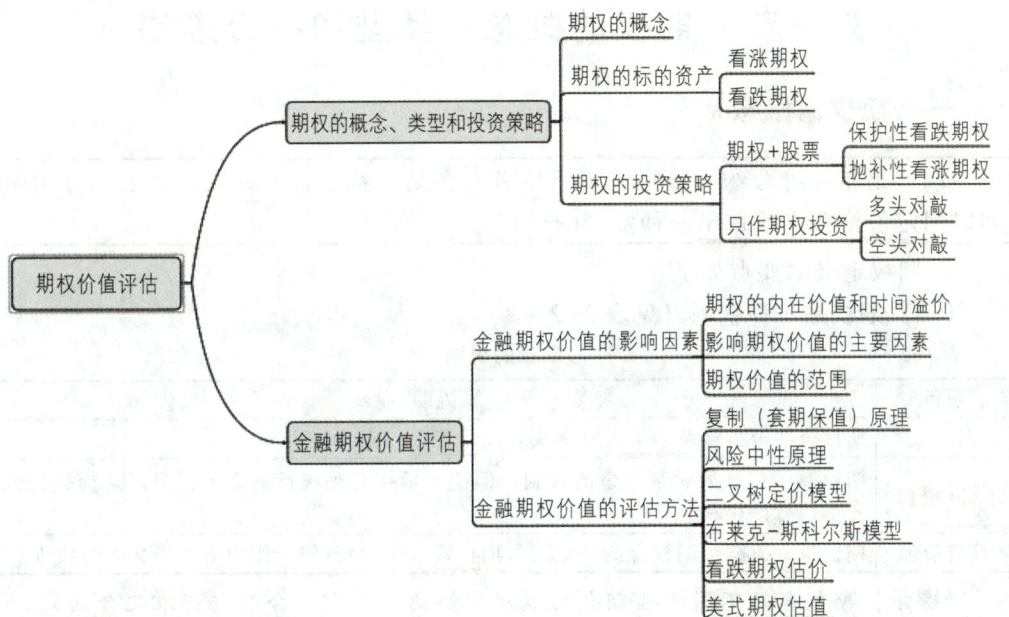

本章考情概述

本章考情分析

　　本章属于重点章，可以说是《财务成本管理》教材中最难的一章。由于本章内容自成体系，与其他章的关系不大，考试时一般只考查基本概念和基本计算，几乎都是教材例题的变形，所以学习本章应在把握基本概念和原理的基础上，专心研读教材例题和近年考试真题，从而举一反三。本章近5年题型题量分析见表7-1。

表7-1　　　　　　　　　　　近5年题型题量分析

	2014年	2015年	2016年	2017年	2018年
单项选择题	2题3分		1题1.5分		
多项选择题	2题4分	1题2分		2题2分	
计算分析题		2题16分	2题16分		0.75题6分
综合题					
合计	4题7分	3题18分	3题17.5分	2题2分	0.75题6分

重要考点预览

1.期权四种投资策略的特点及组合收益的确定
2.期权价值的影响因素
3.期权估值的复制原理和风险中性原理
4.二叉树模型估计期权价值
5.BS模型参数确定时应注意的问题
6.看涨期权–看跌期权平价定理

第一节 期权的概念、类型和投资策略

一、期权的概念★

如何理解期权的概念？

期权是指一种合约，该合约赋予持有人在某一特定日期或该日之前的任何时间以固定价格购进或售出一种资产的权利。

☑ 期权定义的要点如下：

（一）期权是一种权利（见表7-2）

表7-2   期权的说明

项目	说明
当事人	期权合约至少涉及购买人（多头）和出售人（空头）两方
单方权利	期权赋予持有人做某件事的权利，但他不承担必须履行的义务，可以选择执行或者不执行该权利
具有价值	期权投资人购买期权合约必须支付期权费（期权价格），作为不承担义务的代价

考霸笔记
有限责任工具

【提示】期权合约不同于远期合约（双方协商）和期货合约（标准化合同），对于后两者：

（1）双方的权利和义务是对等的，双方互相承担责任，各自具有要求对方履约的权利。

（2）投资人签订远期或期货合约时不需要向对方支付任何费用。（初始价值为零）

（二）期权的标的资产（见表7-3）

表7-3   期权的标的资产

项目	说明
含义	期权的标的资产是指选择购买或出售的资产，包括股票、政府债券、货币、股票指数、商品期货等，期权是这些标的物"衍生"的，因此，称为衍生金融工具
性质	（1）期权出售人不一定拥有标的资产，期权可以"卖空"；购买人也不一定真的想购买标的资产。期权到期时双方不一定进行标的物的实物交割，而只需按价差补足价款即可。 （2）期权的源生股票发行公司并不能影响期权市场，该公司并不从期权市场上筹集资金。 （3）期权持有人没有选举公司董事、决定公司重大事项的投票权，也不能获得该公司的股利

（三）期权的到期日

双方约定的期权到期的那一天称为"到期日"，在那一天之后，期权失效。　　　有权不用，过期作废。

【提示】按照期权执行时间对期权的分类见表7-4。

表7-4　　　　　　　　　　　按照期权执行时间对期权的分类

分类	说明
欧式期权	期权只能在到期日执行
美式期权	期权可以在到期日或到期日之前的任何时间执行

（四）期权的执行（见表7-5）

表7-5　　　　　　　　　　　期权的执行

概念	说明
执行	依据期权合约购进或售出标的资产的行为
执行价格	在期权合约中约定的、期权持有人据以购进或售出标的资产的固定价格

【提示】对执行价格的理解：

（1）它是或有的现金流：只有选择行权，才需要收付。

（2）它是未来的现金流：它是终值，计算当前价时值需要折现。

二、期权的类型 ★★

（一）按照合约授予期权持有人权利的分类（见表7-6）

表7-6　　　　　　　　　按照合约授予期权持有人权利的分类

项目	说明
看涨期权	看涨期权（Call Option）是指期权赋予持有人在到期日或到期日之前，以固定价格购买标的资产的权利。又称为择购期权、买入期权、买权
看跌期权	看跌期权（Put Option）是指期权赋予持有人在到期日或到期日之前，以固定价格出售标的资产的权利。又称为择售期权、卖出期权、卖权

考霸笔记
支付的是钱，
收到的是货。

考霸笔记
转让的是货，
收到的是钱。

（二）期权的到期日价值

期权的到期日价值，是指到期时执行期权可以取得的净收入，它依赖于标的股票的到期日价格和执行价格。行权差价/净流量。

【提示】

（1）为简便起见，我们假设各种期权均持有至到期日，不提前执行，并且忽略交易成本。

（2）期权的到期日价值（未来）≠期权的价格（现在）。

1.看涨期权（见表7-7）

考霸笔记
多头和空头彼此是零和博弈。

表7-7   看涨期权

	买入（多头/主动）	卖出（空头/被动）
图示		
到期日价值	$Max(S_T-X, 0)$	$-Max(S_T-X, 0)$
净损益	到期日价值－期权费	到期日价值＋期权费
损益平衡点	$S_T=X+C$	
特点	●净损失：有限（最大值为期权价格） ●净收益：潜力巨大	●净损失：潜力巨大 ●净收益：有限（最大值为期权价格）
助记	花钱买保险	拿人钱财，替人消灾

如何理解买入/卖出看涨期权的到期日价值？

【思考】对于看涨期权，它的损益特点是，净损失有限，而净收益潜力巨大。那么，是不是投资期权一定比投资股票更好呢？不一定，因为投资期权具有巨大的杠杆作用。

2.看跌期权（见表7-8）

表7-8   看跌期权

	买入（多头/主动）	卖出（空头/被动）
图示		
到期日价值	$Max(X-S_T, 0)$	$-Max(X-S_T, 0)$
净损益	到期日价值－期权费	到期日价值＋期权费
损益平衡点	$S_T=X-P$	
特点	●净损失：有限（最大值为期权价格） ●净收益：最大为$X-P$	●净损失：最大为$X-P$ ●净收益：有限（最大值为期权价格）

如何理解看跌期权的到期日价值？

【总结】期权的损益特点（见表7-9）。

表7-9　　　　　　　　　　　　　期权的损益特点

交易方	损益特点
买方（多头）	由于主动，锁定的是Min净收入和净损益
卖方（空头）	由于被动，锁定的是Max净收入和净损益

三、期权的投资策略★★★

（一）期权＋股票

1.保护性看跌期权（S＋P）（见表7-10和图7-1）

表7-10　　　　　　　　　　　　　保护性看跌期权

项目	说明
投资策略	股票加多头看跌期权组合，是指购买1股股票，同时购入该股票的1股看跌期权
投资结果	● 到期净收入=Max（到期股价，行权价格）　两者取其高。 ● 到期净损益=到期净收入-组合投资成本
相关结论	● 到期日股价＜X：锁定了Min净收入X、Min净损益X-（S_0＋P） ● 到期日股价＞X：净收益比单纯购买股票要小，降低的金额为初始期权成本P

图7-1　保护性看跌期权

2.抛补性看涨期权（S-C）（见表7-11和图7-2）

表7-11　　　　　　　　　　　　　抛补性看涨期权

项目	说明
投资策略	股票加空头看涨期权组合，是指购买1股股票，同时出售该股票的1股看涨期权
投资结果	● 到期净收入=Min（到期股价，行权价格）　两者取其低。 ● 到期净损益=到期净收入-组合投资成本
相关结论	● 到期日股价＞X：锁定了Max净收入X、Max净损益X-（S_0-C），相当于"出售"了超过执行价格部分的股票价值，换取了期权收入。 ● 到期日股价＜X：净损失比单纯购买股票要小，减少的金额为初始期权收费C

图7-2　抛补性看涨期权

如何理解保护性看跌期权？

考霸笔记
保护性看跌期权如同为买股票购买了一项保险，可以随时以执行价格卖出，而不论市场中股票价格跌落得有多深。

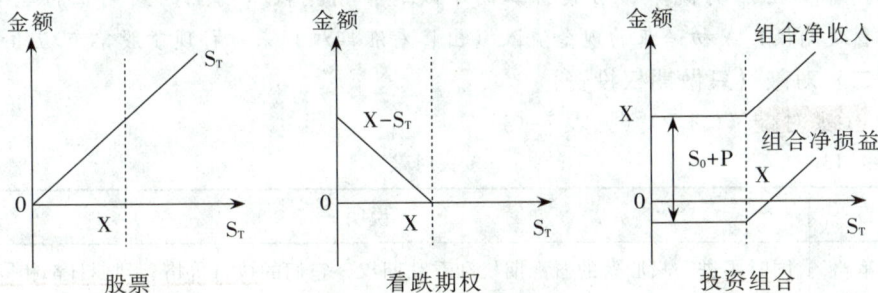

第七章

如何理解抛补性看涨期权？

考霸笔记
何谓"抛补"？抛出看涨期权所承担的到期出售股票的潜在义务（股价＞执行价格时），可以被组合中持有的股票抵补，不需要另外补进股票（去满足期权买方的行权要求，否则会亏死）。

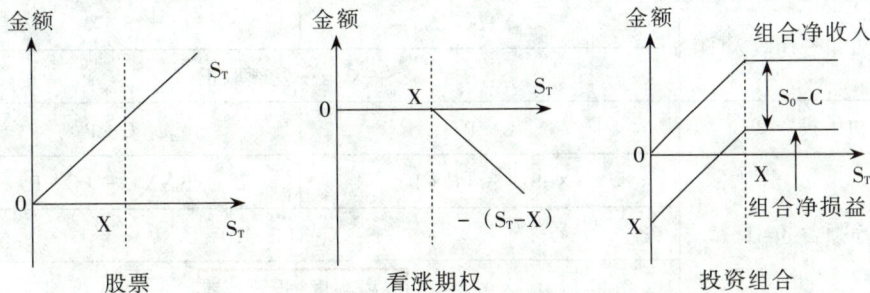

【提示】出售抛补的看涨期权是机构投资者常用的投资策略：透支未来获得当前的现金流入满足流动性需求。

基金管理人计划在未来以100元（教材例题）的价格出售股票，以实现投资目的；同时，为了满足流动性的需求，他现在就可以抛补看涨期权，赚取期权费（见表7-12）。（杀鸡取卵）

表7-12　　　　　　　　　　　　　　投资结果

未来情形	投资结果
股价上升	他虽然失去了100元以上部分的额外收入，但是仍可以按计划取得100元现金
股价下跌	可以减少损失（相当于期权费收入）

● 抛补性期权组合降低了未来的不确定性。

【总结】以上两个投资组合都是基于担心未来股价下跌而做的套期保值，且认为下跌的概率>上涨的概率；当股价真的下跌时，用期权市场上的到期正的现金流入（买入看跌期权）或初始正的现金流入（出售看涨期权）来弥补现货股票市场的亏损。

（二）对敲（只做期权投资）

1.多头对敲（C+P）（见表7-13）

表7-13　　　　　　　　　　　　　　多头对敲

项目	说明
投资策略	同时买进一只股票的看涨期权和看跌期权，它们的执行价格、到期日都相同
投资背景	预计市场价格将发生剧烈变动，但是不知道升高还是降低
相关结论	（1）最坏结果是到期股价与执行价格一致，白白损失了看涨期权和看跌期权的购买成本。 （2）股价偏离执行价格的差额必须超过期权购买成本，才能给投资者带来净收益

☑ 投资结果的研究（见表7-14）

表7-14　　　　　　　　　　　　　　投资结果的研究

项目	说明	
到期日股价变化	$S_d < X$	$S_u > X$
到期日组合净收入①	$X-S_d$	S_u-X
	$|S_T-X|$……差额取正	
初始投资②	$C+P$	$C+P$
组合净损益③=①-②	$(X-S_d) - (C+P)$	$(S_u-X) - (C+P)$
	$|S_T-X| - (C+P)$	
	偏离幅度-投资成本	
损益平衡点	$S_d=X-(C+P)$	$S_u=X+(C+P)$

如何理解多头对敲？

考霸笔记
投资心态：唯恐天下不乱。

2.空头对敲（-C-P）（见表7-15）

表7-15　　　　　　　　　　　　　　　空头对敲

项目	说明
投资策略	同时卖出一只股票的看涨期权和看跌期权，它们的执行价格、到期日都相同
投资背景	预计市场价格将相对比较稳定
相关结论	（1）最好结果是到期股价与执行价格一致，投资者赚取出售看涨期权和看跌期权的收入。 （2）股价偏离执行价格的差额必须小于期权出售收入，才能给投资者带来净收益

☑ 投资结果的研究（见表7-16）

表7-16　　　　　　　　　　　　　　　投资结果的研究

项目	说明	
到期日股价变化	$S_d < X$	$S_u > X$
到期日组合净收入①	$-(X-S_d)$	$-(S_u-X)$
	$-|S_T-X|$……差额取负	
初始投资②	$-(C+P)$	$-(C+P)$
组合净损益③=①-②	$-(X-S_d)+(C+P)$	$-(S_u-X)+(C+P)$
	$-|S_T-X|+(C+P)$	
	期权卖价-偏离幅度	
损益平衡点	$S_d=X-(C+P)$	$S_u=X+(C+P)$

【总结】四种投资策略的净损益区间（见表7-17）。

表7-17　　　　　　　　　　　　四种投资策略的净损益区间

	保护性看跌期权	抛补性看涨期权	多头对敲	空头对敲
最高净收入	$+\infty$	X	$+\infty$	0
最大净收益	$+\infty$	$X-(S_0-C)$	$+\infty$	$C+P$
最低净收入	X	0	0	$-\infty$
最大净损失	$X-(S_0+P)$	$-(S_0-C)$	$-(C+P)$	$-\infty$

第二节　金融期权价值评估

一、金融期权价值的影响因素 ★★★

（一）期权的内在价值和时间溢价（如图7-3所示）

图7-3　期权的内在价值和时间溢价

考霸笔记
投资心态：但愿岁月静好。

考霸笔记
只有抛补性看涨期权的净收入和净损益才是两端闭区间。

考霸笔记
期权价值是指期权的现值（到期之前任一时点），不同于期权的到期日价值（未来）。

如何理解期权
的内在价值?

1. 期权的内在价值（见表7-18）

表7-18　　　　　　　　　　　　期权的内在价值

项目	说明
含义	指期权立即执行产生的经济价值　执行净收入。
影响因素	内在价值的大小，取决于期权标的资产的现行市价与期权执行价格的高低

【提示】期权的"内在价值"与相关概念的区别：

（1）不同于期权的到期日价值：到期日价值取决于"到期日"标的股票市价与执行价格的高低。

（2）不同于股票或债券的"内在价值"：它们的内在价值指未来现金流量按照等风险投资的必要报酬率折现计算的现值。

考霸笔记
马上执行可能
净损益小于零
（内在价值＜
期权价格）；
只有到期日的
实值期权才肯
定会被执行，
因为此时已经
不能再等待。

●股票市价＞执行价格（见表7-19）

表7-19　　　　　　　　　　　　股票市价＞执行价格

	看涨期权	看跌期权
是否执行?	可能被执行，可能不被执行	×
内在价值	$S_0 - X$	0
期权状态	实值期权（溢价状态）	虚值期权（折价状态）

●股票市价＜执行价格（见表7-20）

表7-20　　　　　　　　　　　　股票市价＜执行价格

	看涨期权	看跌期权
是否执行?	×	可能被执行，可能不被执行
内在价值	0	$X - S_0$
期权状态	虚值期权（折价状态）	实值期权（溢价状态）

考霸笔记
马上执行可能
净损益小于零
（内在价值＜
期权价格）；
只有到期日的
实值期权才肯
定会被执行，
因为此时已经
不能再等待。

●股票市价＝执行价格（见表7-21）

表7-21　　　　　　　　　　　　股票市价＝执行价格

	看涨期权	看跌期权
是否执行?	×	×
内在价值	0	0
期权状态	平价期权（平价状态）	平价期权（平价状态）

2.期权的时间溢价（见表7-22）

表7-22　　　　　　　　　　　期权的时间溢价

项目	说明
含义	指期权价值超过内在价值的部分：时间溢价=期权价值-内在价值
理解	时间溢价是一种等待的价值： （1）购买人愿意支付超出内在价值的溢价，是寄希望于标的股票价格的变化可以增加期权的价值。对于美式期权，其他条件不变时，离到期时间越远，股价波动的可能性越大。（对欧式期权没有意义） （2）如果已经到了到期时间，期权的价值（价格）就只剩下内在价值（时间溢价为零），因为已经不能再等待了

期权的时间溢价和货币时间价值的区别是什么？

考霸笔记
处于虚值状态的看涨期权，仍然可能按正的价格出售，尽管其内在价值为零，但它还有时间溢价。

【提示】时间溢价有时也称为"期权的时间价值"，但它和"货币的时间价值"是不同的概念（见表7-23）：

表7-23　　　　　　期权的时间价值和货币的时间价值

项目	说明
期权的时间价值	是时间带来的"波动"的价值，是未来存在不确定性而产生的价值，时间越长，不确定性越强（股价发生波动），期权时间价值越大
货币的时间价值	是时间带来的"延续"的价值，时间延续得越长，货币时间价值越大

（二）影响期权价值的主要因素（见表7-24）

表7-24　　　　　一个变量增加（其他变量不变）对期权价格的影响

变量	美式期权		欧式期权	
	看涨期权	看跌期权	看涨期权	看跌期权
股票价格	+	−	+	−
执行价格	−	+	−	+
无风险利率	+	−	+	−
期权有效期内预计的红利	−	+	−	+
股价波动率*	+	+	+	+
到期期限**	+	+	不一定	不一定

如何理解期权价值的主要影响因素？

考霸笔记
期权的剩余时间。

注：*股价波动率对期权价值的影响：

（1）股票价格的波动率：指股票价格变动的不确定性，通常用标准差衡量；股票价格的波动率越大，股票上升或下降的机会越大。

（2）股价波动对期权价值的影响：股价的波动率增加会使期权价值增加。

期权类型	投资结果
看涨期权持有人	股价上升可以获利，股价下降时最大损失以期权费为限，两者不会抵销
看跌期权持有人	股价下降可以获利，股价上升时放弃执行，最大损失以期权费为限，两者不会抵销

（3）在期权估价过程中，股票价格的变动性是最重要的因素。如果一种股票的价格变动性很小，其期权也值不了多少钱。

**到期期限对期权价值的影响：

类别	说明
美式期权	到期期限越长，股价变动的范围越大，由于美式期权可以随时行权，对于期权（无论看涨还是看跌）持有人来说，只有好处，没有坏处
欧式期权	到期期限越长，股价变动的范围越大，但是欧式期权只能到期行权，而期限越长，对到期日股价的影响是好是坏，无法确定（尤其是预期标的股票发生股利分配时）

（三）期权价值的范围（美式看涨期权）

期权价值的范围如图7-4所示。

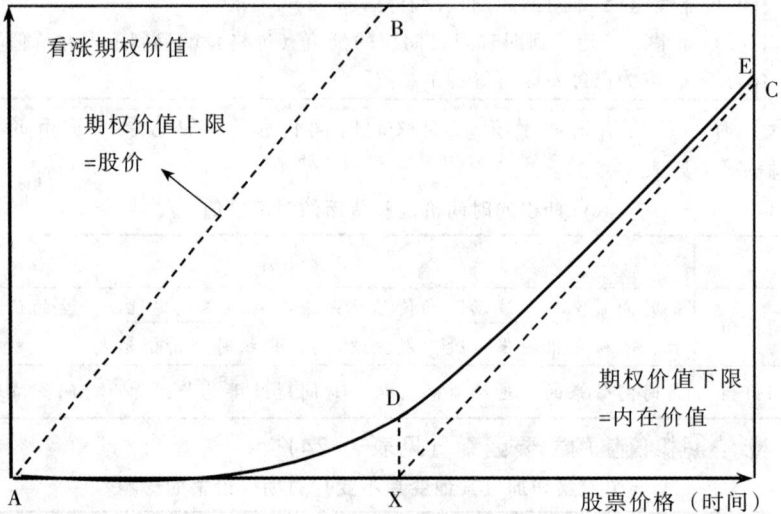

图7-4　期权价值的范围

1.最低价值线

期权的最低价值线就是它的内在价值（见表7-25）。

表7-25　　　　　　　　　　　　　　期权的最低价值线

项目	说明
线段AX	表示执行日股票价格低于执行价格，看涨期权不会执行，期权价值为零
点划线XC	表示执行日股票价格高于执行价格，看涨期权的价值等于股票价格与执行价格的差额

2.期权价值上限

期权价值的上限就是其标的股票的价值（点划线AB），两种理解方法见表7-26。

表7-26　　　　　　　　　　　　　　期权价值上限

方法	说明
公式理解	看涨期权的到期日价值=Max（S_T-X，0），由于执行价格不可能为0，所以期权的到期日价值最多为到期日股票价格S_T；将到期日价值"折现"到零时点来看，S_T的"现值"就是零时点的股票价格S_0，所以期权的价值不可能高于股票价格
对比理解	在执行日，股票的最终收入总要高于期权的最终收入。无论未来股价如何变化，购买股票总比购买期权有利，即使期权定价等于股价，由于投资人抛售期权，买入股票，将迫使期权价格下降，所以期权的价值不可能高于股票价格

3. 原点（A）（见表7-27）

表7-27 原点（A）

项目	说明
期权价值	股票价格为0，看涨期权的价值也为0
原因	当股价趋近于0时，期权处于"深度虚值"状态，期权价值也趋近于0，即使股价上涨1元钱，离行权价还很远，所以期权价值上升的幅度很小

4. 期权价值线

曲线ADE是期权价值线：

（1）随着时间推移，越来越接近期权的到期日，时间溢价越来越小（时间衰减），期权价值线与最低价值线的上升部分逐步接近。

（2）股价越高，期权被执行的可能性越大，当股价高到一定程度，执行期权几乎是可以肯定的，此时期权处于"深度实值"状态，期权的价值几乎与股价等值同步增加（几乎平行，股价涨1元，期权涨1元）。

【知识扩展】对于看跌期权，其到期日价值为 $Max(X-S_T, 0)$，简单理解，其价值上限为执行价格X，下限为内在价值。

二、金融期权价值的评估方法 ★★★

使用现金流量折现法难以解决期权估价问题：因为期权的必要报酬率非常不稳定。期权的风险依赖于标的资产的市场价格，而市场价格是随机变动的，期权投资的必要报酬率也处于不断变动之中。既然找不到一个适当的折现率，现金流量折现法（计算NPV）也就无法使用。

（一）复制原理（套期保值原理）

复制原理的基本思想是，构造一个股票和借款的适当组合，使得无论股价如何变动，投资组合的到期日净收入都与期权相同，那么，创建该投资组合的成本就是期权的价值。否则，市场上存在套利空间，投资者将会选择低成本，而放弃高成本的投资策略。

【链接】第三章中的资本市场线：存在无风险资产时，按无风险利率借款买股票。

【案例】假设ABC公司的股票现在的市价为50元。有1份以该股票为标的资产的欧式看涨期权（对应1股股票/份），执行价格为52.08元，到期时间是6个月。6个月以后股价有两种可能：上升33.33%，或者下降25%，无风险报酬率为每年4%（报价利率）。

● 第1步：确定6个月后可能的股票价格（如图7-5所示）

$$S_0 \begin{cases} S_u = S_0 \times u = 50 \times 1.3333 = 66.66 \\ S_d = S_0 \times d = 50 \times 0.75 = 37.5 \end{cases}$$

图7-5 股票价格分布

其中：u为股价上行乘数（1+股价上行百分比），d为股价下行乘数（1-股价下行百分比）。

考霸笔记

在执行日之间，由于存在时间溢价，期权价值（ADE）永远不会低于最低价值线。

如何理解复制原理（套期保值原理）的解题思路？

考霸笔记

为什么要构造股票和借款的组合呢？因为期权投资就像借款买股票一样，具有杠杆效应。

●第2步：确定看涨期权的到期日价值（如图7-6所示）

$$C_0 \begin{cases} C_u = \text{Max}\ (S_u - X,\ 0) = 14.58 \\ C_d = \text{Max}\ (S_d - X,\ 0) = 0 \end{cases}$$

图7-6　看涨期权到期日价值分布

●第3步：建立投资组合

我们要复制一个股票与借款的投资组合，使之到期日的价值与看涨期权相同。设购入H股股票，并按照无风险利率借款B元。投资组合到期净收入的分布见表7-28。

表7-28　　　　　　　　　投资组合的到期净收入

到期日股票价格	上升 S_u=66.66	下降 S_d=37.5
组合中股票到期日收入	66.66H	37.5H
组合中借款本利和偿还	B×（1＋4%/2）	B×（1＋4%/2）
到期日净收入合计	66.66H−B×（1＋4%/2）	37.5H−B×（1＋4%/2）

组合到期净收入的分布与购入看涨期权一样，可以建立方程组：

$$\begin{cases} 66.66H - B \times (1 + 2\%) = 14.58 \\ 37.5H - B \times (1 + 2\%) = 0 \end{cases}$$

解得：$\begin{cases} H = 0.5 \\ B = 18.38 \end{cases}$

> **考霸笔记**
> 实务中不可能存在0.5股的股票，这里的0.5是指投资组合中股票股数与看涨期权投资份数的比例。

●第4步：计算看涨期权的价值

上一步中的投资组合的到期净收入的分布与购入看涨期权一样，因此，看涨期权的价值应当与建立投资组合的成本相同：

看涨期权的价值 C_0=组合的投资成本= $H \times S_0 - B$ =0.5×50−18.38= 6.62 （元）

☑ 套期保值原理

看了"复制原理"的计算过程，您可能会产生一个疑问，如何确定复制组合中的股票数量和借款数量，使得投资组合的到期日价值与期权相同。下面，我们通过"套期保值原理"来说明：

套期保值的目的是"对冲风险"，把现货股票市场价格波动的风险通过期权市场对冲。如果您手中有股票，那么需要出售看涨期权，才能对冲股票投资的风险，也就是我们在第一节"期权的投资策略"中所谈到的"抛补性看涨期权"。只要股票数量与期权数量的比例配置适当，就可以使得股票投资的风险通过期权投资完全对冲，锁定组合的到期日现金净流量，实现完全的套期保值。

卖空1份看涨期权，同时购入H股股票，组合到期净收入的分布见表7-29。

表7-29　　　　　　　　　组合到期净收入的分布

到期日股票价格	上升 S_u=66.66	下降 S_d=37.5
购入H股股票	$H \times S_u$=66.66H	$H \times S_d$=37.5H
抛出1份看涨期权	$-C_u$=−14.58	$-C_d$=0
到期日净收入合计	$H \times S_u - C_u$=66.66H−14.58	37.5H−C_d=37.5H

根据到期日"股价上行时的现金净流量"＝"股价下行时的现金净流量"，有：

$$H \times S_u - C_u = H \times S_d - C_d$$

> **考霸笔记**
> 根据金融学中期权投资的原理，当1份期权对应1股股票时（行权时可以买入1股股票），H的取值范围是[0, 1]，同学们计算出来后需要检查。

解得：$H = \dfrac{C_u - C_d}{S_u - S_d} = \dfrac{C_u - C_d}{S_0 \times (u - d)} = \dfrac{\Delta 期权价值}{\Delta 股票价格} = \dfrac{14.58 - 0}{66.66 - 37.5} = 0.5$

这个比率称为"套期保值比率"(Hedge Ratio),或称对冲比率、德尔塔系数,其经济含义为,每出售1份看涨期权,对应购入0.5股股票,才能把风险完全对冲。也可以理解为,期权价值对股价变动的敏感性(因为期权是衍生工具,受股票价格的影响),即期权价值线的斜率。

☑ 期权定价的理论基础

期权定价以套利理论为基础。所谓"套利",就是"价差交易",投机者利用市场对资产定价的扭曲,低买高卖,从而获得无风险的收益。完美的资本市场上是不存在套利空间的,想要套利,只有在不完美的市场上才能实现,使得原本在完美资本市场上成立的等式不再成立。

根据复制原理,有:$C_0 = H \times S_0 - B$,即投资于期权的成本和投资于复制组合的成本一致。当资本市场对期权的定价不公允时,我们可以建立一个套利组合(见表7-30)。

表7-30　　　套利组合

期权的市场定价	套利组合
市场价格>期权价值	因为期权的市场价格被高估,所以购买期权不合算,投资"借款买股票"的组合合算,从而建立套利组合"$-C_0 + (H \times S_0 - B)$",即卖出1份看涨期权(高卖),同时购入H股股票并借入B元(低买),获得收益
市场价格<期权价值	因为期权的市场价格被低估,所以购买期权合算,投资"借款买股票"的组合不合算,从而建立套利组合"$C_0 - (H \times S_0 - B)$",即买入1份看涨期权(低买),同时卖空H股股票并借出B元(高卖),获得收益

【案例】继续采用前文所述数据,具体说明如何建立套利组合。

(1)$C_0 = 6$:期权价格被市场低估

①建立套利组合:买入1份看涨期权,卖空0.5股股票,同时借出18.38元,投资成本=6-50×0.5 + 18.38=-0.62(元),负数表示现金净流入(负投资)。

②到期日现金净流量(见表7-31)。

表7-31　　　到期日现金净流量

股价走势	到期日价值
股价>52.08元	套利者行权,补进0.5股股票,并收回贷款: 现金净流量=14.58-66.66×0.5 + 18.38×(1+2%)=0
股价<52.08元	套利者不行权,补进0.5股股票,并收回贷款: 现金净流量=0-37.5×0.5 + 18.38×(1+2%)=0

由此可见,无论到期日股价如何变化,套利者到期现金净流量(到期日价值)为零(无须结算),他可以在零时点建立套利组合,获取无风险的现金流入(初始投资成本为负),获得盈利0.62元。

(2)$C_0 = 7$:期权价格被市场高估

①建立套利组合:卖出1份看涨期权,购入0.5股股票,同时借入18.38元,投资成本=-7 + 50×0.5-18.38=-0.38(元),负数表示现金净流入(负投资)。

②到期日现金净流量(见表7-32)。

考霸笔记
卖掉自己并不拥有的资产,称为"卖空"(抛空、做空),卖空者尚未补进标的资产之前,手头短缺一笔标的资产,到期日需要补进标的资产。

考霸笔记
结论:只要期权定价不是6.62元,市场上就会出现一台"造钱机器",套利活动会促使期权只能定价为6.62元。

考霸笔记
如何快速计算套利收益?套利收益=期权定价的偏差。

第七章

表7-32　　　　　　　　　　　　　　到期日现金净流量

股价走势	到期日价值
股价 > 52.08 元	期权买方行权，套利者卖出 0.5 股股票，并偿还借款： 现金净流量=-14.58 + 66.66×0.5-18.38×（1+2%）=0
股价 < 52.08 元	期权买方不行权，套利者卖出 0.5 股股票，并偿还借款： 现金净流量=-0 + 37.5×0.5-18.38×（1+2%）=0

考霸笔记
如何快速计算套利收益？套利收益＝期权定价的偏差。

由此可见，无论到期日股价如何变化，套利者到期现金净流量（到期日价值）为零（无须结算），他可以在零时点建立套利组合，获取无风险的现金流入（初始投资成本为负），获得盈利 0.38 元。

（二）风险中性原理　只需考虑对期权作单方面投资。

风险中性原理的解题思路是什么？

风险中性原理假设投资者对待风险的态度是中性的，风险中性的投资者不需要额外的收益补偿其承担的风险，所有证券（包括期权、股票）的预期报酬率都应当是无风险利率。在风险中性的世界里，将期望值用无风险利率折现，可以获得现金流量的现值。

【提示】风险中性偏好：风险中立者通常既不回避风险，也不主动追求风险，他们选择资产的唯一标准是预期收益的大小，而不管风险状况如何，所有预期收益相同的资产将给他们带来同样的效用。

根据风险中性原理，期权定价时先求出期权执行日的**期望值**，然后用无风险利率折现，就可以求出期权的现值，即零时点的期权价值：

$$C_0=\frac{C_u×上行概率 + C_d×下行概率}{1 + r_f}\cdots\cdots上行概率 + 下行概率=1$$

☑ **采用逆向思维**

（1）为求得概率，必须采用"股价涨跌报酬率的期望值=无风险利率 r_f"倒算。

由于在期权到期日，股票的价格要么上升（上行）要么下降（下行），而无论股价上升还是下降，都是有一个概率的，那么投资者投资于股票的期望报酬率计算如下：

期望报酬率=上行时报酬率×上行概率 + 下行时报酬率×下行概率

（2）假设股票不派发股利，股票价格的上升百分比就是股票投资的报酬率：

期望报酬率=股价上升百分比×上行概率 + （-股价下降百分比）×下行概率

$$=\frac{S_u - S_0}{S_0}×P + \frac{S_d - S_0}{S_0}×(1-P)$$

$$=(u-1)×P + (d-1)×(1-P)$$

$$=r_f$$

考霸笔记
由于股票的价格要么上升（上行）要么下降（下行），所以上行概率＋下行概率＝1，将上行概率设为 P，则下行概率为（1-P）。

解得：$P=\dfrac{1 + r_f - d}{u - d}$，$1-P=\dfrac{u - 1 - r_f}{u - d}$

【助记】无论上行还是下行概率，都记住 $\dfrac{u - d}{u - d}$，变动分子即可得到上、下行概率：

① 求上行概率：将 u 换成 $1 + r_f$；

② 求下行概率：将 d 换成 $1 + r_f$。

（3）至此，可以求得零时点看涨期权的价值 $C_0=\left(C_u×\dfrac{1 + r_f - d}{u - d} + C_d×\dfrac{u - 1 - r_f}{u - d}\right)\bigg/(1 + r_f)$。

【总结】两种期权价值评估方法的比较——五步法（见表7-33）。

表7-33
两种期权价值评估方法的比较——五步法

计算步骤		复制（套期保值）原理	风险中性原理
构造二叉树	第1步	确定到期日可能的股票价格：$\begin{cases}S_u=S_0\times u\\S_d=S_0\times d\end{cases}$	
	第2步	根据执行价格X计算到期日的期权价值：$\begin{cases}C_u=Max(S_u-X,0)\\C_d=Max(S_d-X,0)\end{cases}$	
计算关键比率	第3步	套期保值比率 $H=\dfrac{C_u-C_d}{S_u-S_d}=\dfrac{\Delta 期权价值}{\Delta 股票价格}$	上行概率 $P=\dfrac{1+r_f-d}{u-d}$
	第4步	计算初始借款金额：$B=\dfrac{H\times S_d-C_d}{1+r_f}$	计算到期日期权期望价值：$\overline{C}=C_u\times P+C_d\times(1-P)$
	第5步	计算零时点期权价值：$C_0=H\times S_0-B$	计算零时点期权价值：$C_0=\dfrac{\overline{C}}{1+r_f}$

考霸笔记
对于复制（套期保值）原理，无须计算上、下行概率；对于风险中性原理，无须计算套期保值比率。

（三）二叉树期权定价模型

1.单期二叉树定价模型

单期二叉树定价模型，也就是风险中性原理的应用。所谓"单期"，就是说未来股票的价格只有两种可能的结果。

2.两期二叉树模型

单期的定价模型假设本来股价只有两个可能，对于时间很短的期权来说是可以接受的。若到期时间很长，如前文的半年时间，就与事实相去甚远，改善的办法是把到期时间（6个月）分割成两部分，每期3个月，这样就可以增加股价的选择。

考霸笔记
由单期模型向两期模型的扩展，不过是单期模型的两次应用。

如何理解两期二叉树模型？

【案例】继续采用前文所述数据，把6个月的时间分为两期，每期3个月；期权标的股票现在的市价仍然为50元，看涨期权的执行价格X仍然为52.08元。发生变动的数据如下：

（1）每期（3个月）股价有两种可能：上升**22.56%**或者下降**18.4%**（股票波动幅度收窄）；

（2）无风险利率（3个月）$r_f=1\%$（4%÷4）。

☑ 建立二叉树（如图7-7所示）

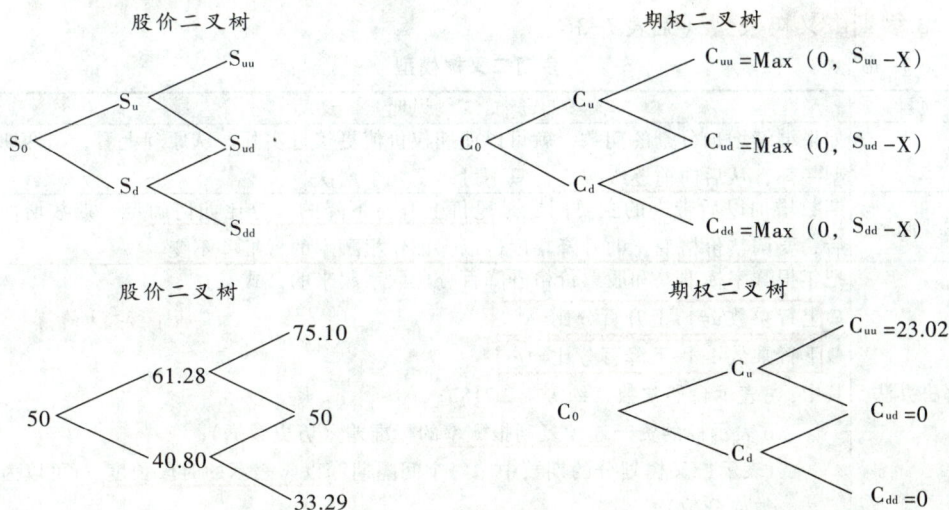

图7-7　二叉树图示

【提示】求 C_u 不能用 S_u-X 计算：因为欧式期权到期日前不能行权，只有到期日才能求差价；C_d 亦然。

☑ 计算方法：从后向前推进

先利用单期二叉树定价模型，根据 C_{uu} 和 C_{ud} 计算节点 C_u 的价值，根据 C_{ud} 和 C_{dd} 计算节点 C_d 的价值；然后，再次利用单期二叉树定价模型，根据 C_u 和 C_d 计算 C_0 的价值。

● 采用套期保值原理（复制原理）计算（见表7-34）

考霸笔记
每一期都要计算不同的 H 和 B。

表7-34 采用套期保值原理（复制原理）计算

计算步骤		计算公式
第2期	计算套保比率	$H_2 = \dfrac{C_{uu} - C_{ud}}{S_{uu} - S_{ud}} = \dfrac{23.02 - 0}{75.10 - 50} = 0.9171$
	计算第2期初构建投资组合的成本，即借款金额	$B_2 = \dfrac{H_2 \times S_{ud} - C_{ud}}{1 + r_f} = \dfrac{0.9171 \times 50 - 0}{1 + 1\%} = 45.40$（元）
	计算第2期初在股价上升时的期权价值	$C_u = H_2 \times S_u - B_2 = 0.9171 \times 61.28 - 45.40 = 10.80$（元） ● 由于 C_{ud} 和 C_{dd} 都为零，所以 C_d 亦为零
第1期	计算套保比率	$H_1 = \dfrac{C_u - C_d}{S_u - S_d} = \dfrac{10.80 - 0}{61.28 - 40.80} = 0.5273$
	计算零时点构建投资组合的成本，即借款金额	$B_1 = \dfrac{H_1 \times S_d - C_d}{1 + r_f} = \dfrac{0.5273 \times 40.80 - 0}{1 + 1\%} = 21.30$（元）
	计算零时点期权价值	$C_0 = H_1 \times S_0 - B_1 = 0.5273 \times 50 - 21.30 = 5.065$（元）

● 利用风险中性原理计算（见表7-35）

表7-35 利用风险中性原理计算

计算步骤		计算公式
第2期	计算股价的上行概率	$P = \dfrac{1 + r_f - d}{u - d} = \dfrac{1 + 1\% - 0.8160}{1.2256 - 0.8160} = 0.4736$
	计算 C_{uu} 和 C_{ud} 在第2期初的期望价值	$C_u = \dfrac{C_{uu} \times P + C_{ud} \times (1 - P)}{1 + r_f} = \dfrac{23.02 \times 0.4736 + 0}{1 + 1\%} = 10.79$ ● 由于 C_{ud} 和 C_{dd} 都为零，所以 C_d 亦为零
第1期	计算 C_u 和 C_d 在零时点的期望价值，即期权价值	$C_0 = \dfrac{C_u \times P + C_d \times (1 - P)}{1 + r_f} = \dfrac{10.79 \times 0.4736 + 0}{1 + 1\%} = 5.060$（元）

【提示】两种方法计算出来的期权价值有些许误差，乃计算过程中四舍五入所致，不代表真正的差别。

3. 多期二叉树模型（见表7-36）

如何理解多期二叉树模型？

表7-36 多期二叉树模型

项目	说明
模型来历	如果继续增加分割的期数，就可以使期权价值更接近实际。从原理上看，与两期模型一样，从后向前逐级推进，只不过多了几个层次
主要问题	期数增加以后带来的主要问题是股价上升与下降的百分比如何确定：期数增加以后，要调整价格变化的升降幅度，以保证年报酬率的标准差不变
解决办法	把年报酬率标准差和股票价格升降百分比联系起来的公式是： ● 上行乘数 $u = 1 + $ 上升百分比 $= e^{\sigma\sqrt{t}}$ *股价的风险不变。* ● 下行乘数 $d = 1 - $ 下降百分比 $= 1/u$ 其中：e 表示自然常数，约等于2.7183； σ 表示标的资产连续复利报酬率的标准差（历史数据）； t 表示二叉树划分的期数中"每个间隔期"以年表示的时段长度（t可以为小数或分数）

（四）布莱克-斯科尔斯期权定价模型（BS模型）

1.布莱克-斯科尔斯模型的假设

（1）在期权寿命期内，买方期权标的股票不发放股利，也不做其他分配。

（2）股票或期权的买卖没有交易成本。

（3）短期的无风险利率是已知的，并且在期权寿命期内保持不变。

（4）任何证券购买者都能以短期的无风险利率借得任何数量的资金。（融资）

（5）允许卖空，卖空者将立即得到所卖空股票当天价格的资金。（融券）

（6）看涨期权只能在到期日执行。（欧式）

（7）所有证券交易都是连续发生的，股票价格随机游走。

2.布莱克-斯科尔斯模型

$$C_0 = S_0 \cdot \big[N(d_1) \big] - X \cdot e^{-r_c \cdot t} \cdot \big[N(d_2) \big] = S_0 \cdot \big[N(d_1) \big] - PV(X) \cdot \big[N(d_2) \big]$$

其中：

$$d_1 = \frac{\ln\left(\frac{S_0}{X}\right) + \left(r_c + \frac{\sigma^2}{2}\right) \cdot t}{\sigma\sqrt{t}} = \frac{\ln\left[\frac{S_0}{PV(X)}\right]}{\sigma\sqrt{t}} + \frac{\sigma\sqrt{t}}{2}$$

$$d_2 = d_1 - \sigma\sqrt{t}$$

【助记】期权价值=最终股票价格的<u>期望现值</u>-期权执行价格的<u>期望现值</u>（见图7-8和表7-37）

期权到期日价值	=	到期日股价 S_T	-	执行价格 X
到期日价值折现	=	零时点股价 S_0	-	$X \cdot e^{-r_c \cdot t}$
概率调整价值 C_0	=	$S_0 \cdot [N(d_1)]$	-	$X \cdot e^{-r_c \cdot t} \cdot [N(d_2)]$

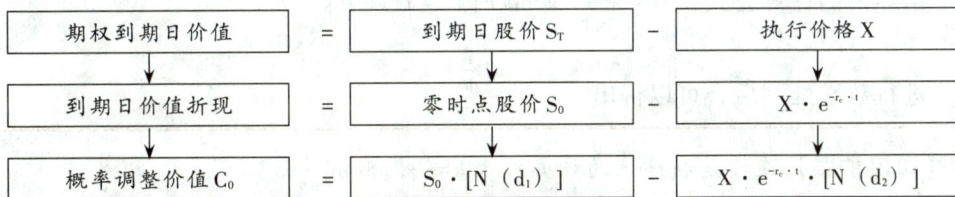

图7-8　期权价值图示

表7-37　　　　　　　　　　参数含义

参数	含义
S_0	标的股票的当前价格
$X \cdot e^{-r_c \cdot t}$	按连续复利计算的执行价格X的现值，也可以写成PV（X）
$N(d)$	标准正态分布中离差小于或等于d的累积概率；可以看成是看涨期权到期时处于实值状态的风险调整概率
	<table><tr><td>N（d₁）和N（d₂）的取值</td><td>期权价值</td></tr><tr><td>接近1</td><td>期权肯定被执行：$C_0=S_0-X \cdot e^{-r_c \cdot t}$</td></tr><tr><td>接近0</td><td>期权几乎肯定不被执行：$C_0 \approx 0$</td></tr><tr><td>（0，1）</td><td>等于其潜在到期净收入的现值</td></tr></table>
	●当股价上升时，d₁和d₂都会上升，N（d₁）和N（d₂）也都会上升，股票价格越是高出执行价格，期权越有可能被执行
r_c	连续复利的年度的无风险利率
t	期权到期日前的时间（年）
σ^2	连续复利的以年计的股票报酬率的方差

考霸笔记

二叉树模型是一种近似的方法，在零时点与期权到期日之间还可以进一步分割，如果每个期间无限小，股价就成了连续分布，布莱克-斯科尔斯模型就诞生了。

可行权的概率。

第七章

【提示】通过该模型可以看出，决定期权价值的因素有5个：股价（↑↑）、股价的标准差（↑↑）、利率（↑↑）、执行价格（↑↓）、到期时间（↑↑）。其中：↑↑表示因素的取值与期权价值同向变化，↑↓表示反向变化。

3.模型参数的估计

BS模型有5个参数。其中，现行股票价格 S_0、执行价格 X 和到期日的剩余年限 t（以年计）容易取得，比较难估计的是无风险利率 r_c 和股票报酬率的标准差 σ。

（1）无风险利率的估计

①估计时应注意的问题（见表7-38）

表7-38 估计时应注意的问题

问题	说明
证券要求	无风险利率应当用无违约风险的固定证券收益来估计，例如政府债券的利率
期限要求	选择与期权到期日相同（或最接近）的政府债券利率
利率要求	这里所说的政府债券利率是指其市场利率，而不是票面利率。政府债券的市场利率是根据市场价格计算的（年）到期报酬率
计息要求	模型中的无风险利率是指按连续复利计算的利率，而不是常见的年（分期）复利。由于BS模型假设套期保值率是连续变化的，因此，利率要使用连续复利

考霸笔记
年有效连续复利报酬率。

考霸笔记
严格说来，期权估值中使用的利率都应当是连续复利，包括二叉树模型和BS模型。即使在资本预算中，使用的折现率也应当是连续复利率，因为全年收入和支出总是陆续发生的，只有连续复利率才能准确完成终值和现值的折算。

②连续复利的计算方法

由终值的计算公式，有：$F = P \times \lim\limits_{m \to \infty} \left(1 + \dfrac{r_c}{m}\right)^{t \cdot m} = P \times e^{r_c \cdot t}$

进行数学处理后，可以得出：$r_c = \dfrac{\ln\left(\dfrac{F}{P}\right)}{t}$

【知识扩展】连续复利终值的计算：令 $k = \dfrac{r_c}{m}$，则 $m = \dfrac{r_c}{k}$，从而：

$F = P \times \lim\limits_{k \to 0} (1 + k)^{\frac{1}{k} \cdot r_c \cdot t} = P \times e^{r_c \cdot t}$

●公式推导过程中，使用了一个重要的极限：$\lim\limits_{x \to \infty} \left(1 + \dfrac{1}{x}\right)^x = e$

③简化的手工计算方法

由于期权价值对于利率的变化并不敏感，可以采用简化的分期复利率来计算，例如年复利率为4%，期权到期日为半年的计算见表7-39。

表7-39 简化的手工计算方法说明

计算方法	说明
按有效年利率计算	年复利率（折现率）为4%，则等价的半年复利率 $=\sqrt{1+4\%}-1=1.98\%$
按报价年利率折算	报价年利率为4%，则半年复利率 $=4\%\div2=2\%$

【提示】考试时需要观察题目条件：

①没有特别指明时，给出的年利率都是报价利率，可以直接利用其计算期利率，即执行价格现值 $PV(X) = \dfrac{X}{1+r_{期}}$。

②如果特别指明是有效年利率，那么执行价格的现值 $PV(X) = \dfrac{X}{(1 + r_{有})^{\frac{1}{m}}}$，$\dfrac{1}{m}$ 为期权的期限占一年的比例。

考霸笔记
在期权估值中，严格说来应当使用连续复利报酬率的标准差。有时为了简化，也可以使用分期复利报酬率的标准差作为替代。

（2）**报酬率标准差的估计**

股票报酬率的标准差可以使用<u>历史报酬率</u>来估计：

$$\sigma = \sqrt{\frac{1}{n-1} \cdot \sum_{t=1}^{n} (R_t - \bar{R})^2}$$

其中：R_t 表示报酬率的连续复利值。

报酬率的计算公式见表7-40。

表7-40　　　　　　报酬率的计算公式

报酬率	计算公式
连续复利的股票报酬率	$R_t = \ln\left(\dfrac{P_t + D_t}{P_{t-1}}\right)$
分期复利的股票报酬率	$R_t = \dfrac{P_t - P_{t-1} + D_t}{P_{t-1}}$
参数	R_t 表示股票在第 t 年的报酬率； P_t 表示第 t 年的股票价格； P_{t-1} 表示第 t-1 年的股票价格； D_t 表示第 t 年的股利

【思考】如果期权的估值结果高于期权的市场价格，从BS模型的参数估计过程中来看，最有可能是什么原因导致的呢？

【答案】最有可能的原因是：<u>标的股票报酬率的标准差被高估</u>。

（五）**看跌期权估值**

在套利驱动的均衡状态下，看涨期权价格、看跌期权价格和股票价格之间存在一定的依存关系。对于<u>欧式期权</u>，假定看涨期权和看跌期权有<u>相同的执行价格和到期日</u>，则下述等式成立：

考霸笔记
不要记书上的写法，没有逻辑，按照小周老师的写法记忆，等号两边都是加号（谁加谁都一样），并且有各自的投资逻辑。

标的股票的价格 S_0 + 看跌期权的价格 P_0 = 看涨期权的价格 C_0 + 执行价格的现值 $PV(X)$

这种关系被称为**看涨期权-看跌期权平价定理**，也称为**买卖期权平价定理**（Put-call Parity）。

【提示】常考点：知三求四。

☑ 推导过程

（1）等号左边是保护性看跌期权，其到期日价值如图7-9所示：

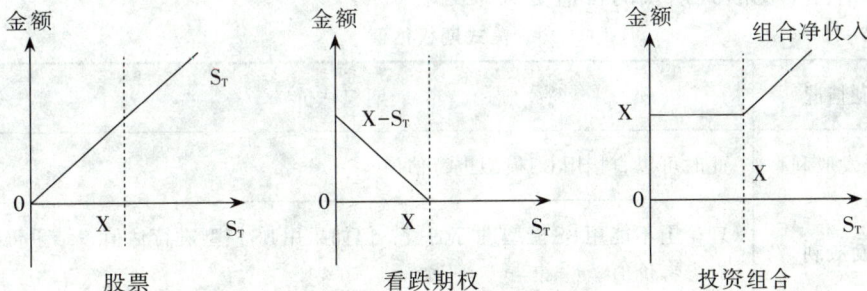

如何理解看涨期权-看跌期权平价定理？

图7-9　到期日价值

（2）等号右边的投资策略为购买 1 份看涨期权，同时购买 1 份与期权到期日相同、面值为期权执行价格的零息政府债券（到期日流入量为 X），到期日价值如图 7-10 所示。

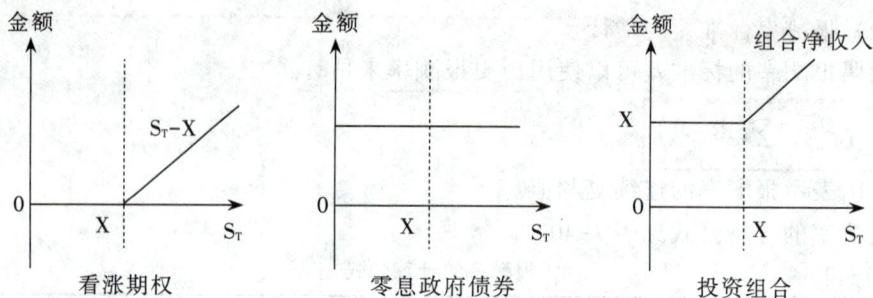

图 7-10　到期日价值

（3）看跌期权价值的计算。

根据上述分析，投资者购买股票并购入看跌期权（等号左边）和购买看涨期权并购买零息政府债券（等号右边），获得的到期日价值相等。那么，这两种投资策略的投资成本应该相等，从而有以下等式成立：　否则存在套利空间。

标的股票的价格 S_0+看跌期权的价格 P_0=看涨期权的价格 C_0+执行价格的现值 PV（X）

考霸笔记
如果标的股票的年股利报酬率为零，则与前面介绍的 BS 模型相同。

（六）派发股利的期权定价

股利的现值是股票价值的一部分，但是只有股东可以享有该收益，期权持有人不能享有。因此，在期权估值时要从股价中扣除期权到期日前所派发的全部股利的现值。也就是说，把所有到期日前预期发放的未来股利视同已经发放，将这些股利的现值从现行股票价格中扣除。此时，模型建立在调整后的股票价格而不是实际价格基础上。

$$C_0 = S_0 \cdot e^{-\delta t} \left[N(d_1) \right] - X \cdot e^{-r_c \cdot t} \cdot \left[N(d_2) \right]$$

其中：δ 表示标的股票的年股利报酬率（假设股利连续支付，而不是离散分期支付）。

$$d_1 = \frac{\ln\left(\dfrac{S_0}{X}\right) + \left(r_c - \delta + \dfrac{\sigma^2}{2}\right) \cdot t}{\sigma\sqrt{t}}$$

$$d_2 = d_1 - \sigma\sqrt{t}$$

（七）美式期权估值

美式期权在到期前的任意时间都可以执行，除享有欧式期权的全部权利之外，还有提前执行的优势，因此，美式期权的价值应当至少等于相应欧式期权的价值，在某种情况下比欧式期权的价值更大（见表 7-41）。

表 7-41　　　　　　　　　　　　　　美式期权估值

股利情况	期权估价
不派发股利	此时可以直接用 BS 模型进行估值
派发股利	理论上不能用 BS 模型进行估值，但如果用 BS 模型进行估值，结果仍然具有参考价值

智能测评

在线练习	我要提问
扫码在线做题　　扫码看答案	扫码答疑
本书"本章同步强化训练"均配备二维码，打开微信"扫一扫"即可完成在线测评，查看本章详细的测评反馈报告，了解知识掌握情况，也可扫码直接看答案噢。 　　快来扫码做题吧！	本书配备答疑专用二维码，打开微信"扫一扫"，即可完成在线提问，获取专业老师全面个性化解答，让学习问题不再拖延。 　　快来扫码提问吧！

本章同步强化训练

一、单选题

1.下列有关期权的表述中，错误的是（　　）。

A.期权持有人只享有权利而不承担相应的义务

B.期权到期时双方需进行标的物的实物交割

C.期权的源生股票发行公司不能影响期权市场

D.在到期日之后，期权失效

2.同时出售甲股票的1股看涨期权和1股看跌期权，执行价格均为50元，到期日相同，看涨期权的价格为5元，看跌期权的价格为4元。如果到期日的股票价格为48元，该投资组合的净收益是（　　）元。

A.5　　　　　　　　B.7　　　　　　　　C.9　　　　　　　　D.11

3.同时卖出一只股票的看涨期权和看跌期权，它们的执行价格和到期日均相同。该投资策略适用的情况是（　　）。

A.预计标的资产的市场价格将会发生剧烈波动

B.预计标的资产的市场价格将会大幅度上涨

C.预计标的资产的市场价格将会大幅度下跌

D.预计标的资产的市场价格稳定

4.下列关于期权投资策略的表述中，正确的是（　　）。

A.保护性看跌期权可以锁定最低净收入和最低净损益，但不改变净损益的预期值

B.抛补看涨期权可以锁定最低净收入和最低净损益，是机构投资者常用的投资策略

C.多头对敲组合策略可以锁定最低净收入和最低净损益，其最坏的结果是损失期权的购买成本

D.空头对敲组合策略可以锁定最低净收入和最低净损益，其最低收益是出售期权收取的期权费

5.甲公司股票当前市价为20元，有一种以该股票为标的资产的6个月到期的看涨期权，执行价格为25元，期权价格为4元，该看涨期权的内在价值是（　　）元。

A.1　　　　　　　　B.4　　　　　　　　C.5　　　　　　　　D.0

6. 某公司股票的当前市价为 10 元，有一种以该股票为标的资产的看跌期权，执行价格为 8 元，到期时间为三个月，期权价格为 3.5 元。下列关于该看跌期权的说法中，正确的是（　　）。

A.该期权处于实值状态

B.该期权的内在价值为 2 元

C.该期权的时间溢价为 3.5 元

D.买入一股该看跌期权的最大净收入为 4.5 元

7. 对于多头期权而言，下列与其相关的概念中，有可能小于零的是（　　）。

A.到期净收入　　　　　　　　　　　　B.到期净损益

C.时间溢价　　　　　　　　　　　　　D.内在价值

8. 在其他条件不变的情况下，下列关于股票的欧式看涨期权内在价值的说法中，正确的是（　　）。

A.股票市价越高，期权的内在价值越大

B.期权到期期限越长，期权的内在价值越大

C.期权执行价格越高，期权的内在价值越大

D.股票波动率越大，期权的内在价值越大

9. 影响股票期权价值最主要的因素是（　　）。

A.股票价格　　　　　　　　　　　　　B.执行价格

C.股票价格的波动性　　　　　　　　　D.无风险利率

10. 假设其他因素不变，期权有效期内预计发放的红利增加时，（　　）。

A.美式看涨期权价格降低　　　　　　　B.欧式看跌期权价格降低

C.欧式看涨期权价格不变　　　　　　　D.美式看跌期权价格降低

11. 在其他因素不变的情况下，下列变动中能够引起看跌期权价值上升的是（　　）。

A.股价波动率下降　　　　　　　　　　B.执行价格下降

C.股票价格上升　　　　　　　　　　　D.预期红利上升

12. 对于看涨期权来说，期权价格随着股票价格的上涨而上涨，当股价足够高时，（　　）。

A.期权价格可能等于股票价格

B.期权价格可能超过股票价格

C.期权价格不会超过股票价格

D.期权价格不会等于执行价格

13. 某股票的现行价格为 20 元，以该股票为标的资产的欧式看涨期权和欧式看跌期权的执行价格均为 24.96 元，都在 6 个月后到期，无风险年利率为 8%，如果看涨期权的价格为 10 元，看跌期权的价格为（　　）元。

A.6.89　　　　　　　　B.13.11　　　　　　　　C.14　　　　　　　　D.6

14. 欧式看涨期权和欧式看跌期权的执行价格均为 19 元，12 个月后到期，若无风险年利率为 6%，股票的现行价格为 18 元，看跌期权的价格为 0.5 元，则看涨期权的价格为（　　）。

A.0.5 元　　　　　　　B.0.58 元　　　　　　　C.1 元　　　　　　　D.1.5 元

二、多选题

1.有一份看涨期权，期权价格为5元，标的股票的当前市价为50元，执行价格为50元，到期日为1年后的今天。若到期日股票市价为65元，则下列计算正确的有（ ）。

A.多头看涨期权到期日价值为15元

B.多头看涨期权净损益为10元

C.空头看涨期权到期日价值为-15元

D.空头看涨期权净损益为-10元

2.下列有关看涨期权的表述中，正确的有（ ）。

A.期权的到期日价值没有考虑期权的购买成本

B.看涨期权的到期日价值，随标的资产价格的下降而上升

C.期权的到期日价值也称为期权持有人的"净损益"

D.买入看涨期权的净收益潜力巨大

3.甲投资人同时买入一只股票的1份看涨期权和1份看跌期权，执行价格均为50元，到期日相同，看涨期权的价格为5元，看跌期权的价格为4元。如果不考虑期权费的时间价值，下列情形中能够给甲投资人带来净收益的有（ ）。

A.到期日股票价格低于41元

B.到期日股票价格介于41元至50元之间

C.到期日股票价格介于50元至59元之间

D.到期日股票价格高于59元

4.甲股票当前市价20元，市场上有以该股票为标的资产的看涨期权和看跌期权，执行价格均为18元。下列说法中，正确的有（ ）。

A.看涨期权处于实值状态　　　　　　B.看涨期权时间溢价大于0

C.看跌期权处于虚值状态　　　　　　D.看跌期权时间溢价小于0

5.在其他因素不变的情况下，下列各项变动中，引起美式看跌期权价值下降的有（ ）。

A.股票市价下降　　　　　　　　　　B.股价波动率下降

C.到期期限缩短　　　　　　　　　　D.无风险报酬率降低

6.假设其他因素不变，下列各项中会引起欧式看跌期权价值增加的有（ ）。

A.到期期限延长　　　　　　　　　　B.执行价格提高

C.无风险报酬率增加　　　　　　　　D.股价波动率加大

7.在其他条件不变的情况下，下列变化中能够引起看涨期权价值上升的有（ ）。

A.标的资产价格上升

B.期权有效期内预计发放红利增加

C.无风险利率提高

D.股价波动加剧

8.在其他因素不变的情况下，下列事项中，会导致欧式看涨期权价值增加的有（ ）。

A.期权执行价格提高　　　　　　　　B.期权到期期限延长

C.股票价格波动率增加　　　　　　　D.无风险利率提高

9.下列有关期权估值模型的表述中正确的有（ ）。

A.BS期权定价模型中的无风险报酬率应选择长期政府债券的到期收益率

B.利用BS模型进行期权估值时应使用的利率是连续复利的利率

C.利用二叉树模型进行期权估值使用的利率可以是分期复利的利率

D.美式期权的价值应当至少等于相应欧式期权的价值

三、计算分析题

1.甲公司是一家上市公司，最近刚发放上年现金股利每股2.5元，目前每股市价60元。证券分析师预测，甲公司未来股利增长率为8%，等风险投资的必要报酬率为12%。

市场上有两种以甲公司股票为标的资产的期权：欧式看涨期权和欧式看跌期权，每份看涨期权可买入1股股票，每份看跌期权可卖出1股股票；看涨期权价格每份5元，看跌期权价格每份2.5元。两种期权的执行价格均为60元，期限均为1年。

投资者小刘和小马都认为市场低估了甲公司股票，预测1年后股票价格将回归内在价值，于是每人投资62 500元。小刘的投资是：买入1 000股甲公司股票，同时买入1 000份甲公司股票的看跌期权。小马的投资是：买入甲公司股票的看涨期权12 500份。（注：计算投资净损益时不考虑货币时间价值）

要求：

（1）采用股利折现模型，估计1年后甲公司股票的内在价值。

（2）如果预测正确，分别计算小刘和小马1年后的投资净损益。

（3）假如1年后甲公司股票下跌到每股40元，分别计算小刘和小马的投资净损益。

2.甲公司是一家制造业上市公司，当前每股市价40元。市场上有两种以该股票为标的资产的期权：欧式看涨期权和欧式看跌期权，每份看涨期权可买入1股股票，每份看跌期权可卖出1股股票，看涨期权每份5元，看跌期权每份3元，两种期权执行价格均为40元，到期时间为6个月。目前，有四种投资组合方案可供选择：保护性看跌期权、抛补性看涨期权、多头对敲和空头对敲。

要求：

（1）投资者希望将净损益限定在有限区间内，应选择哪种投资组合？该投资组合应该如何构建？假设6个月后该股票价格上涨20%，该投资组合的净损益是多少？

（2）投资者预期未来股价大幅度波动，应该选择哪种投资组合？该组合应该如何构建？假设6个月后股票价格下跌50%，该投资组合的净损益是多少？

注：计算投资组合净损益时，不考虑期权价格和股票价格的货币时间价值。

3.甲公司是一家制造业上市公司，当前股票市价为50元。市场上有两种以该股票为标的资产的期权：欧式看涨期权和欧式看跌期权，每份看涨期权可买入1股股票，每份看跌期权可卖出1股股票，看涨期权的价格为6元，看跌期权的价格为4元，两种期权执行价格均为50元，到期时间均为6个月。现有四种投资方案：保护性看跌期权、抛补性看涨期权、多头对敲和空头对敲。

要求：

（1）投资者希望净损益限定在有限区间内，请问应该选择哪种投资方案？如何构建该种投资方案？假设6个月后股价下降20%，计算该种投资方案的净损益为多少？

（2）预计未来股价波动较小，请问应选择哪种投资方案？如何构建该种投资组合？假设6个月后股价上升5%，计算该种投资方案的净损益为多少？

注：计算投资组合净损益时，不考虑期权价格和股票价格的货币时间价值。

4.甲公司股票当前每股市价50元，6个月以后股价有两种可能：上升20%或下降17%。市场上有两种以该股票为标的资产的期权：看涨期权和看跌期权，每份看涨期权可买入1股股票，每份看跌期权可卖出1股股票，两种期权执行价格均为55元，到期时间均为6个月，期权到期前，甲公司不派发现金股利，半年无风险报酬率为2.5%。

要求：

（1）利用套期保值原理，计算看涨期权的股价上行时到期日价值、套期保值比率及期权价值；利用看涨期权-看跌期权平价定理，计算看跌期权的期权价值。

（2）假设目前市场上每份看涨期权价格2.5元，每份看跌期权价格6.5元，投资者同时买入1份看涨期权和1份看跌期权。

①计算确保该组合不亏损的股票价格区间。

②如果6个月后标的股票价格实际下降10%，计算该组合的净损益。

（注：计算股票价格区间和组合净损益时，均不考虑期权价格的货币时间价值）

5.甲公司股票当前每股市价40元，6个月以后股价有两种可能：上升25%或下降20%。市场上有两种以该股票为标的资产的期权：看涨期权和看跌期权，每份看涨期权可买入1股股票，每份看跌期权可卖出1股股票，两种期权执行价格均为45元，到期时间均为6个月，期权到期前，甲公司不派发现金股利，半年无风险报酬率为2%。

要求：

（1）利用风险中性原理，计算看涨期权的股价上行时到期日价值、上行概率及期权价值；利用看涨期权-看跌期权平价定理，计算看跌期权的期权价值。

（2）假设目前市场上每份看涨期权价格2.5元，每份看跌期权价格6.5元，投资者同时卖出1份看涨期权和1份看跌期权。

①计算确保该组合不亏损的股票价格区间。

②如果6个月后，标的股票价格实际上涨20%，计算该组合的净损益。

注：计算股票价格区间和组合净损益时，均不考虑期权价格的货币时间价值。

6.D公司是一家上市公司，其股票于2018年8月1日的收盘价为每股40元。有一种以该股票为标的资产的看涨期权，执行价格为42元，到期时间是3个月。3个月以内公司不会派发股利，3个月以后股价有两种变动的可能：上升到46元或者下降到30元。3个月到期的国库券利率为4%（年名义利率）。

要求：

（1）利用风险中性原理，计算D公司股价的上行概率和下行概率以及看涨期权的价值。

（2）如果该看涨期权的现行价格为2.5元，请根据套利原理，构建一个投资组合进行套利。

7.D股票当前市价为25元/股，市场上有以该股票为标的资产的期权交易，有关资料如下：

（1）D股票的到期时间为半年的看涨期权，执行价格为25.3元；D股票的到期时间为半年的看跌期权，执行价格也为25.3元。

（2）D股票半年后市价的预测情况如下表：

股价变动幅度	-40%	-20%	20%	40%
概率	0.2	0.3	0.3	0.2

（3）根据 D 股票历史数据测算的连续复利收益率的标准差为 0.4。

（4）无风险年利率为 4%。

（5）1元的连续复利终值如下：

$\sigma\sqrt{t}$	0.1	0.2	0.3	0.4	0.5	0.6	0.7	0.8	0.9	1
$e^{\sigma\sqrt{t}}$	1.1052	1.2214	1.3499	1.4918	1.6487	1.8221	2.0138	2.2255	2.4596	2.7183

要求：

（1）若年收益的标准差不变，利用两期二叉树模型计算股价上行乘数与下行乘数，并确定以该股票为标的资产的看涨期权的价格。

（2）利用看涨期权–看跌期权平价定理确定看跌期权价格。

（3）投资者甲以当前市价购入 1 股 D 股票，同时购入 D 股票的 1 份看跌期权，判断甲采取的是哪种投资策略，并计算该投资组合的预期收益。

第八章
企业价值评估

本章框架图

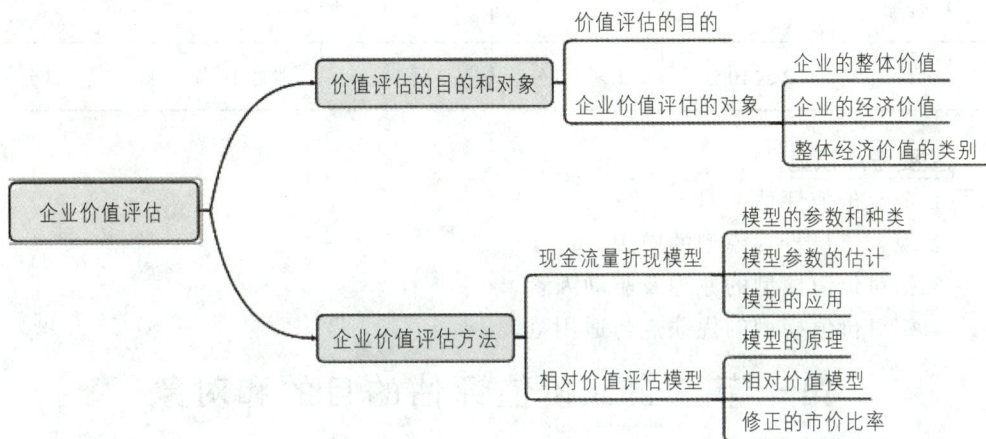

本章考情概述

本章考情分析

本章属于重点章，主要阐述企业价值评估的现金流量折现模型和相对价值评估模型的具体应用。企业价值评估在现代企业战略管理中占据非常重要的地位，是一项具有综合性的工作。

本章内容与其他章的内容具有重要联系，具体概括如下：

（1）与现金流量折现模型有联系的知识点

①第五章：加权平均资本成本、权益资本成本分别为折现企业实体现金流量和股权现金流量提供了折现率。

②第六章：固定增长股票和非固定增长股票的价值评估模型提供了对现金流量的折现方法。

③第十一章：剩余股利政策和固定股利支付率政策影响预计财务报表的编制，进而影响现金流量的计算。

（2）与相对价值评估模型有联系的知识点

①第二章：市价比率的计算。

②第六章：固定增长股票的价值。

本章近5年题型题量分析，见表8-1。

表8-1 近5年题型题量分析

	2014年	2015年	2016年	2017年	2018年
单项选择题		1题1.5分	2题3分		1题1.5分
多项选择题	1题2分			1题2分	
计算分析题	1题8分			1题8分	
综合题					
合计	2题10分	1题1.5分	2题3分	2题10分	1题1.5分

重要考点预览

1. 企业价值评估的对象
2. 现金流量折现模型的应用
3. 相对价值模型的原理及驱动因素
4. 相对价值模型的优缺点与适用范围

第一节　企业价值评估的目的和对象

企业价值评估简称企业估值，目的是分析和衡量一个企业或一个经营单位的公平市场价值，并提供有关信息以帮助投资人和管理当局改善决策。

一、价值评估的目的（见表8-2）★

考霸笔记
价值评估提供的是有关"公平市场价值"的信息：价值评估不否认市场的有效性，但是不承认市场的完善性。价值评估理论认为，市场只在一定程度上有效，即并非完全有效，股东价值的增加，只能利用市场的不完善才能实现，利用市场的缺点寻找被低估的资产。

表8-2 价值评估的目的

用途	说明
投资分析	投资人寻找并且购进被市场低估的证券或企业，以期获得高于必要报酬率的收益
战略分析	战略分析是指使用定价模型清晰地说明经营设想和发现这些设想可能创造的价值，目的是评价企业目前和今后增加股东财富的关键因素是什么。价值评估在战略分析中起核心作用。例如，收购属于战略决策，收购企业要估计目标企业的合理价格，在决定收购价格时要对合并前后的价值变动进行评估，以判断收购能否增加股东财富，以及依靠什么来增加股东财富
以价值为基础的管理	企业决策正确性的根本标志是能否增加企业价值，价值评估是改进企业一切重大决策的手段

【提示】企业价值评估的注意事项：

（1）不要过分关注最终结果而忽视评估过程产生的其他信息，中间信息也是很有意义的，如企业价值是由哪些因素驱动的，销售净利率对企业价值的影响有多大，提高投资资本报酬率对企业价值的影响有多大等。

（2）价值评估提供的结论有很强的时效性：企业价值受企业状况和市场状况的影响，随时都会变化。

二、企业价值评估的对象 ★★

（一）企业的整体价值（见表8-3）

表8-3　　　　　　　　　　　　企业的整体价值

体现	说明
整体不是各部分的简单相加	企业整体能够具有价值，在于它可以为投资人带来现金流量，这些现金流量是所有资产联合起来运用的结果，而不是资产分别出售获得的现金流量
整体价值来源于要素的结合方式	各部分之间的有机联系是企业形成整体的关键。企业资源的重组即改变各要素之间的结合方式，可以改变企业的功能和效率
部分只有在整体中才能体现出其价值	一个部门被剥离出来，其功能会有别于它原来作为企业一部分时的功能和价值，剥离后的企业也会不同于原来的企业

（二）企业的经济价值

经济价值是经济学家所持的价值观念，指一项资产的公平市场价值，通常用该资产所产生的未来现金流量的现值来计量。理解这一概念时要注意区分以下两对概念：

1. 会计价值与市场价值（见表8-4）

表8-4　　　　　　　　　　会计价值与市场价值

		会计价值	市场价值
含义		指资产、负债和所有者权益的账面价值，大多使用历史成本	指资本化价值，即一项资产未来现金流量的现值
属性	交易属性	属于投入计价类型	属于产出计价类型
	时间属性	属于历史价格	属于未来价格

2. 公平市场价值与现时市场价值（见表8-5）

表8-5　　　　　　　　　　公平市场价值与现时市场价值

概念	说明
公平市场价值	指在公平的交易中，熟悉情况的双方，自愿进行资产交换或债务清偿的金额。资产被定义为未来的经济利益（现金流入），由于不同时间的现金不等价，需要经过折现处理，因此，资产的公平市场价值就是未来现金流量的现值
现时市场价值	指按现行市场价格计量的资产价值，它可能是公平的，也可能是不公平的

考霸笔记

价值评估的一般对象是企业整体的经济价值，指企业作为一个整体的公平市场价值。

考霸笔记

未来现金流量现值面向的是未来，而不是历史或现在，符合决策面向未来的时间属性。只有未来售价计价符合企业价值评估的目的。除非特别指明，企业价值评估的"价值"是指未来现金流量现值。

会计价值、市场价值、公平市场价值三者的区别是什么？

第八章

【提示】现时市场价格的缺陷：

（1）对于上市企业来说，参与市场交易的股权只是少数股权，掌握控股权的股东不参加日常的交易，因此，市价只是少数股东认可的价格，未必代表公平价值。

（2）以企业为对象的交易双方，存在比较严重的信息不对称。

（3）股票价格是经常变动的，人们不知道哪一个是公平的。

（三）企业整体经济价值的类别

1.按照评估的对象（见表8-6）

表8-6　　　　　　　　　　　　　　实体价值与股权价值

	实体价值	股权价值
含义	指企业全部资产的总体价值	指股权的公平市场价值
关系	企业实体价值=股权价值+净债务价值	

【提示】大多数企业并购是以购买股份的形式进行的，因此，评估的最终目标和双方谈判的焦点是卖方的股权价值。但是，如果买方收购的是整个企业实体，其实际收购成本等于股权成本加上所承接的债务。例如，甲企业以10亿元取得乙企业的全部股份，并承担乙企业原有的5亿元的债务，实际上甲企业的股东要花15亿元（不考虑货币时间价值的话）购买乙企业的全部资产。

2.按照评估的时期（见表8-7）

表8-7　　　　　　　　　　　　　　持续经营价值与清算价值

分类	说明
持续经营价值	指由营业所产生的未来现金流量的现值，简称续营价值
清算价值	指停止经营，出售资产产生的现金流

【提示】

（1）根据理财的"自利原则"，一个企业持续经营的基本条件是其持续经营价值大于清算价值。如果现金流量下降，或者资本成本提高，使得未来现金流量现值低于清算价值时，则投资人会选择清算。

（2）一个企业的持续经营价值已经低于其清算价值，本应当进行清算。但是，也有例外，那就是控制企业的人拒绝清算，企业得以持续经营。这种持续经营，将持续削减股东本来可以通过清算得到的价值。

3.按照评估的范围（见表8-8）

表8-8　　　　　　　　　　　　　　少数股权价值与控股权价值

分类	少数股权价值/V（当前）	控股权价值/V（新的）
含义	指现有管理和战略条件下企业能够给股票投资人带来的现金流量现值	指企业进行重组，改进管理和经营战略后可以为投资人带来的未来现金流量的现值
投资背景	买入企业的少数股权，是承认企业现有的管理和经营战略，买入者只是一个旁观者	买入企业的控股权，投资者获得改变企业生产经营方式的充分自由，或许还能增加企业的价值
实际应用	少数股权与控股股权的价值差异，明显出现在收购交易当中。一旦控股权参加交易，股价会迅速飙升，甚至达到少数股权价值的数倍。新的价值与当前价值的差额称为控股权溢价，它是由于转变控股权而增加的价值：控股权溢价=V（新的）－V（当前）	

企业整体的经济价值是持续经营价值吗？

考霸笔记
在进行企业价值评估时，首先要明确拟评估的对象是什么，不同的评估对象，有不同的用途，需要使用不同的方法进行评估。

考霸笔记
一个企业的公平市场价值，应当是其持续经营价值与清算价值中较高的一个。

考霸笔记
在两个不同市场里交易的，实际上是不同的资产。

企业整体经济价值=控股权价值+少数股权价值吗？

【总结】在进行企业价值评估时，首先要明确拟评估的对象是什么，它们是不同的评估对象，有不同的用途，需要使用不同的方法进行评估。

第二节 现金流量折现模型

现金流量折现模型是企业价值评估使用最广泛、理论上最健全的模型，它的基本思想是增量现金流量原则和时间价值原则，也就是任何资产的价值是其产生的未来现金流量按照含有风险的折现率计算的现值。

一、现金流量折现模型的参数和种类 ★★★

（一）现金流量折现模型的参数

任何资产都可以使用现金流量折现模型来估价（见表8-9）：

$$价值 = \sum_{t=1}^{n} \frac{现金流量_t}{(1+资本成本)^t}$$

表8-9　　　　　　　　　　公式说明

参数	说明
现金流量	指各期的预期现金流量
资本成本	指计算现值使用的折现率
时间序列	n，指产生现金流量的时间，通常用"年"数来表示

（二）现金流量折现模型的种类

1.股利现金流量模型（见表8-10）　收付实现。

表8-10　　　　　　　　　　股利现金流量模型

项目	说明
含义	股利现金流量指企业分配给股权投资人的现金流量
计算公式	$$股权价值 = \sum_{t=1}^{\infty} \frac{股利现金流量_t}{(1+股权资本成本)^t}$$

2.股权现金流量模型（见表8-11）　权责发生。

表8-11　　　　　　　　　　股权现金流量模型

项目	说明
含义	股权现金流量指一定期间企业可以提供给股权投资人的现金流量，也称股权自由现金流量
计算公式	$$股权价值 = \sum_{t=1}^{\infty} \frac{股权现金流量_t}{(1+股权资本成本)^t}$$

如何理解现金流量折现模型？

现金流量折现时折现率如何确定？

第八章

3.实体现金流量模型（见表8-12）

表8-12　　　　　　　　　　实体现金流量模型

项目	说明
含义	实体现金流量指企业全部现金流入扣除成本费用和必要的投资后的剩余部分，它是企业一定期间可以提供给所有投资人（股权投资人+债权投资人）的税后现金流量
计算公式	● 实体价值 $=\sum\limits_{t=1}^{\infty}\dfrac{实体自由现金流量_t}{(1+加权平均资本成本)^t}$ ● 净债务价值 $=\sum\limits_{t=1}^{\infty}\dfrac{偿还债务现金流量_t}{(1+债务资本成本)^t}$ ● 股权价值=实体价值-净债务价值

> **考霸笔记**
> 净债务价值一般用基期净负债的账面价值。

【总结】

（1）在数据假设相同的情况下，三种模型的评估结果是相同的。如果把股权现金流量全部作为股利分配，股利现金流量模型和股权现金流量模型相同。为避免对股利政策进行估计的麻烦，大多数的企业估值使用股权现金流量模型或实体现金流量模型。

（2）考试时一般求股权价值，因为股票市价容易确定，以便决策。

（3）各种现金流量和价值之间的关系（如图8-1所示）：

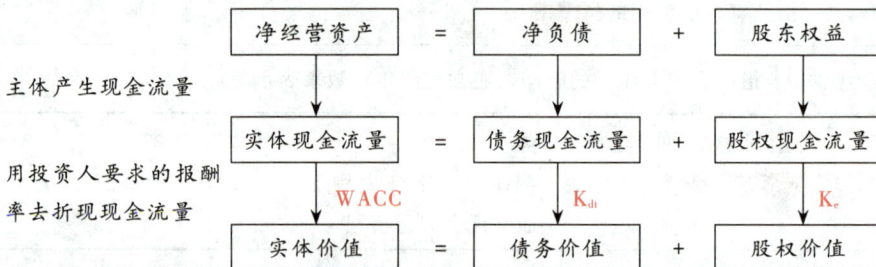

> **考霸笔记**
> 现金流量折现模型的参数包括预测期的年数、各期的现金流量和资本成本。资本成本的估计在前面的章节已经介绍过，这里主要说明现金流量的估计和预测期的确定。未来现金流量的数据需要通过财务预测取得。

主体产生现金流量

用投资人要求的报酬率去折现现金流量

净经营资产	=	净负债	+	股东权益
实体现金流量	=	债务现金流量	+	股权现金流量
WACC		K_{dt}		K_e
实体价值	=	债务价值	+	股权价值

图8-1　各种现金流量和价值之间的关系

二、现金流量折现模型参数的估计 ★★★

（一）预测销售收入

预测销售收入是全面预测的起点，大部分财务数据与销售收入有内在联系（见表8-13）。

> **考霸笔记**
> 考试时"预计增长率"通常为已知条件。

表8-13　　　　　　　　　　预测销售收入

项目	说明
预测对象	根据基期销售收入和预计增长率计算预测期的销售收入
考虑因素	销售增长率的预测以历史增长率为基础，根据未来的变化进行修正，要考虑宏观经济、行业状况和企业的经营战略

【实务链接】 销售收入预测的主要影响因素：产品的市场容量、目标公司的市场份额、产品的销售单价。

（二）确定预测期间（见表8-14）

表8-14　　　　　　　　　　　　　　确定预测期间

阶段	说明
详细预测期	指预测的第一阶段，简称"预测期"，预测期间有限而明确，在此期间需要对每年的现金流量进行详细预测，并根据现金流量折现模型计算预测期的价值
后续期	指预测的第二阶段，又称"永续期"，在此期间假设企业进入稳定状态，有一个稳定的增长率，可以用简便方法直接估计后续期价值

【提示】企业价值=预测期价值+后续期价值

1.确定基期数据（见表8-15）

表8-15　　　　　　　　　　　　　　确定基期数据

项目	说明
基期	指作为预测基础的时期，它通常是预测工作的上一个年度
基数	指基期的各项数据，它们是预测的起点，不仅包括各项财务数据的金额，还包括它们的增长率以及反映各项财务数据之间联系的财务比率
预测方法	采用销售百分比法，需要根据历史数据确定主要报表项目的销售百分比，作为对未来进行预测的假设

【提示】估值不关注过去，除非过去能预测未来：

（1）如果通过历史财务报表分析认为，上年财务数据具有可持续性，则以上年实际数据作为基期数据；

（2）如果通过历史财务报表分析认为，上年的数据不具有可持续性，就应当以修正后的上年数据作为基期数据，使之适合未来的情况。

2.详细预测期和后续期的划分

竞争均衡理论认为：

（1）一个企业不可能永远以高于宏观经济增长率的速度发展下去，否则其会超过宏观经济的总规模。"宏观经济"是指该企业所处的宏观经济系统（见表8-16）。

表8-16　　　　　　　　　　　　　　宏观经济系统

业务范围	宏观经济增长率
仅限于国内市场	国内的预期经济增长率
世界性	世界的经济增长速度

（2）一个企业通常不可能在竞争的市场中长期取得超额利润，其净投资资本报酬率会逐渐恢复到正常水平。

$$净投资资本报酬率=\frac{税后经营净利润}{净投资资本}=\frac{税后经营净利润}{净负债+股东权益}$$

【提示】净投资资本报酬率就是第二章的"净经营资产净利率"。

【知识扩展】进入稳定状态的标志：

（1）具有稳定的销售增长率，它大约等于宏观经济的名义增长率；

如何区分详细预测期和后续期？

考霸笔记
企业的寿命通常是不确定的，通常采用持续经营假设。但是，预测无限期的现金流量数据是很困难的，为了避免预测无限期的现金流量，大部分估值将预测的时间分为两个阶段。

考霸笔记
实务中的详细预测期通常为5～7年，很少超过10年，企业增长的不稳定期有多长，预测期就应当有多长。这种做法与竞争均衡理论有关。

第八章

如何理解管理
用利润表？

（2）具有稳定的净投资资本报酬率，它与资本成本接近。

（三）预计（管理用）利润表和资产负债表

1.预计管理用利润表（第二章）（见表8-17）

表8-17　　　　　　　　　　预计管理用利润表

报表项目	预测方法
销售收入 ①	根据销售预测的结果填列
销售成本、税金及附加、销售和管理费用 ②付现。	使用销售百分比法预计
折旧和摊销 ③非付现。	当年"计提"金额，一般为已知条件；有时也可使用销售百分比法预计
税前经营利润（EBIT）④	④=①-②-③
●税后经营净利润 ⑤	⑤=④×（1-所得税税率）
利息费用 ⑥	⑥=净负债（借款金额）×（税前）借款利率
●税后利息费用 ⑦	⑦=⑥×（1-所得税税率）
●净利润 ⑧	⑧=⑤-⑦

考霸笔记
计算利息费用
时，用期初净
负债（借款金
额）还是期末
净负债（借款
金额），需要
看题目条件。

【提示】净负债（借款金额）属于筹资项目，通常不能根据销售百分比法预测，而是根据（管理用）资产负债表来确定。

2.预计管理用资产负债表（第二章）（见表8-18）

表8-18　　　　　　　　　　预计管理用资产负债表

净经营资产		净负债+所有者权益	
经营营运资本	经营性流动资产	金融负债	净负债
	-经营性流动负债	-金融资产	
净经营性长期资产	经营性长期资产	股东权益	
	-经营性长期负债		

【提示】管理用资产负债表的恒等公式：净经营资产=净负债+股东权益=净投资资本

☑ 预测方法（见表8-19）：

表8-19　　　　　　　　　　预测方法

考霸笔记
净负债和股东
权益的预测关
键在于考察企
业的资本结构
是否发生改变。

报表项目	说明
净经营资产及其明细项目	使用销售百分比法预计
净负债和股东权益	不能使用销售百分比法预计，需要结合企业的具体融资政策和股利分配政策

（四）详细预测期各年现金流量的计算

1. 从实体现金流量的形成过程分析（如图8-2所示）

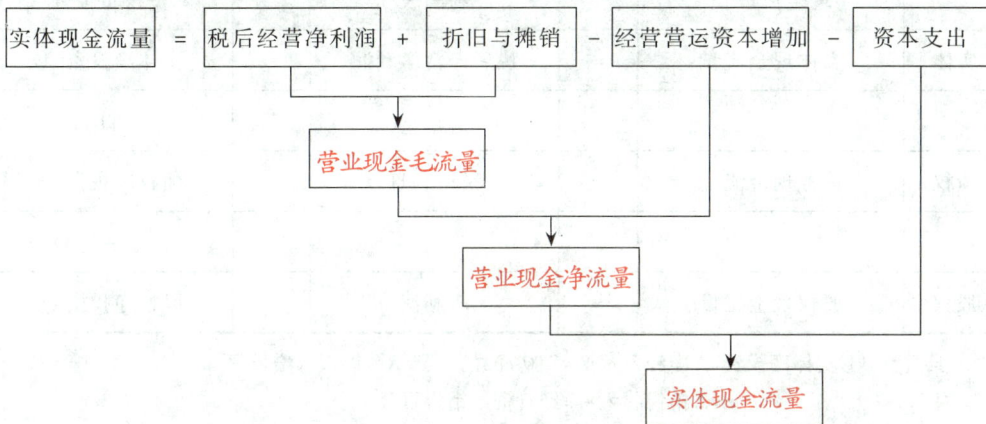

| 实体现金流量 | = | 税后经营净利润 | + | 折旧与摊销 | - | 经营营运资本增加 | - | 资本支出 |

营业现金毛流量

营业现金净流量

实体现金流量

图8-2　实体现金流量的形成过程

☑ 中间指标的确定方法（见表8-20）

表8-20　　　　　　　　　　　中间指标的确定方法

中间指标	数据来源/计算方法
税后经营净利润	预计利润表
折旧与摊销	当年"计提"金额，一般为已知条件；有时也可使用销售百分比法预计
经营营运资本增加	预计资产负债表：经营营运资本增加=年末金额-年初金额
资本支出	预计资产负债表：资本支出=净经营性长期资产增加+折旧与摊销

【提示】 经营营运资本增加和资本支出都是企业的投资现金流出，因此，它们的合计称为"净经营资产总投资"（投资支出现金总流出量），即：净经营资产总投资=净经营资产净投资+折旧与摊销。

2. 从实体现金流量的去向分析

由于企业提供的现金流量就是投资人得到的现金流量，因此，实体现金流量等于债务现金流量与股权现金流量之和：实体现金流量=融资现金流量=债务现金流量+股权现金流量。分析见表8-21：

表8-21　　　　　　　　　　从实体现金流量的去向分析

融资现金流量	计算公式
债务现金流量	债务现金流量=税后利息+偿还债务-新增债务=税后利息-净负债的增加
股权现金流量	股权现金流量=实体现金流量-债务现金流量

3. 净投资扣除法

已知企业的目标资本结构，且现在处于目标资本结构并打算继续维持时，可以用"净投资扣除法"计算各类现金流量，其思想方法为（见表8-22）：

某主体现金流量=归属于该主体的税后收益-应由该主体承担的净投资

如何计算详细预测期各年的现金流量？

考霸笔记

考试时题目条件可能简化处理，直接给出资本支出与销售收入同比增长。

表8-22　　　　　　　　　　　　净投资扣除法

	现金流量表		利润表		资产负债表
实体	实体现金流量	=	税后经营净利润	−	实体净投资 ①
	‖		‖		‖
债权	债务现金流量	=	税后利息	−	债权净投资 ②
	+		+		+
股权	股权现金流量	=	净利润	−	股权净投资 ③

其中：①实体净投资=Δ净经营资产=年初净经营资产×销售收入增长率

=Δ销售收入×净经营资产销售百分比

②债权净投资=实体净投资×目标债务比例

③股权净投资=实体净投资×目标权益比例

【提示】

（1）至此，我们学习了股权现金流量的三种计算方法（见表8-23）。

表8-23　　　　　　　　　　股权现金流量的三种计算方法

方法	计算公式
融资现金流量法	股权现金流量=股利分配+股票回购−股票发行
从现金流量去向角度来确定（剩余现金流量法）	股权现金流量=实体现金流量−债务现金流量
净投资扣除法	股权现金流量=净利润−股权净投资

（2）考试时如果没有要求编制预计报表，就可以根据简化的净投资扣除法计算现金流量。

（五）后续期现金流量增长率的估计（见表8-24）

表8-24　　　　　　　　　　后续期现金流量增长率的估计

项目	说明
后续期价值的计算	后续期终值=$\dfrac{现金流量_{m+1}}{后续期资本成本 − 后续期现金流量增长率}$
后续期现金流量的特征	在稳定状态下，实体现金流量、股权现金流量和销售收入的增长率相同，因此，可以根据销售增长率即可持续增长率估计现金流量增长率
增长率的估计	根据竞争均衡理论，后续期的销售增长率大体上等于宏观经济的名义增长率，如果不考虑通货膨胀因素，宏观经济的（实际）增长率大多在2%~6%之间

考霸笔记
在"稳定状态下"，经营效率和财务政策不变，即资产税后经营利润率（净经营资产净利率）、资本结构（净负债/股东权益）和股利分配政策不变，（管理用）财务报表将按照稳定的增长率在扩大的规模上被复制。影响实体现金流量和股权现金流量的各因素都与销售额同步增长，故现金流量增长率与销售增长率相同。

考霸笔记
设预测期持续m年。

三、现金流量折现模型的应用 ★★★

考霸笔记
预测时点作为零时点。

（一）主体价值的计算

1. 永续增长模型（见表8-25）

表8-25　　　　　　　　　　　　　　　永续增长模型

项目	说明
使用条件	企业必须处于永续状态，即具有永续的增长率和净投资资本报酬率
计算公式	$主体价值=\dfrac{主体下期现金流量}{资本成本-永续增长率}$

2. 两阶段增长模型（见表8-26）

两阶段增长模型如何折现？

表8-26　　　　　　　　　　　　　　　两阶段增长模型

项目	说明
使用条件	增长呈现两个阶段的企业： ● 阶段 I：超常增长阶段（前 m 年），增长率明显快于永续增长阶段； ● 阶段 II：具有永续增长的特征，增长率较低，是正常的增长率
计算公式	● 主体价值=预测期价值+后续期价值 ● $预测期价值=\sum\limits_{t=1}^{m}\dfrac{主体现金流量_t}{(1+预测期资本成本)^t}$ ● $后续期价值=\dfrac{主体现金流量_{m+1}}{后续期资本成本-永续增长率}\Big/(1+预测期资本成本)^m$

（二）主体的选择（见表8-27）

表8-27　　　　　　　　　　　　　　　主体的选择

主体	资本成本	评价
股东角度	股权资本成本	股权资本成本受资本结构的影响较大，估计起来比较复杂：债务↑→风险↑→股权资本成本↑→上升的幅度不容易测定
企业实体	加权平均资本成本	加权平均资本成本受资本结构的影响较小，比较容易估计： 债务成本较低，增加债务比重 ｛直接导致WACC↓　同时,风险↑→股权资本成本↑→WACC↑ （1）无税和交易成本的情况下，两者可以完全抵销，即资本结构无关论。 （2）有税和交易成本的情况下，债务成本的下降也会大部分被股权资本成本的上升所抵销，平均资本成本对资本结构变化不敏感

【提示】利用实体现金流量模型时，如果要求计算股权价值，则分两步完成：

（1）计算实体现金流量并以加权平均资本成本为折现率计算实体价值。

（2）计算股权价值，其公式为：股权价值=实体价值-净债务价值。

（三）融资政策与股权现金流量 ★★★★★

1.资本结构维持不变（结合剩余股利政策）（见表8-28）

考霸笔记
考试时一般都不会涉及增发股票，即股权资本不变，所以剩余净利润发给股东，形成股权现金流量。

表8-28　　　　　资本结构维持不变（结合剩余股利政策）

项目	说明
一般表述	企业融资结构处于目标资本结构，且继续保持
计算方法	股权现金流量=净利润-Δ净经营资产（实体净投资）×目标权益比重 =净利润-Δ留存收益（本年利润留存） =现金股利

2.资本结构发生改变（见表8-29）

表8-29　　　　　　　　资本结构发生改变

考霸笔记
此时的借款利息只能根据年初借款金额计算，因为要归还借款，年末借款金额不确定。

项目	说明
一般表述	目前企业的融资结构不是目标资本结构，多余的现金先归还借款，直到达到目标资本结构（极端情况：期初债务全部偿还），剩余的现金发放股利
计算方法	（1）先计算某年度企业实体现金流量，偿还本年借款利息（税后），得出剩余的现金流量α，其中： 本年借款利息（税后）=年初借款金额×税前借款利率×（1-所得税税率） （2）假设用全部α偿还年初借款金额，使得年末借款金额为目标资本结构下的金额，看α是否足够，其中： 拟归还借款β=年初借款金额-年末净经营资产×目标债务比例 ①足够：得出剩余现金流量 α-β=γ，则γ为当年分配的现金股利； ②不够：α全部用来归还年初借款金额，当年没有现金股利分配。 （3）计算当年度留存收益的增加： 本年利润留存=净利润-现金股利 （4）以后年度：重复步骤（2）和（3），直到归还借款使其达到目标资本结构

【提示】股权现金流量确定的关键是考查题目的资本结构是否发生改变，并结合"净利润=现金股利+本年留存收益"这个基本公式。

（1）如果资本结构不变，则先确定本年留存收益，再得到现金股利。

（2）如果资本结构发生改变，则先确定现金股利，再得到本年留存收益。

第三节　相对价值评估模型

一、相对价值评估模型概述

这种方法是利用类似企业的市场定价来估计目标企业价值的方法，亦称价格乘数法或可比交易价值法（见表8-30）。

表8-30 相对价值评估模型

项目	说明
假设前提	存在一个支配企业市场价值的主要变量（如净利润等），市场价值与该变量的比值，各企业是类似的、可以比较的
基本做法	（1）寻找一个影响企业价值的关键变量（如净利润）； （2）确定一组可以比较的类似企业，计算可比企业（而非"同业企业"）的市价/关键变量的平均值（如平均市盈率）； （3）根据目标企业的关键变量（如净利润）乘以得到的平均值（如平均市盈率），计算目标企业的评估价值
计算公式	目标企业每股价值=目标企业每股XX（关键变量）× $\dfrac{可比企业每股市价}{可比企业每股XX（关键变量）}$

考霸笔记：用相对价值法得出的结论是相对于可比企业来说的，以可比企业价值为基准，是一种相对价值，而非目标企业的内在价值。

二、相对价值模型的原理（见表8-31）★★★

表8-31 相对价值模型的原理

关键变量	模型
每股收益	市盈率模型
每股净资产	市净率模型
每股销售收入	市销率模型

（一）市盈率模型

1.基本模型（见表8-32）

表8-32 市盈率模型

项目	说明
理论依据	该模型假设每股价值是每股收益的一定倍数。每股收益越大，则每股价值越大。同类企业有类似的市盈率，所以目标企业的每股价值可以用每股收益乘以可比企业的平均市盈率计算
计算公式	目标企业每股价值=目标企业的每股收益×可比企业平均市盈率

2.模型原理（寻找驱动市盈率的基本因素）

根据股利折现模型，计算处于稳定状态企业的每股价值：

$$每股价值 P_0 = \frac{每股股利_1}{股权成本-增长率} = \frac{D_1}{K_s-g}$$

两边同时除以每股收益$_0$（EPS_0）：

$$本期市盈率 = \frac{P_0}{EPS_0} = \frac{D_1}{EPS_0} \Big/ (K_s-g) = \frac{D_0 \times (1+g)}{EPS_0} \Big/ (K_s-g) = \frac{股利支付率 \times (1+g)}{K_s-g}$$

将上一步的EPS_0替换成预计下期的EPS_1：

$$内在（预期）市盈率 = \frac{P_0}{EPS_1} = \frac{D_1}{EPS_1} \Big/ (K_s-g) = \frac{股利支付率}{K_s-g}$$

【提示】 市盈率与净利的**匹配原则**：估值时，目标企业的本期净利必须要乘以可比企业本期市盈率；目标企业的预期净利必须要乘以可比企业预期市盈率，两者必须匹配。

本期市盈率与内在市盈率一样吗？

考霸笔记：这一原则不仅适用于市盈率，也适用于市净率和市销率；不仅适用于未修正的市价比率，也适用于后面要讲的各种修正的市价比率。

考霸笔记
可比企业需要选择这三个因素类似的企业，同业企业不一定都具有这种类似性。

3.市盈率的驱动因素

（1）企业的增长潜力；

（2）股利支付率；

（3）风险。　股权资本成本的高低与其风险有关。

【提示】最关键的因素是增长潜力：增长潜力类似不仅指具有相同的增长率，还包括增长模式的类似性，如同为永续增长，还是同为由高增长转为永续低增长。处在生命周期同一阶段的同业企业，大体上有类似的增长率，可以作为判断增长率类似的主要依据。

4.模型的评价（见表8-33）

表8-33　　　　　　　　　　　　　　模型的评价

项目	说明
优点	（1）计算市盈率的数据容易取得，并且计算简单。 （2）市盈率把价格和收益联系起来，直观地反映投入和产出的关系。 （3）市盈率涵盖了风险、增长率、股利支付率的影响，具有很高的综合性
局限性	如果收益是负值，市盈率就失去了意义
适用条件	最适合连续盈利的企业

（二）市净率模型

1.基本模型（见表8-34）

表8-34　　　　　　　　　　　　　　市净率模型

项目	说明
理论依据	该模型假设每股价值是每股净资产的一定倍数。每股净资产越大，则每股价值越大。同类企业有类似的市净率，所以目标企业的每股价值可以用每股净资产乘可比企业的平均市净率计算
计算公式	目标企业每股价值=目标企业的每股净资产×可比企业平均市净率

2.模型原理（寻找驱动市净率的基本因素）（见表8-35）

表8-35　　　　　　　　　　　　　　模型原理

数据时期	计算公式
使用本期数据	$本期市净率=\dfrac{P_0}{每股净资产_0}=\dfrac{P_0}{EPS_0}\times\dfrac{EPS_0}{每股净资产_0}$ $=本期市盈率\times ROE_0=\dfrac{股利支付率\times(1+g)}{K_s-g}\times ROE_0$
使用预计数据	$内在市净率=\dfrac{P_0}{每股净资产_1}=\dfrac{P_0}{EPS_1}\times\dfrac{EPS_1}{每股净资产_1}$ $=内在市盈率\times ROE_1=\dfrac{股利支付率}{K_s-g}\times ROE_1$

本期市净率与内在市净率一样吗？

3. **市净率的驱动因素**

（1）权益净利率（最关键）；

（2）股利支付率；

（3）增长率；

（4）风险（股权资本成本的高低与其风险有关）。

考霸笔记
这四个因素类似的企业，会有类似的市净率。不同企业市净率的差别，也是由于这四个因素不同引起的。

4. 模型的评价（见表8-36）

表8-36　　　　　　　　　　模型的评价

项目	说明
优点	（1）净利为负值的企业不能用市盈率进行估值，而市净率极少为负值，可用于大多数企业。 （2）净资产账面价值的数据容易取得，并且容易理解。 （3）净资产账面价值比净利稳定，也不像利润那样经常被人为操纵。 （4）如果会计标准合理并且各企业会计政策一致，市净率的变化可以反映企业价值的变化
局限性	（1）账面价值受会计政策选择的影响，如果各企业执行不同的会计标准或会计政策，市净率会失去可比性。 （2）固定资产很少的服务性企业和高科技企业，净资产与企业价值的关系不大，其市净率比较没有实际意义。 （3）少数企业的净资产是负值，市净率没有意义，无法用于比较
适用条件	需要拥有大量资产、净资产为正值的企业

（三）市销率模型

1. 基本模型（见表8-37）

表8-37　　　　　　　　　　市销率模型

项目	说明
理论依据	该模型假设每股价值是每股销售收入的一定倍数。每股销售收入越大，则每股价值越大。同类企业有类似的市销率，所以目标企业的每股价值可以用每股销售收入乘以可比企业的平均市销率计算
计算公式	目标企业每股价值=目标企业的每股销售收入×可比企业平均市销率

2. 模型原理（寻找驱动市销率的基本因素）（见表8-38）

表8-38　　　　　　　　　　模型原理

数据时期	计算公式
使用本期数据	$本期市销率=\dfrac{P_0}{每股销售收入_0}=\dfrac{P_0}{EPS_0}\times\dfrac{EPS_0}{每股销售收入_0}$ $=本期市盈率\times销售净利率_0=\dfrac{股利支付率\times(1+g)}{K_s-g}\times销售净利率_0$
使用预计数据	$内在市销率=\dfrac{P_0}{每股销售收入_1}=\dfrac{P_0}{EPS_1}\times\dfrac{EPS_1}{每股销售收入_1}$ $=内在市盈率\times销售净利率_1=\dfrac{股利支付率}{K_s-g}\times销售净利率_1$

本期市销率与内在市销率一样吗？

3. 市销率的驱动因素

考霸笔记
这四个因素类似的企业，会有类似的市销率。

(1) 销售净利率（最关键）；

(2) 股利支付率；

(3) 增长率；

(4) 风险（股权资本成本的高低与其风险有关）。

4. 模型的评价（见表8-39）

市价比率的驱动因素与关键驱动因素一样吗？

表8-39 　　　　　　　　　　　模型的评价

项目	说明
优点	(1) 它不会出现负值，对于亏损企业和资不抵债的企业，也能计算出一个有意义的市销率。 (2) 它比较稳定、可靠，不容易被操纵。 (3) 市销率对价格政策和企业战略变化敏感，可以反映这种变化的后果
局限性	不能反映成本的变化，而成本是影响企业现金流量和价值的重要因素之一
适用条件	销售成本率较低的服务类企业，或销售成本率趋同的传统行业的企业

市价比率的适用条件分别是什么？

三、修正的市价比率 ★★★

由于相对价值评估模型要求的可比条件比较严格，或者同行业的上市企业很少，在选择可比企业的时候，经常找不到足够的可比企业。解决问题的办法之一是对模型进行修正，剔除关键驱动因素的影响，将关键驱动因素不同的企业纳入可比范围。

如何理解修正平均市X率法的解题步骤？

（一）修正平均市X率法（见表8-40）　先平均后修正。

表8-40 　　　　　　　　　　　修正平均市X率法

步骤	计算公式	
1	计算可比企业的两个"算术"平均数	可比企业的平均市X率$=\dfrac{\sum \text{可比企业的市X率}}{n}$ 可比企业的平均关键驱动因素$=\dfrac{\sum \text{可比企业的关键驱动因素}}{n}$
2	可比企业的修正平均市X率$=\dfrac{\text{可比企业的平均市X率}}{\text{可比企业的平均关键驱动因素}\times 100}$	
3	目标企业每股价值$=$可比企业的修正平均市X率$\times$目标企业关键驱动因素$\times 100 \times$目标企业每股关键变量	

如何理解股价平均法的解题步骤？

（二）股价平均法（见表8-41）　先修正后平均。

表8-41 　　　　　　　　　　　股价平均法

步骤	计算公式
1	计算每个可比企业$_i$的 修正市X率$=\dfrac{\text{可比企业}_i\text{的市X率}}{\text{可比企业}_i\text{的关键驱动因素}\times 100}$
2	计算目标企业相对于每个可比企业$_i$的 每股价值$_i=$步骤1$\times$目标企业关键驱动因素$\times 100\times$目标企业关键变量
3	目标企业平均每股价值$=\dfrac{\sum \text{目标企业相对于每个可比企业的每股股权价值}}{n}$

智能测评

在线练习	我要提问
扫码在线做题　　　　扫码看答案	扫码答疑
本书"本章同步强化训练"均配备二维码，打开微信"扫一扫"即可完成在线测评，查看本章详细的测评反馈报告，了解知识掌握情况，也可扫码直接看答案噢。 快来扫码做题吧！	本书配备答疑专用二维码，打开微信"扫一扫"，即可完成在线提问，获取专业老师全面个性化解答，让学习问题不再拖延。 快来扫码提问吧！

第八章

本章同步强化训练

一、单选题

1. 如果企业终止运营，此时企业的清算价值应当是（　　）。

A. 资产的相对价值　　　　　　　　　　　B. 资产的未来现金流量的现值

C. 资产的账面价值　　　　　　　　　　　D. 资产的变现价值

2. 少数股权价值如果低于控股权价值，说明控股权溢价（　　）。

A. 大于 0　　　　　B. 小于 0　　　　　C. 不存在　　　　　D. 大于清算价值

3. 某公司 2018 年税前经营利润为 2 000 万元，所得税税率为 25%，经营性营运资本增加 350 万元，经营性长期资产增加 800 万元，经营性长期负债增加 200 万元，利息费用 60 万元。该公司按照固定的净负债率 60% 为投资筹集资本，则 2018 年股权现金流量为（　　）万元。

A. 986　　　　　B. 1 075　　　　　C. 950　　　　　D. 648

4. 下列关于"自由现金流量"的表述中，正确的是（　　）。

A. 自由现金流量=税后经营净利润+折旧与摊销

B. 自由现金流量就是经营活动产生的现金流量净额

C. 自由现金流量=经营活动产生的现金流量净额+投资活动产生的现金流量净额+筹资活动产生的现金流量净额

D. 自由现金流量就是企业履行了所有财务责任和满足了再投资需要以后的现金流量净额

5. 甲公司 2018 年每股收益 0.8 元，每股分配现金股利 0.4 元。如果公司每股收益增长率预计为 6%，股权资本成本为 10%，股利支付率不变，公司的预期市盈率为（　　）。

A. 8.33　　　　　B. 11.79　　　　　C. 12.50　　　　　D. 13.25

6. 甲公司 2018 年每股收益 0.8 元，每股分配现金股利 0.4 元。如果公司股利增长率预计为 6%，2018 年末股价为 50 元，预计股利支付率不变，公司 2018 年的内在市盈率是（　　）。

A. 62.50　　　　　B. 58.96　　　　　C. 20　　　　　D. 18.87

7. 甲公司进入可持续增长状态，股利支付率 50%，权益净利率 20%，股利增长率 5%，股权资本成本 10%，则甲公司的内在市净率是（　　）。

A. 2　　　　　B. 2.1　　　　　C. 10　　　　　D. 10.5

8.甲公司采用固定股利支付率政策，股利支付率60%，2014年甲公司每股收益3元，预期可持续增长率5%，股权资本成本13%，期末每股净资产20元，没有优先股，2014年末甲公司的本期市净率为（　　）。

A.1.08 　　　　　　B.1.12 　　　　　　C.1.18 　　　　　　D.1.24

9.市净率的关键驱动因素是（　　）。

A.增长潜力 　　　　B.销售净利率 　　　C.权益净利率 　　　D.股利支付率

10.甲公司进入可持续增长阶段，股利支付率为50%，销售净利率为16%，股利增长率为5%，股权资本成本为8%，则甲公司的内在市销率为（　　）。

A.2.67 　　　　　　B.2.8 　　　　　　C.10 　　　　　　D.10.5

11.下列关于相对价值估价模型适用性的说法中，错误的是（　　）。

A.市净率估价模型不适用于资不抵债的企业

B.市净率估价模型不适用于固定资产较少的企业

C.市销率估价模型不适用于销售成本率较低的企业

D.市盈率估价模型不适用于亏损的企业

12.按照企业价值评估的市销率模型，以下四种不属于市销率驱动因素的是（　　）。

A.股利支付率 　　　B.权益净利率 　　　C.企业的增长潜力 　　　D.股权资本成本

13.市销率模型的优点不包括（　　）。

A.对价格政策和企业战略变化敏感，可以反映这种变化的后果

B.比较稳定、可靠，不容易被操纵

C.市销率模型的关键驱动因素是销售净利率，因此可以反映销售成本的变化

D.不会出现负值，对于亏损企业和资不抵债的企业也可以计算出一个有意义的价值乘数

14.甲公司是一家制造业企业，每股营业收入40元，销售净利率5%。与甲公司可比的3家制造业企业的平均市销率是0.8倍，平均销售净利率4%。用修正平均市销率法估计的甲公司每股价值是（　　）元。

A.25.6 　　　　　　B.32 　　　　　　C.33.6 　　　　　　D.40

15.使用市价比率模型进行企业价值评估时，通常需要确定一个关键因素，并用可比企业的此因素平均值对可比企业的平均市价比率进行修正。下列说法中，正确的是（　　）。

A.修正市盈率的关键因素是每股收益 　　　　B.修正市盈率的关键因素是股利支付率

C.修正市净率的关键因素是权益净利率 　　　　D.修正市销率的关键因素是增长率

二、多选题

1.下列关于企业公平市场价值的说法中，正确的有（　　）。

A.企业公平市场价值是企业各部分构成的有机整体的价值

B.企业公平市场价值是企业未来现金流入的现值

C.企业公平市场价值是企业持续经营价值

D.企业公平市场价值是企业控股权价值

2.下列关于企业价值的说法中，错误的有（　　）。

A.企业的实体价值等于各单项资产价值的总和

B.企业的实体价值等于企业的现时市场价格

C.企业的实体价值等于股权价值和净债务价值之和

D.企业的股权价值等于少数股权价值和控股权价值之和

3.关于企业公平市场价值的以下表述中，正确的有（　　　）。

A.公平市场价值就是未来现金流量的现值

B.股票公平市场价值就是股票的市场价格

C.公平市场价值应该是股权的公平市场价值与债务的公平市场价值之和

D.公平市场价值应该是持续经营价值与清算价值中的较高者

4.股权现金流量是指一定期间内可以提供给股权投资人的现金流量，以下表述正确的有（　　　）。

A.股权现金流量是扣除了各种费用、必要的投资支出后的剩余部分

B.如果把股权现金流量全部作为股利分配，则股权现金流量等于股利现金流量

C.有多少股权现金流量会作为股利分配给股东，取决于企业的筹资和股利分配政策

D.加权平均资本成本是与股权现金流量相匹配的等风险投资的机会成本

5.在进行企业价值评估时，判断企业进入稳定状态的主要标志有（　　　）。

A.现金流量是一个常数

B.投资额为零

C.有稳定的销售增长率，它大约等于宏观经济的名义增长率

D.企业有稳定的净投资资本报酬率，它与资本成本接近

6.下列关于实体现金流量计算的公式中，正确的有（　　　）。

A.实体现金流量=税后经营净利润－净经营资产净投资

B.实体现金流量=税后经营净利润－经营性营运资本增加－资本支出

C.实体现金流量=税后经营净利润－经营性资产增加－经营性负债增加

D.实体现金流量=税后经营净利润－经营性营运资本增加－净经营性长期资产增加

7.在对企业价值进行评估时，下列说法中正确的有（　　　）。

A.实体现金流量是企业可提供给全部投资人的税后现金流量之和

B.实体现金流量=营业现金净流量－资本支出

C.实体现金流量=税后经营净利润+折旧与摊销－经营流动资产增加－资本支出

D.实体现金流量=股权现金流量+税后利息支出

8.以下关于企业价值评估现金流量折现法的表述中，正确的是（　　　）。

A.预测基数应为上一年的实际数据，不能对其进行调整

B.预测期是指企业增长的不稳定时期，通常在10年以上

C.实体现金流量应该等于融资现金流量

D.对销售增长率进行预测时，如果宏观经济、行业状况和企业的经营战略预计没有明显变化，则可以按上年增长率进行预测

9.下列关于企业价值评估的表述中，正确的有（　　　）。

A.现金流量折现模型的基本思想是增量现金流量原则和时间价值原则

B.实体自由现金流量是企业可提供给全部投资人的税后现金流量之和

C.在稳定状态下实体现金流量增长率一般不等于销售收入增长率

D.在稳定状态下股权现金流量增长率一般不等于销售收入增长率

10.以下关于企业价值评估现金流量折现法的表述中，错误的有（　　　）。

A.预测基数应为上一年的实际数据，不能对其进行调整

B.预测期是指企业增长的不稳定时期，通常在5至7年之间

C.实体现金流量应该等于融资现金流量

D.后续期的现金流量增长率越高，企业价值越大

11.E公司2×17年销售收入为5 000万元，2×17年底净负债及股东权益总计为2 500万元（其中股东权益2 200万元），预计2×18年销售增长率为8%，税后经营利润率为10%，净经营资产周转率保持与2×17年一致，净负债的税后利息率为4%，净负债利息按上年末净负债余额和预计利息率计算。企业的融资政策为：多余现金优先用于归还借款，归还全部借款后剩余的现金全部发放股利。下列有关2×18年的各项预计结果中，正确的有（   ）。

A.净经营资产净投资为200万元　　　　B.税后经营净利润为540万元

C.实体现金流量为340万元　　　　　　D.本年留存收益为500万元

12.应用市盈率模型评估企业的股权价值，在确定可比企业时需要考虑的因素有（   ）。

A.收益增长率　　　　B.销售净利率　　　　C.未来风险　　　　D.股利支付率

13.下列有关市盈率模型的表述中，错误的有（   ）。

A.在进行企业价值评估时，按照市盈率模型可以得出目标企业的内在价值

B.运用市盈率模型进行企业价值评估时，目标企业股权价值可以用每股净利乘以行业平均市盈率计算

C.根据相对价值法的市盈率模型，在其他影响因素不变的情况下，增长率越高，市盈率越小

D.对于亏损企业，无法利用市盈率模型估值

三、计算分析题

1.2×19年年初，甲投资基金对乙上市公司普通股股票进行估值。

乙公司2×18年营业收入6 000万元，销售成本（含销货成本、销销售费用、管理费用等）占营业收入的60%，净经营资产4 000万元。该公司自2×19年开始进入稳定增长期，可持续增长率为5%。目标资本结构（净负债：股东权益）为1：1；2×19年年初流通在外普通股1 000万股，每股市价22元。

该公司债务税前利率8%，股权相对债权风险溢价5%，企业所得税税率25%。

为简化计算，假设现金流量均在年末发生，利息费用按净负债期初余额计算。

要求：

（1）预计2×19年乙公司税后经营净利润、实体现金流量、股权现金流量。

（2）计算乙公司股权资本成本，使用股权现金流量法估计乙公司2×19年年初每股价值，并判断每股市价是否高估。

2.C公司是2010年1月1日成立的高新技术企业。为了进行以价值为基础的管理，该公司采用股权现金流量模型对股权价值进行评估。评估所需的相关数据如下：

（1）C公司2010年的销售收入为1 000万元。根据目前市场行情预测，其2011年、2012年的增长率分别为10%、8%；2013年及以后年度进入永续增长阶段，增长率为5%。

（2）C公司2010年的经营性营运资本周转率为4，净经营性长期资产周转率为2，净经营资产净利率为20%，净负债/股东权益=1/1。公司税后净负债成本为6%，股权资本成本为12%。评估时假设以后年度上述指标均保持不变。

（3）公司未来不打算增发或回购股票。为保持当前资本结构，公司采用剩余股利政策分配股利。

要求：

（1）计算C公司2011年至2013年的股权现金流量。

（2）计算C公司2010年12月31日的股权价值。

3.【2013年·计算分析题】甲公司是一家从事生物制药的上市公司，2012年12月31日的股票价格为每股60元，为了对当前股价是否偏离价值进行判断，公司拟采用股权现金流量法评估每股股权价值，相关资料如下：

（1）2012年每股净经营资产30元，每股税后经营净利润6元，预计未来保持不变。

（2）公司当前的资本结构（净负债/净经营资产）为60%，为降低财务风险，公司拟调整资本结构并已发布公告，目标资本结构为50%，资本结构高于50%不分配股利，多余现金首先用于归还借款，企业采用剩余股利政策分配股利，未来不打算增发或回购股票。

（3）净负债的税前资本成本为6%，未来保持不变，财务费用按期初净负债计算。

（4）股权资本成本2013年为12%，2014年及以后年度为10%。（注意折现率发生改变）

（5）公司适用的企业所得税税率为25%。

要求：

（1）计算2013年每股实体现金流量、每股债务现金流量、每股股权现金流量。

（2）计算2014年每股实体现金流量、每股债务现金流量、每股股权现金流量。

（3）计算2012年12月31日每股股权价值，判断甲公司的股价是被高估还是低估。

4.甲公司是一家尚未上市的高科技企业，固定资产较少，人工成本占销售成本的比重较大。为了进行以价值为基础的管理，公司拟采用相对价值评估模型对股权价值进行评估，有关资料如下：

（1）甲公司2×18年度实现净利润3000万元，年初股东权益总额为20000万元，年末股东权益总额为21800万元，2×18年股东权益的增加全部源于利润留存。公司没有优先股，2×18年年末普通股股数为10000万股，公司当年没有增发新股，也没有回购股票。预计甲公司2×19年及以后年度的利润增长率为9%，权益净利率保持不变。

（2）甲公司选择了同行业的3家上市公司作为可比公司，并收集了以下相关数据：

可比公司	每股收益（元）	每股净资产（元）	权益净利率	每股市价（元）	预期利润增长率
A公司	0.4	2	21.20%	8	8%
B公司	0.5	3	17.50%	8.1	6%
C公司	0.5	2.2	24.30%	11	10%

要求：

（1）使用市盈率模型下的修正平均市盈率法计算甲公司的每股股权价值。

（2）使用市净率模型下的修正平均市净率法计算甲公司的每股股权价值。

（3）判断甲公司更适合使用市盈率模型和市净率模型中的哪种模型进行估值，并说明原因。

5.甲公司是一家尚未上市的机械加工企业，公司目前发行在外的普通股股数为4000万股，预计2×19年的销售收入为18000万元，净利润为9360万元。公司拟采用相对价值评估模型中的市销率（市价/收入比率）估价模型对股权价值进行评估，并收集了三个可比公司的相关数据，具体如下：

可比公司名称	预计销售收入 （万元）	预计净利润 （万元）	普通股股数 （万股）	当前股票价格 （元/股）
A公司	20 000	9 000	5 000	20.00
B公司	30 000	15 600	8 000	19.50
C公司	35 000	17 500	7 000	27.00

要求：

（1）计算三个可比公司的市销率，使用修正平均市销率法计算甲公司的股权价值。

（2）分析市销率估价模型的优点和局限性，该种估价方法主要适用于哪类企业？

6.请你对H公司的股权价值进行评估。有关资料如下：

（1）以2×16年为预测基期，该年经修正的利润表和资产负债表如下（单位：万元）：

①利润表项目（当年）

项目	2×16年度
营业收入	1 500
税后经营净利润	275
减：税后利息费用	1 225
净利润	725
减：应付股利	500
本期利润留存	4 000
加：年初未分配利润	4 500
年末未分配利润	10 000

②资产负债表项目（年末）

项目	2×16年12月31日
经营营运资本	1 000
固定资产净值	10 000
净经营资产总计	11 000
净负债	5 500
股本	1 000
年末未分配利润	4 500
股东权益合计	5 500
净负债及股东权益总计	11 000

（2）以2×17年和2×18年为详细预测期，2×17年的预计销售增长率为10%，2×18年的预计销售增长率为5%，以后各年的预计销售增长率稳定在5%的水平。

（3）假设H公司未来的"税后经营净利润/营业收入""经营营运资本/营业收入""固定资产

净值/营业收入"可以维持预测基期的水平。

（4）假设 H 公司未来将维持基期的资本结构（净负债/净经营资产），并持续采用剩余股利政策。公司资金不足时，优先选择有息负债筹资；当进一步增加负债会超过目标资本结构限制时，将选择增发股份筹资。

（5）假设 H 公司未来的"净负债平均利息率（税后）"为 5%，各年的"利息费用"按年初"净负债"的金额计算。

（6）假设 H 公司未来的加权平均资本成本为 10%，股权资本成本为 12%。

要求：

（1）编制价值评估所需的预计利润表和资产负债表（计算结果填入答题卷给定的"预计利润表和资产负债表"中，不必列出计算过程）。

①预计利润表项目（年度）：

项目	2×16年	2×17年	2×18年
营业收入			
税后经营净利润			
减：税后利息费用			
税后利润			
减：应付股利			
本期利润留存			
加：年初未分配利润			
年末未分配利润			

②预计资产负债表项目（年末）：

项目	2×16年	2×17年	2×18年
经营营运资本			
固定资产净值			
净经营资产总计			
净负债			
股本			
年末未分配利润			
股东权益合计			
净金融负债及股东权益总计			

（2）计算 2×17 年和 2×18 年的"实体现金流量"、"股权现金流量"。

（3）编制实体现金流量法和股权现金流量法的股权价值评估表（结果填入答题卷给定的"实体现金流量法股权价值评估表"、"股权现金流量法股权价值评估表"中，不必列出计算过程）。

①实体现金流量法股权价值评估表：

年份	2×16年	2×17年	2×18年
实体现金流量			
资本成本			
折现系数			
预测期现值			
后续期现值			
实体价值现值合计			
债务价值			
股权价值			
股数			
每股价值（元）			

②股权现金流量法股权价值评估表：

年份（年末）	2×16年	2×17年	2×18年
股权现金流量			
股权成本			
现值系数			
预测期现值			
后续期现值			
股权价值			
股数			
每股价值（元）			

7. 甲公司是一家火力发电上市企业，2012年12月31日的股票价格为每股5元。为了对当前股价是否偏离价值进行判断，公司拟对企业整体价值进行评估，有关资料如下：

（1）甲公司2012年的主要财务报表数据（单位：万元）：

①资产负债表项目（年末）

项目	金额
货币资金	750
应收款项	4 000
存货	2 250
固定资产	41 250
资产总计	48 250
应付款项	3 000
长期借款	36 250
股本（普通股8 000万股）	8 000
留存利润	1 000
负债及股东权益总计	48 250

②利润表项目（年度）

项目	金额
一、销售收入	50 000
减：销售成本	40 000
管理费用	1 000
财务费用（利息费用）	2 892
二、营业利润	6 108
加：营业外收入	220
减：营业外支出	100
三、利润总额	6 228
减：所得税费用	1 557
四、净利润	4 671

（2）对甲公司2012年度的财务数据进行修正，作为预测基期数据。甲公司货币资金中经营活动所需的货币资金额为销售收入的1%，应收款项、存货、固定资产均为经营性资产，应付款项均为自发性无息负债。营业外收入和营业外支出均为偶然项目，不具有持续性。

（3）预计甲公司2013年度的售电量将增长2%，2014年及以后年度售电量将稳定在2013年的水平。不再增长。预计未来电价不变。

（4）预计甲公司2013年度的销售成本率可降至75%，2014年及以后年度销售成本率维持75%不变。

（5）管理费用、经营资产、经营负债与销售收入的百分比均可稳定在基期水平。

（6）甲公司目前的负债率较高，计划将资本结构（净负债/净投资资本）逐步调整到65%，资本结构高于65%之前不分配股利，多余现金首先用于归还借款。企业采用剩余股利政策分配股利，未来不打算增发或回购股票。净负债的税前资本成本平均预计为8%，以后年度将保持不变。财务费用按照期初净负债计算。

（7）甲公司适用的企业所得税税率为25%，加权平均资本成本为10%。

（8）采用实体现金流量折现模型估计企业价值，债务价值按账面价值估计。

要求：

（1）编制修正后基期及2013年度、2014年度的预计资产负债表和预计利润表（结果填入下方表格中，不用列出计算过程），并计算甲公司2013年度及2014年度的实体现金流量。

①资产负债表项目（年末/单位：万元）

项目	基期（修正）	2013年度	2014年度
经营营运资本			
净经营性长期资产			
净经营资产总计			
净负债			
股东权益合计			
净负债及股东权益总计			

②利润表项目（年度/单位：万元）

项目	基期（修正）	2013年度	2014年度
一、销售收入			
减：销售成本			
管理费用			
二、税前经营利润			
减：经营利润所得税			
三、税后经营净利润			
利息费用			
减：利息费用抵税			
四、税后利息费用			
五、净利润			

（2）计算甲公司2012年12月31日的实体价值和每股股权价值，判断甲公司的股价是被高估还是被低估。

第九章
资本结构

本章框架图

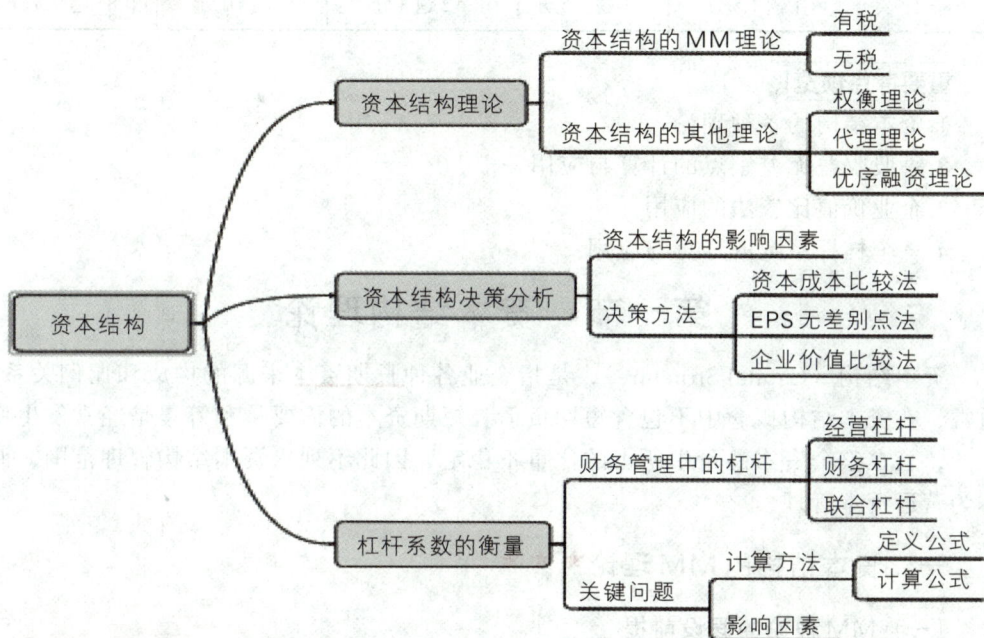

本章考情概述

本章考情分析

本章属于一般章。资本结构决策属于企业最重要的筹资决策，在学习本章内容时，既要定性理解有关资本结构的各种理论，又要定量掌握资本结构的决策分析方法。本章内容与其他章的内容具有重要联系，具体概括如下：

（1）每股收益无差别点与第二章外部融资需求量的结合。

（2）杠杆系数与其他章节的结合：

①经营杠杆系数VS第十六章本量利分析中利润对销售量的敏感系数；

②财务杠杆系数VS第二章利息保障倍数。

本章近5年题型题量分析见表9-1。

表9-1 近5年题型题量分析

	2014年	2015年	2016年	2017年	2018年
单项选择题	1题1.5分	1题1.5分	2题3分	2题2分	
多项选择题					0.25题0.5分
计算分析题				1题8分	
综合题					0.6题9分
合计	1题1.5分	1题1.5分	2题3分	3题10分	0.85题9.5分

重要考点预览

1. 资本结构的各种理论
2. 每股收益无差别点的计算与应用
3. 企业价值比较法的应用
4. 三个杠杆系数的计算与应用

第一节 资本结构理论

资本结构（Capital Structure），是指企业各种长期资本来源的构成和比例关系。通常，在资本结构概念中不包含短期负债。短期资本的需要量和筹集是经常发生变化的，且在整个资本总量中所占的比重不稳定，因此不列入资本结构管理范围，而作为营运资本管理。

一、资本结构的MM理论 ★★★

（一）MM理论的假设前提

现代资本结构理论是由莫迪格利安尼（Modigliani）和米勒（Miller）基于完美资本市场的假设条件提出的，所依据的直接及隐含的假设条件如下：

（1）经营风险可以用息税前利润的方差来衡量（EBIT是经营利润），具有相同经营风险的公司称为风险同类（Homogeneous Risk Class）。

（2）投资者等市场参与者对公司未来的收益（EBIT）与风险（经营风险）的预期是相同的（Homogeneous Expectations）。

（3）完美的资本市场（Perfect Capital Markets），即在股票与债券进行交易的市场中没有交易成本，且个人与机构投资者的借款利率与公司相同。

（4）借债无风险，即公司或个人投资者的所有债务利率均为无风险利率，与债务数量无关。

（5）全部现金流是永续的，即公司息税前利润具有永续的零增长特征，债券也是永续的。

【提示】

（1）无负债企业的实体流量等于股权流量，在无税条件下，均等于EBIT。

（2）有负债企业的实体流量等于无负债企业的实体流量。

（二）无税MM理论

1.命题Ⅰ——企业角度（见表9-2）

表9-2　　　　　　　　　　　　命题Ⅰ——企业角度

项目	说明
基本观点	在没有企业所得税的情况下，有负债企业的价值与无负债企业的价值相等，即无论企业是否有负债，企业的资本结构与企业价值无关
表达式	$V_L=\dfrac{EBIT}{K^0_{WACC}}=V_U=\dfrac{EBIT}{K^U_e}$ 其中：V_L表示有负债企业的价值； 　　　　V_U表示无负债企业的价值； 　　　　EBIT表示企业全部资产的预期收益（永续）； 　　　　K^0_{WACC}表示有负债企业的加权资本成本； 　　　　K^U_e表示既定风险等级（经营风险相同）的无负债企业的权益资本成本
相关结论	（1）无论企业是否有负债，企业加权平均资本成本将保持不变，与其资本结构无关，即$K^0_{WACC}=K^U_e$，加权资本成本仅取决于企业的经营风险 （2）企业价值仅由预期收益所决定，即全部预期收益（永续）按照与企业风险等级相同的必要报酬率所计算的现值（不存在最优资本结构）

考霸笔记
有负债企业与无负债企业除资本结构不同外，其他方面完全相同。

如何理解无税MM理论？

2.命题Ⅱ——股东角度（见表9-3）

表9-3　　　　　　　　　　　　命题Ⅱ——股东角度

项目	说明
基本观点	有负债企业的权益资本成本随着财务杠杆的提高而增加。有负债企业的权益资本成本等于无负债企业的权益资本成本加上风险溢价，而风险溢价与以市值计算的财务杠杆（债务/股东权益）成正比
表达式	$K^L_e=K^U_e+$风险溢价$=K^U_e+（K^U_e-K_d）\times\dfrac{D}{E}$ 其中：K^L_e表示有负债企业的权益资本成本； 　　　　K^U_e表示无负债企业的权益资本成本； 　　　　D表示有负债企业的债务市场价值； 　　　　E表示有负债企业的权益市场价值； 　　　　K_d表示有负债企业的税前债务资本成本

考霸笔记
对财务风险的补偿。

【提示】有负债企业权益资本成本的推导：由MM命题Ⅰ可以得出，$K^U_e=K^0_{WACC}=$ $K^L_e\times\dfrac{E}{E+D}+K_d\times\dfrac{D}{E+D}$，解出$K^L_e$即可。

【跨章节综合】命题Ⅱ的表达式是否有似曾相识的感觉？对，就是和第二章改进的杜邦分析体系类似：

ROE=净经营资产净利率+（净经营资产净利率-税后利息率）×净财务杠杆

【总结】无税MM理论下资本结构改变的影响见表9-4。

表9-4   无税MM理论下资本结构改变的影响

财务指标	影响
企业价值	不变
WACC	不变
（税前）债务成本	不变
权益成本	随负债比例同向变化

● 图示见表9-5。

表9-5   无企业所得税条件下MM的命题Ⅰ和命题Ⅱ

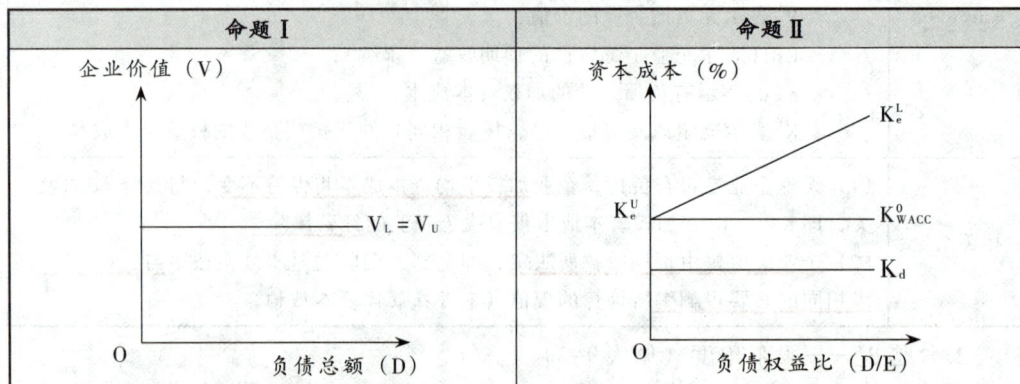

命题Ⅰ	命题Ⅱ

【提示】无税的MM理论又称为"资本结构无关论"，要正确理解"无关"：

（1）无关是在无税前提下的无关，有税则有关；

（2）无关是在企业层面上的无关，股权则有关。

（三）有税MM理论

1.命题Ⅰ——企业角度（见表9-6）

表9-6   命题Ⅰ——企业角度

项目	说明
基本观点	有负债企业的价值等于具有相同风险等级的无负债企业的价值加上债务利息抵税收益的现值
原因	由于债务利息可以在税前扣除，形成了债务利息的抵税收益，相当于增加了企业的现金流量，增加了企业的价值
表达式	$V_L = V_U + PV（利息抵税）= V_U + \dfrac{I \times T}{K_d} = V_U + \dfrac{D \times K_d \times T}{K_d} = V_U + D \times T$
相关结论	随着企业负债比例的提高，企业价值也随之提高，在理论上全部融资来源于负债时，企业价值达到最大。最优资本结构。

【提示】此处的V_U是指有税条件下无负债企业的价值，其每年的税后现金流量为$EBIT \times （1-T）$，折现率为无负债时的权益资本成本，数量上等于无税时无负债企业的权益资本成本，即K_e^U（K_{WACC}^0），所以$V_U = \dfrac{EBIT \times （1-T）}{K_e^U}$。

如何理解有税MM理论？

财务杠杆越高，利息抵税的价值越高？

如何理解并记忆有税MM理论下权益资本成本的计算公式？

2.命题Ⅱ——股东角度（见表9-7）

表9-7　　　　　　　　　　　　　　**命题Ⅱ——股东角度**

项目	说明
基本观点	有负债企业的权益资本成本等于相同风险等级的无负债企业的权益资本成本加上与以市值计算的债务与权益比例（财务杠杆）成比例的风险报酬，且风险报酬取决于企业的债务比例以及所得税税率
表达式	$K_e^L = K_e^U + 风险溢价 = K_e^U + (K_e^U - K_d) \times \dfrac{D \times (1-T)}{E}$
相关结论	有负债企业的权益资本成本随着财务杠杆的提高而增加，但由于（1-T）<1，使有税时有负债企业的权益资本成本比无税时的要小

【总结】有税MM理论下资本结构改变的影响见表9-8。

表9-8　　　　　　　　**有税MM理论下资本结构改变的影响**

财务指标	影响
企业价值	随负债比例同向变化
WACC	随负债比例反向变化
（税后）债务成本	不变
权益成本	随负债比例同向变化

如何区分无税MM理论与有税MM理论？

● 图示见表9-9。

表9-9　　　　　　**考虑企业所得税条件下MM的命题Ⅰ和命题Ⅱ**

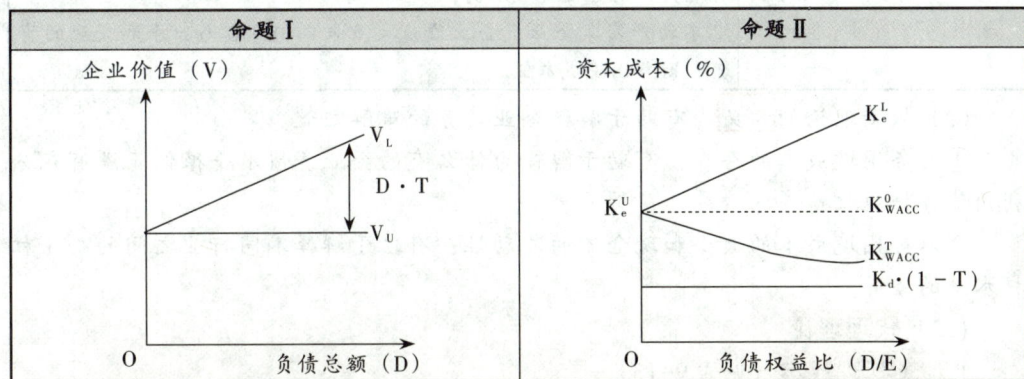

【提示】考虑所得税时负债企业加权资本成本为：

$$K_{WACC}^T = K_e^L \times \frac{E}{E+D} + K_d \times (1-T) \times \frac{D}{E+D} = K_e^L \times \frac{E}{E+D} + K_d \times \frac{D}{E+D} - K_d \times T \times \frac{D}{E+D}$$

考霸笔记 在考虑所得税的条件下，有负债企业的加权平均资本成本随着债务筹资比例的增加而降低。

二、资本结构的其他理论 ★★★

（一）权衡理论（Trade-off Theory）

1.财务困境成本（见表9-10）

如何理解权衡理论？

表9-10　　　　　　　　　　　　**财务困境成本**

项目	说明
含义	未来现金流不稳定以及对经济冲击高度敏感的企业，如果使用过多的债务，会导致其陷入财务困境（Financial Distress）
内容	（1）直接成本：指企业因破产、进行清算或重组所发生的法律费用和管理费用等。 （2）间接成本：指企业资信状况恶化以及持续经营能力下降而导致的企业价值损失

第九章

2.权衡理论的含义、表达式和最优结构（见表9-11）

表9-11 权衡理论的含义、表达式和最优结构

项目	说明
含义	强调在平衡债务利息的抵税收益与财务困境成本的基础上，实现企业价值最大化时的最佳资本结构
表达式	$V_L=V_U+PV$（利息抵税）$-PV$（财务困境成本）
最优结构	债务抵税收益的边际价值=增加的财务困境成本的现值

财务困境成本的现值的重要决定因素有哪些？

【提示】

（1）财务困境成本现值的决定因素（见表9-12）：

表9-12 财务困境成本现值的决定因素

决定因素	说明
发生财务困境的可能性	与企业收益现金流的波动程度有关。现金流与资产价值稳定的企业，债务违约的可能性较小
发生财务困境成本的大小	取决于这些成本来源的相对重要性以及行业特征，例如： ①高科技企业：潜在客户与核心员工的流失以及缺乏容易清算的有形资产，财务困境成本高； ②不动产密集企业：企业价值大多来自相对容易出手和变现的资产，财务困境成本低

（2）权衡理论的意义：有助于解释企业债务的难解之谜。

①财务困境成本的存在：有助于解释为什么有的企业负债水平很低而没有充分利用债务抵税收益。

②财务困境成本的大小和现金流的波动性：有助于解释不同行业之间的企业杠杆水平的差异。

如何理解代理理论？

（二）代理理论

1.债务代理成本（见表9-13）

表9-13 债务代理成本

考霸笔记
债务代理成本在企业负债比重较大时发生。

不该投的反而投。 该投的反而不投。

	过度投资问题	投资不足问题
含义	指因企业采用不盈利项目或高风险项目而产生的损害股东以及债权人的利益并降低企业价值的现象	指因企业放弃净现值为正的投资项目而使债权人利益受损并进而降低企业价值的现象
发生情形	（1）当企业经理与股东之间存在利益冲突时，经理的自利行为产生的过度投资问题。（2）当企业股东与债权人之间存在利益冲突时，经理代表股东利益采纳成功率低甚至净现值为负的高风险项目	发生在企业陷入财务困境且有比例较高的债务时（即企业具有风险债务），股东如果预见采纳新投资项目会以牺牲自身利益为代价补偿了债权人，股东就缺乏积极性选择该项目进行投资
代理成本	经理和股东受益而发生债权人价值向股东的转移	股东为避免价值损失而放弃给债权人带来的价值增值
结论	债务代理成本损害了债权人的利益，降低了企业价值，最终将由股东承担这种损失	

2.债务代理收益（见表9-14）

考霸笔记
说明适度负债是有益的。

表9-14　　　　　　　　　　　债务代理收益

项目	说明
作用	债务的代理收益将有利于减少企业的价值损失或增加企业价值
表现	（1）债权人保护条款的引入（限制性条款）； （2）对经理提升企业业绩的激励措施； （3）对经理随意支配现金流浪费企业资源的约束

3.债务代理成本与收益的权衡

企业负债所引发的代理成本以及相应的代理收益，最终均反映在对企业价值产生的影响。在考虑了企业债务的代理成本与代理收益后，资本结构的权衡理论模型扩展为：

$$V_L = V_U + PV（利息抵税）- PV（财务困境成本）- PV（债务代理成本）+ PV（债务代理收益）$$

为什么企业在筹资时对不同筹资方式进行选择时有顺序偏好？

【提示】代理理论为资本结构如何影响企业价值的主要因素以及内在逻辑关系提供了一个基本分析框架。

（三）优序融资理论（Pecking Order Theory）（见表9-15）

考霸笔记
先内后外，先债后股。

表9-15　　　　　　　　　　　优序融资理论

项目	说明
表述	当企业存在融资需求时，首先选择内源融资，其次会选择债务融资，最后选择股权融资
理论依据	在信息不对称和逆向选择行为影响下研究资本结构的一个分析

【提示】

（1）信息不对称：指内部管理层通常要比外部投资者拥有更多更准的有关企业的信息。此时，企业管理层的许多决策，如筹资方式的选择、股利分配等，不仅具有财务上的意义，而且向市场传递着信号（信号传递原则）。外部投资者只能通过管理层的这些决策所传递出的信息了解企业对未来收益的预期和投资风险，间接地评价企业价值。企业债务比例或资本结构就是一种把内部信息传递给市场的工具。

（2）逆向选择：外部投资者担心企业在发行股票或债务时价值被高估，经理人员在筹资时为摆脱利用价值被高估进行外部融资的嫌疑，尽量以内源融资方式从留存收益中筹措项目资金，如不足，则进行外部融资。由于投资者认为企业股票被高估的可能性超过了债券（企业可能对自身风险预计不足，导致β值偏低），所以企业融资时，按照风险程度的差异，优先考虑债权融资（先普通债券后可转换债券），不足时再考虑权益融资。

第二节　资本结构决策分析

一、资本结构的影响因素★★

债务融资虽然可以实现抵税收益，但在增加债务的同时也会加大企业的风险，并最终要由股东承担风险的成本。因此，企业资本结构决策的主要内容是权衡债务的收益与风险，实现合理的目标资本结构，从而实现企业价值最大化。

（一）一般影响因素（见表9-16）

表9-16　　　　　　　　　　　　　一般影响因素

项目	具体因素
内部因素	通常有营业收入、成长性、资产结构、盈利能力、管理层偏好、财务灵活性以及股权结构等
外部因素	通常有税率、利率、资本市场、行业特征等

（二）具体影响因素（见表9-17）

表9-17　　　　　　　　　　　　　具体影响因素

企业类型	负债水平（高低）/能力（强弱）
收益与现金流量波动大的企业	低
成长性好的企业，快速发展，对外部资金需求较大	高
盈利能力强的企业，内源融资的满足率较高	低
一般性用途资产比例高的企业，资产作为债务抵押的可能性较大	高
财务灵活性大的企业，利用闲置资金和剩余的负债能力以应付可能发生的偶然情况和把握预见机会（新的好项目）的能力较好	强

二、资本结构决策分析方法 ★★★

（一）资本成本比较法（见表9-18）

表9-18　　　　　　　　　　　　　资本成本比较法

项目	说明
含义	资本成本比较法，是指在不考虑各种融资方式在数量和比例上的约束以及财务风险差异时，通过计算各种基于市场价值的长期融资组合方案的加权平均资本成本，并根据计算结果选择加权平均资本成本最小的融资方案，确定为相对最优的资本结构　　　　　而非账面价值。
优点	本法仅以资本成本最低为选择标准，是一种比较便捷的方法
缺点	（1）本法只是比较了各种融资组合方案的资本成本，难以区别不同融资方案之间的财务风险因素差异； （2）在实际计算中有时也难以确定各种融资方式的资本成本

采用资本成本比较法进行资本结构决策有什么局限性？

（二）每股收益无差别点法

1. 基本原理（见表9-19）

表9-19　　　　　　　　　　　　　基本原理

项目	说明
基本观点	该种方法判断资本结构是否合理，通过分析每股收益的变化来衡量，能提高每股收益的资本结构是合理的，反之则不够合理
关键指标	每股收益无差别点：指每股收益不受融资方式影响的EBIT水平，即此时无论采用何种筹资方案，每股收益都是相等的
决策方法	计算不同融资方案下每股收益无差别点，通过比较在企业预期盈利水平（EBIT）下的不同融资方案的每股收益，进而选择每股收益较大的融资方案
计算公式	$EPS=\dfrac{(EBIT-I_1)\times(1-T)-PD_1}{N_1}=\dfrac{(EBIT-I_2)\times(1-T)-PD_2}{N_2}$ 其中：EBIT表示每股收益无差别时的息税前利润； I_i表示不同融资方式下的年利息支出（新增融资后总的）； PD_i表示不同融资方式下支付的优先股股利（新增融资后总的）； N_i表示不同融资方式下发行在外的普通股股数（新增融资后总的）

> 这里的预期EBIT是指新增融资后企业总的息前税前利润（原有EBIT＋新增EBIT）。

2. 每股收益无差别点与筹资策略

（1）两方案下每股收益无差别点的简便计算（见表9-20）

表9-20　　　　　　　两方案下每股收益无差别点的简便计算

	方案1	方案2
方案特点	融资费用高，但普通股股数少	融资费用低，但普通股股数多
普通股股数（万股）	N_1	N_2
税前财务负担（万元）	$L_1=I_1+\dfrac{PD_1}{1-T}$	$L_2=I_2+\dfrac{PD_2}{1-T}$
每股收益无差别点	$EBIT=\dfrac{N_2\times L_1-N_1\times L_2}{N_2-N_1}=\dfrac{大股数\times大利息-小股数\times小利息}{大股数-小股数}$	

> 此处的"利息"是指"税前财务负担"。

> **考霸笔记**
> 债券利息费用按照面值乘以票面利率计算，不考虑溢折价发行的影响（与会计的账务处理不同）。

【提示】

①公式推导：$\dfrac{(EBIT-I_1)\times(1-T)-PD_1}{N_1}=\dfrac{(EBIT-I_2)\times(1-T)-PD_2}{N_2}$

等号两边同时除以（1-T），有：$\dfrac{EBIT-I_1-PD_1/(1-T)}{N_1}=\dfrac{EBIT-I_2-PD_2/(1-T)}{N_2}$

用L（税前财务负担）表示"I+PD/（1-T）"，有：$\dfrac{EBIT-L_1}{N_1}=\dfrac{EBIT-L_2}{N_2}$

解得：$EBIT=\dfrac{N_2\times L_1-N_1\times L_2}{N_2-N_1}$

②股数、利息都是采取某一新增融资方案之后的企业"总的"股数和税前财务负担，而非新增加的数量；

③如果某方案税前财务负担和普通股股数都大，则EPS越小，该方案不可行，直接排除；

④优先股股利（PD）需要还原成税前金额。

每股收益的基本原理是什么？

为什么每股收益最大的资本结构不一定是最佳的资本结构？

第九章

考霸笔记
关键是考查筹资后是否存在普通股股数相同的方案。

（2）**多方案筹资策略的决策**（见表9-21）

表9-21　　　　　　　　　　多方案筹资策略的决策

存在普通股股数相同的方案	各方案普通股股数不同
图示	
图形特点 肯定有平行线：如增发普通股VS发行债券VS发行优先股，则债券线∥优先股线	每条线都有交点（因斜率各不相同）
图形画法 ①先在坐标中画出3条直线，两条平行且斜率较大，另一条斜率较小与两条平行线相交；②A线：因增发普通股，总股数增加，故其斜率小；③计算2个EPS无差别点EBIT，判断发行债务和增发优先股对应直线的上下位置	①先在坐标中画出3条相交的直线；②计算3个EPS无差别点EBIT，根据大小在横轴上标出每条直线对应的筹资方案，除去$EBIT_{中}$，剩下的$EBIT_{min}$和$EBIT_{max}$将横轴分为3个区域；③描出三条直线在各个EBIT区域的最高位置，则ABCD为对应EBIT区域里的最大EPS
相关EBIT $EBIT_{min}$	$EBIT_{min}$和$EBIT_{max}$
决策原则 ①当新增筹资后预期总的EBIT小于$EBIT_{min}$时，采用A线对应的融资方式；②当新增筹资后预期总的EBIT大于$EBIT_{min}$时，采用C线对应的融资方式	①当新增筹资后预期总的EBIT小于$EBIT_{min}$时，采用AB线对应的融资方式；②当新增筹资后预期总的EBIT位于$EBIT_{min}$和$EBIT_{max}$之间时，采用BC线对应的融资方式；③当新增筹资后预期总的EBIT大于$EBIT_{max}$时，采用CD线对应的融资方式

【提示】若要求计算每股收益无差别点的销售水平，利用$EBIT=(P-V)\times Q-F$，倒求Q即可。

考霸笔记
每股收益无差别点法不能用于确定最优资本结构。

3. 每股收益无差别点法的评价（见表9-22）

表9-22　　　　　　　　　　每股收益无差别点的评价

项目	说明
优点	本方法在为企业管理层解决在某一特定预期盈利水平下是否应该选择债务融资方式提供了一个简单的分析方法
缺点	本方法没有考虑风险因素：只有在风险不变的情况下，每股收益的增长才会直接导致股东财富上升，实际上经常是随着每股收益的增长，风险也会加大（DFL增加）；如果每股收益的增长不足以补偿风险增加所需的报酬时，尽管每股收益增加，股东财富仍然会下降

（三）企业价值比较法

1.最优资本结构的标准

最佳资本结构应当是可使公司的总价值最高，而不一定是每股收益最大的资本结构。同时，在公司总价值最大的资本结构下，公司的资本成本也是最低的。

2.衡量企业价值的方法（见表9-23）

表9-23 衡量企业价值的方法

计算步骤	说明
权益价值	假设企业的经营利润永续，净利润全部作为股利分配给股东，普通股股东要求的回报率（权益资本成本）不变，则股票的市场价值（现值）等于企业未来的净利润按股东要求的报酬率折现的现值：$$S=\frac{(EBIT-I)\times(1-T)-PD}{K_e}$$ 其中：$K_e=R_f+\beta\times(R_m-R_f)$
债务价值	假设长期债务（长期借款和长期债券）的市场价值（现值）等于其账面价值（面值）
企业价值	公司市场总价值（V）=权益资本的市场价值（S）+债务资本的市场价值（B）
资本成本	通过上述公式计算出企业的总价值和加权平均资本成本，以企业价值最大化为标准确定最佳资本结构，此时的加权平均资本成本最小：$K_{WACC}=K_d\times(1-T)\times\frac{B}{V}+K_e\times\frac{S}{V}$

在不同的资本结构下，I和PD都是固定的，从而净利润也是永续的。

第三节 杠杆系数的衡量

杠杆效应和种类见表9-24。

表9-24 杠杆效应和种类

项目	说明
杠杆效应	指由于存在固定性成本费用，使得某一财务变量发生较小的变动，会引起另一个变量较大的变动的现象
杠杆种类	（1）经营杠杆：是由与产品生产或提供劳务有关的固定性经营成本所引起的杠杆效应。 （2）财务杠杆：是由债务利息等固定性融资成本所引起的杠杆效应。 （3）联合杠杆：是由于固定性经营成本和固定性融资成本的共同存在所引起的杠杆效应

简称"固定成本"。

【提示】利润的多种形式及相互关系见表9-25。

表9-25 利润的多种形式及相互关系

计算顺序	利润
（1）	边际贡献M（Contribution Margin）=销售收入-变动成本
（2）	息税前利润EBIT=销售收入-变动成本-固定经营性成本=M-F
（3）	税前利润EBT（Earnings before Taxes）=EBIT-I
（4）	净利润（Net Income）=（EBIT-I）×（1-T）
（5）	每股收益EPS（Earnings Per Share）=（净利润-优先股利）/普通股股数

企业价值比较法相对于每股收益无差别点法克服了哪些缺点？此方法下如何衡量企业的价值？

考霸笔记
本方法主要用于对现有资本结构进行调整，适用于资本规模较大的上市公司资本结构优化分析。

考霸笔记
如果存在优先股，视为长期债务。

考霸笔记
在筹资方式选择和资本结构调整方面，公司需要考虑是否和如何利用经营杠杆和财务杠杆的作用。

第九章

一、经营杠杆系数的衡量 ★ ★

(一) 经营风险 (见表9-26)

表9-26　　　　　　　　　　经营风险

因素	影响方式
含义	指企业未使用债务时经营的内在风险,它是企业投资决策的结果,是企业由于生产经营上的原因而导致的资产报酬波动(EBIT)的风险
影响因素	引起企业经营风险的主要原因是市场需求和生产成本等因素的不确定性:产品需求、产品售价、产品成本、调整价格的能力、固定成本的比重

(二) 经营杠杆系数的衡量方法

在某一固定成本比重的作用下,由于销售量一定程度的变动引起息税前利润(EBIT)产生更大程度变动的现象被称为经营杠杆效应。

【案例】某企业销售单一产品,单价为5元/件,单位变动成本为3元/件,固定成本为1万元。在不同销售量(营业收入)情况下,企业有不同的息税前利润(见表9-27)。

表9-27　　　　不同销售量(营业收入)情况下的息税前利润

销量(件)	息税前利润(元)
10 000	EBIT=(5-3)×10 000-10 000=10 000
20 000	EBIT=(5-3)×20 000-10 000=30 000

●结果的讨论:

(1) 销售量(营业收入)提高100%,EBIT提高了200%……从上往下看

(2) 销售量(营业收入)降低50%,EBIT降低了66.67%……从下往上看

【结论】企业只要存在固定性经营成本,就存在经营杠杆效应。

1.定义公式——用于预测

经营杠杆的大小一般用经营杠杆系数(Degree of Operating Leverage)表示,它是息税前利润对销售额(量)的敏感系数。

$$DOL=\frac{息税前利润变化的百分比}{销售量(额)变化的百分比}=\frac{\Delta EBIT/EBIT_0}{\Delta Q/Q_0}=\frac{\Delta EBIT/EBIT_0}{\Delta S/S_0}\text{(产品单价不变)}$$

【提示】经营杠杆放大企业销售量(营业收入)变化对EBIT变动的影响程度,即放大了市场和生产等因素变化对息税前利润波动的影响,这种影响程度是经营风险的一种测度,经营杠杆系数越高,表明经营风险也就越大。

【思考】已知企业的销售收入为100万元,息税前利润为20万元,经营杠杆系数为2。如果企业的销售收入增加1万元,息税前利润增加多少?

【答案】销售收入的增长率=1÷100×100%=1%,由于DOL=息税前利润的增长率÷销售收入的增长率,则有,息税前利润的增长率=销售收入的增长率×DOL=1%×2=2%,所以息税前利润增加=20×2%=0.4(万元)。

考霸笔记
固定成本是引发经营杠杆效应的根源,但并非引发经营风险的根源。经营杠杆本身并不是资产报酬不确定的根源,只是资产报酬波动的表现,它放大了经营风险。

考霸笔记
计算时需要两期(基期、预测期)数据。

考霸笔记
DOL是两个变动率的比值,不是两个变动量的比值。

2. 计算公式——用于计算（见表9-28）

考霸笔记
计算时只需基期税前数据。

表9-28　　　　　　　　　　　　计算公式

产品类型	计算公式
单产品	$DOL_Q=\dfrac{基期边际贡献}{基期息税前利润}=\dfrac{M_0}{M_0-F}=\dfrac{Q_0\times(P-V)}{Q_0\times(P-V)-F}=\dfrac{EBIT_0+F}{EBIT_0}$
单产品或多产品	$DOL_S=\dfrac{基期边际贡献}{基期息税前利润}=\dfrac{M_0}{M_0-F}=\dfrac{S_0-VC_0}{S_0-VC_0-F}$

【提示】

（1）公式推导过程：

$EBIT_0=(P-V)\times Q_0-F$

$EBIT_1=(P-V)\times Q_1-F$

$\Delta EBIT=EBIT_1-EBIT_0=(P-V)\times\Delta Q$

$DOL=\dfrac{\Delta EBIT/EBIT}{\Delta Q/Q_0}=\dfrac{(P-V)\times\Delta Q/[(P-V)\times Q_0-F]}{\Delta Q/Q_0}=\dfrac{(P-V)\times Q_0}{(P-V)\times Q_0-F}=\dfrac{M_0}{EBIT_0}$

（2）如果固定成本等于0，则DOL为1，即不存在经营杠杆效应。

（3）销售量水平与盈亏平衡点的相对位置决定了经营杠杆的大小，即经营杠杆的大小是由固定性经营成本和息税前利润共同决定的。

（三）经营杠杆的影响因素（见表9-29）

考霸笔记
影响经营风险最基本的因素是固定成本的比重。

表9-29　　　　　　　　　　经营杠杆的影响因素

项目	说明			
影响因素	销售数量	销售单价	变动成本	固定成本
影响形式	反向	反向	同向	同向

二、财务杠杆系数的衡量 ★★

（一）财务风险

　　财务风险是指企业运用了债务筹资方式而产生的丧失偿付能力的风险，这种风险最终由普通股股东承担，表现为权益资本报酬波动（EPS）的风险。

（二）财务杠杆系数的衡量方法

　　在某一固定的债务与权益融资结构下由于息税前利润的变动引起每股收益（权益资本报酬）产生更大变动程度的现象被称为财务杠杆效应。

考霸笔记
与经营杠杆效应不同的是，固定融资成本既是引发财务杠杆效应的根源，也是引发财务风险的根源。

【案例】某企业目前的利息费用为10万元（永续），普通股股数为100万股，适用的所得税税率为25%。在不同息税前利润的情况下，企业有不同的每股收益（见表9-30）。

表9-30　　　　　　　不同息税前利润情况下的每股收益

息税前利润（万元）	每股收益（元）
100	$EPS=\dfrac{(100-10)\times(1-25\%)}{100}=0.675$
200	$EPS=\dfrac{(200-10)\times(1-25\%)}{100}=1.425$

● 结果的讨论：

（1）EBIT 提高了 100%，EPS 提高了 111.11%……从上往下看

（2）EBIT 降低了 50%，EPS 降低了 52.63%……从下往上看

【结论】企业只要存在固定性融资成本，就存在财务杠杆效应。

考霸笔记
计算时需要两期（基期、预测期）数据。

1.定义公式——用于预测

财务杠杆的大小一般用财务杠杆系数（Degree of Financial Leverage）表示，它是每股收益对息税前利润的敏感系数。

$$DFL=\frac{每股收益变化的百分比}{息税前利润变化的百分比}=\frac{\Delta EPS/EPS_0}{\Delta EBIT/EBIT_0}$$

【提示】财务杠杆放大企业 EBIT 的变化对 EPS（权益）变动的影响程度，这种影响程度是财务风险的一种测度，财务杠杆系数越高，表明财务风险也就越大。

考霸笔记
计算时只需基期税前数据。

2.计算公式——用于计算（见表9-31）

表9-31　　　　　　　　　　　计算公式

产品类型	说明	
单产品	$DFL=\dfrac{基期息税前利润}{基期归属于普通股股东税前利润}$	$=\dfrac{Q_0\times(P-V)-F}{Q_0\times(P-V)-F-[I+PD/(1-T)]}$
单产品或多产品	$DFL=\dfrac{基期息税前利润}{基期归属于普通股股东税前利润}$	$=\dfrac{EBIT_0}{EBIT_0-[I+PD/(1-T)]}$

【提示】

（1）公式推导过程：

$$EPS_0=\frac{(EBIT_0-I)\times(1-T)-PD}{N}$$

$$EPS_1=\frac{(EBIT_1-I)\times(1-T)-PD}{N}$$

$$\Delta EPS=EPS_1-EPS_0=\frac{\Delta EBIT\times(1-T)}{N}$$

$$\Delta EPS/EPS_0=\frac{\Delta EBIT\times(1-T)}{N}\Big/\frac{(EBIT_0-I)\times(1-T)-PD}{N}=\frac{\Delta EBIT}{EBIT_0-I-\dfrac{PD}{1-T}}$$

$$DFL=\frac{\Delta EPS/EPS_0}{\Delta EBIT/EBIT_0}=\frac{\Delta EBIT}{EBIT_0-I-\dfrac{PD}{1-T}}\Big/\frac{\Delta EBIT}{EBIT_0}=\frac{EBIT_0}{EBIT_0-I-\dfrac{PD}{1-T}}$$

考霸笔记
财务杠杆有助于企业管理层在控制财务风险时，不是简单考虑负债融资的绝对量，而是关注负债利息成本与盈利水平的相对关系。

（2）如果债务利息成本和优先股股利等于0，则DFL为1，即不存在财务杠杆效应。

（3）固定性融资成本是引发财务杠杆效应的根源，但息税前利润与固定性融资成本之间的相对水平决定了财务杠杆的大小，即财务杠杆的大小是由固定性融资成本和息税前利润共同决定的。

（三）财务杠杆的影响因素（见表9-32）

表9-32　　　　　　　　　　　财务杠杆的影响因素

项目	说明		
影响因素	息税前利润	债务资本比重	所得税税率（如存在优先股利）
影响形式	反向	同向	同向

三、联合杠杆系数的衡量 ★★

（一）联合杠杆系数的衡量方法

联合杠杆（Combining Leverage/Total Leverage）是指由于<u>固定经营性成本和固定性融资成本</u>的存在，导致的普通股<u>每股收益变动率大于营业收入（销售量）变动率</u>的杠杆效应。

考霸笔记 计算时需要两期（基期、预测期）数据。

1.**定义公式——用于预测**

$$DTL=\frac{\text{每股收益变化的百分比}}{\text{营业收入变化的百分比}}=\frac{\Delta EPS/EPS_0}{\Delta S/S_0}=\frac{\Delta EPS/EPS_0}{\Delta EBIT/EBIT_0}\times\frac{\Delta EBIT/EBIT_0}{\Delta Q/Q_0}=DOL\times DFL$$

【提示】 联合杠杆系数能够说明营业收入（销售量）变动对普通股收益的影响，据以预测未来的每股收益水平。

考霸笔记 计算时只需基期税前数据。

2.**计算公式——用于计算**（见表9-33）

表9-33　　　　　　　　　　计算公式

企业类型	计算公式
单产品	$DTL=\dfrac{\text{基期边际贡献}}{\text{基期归属于普通股股东的税前利润}}=\dfrac{Q_0\times(P-V)}{Q_0\times(P-V)-F-\left[I+PD/(1-T)\right]}$
单产品或多产品	$DTL=\dfrac{\text{基期边际贡献}}{\text{基期归属于普通股股东的税前利润}}=\dfrac{EBIT_0+F}{EBIT_0-\left[I+PD/(1-T)\right]}$

（二）联合杠杆的影响因素（见表9-34）

表9-34　　　　　　　　　　联合杠杆的影响因素

项目	说明
存在前提	只要企业<u>同时存在固定性经营成本和固定性融资费用的债务或优先股</u>，就存在营业收入较小变动引起每股收益较大变动的联合杠杆效应
与总风险的关系	联合杠杆放大了销售收入变动对普通股收益的影响，联合杠杆系数越高，表明普通股收益的波动程度越大，整体风险也就越大
影响因素	影响经营杠杆和财务杠杆的因素都会影响联合杠杆
对公司管理层的意义	（1）使公司管理层在一定的成本结构与融资结构下，当营业收入变化时，能够对每股收益的影响程度做出判断，即能够估计出营业收入变动对每股收益造成的影响。 （2）通过经营杠杆与财务杠杆之间的相互关系，有利于管理层对经营风险与财务风险进行管理，即为了控制某一联合杠杆系数，<u>经营杠杆和财务杠杆可以有很多不同的组合</u>

【总结】 <u>三个基期</u>利润相互除，得到三个杠杆系数如图9-1所示。

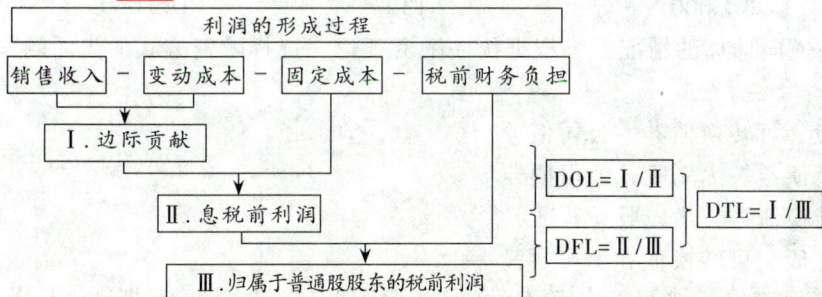

图9-1　利润的形成过程

智能测评

在线练习	我要提问
扫码在线做题　　　扫码看答案	扫码答疑
本书"本章同步强化训练"均配备二维码，打开微信"扫一扫"即可完成在线测评，查看本章详细的测评反馈报告，了解知识掌握情况，也可扫码直接看答案噢。 快来扫码做题吧！	本书配备答疑专用二维码，打开微信"扫一扫"，即可完成在线提问，获取专业老师全面个性化解答，让学习问题不再拖延。 快来扫码提问吧！

本章同步强化训练

一、单选题

1. 考虑企业所得税但不考虑个人所得税的情况下，下列关于资本结构有税 MM 理论的说法中，错误的是（　　）。

A.财务杠杆越大，企业价值越大

B.财务杠杆越大，企业权益资本成本越高

C.财务杠杆越大，企业利息抵税现值越大

D.财务杠杆越大，企业加权平均资本成本越高

2. 根据有税的 MM 理论，下列各项中会影响企业价值的是（　　）。

A.债务困境成本　　　B.债务代理收益　　　C.债务代理成本　　　D.债务利息抵税

3. 根据有税的 MM 理论，当企业负债比例提高时，（　　）。

A.债务资本成本上升　　　　　　　　B.加权平均资本成本上升

C.加权平均资本成本不变　　　　　　D.股权资本成本上升

4. 根据财务分析师对某公司的分析，该公司无负债的企业价值为 2 000 万元，利息抵税可以为公司带来 100 万元的额外收益现值，财务困境成本现值为 50 万元，债务代理成本的现值和代理收益的现值分别为 20 万元和 30 万元。那么，根据资本结构的代理理论，该公司有负债的企业价值为（　　）万元。

A.2 050　　　　　　B.2 000　　　　　　C.2 130　　　　　　D.2 060

5. 在信息不对称和逆向选择的情况下，根据优序融资理论，选择融资方式的先后顺序应该是（　　）。

A.普通股、优先股、可转换债券、公司债券

B.普通股、可转换债券、优先股、公司债券

C.公司债券、可转换债券、优先股、普通股

D.公司债券、优先股、可转换债券、普通股

6. 甲公司目前存在融资需求。如果采用优序融资理论，管理层应当选择的融资顺序是（　　）。

A.内部留存收益、公开增发新股、发行公司债券、发行可转换债券

B.内部留存收益、公开增发新股、发行可转换债券、发行公司债券

C.内部留存收益、发行公司债券、发行可转换债券、公开增发新股

D.内部留存收益、发行可转换债券、发行公司债券、公开增发新股

7.下列有关资本结构理论的表述中，正确的是（　　）。

A.无论MM理论认为，只要债务成本低于权益成本，负债越多企业价值越大

B.有税MM理论认为，当负债为100%时，企业价值最大

C.权衡理论认为，有负债企业的价值是无负债企业的价值加上利息抵税收益的现值

D.代理理论认为，有负债企业的价值是无负债企业的价值减去债务的代理成本加上代理收益

8.甲公司因扩大经营规模需要筹集长期资本，有发行长期债券、发行优先股、发行普通股三种筹资方式可供选择。经过测算，发行长期债券与发行普通股的每股收益无差别点的息税前利润为120万元，发行优先股与发行普通股的每股收益无差别点的息税前利润为180万元。如果采用每股收益分析法进行筹资方式决策，下列说法中，正确的是（　　）。

A.当预期的息税前利润为100万元时，甲公司应当选择发行长期债券

B.当预期的息税前利润为150万元时，甲公司应当选择发行普通股

C.当预期的息税前利润为180万元时，甲公司可以选择发行普通股或发行优先股

D.当预期的息税前利润为200万元时，甲公司应当选择发行长期债券

9.最佳资本结构是（　　）。

A.使企业筹资能力最强的资本结构

B.使加权平均资本成本最低，企业价值最大的资本结构

C.每股收益最高的资本结构

D.财务风险最小的资本结构

10.下列关于经营杠杆的说法中，错误的是（　　）。

A.经营杠杆反映的是营业收入的变化对每股收益的影响程度

B.如果没有固定性经营成本，则不存在经营杠杆效应

C.经营杠杆的大小是由固定性经营成本和息税前利润共同决定的

D.如果经营杠杆系数为1，表示不存在经营杠杆效应

11.某企业本年息税前利润为10 000元，测定的经营杠杆系数为2，预计明年销售增长率为5%，则预计明年的息税前利润为（　　）元。

A.10 000　　　　　　B.10 500　　　　　　C.11 000　　　　　　D.20 000

12.已知经营杠杆系数为4，每年的固定成本为9万元，利息费用为1万元，则利息保障倍数为（　　）。

A.2　　　　　　　　B.2.5　　　　　　　　C.3　　　　　　　　D.4

13.C公司的固定成本（包括利息费用）为600万元，资产总额为10 000万元，资产负债率为50%，负债平均利息率为8%，净利润为800万元，该公司适用的所得税税率为20%，则息税前利润对销量的敏感系数是（　　）。

A.1.43　　　　　　　B.1.2　　　　　　　　C.1.14　　　　　　　D.1.08

14.企业目前销量为10 000件，盈亏临界点的作业率为40%，则企业的销量为10 000件时的经营杠杆系数为（　　）。

A.1.4　　　　　　　　B.2　　　　　　　　C.1.67　　　　　　　D.2.13

15. 下列因素中，与经营杠杆系数大小成反向变动的是（   ）。

A.单价 B.单位变动成本 C.固定成本 D.利息费用

16. 下列筹资活动不会加大财务杠杆作用的是（   ）。

A.增加银行借款 B.增发公司债券 C.增发优先股 D.增发普通股

17. 甲公司本年息税前利润为150 000万元，每股收益为6元，不存在优先股。下年财务杠杆系数为1.67，息税前利润为200 000万元，则下年每股收益为（   ）元。

A.8.82 B.9.24 C.9.34 D.9.5

18. A公司某年的财务杠杆系数为2.5，息税前利润的增长率为10%，假定其他因素不变，则该年普通股每股收益的增长率为（   ）。

A.4% B.5% C.20% D.25%

19. 甲公司只生产一种产品，产品单价为6元，单位变动成本为4元，产品销量为10万件/年，固定成本为5万元/年，利息支出为3万元/年。甲公司的财务杠杆为（   ）。

A.1.18 B.1.25 C.1.33 D.1.66

20. 当财务杠杆系数为1时，下列表述正确的是（   ）。

A.固定经营成本为零 B.固定融资成本为零

C.息税前经营利润增长率为零 D.每股收益增长率为零

21. 甲公司2015年每股收益1元，经营杠杆系数1.2，财务杠杆系数1.5。假设公司不进行股票分割，如果2016年每股收益想达到1.9元，根据杠杆效应，其营业收入应比2015年增加（   ）。

A.50% B.90% C.75% D.60%

22. 联合杠杆可以反映（   ）。

A.营业收入变化对息税前利润的影响程度 B.营业收入变化对每股收益的影响程度

C.息税前利润变化对每股收益的影响程度 D.营业收入变化对边际贡献的影响程度

23. 某公司的经营杠杆系数为1.8，财务杠杆系数为1.5，则该公司销售额每增长1倍，就会造成每股收益增加（   ）。

A.1.2倍 B.1.5倍 C.0.3倍 D.2.7倍

24. 已知息税前利润对销售量的敏感系数为2，联合杠杆系数为3。当息税前利润由200万元增加到600万元时，每股收益将会由1元增加到（   ）元。

A.1.5 B.2.5 C.3 D.4

25. 甲公司2016年销售收入1 000万元，变动成本率60%，固定成本200万元，利息费用40万元。假设不存在资本化利息且不考虑其他因素，该企业联合杠杆系数是（   ）。

A.1.25 B.2 C.2.5 D.3.7

26. 某公司年营业收入为500万元，变动成本率为40%，经营杠杆系数为1.5，财务杠杆系数为2。如果固定成本增加50万元，那么，联合杠杆系数将变为（   ）。

A.2.4 B.3 C.6 D.8

27. 甲企业固定成本为80万元，全部资金均为自有资本，其中优先股占8%，则甲企业（   ）。

A.经营杠杆效应和财务杠杆效应抵销 B.存在经营杠杆效应和财务杠杆效应

C.只存在经营杠杆效应 D.只存在财务杠杆效应

二、多选题

1.下列关于无税MM理论的说法中，正确的有（　　）。

A.有负债企业的价值等于无负债企业的价值

B.有负债企业的价值随着负债的增加而增加

C.负债增加，企业的加权平均资本成本不变

D.有负债企业的权益资本成本随着财务杠杆的提高而增加

2.下列关于MM理论的说法中，正确的有（　　）。

A.在不考虑企业所得税的情况下，企业加权平均资本成本的高低与资本结构无关，仅取决于企业经营风险的大小

B.在不考虑企业所得税的情况下，有负债企业的权益成本随负债比例的增加而增加

C.在考虑企业所得税的情况下，企业加权平均资本成本的高低与资本结构有关，随负债比例的增加而增加

D.一个有负债企业在有企业所得税情况下的权益资本成本要比无企业所得税情况下的权益资本成本高

3.下列关于权衡理论说法中，正确的有（　　）。

A.负债在为企业带来抵税收益的同时，也给企业带来了陷入财务困境的成本

B.随着负债比率的增加，财务困境成本的现值会减少

C.有负债企业的价值是无负债企业价值加上利息抵税收益的现值，再减去财务困境成本的现值

D.财务困境成本的现值由发生财务困境的可能性和发生财务困境成本大小两个重要因素决定

4.下列关于资本结构理论的表述中，正确的有（　　）。

A.根据MM理论，当存在企业所得税时，企业负债比例越高，企业价值越大

B.根据权衡理论，平衡债务利息的抵税收益与财务困境成本是确定最优资本结构的基础

C.根据代理理论，当负债程度较高的企业陷入财务困境时，股东通常会选择投资净现值为正的项目

D.根据优序融资理论，当存在外部融资需求时，企业倾向于债务融资而不是股权融资

5.以下各项资本结构理论中，认为资本结构决策与企业价值有关的有（　　）。

A.无税的MM理论　　　B.有税的MM理论　　　C.权衡理论　　　D.优序融资理论

6.以下关于资本结构的影响因素的说法中，正确的是（　　）。

A.成长性好的企业负债水平高

B.盈利能力强的企业负债水平低

C.财务灵活性大的企业负债水平高

D.一般性用途资产比例高的企业比特殊用途资产比例低的企业负债水平低

7.下列关于资本成本比较法确定最优资本结构表述正确的有（　　）。

A.该方法考虑了各种融资方式在数量与比率上的约束

B.该方法没有考虑各种融资方式在财务风险上的差异

C.该方法通过计算各种基于账面价值的长期融资组合方案的加权平均资本成本来决策

D.该方法选择加权平均资本成本最小的融资方案，确定为相对最优的资本结构

8. 利用每股收益无差别点进行企业资本结构分析时（　　）。

A.认为能提高每股收益的资本结构是合理的资本结构

B.在每股收益无差别点上，每股收益不受融资方式的影响

C.当预计销售额高于每股收益无差别点销售额时，负债筹资方式比普通股筹资方式好

D.没有考虑风险因素

9. 下列属于导致企业经营风险的因素有（　　）。

A.市场需求   B.生产成本

C.原材料供应地发生战乱   D.生产组织不合理

10. 甲公司的经营处于盈亏临界点，下列表述正确的有（　　）。

A.经营杠杆系数等于零

B.销售额等于销售收入线与总成本线交点处销售额

C.安全边际等于零

D.边际贡献等于固定成本

11. 下列关于财务杠杆的表述中，正确的有（　　）。

A.财务杠杆越高，利息抵税的价值越高

B.如果企业的融资结构中只包括负债和普通股，则在其他条件不变的情况下，提高公司所得税税率，财务杠杆系数不变

C.企业对财务杠杆的控制力要弱于对经营杠杆的控制力

D.资本结构发生变动通常会改变企业的财务杠杆系数

12. 融资决策中的联合杠杆具有的性质有（　　）。

A.联合杠杆能够起到财务杠杆和经营杠杆的综合作用

B.联合杠杆能够估计出销售额变动对每股收益的影响

C.联合杠杆系数越大，企业经营风险越大

D.联合杠杆系数越大，企业财务风险越大

13. 下列各项中，影响联合杠杆系数的因素有（　　）。

A.固定资产折旧   B.单位变动成本   C.资产负债率   D.长期债券的利息

14. 下列关于企业管理层对风险的管理的说法中正确的有（　　）。

A.经营杠杆系数较高的公司可以在较高程度上使用财务杠杆

B.管理层在控制财务风险时，重点考虑固定性融资成本金额的大小

C.管理层在控制经营风险时，不是简单考虑固定成本的绝对量，而是关注固定成本与盈利水平的相对关系

D.管理层应将企业的联合杠杆系数控制在某一合理水平

三、计算分析题

1. 光华公司目前资本结构为：总资本1 000万元，其中债务资本400万元（年利息40万元）；普通股资本600万元（600万股，面值1元，市价5元）。企业由于有一个较好的新投资项目，需要追加筹资300万元，有两种筹资方案：

甲方案：增发普通股100万股，每股发行价3元。

乙方案：发行公司债券300万元，利息率16%。

根据财务人员测算，追加筹资后销售额可望达到1 200万元，变动成本率60%，固定成本

200万元，所得税税率20%，不考虑筹资费用因素。

要求：

（1）计算每股收益无差别点（息税前利润）。

（2）计算分析两个方案处于每股收益无差别点时的每股收益。

（3）根据财务人员有关追加筹资后的预测，帮助企业进行决策。

（4）根据财务人员有关追加筹资后的预测，分别计算利用两种筹资方式的每股收益为多少。

2.B公司的资本目前全部由发行普通股取得，其有关资料如下：

项目	数值
息税前利润	500 000元
股权资本成本	10%
发行普通股股数	200 000股
所得税税率	40%

B公司准备按7%的利率发行债券900 000元，用发行债券所得资金以每股15元的价格回购部分发行在外的普通股。因发行债券，预计公司股权资本成本将上升到11%。该公司预期未来息税前利润具有可持续性，且预备将全部税后利润用于发放股利。

要求：

（1）计算回购股票前、后该公司的每股收益。

（2）计算回购股票前、后该公司的股权价值、实体价值和每股价值。

（3）该公司应否发行债券回购股票，为什么？

（4）假设B公司预期每年息税前利润的概率分布如下：

概率	息税前利润（元）
0.1	60 000
0.2	200 000
0.4	500 000
0.2	800 000
0.1	940 000

按照这一概率分布，计算回购股票后的息税前利润不足以支付债券利息的可能性（概率）。（提示：插值法）

3.某公司目前的资本来源包括每股面值1元的普通股800万股和平均利率为10%的3 000万元债务。该公司现在拟投产一个新产品，该项目需要投资4 000万元，预期投产后每年可增加息税前利润400万元。该项目备选的筹资方案有三个：

（1）按11%的利率发行债券。

（2）按面值发行股息率为12%的优先股。

（3）按20元/股的价格增发普通股。

该公司目前的息税前利润为1 600万元；公司适用的所得税税率为40%；证券发行费可忽略不计。

要求：

（1）计算按不同方案筹资后的普通股每股收益（填列答题卷的"普通股每股收益计算表"）。

（2）计算增发普通股和债券筹资的每股（指普通股，下同）收益无差别点（用息税前利润表示，下同），以及增发普通股和优先股筹资的每股收益无差别点。

（3）计算筹资前的财务杠杆和按三个方案筹资后的财务杠杆。

（4）根据以上计算结果分析，该公司应当选择哪一种筹资方式？理由是什么？

（5）如果新产品可提供1 000万元或4 000万元的新增息税前利润，在不考虑财务风险的情况下，公司应选择哪一种筹资方式？

4.ABC公司正在考虑改变它的资本结构，有关资料如下：

（1）公司目前债务的账面价值为1 000万元，利息率为5%，债务的市场价值与账面价值相同；普通股为4 000万股，每股价格1元，股东权益账面价值为4 000万元（与市场价值相同）；每年的息税前利润为500万元。该公司的所得税税率为15%。

（2）公司将保持现有的资产规模和资产息税前利润率，每年将全部税后净利润分派给股东，因此预计未来增长率为零。

（3）为了提高企业价值，该公司拟改变资本结构，举借新的债务，替换旧的债务并回购部分普通股。可供选择的资本结构调整方案有两个：

方案1：举借新债务的总额为2 000万元，预计利息率为6%。

方案2：举借新债务的总额为3 000万元，预计利息率为7%。

（4）假设当前资本市场上无风险利率为4%，市场风险溢价为5%。

要求：

（1）计算该公司目前的权益资本成本（百分号前保留2位小数）和贝塔系数（保留小数点后4位）。

（2）计算该公司无负债的贝塔系数（保留小数点后4位。提示：根据账面价值的权重调整贝塔系数，下同）。

（3）计算两种资本结构调整方案的权益贝塔系数（保留小数点后4位）、权益资本成本（百分号前保留2位小数）和实体价值（实体价值计算结果保留整数，以万元为单位）。

（4）判断企业应否调整资本结构并说明依据，如果需要调整应选择哪一个方案？

第十章

长期筹资

本章导学

本章框架图

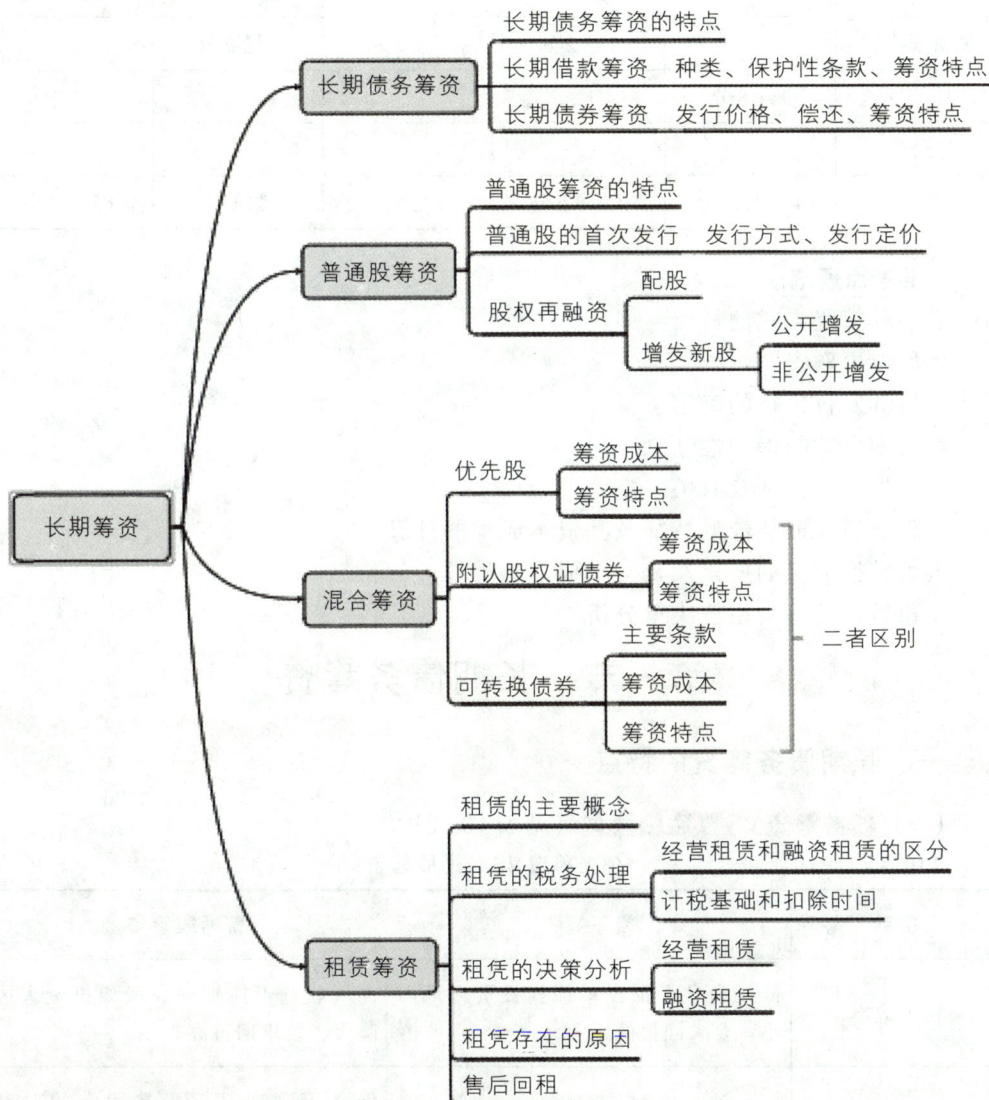

长期筹资
- 长期债务筹资
  - 长期债务筹资的特点
  - 长期借款筹资　种类、保护性条款、筹资特点
  - 长期债券筹资　发行价格、偿还、筹资特点
- 普通股筹资
  - 普通股筹资的特点
  - 普通股的首次发行　发行方式、发行定价
  - 股权再融资
    - 配股
    - 增发新股
      - 公开增发
      - 非公开增发
- 混合筹资
  - 优先股
    - 筹资成本
    - 筹资特点
  - 附认股权证债券
    - 筹资成本
    - 筹资特点
  - 可转换债券
    - 主要条款
    - 筹资成本
    - 筹资特点
  - （附认股权证债券与可转换债券）二者区别
- 租赁筹资
  - 租赁的主要概念
  - 租凭的税务处理
    - 经营租赁和融资租赁的区分
    - 计税基础和扣除时间
  - 租凭的决策分析
    - 经营租赁
    - 融资租赁
  - 租凭存在的原因
  - 售后回租

本章考情概述

本章考情分析

　　本章详细阐述了长期筹资（Long-Term Financing）的有关问题，前两节属于一

般性内容，主要介绍普通股、长期借款和发行债券等筹资方式的特点，可以理解为一般的筹资理论基础；后两节属于重要内容，介绍三种主要的混合筹资方式，包括发行优先股、发行附认股权证债券、发行可转换债券，以及租赁筹资。本章内容有一定难度，需要与相关章节的内容结合起来学习。本章近5年题型题量分析，见表10-1。

表10-1 近5年题型题量分析

	2014年	2015年	2016年	2017年	2018年
单项选择题	3题4.5分	1题1.5分	2题3分	1题1分	1题1.5分
多项选择题		1题2分	1题2分	1题2分	
计算分析题	1题8分			1题8分	
综合题					
合计	4题12.5分	2题3.5分	3题5分	3题11分	1题1.5分

重要考点预览

1.各种筹资方式的特点
2.股权再融资
3.债券发行价格的确定
4.长期借款的保护性条款
5.优先股的特征及有关规定
6.附认股权证债券的特征及其资本成本的计算
7.可转换债券的要素及其资本成本的计算
8.租赁的类型与租赁决策分析

第一节 长期债务筹资

一、长期债务筹资的特点 ★

（一）债务筹资VS普通股筹资（见表10-2）

表10-2 债务筹资VS普通股筹资

项目	债务筹资	普通股筹资
资本成本	低（利息可抵税；债权投资人风险小，要求回报低）	高（股利不能抵税；股票投资人风险大，要求回报高）
筹资风险	高（到期偿还，支付固定利息）	低（无到期日，没有固定的股利负担）
公司控制权	不分散控制权	会分散控制权
资金使用的限制	限制多	限制少

辨析债务筹资与普通股筹资的特点。

考霸笔记
股东能控制企业，就没有必要去限制企业；债权人限制企业，是因为其无法控制企业。

（二）长期负债与短期负债的特点对比（见表10-3）

表10-3　　　　　　　　　　长期负债与短期负债的特点对比

项目	说明
优点	（1）可以解决企业长期资金不足的问题 （2）归还期长，债务人可对债务的归还作长期安排，还债压力或风险较小
缺点	（1）筹资成本较高，即长期负债的利率一般高于短期负债利率 （2）长期负债的限制较多

考霸笔记
在我国，长期债务筹资主要有长期借款和长期债券两种。

二、长期借款筹资★★

（一）长期借款的种类（见表10-4）

表10-4　　　　　　　　　　长期借款的种类

分类标准	借款种类
按用途	固定资产投资借款、更新改造借款、科技开发和新产品试制借款
按提供贷款的机构	政策性银行贷款、商业银行贷款、从信托投资公司取得实物或货币形式的信托投资贷款、从财务公司取得的各种中长期贷款等
按有无担保	（1）信用贷款：无须企业提供抵押品，仅凭其信用或担保人信誉而发放的贷款 （2）抵押贷款：要求企业以抵押品作为担保的贷款

（二）长期借款的保护性条款

1.一般性保护条款（见表10-5）

表10-5　　　　　　　　　　一般性保护条款

项目	说明
含义	一般性保护条款应用于大多数合同，但根据具体情况会有不同内容
条款	（1）对借款企业流动资金保持量的规定；（2）对支付现金股利和再购入股票的限制；（3）对净经营性长期资产总投资规模的限制；（4）限制其他长期债务；（5）借款企业应定期向银行提交财务报表；（6）不准在正常情况下出售较多资产；（7）如期缴纳税费和清偿其他到期债务；（8）不准以任何资产作为其他承诺的担保或抵押；（9）不准贴现应收票据或出售应收账款，以避免或有负债；（10）限制租赁固定资产的规模

考霸笔记
只要记住特殊性的，剩下的就是一般性的。

2.特殊性保护条款（见表10-6）

表10-6　　　　　　　　　　特殊性保护条款

项目	说明
含义	针对某些特殊情况而出现在部分借款合同中
条款	（1）资金用途方面： ①贷款专款专用 ②不能投资于短期内不能收回资金的项目 （2）高管人员方面： ①限制企业高级职员的薪金和奖金总额 ②要求主要领导人在合同期内担任领导职务 ③要求主要领导人购买人身保险

如何记忆长期借款的特殊性保护条款？

【提示】短期借款筹资中的周转信贷协定、补偿性余额等条件，也同样适用于长期借款。

（三）长期借款筹资的特点（相对于长期债券）

1.优点（见表10-7）

表10-7   优点

项目	说明
筹资速度快	一般借款所需时间较短，可以迅速获得资金
借款弹性好 1对1商谈。	企业与金融机构可以直接接触，可通过直接商谈来确定借款的时间、数量、利息、偿付方式等条件

2.缺点（见表10-8）

表10-8   缺点

项目	说明
财务风险较大	长期借款必须定期还本付息，在经营不利的情况下，可能会产生不能偿付的风险，甚至会导致企业破产
限制条款较多	借款合同中一般有较多的限制条款，可能会限制企业的经营活动

三、长期债券筹资★★★

（一）债券发行价格（见表10-9）

表10-9   债券发行价格

项目	说明
基本原理	将债券的全部现金流按照债券发行时的市场利率进行折现并求和
计算公式	债券发行价格=面值×票面利率×（P/A，市场利率，n）+面值×（P/F，市场利率，n）

【总结】债券发行价格的形成受诸多因素的影响，尤其是票面利率与市场利率的一致程度（见表10-10）。

表10-10   票面利率与市场利率的关系

票面利率与市场利率的关系	发行价格
票面利率＞市场利率	溢价发行（发行价格＞面值）
票面利率=市场利率	平价发行（发行价格=面值）
票面利率＜市场利率	折价发行（发行价格＜面值）

【提示】

（1）债券的票面金额、票面利率在债券发行前即已参照市场利率和发行公司的具体情况确定，且一并载明于债券之上。但在发行债券时已确定的票面利率不一定与当时的市场利率一致，故为了协调债券购销双方在债券利息上的利益，就要调整发行价格，从而就会产生债券发行价格溢折价的问题。

（2）无论采用溢价、折价还是平价发行，其目的都是使投资者持有债券的到期收益率等于当时的市场利率。

（二）债券评级（见表 10-11）

表 10-11　债券评级

项目	说明
评级意义	（1）债券评级是度量违约风险的一个重要指标，债券的等级对于债务融资的利率以及公司债务成本有着直接的影响 （2）债券评级方便投资者进行债券投资决策
我国规定	根据中国人民银行的有关规定，凡是向社会公开发行的企业债券，需要由经中国人民银行认可的资信评级机构进行评信

（三）债券的偿还

1.提前偿还（见表 10-12）

表 10-12　提前偿还

项目	说明
偿还前提	只有在企业发行债券的契约中明确规定了有关允许提前偿还的条款，企业才可以进行此项操作
偿还时机	具有提前偿还条款的债券可使企业融资有较大的弹性： （1）当企业资金有结余时，可提前赎回债券 （2）当预测利率下降时，也可提前赎回债券，而后以较低的利率来发行新债券

2.到期偿还（见表 10-13）

表 10-13　到期偿还

项目	分批偿还	到期一次偿还
含义	企业在发行同一种债券的当时就为不同编号或不同发行对象的债券规定了不同的到期日	按发行债券时规定的还本时间，在债券到期时一次全额偿还本金
优点	便于投资人挑选最合适的到期日，便于发行	还本管理工作简单，不必为还本而频繁筹资
缺点	发行费用较高	一次偿还本金，财务压力较大

3.滞后偿还（见表 10-14）

表 10-14　滞后偿还

形式	说明
转期	指将较早到期的债券换成到期日较晚的债券，实际上是将债务的期限延长。常用的办法有： （1）直接以新债券兑换旧债券 （2）用发行新债券得到的资金来赎回旧债券
转换	指股份有限公司发行的债券可以按一定的条件转换成本公司的股票可转换债券。

考霸笔记
债券偿还时间按其实际发生与规定的到期日之间的关系，分为以下三类。

考霸笔记
提前偿还所支付的价格通常要高于债券的面值，并随着到期日的临近而逐渐下降。

第十章

考霸笔记
相对于长期借款。

（四）债券筹资的特点

1.优点（见表10-15）

如何理解债券筹资的优缺点？

表10-15　　　　　　　　　　　　　　　　优点

项目	说明
筹资规模较大	债券筹资属于直接融资，发行对象分布广泛，市场容量较大
具有长期性和稳定性	债券的期限可以比较长，且债券的投资者一般不能在债券到期前向企业索要本金
有利于资源配置	债券是公开发行的，方便投资者交易，有助于加速市场竞争，优化社会资金的资源配置效率

2.缺点（见表10-16）

表10-16　　　　　　　　　　　　　　　　缺点

项目	说明
发行成本高	企业公开发行债券程序复杂，需要聘请中介机构
信息披露成本高	发行债券以及债券上市后需要公开披露各类文件，信息披露成本较高，且对保守企业内部各种信息及其他商业机密不利
限制条件多	限制条款通常比优先股及短期债务更为严格，可能影响企业的正常发展和以后的筹资能力

第二节　普通股筹资

普通股（Common Stock）是指股份公司依法发行的具有表决权和剩余索取权的一类股票。普通股具有股票的最一般特征，每一份股权包含对公司的财产享有的平等权利。

普通股筹资的特点是什么？

一、普通股筹资的特点★（见表10-17）

考霸笔记
相对于债务筹资。

表10-17　　　　　　　　　　　　　　普通股筹资的特点

特点	说明
优点	（1）没有固定利息负担 （2）没有固定到期日 （3）筹资风险小 （4）能增加公司的信誉 （5）筹资限制较少 （6）在通货膨胀时，普通股筹资容易吸收资金：在通货膨胀率比较高时，由于物价普遍上涨，股份公司盈利增加，股利的支付也随之增加，因此与固定收益证券相比，普通股能有效地降低购买力风险
缺点	（1）普通股的资本成本较高 （2）会增加股东，可能会分散公司的控制权 （3）信息披露成本大，也增加了公司保护商业秘密的难度 （4）股票上市会增加公司被收购的风险

二、普通股的首次发行 ★

（一）股票的发行方式

1.以发行对象为标准的分类（见表10-18）

表 10-18　　　　　　　　　以发行对象为标准的分类

项目	公开发行	非公开发行
含义	事先不确定特定的发行对象，而是向社会广大投资者公开推销股票	发行公司只对特定的发行对象推销股票
优点	（1）发行范围广，发行对象多，易于足额筹集资本 （2）股票的变现性强，流通性好 （3）有助于提高发行公司的知名度和影响力	灵活性较大，发行成本低
缺点	手续繁杂，发行成本高	发行范围小，股票变现性差

【提示】非公开发行主要在以下几种情况下采用：

（1）以发起方式设立公司；

（2）内部配股：也称股东配股、股东分摊，即发行公司按低于市价的价格向原有股东分配该公司的新股认购权，原有股东可以选择认购股票，也可以放弃该权利；

（3）私人配股：又称第三者分摊，即发行公司将新股票分售给原股东以外的本公司职工、往来客户等与公司有特殊关系的第三者。

【实务链接】《证券法》规定，公开发行证券必须符合法律法规，并经相关部门核准；未经依法核准，任何单位和个人不得公开发行证券。有下列情形之一者属于公开发行：

（1）向不特定对象发行证券；

（2）向累计超过200人的特定对象发行证券；

（3）法律、行政法规规定的其他发行行为。

2.以发行中是否有中介机构为标准的分类（见表11-19）

表 11-19　　　　　　　　以发行中是否有中介机构为标准的分类

项目	直接发行	间接发行（委托发行）	
		包销	代销
含义	发行公司自己承担股票发行的一切事务和发行风险，直接向认购者推销股票	根据承销协议商定的价格，证券经营机构一次性购进发行公司公开募集的全部股份，然后以较高的价格出售给社会上的认购者	证券经营机构为发行公司代售股票，并由此获取一定的佣金，在承销期结束时，将未售出的证券全部退还给发行人
优点	可由发行公司直接控制发行过程，并可省发行费用	可及时筹足资本，不承担发行风险（承销商承担）	（1）可获部分溢价收入 （2）降低发行费用
缺点	筹资时间长，要承担全部发行风险，并需发行公司有较高的知名度、信誉和实力	（1）损失部分溢价 （2）发行成本高	承担发行风险

第十章

【提示】间接发行又称委托发行，是指发行公司将股票销售业务委托给证券经营机构代理。

【实务链接】

（1）《公司法》规定，股份有限公司向社会公众公开发行股票，必须与经依法设立的证券经营机构签订承销协议，由证券经营机构承销（即间接发行）。

（2）非公开发行股票且发行对象均属于原前10名股东的，可以自行销售（即直接发行）。

3.以发行股票能否带来现款为标准的分类（见11-20）

表11-20　　　　　　　　以发行股票能否带来现款为标准的分类

项目	有偿增资发行	无偿增资发行	搭配增资发行
含义	认购者必须按股票的某种发行价格支付现款，方能获得股票	认购者不必向公司缴纳现金就可获得股票，发行对象仅限于原股东	发行公司向原股东分摊新股时，仅让股东支付发行价格的一部分就可获得一定数额股票
情形	一般公开发行的股票；私募中的内部配股、私人配股	分配股票股利，股票分割，法定公积金或盈余转增资本	—
作用	直接从外界募集股本，增加公司的资本金	为股东分益，以增强股东信心和公司信誉，或为了调整资本结构	属于对原有股东的一种优惠，是前述两种方式的混合

（二）普通股发行定价

1.发行价格的类型*（见表10-21）

表10-21　　　　　　　　发行价格的类型

类型	说明
等价	以股票面额为发行价格，也称平价发行或面值发行
时价	以公司原发行同种股票的现行市场价格为基准来选择增发新股的发行价格，也称市价发行
中间价	取股票市场价格与面额的中间值作为股票的发行价格

【实务链接】

（1）《公司法》规定，公司发行股票不准折价发行，即不准以低于股票面额的价格发行。

（2）《证券法》规定，股票发行价格由发行人和承销的证券公司协商确认。

2.发行价格的确定方法及影响因素（见表10-22）

表10-22　　　　　　　发行价格的确定方法及影响因素

项目	说明
确定方法	发行价格由发行人与承销的证券公司协商确定
影响因素	发行人通常会参考公司经营业绩、净资产、发展潜力、发行数量、行业特点、股市状态等，确定发行价格

三、股权再融资（Seasoned Equity Offering）★★★

（一）配股

1.配股概述（见表10-23）

表10-23　　　　　　　　　　　　**与配股相关的概念**

项目	说明
配股含义	向原普通股股东按其持股比例、以低于市价的某一特定价格配售一定数量新发行股票的融资行为
配股目的	（1）不改变老股东对公司的控制权和享有的各种权利　等比例增加股数。 （2）因发行新股将导致短期内每股收益稀释，通过折价配售的方式可以给老股东一定的补偿 （3）鼓励老股东认购新股，以增加发行量
配股价格	配股一般采取网上定价发行的方式。配股价格由主承销商和发行人协商确定

2.配股条件　　*而非竞价、询价。*

上市公司向原股东配股，除需要符合公开发行股票的一般规定外，还应当符合下列规定，见表10-24：

表10-24　　　　　　　　　　　　**配股条件**

条件	说明
业绩要求	最近3个会计年度连续盈利　扣除非经营性损益前后孰低。
分红要求	最近3年以现金方式累计分配的利润不少于最近3年实现的年平均可分配利润的30%
配股限额	拟配售股份数量不超过本次配售股份前股本总额的30%
控股承诺	控股股东应当在股东大会召开前公开承诺认配股份的数量
发行方式	采用证券法规定的代销方式发行　不能包销。

3.配股权（见表10-25）

表10-25　　　　　　　　　　　　**配股权**

项目	说明
含义	当股份公司为增加公司股本而决定发行新的股票时，原普通股股东享有的按其持股数量、以低于市价的某一特定价格优先认购一定数量新发行股票的权利
性质	（1）配股权是普通股股东的优惠权，实际上是一种短期的看涨期权 （2）配股权在某一股权登记日前颁发，在此之前购买的股东享有配股权，即此时股票的市场价格中含有配股权的价值

如何简单地理解配股权？

考霸笔记
配股权与公司公开发行的、期限很长的认股权证不同，后者是混合筹资的一种形式。

4.与配股有关的计算

（1）配股除权价格

通常配股股权登记日后要对股票进行除权处理。除权后股票的理论除权基准价格为：总市值/总股数。

配股除权参考价简化公式的使用条件是什么？

$$配股除权参考价=\frac{配股前每股价格×配股前股数+配股价格×配股数量}{配股前股数+配股数量}$$

$$=\frac{配股前每股价格+配股价格×股份变动比例}{1+股份变动比例}$$

【提示1】当所有股东都参与配股时，股份变动比例（实际配售比例）等于拟配售比例。

【提示2】除权价只是作为计算除权日股价涨跌幅度的基准，提供的只是一个基准参考价（而非实际股价）（见表10-26）

表10-26　　　　　　　　股票交易市价对股东财富的影响

情形	对股东财富的影响
除权后股票交易市价＞除权基准价格	参与配股的股东财富较配股前有所增加，一般称之为"填权"
除权后股票交易市价＜除权基准价格	参与配股的股东财富较配股前有所减少，一般称之为"贴权"

（2）配股权价值（见表10-27）

表10-27　　　　　　　　　配股权价值

方法	计算公式
总额法	每股股票配股权价值=$\dfrac{配股除权参考价-配股价格}{购买一股新股所需的原股数}$
差额法	每股股票配股权价值=配股前每股价格-配股除权参考价

考霸笔记
配股权在某一股配股权登记日前颁发，在此之前购买的股东享有配股权，即此时股票的市场价格中含有配股权的价值。

一般来说，老股东可以低于配股前股票市价的价格购买所配发的股票，即配股权的执行价格低于当前股票价格，此时配股权是实值期权，因此配股权具有价值。而非配股除权价。

考霸笔记
不考虑新募集资金投资产生净现值引起的企业价值的变化，配股后股票的价格应等于配股除权价格。

（3）是否参与配股对股东财富的影响（见表10-28）

表10-28　　　　　　　是否参与配股对股东财富的影响

情形	结果
参与配股的股东	股东财富不变
不参与配股的股东	股东财富减少

（二）增发新股

1.两种增发方式的主要区别（见表10-29）

表10-29　　　　　　　　两种增发方式的主要区别

增发方式	说明
公开增发	指面向不特定对象的新股发行
非公开增发	也称"定向增发"，指面向特定对象的新股发行

（1）发行对象（见表 10-30）

表 10-30　　　　　　　　　　　　　发行对象

增发方式	说明
公开增发	没有特定的发行对象，股票市场上的投资者均可以认购
非公开增发	①机构投资者： A.财务投资者：通过短期持有上市公司股票适时套现实现获利，一般不参与公司重大的战略决策 B.战略投资者：与发行人具有合作关系或合作意向和潜力，与发行公司业务联系紧密且欲长期持有发行公司的股票 ②大股东及关联方

（2）发行条件（见表 10-31）

表 10-31　　　　　　　　　　　　　发行条件

增发方式	说明
公开增发	除满足上市公司公开发行的一般规定外，还应符合以下规定： ①最近 3 个会计年度连续盈利　扣除非经营性损益前后孰低。 ②最近 3 个会计年度加权平均净资产收益率平均不低于 6% ③最近 3 年以现金方式累计分配的利润不少于最近 3 年实现的年均可分配利润的 30% ④除金融企业外，最近 1 期期末不存在持有金额较大的交易性金融资产和可供出售的金融资产、借予他人款项、委托理财等财务性投资的情形
非公开增发	非公开增发没有过多发行条件上的限制，除发行对象为境外机构投资者（QFII）需经国务院相关部门事先批准外，只要特定发行对象符合股东大会规定的条件，且在数量上不超过 10 名，并且不存在一些严重损害投资者合法权益和社会公共利益的情形，均可申请非公开发行股票

考霸笔记
对于一些以往盈利记录未能满足公开融资条件，但又面临重大发展机遇的公司而言，非公开增发提供了一个关键性的融资渠道。

（3）新股定价（见表 10-32）

表 10-32　　　　　　　　　　　　　新股定价

增发方式	说明
公开增发	发行价格应不低于公告招股意向书前 20 个交易日公司股票均价或前 1 个交易日的均价
非公开增发	发行价格应不低于定价基准日前 20 个交易日公司股票均价的 90% • 定价基准日：可以是董事会决议公告日、股东大会决议公告日或发行期的首日

零售价：不打折。

批发价：可以打折。

【实务链接】非公开增发的定价

①对于以通过非公开发行进行重大资产重组或者引进长期战略投资为目的的发行，可以在董事会、股东大会阶段确定发行价格。

②对于以筹集资金为目的的发行，应当在取得发行核准批准文后采取竞价方式

第十章

定价。

（4）认购方式（见表10-33）

考霸笔记

通过非现金认购的非公开增发往往是以重大资产重组或引进长期战略投资为目的。

表10-33　　　　　　　　　　认购方式

增发方式	说明
公开增发	通常为现金认购
非公开增发	不限于现金，还包括股权、债权、无形资产、固定资产等非现金资产

2.增发新股定价对股东财富的影响（见表10-34）

表10-34　　　　　　　　增发新股定价对股东财富的影响

情形	结果
增发价格＞增发前市价	老股东的财富增加，并且老股东财富增加的数量等于新股东财富减少的数量
增发价格＝增发前市价	老股东和新股东的财富均不变
增发价格＜增发前市价	老股东的财富减少，并且老股东财富减少的数量等于新股东财富增加的数量

考霸笔记

需要具体问题具体分析（有利有弊）。

（三）股权再融资对企业的影响（见表10-35）

表10-35　　　　　　　　股权再融资对企业的影响

项目	说明
公司资本结构	（1）一般来说，权益资本成本高于债务资本成本，采用股权再融资会降低资产负债率，并可能会使资本成本增大 （2）如果股权再融资有助于企业目标资本结构的实现，增加企业的财务稳健性，降低债务的违约风险，就会在一定程度上降低企业的加权平均资本成本，增加企业的整体价值
企业财务状况	（1）在企业运营及盈利状况不变的情况下，采用股权再融资的形式筹资资金会降低企业的财务杠杆水平，并降低净资产报酬率 （2）如果能将股权再融资筹集的资金投资于具有良好发展前景的项目，获得正的投资活动净现值，或者能改善企业的资本结构，降低资本成本，就有利于增加企业的价值
控制权	●配股：由于全体股东具有相同的认购权利，控股股东只要不放弃认购的权利，就不会削弱控制权 ●公开增发：会引入新的股东，股东的控制权受增发认购数量的影响 ●非公开增发相对复杂： （1）若对财务投资者和战略投资者增发，则会降低控股股东的控股比例 （2）若面向控股股东的增发是为了收购其优质资产或实现集团整体上市，则会提高控股股东的比例，增强控股股东对上市公司的控制权

第三节　混合筹资

考霸笔记

根据《优先股试点管理办法》（证监会，2014年）。

一、优先股筹资★

（一）上市公司发行优先股的相关规定

1. 一般条件（见表10-36）

表10-36　　　　　　　　　　　一般条件

项目	说明
盈利能力	最近3个会计年度实现的年均可分配利润应当不少于优先股1年的股息
现金分红	最近3年现金分红情况应当符合公司章程及中国证监会的有关监管规定
会计问题	报告期不存在重大会计违规事项
发行规模	已发行的优先股不得超过公司普通股股份总数的50%，且筹资金额不得超过发行前净资产的50%，已回购、转换的优先股不纳入计算

2. 公开发行的特别规定（见表10-37）

表10-37　　　　　　　　　公开发行的特别规定

特别规定	说明
基本规定	上市公司公开发行优先股，应当符合以下情形之一： （1）其普通股为上证50指数成份股 （2）以公开发行优先股作为支付手段收购或吸收合并其他上市公司 （3）以减少注册资本为目的回购普通股的，可以公开发行优先股作为支付手段，或者在回购方案实施完毕后，可公开发行不超过回购减资总额的优先股
盈利要求	最近3个会计年度应当连续盈利　　扣除非经常性损益前后的净利润孰低。
公司章程	上市公司公开发行优先股应当在公司章程中规定以下事项： （1）采取固定股息率 （2）在有可分配税后利润的情况下必须向优先股股东分配股息　　强制性优先股。 （3）未向优先股股东足额派发股息的差额部分应当累积到下一个会计年度 （4）优先股股东按照约定的股息率分配股息后，不再同普通股股东一起参加剩余利润分配 　　　　　　非参与性优先股。
优先购买	上市公司公开发行优先股的，可以向原股东优先配售
法定障碍	最近36个月内因违反相关法律法规，受到行政处罚且情节严重的，不得公开发行优先股
失信禁止	公司及其控股股东或实际控制人最近12个月内不存在违反向投资者作出公开承诺的行为

第十章

3.其他规定（见表10-38）

表10-38　　　　　　　　其他规定

项目	说明
票面金额	优先股每股票面金额为 100元 ，发行价格不得低于优先股票面金额
票面股息率	（1）公开发行的优先股：以市场询价或证监会认可的其他公开方式确定 （2）非公开发行的优先股：不得高于最近 2个会计年度 的年均加权平均净资产收益率
转换权利	上市公司不得发行可转换为普通股的优先股
发行对象	上市公司非公开发行优先股仅向本办法规定的合格投资者发行，每次发行对象不得超过 200人 ，且相同条款优先股的发行对象累计不得超过 200人 （注意定语）

（手写批注：不能折价发行。 / 非转换优先股。）

（二）优先股的筹资成本

同一公司的优先股股东的必要报酬率比债权人高，比普通股股东低。原因如下（见表10-39）：

表10-39　　　　　　优先股股东的必要报酬率比债权人高的原因

原因	说明
优先股投资的风险比债券大	（1）在公司出现财务困难时，债务利息会被优先支付，优先股股利则其次 （2）当企业面临破产时，优先股股东的求偿权落后于债权人
优先股投资的风险比普通股小	（1）在公司分配利润时，优先股股息通常固定且优先支付 （2）当企业面临破产时，优先股股东的求偿权优先于普通股股东

（三）优先股筹资的优缺点（见表10-40）

表10-40　　　　　　　　优先股筹资的优缺点

	与债券相比 *股的特征。*	与普通股相比 *债的特征。*
优点	（1）不支付股利不会导致公司破产 （2）没有到期期限，不需要偿还本金	发行优先股一般不会稀释股东权益
缺点	优先股股利不可以税前扣除，是优先股筹资的税收劣势	优先股的股利通常被视为 固定成本 ，与负债筹资的利息没有什么差别，会增加公司的财务风险并进而增加普通股的成本

【提示】 永续债持有者除公司破产等原因外，一般不能要求公司偿还本金，而只能定期获取利息。如果发行方出现破产重组等情形，从债务偿还顺序来看，大部分永续债的偿还在一般债券之后普通股之前。

二、附认股权证债券筹资 ★★★

（一）认股权证

认股权证（Warrants）是公司向股东发放的一种凭证，授权其持有者在一个特定期间以特定价格购买特定数量的公司股票。

（左侧边栏：如何理解优先股筹资的优缺点？）

1.认股权证与看涨期权的共同点（见表10-41）

表10-41 认股权证与看涨期权的共同点

项目	说明
标的资产	均以股票为标的资产，其价值随股票价格变动
选择权	在到期前均可以选择执行或不执行，具有选择权
执行价格	均有一个固定的执行价格

2.认股权证与看涨期权的区别（见表10-42）

表10-42 认股权证与看涨期权的区别

	认股权证	看涨期权
股票来源	认股权执行时，股票是新发股票	看涨期权执行时，其股票来自二级市场
行权影响	引起股数的增加，从而稀释每股收益与股价	不会稀释每股收益与股价（结算差价）△△
存续期限	期限长，可以长达10年，甚至更长	时间短，通常只有几个月
BS模型	认股权证不能假设有效期内不分红，5~10年不分红很不现实，不能用BS模型定价 △△	BS模型假设没有股利支付，看涨期权可以适用（几个月不分红是可能的）

3.发行认股权证的用途（见表10-43）

表10-43 发行认股权证的用途

用途	说明
补偿作用	在公司发行新股时，为避免原有股东每股收益和股价被稀释，会给原有股东配发一定数量的认股权证，使其可以按优惠价格认购新股，或直接出售认股权证，以弥补新股发行的稀释损失
奖励作用	作为奖励发给本公司的管理人员
筹资作用	作为筹资工具，认股权证与公司债券同时发行，用来吸引投资者购买票面利率低于市场要求的长期债券（买一赠一）

（二）附认股权证债券的筹资成本

1.附认股权证债券的含义及分类

附认股权证债券（Bond With Warrants）是指公司债券附认股权证，持有人依法享有在一定期间内按约定价格（执行价格）认购公司股票的权利，它是债券加上认股权证的产品组合。

（1）按交易方式分类（见表10-44）

表10-44 按交易方式分类

类型	说明
分离型	认股权证与公司债券可以分开，单独在流通市场上自由买卖
非分离型	认股权证无法与公司债券分开，两者存续期限一致，同时流通转让，自发行至交易均合二为一，不得分开转让

认股权证与看涨期权的区别有哪些？

本章主要讨论认股权证和债券的"捆绑发行"，我们把它们作为一个整体融资工具来讨论。

通常讲的"奖励期权"，其实是奖励认股权证，它与期权并不完全相同。

本知识点讲的是分离型、现金汇入型的附认股权证债券。

近似于可转换债券。

（2）按行权方式分类（见表10-45）

表10-45　　　　　　　　　　　　　　按行权方式分类

类型	说明
现金汇入型	当持有人行使认股权利时，必须再拿出现金来认购股票
抵缴型	公司债券票面金额本身可按一定比例直接转股，如以现行可转换公司债的方式

考霸笔记
补充知识，建议掌握。

2.分离型附认股权证债券筹资成本

（1）附认股权证债券有关的价值

①纯债券价值=利息×（P/A，r，n）+面值×（P/F，r，n）

②认股权证的总价值=附带认股权证债券的发行价格－纯债券价值

③每份认股权证的价值=认股权证的总价值÷每张债券附带的认股权证张数

其中：

n……债券期限；

r……等风险普通债券的市场利率。

附认股权证债券筹资成本的计算思路。

（2）筹资成本的计算思路

附认股权证债券的（税前）资本成本，可以用投资人的内含报酬率（IRR）来估计（见表10-46）。

表10-46　　　　　　　　　　　　　　筹资成本的计算思路

项目	说明
现金流出	购买债券和认股权证的总价款
现金流入	①债券存续期限内，每年末票面利息 ②行权时的认股权证行权价差净流入 ③债券到期时收回本金

考霸笔记
题目没有特别说明时，默认为债券按平价发行。

☑ 计算公式如下：

购买价款=利息×（P/A，IRR，n）+

（行权时股票市价－行权价）×每份债券附带的认股权证张数×（P/F，IRR，m）+

债券面值×（P/F，IRR，n）

其中：

m……认股权证行权期限。

考霸笔记
行权时股票市价的计算：一般根据发行附认股权证债券时的初始股票价格，按照固定的股价增长率（股利增长率）持续计算，增长率可以采用可持续增长率。

（3）筹资成本的可行区间与发行条款的修改（见表10-47）

表10-47　　　　　　　　　　　筹资成本的可行区间与发行条款的修改

项目	说明
可行区间	计算出的内含报酬率必须处在债务的市场利率和税前普通股成本之间，才可以被发行人和投资人同时接受。原因如下： ①如果它的税后成本高于权益成本，则不如直接增发普通股（没有固定利息负担） ②如果它的税前成本低于普通债券的市场利率，则对投资人没有吸引力
条款修改	考试时一般的计算结果是投资人的IRR会小于普通债券的市场利率： ①修改思路：提高投资人的报酬率，增加其未来现金流入量 ②修改方案：提高债券的票面利率，降低认股权证的执行价格

（三）附认股权证债券筹资的优缺点（见表10-48）

表10-48　　　　　　　　　附认股权证债券筹资的优缺点

项目	说明
优点	（1）一次发行，两次融资 （2）降低相应债券的利率
缺点	（1）灵活性较差：相对于可转换债券，发行人一直都有偿还本息的义务，因无赎回和强制转股条款，从而在市场利率大幅降低时，发行人需要承担一定的机会成本 （2）附带认股权证债券的承销费用高于债务融资

【提示】附认股权证债券的主要发行人和主要目的（见表10-49）

表10-49　　　　　　　　附认股权证债券的主要发行人和主要目的

项目	说明
发行人	主要是高速增长的小公司，这些公司有较高的风险，直接发行债券需要较高的票面利率。发行附有认股权证的债券，是以潜在的股权稀释为代价换取较低的利息
主要目的	发行债券而不是股票，是为了发债而附带期权。认股权证的执行价格，一般比发行时的股价高出20%~30%。如果将来公司发展良好，股票价格会大大超过执行价格，原有股东会蒙受较大损失（行权价格<<行权时股票市价）

> 考霸笔记
> 发行时处于虚值状态。

三、可转换债券筹资（见表10-50）★★★

表10-50　　　　　　　　　　　可转换债券筹资

项目	说明
含义	可转换债券（Convertible Bond）是一种特殊的债券，它在一定期间内依据约定的条件可以转换成普通股
特点	（1）这种转换，在资产负债表上只是负债转换为普通股，并不增加额外的资本。认股权证与之不同，认股权证会带来新的资本 （2）这种转换是一种期权，证券持有人可以选择转换，也可选择不转换而继续持有债券

> 考霸笔记
> 转换价格是放弃债券的形式支付，不是向发行公司交付现金。

（一）可转换债券的主要条款

1.转换价格（见表10-51）

表10-51　　　　　　　　　　　　转换价格

项目	说明
含义	发行时规定的转换发生时投资者为取得（每一张）普通股每股所支付的实际价格
特点	转换价格通常比发行时的股价高出20%至30%

> 如何理解可转债的转换比率？

2.转换比率（见表10-52）

表10-52　　　　　　　　　　　　转换比率

项目	说明
含义	债权人将一份债券转换成普通股可获得的普通股股数
计算公式	转换比率=债券面值÷转换价格

> 考霸笔记
> 转换价格是以放弃的债券面值衡量，不是以债券市值或会计上的账面价值衡量。

3.**转换期**（见表10-53）

表10-53 转换期

项目	说明
含义	可转换债券转换为股份的起始日至结束日的期间
特点	（1）转换期可以与债券的期限相同，也可以短于债券的期限 （2）超过转换期后的可转换债券，不再具有转换权，自动成为不可转换债券（或普通债券）

4.赎回条款

（1）赎回条款的含义及内容

赎回条款是可转换债券的发行企业可以在债券到期日之前提前赎回债券的规定（强买），主要项目如下（见表10-54）：

表10-54 赎回条款的主要项目

项目	说明
不可赎回期	指可转换债券从发行时开始，不能被赎回的那段期间
赎回期	指可转换债券的发行公司可以赎回债券的期间
赎回价格	指事先规定的发行公司赎回债券的出价。赎回价格一般高于可转换债券的面值，两者之差为赎回溢价，赎回溢价随着债券到期日的临近而减少
赎回条件	指对可转换债券发行公司赎回债券的情况要求，即需要在什么样的情况下才能赎回债券，分为无条件赎回和有条件赎回

（2）设置赎回条款的目的（见表10-55）

表10-55 设置赎回条款的目的

目的	说明
加速行权	促使债券持有人转换股份，因此赎回条款又被称为加速条款（最后通牒）
利率保护	发行公司避免市场利率下降后，继续向债券持有人支付较高的债券票面利率所蒙受的损失

5.回售条款（见表10-56）

表10-56 回售条款

项目	说明
含义	在可转换债券发行公司的股票价格达到某种恶劣程度时（转股不划算），债券持有人有权按照约定的价格将可转换债券卖给发行公司的有关规定（强卖）
目的	保护债券投资人的利益，使他们能够避免遭受过大的投资损失，从而降低投资风险，可以使投资者具有安全感，因而有利于吸引投资者

考霸笔记
设立不可赎回期的目的，在于保护债券持有人的利益，防止发行企业滥用赎回权。

考霸笔记
赎回期安排在不可赎回期之后，不可赎回期结束之后，进入可转换债券的赎回期。

考霸笔记
发行公司在赎回债券之前，要向债券持有人发出通知，要求他们在将债券转换为普通股与卖给发行公司（发行公司赎回）之间作出选择。一般而言，债券持有人会将债券转换为普通股。

6.强制性转换条款（见表10-57）

表10-57　　　　　　　强制性转换条款

项目	说明
含义	在某些条款具备之后，债券持有人必须将可转债转换为股票，无权要求偿还债券本金的规定
目的	为了保证可转换债券顺利地转换成股票，实现发行公司扩大权益筹资的目的

（二）可转换债券的筹资成本

1.可转换债券有关的价值

（1）纯债券价值（见表10-58）

表10-58　　　　　　　纯债券价值

项目	说明
含义	可转换债券不含看涨期权的普通债券的价值
计算公式	纯债券价值=利息×（P/A，r，n−t）+面值×（P/F，r，n−t）

> 考霸笔记
> 假设永不转股时的债券价值。

其中：

n……债券的期限；

t……债券已发行在外的时间；

r……等风险普通债券的市场利率。

（2）转换价值（见表10-59）

表10-59　　　　　　　转换价值

项目	说明
含义	债券必须立即转换时的债券售价，即每一张债券转换成股票的价值
计算公式	转换价值=转换时的股票价值P_m×转换比率

> 考霸笔记
> 假设立即转股时的股票价值。

其中：

$P_m = P_0 × （1+g）^m$

g……股利年增长率；

m……转换时间。

【提示】区分"转换价值"和"转换价格"，前者的单位是"元"，后者的单位是"元/股"。

（3）底线价值（见表10-60）

表10-60　　　　　　　底线价值

项目	说明
含义	可转换债券的最低价值，应当是债券价值和转换价值两者中的较高者
计算公式	底线价值=max（债券价值，转换价值）

> 考霸笔记
> 要么永不转股，要么立即转股。

【提示】这是市场套利的结果：

①如果可转债的价值低于纯债券价值，人们就会购入被低估的债券，使之价格升高；

②如果可转债的市价低于转换价值，人们就会购入债券并立即将其转换为股票后出售套利。

2.分析筹资成本

（1）计算思路

可转换债券的（税前）资本成本，可以用投资人的内含报酬率（IRR）来估计，见表10-61。

可转换债券筹资成本的计算思路。

表10-61　　　　　　　可转换债券资本成本的计算思路

项目	说明
现金流出	购买可转换债券的价款
现金流入	①转股前每年末票面利息 ②转股时的转换价值　假设投资者都会转股。

☑计算公式如下：

购买价款=利息×（P/A，IRR，m）+转换价值×（P/F，IRR，m）

（2）筹资成本的可行区间与发行条款的修改（见表10-62）

表10-62　　　　　　　筹资成本的可行区间与发行条款的修改

项目	说明
可行区间	计算出的内含报酬率必须处在债务的市场利率和税前普通股成本之间，才可以被发行人和投资人同时接受。原因如下： ①如果它的税后成本高于权益成本，则不如直接增发普通股（没有固定利息负担） ②如果它的税前成本低于普通债券的市场利率，则对投资人没有吸引力
条款修改	考试时一般的计算结果是投资人的IRR会小于普通债券的市场利率： ①修改思路：提高投资人的报酬率，增加其未来现金流入量 ②修改方案：提高债券的票面利率，提高转换比例（降低转换价格），延长赎回保护期限

（三）可转换债券筹资的优缺点

1.优点（见表10-63）

表10-63　　　　　　　　　　　优点

项目	说明
与普通债券相比	可转换债券使得公司能够以较低的利率取得资金，其票面利率低于同一条件下普通债券的利率，降低了公司前期的筹资成本
与普通股相比	（1）可转换债券使公司具有了以高于当前股价出售普通股的可能性。因此，在发行新股时机不理想时，可以先发行可转换债券，然后通过转换实现较高价格的股权筹资；并且可以避免因直接发行新股而进一步降低公司股票市价　当前股票价格太低。 （2）因为转换期较长，即使在将来转换股票时，对公司股价的影响也较为温和，从而有利于稳定公司股票价格

2.缺点（见表10-64）

表10-64   缺点

项目	说明
股价上涨风险	如果转换时股票价格大幅上涨，公司只能以较低的固定转换价格换出股票，（相对于直接发行相同数量的股票）会降低公司的股权筹资额（进亦忧）
股价低迷风险	发行可转换债券后，如果股价没有达到转股所需要的水平，可转换债券持有者没有如期转换普通股，则公司只能继续承担债务，在订有回售条款的情况下，公司短期内集中偿还债务的压力会更明显（退亦忧）
筹资成本高于普通债券	尽管可转换债券的票面利率比普通债券低，但是加入转股成本之后的总筹资成本比普通债券要高

> **考霸笔记**
> 可转换债券转换成普通股后，其原有的低息优势将不复存在，公司要承担普通股的筹资成本。

（四）可转换债券和附认股权证债券的区别（见表10-65）

表10-65   可转换债券和附认股权证债券的区别

	可转换债券	附认股权证债券
行权影响	在转换时只是报表项目之间的变化，没有增加新的资本 弃债转股。	在认购股份时给公司带来新的权益资本 花钱买股。
灵活性	发行者可以规定可赎回条款、强制转换条款等，种类较多	灵活性较差
适用情况	主要目的是发行股票而不是债券，只是因为当前股价偏低，希望通过将来转股以实现较高的股票发行价（醉翁之意不在酒）	主要目的是发行债券而不是股票，是为了发债而附带期权，只是因为当前利率要求高，希望通过捆绑期权吸引投资者以降低利率
发行费用	承销费用与纯债券类似	承销费用介于债务融资和普通股之间
发行人	各种公司	高风险、高增长小公司

> 可转换债券和附认股权证债券的区别是什么？

第四节　租赁筹资

一、租赁的主要概念 ★

（一）租赁的当事人

按照当事人之间的关系，租赁可以划分为三种类型（见表10-66）：

表10-66   租赁的当事人

类型	说明	当事人
直接租赁	出租方（租赁企业或生产厂商）直接向承租人提供租赁资产	出租人、承租人
售后租回	承租人先将某资产卖给出租人，再将该资产租回	出租人、承租人
杠杆租赁	（1）出租人引入资产时只支付引入所需款项（如购买资产的货款）的一部分，通常为资产价值的20%~40%，其余款项则以引入的资产或租赁权等为抵押，向另外的贷款者借入 （2）资产租出后，出租人以收取的租金向贷款者（债权人）还贷，该资产的所有权属于出租方	出租人、承租人、贷款者 （1）对承租人：杠杆租赁和直接租赁没有什么区别 （2）对出租人：其既是资产的出租者，同时又是款项的借入者

考霸笔记
短期和长期的区分不是以1年为限。

（二）租赁期

租赁期是指租赁开始日至终止日的时间。根据租赁期的长短，租赁可以划分为两种类型（见表10-67）：

表10-67　　　　　　　　　　　　　　　　租赁期

类型	说明
短期租赁	租赁的时间明显短于租赁资产的经济寿命
长期租赁	租赁的时间接近租赁资产的经济寿命

（三）租赁费用

1.租赁费用的经济内容（见表10-68）

表10-68　　　　　　　　　　　　　　　租赁费用的经济内容

经济内容	明细构成
出租人的全部出租成本	（1）租赁资产的购置成本 （2）营业成本 （3）相关的利息（占用资金的应计成本）
出租人的利润	如果出租人收取的租赁费用超过其成本，剩余部分则成为利润

2.租赁费用的报价形式

（1）合同类型（见表10-69）

考霸笔记
租赁费的支付形式具有多样性，但典型的租赁费支付形式是预付年金，即分期（年、半年、季度、月或日等）的期初等额系列付款。

表10-69　　　　　　　　　　　　　　　　合同类型

项目	购置成本	相关利息	营业成本	利润
分别约定租金、利息和手续费	租金	利息	手续费补偿出租人的营业成本，剩余成为利润	
分别约定租金和手续费	租金			
只约定一项综合租金	租金			

（2）合同案例（见表10-70）

表10-70　　　　　　　　　　　　　　　　合同案例

项目	购置成本	相关利息	营业成本	利润
合同Ⅰ	①租赁资产购置成本100万元，分10年偿付，每年租赁费10万元，在租赁开始日首付	②尚未偿还的租赁资产购置成本按年利率6%计算利息，在租赁开始日首付	③租赁手续费10万元，在租赁开始日一次付清	
合同Ⅱ	①租赁费136万元，分10年支付，每年13.6万元，在租赁开始日首付		②租赁手续费10万元，在租赁开始日一次付清	
合同Ⅲ	租赁费149万元，分10年支付，每年14.9万元，在租赁开始日首付			

（3）根据全部租金是否超过资产的成本，租赁可以划分为两种类型（见表10-71）

表10-71　　　　　　　　　　　租赁类型

类型	说明
完全补偿租赁	租金超过资产全部成本 不仅是购置成本。
不完全补偿租赁	租金不足以补偿租赁资产的全部成本

（四）租赁的撤销

根据租赁是否可以随时解除，租赁可以划分为两种类型（见表10-72）：

表10-72　　　　　　　　　　　租赁类型

类型	说明
可以撤销租赁	指合同中注明承租人可以随时解除的租赁。通常，提前终止合同，承租人要支付一定的赔偿额
不可撤销租赁	指在合同到期前不可以单方面解除的租赁。如果经出租人同意或承租人支付一笔足够大的额外款项，该租赁也可以提前终止

（五）租赁资产的维修

根据出租人是否负责租赁资产的维护（维修、保险和财产税等），租赁可以划分为两种类型（见表10-73）：

表10-73　　　　　　　　　　　租赁类型

类型	说明
毛租赁	由出租人负责资产维护的租赁
净租赁	由承租人负责资产维护的租赁

经营租赁和融资租赁的区别是什么？

二、经营租赁和融资租赁（见表10-74）★★★

表10-74　　　　　　　　经营租赁和融资租赁　　　三方当事人、两个合同。

项目	经营租赁（Operating Leasing）	融资租赁（Financing Leasing）
含义	租赁物短期使用权的交易合同	出租人根据承租人对出卖人、租赁物的选择，向出卖人购买租赁物，提供给承租人使用，承租人支付租赁费的合同
目的	取得经营活动需要的短期使用的资产，用以替代经营资产购置，属于经营活动	取得拥有长期资产所需要的资本，用以替代借款筹资，属于筹资活动
特征	典型的经营租赁是短期的、可撤销的、不完全补偿的毛租赁　仅融物。	典型的融资租赁是长期的、不可撤销的、完全补偿的净租赁　融资融物于一体。
主要特征	最主要的外部特征是租赁期短	最主要的外部特征是租赁期长

三、租赁的税务处理 ★★★

（一）经营租赁和融资租赁的区分

我国企业所得税法没有规定租赁的分类标准，可以采用会计准则对租赁的分类和确认标准。按照我国的会计准则，满足以下一项或数项标准的租赁属于融资租赁（资本化租赁）（见表10-75）：

表10-75   经营租赁和融资租赁的区分

角度	说明
设备归属	（1）在租赁期届满时，租赁资产的所有权转移给承租人
	（2）承租人有购买租赁资产的选择权，所订立的购价预计将远低于行使选择权时租赁资产的公允价值，因而在租赁开始日就可以合理确定承租人将会行使这种选择权
价值转移	（3）租赁期占租赁资产可使用年限的大部分（通常解释为等于或大于75%）
	（4）租赁开始日最低租赁付款额的现值几乎相当于（通常解释为等于或大于90%）租赁开始日租赁资产的公允价值
	（5）租赁资产性质特殊，如果不做重新改制，只有承租人才能使用

考霸笔记
一般以税法规定的折旧年限作为可使用年限。

考霸笔记
计算最低租赁付款额时的折现率：税前有担保的债券利率。

租赁资产的计税基础和扣除时间如何确定？

【提示】

（1）最低租赁付款额的确定（见表10-76）：

表10-76   最低租赁付款额的确定

合同条款	计算公式
没有规定优惠购买选择权	最低租赁付款额=∑各期租金
规定了优惠购买选择权	最低租赁付款额=∑各期租金+承租人行使优惠购买选择权而支付的款项

（2）根据具体的租赁合同，只要有条款满足以上任一项规定（踩线原则），则该租赁属于融资租赁；只有以上5项规定都不满足时，才能将租赁合同认定为经营租赁。

（3）融资租赁，是指实质上转移了与资产所有权有关的全部风险和报酬的租赁，其所有权最终可能转移，也可能不转移。（貌似"租"，其实和"买"差不多）

考霸笔记
经营租赁的租赁费可以税前列支。

（二）租赁资产的计税基础和扣除时间

1.经营租赁

以经营租赁方式租入固定资产发生的租赁费支出，按照租赁期（含免租期）均匀扣除。

2.融资租赁

以融资租赁方式租入固定资产发生的租赁费支出，按照规定构成融资租入固定资产价值的部分应当提取折旧费用，分期扣除（见表10-77）。

考霸笔记
融资租赁的租赁费不能作为费用扣除，只能作为取得成本构成租入固定资产的计税基础。按照这一规定，税法只承认经营租赁是真正的租赁，所有融资租赁都是名义租赁并认定为分期付款购买。

表10-77   融资租赁

合同类型	计税基础	年折旧额
约定付款总额	约定的付款总额+相关税费	计税基础×(1-同类设备预定残值率) ÷ 同类设备折旧年限
未约定付款总额	公允价值+相关税费	

【提示】税法规定了租赁资产的计税基础和扣除时间（折旧年限），并且与会计准则不一致时，应遵循税法。财管中折旧额的计算遵从税法的规定。

【案例】某企业需要使用一台特种起重机，现有以下三种方案可供考虑：

（1）自行购买方案：设备的购置成本为100万元。

（2）经营租赁方案：每年租金为26万元，年末支付，租期为1年。

（3）融资租赁方案：每年租金为25万元，年末支付，租期为5年。

已知：税法规定该类设备的折旧年限为5年，净残值率为5%，所得税税率为20%。

要求：

不考虑其他因素，求三种方案下每年的抵税金额。

【答案】

（1）自行购买折旧抵税=100×（1－5%）÷5×20%=3.80（万元）

（2）经营租赁租金抵税=26×20%=5.20（万元）

（3）融资租赁折旧抵税=25×5×（1－5%）÷5×20%=4.75（万元）

四、租赁的决策分析 ★★★

财务管理主要从融资角度研究租赁，将租赁视为一种融资方式，无论经营租赁还是融资租赁都是"租赁融资"。如果租赁融资比其他融资方式更有利，则应优先考虑租赁融资。

（一）租赁分析模型（见表10-78）

表10-78　　　　　　　　　　　　租赁分析模型

项目	说明
基本原理	为获得同一资产的两个方案，现金流出的现值较小的方案是好方案（等年限互斥决策）
现金流量	一个基本原则是只考虑差异部分，相同部分不予考虑： （1）差量现金流量一般是与购买设备相关的流量，不涉及投资项目本身的收入和成本费用 （2）租入设备维修费用如果由承租方承担，不考虑；如果由出租方承担，则租赁方案不考虑，自行购买方案要考虑
关键指标	租赁净现值=租赁的现金流量总现值-借款购买的现金流量总现值
决策原则	（1）租赁净现值＞0：租赁方案可行 （2）租赁净现值＜0：租赁方案不可行，选择自行购买设备

【知识扩展】

（1）在进行租赁决策之前，应分析是否应该取得一项资产，这是租赁分析的前置程序。这一决策通过常规的资本预算程序完成。通常，确信投资于该资产有正的净现值之后才会考虑如何筹资的问题。

（2）租赁和借款对资本结构的影响类似，1元的租赁等于1元的借款。

考霸笔记
财务管理主要研究承租人的决策分析，而出租人的租赁分析是投资学的研究内容。

考霸笔记
计算现值使用的折现率，采用有担保债券的税后利率，它比无风险利率稍微高一点。因为租赁资产就是融资租赁的担保物，租赁费现金流量和有担保贷款在经济上是等价的。

第十章

考霸笔记
期末处置设备时利得和损失不会共存，需要根据实际情况判断属于处置利得还是处置损失，这里只用图形来表示可能涉及的流量。融资租赁的现金流量分析亦如此。

（二）经营租赁（租赁费可以直接抵税的租赁）

1.自行购买的现金流量（如图10-1所示）

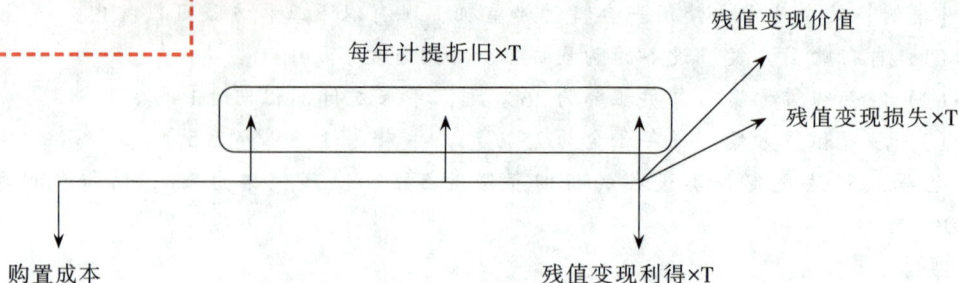

每年计提折旧×T

残值变现价值

残值变现损失×T

购置成本

残值变现利得×T

图10-1　自行购买的现金流量

【提示】计提折旧要遵守税法的规定。

考霸笔记
等额租金也有可能从租赁期开始日就支付，其属于预付年金。做题时需要仔细辨别，下同。

2.租赁的现金流量（如图10-2所示）

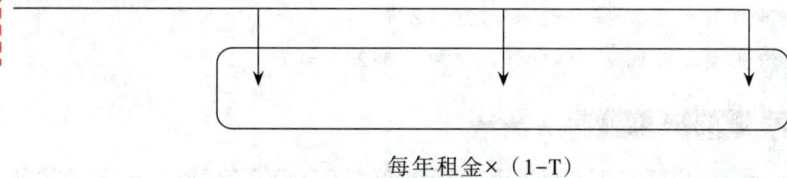

每年租金×（1-T）

图10-2　租赁的现金流量

（三）融资租赁（租赁费不能直接抵税的租赁）

在融资租赁下，借款购置资产的现金流量分析与经营租赁下相同，所以此处只进行租赁的现金流量分析。

（1）租赁资产期末所有权不转移（租赁现金流量）（如图10-3所示）

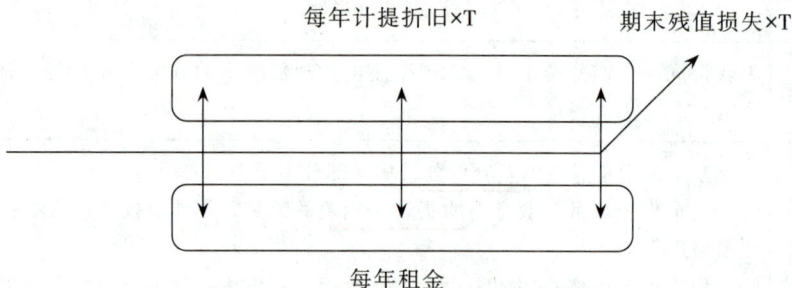

每年计提折旧×T

期末残值损失×T

每年租金

图10-3　租赁资产期末所有权不转移（租赁现金流量）

【提示】

①融资租赁下折旧的计提基础是租赁资产计税基础，与自行借款购买条件下的折旧计算结果可能不同。

②未提足折旧的损失（期末租赁资产残值）=计税基础-年折旧额×使用年限

（2）租赁资产期末所有权转移（租赁现金流量）（如图10-4所示）

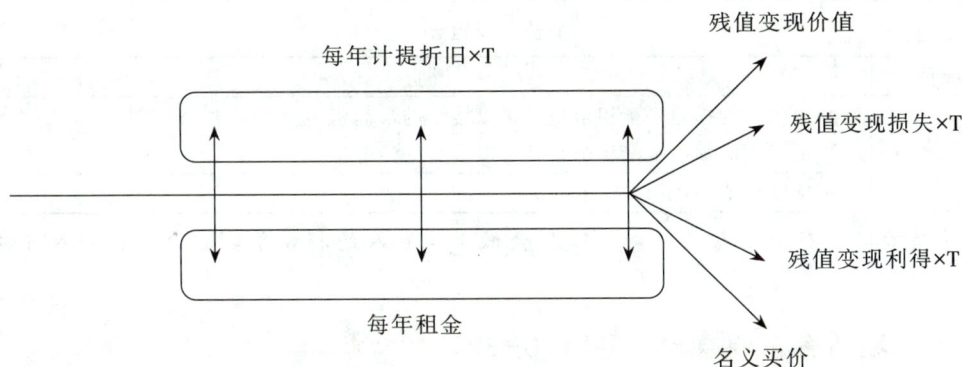

图10-4　租赁资产期末所有权转移（租赁现金流量）

【提示】

①如果租赁期末存在优惠买价（名义买价），需将其纳入"约定的付款总额"之中（最低租赁付款额），考虑对固定资产计税基础以及年折旧的影响。

②期末租赁资产残值处置损失或利得=残值变现净收入−期末租赁资产残值

=残值变现净收入−（计税基础−年折旧×使用年限）

③残值处置损失和残值处置利得不会同时存在。

（四）租赁分析的折现率（见表10-79）

表10-79　　　　　　　　　　　租赁分析的折现率

项目	折现率
租赁费	租赁费定期支付，类似债券的还本付息（有担保），折现率应采用类似债务的利率
折旧抵税额	折旧抵税额的风险比租金大一些，折现率也应高一些。折旧额能够抵税隐含了一个假设，就是全部折旧抵税额均有足够的应税所得用于抵税
期末资产余值	通常认为，持有资产的经营风险大于借款的风险，因此期末资产余值的折现率要比借款利率高。资产余值应使用项目的必要报酬率即加权平均资本成本作为折现率

【提示】实务中的惯例是采用简单的办法，就是统一使用有担保的债券利率作为折现率。与此同时，对于折旧抵税额和期末资产余值进行比较谨慎的估计，即根据风险大小适当调整预期现金流量。

（五）租赁决策对投资决策的影响（见表10-80）

表10-80　　　　　　　　　　租赁决策对投资决策的影响

项目	说明
分析背景	在前面的租赁分析中，把资产的投资决策和筹资决策分开考虑，并假设该项投资本身有正的净现值。这种做法通常是可行的，但有时并不全面。有时一个投资项目按常规筹资有负的净现值，如果租赁的价值较大，抵补常规分析负的净现值后还有剩余，则采用租赁筹资可能使该项目具有投资价值（剧情反转）。经过租赁挣现值调整的项目净现值，称为"调整净现值"（Adjusted Present Value）
计算公式	项目的调整净现值=项目的常规净现值+租赁净现值

考霸笔记
从原则上说，折现率应当体现现金流量的风险，租赁涉及的各种现金流量风险并不完全相同，应当使用不同的折现率。

考霸笔记
常规净现值折现率采用投资人要求的必要报酬率（WACC），与第5章"投资项目资本预算"中的含义一致。

（六）损益平衡租金（见表10-81）

考霸笔记
损益平衡租金一般指"税前"的租金，为避免出错，计算时可以通过令租赁净现值为零先求"税后"的租金，然后再还原成税前租金。

表10-81　　　　　　　　　　　损益平衡租金

项目	说明
含义	（1）承租人的损益平衡租金是其可以接受的最高租金 （2）出租人的损益平衡租金是其可以接受的最低租金
计算方法	令租赁净现值为0，倒求租金即可

【提示】只有出租人的损益平衡租金低于承租人的损益平衡租金，出租人才能获利。

五、租赁存在的原因（见表10-82）★★★

租赁存在的原因。

表10-82　　　　　　　　　　　租赁存在的原因

原因	说明
节税	节税是长期租赁存在的主要原因。如果资产使用者处于较低的税率级别，那么在购买条件下，他从资产折旧和利息费用中所获得的抵税效用几乎很少。如果使用者采用租赁方式，那么出租人就将获得折旧和利息费用的抵税效应，就可以收取较低的租金。双方分享税率差别引起的减税
降低交易成本	交易成本的差别是短期租赁存在的主要原因。租赁公司可以大批量购置某种资产，从而获得价格优惠；对于租赁资产的维修，它们可能更内行或者更有效率；对于旧资产的处置，它们更有经验；此外，租赁公司的融资成本往往比承租人低
减少不确定性	租赁的风险主要与租赁期满时租赁资产的余值有关。承租人不拥有租赁资产的所有权，不承担与此有关的风险。资产使用者如果自行购置，他就必须承担该项风险

六、售后回租★★★

考霸笔记
因为在售后回租交易中资产的售价和租金是相互关联的，是以一揽子方式谈判的，是一并计算的，所以资产的出售和回租实质上是同一业务。

（一）售后回租的含义和经济意义（见表10-83）

表10-83　　　　　　　　　　售后回租的含义和经济意义

项目	说明
含义	卖主（承租人）将一项自制或外购的资产出售后，又将该项资产从买主（出租人）租回
经济意义	（1）对承租人（资产原所有者）：在保留对资产的占有权、使用权和控制权的前提下，将固定资产转化为货币资本，在出售时可取得全部价款的现金，而租金却是分期支付的，从而获得了所需的资金 （2）对出租人（资产新所有者）：找到一个风险小、回报有保障的投资机会

（二）会计处理（见表10-84）

考霸笔记
会计准则对售后回租交易的规定实际上是从承租人（卖主）的角度作出的。

表10-84　　　　　　　　　　　会计处理

项目	说明
承租人	为了真实、合理地反映承租人的经营业绩，并且根据权责发生制的要求，售后回租交易产生的任何损益均应在以后各受益期采用合理的方法进行分摊，而不是确认为当期损益
出租人	无论是融资租赁还是经营租赁的售后回租，同其他租赁业务的会计处理没有什么区别

对于售后回租交易，无论是承租人还是出租人，均应将售后回租交易认定为融资租赁或是经营租赁。

（三）税务处理（见表10-85）

表10-85　　　　　　　　　　税务处理

项目	说明
承租人	售后回租形成融资租赁的，承租人出售资产时，不确认销售收入，对融资性租赁的资产，<u>仍按承租人出售前原账面价值作为计税基础计提折旧</u>。租赁期间，承租人支付的属于融资利息的部分，作为企业财务费用在税前扣除
出租人	出租人的租金收入，企业所得税法并未就如何计算应纳税所得作出专门规定，企业可以按照财务会计处理办法的规定确认收入或支出

智能测评

在线练习	我要提问
扫码在线做题　　扫码看答案	扫码答疑

本书"本章同步强化训练"均配备二维码，打开微信"扫一扫"即可完成在线测评，查看本章详细的测评反馈报告，了解知识掌握情况，也可扫码直接看答案噢。

快来扫码做题吧！

本书配备答疑专用二维码，打开微信"扫一扫"，即可完成在线提问，获取专业老师全面个性化解答，让学习问题不再拖延。

快来扫码提问吧！

本章同步强化训练

一、单选题

1.与普通股筹资相比，下列选项中不属于长期负债筹资特点的是（　　）。

A.筹资风险较高　　　　　　　　B.筹资成本较高

C.具有资金使用期限上的时间性　　D.不分散公司的控制权

2.长期借款筹资与长期债券筹资相比，其特点是（　　）。

A.利息能节税　　B.筹资弹性大　　C.筹资费用大　　D.债务利息高

3.在长期借款合同的保护性条款中，属于特殊性保护条款的是（　　）。

A.限制资本支出规模　　　　　　B.限制租赁固定资产的规模

C.贷款专款专用　　　　　　　　D.限制资产抵押

4.与长期借款相比，发行债券进行筹资的优点是（　　）。

A.筹资费用较少　　B.筹资速度较快　　C.筹资灵活性较好　　D.筹资规模较大

5.如果企业在发行债券的契约中规定了允许提前偿还的条款，那么以下说法中正确的是（　　）。

A.当债券投资人提出申请时，才可提前赎回债券

B.当债券价格下降时，一般应提前赎回债券

C.当预测年利息率下降时，一般应提前赎回债券

D.当预测年利息率上升时，一般应提前赎回债券

6.从公司理财的角度看，与长期借款筹资相比，普通股筹资的优点是（　　）。

A.筹资速度快　　　　　B.筹资风险小　　　　　C.筹资成本小　　　　　D.筹资弹性大

7.从发行公司的角度看，股票包销的优点是（　　）。

A.可获得部分溢价收入　　　　　　　　B.降低发行费用

C.可获得一定佣金　　　　　　　　　　D.不承担发行风险

8.甲公司有普通股20 000股，拟采用配股的方式进行融资。每10股配3股，配股价为16元/股，股权登记日收盘市价为20元/股，假设共有1 000股普通股的原股东放弃配股权，其他股东全部参与配股，配股后除权参考价是（　　）元。

A.18　　　　　　　　　B.19.11　　　　　　　　C.19.2　　　　　　　　D.20

9.甲公司采用配股方式进行融资，拟每10股配1股，配股前每股价格为9.1元，配股价格为每股8元。假设所有股东均参与配股，则配股除权价格是（　　）元。

A.8　　　　　　　　　　B.10.1　　　　　　　　C.9　　　　　　　　　D.8.8

10.甲公司采用配股方式进行融资，每10股配2股，配股前股价为6.2元，配股价格为5元。如果除权日股价为5.85元，所有股东都参加了配股，则除权日股价下跌（　　）。

A.2.42%　　　　　　　B.2.50%　　　　　　　C.2.56%　　　　　　　D.5.65%

11.配股是上市公司股权再融资的一种方式。下列关于配股的说法中，正确的是（　　）。

A.配股价格一般采取网上竞价方式确定

B.配股价格低于市场价格，会减少老股东的财富

C.配股权是一种看涨期权，其执行价格等于配股价格

D.配股权价值等于配股后股票价格减配股价格

12.下列关于普通股筹资定价的说法中，正确的是（　　）。

A.首次公开发行股票时，发行价格应由发行人与承销的证券公司协商确定

B.上市公司向原有股东配股时，发行价格可由发行人自行确定

C.上市公司公开增发新股时，发行价格不能低于公告招股意向书前20个交易日公司股票均价的90%

D.上市公司非公开增发新股时，发行价格不能低于定价基准日前20个交易日公司股票的均价

13.下列关于认股权证与股票看涨期权共同点的说法中，正确的是（　　）。

A.两者行权后均会稀释每股价格

B.两者均有固定的行权价格

C.两者行权后均会稀释每股收益

D.两者行权时买入的股票均来自二级市场

14.2008年8月22日，甲公司股票的每股收盘价格为4.63元，甲公司认股权证的行权价格为每股4.5元，此时甲公司的认股权证是（　　）。

A.平价认购权证　　　B.实值认购权证　　　C.虚值认购权证　　　　D.零值认购权证

15.下列关于附认股权证债券筹资成本的表述中，正确的是（　　）。

A.附认股权证债券的筹资成本与普通股的资本成本基本一致

B.附认股权证债券的筹资成本与一般债券的资本成本基本一致

C.附认股权证债券的筹资成本应大于一般债券的资本成本，但低于普通股的资本成本

D.附认股权证债券的利率较低，所以其筹资成本通常低于一般债券的资本成本

16.有些可转债券在赎回条款中设置不可赎回期，其目的是（　　）。

A.防止赎回溢价过高

B.保证可转换债券顺利转换成股票

C.保证发行公司长期使用资金

D.防止发行公司过度使用赎回权

17.可转换债券设置合理的回售条款的目的是（　　）。

A.保护债券投资人的利益

B.可以促使债券持有人转换股份

C.限制债券持有人过分享受公司收益大幅度上升所带来的回报

D.可以使发行公司避免市场利率下降后，继续向债券持有人支付较高的债券票面利率蒙受损失

18.可转换债券的赎回价格一般高于可转换债券的面值，两者的差额为赎回溢价，（　　）。

A.赎回溢价会随债券到期日的临近而增加

B.赎回溢价会随债券到期日的临近而减少

C.赎回溢价会随债券到期日的临近保持不变

D.对于溢价债券赎回溢价会随债券到期日的临近而减少，对折价债券则会增加

19.甲公司拟发行可转换债券，当前等风险普通债券的市场利率为5%，股东权益成本为7%。甲公司的企业所得税税率为20%。要使发行方案可行，可转换债券的税后资本成本的区间为（　　）。

　　A.4%~7%　　　　　　B.5%~7%　　　　　　C.4%~8.75%　　　　　D.5%~8.75%

20.若公司直接平价发行普通债券，利率必须达到10%才能成功发行；如果发行股票，公司股票的β系数为1.5，目前无风险利率为3%，市场风险溢价率为6%。若公司目前适用的所得税税率为25%，则该公司若要发行可转换债券，其综合税前融资成本应为（　　）。

　　A.10%到12%之间　　B.10%到16%之间　　C.大于10%　　　　　D.小于12%

21.甲公司2009年3月5日向乙公司购买一处位于郊区的厂房，随后出租给丙公司。甲公司以自有资金向乙公司支付总价款的30%，同时甲公司以该厂房作为抵押向丁银行借入余下的70%价款。这种租赁方式是（　　）。

　　A.经营租赁　　　　　B.售后回租　　　　　C.杠杆租赁　　　　　D.直接租赁

22.2009年9月，承租人和出租人签订了一份租赁合同，合同规定租赁资产的购置成本为200万元，承租人分10年偿还，每年支付租金20万元，在租赁开始日首付，尚未偿还的租赁资产购置成本以5%的年利率计算并支付利息，在租赁开始日首付。租赁手续费为15万元，于租赁开始日一次性付清。根据这份租赁合同，下列表述中，正确的是（　　）。

　　A.租金仅指租赁资产的购置成本

　　B.租金不仅仅指租赁资产的购置成本

　　C.仅以手续费补偿出租人的期间费用

　　D.利息和手续费就是出租人的利润

23. 从财务管理的角度看，融资租赁最主要的财务特征是（　　）。

A. 租赁期长

B. 租赁资产的成本可以得到完全补偿

C. 租赁合同在到期前不能单方面解除

D. 租赁资产由承租人负责维护

24. 某企业已决定添置一台设备。企业的加权平均资本成本率为15%，权益资本成本率为18%；借款的预期税后平均利率为13%，其中担保借款利率为12%，无担保借款利率为14%。该企业在进行设备租赁与购买的决策分析时，下列作法中适宜的是（　　）。

A. 将租赁期现金流量的折现率定为12%，租赁期末设备余值的折现率定为15%

B. 将租赁期现金流量的折现率定为13%，租赁期末设备余值的折现率定为15%

C. 将租赁期现金流量的折现率定为14%，租赁期末设备余值的折现率定为18%

D. 将租赁期现金流量的折现率定为15%，租赁期末设备余值的折现率定为13%

25. 短期租赁存在的主要原因在于（　　）。

A. 租赁双方的实际税率不同，通过租赁可以减税

B. 能够降低承租方的交易成本

C. 能够使承租人降低资本成本

D. 能够降低出租方的资本成本

二、多选题

1. 下列各项中，属于企业长期借款合同一般性保护条款的有（　　）。

A. 限制企业租入固定资产的规模

B. 限制企业股权再融资

C. 限制企业高级职员的薪金和奖金总额

D. 限制企业增加具有优先求偿权的其他长期债务

2. 与公开间接发行股票相比，下列关于不公开直接发行股票的说法中，正确的有（　　）。

A. 发行成本低　　　　　　　　　　　B. 股票变现性差

C. 发行范围小　　　　　　　　　　　D. 发行方式灵活性小

3. A公司采用配股的方式进行融资。2016年3月21日为配股除权登记日，以公司2015年12月31日总股本1 000 000股为基数，拟每10股配1股。配股价格为配股说明书公布前20个交易日公司股票收盘价平均值的8元/股的85%，若除权后的股票交易市价为7.8元，若所有股东均参与了配股，则（　　）。

A. 配股的除权价格为7.89元/股

B. 配股的除权价格为8.19元/股

C. 配股使得参与配股的股东"贴权"

D. 配股使得参与配股的股东"填权"

4. 下列关于股票再融资的说法，正确的有（　　）。

A. 公开增发股票的公司必须具有持续的盈利能力

B. 实施配股时，如果除权后股票交易的市价高于除权基准价格，一般称之为"贴权"

C. 非公开发行股票的发行对象不能超过10名

D. 上市公司非公开发行股票的发行价格应不低于定价基准日前20个交易日公司股票的

均价

5.按照我国《优先股试点管理办法》的有关规定，上市公司公开发行优先股应当在公司章程中规定的事项有（　　　）。

A.采取固定股息率

B.在有可分配税后利润的情况下必须向优先股股东分配股息

C.对于累积优先股，未向优先股股东足额派发股息的差额部分应累积到下一个会计年度，对于非累积优先股则无须累积

D.优先股股东按照约定的股息率分配股息后，特殊情况下还可同普通股股东一起参加剩余利润分配

6.下列有关优先股筹资的说法中，不正确的有（　　　）。

A.优先股筹资成本的计算无须考虑发行费用

B.对于同一公司来说，优先股的筹资成本低于债务筹资成本

C.对于同一公司来说，优先股的筹资成本低于普通股筹资成本

D.优先股的股利通常被视为固定成本，会增加公司的财务风险

7.与债券筹资相比，优先股筹资的特点有（　　　）。

A.从投资者来看，优先股投资的风险比债券大

B.从筹资者来看，优先股筹资的风险比债券大

C.不支付股利不会导致公司破产

D.优先股股利不可以税前扣除，其税后成本通常高于负债筹资

8.下列关于认股权证与看涨期权的共同点的说法中，错误的有（　　　）。

A.都有一个固定的行权价格

B.行权时都能稀释每股收益

C.都能使用布莱克–斯科尔斯模型定价

D.都能作为筹资工具

9.下列关于附认股权证债券的说法中，错误的有（　　　）。

A.附认股权证债券的筹资成本略高于公司直接增发普通股的筹资成本

B.每张认股权证的价值等于附认股权证债券的发行价格减去纯债券价值

C.附认股权证债券可以吸引投资者购买票面利率低于市场利率的长期债券

D.认股权证在认购股份时会给公司带来新的权益资本，行权后股价不会被稀释

10.以下关于可转换债券的说法中，正确的有（　　　）。

A.在转换期内逐期降低转换比率，不利于投资人尽快进行债券转换

B.如果转换时股票价格大幅上涨，会降低公司的股权筹资额

C.设置赎回条款主要是为了保护发行企业与原有股东的利益

D.设置回售条款可能会加大公司的财务风险

11.某公司是一家生物制药企业，目前正处于高速成长阶段。公司计划发行10年期限的附认股权债券进行筹资。下列说法中，正确的有（　　　）。

A.认股权证是一种看涨期权，可以使用布莱克–斯科尔斯模型对认股权证进行定价

B.使用附认股权债券筹资的主要目的是当认股权证执行时，可以以高于债券发行日股价的执行价格给公司带来新的权益资本

C.使用附认股权债券筹资的缺点是当认股权证执行时，会稀释股价和每股收益

D.为了使附认股权债券顺利发行，其内含报酬率应当介于债务市场利率和（税前）普通股成本之间

12. 在其他条件不变的情况下，关于单利计息、到期一次还本付息的可转换债券的内含报酬率，下列选项中正确的有（　　　）。

A.债券期限越长，债券内含报酬率越高

B.票面利率越高，债券内含报酬率越高

C.转换比率越高，债券内含报酬率越高

D.转换价格越高，债券内含报酬率越高

13. 下列有关发行可转换债券特点的表述，正确的有（　　　）。

A.在股价升高时，与直接增发新股相比，会降低公司的股权筹资额

B.在股价降低时，会加大公司的财务风险

C.可转换债券使得公司取得了以高于当前股价出售普通股的可能性

D.可转换债券的票面利率比纯债券低，因此其资本成本低

14. 甲公司由于公司业务高速发展，拟在资本市场筹资 5 000 万元。公司董事会一部分人员认为应该在发行债券同时附送一定比例的认股权证，而另一部分人员认为可以发行可转换债券筹资。公司董事长指派财务人员分析附认股权证债券和可转换债券各自的优点和不足，以供股东大会讨论。与附认股权证债券筹资相比，可转换债券筹资具有的特点包括（　　　）。

A.灵活性较大

B.发行人通常是规模小、风险高的企业

C.承销费比较低

D.发行者的主要目的是发行股票

15. 下列有关租赁分类的表述，正确的有（　　　）。

A.短期租赁的时间不超过 1 年，超过 1 年期的为长期租赁

B.合同中注明出租人可以随时解除的租赁为可撤销租赁

C.出租人负责资产维护的租赁为毛租赁

D.承租人负责资产维护的租赁为净租赁

16. 从财务的角度看，下列关于租赁的说法中，正确的有（　　　）。

A.经营租赁中，只有出租人的损益平衡租金低于承租人的损益平衡租金，出租人才能获利

B.融资租赁中，承租人的租赁期预期现金流量的风险通常低于期末资产预期现金流量的风险

C.经营租赁中，出租人购置、维护、处理租赁资产的交易成本通常低于承租人

D.租赁费现金流的折现率应采用加权平均资本成本作为折现率

17. 下列关于企业筹资管理的表述中，正确的有（　　　）。

A.在其他条件相同的情况下，企业发行包含美式期权的可转债的资本成本要高于包含欧式期权的可转债的资本成本

B.由于经营租赁的承租人不能将租赁资产列入资产负债表，因此资本结构决策不需要考虑经营性租赁的影响

C.由于普通债券的特点是依约按时还本付息，因此评级机构下调债券的信用等级，并不会影响该债券的资本成本

D.由于债券的信用评级是对企业发行债券的评级，因此信用等级高的企业也可能发行低信用等级的债券

18.下列关于租赁分析中的损益平衡租金特点的表述中，正确的有（　　）。

A.损益平衡租金是指租赁损益为零的租金额

B.损益平衡租金是指税前租金额

C.损益平衡租金是承租人可接受的最高租金额

D.损益平衡租金是出租人可接受的最低租金额

19.在其他条件一定的情况下，可转换债券的转换比率越高（　　）。

A.对债券持有者越有利　　　　　　　　B.对发行公司越有利

C.转换价格越高　　　　　　　　　　　D.转换价格越低

三、计算分析题

1.甲公司为扩大产能，拟平价发行分离型附认股权证债券进行筹资。方案如下：债券每份面值1 000元，期限5年，票面利率5%，每年付息一次；同时附送20张认股权证，认股权证在债券发行3年后到期，到期时每张认股权证可按11元的价格购买1股甲公司普通股票。

甲公司目前有发行在外的普通债券，5年后到期，每份面值1 000元，票面利率6%，每年付息一次，每份市价1 020元（刚刚支付最近一期利息）。

公司目前处于生产经营的稳定增长期，可持续增长率为5%。普通股每股市价为10元。

公司的企业所得税税率为25%。

要求：

（1）计算公司普通债券的税前资本成本。

（2）计算该分离型附认股权证债券的税前资本成本。

（3）判断筹资方案是否合理，并说明理由；如果不合理，给出调整建议。

2.甲公司是一家快速成长的上市公司，目前因项目扩建急需筹资1亿元。由于当前公司股票价格较低，公司拟通过发行可转换债券的方式筹集资金，并初步拟订了筹资方案。有关资料如下：

（1）可转换债券按面值发行，期限5年。每份可转换债券的面值为1 000元，票面利率为5%，每年年末付息一次，到期还本。可转换债券发行一年后可以转换为普通股，转换价格为25元。

（2）可转换债券设置有条件赎回条款，当股票价格连续20个交易日不低于转换价格的120%时，甲公司有权以1 050元的价格赎回全部尚未转股的可转换债券。

（3）甲公司股票的当前价格为22元，预期股利为0.715元/股，股利年增长率预计为8%。

（4）当前市场上等风险普通债券的市场利率为10%。

（5）甲公司适用的企业所得税税率为25%。

（6）为方便计算，假定转股必须在年末进行，赎回在达到赎回条件后可立即执行。

要求：

（1）计算发行日每份纯债券的价值。

（2）计算第4年年末每份可转换债券的底线价值。

（3）计算可转换债券的税前资本成本，判断拟定的筹资方案是否可行并说明原因。

（4）如果筹资方案不可行，甲公司拟采取修改票面利率的方式修改筹资方案。假定修改后的

票面利率需为整数，计算使筹资方案可行的票面利率区间。

3.【2014年·计算分析题】甲公司是一家制造企业，为扩大产能决定添置一台设备。公司正在研究通过自行购置还是租赁取得该设备，有关资料如下：

（1）如果自行购置，设备购置成本为1 000万元。根据税法的规定，设备按直线法计提折旧，折旧年限为8年，净残值为40万元。该设备预计使用5年，5年后的变现价值预计为500万元。

（2）如果租赁，乙公司可提供租赁服务，租赁期为5年，每年年末收取租金160万元，设备的维护费用由甲公司自行承担，租赁期内不得撤租，租赁期届满时设备所有权不转让。根据税法的规定，甲公司的租赁费可以税前扣除。乙公司因大批量购置该种设备可获得价格优惠，设备购置成本为960万元。

（3）甲公司、乙公司的企业所得税税率均为25%；税前有担保的借款利率为8%。

要求：

（1）利用差额分析法，计算租赁方案每年的差额现金流量及租赁净现值，判断甲公司应选择购买方案还是租赁方案，并说明原因。

（2）计算乙公司可以接受的最低租金。

4.甲公司是一家制造企业，产品市场需求处于上升阶段，为增加产能，公司拟于2018年初添置一台设备。有如下两种方案可供选择：

• 方案1：自行购置。预计设备购置成本为1 600万元，按税法的规定，该设备按直线法计提折旧，折旧年限为5年，净残值率为5%，预计该设备使用4年，每年年末支付维护费用16万元，4年后变现价值为400万元。

• 方案2：租赁。甲公司租用设备进行生产，租赁期为4年，设备的维护费用由提供租赁服务的公司承担，租赁期内不得撤租，租赁期满时设备所有权不转让，租赁费总计1 480万元，分4年偿付，每年年初支付370万元。

甲公司的企业所得税税率为25%，税前有担保的借款利率为8%。

要求：

（1）计算方案1的初始投资额、每年折旧抵税额、每年维护费用税后净额、4年后设备变现税后净额，并计算考虑货币时间价值的平均年成本。

（2）判断租赁性质，计算方案2的考虑货币时间价值的平均年成本。

（3）比较方案1和方案2的平均年成本，判断甲公司应选择方案1还是方案2。

5.为扩大生产规模，F公司拟添置一台主要生产设备，经分析该项投资的净现值大于零。该设备预计使用6年，公司正在研究是自行购置还是通过租赁取得。相关资料如下：

如果自行购置该设备，需要支付买价760万元，并需支付运输费10万元、安装调试费30万元。税法允许的设备折旧年限为8年，按直线法计提折旧，残值率为5%。

为了保证设备的正常运转，每年需支付维护费用30万元。6年后，设备的变现价值预计为280万元。

如果以租赁方式取得该设备，租赁公司要求的租金为每年170万元，在每年年末支付，租期6年，租赁期内不得退租。租赁公司负责设备的运输和安装调试，并负责租赁期内设备的维护。租赁期满设备所有权不转让。

F公司适用的所得税税率为25%，税前借款（有担保）利率为8%。

要求：

（1）计算自行购买方案的各年相关现金流量的净现值。

（2）计算租赁方案的各年相关现金流量的净现值。

（3）计算租赁方案的净现值，并判断F公司应当选择自行购置方案还是租赁方案。

6.F公司是一家经营电子产品的上市公司。公司目前发行在外的普通股为10 000万股，每股价格为10元，预计未来可持续增长率为13.43%。公司现在急需筹集资金16 000万元，用于投资液晶显示屏项目，有如下四个备选筹资方案：

- 方案1：以目前股本10 000万股为基数，每10股配2股，配股价格为8元/股。
- 方案2：按照目前市价公开增发股票1 600万股。
- 方案3：发行10年期的公司债券，债券面值为每份1 000元，票面利率为9%，每年年末付息一次，到期还本，发行价格拟定为950元/份。目前，等风险普通债券的市场利率为10%。
- 方案4：按面值发行10年期的附认股权证债券，债券面值为每份1 000元，票面利率为9%，每年年末付息一次，到期还本。每份债券附送20张认股权证，认股权证只能在第5年末行权，行权时每张认股权证可按15元的价格购买1股普通股。目前，等风险普通债券的市场利率为10%。

假设上述各方案的发行费用均可忽略不计。

要求：

（1）如果要使方案1可行，企业应在盈利持续性、现金股利分配水平和拟配售股份数量方面满足什么条件？假设该方案可行并且所有股东均参与配股，计算配股除权价格及每份配股权价值。

（2）如果要使方案2可行，企业应在净资产收益率方面满足什么条件？应遵循的公开增发新股的定价原则是什么？

（3）如果要使方案3可行，企业应在净资产、累计债券余额和利息支付能力方面满足什么条件？计算每份债券价值，判断拟定的债券发行价格是否合理并说明原因。

（4）根据方案4，计算每张认股权证价值、第5年末行权前股价。假设认股权证持有人均在第5年末行权，计算第5年末行权后股价、该附认股权证债券的税前资本成本，判断方案4是否可行并说明原因。

7.G公司是一家生产和销售软饮料的企业。该公司产销的甲饮料持续盈利，目前供不应求，公司正在研究是否扩大其生产规模。有关资料如下：

（1）该种饮料批发价格为每瓶5元，变动成本为每瓶4.1元。本年销售400万瓶，已经达到现有设备的最大生产能力。

（2）市场预测显示明年销量可以达到500万瓶，后年将达到600万瓶，然后以每年700万瓶的水平持续3年。5年后的销售前景难以预测。

（3）投资预测：为了增加一条年产400万瓶的生产线，需要设备投资600万元；预计第5年末设备的变现价值为100万元；生产部门估计需要增加的营运资本为新增销售额的16%，在年初投入，在项目结束时收回；该设备能够很快安装并运行，可以假设没有建设期。

（4）设备开始使用前需要支出培训费8万元；该设备每年需要运行维护费8万元。

（5）该设备也可以通过租赁方式取得。租赁公司要求每年支付租金123万元，租期5年，租金在每年年初支付，租赁期内不得退租，租赁期满设备所有权不转移。设备运行维护费由G公司承担。租赁设备开始使用前所需的培训费8万元由G公司承担。

（6）公司所得税率为25%；税法规定该类设备使用年限为6年，按直线法计提折旧，残值率为5%；假设与该项目等风险投资要求的最低报酬率为15%；银行借款（税前有担保）利息率为

12%。

要求：

（1）计算增加生产线的项目常规净现值，并判断其是否可行。

时间（年末）	0	1	2	3	4	5
现金净流量						
折现系数（15%）						
现值						
净现值						

（2）根据我国税法的规定，该项设备租赁属于融资租赁还是经营租赁？具体说明判别的依据。

（3）计算租赁相对于自购的净现值；判断该方案是否可行，并说明理由。

第十一章
股利分配、股票分割与股票回购

本章导学

本章框架图

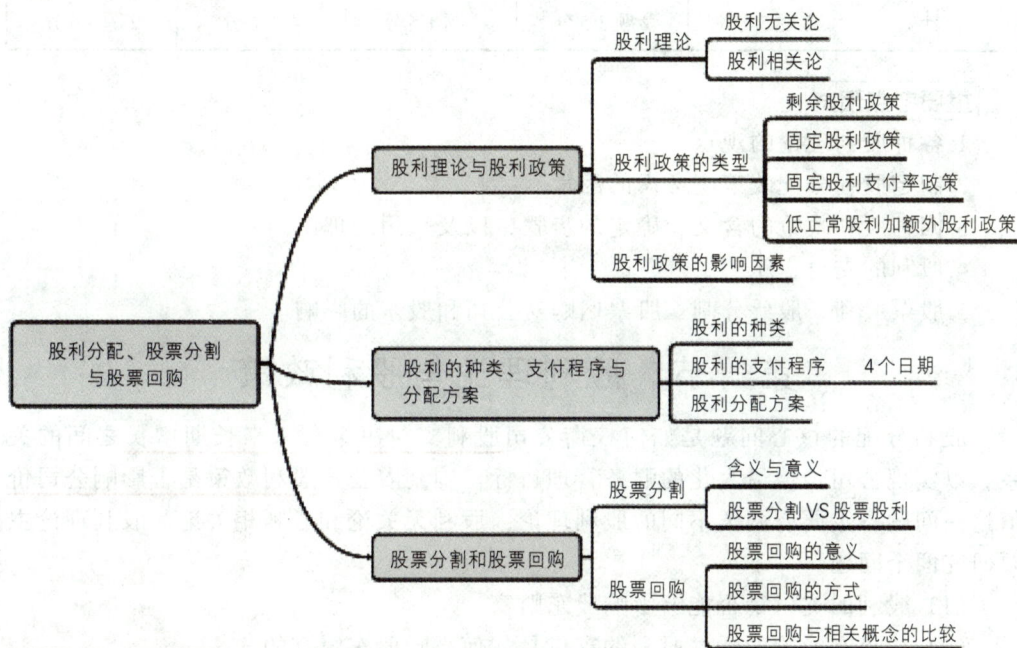

本章考情概述

本章考情分析

本章属于一般章，主要阐述了与所有者权益有关的各种活动，包括各种股利理论的含义和特点、股利相关论下影响股利分配的因素、四种股利分配政策的含义和特点，以及股票股利、股票分割和股票回购有关的内容。本章与其他章的主要联系在于：

（1）剩余股利政策和固定股利支付率政策，与第八章企业价值评估编制预计财务报表过程中确定留存收益有联系；

（2）如果企业采用固定股利支付率政策，那么股利增长率等于净利润的增长率，从而与确定固定增长股票模型中股利的增长率有联系。

本章近5年题型题量分析，见表11-1。

	2014年	2015年	2016年	2017年	2018年
单项选择题	2题3分	1题1.5分	1题1.5分	4题6分	1题1.5分
多项选择题	1题2分	1题2分			1题2分
计算分析题					
综合题					
合计	3题5分	2题3.5分	1题1.5分	4题6分	2题3.5分

重要考点预览

1.各种股利理论的观点

2.制定股利分配政策应考虑的因素

3.四种股利政策的含义、确定的步骤，以及采用的理由

4.股利的支付程序

5.股票股利、股票分割、股票回购对公司和股东的影响

第一节　股利理论与股利政策

股利分配的核心问题是如何权衡公司股利支付决策与未来长期增长之间的关系，以实现公司价值最大化的财务管理目标。围绕着公司股利政策是否影响公司价值这一问题，主要有两类不同的股利理论：股利无关论和股利相关论。股利理论主要研究两个问题：

（1）股利的支付是否能够影响股东财富；

（2）如果有影响的话，股利的支付是如何影响股东财富的。

一、股利理论★★

（一）股利无关论（完全市场理论）

股利无关论（Dividend Irrelevance Theory）是米勒（Merton Miller）与莫迪格利安尼（Franco Modigliani）于1961年在一些假设上提出的，如图11-1所示。

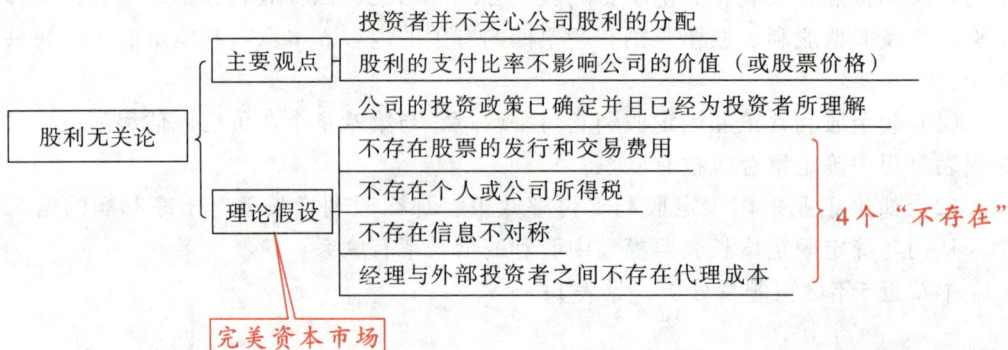

> 如何理解股利无关论，应掌握的要点是什么？

股利无关论

主要观点
- 投资者并不关心公司股利的分配
- 股利的支付比率不影响公司的价值（或股票价格）

理论假设
- 公司的投资政策已确定并且已经为投资者所理解
- 不存在股票的发行和交易费用
- 不存在个人或公司所得税
- 不存在信息不对称
- 经理与外部投资者之间不存在代理成本

4个"不存在"

完美资本市场

图11-1　股利无关论

【提示】在完全有效的资本市场上，股利政策的改变就仅仅意味着股东的收益

在现金股利与资本利得之间分配上的变化。投资者对股利和资本利得并无偏好，它们通常呈反向变化，二者合计才是股东的整体收益。如果投资者按理性行事的话，这种改变不会影响公司的市场价值以及股东财富。

（二）股利相关论（Dividend Relevance Theory）

1.税差理论

（1）税差概念

在现实条件下，现金股利税与资本利得税不仅是存在的，而且会表现出差异性（见表11-2）。

表11-2　　　　　　　现金股利税与资本利得税的差异

项目	说明
税率差	出于保护和鼓励资本市场投资的目的，会采用股利收益税率高于资本利得税率的差异税率制度，致使股东会偏好资本利得而不是派发现金股利
时间差	股利收益纳税是在收取股利的当时（纳税早），而资本利得纳税只是在股票出售时才发生（纳税晚），继续持有股票来延迟资本利得的纳税时间，可以体现递延纳税的时间价值

（2）主要观点（见表11-3）

税差理论说明了当股利收益税率与资本利得税率存在差异时，将使股东在继续持有股票以期取得预期资本利得与立即实现股利收益之间进行权衡。

表11-3　　　　　　　　　税差理论主要观点

情形	结论
如果不考虑股票交易成本	企业应采取低现金股利比率的分配政策，以提高留存收益再投资的比率，使股东在实现未来的资本利得中享有税收节省
如果存在股票的交易成本，甚至当资本利得税与交易成本之和大于股利收益税时	偏好取得定期现金股利收益的股东自然会倾向于企业采用高现金股利支付率政策

2.客户效应理论

客户效应是指投资者依据自身边际税率（个税涉及的最高档税率）而显示出的对实施相应股利政策股票的选择偏好现象。主要观点见表11-4。

表11-4　　　　　　　　客户效应理论主要观点

客户类别	说明
收入高的投资者	拥有较高的（边际）税率，表现出偏好低股利支付率的股票，希望少分或不分现金股利，以更多的留存收益进行再投资，从而提高所持有的股票价格
收入低的投资者	拥有较低的（边际）税率，表现出偏好高股利支付率的股票，希望支付较高而且稳定的现金股利

【提示】享有税收优惠的养老金投资者对股利的偏好和收入低的投资者相同。

【实务链接】在中国实践中，客户效应理论不适用，原因如下：

（1）个人所得税采用分项计征，而不是综合计征。

税差理论的主要观点包括哪些？

考霸笔记
放宽的MM理论假设：不存在股票的发行和交易费用（即不存在股票筹资费用）。

考霸笔记
资本利得税＜现金股利税。

相对于税差理论，客户效应理论的主要观点是什么？

考霸笔记
该理论是对税差效应理论的进一步扩展，研究处于不同税收等级的投资者对股利分配态度的差异。

（2）工资薪金所得和劳务所得采用累进税率，利息、股利、红利所得和财产转让所得采用单一税率。

3. "一鸟在手"理论（见表11-5）

如何理解"一鸟在手"理论？

表11-5　　　　　　　　　　　　"一鸟在手"理论

项目	说明
谚语含义	一鸟在手，胜于二鸟在林（One bird in hand is worth two in the bush）： （1）资本利得：好像林中之鸟，虽然看上去很多，但却不一定抓得到（不确定）； （2）现金股利：好像在手之鸟，是股东有把握按时、按量得到的现实收益（确定）
主要观点	为了实现股东价值最大化的目标，企业应实行高股利分配率的股利政策
理论依据	当股利支付率提高时，股东承担的收益风险会降低，其所要求的权益资本报酬率也越低，权益资本成本也会降低，从而根据永续年金计算所得的企业权益价值将会上升　　企业权益价值＝分红总额/权益资本成本。

4. 代理理论（见表11-6）

代理理论涉及哪些利益相关者的代理冲突，解决这些利益相关者的冲突都倾向于选择什么样的股利政策？

表11-6　　　　　　　　　　　　代理理论

利益相关者	代理冲突	主要观点
股东VS债权人	股东在进行投资与融资决策时，有可能为增加自身的财富而选择了加大债权人风险的决策	债权人为保护自身利益，希望企业采取低股利支付率，通过多留存少分配的股利政策以保证有较为充裕的现金留在企业以偿还债务
经理人员VS股东	企业拥有较多的自由现金流时，经理人员有可能把资金投资于低回报项目，或为了取得个人私利而追求额外津贴及在职消费等	实施多分配少留存的股利政策，既有利于抑制经理人员随意支配自由现金流量的代理成本，也有利于股东取得股利收益
控股股东VS中小股东	管理层通常由大股东直接出任或直接指派，管理层与大股东的利益趋于一致。控股股东有可能也有能力通过各种手段侵害中小股东的利益	处于外部投资者保护程度较弱环境的中小股东希望企业采用多分配少留存的股利政策，以防控股股东的利益侵害

考霸笔记　解决冲突应该采取的股利政策应当是保护正当利益或保护弱势方利益的股利政策。

【提示】代理理论的分析视角为研究与解释处于特定治理环境中的企业股利分配行为提供了一个基本分析逻辑，企业股利分配政策的选择是多种因素权衡的复杂过程。

5. 信号理论

考霸笔记　股利信号理论为解释股利是否具有信息含量提供了一个基本分析逻辑，鉴于投资者对股利信号信息的理解不同，所做出的对企业价值的判断也不同。

企业经理人员比外部投资者拥有更多的企业经营状况与发展前景的信息，投资者可以依据股利信息对企业经营状况与发展前景作出判断（见表11-7）。

表11-7　　　　　　　　　　　　信号理论

	好信号	坏信号
提高股利支付率	企业未来业绩将大幅增长	企业没有前景好的投资项目
降低股利支付率	企业有前景好的投资项目	企业未来无法避免衰退预期

在信息不对称的情况下，公司可以<u>通过股利政策向市场传递有关公司未来盈利能力的信息</u>。股利政策所产生的信息效应会影响股票的价格。

【总结】各种股利理论的观点见表11-8。

表11-8　　　　　　　　　各种股利理论的观点

股利理论		观点
股利无关论		（1）投资者并不关心公司股利的分配； （2）股利的支付比率不影响公司的价值
股利相关论	税差理论	（1）资本利得税＋交易成本＜现金股利税：少发股利； （2）资本利得税＋交易成本＞现金股利税：多发股利
	客户效应理论	（1）高收入股东：少发股利； （2）低收入股东：多发股利
	"一鸟在手"理论	多发股利
	代理理论	（1）股东VS债权人：少发股利； （2）经理人员VS外部分散股东：多发股利； （3）大股东VS中小股东：多发股利
	信号理论	依股东自身看法而定

二、股利政策类型 ★★

（一）剩余股利政策

1.剩余股利政策的含义及分配程序（见表11-9）

表11-9　　　　　　　剩余股利政策的含义及分配程序

项目	说明
含义	剩余股利政策是指在公司有着良好的投资机会时（NPV＞0），根据一定的<u>目标资本结构</u>（最佳资本结构），测算出投资所需的权益资本，先从盈余当中留用，然后将剩余的盈余作为股利予以分配
图示	
分配程序	（1）设定目标资本结构（债务/权益），使得<u>加权平均资本成本</u>达到最低水平； （2）确定目标资本结构下投资所需的股东权益数额； （3）最大限度地使用保留盈余来满足投资方案所需的权益资本数额； （4）投资方案所需权益资本已经满足后若有剩余盈余，再将其作为股利发放给股东

【提示】

（1）股利分配与公司的资本结构相关，而资本结构又是由投资所需资金构成的，因此实际上股利政策要受到<u>投资机会</u>及其<u>资本成本</u>的<u>双重影响</u>。

（2）剩余股利政策是按照投资所需的权益资本来保留部分当年的净利润，而不是用全部的净利润去满足全部投资的需要。

考霸笔记

股利政策（Dividend Policy）是指在法律允许的范围内，企业是否发放股利、发放多少股利以及何时发放股利的方针及对策。

剩余股利政策下，如何确定股利分配的金额？

考霸笔记

采用剩余股利政策的根本理由在于保持理想的资本结构，使加权平均资本成本最低。

2.分析时需注意的问题

(1) 关于财务限制（见表11-10）

表11-10　　　　　　　　　　　　财务限制

问题	说明
资本结构的问题	①资本结构是长期有息负债（长期借款和公司债券）和所有者权益的比率，保持目标资本结构，不是指保持全部资产的负债比率。特定时点。 ②保持目标资本结构，不是指一年中始终保持同样的资本结构，而是指利润分配后形成的资本结构符合既定目标，而不管后续经营造成的所有者权益变化。 ③资本需求是指增加长期资本，不是指资产总额增加，它要按照目标资本结构分别靠长期有息负债和权益资金（包括利润留存和增发股份）筹集
分配股利的现金问题	分配股利的现金问题，是营运资金管理问题，如果现金存量不足，可以通过短期借款解决，与筹集长期资本无直接关系

(2) 关于法律限制

　　不考虑年初累计亏损的情况下，根据法律，企业必须按照10%的比例从当年净利润中提取公积金作为收益留存，记为A；按照剩余股利政策，企业应当按照目标权益比例乘以当年实体净投资作为利润留存，记为B。本条法律规定对企业利润分配的影响需要比较A与B的大小（见表11-11）：

表11-11　　　　　　　　　　　　法律限制

比较结果	说明
A≤B	实质上，A已经作为B的一部分，计入了当期的利润留存，这条法律规定并没有构成实际限制
A>B	由于法律规定的利润留存大于按照剩余股利政策计算出来的利润留存，企业必须首先遵守法律，从当年净利润中提取A作为当期的利润留存，剩余的净利润用于发放股利

(3) 关于经济限制（见表11-12）

表11-12　　　　　　　　　　　　经济限制

项目	说明
政策限制	采用剩余股利政策，企业不能利用以前年度未分配利润来分配股利
原因	以前年度未分配利润本质上属于企业在目标资本结构下现有权益资本的一部分，一旦被动用，就会破坏企业的资本结构，在本年度的利润分配之后，无法达到目标资本结构，导致企业加权平均资本成本上升

(4) 针对事后（已经实现）的利润分配还是事前（预计）的利润分配（见表11-13）

表11-13　　　　　　　　事后的利润分配与预计的利润分配

事后的利润分配	预计的利润分配
本年度净利润 -本年现金股利	预计年度净利润 -预计年度现金股利
本年Δ留存收益 $=$ 预计明年投资需求 $\times$ 目标权益比例	预计年度Δ留存收益 $=$ 预计同年投资需求 $\times$ 目标权益比例

考霸笔记
无息负债和短期借款不可能也不需要保持某种固定比率。短期负债筹资是营运资本管理的问题，不是资本结构的问题。

考霸笔记
联系第十八章全面预算中的现金预算内容。

考霸笔记
法律中的这条规定，实际上只是对本年利润"留存"数额的限制，而不是对股利分配的限制。

考霸笔记
如果公司不采用剩余股利政策，动用以前年度的未分配利润分配股利，法律对此并无限制。

剩余股利政策下，为什么不考虑以前年度未分配利润？

考霸笔记
事后的利润分配与两个年度有关；而预计的利润分配只与一个年度有关，可用于编制预计财务报表（第八章企业价值评估）。

【总结】剩余股利政策的有关问题如图11-2所示。

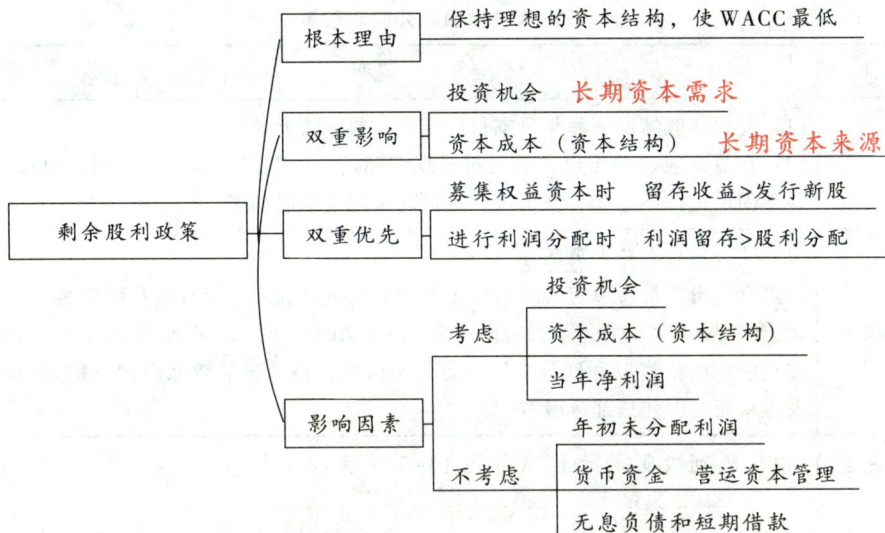

图11-2　剩余股利政策

【思考】每股收益越高，意味着股东可以从公司分得越高的股利？

【答案】每股收益越高，说明公司的获利越强。但是，每股收益越高，并不一定意味着股东可以从公司分得越高的股利。股东分得的股利的高低决定于企业股利支付政策。

（二）**固定股利政策**（见表11-14）

表11-14　　　　　　　　　　　　固定股利政策

项目	说明
含义	将每年发放的股利固定在一个相对稳定的水平上并在较长的时期内不变，只有当公司认为未来盈余将会显著地、不可逆转地增长时，才提高年度的股利发放额
采用理由	（1）稳定的股利向市场传递公司正常发展的信息，有利于树立公司良好的形象，增强投资者对公司的信心，稳定股票的价格。 （2）有利于投资者安排股利收入和支出
缺点	（1）股利支付与盈余脱节。 （2）不能像剩余股利政策那样保持较低的资本成本

（三）固定股利支付率政策（见表11-15）

表11-15　　　　　　　　　　　　固定股利支付率政策

项目	说明
含义	公司确定一个股利占盈余的比率，长期按此比率支付股利的政策
采用理由	能使股利与公司盈余紧密地配合，以体现多盈多分、少盈少分、无盈不分的原则
缺点	各年的股利变动较大，极易造成公司不稳定的感觉，对稳定股票价格不利

固定股利政策的优点是什么？

考霸笔记
当年净利润。

哪些人偏好选择低正常股利加额外股利政策，选择的理由是什么？

（四）低正常股利加额外股利政策（见表11-16）

表11-16　　　　　　　　低正常股利加额外股利政策

项目	说明
含义	（1）公司一般情况下每年只支付固定的、数额较低的股利。 （2）在盈余较多的年份，公司再根据实际情况向股东发放额外股利。但额外股利并不固定化，不意味着公司永久地提高了规定的股利率
采用理由	（1）使公司具有较大灵活性： ①正常年份：维持设定的较低但正常的股利，使股东不会有股利跌落感。 ②丰收年份：增发股利，使股东分享经济繁荣的部分利益，增强股东对公司的信心。 （2）使那些依靠股利度日的股东每年至少可以得到虽然较低但比较稳定的股利收入，从而吸引住这部分股东

考霸笔记
类似发工资：稳定可预测。

考霸笔记
类似发奖金：偶然不可预测。

【总结】四种股利政策的比较（如图11-3所示）：

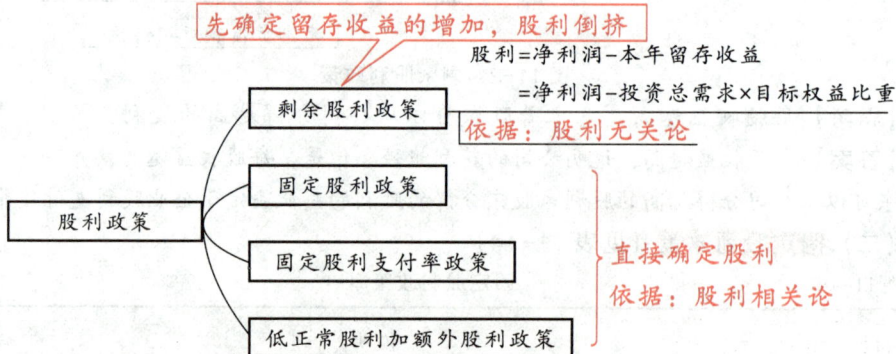

先确定留存收益的增加，股利倒挤

股利=净利润-本年留存收益
　　=净利润-投资总需求×目标权益比重

依据：股利无关论

直接确定股利
依据：股利相关论

图11-3　四种股利政策的比较

股利政策的影响因素有哪些？

三、股利政策的影响因素★

（一）法律限制（见表11-17）

表11-17　　　　　　　　法律限制

考虑因素	说明
资本保全的限制	公司不能用资本（包括股本和资本公积）发放股利
企业积累的限制	按照法律规定，公司税后利润必须先提取法定公积金。此外还鼓励公司提取任意公积金，只有当提取的法定公积金达到注册资本的50%时，才可以不再提取
净利润的限制	规定公司年度累计净利润必须为正数时才可发放股利，以前年度亏损必须足额弥补
超额累积利润的限制	许多国家规定公司不得超额累积利润，一旦公司的保留盈余超过法律认可的水平，将被加征额外税额
无力偿付的限制	基于对债权人的利益保护，如果一个公司已经无力偿付负债，或股利支付会导致公司失去偿债能力，则不能支付股利

考霸笔记
防止股东避税。

（二）股东因素（见表11-18）

表11-18　　　　　　　　　　股东因素

考虑因素	说明
稳定的收入	一些股东的主要收入来源是股利，他们往往要求公司支付稳定的股利
避税	一些边际税率较高的股东出于避税的考虑，往往反对发放较多的股利
控制权的稀释	为防止控制权的稀释，持有控股权的股东希望少募集权益资金，少分股利

（三）公司因素（见表11-19）

表11-19　　　　　　　　　　公司因素

考虑因素	说明
投资机会	（1）处于成长中的公司，有良好的投资机会，多采用低股利政策； （2）处于经营收缩中的公司，缺乏良好的投资机会，多采用高股利政策
债务需要	具有较高债务偿还需要的公司一般采取低股利政策
举债能力	具有较强的举债能力的公司往往采取较宽松的股利政策，举债能力弱的公司则相反
资本成本	保留盈余（不存在筹资费用）的资本成本低于发行新股。从资本成本考虑，如果公司有扩大资金的需要，也应当采取低股利政策
盈余的稳定性	盈余相对稳定的公司一般而言具有较高的股利支付能力
公司的流动性	公司流动性指及时满足财务应付义务的能力，流动性较低时往往支付较低的股利

考霸笔记：盈余稳定的公司面临的经营风险和财务风险较小，筹资能力较强。

（四）其他因素（见表11-20）

表11-20　　　　　　　　　　其他因素

考虑因素	说明
债务合同约束	如果债务合同限制现金股利支付，公司只能采取低股利政策
通货膨胀	通货膨胀时期，公司计提的折旧不能满足重置固定资产的需要，需要动用盈余补足重置固定资产的需要，通货膨胀时期股利政策往往偏紧

考霸笔记：货币购买力下降。

股利的种类包括哪些？如何区分？

第二节　股利的种类、支付程序与分配方案

一、股利的种类（见表11-21）★

表11-21　　　　　　　　　　股利的种类

种类	说明
现金股利	指以现金支付的股利，它是股利支付的主要形式
股票股利	指公司以增发的股票作为股利的支付方式
财产股利	指以现金以外的资产支付的股利，主要是以公司所拥有的其他企业的有价证券，如债券、股票，作为股利支付给股东
负债股利	指公司以负债支付的股利，通常以公司的应付票据支付给股东，在不得已的情况下也有发行公司债券抵付股利的

考霸笔记：发放现金股利的条件：有累计盈余和足够的现金。

考霸笔记：公司在实施股利分配时发放股票股利，简称"送股"。

【提示】财产股利和负债股利实际上是现金股利的替代。这两种股利方式目前在我国公司实务中很少使用，但并非法律所禁止。

【辨析】容易混淆的几种股利见表11-22。

表11-22 　　　　　　　　　　　　　　容易混淆的几种股利

	自己公司	其他企业
股票	股票股利	财产股利
债券	负债股利	财产股利

二、股利支付程序（见表11-23和图11-4）★

表11-23 　　　　　　　　　　　　　　几种日期的说明

日期	说明
股利宣告日	公司董事会将股东大会通过本年度利润分配方案的情况以及股利支付情况予以公告的日期
股权登记日	有权领取本期股利的股东资格登记截止日期：只有在股权登记日这一天登记在册的股东（在此日及之前持有或买入股票的股东）才有资格领取本期股利；而在这一天以后登记在册的股东，即使是在股利支付日之前买入的股票，也无权领取本期分配的股利
除息日	也称除权日，是指股利所有权与股票本身分离的日期，将股票中含有的股利分配权予以解除，即在除息日当日及以后买入的股票不再享有本次股利分配的权利 ●我国上市公司的除息日通常是在股权登记日的下一个交易日（而非自然日）
股利支付日	公司向股东正式发放股利的日期

图11-4　股利支付程序

【提示】股利支付程序的4个日期在"财务成本管理"与"会计"中的地位不同：与"财务成本管理"关系更紧密的是股权登记日和除息日（考虑对股票价格的影响），与"会计"关系更紧密的是股利宣告日和股利支付日（投资企业和被投资单位的账务处理）。

三、股利分配方案★

（一）股利分配方案的内容（见表11-24）

表11-24 　　　　　　　　　　　　　　股利分配方案的内容

项目	说明
股利支付形式	决定是以现金股利、股票股利还是其他某种形式支付股利
股利支付率	股利支付率是指股利与净利润的比率：　当年净利润。 （1）按年度计算的股利支付率非常不可靠：由于累计的以前年度盈余也可以用于股利分配，有时股利支付率会大于100%。 （2）作为一种财务政策，股利支付率应该是若干年度的平均值
股利政策的类型	决定采取固定股利政策，还是稳定增长股利政策，或是剩余股利政策等
股利支付程序	确定"股利支付程序"中的4个日期等具体事宜

如何辨别股利支付过程中的重要日期？

考霸笔记
实务中这部分股东名册由证券登记公司统计在案。

考霸笔记
除息日之前的股票价格包含了本次派发的股利，自除息日起的股票价格则不包含本次派发的股利；或者说，在除息日之前，股利权从属于股票。

（二）股票股利和资本公积转增股本

1.股票股利的影响

（1）有影响的项目（见表11-25）

表11-25　　　　　　　　　　有影响的项目

项目	说明
股东权益内部结构	股本增加，未分配利润减少
股东持股股数	发放股票股利后的股数=原股数×（1+股票股利发放率）
稀释作用	发放股票股利后的每股收益=$\dfrac{原每股收益}{1+股票股利发放率}$
	发放股票股利后的每股除权参考价=$\dfrac{原每股市价}{1+股票股利发放率}$

右侧边栏：
发放股票股利，会带来哪些影响？

考霸笔记
发放股票股利后，如果盈利总额和市盈率不变，会由于普通股股数增加而引起每股收益和每股市价的下降。

【提示】

①按照我国《企业会计准则》，公司发放股票股利按面值确定，会计处理如下：

借：未分配利润（增加的股数×每股面值）

贷：股本（增加的股数×每股面值）

②美国等西方国家发放股票股利通常是以发放前的股票市价为基础，将股票股利从留存收益项目转出，其中按照股票面额部分转至股本项目，股票市价与面值之差的部分转入资本公积项目。

（2）无影响的项目（见表11-26）

表11-26　　　　　　　　　　无影响的项目

项目	说明
资本结构	资产总额、负债总额、股东权益总额均不变
公司总股东财富/总企业价值	股价被稀释，但是总股数上升，综合考虑没有变化
股东持股比例/股票市场价值	由于股东所持股份的比例不变，每位股东所持股票的市场价值总额仍保持不变
现金存量	若不考虑股利收益税，股票股利不会导致现金流出企业

右侧边栏：
考霸笔记
一般情况下，发放股票股利不会影响股权资本成本。因为资本成本是投资人要求的必要报酬率，发放股票股利本身不会影响投资人的要求，所以资本成本不变。

2.资本公积转增股本与股票股利的比较

（1）相同点（见表11-27）

表11-27　　　　　　　　　　相同点

项目	说明
稀释作用	从股东持有的股份数量上看，会使股东具有相同的股份增持效果，结果导致每股价值被稀释，从而使股票交易价格下降
股东财富	由于股票股利与转增都会增加股本数量，但每个股东持有股份的比例并未改变，并未增加股东持有股份的价值

（2）不同点（见表11-28）

表11-28　　　　　　　　　　　　　　不同点

	股票股利	资本公积转增股本
股东权益内部影响	将未分配利润转为股本	将资本公积转为股本
纳税影响	属于利润分配，股东需要缴纳所得税	不属于利润分配，股东无须缴纳所得税

（三）除权参考价的计算

在实务中，发放现金股利、股票股利和资本公积转增资本都会使股票价格下降。在除权（除息）日，上市公司发放现金股利、股票股利以及资本公积转增资本后的除权参考价的计算公式为：

考霸笔记
公式中的"每股现金股利"采用"含税（税前）"股利，不考虑代扣代缴个人所得税的问题。

$$除权参考价=\frac{股权登记日收盘价 - 每股现金股利}{1+送股率+转增率}$$

【总结】在除权日，如果股票市价高于除权参考价（跌得没那么多），则股东个人财富增加；如果股票市价低于除权参考价（跌得更惨），则股东个人财富减少。

第三节　股票分割与股票回购

一、股票分割 ★★

考霸笔记
股票分割不属于某种股利方式，但其产生的效果与发放股票股利近似。

（一）股票分割的含义和意义（见表11-29）

表11-29　　　　　　　　　　　　　　股票分割的含义和意义

项目	说明
含义	股票分割（Stock Split）是指将面额较高的股票交换成面额较低的股票的行为。例如，将原来的一股股票交换成两股股票
意义	（1）对公司来讲，实行股票分割的主要目的在于通过增加股票股数降低每股市价，从而吸引更多的投资者。 （2）股票分割往往是成长中公司的行为，所以宣布股票分割后容易给人一种"公司正处于发展之中"的印象，这种利好信息会在短时间内提高股价

【提示】如果公司认为自己的股票价格过低，为提高股价，会采取反分割（也称股票合并）的措施，即将数股面值较低的股票合并为一股面额较高的股票。

股票分割与发放股票股利的区别

（二）股票股利与股票分割的比较（见表11-30）

表11-30　　　　　　　　　　　　　　股票股利与股票分割的比较

	股票股利	股票分割
相同点	（1）普通股股数增加； （2）每股收益和每股市价下降； （3）资本结构不变（资产总额、负债总额、股东权益总额不变）； （4）公司总股东财富/总企业价值不变； （5）每个股东持股比例/股票市值不变； （6）给人们传递一种"公司正处于发展中"的信息，从纯粹经济的角度看，二者没有区别	

续表

	股票股利	股票分割
不同点	（1）面值不变； （2）股东权益内部结构变化； （3）属于股利支付方式； （4）在公司股价上涨幅度不大时，往往通过发放股票股利将其维持在理想的范围之内	（1）面值变小； （2）股东权益内部结构不变； （3）不属于股利支付方式； （4）在公司股价暴涨且预期难以下降时，才采用股票分割的办法降低股价

二、股票回购★★

（一）股票回购的意义

1. 对股东的意义（见表11-31）

表11-31　　　　　　　　　　对股东的意义

项目	说明
替代效应	公司以多余现金购回股东所持有的股份，使流通在外的股份减少，每股股利增加，从而会使股价上升，股东能因此获得资本利得，这相当于公司支付给股东现金股利
税收优惠	股票回购后股东得到资本利得，当资本利得税率小于现金股利税率时，股东将得到纳税上的好处

【提示】股票回购相比现金股利对股东利益具有不确定的影响：上述分析是建立在各种假设之上的，如假设按照预期每股价格回购、假设股票回购后市盈率不变等；但实际上这些因素很可能因股票回购而发生变化，其结果是否对股东有利难以预料。

2. 对公司的意义

对公司而言，股票回购有利于增加公司的价值：

（1）向市场传递了股价被低估的信号。

（2）当公司可支配的现金流明显超过投资项目所需的现金流时，用自由现金流进行股票回购，有助于增加每股盈利水平，同时降低管理层的代理成本。

（3）避免股利波动带来的负面影响。（公司剩余现金流是暂时的或者是不稳定的）

（4）发挥财务杠杆的作用：如果公司认为资本结构中权益资本的比例较高，通过发行债券融资回购本公司股票，可以快速提高负债比例，从而改变公司的资本结构，并有助于降低加权平均资本成本。

（5）减少外部流通股的数量，提高了股票价格，在一定程度上降低了公司被收购的风险。

（6）调节所有权结构。

考霸笔记
股票回购（Stock Repurchase）是指公司出资购回自身发行在外的股票。

考霸笔记
直接现金股利与间接资本利得的权衡。

考霸笔记
回购的股票（库存股）的用途：交换被收购公司的股票；满足认股权证持有人或可转换公司债券持有人的行权需要；在执行管理层与员工股票期权时使用，避免发行新股而稀释每股收益。

（二）股票回购的方式（如图11-5所示）

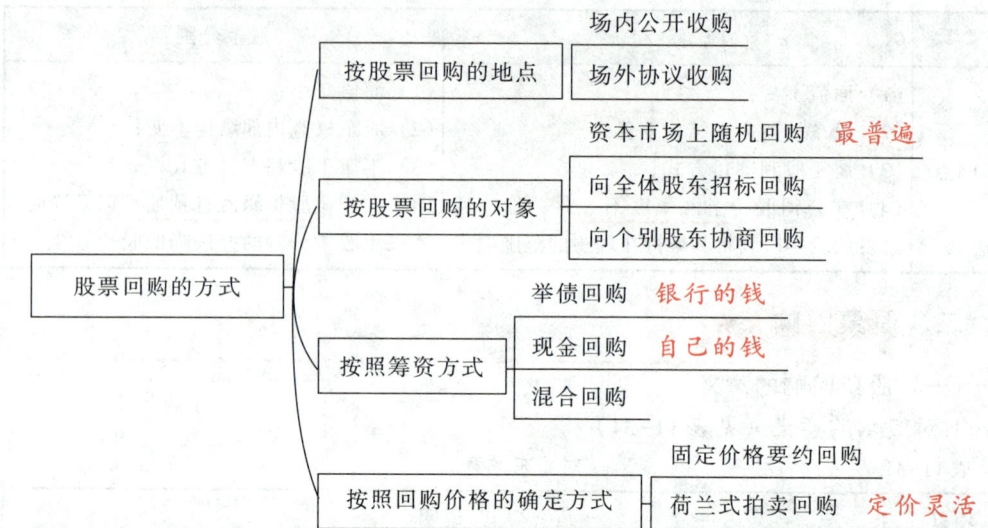

图11-5　股票回购的方式

右侧标注：
- 按股票回购的地点：场内公开收购、场外协议收购
- 按股票回购的对象：资本市场上随机回购（**最普遍**）、向全体股东招标回购、向个别股东协商回购
- 按照筹资方式：举债回购（**银行的钱**）、现金回购（**自己的钱**）、混合回购
- 按照回购价格的确定方式：固定价格要约回购、荷兰式拍卖回购（**定价灵活**）

（三）股票回购与相关概念的比较

1.股票回购与现金股利的比较（见表11-32）

表11-32　　　　　股票回购与现金股利的比较

	股票回购	现金股利
相同点	（1）现金减少； （2）所有者权益减少	
不同点	（1）不属于股利支付方式； （2）股东得到资本利得，税赋低； （3）对股东利益具有不稳定的影响； （4）可配合公司资本运作需要	（1）属于股利支付方式； （2）股东则须缴纳股息税，税赋高； （3）稳定到手的收益

2.股票回购与股票分割及股票股利的比较（见表11-33）

表11-33　　　　股票回购与股票分割及股票股利的比较

项目	股票回购	股票分割及股票股利
股数	减少	增加
每股收益	提高	降低
每股市价	提高	降低
资本结构	提高财务杠杆	不影响
控制权	巩固既定控制权或转移公司控制权	不影响

左栏二维码标注：
- 股票回购和现金股利的异同点
- 如何区分现金股利、股票股利、股票分割和股票回购？

智能测评

在线练习	我要提问
扫码在线做题　　扫码看答案	扫码答疑
本书"本章同步强化训练"均配备二维码,打开微信"扫一扫"即可完成在线测评,查看本章详细的测评反馈报告,了解知识掌握情况,也可扫码直接看答案噢。 快来扫码做题吧!	本书配备答疑专用二维码,打开微信"扫一扫",即可完成在线提问,获取专业老师全面个性化解答,让学习问题不再拖延。 快来扫码提问吧!

本章同步强化训练

一.单选题

1.股利无关论的假设条件不包括( )。

A.股票筹资无发行费用　　　　　　　　　　B.不存在个人或公司所得税

C.投资者与管理者拥有的信息相同　　　　　D.股利支付比率不影响公司价值

2.下列关于股利分配理论的说法中,错误的是( )。

A.税差理论认为,当股票资本利得税与股票交易成本之和大于股利收益税时,应采用高现金股利支付率政策

B.客户效应理论认为,对于高收入阶层和风险偏好投资者,应采用高现金股利支付率政策

C."一鸟在手"理论认为,由于股东偏好当期股利收益胜过未来预期资本利得,应采用高现金股利支付率政策

D.代理理论认为,为解决控股股东和中小股东之间的代理冲突,应采用高现金股利支付率政策

3.目前甲公司有累计未分配利润1 000万元,其中上年实现的净利润500万元。公司正在确定上年利润的具体分配方案。按法律规定,净利润至少要提取10%的盈余公积金,预计今年需增加长期资本800万元。公司的目标资本结构是债务资本占40%,权益资本占60%,公司采用剩余股利政策,应分配的股利是( )万元。

A.20　　　　　　B.0　　　　　　C.540　　　　　　D.480

4.甲公司2×18年初未分配利润-100万元,2×18年实现净利润1 200万元。公司计划2×19年新增资本支出1 000万元,目标资本结构(债务:权益)为3:7。法律规定,公司须按净利润的10%提取公积金。若该公司采取剩余股利政策,应发放现金股利( )万元。

A.310　　　　　　B.400　　　　　　C.380　　　　　　D.500

5.甲公司2×18年实现税后利润1 000万元,2×18年年初未分配利润为200万元,公司按10%提取法定盈余公积。预计2×19年需要新增投资资本500万元,目标资本结构(债务:权益)为4:6。公司执行剩余股利政策,2×18年可分配现金股利( )万元。

A.600　　　　　　B.700　　　　　　C.800　　　　　　D.900

6.某公司采用剩余股利政策分配股利，董事会正在制订2×18年度的股利分配方案。在计算股利分配额时，不需要考虑的因素是（　　）。

A.公司的目标资本结构
B.2×18年末的货币资金

C.2×18年实现的净利润
D.2×19年需要的投资资本

7.以下股利分配政策中，最有利于股价稳定的是（　　）。

A.剩余股利政策
B.固定股利政策

C.固定股利支付率政策
D.低正常股利加额外股利政策

8.容易造成股利支付额与本期净利润相脱节的股利分配政策是（　　）。

A.剩余股利政策
B.固定股利政策

C.固定股利支付率政策
D.低正常股利加额外股利政策

9.一般而言，适应于采用固定股利政策的公司是（　　）。

A.财务杠杆较高的公司
B.盈利比较稳定的公司

C.盈利波动较大的公司
D.盈利较高但投资机会较多的公司

10.公司采用固定股利支付率政策，考虑的理由通常是（　　）。

A.保持较低的资本成本
B.稳定股票市场价格

C.使股利与公司盈余紧密结合
D.维持目标资本结构

11.使企业在资金使用上有较大的灵活性的股利分配政策是（　　）。

A.剩余股利政策
B.固定股利政策

C.固定股利支付率政策
D.低正常股利加额外股利政策

12.下列关于股利分配政策的说法中，错误的是（　　）。

A.采用剩余股利政策，可以保持理想的资本结构，使加权平均资本成本最低

B.采用固定股利支付率政策，可以使股利和公司盈余紧密配合，但不利于稳定股票价格

C.采用固定股利政策，当盈余较低时，容易导致公司资金短缺，增加公司风险

D.采用低正常股利加额外股利政策，股利和盈余不匹配，不利于增强股东对公司的信心

13.企业投资并取得收益时，必须按一定的比例和基数提取各种公积金，这一要求体现的是（　　）。

A.资本保全的限制
B.企业积累的限制

C.超额累积利润的限制
D.偿债能力的限制

14.处于成长中的企业多采取少分多留政策，根本原因是（　　）。

A.企业举债能力强
B.未来投资机会多

C.盈余稳定
D.筹资成本低

15.如果甲公司以所持有的乙公司股票作为股利支付给股东，这种股利属于（　　）。

A.现金股利　　　　B.负债股利　　　　C.财产股利　　　　D.股票股利

16.甲公司现金较少，但由于不想向社会大众传递不良信息，财务经理要求发行公司债券支付股利，这种支付方式为（　　）。

A.现金股利　　　　B.股票股利　　　　C.负债股利　　　　D.财产股利

17.甲上市公司2×18年度的利润分配方案是每10股派发现金股利12元，预计公司股利可以10%的速度稳定增长，股东要求的收益率为12%。于股权登记日，甲公司股票的预期价格为（　　）元。

A.60　　　　　　　B.61.2　　　　　　C.66　　　　　　　D.67.2

18.甲公司是一家上市公司，2×18年的利润分配方案如下：每10股送2股并派发现金红利10

元（含税），资本公积每10股转增3股。如果股权登记日的股票收盘价为每股25元，除权（息）日的股票参考价格为（　　）元。

A. 10 　　　　　　　B. 15 　　　　　　　C. 16 　　　　　　　D. 16.67

19. 实施股票分割和股票股利产生的效果相似，它们都会（　　）。

A. 降低股票每股面值　　　　　　　　　B. 减少股东权益总额

C. 降低股票每股价格　　　　　　　　　D. 改变股东权益结构

20. 甲公司目前普通股400万股，每股面值1元，股东权益总额1 400万元。如果按2股换成1股的比例进行股票反分割，下列各项中，正确的是（　　）。

A. 甲公司股数200万股　　　　　　　　B. 甲公司每股面值0.5元

C. 甲公司股本200万元　　　　　　　　D. 甲公司股东权益总额700万元

21. 在净利润和市盈率不变的情况下，公司实行股票反分割导致的结果是（　　）。

A. 每股收益上升　　　　　　　　　　　B. 每股面额下降

C. 每股市价下降　　　　　　　　　　　D. 每股净资产不变

22. 在回购价格确定方面给予了公司更大的灵活性的回购方式为（　　）。

A. 举债回购　　　　　　　　　　　　　B. 现金回购

C. 固定价格要约回购　　　　　　　　　D. 荷兰式拍卖回购

23. 下列各项中，能够增加发行在外普通股股票的股数，但不改变公司资本结构的行为是（　　）。

A. 支付现金股利　　　B. 增发普通股　　　C. 股票分割　　　D. 股票回购

二、多选题

1. 下列各项属于客户效应理论观点的有（　　）。

A. 如果不考虑股票交易成本，企业应采取低现金股利比率的分配政策

B. 如果当资本利得税与交易成本之和大于股利收益税时，股东自然会倾向于企业采用高现金股利支付率政策

C. 收入低的投资者以及享有税收优惠的养老金投资者，表现出偏好高股利支付率的股票，希望支付较高而且稳定的现金股利

D. 收入高的投资者因其拥有较高的税率，表现出偏好低股利支付率的股票，希望少分或不分现金股利

2. 下列关于"一鸟在手"理论的说法中不正确的有（　　）。

A. 该理论认为公司利润在留存收益和股利之间的分配影响股票价格

B. 该理论认为股利风险比资本利得风险大得多

C. 该理论认为投资者更偏向于选择股利支付比率低的公司股票

D. 该理论认为随着公司股利支付率的下降，股票价格因此而上涨

3. 以下关于剩余股利政策的表述中，错误的有（　　）。

A. 采用剩余股利政策的根本理由是为了使加权平均资本成本最低

B. 采用剩余股利政策时，公司的资产负债率要保持不变

C. 采用剩余股利政策时，要考虑公司的现金是否充足

D. 采用剩余股利政策时，公司不能动用以前年度的未分配利润

4. 公司基于不同的考虑会采用不同的股利分配政策，采用剩余股利政策的公司更多地关

注（ ）。

A. 盈余的稳定性　　　　B. 公司的流动性　　　C. 投资机会　　　　D. 资本成本

5. 公司实施剩余股利政策，意味着（ ）。

A. 公司接受了股利无关理论

B. 公司可以保持理想的资本结构

C. 公司统筹考虑了资本预算、资本结构和股利政策等财务基本问题

D. 兼顾了各类股东、债权人的利益

6. 下列因素中，股东往往希望公司提高股利支付率的有（ ）。

A. 规避风险　　　　　　　　　　　B. 稳定股利收入

C. 防止公司控制权稀释　　　　　　D. 避税

7. 下列情形中会使企业减少股利分配的有（ ）。

A. 市场竞争加剧，企业收益的稳定性减弱

B. 市场销售不畅，企业库存量持续增加

C. 经济增长速度减慢，企业缺乏良好的投资机会

D. 为保证企业的发展，需要扩大筹资规模

8. 下列各项中，会导致企业采取低股利政策的事项有（ ）。

A. 预期通货膨胀持续上升　　　　　B. 金融市场利率走势下降

C. 企业资产的流动性较弱　　　　　D. 企业盈余不稳定

9. 下列有关股利支付程序的表述中，正确的有（ ）。

A. 在除息日之前，股利从属于股票

B. 从除息日开始，新购入股票的人不能享有本次已宣告发放的股利

C. 在股权登记日当天买入股票的股东没有资格领取本期股利

D. 自除息日起的股票价格中不包含本次派发的股利

10. 某公司于20×1年3月16日发布公告："本公司董事会在20×1年3月15日的会议上决定，20×0年发放每股为3元的股利；本公司将于20×1年4月8日将上述股利支付给已在20×1年3月26日（周五）登记为本公司股东的人士。"已知20×1年3月27日、20×1年3月28日为正常双休日，20×1年3月29日起交易所正常上班。以下说法中正确的有（ ）。

A. 20×1年3月15日为股利宣告日　　　B. 20×1年3月26日为股权登记日

C. 20×1年3月27日为除权日　　　　　D. 20×1年4月8日为股利支付日

11. 股利分配方案涉及的内容很多，包括（ ）。

A. 股利支付程序中各日期的确定　　　B. 股利支付方式及支付比率的确定

C. 支付现金股利所需现金的筹集　　　D. 公司利润分配顺序的确定

12. 下列有关股利支付率表述正确的有（ ）。

A. 股利支付率是指股利与当年净利润的比率

B. 股利支付率有可能会大于100%

C. 按年度计算的股利支付率非常不可靠

D. 作为一种财务政策，股利支付率应当是若干年度的平均值

13. 发放股票股利与发放现金股利相比，其优点包括（ ）。

A. 减少股东税负　　　　　　　　　B. 改善公司资本结构

C. 提高每股收益　　　　　　　　　D. 避免公司现金流出

14.甲公司拟按1股换2股的比例进行股票分割，分割前后其下列项目中保持不变的有（   ）。

A.每股收益　　　　B.净资产　　　　C.资本结构　　　　D.股权结构

15.以下有关股票分割的说法中，正确的有（   ）。

A.股票分割时，发行在外的股数增加，使得每股面额降低，每股收益上升

B.股票分割时，公司价值不变，股东权益总额、权益各项目的金额及其相互间的比例也不
会改变

C.对于股东来讲，股票分割后各股东持有的股数增加，但持股比例不变，持有股票的总价
值不变

D.对于公司来讲，实行股票分割的主要目的在于通过增加股票股数降低每股市价，从而吸
引更多的投资者

16.甲公司盈利稳定，有多余现金，拟进行股票回购用于将来奖励本公司职工，在其他条件
不变的情况下，股票回购产生的影响有（   ）。

A.每股收益提高　　　　　　　　　　B.每股面额下降

C.资本结构变化　　　　　　　　　　D.自由现金流减少

17.某公司目前的普通股股数为1 100万股，每股市价8元，每股收益2元。该公司准备按
照目前的市价回购100万股并注销。如果回购前后净利润和市盈率均不变，则下列表述中正确
的有（   ）。

A.回购后每股收益为2.2元　　　　　　B.回购后每股市价为8.8元

C.回购后股东权益减少800万元　　　　D.回购后股东权益不变

18.下列关于股票股利、股票分割和股票回购的表述中，正确的有（   ）。

A.发放股票股利会导致股价下降，因此股票股利会使股票总市场价值下降

B.如果发放股票股利后股票的市盈率增加，则原股东所持股票的市场价值增加

C.发放股票股利和进行股票分割对企业的所有者权益各项目的影响是相同的

D.股票回购本质上是现金股利的一种替代选择，但是两者带给股东的净财富效应不同

三、计算分析题

1.A公司正在研究其股利分配政策。目前该公司发行在外的普通股共100万股，净资产200
万元，今年每股支付1元股利。预计未来3年的税后利润和需要追加的资本性支出如下：

年份	1	2	3
税后利润（万元）	200	250	200
资本支出（万元）	100	500	200

假设公司目前没有借款并希望逐步增加负债的比重，但是资产负债率不能超过30%。筹资时
优先使用留存收益，其次是长期借款，必要时增发普通股。假设上表给出的"税后利润"可以涵
盖增加借款的利息，并且不考虑所得税的影响。增发股份时，每股面值1元，预计发行价格每股
2元，假设增发的股份当年不需要支付股利，下一年开始发放股利。

要求：

（1）假设维持目前的每股股利，计算各年需要增加的借款和股权资金。

年份	1	2	3
需要资本支出			
税后利润			
股利			
留存收益补充资金			
需要外部筹资			
长期资本总额			
累计借款上限			
增加长期借款			
需要增长股权资金			

（2）假设采用剩余股利政策，计算各年需要增加的借款和股权资金。

年份	1	2	3
需要资本支出			
税后利润			
可分派利润/资金不足			
股利			
留存收益补充资金			
需要外部筹资			
长期资本总额			
累计借款上限			
增加长期借款			
需要增长股权资金			

2.某公司今年年底的股东权益总额为9 000万元，普通股为6 000万股。目前的资本结构为长期负债占55%，股东权益占45%，没有需要付息的流动负债。该公司的所得税税率为30%。预计继续增加长期债务不会改变目前的11%的平均利率水平。

董事会在讨论明年资金安排时提出：

（1）分配现金股利0.05元/股；

（2）为新的投资项目筹集4 000万元的资金；

（3）维持目前的资本结构，并且不增发新股，不举借短期借款。

要求：

测算实现董事会上述要求所需要的息税前利润。

3.某公司年终利润分配前的股东权益项目资料如下：

项目	金额（万元）
股本——普通股（每股面值2元，200万股）	400
资本公积	160
未分配利润	840
股东权益合计	1 400

公司股票的每股现行市价为35元。

要求：

计算回答下述3个互不关联的问题：

（1）计划按每10股送1股的方案发放股票股利，并按发放股票股利后的股数派发每股现金股利0.2元，股票股利的金额按现行市价计算。计算完成这一分配方案后的股东权益各项目数额以及股东权益合计数额。

（2）如若按1股换成2股的比例进行股票分割，计算股票分割后的普通股股数、股东权益各项目数额以及股东权益合计数额。

（3）假设利润分配不改变市净率，公司按每10股送1股的方案发放股票股利，股票股利按现行市价计算，并按新股数发放现金股利，且希望普通股市价达到每股30元，计算每股现金股利应是多少。

本章导学

第十二章
营运资本管理

本章框架图

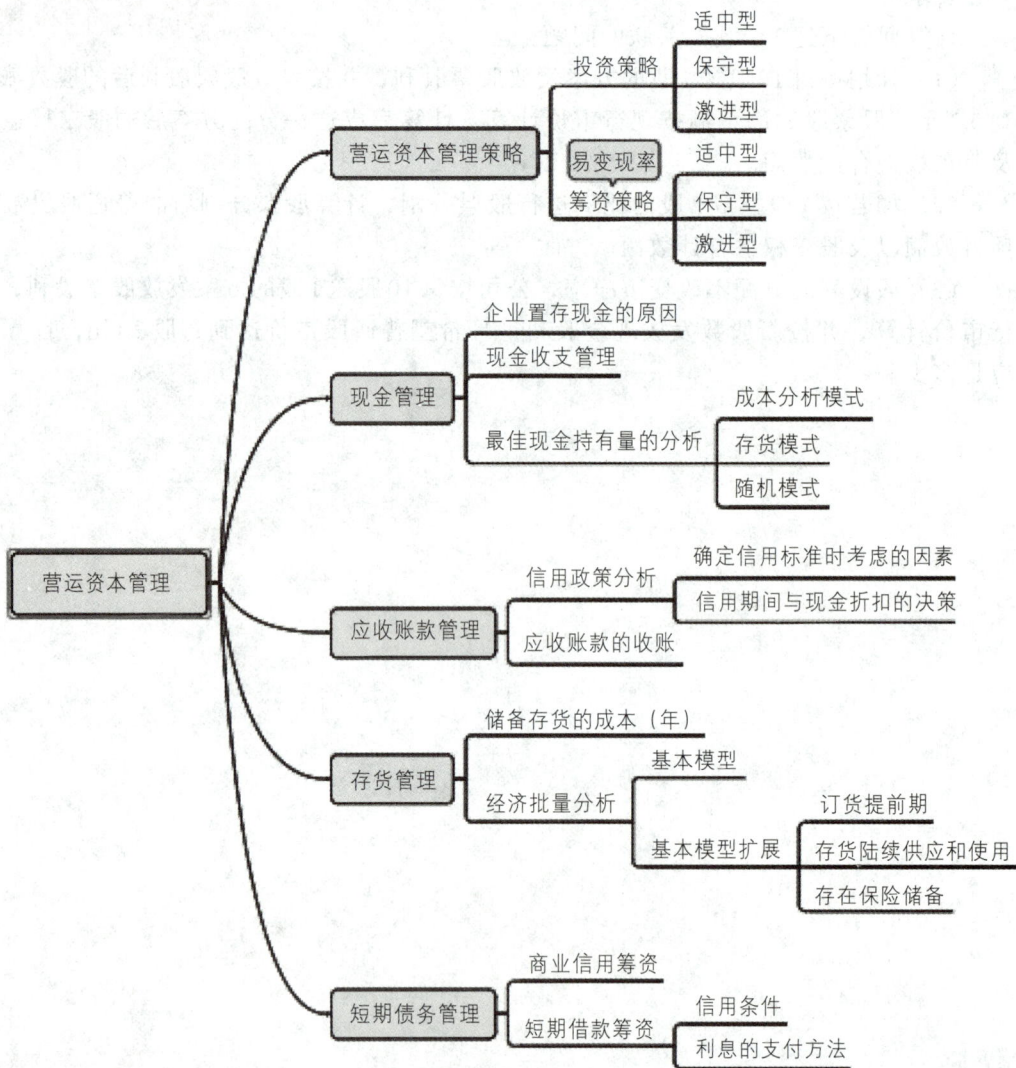

营运资本管理
- 营运资本管理策略
  - 投资策略
    - 适中型
    - 保守型
    - 激进型
  - 筹资策略（易变现率）
    - 适中型
    - 保守型
    - 激进型
- 现金管理
  - 企业置存现金的原因
  - 现金收支管理
  - 最佳现金持有量的分析
    - 成本分析模式
    - 存货模式
    - 随机模式
- 应收账款管理
  - 信用政策分析
    - 确定信用标准时考虑的因素
    - 信用期间与现金折扣的决策
  - 应收账款的收账
- 存货管理
  - 储备存货的成本（年）
  - 经济批量分析
    - 基本模型
    - 基本模型扩展
      - 订货提前期
      - 存货陆续供应和使用
      - 存在保险储备
- 短期债务管理
  - 商业信用筹资
  - 短期借款筹资
    - 信用条件
    - 利息的支付方法

本章考情概述

本章考情分析

本章主要介绍营运资本管理的有关问题，知识点较多且可考性较高，需要考生全面掌握。对于主观题，应重点围绕应收账款信用政策、存货的经济订货量、与保险储备有关的内容，命题人可能结合第2章的应收账款周转率和存货周转率、第4

章的资本成本、第16章的边际贡献率和变动成本率，命制具有综合性的题目。本章近5年题型题量分析，见表12-1。

表12-1 近5年题型题量分析

年份	2014年	2015年	2016年	2017年	2018年
单项选择题	2题3分	2题3分	1题1.5分	3题4.5分	
多项选择题	2题4分		1题2分	1题2分	1题2分
计算分析题	1题8分				
综合题	0.2题3分				
合计	5.2题18分	2题3分	2题3.5分	4题6.5分	1题2分

重要考点预览

1. 营运资本投资策略的种类及特征
2. 易变现率的计算
3. 三种营运资本筹资策略的含义和特点
4. 最佳现金持有量的确定方法
5. 应收账款信用政策分析
6. 存货经济订货量的确定
7. 存货保险储备量的决策
8. 放弃现金折扣成本的计算及其在决策中的应用
9. 短期借款的利息支付方法及实际年利率的计算

第一节 营运资本管理策略

营运资本是指流动资产和流动负债的差额，是投入日常经营活动的资本。营运资本管理可以分为流动资产管理和流动负债管理两个方面，前者是对营运资本投资的管理，后者是对营运资本筹资的管理。

一、营运资本投资策略 ★

（一）流动资产投资的相关成本（见表12-2）

表12-2 流动资产投资的相关成本

项目	说明
短缺成本	指随着流动资产投资降低而增加的成本，例如投资不足可能引发经营中断，给企业带来损失
持有成本	指随着流动资产投资上升而增加的成本，主要是与流动资产相关的机会成本

考霸笔记
流动资产最优的投资规模，取决于持有成本与短缺成本之和的最小化，在两者相等时达到最佳规模。

（二）营运资本投资策略的种类（见表12-3）

表12-3　　　　　　　　　　　营运资本投资策略的种类

考霸笔记
现实世界中的流动资产周转天数、销售额及其增长和成本水平都是不确定的，因此，流动资产的需求是不稳定的。流动资产投资管理的核心问题就是如何应对投资需求的不确定性。

种类	流动资产投资状况	成本特征
适中型投资政策	按照预期的流动资产周转天数、销售额及其增长、成本水平和通货膨胀（影响收入的名义金额）等因素确定的最优投资规模，安排流动资产投资	短缺成本和持有成本之和最小化
保守型投资策略	企业持有较多的现金和有价证券、充足的存货，提供给客户宽松的付款条件并保持较高的应收账款水平。表现为较高的流动资产与收入比	较大的持有成本和较小的短缺成本
激进型投资策略	公司持有尽可能低的现金和小额的有价证券投资，在存货上作少量投资，采用严格的销售信用政策或者禁止赊销。表现为较低的流动资产/收入比率	较小的持有成本和较大的短缺成本

二、营运资本筹资策略 ★★★

营运资本筹资策略，是指在总体上如何为流动资产筹资（而非为营运资本筹资），采用短期资金来源还是长期资金来源，或者兼而有之。制定营运资本筹资政策，就是确定流动资产所需资金中短期资本和长期资本的比例。

（一）流动资产与流动负债的特殊分类

1.流动资产的分类

考霸笔记
长期资金需求的资产是指长期资产和稳定性流动资产，短期资金需求的资产是指波动性流动资产。

（经营性）流动资产按照投资需求的时间长短分为两部分（见表12-4）。

表12-4　　　　　　　　　　　流动资产的分类

	稳定性流动资产	波动性流动资产
含义	那些即使在企业处于经营淡季也仍然需要保留的、用于满足企业长期、稳定运行所需的流动资产	那些受季节性、周期性影响的流动资产，如季节性存货、销售旺季的应收账款等
性质	从投资需求上看，稳定性流动资产是长期需求，甚至可以说是永久需求，应当用长期资金支持	只有季节性变化引起的资金需求才是真正的短期需求，可以用短期资金来源支持

2.流动负债的分类

考霸笔记
企业长期资金的来源：股东权益＋长期债务＋经营性流动负债；短期资金来源：临时性流动负债。

流动负债按照资金提供的时间长短分为两部分（见表12-5）：

表12-5　　　　　　　　　　　流动负债的分类

	经营性（自发性）流动负债	临时性流动负债
含义	直接产生于企业持续经营中的负债，与销售商品或提供劳务有关	为了满足临时性流动资金需要所发生的负债
举例	应付账款、应付职工薪酬等	利用短期银行借款等短期金融负债工具

（二）流动资产筹资结构的衡量指标

流动资产的筹资结构，可以用经营流动资产中长期筹资来源的比重来衡量，该比率称为易变现率：

$$易变现率 = \frac{(股东权益 + 长期债务 + 经营性流动负债) - 长期资产}{经营性流动资产}$$

【提示】易变现率的公式不涉及金融性的流动项目：

（1）分子：不含临时负债，因为它不是稳定性的。

（2）分母：不含金融资产，因为它不是经营性的。

（三）营运资本筹资策略的种类

1.适中型筹资策略（见表12-6）

表12-6　　　　　　　　　　　　适中型筹资策略

项目	说明
筹资特点	尽可能贯彻筹资的匹配原则，即长期投资由长期资金支持，短期投资由短期资金支持： （1）稳定性流动资产和长期资产：用自发性流动负债、长期债务和权益资本筹集 （2）波动性流动资产：用临时性负债筹集，即利用短期银行借款等短期金融负债工具筹集
图示	<table><tr><td>稳定流资</td><td rowspan="2">经营流负 长期负债 股东权益</td></tr><tr><td>长期资产</td></tr></table> <table><tr><td>波动流资</td><td>临时流负</td></tr><tr><td>稳定流资</td><td rowspan="2">经营流负 长期负债 股东权益</td></tr><tr><td>长期资产</td></tr></table>
数量关系	波动性流动资产=临时性流动负债（短期金融负债） 稳定性流动资产+长期资产=股东权益+长期债务+经营性流动负债
易变现率	易变现率=1　　　　　　　　　　易变现率＜1

【提示】资金来源有效期结构和资产需求有效期结构的匹配，并非是所有企业在所有时间里的最佳筹资策略：

（1）有时预期短期利率会下降，那么在整个投资有效期中，短期负债的成本比长期负债成本低。有些企业愿意承担利率风险和偿债风险，较多地使用短期负债。

（2）另外一些企业与此相反，宁愿让贷款的有效期超过资产的有效期，以求减少利率风险和偿债风险。

● 由于以上原因，出现了保守型筹资政策和激进型筹资政策。

考霸笔记

计算易变现率时，分子不变，分母在营业低谷与高峰时并不相同（波动性流动资产的原因）。经营性流动资产＝稳定性流动资产＋临时性流动资产。

第十二章

2.保守型筹资策略（见表12-7）　长资短用。

表12-7　保守型筹资策略

项目	说明
筹资特点	短期金融负债（临时性流动负债）只融通部分波动性流动资产的资金需要，另一部分波动性流动资产和全部稳定性流动资产，则由长期资金来源支持
时期	经营高峰 经营低谷
图示	<table><tr><td>波动流资</td><td>临时流负</td></tr><tr><td>稳定流资</td><td rowspan="2">经营流负 长期负债 股东权益</td></tr><tr><td>长期资产</td></tr></table> <table><tr><td>金融流资</td><td rowspan="3">经营流负 长期负债 股东权益</td></tr><tr><td>稳定流资</td></tr><tr><td>长期资产</td></tr></table>
数量关系	临时性流动负债（短期金融负债）＜波动性流动资产 股东权益+长期债务+经营性流动负债＞稳定性流动资产+长期资产
易变现率	易变现率＜1　　易变现率＞1
风险与收益 双低。	（1）一方面，由于短期金融负债所占比重较小，所以企业无法偿还到期债务的风险较低，同时蒙受短期利率变动损失的风险也较低 （2）另一方面，却会因长期负债资本成本高于短期金融负债的资本成本，以及经营淡季时资金有剩余但仍需承担长期负债利息，从而降低企业的收益

3.激进型筹资策略（见表12-8）　短资长用。

表12-8　激进型筹资策略

项目	说明
筹资特点	短期金融负债（临时性流动负债）不但融通波动性流动资产的资金需要，还解决部分长期性资产的资金需要
时期	经营高峰 经营低谷
图示	<table><tr><td>波动流资</td><td>临时流负</td></tr><tr><td>稳定流资</td><td rowspan="2">经营流负 长期负债 股东权益</td></tr><tr><td>长期资产</td></tr></table> <table><tr><td>稳定流资</td><td>临时流负</td></tr><tr><td rowspan="2">长期资产</td><td rowspan="2">经营流负 长期负债 股东权益</td></tr></table>
数量关系	临时性流动负债（短期金融负债）＞波动性流动资产 股东权益+长期债务+经营性流动负债＜稳定性流动资产+长期资产
易变现率	易变现率＜1　　易变现率＜1
风险与收益 双高。	（1）一方面，由于短期金融负债的资本成本一般低于长期负债和权益资本的资本成本，且短期金融负债所占比重较大，所以该政策下企业的资本成本较低，从而提高了企业的收益 （2）另一方面，为了满足长期性资产的长期资金需要，企业必然要在短期金融负债到期后重新举债或申请债务延期，从而加大筹资困难和风险；还可能面临由于短期负债利率的变动而增加企业资本成本的风险

（左栏）如何理解保守型筹资策略？

【总结】三种筹资政策的对比（见表12-9）

表12-9 三种筹资政策的对比

	保守型	激进型	适中型
临时性负债	比重最小	比重最大	比重居中
易变现率 低谷	>1	<1	=1
易变现率 高峰	<1		<1
风险与收益	资本成本高，风险、收益低	资本成本低，风险、收益高	资本成本、风险、收益适中
快速判断	淡季存在净金融流动资产	淡季存在净金融流动负债	淡季净金融流动负债为0

> 考霸笔记：淡季时的情况。

【提示】易变现率的数值越小，风险越大。

第二节 现金管理

一、现金管理的目标及方法 ★

（一）现金管理的目标

> 考霸笔记：企业现金管理的目标，就是要在资产的流动性和盈利能力之间作出抉择，以获取最大的长期利润。

企业置存现金的原因主要是满足以下三种需要（见表12-10）：

表12-10 企业置存现金的原因

需要	含义	影响因素
交易性需要	满足日常业务的现金支付需要	流动资产投资需求的影响因素
预防性需要	置存现金以防发生意外的支付	（1）现金流量的不确定性（↑↑）和可预测性（↑↓） （2）企业借款能力（不是偿债能力）的强弱（↑↓）
投机性需要	置存现金用于不寻常的购买机会	产品要素市场的购买机会和金融市场的投资机会

（二）现金管理的方法（见表12-11）

> 现金管理的方法有哪些？

表12-11 现金管理的方法

管理方法	说明
力争现金流量同步	如果企业能尽量使它的现金流入与现金流出发生的时间趋于一致，就可以使其所持有的交易性现金余额降到最低水平
使用现金浮游量	从企业开出支票，收票人收到支票并存入银行，至银行将款项划出企业账户，中间需要一段时间。现金在这段时间的占用称为现金浮游量（未达账项）。在这段时间里，尽管企业已开出了支票，却仍可动用在活期存款账户上的这笔资金（打时间差）。不过，在使用现金浮游量时，一定要控制好使用的时间，否则会发生银行存款的透支
加速收款	这主要指缩短应收账款的时间。做到既利用应收账款吸引顾客，又缩短收款时间，从两者之间找到适当的平衡点（早收）
推迟应付账款的支付	指企业在不影响自己信誉的前提下，尽可能地推迟应付款的支付期，充分运用供货方所提供的信用优惠（晚付）

二、最佳现金持有量的分析 ★★★

（一）成本分析模式（Cost Analysis Model）（见表12-12）

表12-12   成本分析模式

项目	说明		
含义	通过分析持有现金的成本，寻找使持有成本最低的现金持有量		
相关成本	机会成本	管理成本	短缺成本
与现金持有量的关系	正比例变动	无明显比例关系（固定）	反比例变动
决策原则	最佳现金持有量是使上述三项成本之和最小的现金持有量		
计算方法	先分别计算出各种方案的机会成本、管理成本、短缺成本之和，再从中选出总成本之和最低的现金持有量，即为最佳现金持有量		

（二）存货模式（Inventory Model）

1.存货模式概述（见表12-13）

表12-13   存货模式概述

项目	说明
含义	将存货经济订货批量基本模型用于确定目标现金持有量
假设前提	（1）企业一定期间内（年）现金需要总量可以预测 （2）每当现金余额降至零时（没有保险储备），均通过变现部分有价证券得以补足（不允许短缺） （3）现金的支出过程比较稳定，波动较小 （4）证券的（年）利率或报酬率以及每次固定交易费用都可以获知

2.决策的相关成本（见表12-14）

表12-14   决策的相关成本

	机会成本	交易成本
含义	企业因保留一定现金余额而丧失的再投资收益，即有价证券的年收益率	企业用现金购入有价证券以及转让有价证券换取现金时付出的交易费用
与现金持有量的关系	正比例变动	反比例变动
决策原则	使得持有现金相关总成本最小的那一个现金持有量	

不同模式下的最佳现金持有量如何确定？

考霸笔记
现金的管理除了要做好日常收支，加速现金流转速度外，还需控制好现金持有规模，即确定适当的现金持有量。

3. 数理模型（见表 12-15）

表 12-15　　数理模型

参数	计算公式
（年）交易成本	交易成本=每年交易次数×每次交易成本=$\dfrac{T}{C}×F$
（年）机会成本	机会成本=平均现金持有量×有价证券年利息率=$\dfrac{C}{2}×K$
最佳现金持有量	$C^*=\sqrt{\dfrac{2T\cdot F}{K}}$
最小相关总成本	$TC（C^*）=\sqrt{2T\cdot F\cdot K}$
最佳交易次数	$N^*=T/C$
最佳交易间隔期	$t^*=$预算期天数$/N^*$

考霸笔记

按照最佳现金持有量来持有现金时，交易成本＝机会成本＝最小相关总成本×1/2。

其中：

C……各循环期之初的现金持有量；

T……一定期间内（一般为 1 年）的现金需求量；

F……每次出售有价证券以补充现金所需的交易成本；

K……持有现金的机会成本率（有价证券年收益率）。

4. 模型评价（见表 12-16）

表 12-16　　模型评价

项目	说明
优点	现金持有量的存货模式是一种简单、直观的确定最佳现金持有量的方法
缺点	（1）该模型假设现金需要量恒定并且现金的流出量稳定不变，实际上这种情况很少出现 （2）该模型假设计划期内未发生其他净现金流入，需要现金靠变现证券满足，未考虑现金安全库存

（三）随机模式

1. 随机模式概述（见表 12-17）

表 12-17　　随机模式概述

项目	说明
含义	是在现金需求量难以预知的情况下进行现金持有量控制的方法
基本原理	企业根据历史经验和现实需要，测算出一个现金持有量的控制范围，即制定出现金持有量的上限和下限，将现金量控制在上下限之内： （1）当现金量达到控制上限（含）时：用现金购入有价证券，使现金持有量下降到最优返回线 （2）当现金量达到控制下限（含）时：抛售有价证券换回现金，使现金持有量回升到最优返回线 （3）当现金量在控制的上下限（不含）之间时：不必进行现金与有价证券的转换，保持它们各自的现有存量

2.决策的相关成本（见表12-18）　　与存货模式相同。

表12-18　　决策的相关成本

项目	说明	
相关成本	机会成本	交易成本
与现金持有量的关系	正比例变动	反比例变动

如何理解随机模式的公式？

3.数理模型（见表12-19）

表12-19　　数理模型

参数	计算公式
现金存量的下限	L：受到企业每日的最低现金需要、管理人员的风险承受倾向等因素的影响
现金返回线	$$R=\sqrt[3]{\frac{3b\delta^2}{4i}}+L$$ 其中： b……每次有价证券的固定转换成本 δ……预期每日现金余额变化的标准差（可根据历史资料测算） i……有价证券的日利率
现金存量的上限	H=3R-2L

考霸笔记
随机模式关注的是现金每日的变化，所以是"日"利率。

考霸笔记
助记：H－R＝2（R－L），即上限离最优返回线的距离是下限离最优返回线距离的两倍。

【记忆方法】现金返回线的公式看上去比较复杂，如何记忆？将存货模式的公式联合起来记忆（见表12-20）：

表12-20　　现金返回线的公式如何记忆

	存货模式	随机模式
年需求量	年现金需求量已知，所以公式里面有T	需求量难以预测，所以公式里面没有T
每日现金余额变化	现金的支出过程比较稳定，所以公式里面没有反映现金余额变化的标准差δ	现金流出量波动较大，所以公司里面需要反映现金余额变化的标准差δ
最低现金余额	现金存量可以降到零，不考虑保险储备	考虑每日最低现金需要，建立保险储备L
分子与开方	公式开平方（2次方），所以分子是2	公式开立方（3次方），所以分子是3
分母与时间	有价证券的"年"利率	有价证券的"日"利率

4.模型评价（见表12-21）

表12-21　　模型评价

项目	说明
适用范围	随机模式建立在企业的现金未来需求总量和收支不可预测的前提下
特点	计算出来的现金持有量比较保守（偏高）

考霸笔记
运用随机模型求现金最佳持有量符合随机思想，即企业现金支出是随机的，收入是无法预知的，所以适用于所有企业现金最佳持有量的测算。

【总结】最佳现金持有量三种方法的区别（见表12-22）

表12-22　　　　　　　最佳现金持有量三种方法的区别

区别点		成本分析模式	存货模式	随机模式
控制方式		点控制	点控制	区间控制
适用条件	有现金需求量恒定的要求		√	
	是否考虑有价证券		√	√
	是否考虑安全储备			√
相关成本	机会成本	√	√	√
	管理成本	√		
	短缺成本	√		
	交易成本（转换成本）		√	√

第三节　应收账款管理

一、应收账款的产生原因及管理目标（见表12-23）★

表12-23　　　　　　　应收账款产生的原因及管理目标

项目	说明
应收账款的产生原因	（1）商业竞争：采用赊销扩大销售（属于商业信用） （2）销售和收款的时间差距：结算手段落后（不属于商业信用）
应收账款的管理目标	应收账款是企业的一项资金投放，是为了扩大销售和盈利而进行的投资。投资肯定要发生成本（包括承担风险），只有当应收账款所增加的盈利超过所增加的成本时，才应当实施应收账款赊销，或改变赊销政策

二、信用政策分析★★★

（一）信用政策的构成（见表12-24）

表12-24　　　　　　　信用政策的构成

构成	说明
信用标准	指顾客获得企业的交易信用所应具备的条件。如果顾客达不到信用标准，便不能享受企业的信用或只能享受较低的信用优惠
信用期间	指企业允许顾客从购货到付款之间的时间，或者说是企业给予顾客的付款期间
现金折扣	现金折扣是企业对顾客在商品价格上所做的扣减。向顾客提供这种价格上的优惠，目的有： （1）吸引顾客为享受优惠而提前付款，缩短企业的平均收款期 （2）招揽一些视折扣为减价出售的顾客前来购货，借此扩大销售量

考霸笔记
折扣常采用如"5/10、3/20、n/30"这样的符号形式。

"5C"系统的关键词是什么？

（二）确定信用标准时考虑的因素

企业在设定某一顾客的信用标准时，往往先要评估他赖账的可能性。这可以通过"5C"系统来评估客户信用品质（见表12-25）。

表12-25　　　　　　　　确定信用标准时考虑的因素

项目	说明
品质（Character）	指顾客的信誉，即履行偿债义务的可能性
能力（Capacity）	指顾客的（短期）偿债能力，即其流动资产的数量和质量以及与流动负债的比例
资本（Capital）	指顾客的财务实力和财务状况，表明顾客可能偿还债务的背景
抵押（Collateral）	指顾客拒付款项或无力支付款项时能被用作抵押的资产
条件（Conditions）	指可能影响顾客付款能力的经济环境（而非客户自身的条件）

考霸笔记
品质经常被视为评价顾客信用的首要因素。

（三）信用期间与现金折扣的决策

信用期的确定，主要是分析改变现行信用期对收入和成本的影响，而采用什么样的现金折扣，要与信用期结合起来考虑。决策的具体方法是，先计算每种信用政策方案下与之相关的各项目金额，然后选择（决策相关）税前损益最大的方案为优（Cost-Benefit Balance）（见表12-26）。

如何作出信用期间与现金折扣的决策？

表12-26　　　　　　　　信用期间与现金折扣的决策

项目	计算公式（总额法）
收益	边际贡献=收入－变动成本=销售量×单位边际贡献=销售收入×边际贡献率
成本	（1）应收账款应计利息=应收账款年占用资金×年资本成本 =平均应收账款×变动成本率×年资本成本 $=\dfrac{年赊销额}{360}×平均收现期×变动成本率×年资本成本$ （2）存货应计利息=存货年占用资金（平均余额）×年资本成本 （3）应付账款抵减应计利息=应付账款占用资金（平均余额）×年资本成本 （4）现金折扣成本=年赊销额×享受折扣的客户比例×折扣率　按销售额的比例计算。 （5）坏账损失=年赊销额×预计坏账损失率 （6）收账费用=逾期应收账款×预计收账费用率
净损益	（决策相关）某方案的税前损益=边际贡献－各项成本

应收账款占用资金应计利息为什么要乘以变动成本率？

【提示】计算相关损益时应注意的问题：

（1）边际贡献：改变信用政策一般只会引起销售量的变化，导致销售收入和变动成本改变；但是，如果题目特别指明固定成本因此而改变，需要考虑。

（2）应收账款应计利息。

①平均应收账款的计算（见表12-27）。　　结合营运能力指标理解。

表12-27　　　　　　　　平均应收账款的计算

情形	计算公式
已知应收账款周转天数	平均应收账款=年赊销额/360×应收账款周转天数（平均收现期）
已知应收账款周转次数	平均应收账款=年赊销额/应收账款周转次数

● 年赊销额的确定：一般采用**未扣除现金折扣的销售收入**，即不考虑现金折扣因素；如果题目中明确了赊销现销比例，应用赊销额来计算。

②平均收现期的计算（见表12-28）。 结合现金折扣一并考虑。

12-28　　　　　　　　平均收现期的计算表

情形	计算公式
只有信用期、没有折扣期	平均收现期=信用期
既有信用期、又有折扣期	平均收现期=折扣期×享受折扣客户比例+信用期×放弃折扣客户比例

③如果企业销售多种产品，则变动成本率为加权变动成本率=$\dfrac{\sum 各种产品的变动成本}{\sum 各种产品的销售收入}$

（3）存货应计利息。关键是存货平均余额（占用资金）的确定

①已知平均库存量（见表12-29）。

表12-29　　　　　已知平均库存量时，存货平均余额的确定

企业类别	计算公式
商业企业	存货平均余额=平均库存量×单位进货成本
生产企业	存货平均余额=平均库存量×单位变动成本

②已知存货周转次数或周转天数。 结合营运能力指标理解。

其中，存货平均余额的公式：

$$存货平均余额=\frac{营业成本}{(成本)周转次数}=\frac{营业收入}{(收入)周转次数}$$

$$=\frac{营业成本}{365}\times(成本)周转天数=\frac{营业收入}{365}\times(收入)周转天数$$

● 该公式对于**任何类型**的企业都适用。

③如果改变信用决策，与存货有关的固定成本不变，则为不相关成本；如改变，则要考虑固定成本的变化。

④计算存货平均余额时，与应收账款的收账期没有关系，不要搞混。

⑤存货平均余额与存货管理相结合（见表12-30）

表12-30　　　　存货管理对存货平均余额的影响

情形	对存货平均余额的影响
已知经济订货量Q*	存货占用资金不要忘记÷2，即存货占用资金=$\dfrac{Q^*}{2}\times U$
存在保险储备B	直接增加存货占用资金B×U，不用将B÷2

（4）现金折扣成本。当企业提供多重现金折扣时：

现金折扣成本=总销售额×∑（享受该档折扣的客户百分比×折扣率）

三、应收账款的管理方法（如图12-1所示）★★

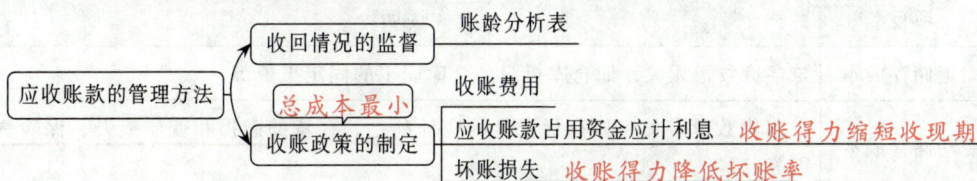

考霸笔记：一般来说，应收账款的收账属于销售之后发生的事情，所以收账政策的制定与获取销售收入无关，只需考虑不同收账政策的相关成本。

应收账款的管理方法 —— 收回情况的监督 —— 账龄分析表

—— 收账政策的制定（总成本最小） —— 收账费用 / 应收账款占用资金应计利息 收账得力缩短收现期 / 坏账损失 收账得力降低坏账率

图12-1　应收账款的管理方法

【提示】

（1）在制定收账政策时，应当权衡增加收账费用与减少应收账款机会成本和坏账损失之间的得失。

（2）在某些题目中，也可能出现收账政策影响销售收入的特殊情况，此时应当考虑销售收入的变化。

第四节　存货管理

一、存货管理的目标（见表12-31）★

表12-31　　　　　　　　　　　存货管理的目标

项目	说明
储备原因	（1）保证生产或销售的经营需要：避免停工待料、停业待货 （2）出自价格的考虑：零购物资的价格较高，而整批购买在价格上常有优惠
管理目标	进行存货管理，就要尽力在各种存货成本与存货效益之间作出权衡，达到两者的最佳结合

二、储备存货的成本（见表12-32）★

与储备存货相关的成本有哪些？

考霸笔记
储备存货的成本通常按"年"来计算。

表12-32　　　　　　　　　　　储备存货的成本

项目	说明
取得成本	指为取得某种存货而支出的成本，通常用 TC_a 来表示
储存成本	指为保持存货而发生的成本，通常用 TC_c 来表示
缺货成本	指由于存货供应中断而造成的损失，通常用 TC_s 来表示

（一）取得成本（见表12-33）

表12-33　　　　　　　　　　　取得成本

项目	含义
订货成本	取得订单的成本，如办公费、差旅费、邮资、电话电报等。具体分为与订货次数无关的固定成本（如常设机构的基本开支）和与订货次数有关的变动成本（如差旅费、邮资等）
购置成本	存货本身的价值，经常用数量与单价的乘积来确定

（二）储存成本（见表12-34）

考霸笔记
如果考虑建立存货的保险储备，则要考虑保险储备的储存成本。

表12-34　　　　　　　　　　　储存成本

项目	说明
固定储存成本	与存货数量无关，如仓库折旧、仓库职工的固定工资等
变动储存成本	与存货数量有关，如存货资金的应计利息、存货的破损和变质损失、保险费用等

【提示】如果题目没有直接给出单位储存成本 K_c 的数据，那么一般有两种说法（见表12-35）：

表12-35　　题目没有直接给出单位储存成本 K_c 的数据时，会有两种说法

	与数量相关	与价值相关
常用表述	××成本为每件（台、吨等计量单位）××元	××成本为存货单价（价值）的某百分比
计算方法	从量计算	从价计算
举例	存货破损、变质损失	占用资金的应计利息

● 如果题目给的 K_c 不是以年为单位，需要换算成按年计算的成本。

（三）缺货成本

包括材料供应中断造成的停工损失、产品库存缺货造成的拖欠发货损失和丧失销售机会的损失；如果生产企业以紧急采购代用材料解决库存材料中断之急，那么缺货成本表现为紧急额外购入成本。

【总结】储备存货的成本汇总如图12-2所示：

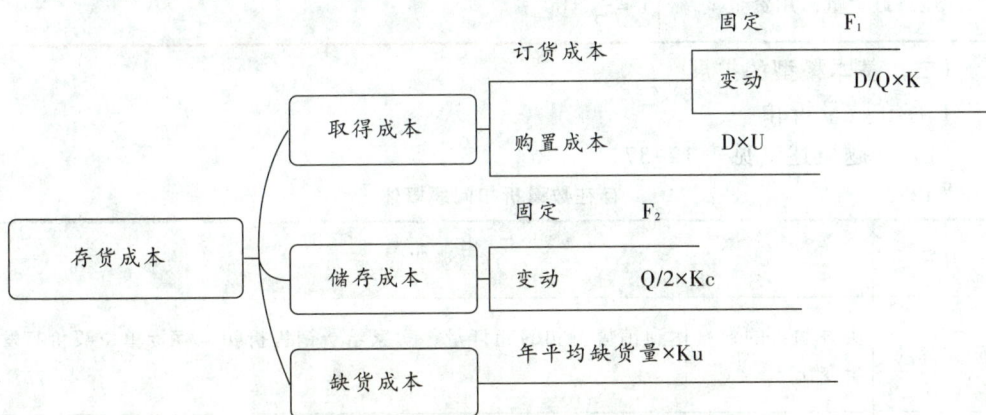

图12-2　储备存货的成本汇总

如果以 TC 来表示储备存货的总成本，它的计算公式为：

$$TC=TC_a+TC_c+TC_s=F_1+\frac{D}{Q}\times K+D\times U+F_2+\frac{Q}{2}\times K_c+TC_s$$

企业存货的最优化，即是使上式 TC 值最小。

三、存货经济批量分析 ★★★

（一）经济订货量基本模型

1.模型的假设条件

（1）企业能及时补充存货，即需要订货时便可立即取得存货；

（2）货物能集中到货，而不是陆续入库；

（3）不允许缺货，即无缺货成本；

（4）存货的年需求量D稳定，并且能预测；

（5）存货单价U不变；

（6）企业现金充足，不会因现金短缺而影响进货；

考霸笔记

按照存货管理的目的，需要通过合理的进货批量和进货时间，使存货的总成本最低，这个批量就是经济订货量或经济批量（Economic Order Quantity, EOQ）。

（7）所需存货市场供应充足，可以随时买到。

2.数理模型（见表12-36）

在假设条件下，与经济订货量相关的成本只有订货变动成本和储存变动成本，可以表示为：

$$TC（Q）=订货变动成本+储存变动成本=\frac{D}{Q}×K+\frac{Q}{2}×K_c$$

表12-36　　　　　　　　　数理模型各指标计算公式

指标	计算公式
经济订货量	$Q^*=\sqrt{\dfrac{2D·K}{K_c}}$
（年）与批量有关的存货总成本	$TC（Q^*）=\sqrt{2D·K·K_c}$
（年）最佳订货次数	$N^*=\dfrac{D}{Q^*}$
最佳订货周期（年）	$T^*=1/N^*$
经济订货量占用资金	$I^*=\dfrac{Q^*}{2}×U$

考霸笔记
按照经济订货量采购存货时，订货变动成本＝储存变动成本＝最小相关总成本×1/2。

（二）基本模型的扩展

1.存在数量折扣

（1）问题概述（见表12-37）

表12-37　　　　　　　　　存在数量折扣问题概述

项目	说明
研究背景	买方购买的数量达到销售折扣的起订量，卖家给予销售折扣，存货单位买价U发生变化
相关成本	（1）订货变动成本 （2）储存变动成本 （3）购置成本

考霸笔记
当存在数量折扣时，单位买价发生变化，其属于相关成本。

（2）决策原则（见表12-38）

由于享受折扣有起订量的要求，所以经济订货量可能发生变化，假设不考虑价格折扣时基本模型下的经济订货量为Q*，则：

表12-38　　　　　　　　　存在数量折扣决策原则

情形	说明
Q*＞起订量	按Q*订货，与原来一致
Q*＜起订量	分别计算两种情况下的决策相关总成本，看谁的总成本小 （1）不要折扣：按Q*计算总成本 （2）享受折扣：按起订量计算总成本

考霸笔记
自动享受折扣。

2.订货提前期（见表12-39）

表12-39　　　　　　　　　　　订货提前期

项目	说明
研究背景	一般情况下，企业的存货不能做到随用随时补充，因此不能等到存货用光再去订货，而需要在没有用完时提前订货
再订货点 **不考虑保险储备时。**	在订货提前的情况下，企业再次发出订货单时，尚有存货的库存量，称为再订货点： 　　　　　再订货点 R=平均交货时间 L×每日平均需要量 d
决策原则	虽然提前发出订单，但每次订货批量、订货次数、订货间隔时间等不变，故订货提前期对经济订货量并无影响，与瞬时补充相同

3.存货陆续供应和使用

（1）问题概述（见表12-40）

表12-40　　　　　　　　　存货陆续供应和使用问题概述

项目	说明
研究背景	在建立基本模型时，是假设存货一次全部入库，故存货增加时存量变化为一条垂直的直线。事实上，各批存货可能陆续入库，使存量陆续增加。假设每天送货的数量为P，这样整批存货全部送达所需的天数为Q/P，称为送货期
相关成本	①订货变动成本：表达式（而非金额）没有变化，仍然为 $\dfrac{D}{Q}×K$ ②储存变动成本：由于是陆续到货，且存货每日耗用量为d（d＜P），则每日的存货净增加为（P－d），所以每批存货送完时，最高库存量为（P－d）×$\dfrac{Q}{P}$=Q×$\left(1-\dfrac{d}{P}\right)$，平均库存量为$\dfrac{Q}{2}×\left(1-\dfrac{d}{P}\right)$，从而储存变动成本为 $\dfrac{Q}{2}×\left(1-\dfrac{d}{P}\right)×K_C$

（2）数理模型（见表12-41）

表12-41　　　　　　　　存货陆续供应和使用决策原则

指标	计算公式
经济订货量	$Q^*=\sqrt{\dfrac{2D\cdot K}{K_C×\left(1-\dfrac{d}{P}\right)}}$
（年）与批量有关的存货总成本	$TC\,(Q^*)=\sqrt{2D\cdot K\cdot K_C×\left(1-\dfrac{d}{P}\right)}$
经济订货量占用资金	$I^*=\dfrac{Q^*}{2}×\left(1-\dfrac{d}{P}\right)×U$

如何对比记忆基本模型的扩展——存货陆续供应模型的公式？

第十二章

【总结】陆续供应模型和基本模型有关指标的比较（其他因素不变）（见表12-42）

表12-42　　　　陆续供应模型和基本模型有关指标的比较（其他因素不变）

	陆续供应模型	基本模型
经济订货量	高	低
平均库存量	低	高
变动订货成本	低	高
变动储存成本	低	高
相关总成本	低	高
最佳订货次数	低	高

考霸笔记
送货越慢，订得越多。

（3）实际应用——自制与外购的选择决策（见表12-43）

表12-43　　　　　　实际应用——自制与外购的选择决策

项目	说明
研究背景	①自制：属于边送边用的情况，单位成本可能较低，但每批存货投产的生产准备成本比一次外购的订货成本可能高出许多。此时，公式中的U为单位变动制造成本，K为每次生产准备成本，P为每日生产量，其他参数含义不变 ②外购：单位成本可能较高，但订货成本可能比较低
相关成本	①订货变动成本 ②储存变动成本 ③购置成本（因为单位成本不同）
决策原则	选择相关总成本最低的方案

4.存在保险储备

（1）研究背景——存货供需的不稳定

前面讨论的经济订货量是以供需稳定为前提的。实际情况并非如此，按照某一订货量和再订货点发出订单后，如果需求增大（d不稳定）或送货延迟（L不稳定），就会发生缺货或供货中断。为防止由此造成的损失，就需要多储备一些存货以备应急之需，称为保险储备（安全存量）。这些存货在正常情况下不动用，只有当存货过量使用或送货延迟时才动用。

（2）决策时考虑的因素（见表12-44）

表12-44　　　　　　　决策时考虑的因素

项目	说明
与经济订货量有关的各项指标	没有变化，按照基本模型计算
保险储备量相关（年）总成本	设保险储备量为B，单位储存变动成本为K_c，每次订货缺货量为S，单位缺货成本为K_U，年订货次数为N，则有保险储备量相关总成本TC（B，S）=$B×K_c+S×K_U×N$

考霸笔记
研究保险储备的目的，就是要找出合理的保险储备量，"抬高"再订货点，以防止交货期内的需求超过再订货点，同时考虑如何使储存成本和缺货成本（供应中断损失）之和最小。

（3）**决策方法**（如图12-3所示、见表12-45）

考霸笔记
先计算出不同的保险储备量的相关总成本，然后再对总成本进行比较，选择其中最低的。

如何区分KC和Kc？

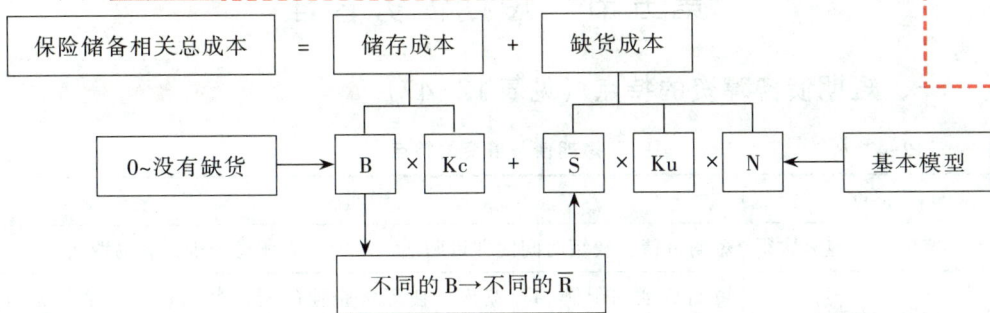

图12-3　决策方法

表12-45　　　　　各项目计算方法

计算项目	计算方法
保险储备B	从0开始，根据历史资料，按照交货期内需求量的"间隔"往上增加，直到没有缺货
再订货点R	随着B的递增，计算相应的再订货点：$\bar{R}$（含保险储备）=交货期内需求量的期望值+B　不同概率下。
缺货数量S	当交货期内需求量（L×d）超过$\bar{R}$时，就会发生缺货，比较不同的$\bar{R}$与交货期内需求量，结合概率分布计算对应的每次订货的缺货量的期望值$\bar{S}$
年订货次数N	N=全年总需求D/经济订货量Q*
TC（B，S）	TC（B，S）=B×K_C+S×K_U×N

【提示】

（1）教材例题解决了由于需求量发生变化引起的缺货问题。至于由于延迟交货引起的缺货，也可以通过建立保险储备量的方法来解决。确定其保险储备量时，可将延迟的天数折算为增加的需求量（即缺货量），其余计算过程与前述方法相同。这样，就把交货延迟问题转换成了需求过量的问题。

（2）关键是需要确定出交货期内需求量（L×d）的概率分布，要么L变化，要么d变化。

（3）考虑保险储备时，存货的相关总成本需要在基本模型的基础上加上TC（B，S）：

①储存成本要多考虑保险储备的储存成本（见表12-46）

表12-46　　　　　不同情形下的储存成本

情形	储存成本
基本模型	（Q/2+B）×K_c
陆续供应和使用	［Q/2×（1－d/P）+B］×K_c

②考虑缺货成本TC_s=K_U×S×N

（4）存在保险储备时，存货占用资金I=（Q*/2+B）×U

第五节　短期债务管理

一、短期债务筹资的特点（见表12-47）★ 　相对于长期债务筹资而言。

表12-47　　　　　　　　　　短期债务筹资的特点

特点	说明
筹资速度快，容易取得	短期负债在较短时间内即可归还，故债权人顾虑较少，容易取得
筹资富有弹性	短期负债的限制相对宽松，使筹资企业的资金使用较为灵活、富有弹性
筹资成本较低	一般来讲，短期负债的利率低于长期负债，短期负债筹资的成本也就较低
筹资风险高	（1）短期负债需在短期内偿还，因而要求筹资企业在短期内拿出足够的资金偿还债务，若企业届时资金安排不当，就会陷入财务危机 （2）短期负债利率的波动比较大，一时高于长期负债的水平也是可能的

二、商业信用筹资 ★★

考霸笔记
利用其他企业的资金。

　　商业信用（Commercial Credit）是指在商品交易中由于延期付款或预收货款所形成的企业间的借贷关系。商业信用产生于商品交换之中，是所谓的"自发性筹资"。商业信用的具体形式有应付账款、应付票据、预收账款等。

考霸笔记
对买方来说，延期付款等于向卖方借用资金购进商品，可以满足短期资金的需要。

（一）应付账款

1.应付账款的信用（见表12-48）

表12-48　　　　　　　　　　应付账款的信用

	免费信用	有代价信用	展期信用
含义	买方在规定的折扣期内享受折扣而获得的信用	买方放弃折扣付出代价而获得的信用	买方超过规定的信用期推迟付款而强制获得的信用
利益	享受折扣	多占用N天资金且保持信用	长期占用卖方资金
弊端	少占用N天资金	丧失折扣	丧失信用

2.应付账款的成本（见表12-49）　　年化利率。

表12-49　　　　　　　　　　应付账款的成本

情形	计算公式
信用期付款	放弃现金折扣的成本$=\dfrac{折扣百分比}{1-折扣百分比}\times\dfrac{360}{信用期-折扣期}$
展期付款	放弃现金折扣的成本$=\dfrac{折扣百分比}{1-折扣百分比}\times\dfrac{360}{付款期-折扣期}$

【助记】放弃现金折扣的（年）成本实质是一种机会成本，占用资金的应计利息率$=\dfrac{资金占用费}{资金占用额}\times\dfrac{全年天数}{资金占用天数}$，其中，资金占用费=全款×折扣率，资金占用额

=全款×（1－折扣率）。

【提示】影响因素：放弃现金折扣的成本与折扣百分比、折扣期同向变化，与信用期、付款期反向变化。企业在放弃折扣的情况下，推迟付款的时间越长，其成本便会越小。

3.利用现金折扣的决策

（1）单方案决策（见表12-50）

表12-50　　　　　　　　　　　　单方案决策

项目	决策
定量比较	①放弃现金折扣成本＞短期借款年利率/短期投资年收益率：享受现金折扣 ②放弃现金折扣成本＜短期借款年利率/短期投资年收益率：放弃现金折扣
定性理解	展期付款所降低的放弃折扣成本＞展期付款的信用损失：展期付款

【助记】放弃是成本，享受是收益。

（2）多方案决策（见表12-51）

表12-51　　　　　　　　　　　　多方案决策

情形	决策
决定享受现金折扣	应选择放弃现金折扣成本最大的方案，即享受时选高的（收益最大）
决定放弃现金折扣	应选择放弃现金折扣成本最小的方案，即放弃时选低的（成本最小）

【提示】对于单个供应商提供的"多重折扣"的处理类似，有几个折扣率，就要计算几个折扣成本。计算每个时期对应的折扣成本时，分母都是用"信用期－折扣期"，而不是相邻的两个折扣期相减，例如"2/10，1/20，n/30"，2%是指第10天付款相对于第30天付款的折扣，而不是相对于第20天付款的折扣。

（二）应付票据（见表12-52）

表12-52　　　　　　　　　　　　应付票据

项目	说明
含义	企业进行延期付款商品交易时开具的反映债权债务关系的票据
特点	（1）应付票据的利率（如带息）一般比银行借款的利率低，且不用保持相应的补偿性余额和支付协议费，所以应付票据的筹资成本低于银行借款成本 （2）但是，应付票据必须归还，如若延期便要交付罚金，因而风险较大

（三）预收账款（见表12-53）

表12-53　　　　　　　　　　　　预收账款

项目	说明
含义	卖方企业在交付货物之前向买方预先收取部分或全部货款的信用形式
特点	对于卖方来讲，预收账款相当于向买方借用资金后用货物抵偿。预收账款一般用于生产周期长、资金需要量大的货物销售

如何作出现金折扣决策？

考霸笔记
考试时只要不特指，如果不享受折扣，就是在信用期付款。

考霸笔记
如果面对两家以上提供不同信用条件的卖方，应放弃折扣成本的大小，选择信用成本最小（或所获利益最大）的一家。

三、短期借款筹资 ★★

（一）短期借款的信用条件

1.信贷限额（见表12-54）

表12-54　　　　　　　　　　信贷限额

项目	说明
含义	银行对借款人规定的<u>无担保贷款</u>的最高额
特点	（1）企业在批准的信贷限额内，可随时使用银行借款 （2）但是，银行并<u>不</u>承担必须提供全部信贷限额的义务。如企业信誉恶化，也可能拿不到贷款，这时，银行不会承担法律责任

2.周转信贷协定（见表12-55）

表12-55　　　　　　　　　　周转信贷协定

项目	说明
含义	银行具有<u>法律义务</u>地承诺提供不超过某一最高限额的贷款协定
特点	（1）在协定的有效期内，只要企业的借款总额未超过最高限额，银行必须满足企业任何时候提出的借款要求 （2）企业享用周转信贷协定，通常要<u>就贷款限额的</u><u>未使用部分付给银行一笔承诺费</u>　从而提高了有效年利率。 （3）周转信贷协定有效期通常超过1年，但实际上贷款每几个月发放一次，所以具有短期和长期借款的双重特点

> **考霸笔记**
> 如果银行对补偿性余额支付利息，计算有效年利率的分子应为"利息支出－利息收入"。

☑ 有效年利率（税前资本成本）的计算：$\text{有效年利率}=\dfrac{\text{实际支付的用资费}}{\text{实际可用的借款额}}$

3.补偿性余额（见表12-56）

表12-56　　　　　　　　　　补偿性余额

项目	说明
含义	银行要求借款企业在银行中保持按贷款限额或实际借款额一定百分比（一般为10%~20%）的<u>最低存款余额</u>
特点	（1）从银行的角度讲，补偿性余额可降低贷款风险，补偿遭受的贷款损失 （2）对于借款企业来讲，补偿性余额<u>提高</u>了借款的有效年利率

4.借款抵押（见表12-57）

表12-57　　　　　　　　　　借款抵押

项目	说明
含义	银行发放贷款时要求企业有抵押品担保
特点	（1）短期借款的抵押品经常是借款企业的应收账款、存货、股票、债券等 （2）<u>抵押借款的成本通常高于非抵押借款</u>，这是因为银行主要向信誉好的客户提供非抵押借款，而抵押借款看成是一种风险投资，故而收取较高的利率（值得商议）

（二）短期借款利息的支付方法及有效年利率（见表12-58）

短期借款有效年利率的计算方法。

表12-58　　　　　　短期借款利息的支付方法及有效年利率

支付方法	含义	有效年利率
收款法	在借款到期时向银行支付利息	有效年利率=报价年利率
贴现法 预扣利息。	银行向企业发放贷款时，先从本金中扣除利息部分，而到期时借款企业要偿还全部本金	$\dfrac{有效}{年利率}=\dfrac{全部本金 \times 报价年利率}{全部本金 \times (1-报价年利率)}$
加息法	在分期等额偿还贷款的情况下，银行要将根据报价利率计算的利息加到贷款本金上，计算出贷款的本息和，要求企业在贷款期内分期偿还本息之和的金额	由于贷款分期均衡偿还，借款企业实际上只平均使用了贷款本金的半数，却支付了全额利息，所以：有效年利率≈报价年利率×2

【提示】两种易混的借款方式下到期偿还金额的区别（见表12-59）

表12-59　　　　两种易混的借款方式下到期偿还金额的区别

借款条款	到期偿还金额
补偿性余额	在银行中保留原本金一定比例的最低存款余额，只还"实际"借到的钱，而非借款合同中规定的原"本金"
贴现法付息	先从本金中扣除利息部分，到期偿还贷款"全部"本金

【实务链接】《中华人民共和国合同法》第200条：借款的利息不得预先在本金中扣除。利息预先在本金中扣除的，应当按照实际借款数额返还借款并计算利息。

智能测评

在线练习	我要提问
扫码在线做题　　扫码看答案	扫码答疑
本书"本章同步强化训练"均配备二维码，打开微信"扫一扫"即可完成在线测评，查看本章详细的测评反馈报告，了解知识掌握情况，也可扫码直接看答案噢。快来扫码做题吧！	本书配备答疑专用二维码，打开微信"扫一扫"，即可完成在线提问，获取专业老师全面个性化解答，让学习问题不再拖延。快来扫码提问吧！

考霸笔记 到期一次还本付息。

本章同步强化训练

一、单选题

1.与激进型营运资本投资策略相比，适中型营运资本投资策略的（　　）。

A.持有成本和短缺成本均较低　　　　B.持有成本较高，短缺成本较低

C.持有成本和短缺成本均较高　　　　D.持有成本较低，短缺成本较高

2.企业采用保守型流动资产投资政策时，流动资产的（　　）。

A.短缺成本较高　　　B.管理成本较低　　　C.机会成本较低　　　D.持有成本较高

3.下列关于适中型营运资本筹资政策的说法中，正确的是（　　）。

A.临时性流动资产通过自发性流动负债筹集资金

B.长期资产和稳定性流动资产通过股东权益、长期债务和自发性流动负债筹集资金

C.部分临时性流动资产通过股东权益、长期债务和自发性流动负债筹集资金

D.部分临时性流动资产通过自发性流动负债筹集资金

4.甲公司是一家生产和销售电暖气的企业，夏季是其生产经营淡季，应收账款、存货和应付账款处于正常状态。根据如下甲公司资产负债表，该企业的营运资本筹资策略是（　　）。

资产负债表（简表）

2015 年 7 月 31 日　　　　　　　　　　　　　　　　　　　　　　单位：万元

资产	金额	负债及所有者权益	金额
货币资金（经营）	30	应付账款	100
交易性金融资产	50	长期借款	200
应收账款	120	股东权益	300
存货	150		
固定资产	250		
资产总计	600	负债及股东权益总计	600

A.保守型筹资策略　　　　　　　　　B.适中型筹资策略

C.激进型筹资策略　　　　　　　　　D.无法判断

5.下列关于激进型营运资本筹资政策的表述中，正确的是（　　）。

A.激进型筹资政策的营运资本小于0

B.激进型筹资政策是一种风险和收益均较低的营运资本筹资政策

C.在营业低谷时，激进型筹资政策的易变现率小于1

D.在营业低谷时，企业不需要短期金融负债

6.企业为了使其持有的交易性现金余额降到最低，可采取（　　）。

A.力争现金流量同步　　　　　　　　B.使用现金浮游量

C.加速收款　　　　　　　　　　　　D.推迟应付账款的支付

7.使用成本分析模式确定最佳现金持有量时，持有现金的总成本不包括现金的（　　）。

A.管理成本　　　B.机会成本　　　C.交易成本　　　D.短缺成本

8.甲公司采用存货模式确定最佳现金持有量，在现金需求量保持不变的情况下，当有价证券转换为现金的交易费用从每次100元下降至50元，有价证券投资报酬率从4%上涨至8%时，甲公司现金管理应采取的措施是（　　）。

A.最佳现金持有量保持不变　　　　　　B.将最佳现金持有量降低50%

C.将最佳现金持有量提高50%　　　　　D.将最佳现金持有量提高100%

9.某公司根据存货模式确定的最佳现金持有量为100 000元，有价证券的年利率为10%。在最佳现金持有量下，该公司与现金持有量相关的现金使用总成本为（　　）元。

A.5 000　　　　　B.10 000　　　　　C.15 000　　　　　D.20 000

10.下列关于现金最优返回线的表述中，正确的是（　　）。

A.现金最优返回线的确定与企业最低现金每日需求量无关

B.有价证券利息率增加，会导致现金最优返回线上升

C.有价证券的每次固定转换成本上升，会导致现金最优返回线上升

D.当现金的持有量高于或低于现金最优返回线时，应立即购入或出售有价证券

11.运用随机模式和成本分析模式计算最佳现金持有量，均会涉及到现金的（　　）。

A.机会成本　　　B.管理成本　　　C.短缺成本　　　D.交易成本

12.企业应收账款赊销政策的内容不包括（　　）。

A.确定信用期间　　　　　　　　　　B.确定信用标准

C.确定现金折扣政策　　　　　　　　D.确定收账方法

13.在依据"5C"系统原理确定信用标准时，应掌握客户"能力"方面的信息，下列各项指标中最能反映客户"能力"的是（　　）。

A.净经营资产利润率　　　　　　　　B.杠杆贡献率

C.现金流量比率　　　　　　　　　　D.长期资本负债率

14.甲公司全年销售额为30 000元（一年按300天计算），信用政策是"1/20、n/30"，平均有40%的顾客（按销售额计算）享受现金折扣优惠，没有顾客逾期付款。甲公司应收账款的年平均余额是（　　）元。

A.2 000　　　　　B.2 400　　　　　C.2 600　　　　　D.3 000

15.应收账款赊销效果的好坏，依赖于企业的信用政策。公司在对是否改变信用期间进行决策时，不需要考虑的因素是（　　）。

A.等风险投资的最低报酬率　　　　　B.产品变动成本率

C.应收账款的坏账损失率　　　　　　D.公司的所得税税率

16.某企业预计下年度销售额为2 000万元，其中10%为现销。赊销的信用条件为"n/75"，预计应收账款周转天数为90天（按营业成本计算），变动成本率为60%，资本成本为10%，则应收账款的机会成本是（　　）万元。（一年按360天计算）

A.22.5　　　　　B.25　　　　　C.27　　　　　D.30

17.下列各项中，不属于存货储存成本的是（　　）。

A.存货仓储费用　　　　　　　　　　B.存货破损和变质损失

C.存货储备不足而造成的损失　　　　D.存货占用资金的应计利息

18.某公司生产所需的零件全部通过外购取得，公司根据扩展的经济订货量模型确定进货批量。下列情形中，能够导致零件经济订货量增加的是（　　）。

A.供货单位需要的订货提前期延长　　B.每次订货的变动成本增加

C. 供货单位每天的送货量增加   D. 供货单位延迟交货的概率增加

19. 某零件年需要量为16 200件，日供应量为60件，一次订货成本为25元，单位储存成本为1元/年。假设一年为360天，需求是均匀的，不设置保险库存并且按照经济订货量进货，则下列各项计算结果中错误的是（   ）。

     A. 经济订货量为1 800件   B. 最高库存量为450件

     C. 平均库存量为225件   D. 与进货批量有关的总成本为600元

20. 甲公司生产产品所需某种原料的需求量不稳定，为保障产品生产的原料供应，需要设置保险储备，确定合理保险储备量的判断依据是（   ）。

     A. 缺货成本与保险储备成本之和最小   B. 缺货成本与保险储备成本之和最大

     C. 边际保险储备成本大于边际缺货成本   D. 边际保险储备成本小于边际缺货成本

21. 甲公司按"2/10、N/40"的信用条件购入货物，该公司放弃现金折扣的年成本（一年按360天计算）是（   ）。

     A. 18.37%   B. 24%   C. 24.49%   D. 18%

22. 下列各项中，会使放弃现金折扣的成本提高的是（   ）。

     A. 折扣百分比降低   B. 信用期延长   C. 坏账率增加   D. 折扣期延长

23. 甲公司与银行签订周转信贷协议：银行承诺一年内随时满足甲公司最高8 000万元的贷款，承诺费按承诺贷款额度的0.5%于签订协议的时支付，公司取得贷款部分已支付的承诺费在一年后返还。甲公司在签订协议的同时申请一年期贷款5 000万元，年利率为8%，按年单利计息，到期一次还本付息，在此期间未使用承诺贷款额度的其他贷款。该笔贷款的实际成本最接近于（   ）。

     A. 8.05%   B. 8.80%   C. 8.37%   D. 8.30%

24. 甲公司向银行借款900万元，年利率为8%，期限1年，到期还本付息，银行要求按借款金额的15%保持补偿性余额（银行按2%付息）。该借款的有效年利率为（   ）。

     A. 7.70%   B. 9.06%   C. 9.41%   D. 10.10%

25. 甲公司按年利率10%向银行借款1 000万元，期限1年。若银行要求甲公司维持占借款金额10%的补偿性余额。该项借款的有效年利率为（   ）。

     A. 10%   B. 11%   C. 11.11%   D. 9.09%

26. 某企业与银行签订了为期一年的周转信贷协定，周转信贷限额为1 000万元，年承诺费率为0.5%，借款企业年度内使用了600万元（使用期为半年），借款年利率为6%，则该企业当年应向银行支付的利息和承诺费共计（   ）万元。

     A. 20   B. 21.5   C. 38   D. 39.5

27. 某公司拟使用短期借款进行筹资。下列借款条件中，不会导致有效年利率（利息与可用贷款额的比率）高于报价利率（借款合同规定的利率）的是（   ）。

     A. 按贷款一定比例在银行保持补偿性余额

     B. 按贴现法支付银行利息

     C. 按收款法支付银行利息

     D. 按加息法支付银行利息

28. 某企业向银行取得一年期贷款4 000万元，按6%计算全年利息，银行要求贷款本息分12个月等额偿还，则该项借款的实际利率大约为（   ）。

     A. 6%   B. 10%   C. 12%   D. 18%

29.某企业年初从银行贷款100万元，期限1年，年利率为10%，按照贴现法付息，则年末应偿还的金额为（　　）万元。

A.70　　　　　　　　B.90　　　　　　　　C.100　　　　　　　　D.110

二、多选题

1.与采用激进型营运资本筹资政策相比，企业采用保守型营运资本筹资政策时（　　）。

A.资金成本较高

B.易变现率较高

C.举债和还债的频率较高

D.蒙受短期利率变动损失的风险较大

2.甲公司的生产经营存在季节性，公司的稳定性流动资产为300万元，营业低谷时的易变现率为120%。下列各项说法中，正确的有（　　）。

A.公司采用的是激进型筹资政策

B.波动性流动资产全部来源于短期资金

C.稳定性流动资产全部来源于长期资金

D.营业低谷时，公司有60万元的闲置资金

3.某企业的波动性流动资产为120万元，经营性流动负债为20万元，短期金融负债为100万元。下列关于该企业营运资本筹资政策的说法中，正确的有（　　）。

A.该企业采用的是适中型营运资本筹资政策

B.该企业在营业低谷时的易变现率大于1

C.该企业在营业高峰时的易变现率小于1

D.该企业在生产经营淡季，可将20万元闲置资金投资于短期有价证券

4.企业预防性现金需要量大小（　　）。

A.与企业现金流量的可预测性呈反向关系

B.与企业的借款能力呈反向关系

C.与企业的业务交易量呈反向关系

D.与企业的偿债能力呈同向关系

5.企业采用成本分析模式管理现金，在最佳现金持有量下，下列各项中正确的有（　　）。

A.机会成本等于短缺成本

B.机会成本与管理成本之和最小

C.机会成本与短缺成本之和最小

D.机会成本等于管理成本

6.甲公司采用随机模式进行现金管理，确定最低现金持有量是10万元，现金返回线是40万元，下列操作中正确的有（　　）。

A.当现金余额为50万元时，应用现金10万元买入有价证券

B.当现金余额为8万元时，应转让有价证券换回现金2万元

C.当现金余额为110万元时，应用现金70万元买入有价证券

D.当现金余额为80万元时，不用进行有价证券与现金之间的转换操作

7.某企业采用随机模式控制现金的持有量。下列事项中，能够使最优现金返回线上升的有（　　）。

A.有价证券的收益率提高

B.管理人员对风险的偏好程度提高

C.企业每日最低现金需要量提高

D.企业每日现金余额变化的标准差增加

8.存货模式和随机模式是确定最佳现金持有量的两种方法。对这两种方法的以下表述中，正确的有（　　）。

A. 两种方法都考虑了现金的交易成本和机会成本

B. 存货模式简单、直观，比随机模式有更广泛的适用性

C. 随机模式可以在企业现金未来需要总量和收支不可预测的情况下使用

D. 随机模式确定的现金持有量，更易受到管理人员主观判断的影响

9. 制定企业的信用政策时，需要考虑的因素包括（　　）。

A. 等风险投资的最低报酬率　　　　　　　B. 收账费用

C. 存货数量　　　　　　　　　　　　　　D. 现金折扣

10. 下列各项中，与企业储备存货有关的成本有（　　）。

A. 取得成本　　　　B. 管理成本　　　　C. 储存成本　　　　D. 缺货成本

11. 根据存货经济批量模型，下列各项中，导致存货经济订货批量增加的情况有（　　）。

A. 单位储存成本增加　　　　　　　　　　B. 存货年需求量增加

C. 订货固定成本增加　　　　　　　　　　D. 单位变动订货成本增加

12. 下列各项因素中，影响经济订货批量大小的有（　　）。

A. 仓库人员的固定月工资　　　　　　　　B. 存货的年耗用量

C. 存货资金的应计利息　　　　　　　　　D. 保险储备量

13. 某企业全年需用 A 材料 4 800 吨，每次的订货成本为 450 元，每吨材料年储存成本为 12 元，则每年最佳订货次数为（　　）次。

A. 12　　　　　　　B. 10　　　　　　　C. 8　　　　　　　D. 6

14. C 公司生产中使用的甲标准件，全年共需耗用 9 000 件，该标准件通过自制方式取得。其日产量为 50 件，单位生产成本为 50 元；每次生产准备成本为 200 元，固定生产准备成本为每年 10 000 元；变动储存成本为每件 5 元，固定储存成本为每年 20 000 元。假设一年按 360 天计算，下列各项中，正确的有（　　）。

A. 经济生产批量为 1 200 件

B. 经济生产批次为每年 12 次

C. 经济生产批量占用资金为 30 000 元

D. 与经济生产批量相关的总成本是 3 000 元

15. 如果存在保险储备，下列各项中，与计算再订货点有关的因素有（　　）。

A. 经济订货量　　　B. 日耗用量　　　　C. 交货天数　　　　D. 保险储备

三、计算分析题

1. 甲公司生产并销售某种产品，目前采用现金销售政策，年销售量为 180 000 件，产品单价为 10 元，单位变动成本为 6 元，年平均存货周转次数（按销售成本计算）为 3 次。为了扩大销售量，甲公司拟将目前的现销政策改为赊销并提供一定的现金折扣，信用政策为"2/10，n/30"。改变信用政策后，年销售量预计提高 12%，预计 50% 的客户（按销售量计算，下同）会享受现金折扣优惠，40% 的客户在 30 天内付款，10% 的客户平均在信用期满后 20 天付款，收回逾期应收账款发生的收账费用为逾期金额的 3%，存货周转次数保持不变，应付账款年平均余额将由目前的 90 000 元增加至 110 000 元。

等风险投资的必要报酬率为 15%，一年按 360 天计算。

要求：

（1）计算改变信用政策引起的以下项目的变动额：边际贡献、应收账款占用资金的应计利

息、存货占用资金的应计利息、应付账款占用资金的应计利息、现金折扣成本和收账费用。

（2）计算改变信用政策引起的税前损益变化，并说明该信用政策改变是否可行。

2.E公司生产、销售一种产品，该产品的单位变动成本是60元，单位售价是80元。公司目前采用30天按发票金额付款的信用政策，80%的顾客（按销售量计算，下同）能在信用期内付款，另外20%的顾客平均在信用期满后20天付款，逾期应收账款的收回需要支出占逾期账款5%的收账费用。公司每年的销售量为36 000件，平均存货水平为2 000件。

为扩大销售量、缩短平均收现期，公司拟推出"5/10、2/20、n/30"的现金折扣政策。采用该政策后，预计销售量会增加15%，40%的顾客会在10天内付款，30%的顾客会在20天内付款，20%的顾客会在30天内付款，另外10%的顾客平均在信用期满后20天付款，逾期应收账款的收回需要支出占逾期账款5%的收账费用。为了保证及时供货，平均存货水平需提高到2 400件，其他条件不变。

假设等风险投资的最低报酬率为12%，一年按360天计算。

要求：

（1）计算改变信用政策后边际贡献、应收账款应计利息、存货应计利息、现金折扣成本和收账费用的变化。

（2）计算改变信用政策增加的税前损益，并回答E公司是否应推出该现金折扣政策。

3.甲公司是一个汽车挡风玻璃批发商，为5家汽车制造商提供挡风玻璃。该公司总经理为了降低与存货有关的总成本，请你帮助他确定最佳的采购批量。有关资料如下：

（1）挡风玻璃的单位进货成本为1 300元。

（2）全年需求预计为9 900块。

（3）每次订货发出与处理订单的成本为38.2元。

（4）每次订货需要支付运费68元。

（5）每次收到挡风玻璃后需要验货，验货时外聘一名工程师，验货需要6小时，每小时支付工资12元。

（6）为存储挡风玻璃需要租用公共仓库。仓库租金为每年2 800元，另外按平均存量加收每块挡风玻璃租金12元/年。

（7）挡风玻璃为易碎品，损坏成本为年平均存货价值的1%。

（8）公司的年资金成本为5%。

（9）从订货至挡风玻璃到货，需要6个工作日。

（10）在进行有关计算时，每年按300个工作日计算。

要求：

（1）计算每次订货的变动成本。

（2）计算每块玻璃的变动储存成本。

（3）计算经济订货量。

（4）计算与经济订货量有关的存货总成本。

（5）计算再订货点。

4.甲公司是一家设备制造企业，常年大量使用某种零部件。该零部件既可以外购，也可以自制。

• 如果外购，零部件单价为100元/件，每次订货的变动成本为20元，订货的固定成本较小，可以忽略不计。

● 如果自制，有关资料如下：

（1）需要购买一套价值为 100 000 元的加工设备，该设备可以使用 5 年，使用期满无残值。

（2）需要额外聘用 4 名操作设备的工人，工人采用固定年薪制，每个工人的年薪为 25 000 元。

（3）每次生产准备成本为 400 元，每日产量为 15 件。

（4）生产该零部件需要使用加工其他产品剩下的一种边角料，每个零部件耗用边角料 0.1 千克。公司每年生产该种边角料 1 000 千克，如果对外销售，单价为 100 元/千克。

（5）除上述成本外，自制零部件还需发生单位变动成本 50 元。

● 该零部件的全年需求量为 3 600 件，每年按 360 天计算。公司的资金成本为 10%，除资金成本外，不考虑其他储存成本。

要求：

（1）计算甲公司外购零部件的经济订货批量、与批量有关的总成本、外购零部件的全年总成本。

（2）计算甲公司自制零部件的经济生产批量、与批量有关的总成本、自制零部件的全年总成本。（提示：加工设备在设备使用期内按平均年成本法分摊设备成本。）

（3）判断甲公司应该选择外购方案还是自制方案，并说明原因。

5. A 公司是一个家用电器零售商，现经营约 500 种家用电器产品。该公司正在考虑经销一种新的家电产品。据预测该产品年销售量为 1 080 台，一年按 360 天计算，平均日销售量为 3 台；固定的储存成本 2 000 元/年，变动的储存成本为 100 元/台（一年）；固定的订货成本为 1 000 元/年，变动的订货成本为 74.08 元/次；公司的进货价格为每台 500 元，售价为每台 580 元；如果供应中断，单位缺货成本为 80 元。

订货至到货的时间为 4 天，在此期间销售需求的概率分布如下：

需求量（台）	9	10	11	12	13	14	15
概率	0.04	0.08	0.18	0.4	0.18	0.08	0.04

要求：

在假设可以忽略各种税金影响的情况下，计算：

（1）该商品的进货经济批量。

（2）该商品按照经济批量进货时存货平均占用的资金（不含保险储备占用资金）。

（3）该商品按照经济批量进货的全年存货取得成本和储存成本（不含保险储备成本）。

（4）该商品含有保险储备量的再订货点。

6. C 公司生产中使用的甲零件，全年共需耗用 3 600 件。该零件既可自行制造，也可外购取得。

● 如果自制，单位制造成本为 10 元，每次生产准备成本 34.375 元，每日生产量为 32 件。

● 如果外购，购入单价为 9.8 元，从发出定单到货物到达需要 10 天时间，一次订货成本为 72 元。外购零件时可能发生延迟交货，延迟的时间和概率如下：

到货延迟天数（天）	0	1	2	3
概率	0.6	0.25	0.1	0.05

假设该零件的单位变动储存成本为 4 元，单位缺货成本为 5 元，一年按 360 天计算。建立保险储备时，最小增量为 10 件。

要求：计算并回答以下问题。

（1）假设不考虑缺货的影响，计算自制方案的经济生产批量和外购方案的经济订货批量，并说明C公司自制与外购方案哪个成本低。

（2）假设考虑缺货的影响，计算最佳保险储备量，并说明C公司自制与外购方案哪个成本低。

7.某公司拟采购一批零件，供应商报价如下：

付款时间	付款金额（元）
立即付款	9 630
30天内付款	9 750
31至60天内付款	9 870
61至90天内付款	10 000（全款）

要求：

（1）假设银行短期贷款年利率为15%，每年按360天计算，计算放弃现金折扣的成本，并确定对该公司最有利的付款日期和价格。

（2）若目前有一短期投资机会，年报酬率为20%，确定对该公司最有利的付款日期和价格。

本章导学

第十三章
产品成本计算

本章框架图

框架图内容：

产品成本计算
- 产品成本分类
  - 按成本归集范围是否属于产品制造环节
  - 按成本发生与产品的关系
  - 按产品成本计入成本对象的方式
- 产品成本的归集和分配（二次分配）
  - 基本生产费用的归集和分配
    - 通用公式
    - 分配标准
  - 辅助生产费用的归集和分配
    - 直接分配法
    - 交互分配法
  - 完工产品和在产品的成本分配
    - 分配原理：月初在产+本月发生＝本月完工+月末在产
    - 分配方法
      - 倒挤法
      - 分配法
- 产品成本计算的方法（按成本对象）
  - 品种法：大量大批单步骤
  - 分批法：单件小批
  - 分步法：大量大批多步骤
    - 逐步结转分步法
      - 逐步综合结转
      - 逐步分项结转
    - 平行结转分步法：完工 VS. 在产的划分

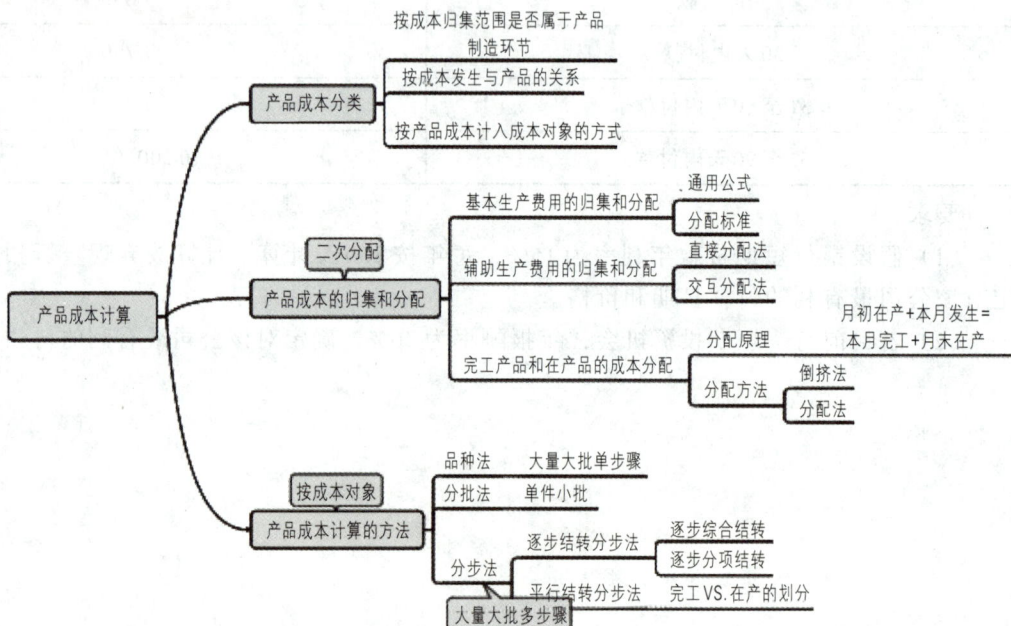

本章考情概述

本章考情分析

本章属于重点章。学习本章，要理解一个产品成本计算的基本思路，即生产费用的"两次分配"：第1次分配，将基本生产费用和辅助生产费用按一定的方法分配到不同的产品品种；第2次分配，将某种产品的全部生产费用，即月初在产品成本和本月发生的生产费用（第1次分配过来的结果），分配到本月完工产品和月末在产品中。本章近5年题型题量分析，见表13-1。

表13-1　　　　　　　　　　近5年题型题量分析

年份	2014年	2015年	2016年	2017年	2018年
单项选择题	1题1.5分		1题1.5分		1题1.5分
多项选择题					
计算分析题	2题16分	2题16分	1题8分	2题16分	0.5题4分
综合题					
合计	3题17.5分	2题16分	2题9.5分	2题16分	1.5题5.5分

重要考点预览

1. 辅助生产费用的分配方法
2. 生产费用在完工产品和在产品之间的分配
3. 联产品的成本分配
4. 三种成本计算方法的特点和适用范围
5. 运用两种分步法计算产品成本

第一节　产品成本分类

一般来说，成本是指为了达到特定目的所**失去或放弃的资源**，为了适用不同目的和需要，成本可以按照不同的标准进行分类。

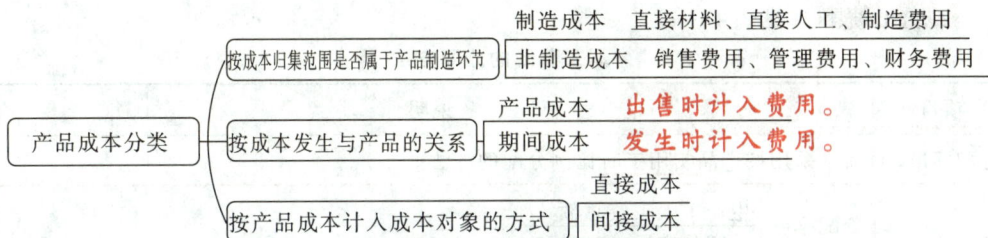

图13-1　产品成本分类

【提示】教材的说法值得商榷，一般认为，财务费用不是生产经营活动的成本而属于筹资活动的成本，除非是资本化计入相关资产成本的借款费用。

第二节　产品成本的归集和分配

一、基本生产费用的归集和分配 ★★

（一）生产费用分配的统一原则（见表13-2）　第1次分配。

表13-2　　　　　　　　　　　　生产费用分配的统一原则

步骤	通用公式
确定分配率	生产费用分配率= $\dfrac{待分配的生产费用}{各分配对象的分配标准合计}$
分配到对象	某分配对象应分配的生产费用=生产费用分配率×某分配对象的分配标准

【考试要点】产品成本计算的关键：**两次分配**

（1）考试时，生产成本的归集在题目中会作为已知条件，列示为各个成本集合（按成本项目），如不同生产车间耗用的材料成本、人工成本等。

（2）直接成本直接计入某种产品的成本中，考试的重点在于：

①第1次分配：将已经归集好的各种间接成本分配到不同的成本计算对象（不同产品）中去。②第2次分配：再针对某个成本对象，将其全部生产费用在其完工产品和在产品之间分配。

如何理解生产费用统一分配公式?

（二）各项生产费用的分配方法

1.材料费用（见表13-3）

表13-3　　　　　　　　　材料费用的分配方法

项目	说明
分配标准	在消耗定额比较准确时，通常采用材料定额消耗量比例或材料定额成本的比例进行分配
计算公式	分配率=$\dfrac{\text{材料总消耗量（或实际成本）}}{\text{各种产品材料定额消耗量（或定额成本）之和}}$ 某种产品应分配的　该种产品的材料定额 材料数量（费用）=消耗量（定额成本）×分配率

考霸笔记

用于产品生产的原材料及主要材料，通常是按照产品分别领用的，属于直接费用，但是，有时一批材料为几种产品共同耗用，就需要按照一定标准进行分配，再记入"直接材料"成本项目。

2.职工薪酬（见表13-4）

表13-4　　　　　　　　　职工薪酬的分配方法

项目	说明
分配标准	通常采用按产品实用工时比例分配的方法
计算公式	分配率=$\dfrac{\text{生产工人工资总额}}{\text{各种产品实用工时之和}}$ 某种产品应分配的工资费用=该种产品实用工时×分配率

考霸笔记

按照规定工资额的一定比例从产品成本中计提的职工福利、社会保险、工会经费和职工教育费，与工资费用一起分配。

3.制造费用（见表13-5）

表13-5　　　　　　　　　制造费用的分配方法

项目	说明
分配标准	常用的有按实用人工工时、定额人工工时、机器加工工时、直接人工费用等比例分配的方法
计算公式	分配率=$\dfrac{\text{制造费用总额}}{\text{各种产品生产实用（或定额）人工工时（或机器加工工时）之和}}$ 某种产品应负担的制造费用=该种产品工时数×分配率

考霸笔记

制造费用的大部分支出，属于产品生产的间接费用，因而不能按照产品制定定额，而只能按照车间、部门和费用项目编制制造费用计划加以控制。

二、辅助生产费用的归集和分配★★★　　第1次分配。

（一）直接分配法（见表13-6）　　只算外账，不算内账。

表13-6　　　　　　　　　直接分配法

项目	说明
含义	不考虑辅助生产内部相互提供的劳务量，直接将各辅助生产车间发生的费用分配给辅助生产以外的各个受益单位或产品
图示	按对外提供产品 或劳务数量分配 辅助生产车间1　→ 辅助生产车间2　→　辅助生产车间以外的各受益单位或产品 按对外提供产品 或劳务数量分配

如果基本生产车间消耗了辅助生产费用应该怎么办？

续表

项目	说明
计算公式	辅助生产的 单位成本 $=\dfrac{辅助生产费用总额}{辅助生产提供的劳务总量 - 对其他辅助部门提供的劳务量}$ 各受益车间、产品或部门应分配的费用 = 辅助生产的单位成本×该车间、产品或部门的耗用量
优点	采用直接分配法，由于各辅助生产费用只是<u>对外分配</u>，计算工作简便
缺点	当辅助生产车间相互提供产品或劳务量差异较大时，分配结果往往与实际不符
适用条件	在辅助生产内部相互提供产品或劳务不多、不进行费用的交互分配、对辅助生产成本和产品制造成本影响不大的情况下采用

（二）交互分配法（见表13-7）　　先算内账，再算外账。

表13-7　　　　　　　　　　　　　　交互分配法

项目	说明
含义	对各辅助生产车间的成本费用进行<u>两次分配</u>： （1）根据各辅助生产车间相互提供的产品或劳务的数量和交互分配前的单位成本，在各辅助生产车间之间进行一次交互分配 （2）将各辅助生产车间交互分配后的实际费用，在辅助生产车间以外的各受益单位进行一次分配
图示	
计算公式	• 对内分配率 $=\dfrac{辅助生产费用总额}{辅助生产提供的总产品或劳务总量}$ • 对外分配率 $=\dfrac{交互分配前的费用总额 + 交互分配转入的费用 - 交互分配转出的费用}{辅助生产提供的劳务总量 - 对其他辅助部门提供的劳务量}$
优点	辅助生产内部相互提供产品或劳务全部都进行了交互分配，从而提高了分配结果的准确性
缺点	各辅助生产费用要计算两个单位成本，进行两次分配，因而增加了计算工作量

（右侧栏）直接分配法和交互分配法有什么区别？

三、完工产品和在产品的成本分配★★★　　第2次分配。

本月发生的生产费用，以及月初在产品成本、月末在产品成本和本月完工产成品成本这四项费用的关系，可用下列公式表达：

月初在产品成本+本月发生的生产费用=本月完工产品成本+月末在产品成本

由于公式中前两项为已知数（待分配费用），所以在完工产品与月末在产品之间分配费用的方法有两类（见表13-8）：

表13-8　　　　　　在完工产品与月末在产品之间分配费用的方法

方法	说明
倒挤法	先确定月末在产品成本，再计算求得完工产品的成本
分配法	将前两项之和按一定比例在后两项之间进行分配，从而求得完工产品与月末在产品的成本

【提示】无论采用哪一种方法，都必须取得在产品数量的核算资料。

（一）倒挤法

1.不计算在产品成本（在产品成本记为零）（见表13-9）

表13-9　　　　　　　　倒挤法（不计算在产品成本）

项目	说明
适用条件	月末在产品数量很少，在产品成本的计算对完工产品成本影响不大的情况
计算公式	月末在产品成本=0 本月完工产品成本=本月发生的生产费用

2.在产品成本按年初数固定计算（见表13-10）

表13-10　　　　　　　倒挤法（在产品成本按年初数固定计算）

项目	说明
适用条件	月末在产品数量很少，或者在产品数量虽大但各月之间在产品数量变动不大，月初、月末在产品成本的差额对完工产品成本影响不大的情况
计算公式	（1）1~11月： 月末在产品成本=年初固定数 本月完工产品成本=本月发生的生产费用 （2）12月： 月末在产品成本=年末盘点数 本月完工产品成本=年初固定数+本月发生的生产费用－年末盘点数

考霸笔记
年终时，根据实地盘点的在产品数量，重新计算在产品成本，以避免在产品成本与实际出入过大，影响成本计算的准确性。

3.在产品成本按定额成本计算(定额成本法)（见表13-11）

表13-11　　　　　　　倒挤法（在产品成本按定额成本计算）

项目	说明
适用条件	在产品数量稳定或者数量较少，并且制定了比较准确的定额成本。这种方法事先经过调查研究、技术测定或按定额资料，对各个加工阶段的在产品直接确定一个定额单位成本
计算公式	月末在产品成本=月末在产品数量×在产品定额单位成本 $\dfrac{完工产品}{成本}=\dfrac{月初在产品}{成本(定额)}+\dfrac{本月发生的}{生产费用}-\dfrac{月末在产品}{成本(定额)}$

考霸笔记
实际脱离定额的差异（本月实际发生的生产费用与定额生产费用的差异）完全由完工产品承担。

（二）分配法

1.按定额比例分配完工产品和月末在产品成本的方法（**定额比例法**）（见表13-12）

表13-12 定额比例法

项目	说明
适用条件	如果各月末在产品数量<u>变动较大</u>，但制定了<u>比较准确的消耗定额</u>，生产费用可以在完工产品和月末在产品之间用<u>定额消耗量</u>或<u>定额费用</u>作比例分配
计算公式	分配率＝$\dfrac{\text{月初在产品实际成本＋本月发生的实际生产费用}}{\text{完工产品定额消耗＋月末在产品定额消耗}}$ 完工产品应分配的成本＝完工产品定额消耗×分配率 月末在产品应分配的成本＝月末在产品定额消耗×分配率

定额比例法和定额成本法有什么区别？

考霸笔记
通常，材料费用按定额消耗量的比例分配，而其他费用按定额工时的比例分配。

2.约当产量法

（1）**基本原理**（见表13-13）

表13-13 约当产量法的基本原理

步骤	计算公式
确定在产品约当产量	月末在产品约当产量＝月末在产品数量×完工程度
计算产品的单位成本	单位成本＝$\dfrac{\text{月初在产品成本＋本月发生的生产费用}}{\text{产成品产量＋月末在产品约当产量}}$
分配产品总成本	产成品成本＝单位成本×产成品产量 月末在产品成本＝单位成本×月末在产品约当产量

约当产量法下，如何确定完工程度？

考霸笔记
在计算月末在产品成本时，单位成本要乘以月末在产品的"约当产量"，而非在产品的实际数量。

（2）在产品完工程度的确定 ★★★★★

①分配人工费用和制造费用的完工程度（加工成本）

在具备产品工时定额的条件下，可按每道工序累计工时定额除以单位产品总的工时定额计算求得，即采用"累计工时比例法"计算（见表13-14）：

表13-14 分配人工费用和制造费用的完工程度

情形	计算公式
通常假定处于某工序的在产品只完成本工序的一半	某工序完工程度＝$\dfrac{\text{前面各道工序定额工时之和＋本道工序定额工时×50\%}}{\text{单位产品定额工时}}$
题目特指在产品所处工序的完工程度	某工序完工程度＝$\dfrac{\text{前面各工序定额工时之和＋本工序定额工时×本工序平均完工程度}}{\text{单位产品定额工时}}$

考霸笔记
在产品的"完工程度"是指在产品相对于"整个生产过程"的完工程度，而非相对于某个生产步骤的完工程度。考试时如果没有特别指明，本步骤平均完工程度都按50%计算。

第十三章

【案例】（见表13-15）

表13-15 案例

工序	单位定额工时（小时）	本工序完工程度	相对于整个生产过程的完工程度	在产品数量（件）	约当产量（件）
1	10	50%	10×50%÷24=<u>21%</u>	100	100×21%=21
2	8	50%	（10+8×50%）÷24=<u>58%</u>	100	100×58%=58
3	6	50%	（10+8+6×50%）÷24=<u>88%</u>	200	200×88%=176
合计	24			400	<u>255</u>

②分配材料费用的完工程度（见表13-16）

表13-16 分配材料费用的完工程度

情形		确定方法
原材料在生产开始时一次投入		每件在产品无论完工程度如何，都应和每件完工产品同样负担材料，即原材料完工程度为100%，<u>按完工产品和在产品的实际数量作比例分配</u>
原材料陆续投入	每一道工序随加工进度陆续投入	$某工序完工程度=\dfrac{前面各工序累积材料消耗定额+本工序材料消耗定额×50\%}{单位产品材料消耗定额}$ ● 此时与人工费用和制造费用的分配方法一样
	在每一道工序开始时一次投入	$某工序完工程度=\dfrac{本工序累积材料消耗定额}{单位产品材料消耗定额}$

【案例】原材料在每一道工序开始时一次投入（见表13-17）

表13-17 案例

工序	单位材料定额（千克）	相对于整个生产过程的完工程度	在产品数量（件）	约当产量（件）
1	100	100÷200=<u>50%</u>	100	100×50%=50
2	50	（100+50）÷200=<u>75%</u>	100	100×75%=75
3	50	（100+50+50）÷200=<u>100%</u>	200	200×100%=200
合计	200		400	<u>325</u>

3.在产品成本按其所耗用的原材料费用计算

（1）适用条件

<u>原材料费用在产品成本中所占比重较大</u>，而且原材料是在生产开始时一次全部

投入。为简化核算工作，月末在产品可以只计算原材料费用，其他费用全部由完工产品负担。

（2）生产费用的分配（见表13-18）

表13-18　　　　　　　　　　　生产费用的分配

项目	计算公式
原材料	原材料分配率=$\dfrac{月初在产品材料成本+本月发生的材料成本}{完工产品产量+月末在产品产量}$ 完工产品应分配的材料成本=完工产品产量×原材料分配率 月末在产品应分配的材料成本=月末在产品产量×原材料分配率
其他费用	在产品成本=0 完工产品成本=本月发生费用

【案例】（见表13-19）

表13-19　　　　　　　　　　　　案例

项目	直接材料	直接人工	制造费用	合计
月初在产品（件）	5 000	0	0	5 000
本月生产费用（元）	25 000	2 000	1 000	28 000
小计（元）	30 000	2 000	1 000	33 000
分配率	$\dfrac{30\,000}{200+100}=100$	—	—	—
完工产品（200件）	20 000	2 000	1 000	23 000
在产品（100件）	10 000	0	0	10 000

【总结】企业应当根据在产品数量的多少、各月在产品数量变化的大小、各项费用比重的大小以及定额管理基础的好坏等具体条件，选择既合理又简便的分配方法（如图13-2所示）。

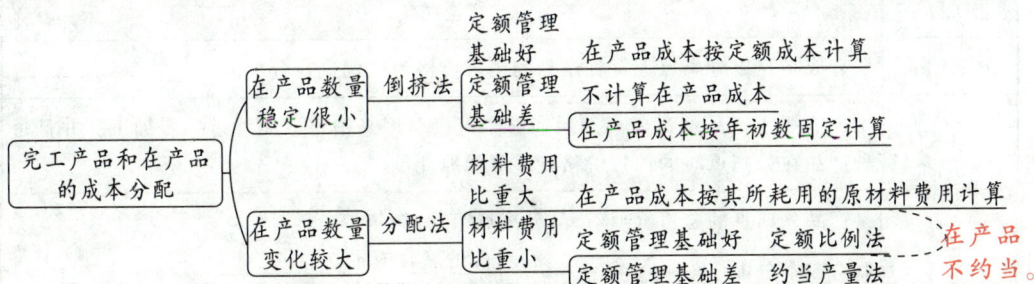

图13-2　完工产品和在产品的成本分配方法

如何理解联产品和副产品？

四、联产品和副产品的成本分配 ★★★　第1次分配。

（一）联产品加工成本的分配

1.联产品（Co-Product）的概念（见表13-20）

表13-20　　　　　　　　　　　联产品的概念

项目	说明
含义	使用同种原料，经过同一生产过程同时生产出来的两种或两种以上的主要产品
举例	炼油厂，通常是投入原油后，经过加热、分馏等工艺过程，提炼或分解出汽油、柴油、蜡油和瓦斯等联产品

2.联产品成本计算过程（如图13-3所示，见表13-21）

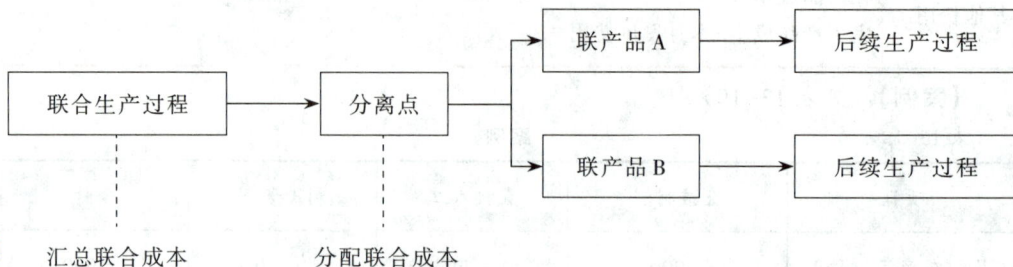

图13-3　联产品成本计算过程

表13-21　　　　　　　　　　　联产品成本计算过程

阶段	说明
分离前	各产品的共同生产费用即联合成本，可按一个成本核算对象设置一个成本明细账进行归集 △△
分离点	将联合成本总额按一定分配方法在各联产品之间分配
分离后	按各种产品分别设置明细账，归集其分离后所发生的加工成本

3.联产品成本的分配

（1）售价法（见表13-22）

表13-22　　　　　　　　　　　售价法

项目	说明
分配标准	联合成本是以分离点上每种产品的销售价格为比例进行分配的
适用条件	本方法要求产品经过分离点后能够"直接"用来销售，无须进一步加工；并且每种产品在分离点时的销售价格能够可靠地计量
计算公式	某产品分离点的总售价=该产品分离点产量×销售单价 $$联合成本分配率=\frac{待分配的联合成本}{A产品分离点的总售价+B产品分离点的总售价}$$ A产品应分配联合成本=联合成本分配率×A产品分离点的总售价 B产品应分配联合成本=联合成本分配率×B产品分离点的总售价

考霸笔记
分离点，是指在联产品生产过程中，投入相同原料，经过同一生产过程，分离为各种联产品的时点。

考霸笔记
某产品本月发生的生产费用=分配转入的联合成本+后续单独加工成本。

考霸笔记
虽然以"销售价格"作为分配标准，但是产品数量选取的口径是分离点上的"产量"，而非最终的"销量"。

（2）可变现净值法（见表13-23）

表13-23　　　　　　　　可变现净值法

项目	说明
分配标准	联合成本是以分离点上每种产品的可变现净值为比例进行分配的
适用条件	联产品尚需要进一步加工后才能用于销售
计算公式	某产品可变现净值 = 该产成品分离点产量 × 销售单价 − 分离后该产品的后续单独加工成本 联合成本分配率 = $\dfrac{待分配的联合成本}{A产品分离点的可变现净值 + B产品分离点的可变现净值}$ A产品应分配联合成本 = 联合成本分配率 × A产品分离点的可变现净值 B产品应分配联合成本 = 联合成本分配率 × B产品分离点的可变现净值

（3）实物数量法（见表13-24）

表13-24　　　　　　　　实物数量法

项目	说明
分配标准	联合成本是以产品的实物数量为基础分配的。这里的"实物数量"通常可以是数量、重量
适用条件	通常适用于所生产的产品的价格很不稳定或无法直接确定的情况
计算公式	联合成本分配率 = $\dfrac{待分配的联合成本}{A产品分离点的实物数量 + B产品分离点的实物数量}$ A产品应分配联合成本 = 联合成本分配率 × A产品分离点的实物数量 B产品应分配联合成本 = 联合成本分配率 × B产品分离点的实物数量

（二）副产品（By-Product）加工成本的分配（见表13-25）

表13-25　　　　　　　　副产品加工成本的分配

项目	说明
副产品含义	在同一生产过程中，使用同种原料，在生产主要产品的同时附带生产出来的非主要产品
副产品成本的分配	由于副产品价值相对较低，而且在全部产品生产中所占的比重较小，因而可以采用简化的方法确定其成本（如按预先规定的固定单价确定成本），然后从总成本中扣除，其余额就是主产品的成本：主产品成本=总成本−副产品成本

第三节　产品成本计算的品种法（见表13-26）

表13-26　　　　　　　　产品成本计算的品种法

项目	说明
含义	产品成本计算的品种法，也称简单法，是指以产品品种为成本计算对象，归集和分配生产费用、计算产品成本的方法

分离点售价法、可变现净值法、实物数量法有什么区别？

考霸笔记：品种法是最基础的产品成本计算方法，因为无论什么方法最终都要计算各种产品的成本，而且品种法的成本计算程序是成本计算的一般程序。

第十三章

项目	说明
适用条件	大量大批单步骤生产的企业： （1）在这种类型的生产中，产品的生产技术过程不能从技术上划分为步骤，如发电、供水、采掘等企业 ● 企业或车间的规模较小，或者车间是封闭式的，也就是从原材料投入到产品产出的全部过程都是在一个车间内进行的，如制药企业（在无菌车间内一个完整的化学反应过程） （2）生产是按流水线组织的，但管理上不要求按照生产步骤计算产品成本的企业 ● 标准化的产品，同质性高，如KFC
核算特点	（1）一般定期（每月月末）计算产品成本，成本计算期与会计核算报告期一致 （2）如果月末有在产品，要将生产费用在完工产品和在产品之间进行分配

第四节　产品成本计算的分批法（见表13-27）

表13-27　　　　　　　　　　产品成本计算的分批法

项目	说明
含义	以产品批别为成本计算对象，归集和分配生产费用、计算产品成本的方法。由于产品的批别大多是根据销货订单确定的，所以这种方法又称为订单法。实务中，一般根据订货单位的订单签发工作号来组织生产
适用条件	（1）单件小批类型的生产，如造船业、重型机器制造业等 （2）一般企业中的新产品试制或试验的生产、在建工程以及设备修理作业 ● 特定非生产作业：量身定做，而不是一下子生产一大堆，否则没有人买怎么办
核算特点	（1）产品成本计算不定期：成本计算期与产品生产周期基本一致（生产结束再核算成本），而与核算报告期不一致 （2）在计算月末产品成本时，是否要将生产费用在完工产品和在产品之间进行分配 ①一般不存在完工产品与在产品之间分配费用的问题： A.单件生产，不存在分配问题 B.小批生产，要么全部完工（计入"库存商品"），要么全部未完工（在"生产成本"借方余额登记），一般也不存在分配问题 ②大批生产，跨月陆续完工交货时（完成多少交货多少），需要进行分配

考霸笔记
产品定制化、差异性大。

第五节　产品成本计算的分步法（见表13-28）

表13-28　　　　　　　　　　产品成本计算的分步法

项目	说明
含义	以产品生产步骤和产品品种为成本计算对象，归集和分配生产费用、计算产品成本的方法

续表

项目	说明
适用条件	大量大批的多步骤生产，产品生产可以分为若干个生产步骤，如冶金、纺织、汽车制造等
核算特点	（1）管理上既要求按照产品品种计算成本，又要求按照生产步骤计算成本，以便为考核和分析各种产品及各生产步骤的成本计划的执行情况提供资料 （2）一般定期（每月月末）计算产品成本，成本计算期与会计核算报告期一致 （3）如果月末有在产品，要将生产费用在各步骤完工产品和在产品之间进行分配

考霸笔记
如果不同生产步骤的半成品要对外销售，例如，钢铁厂的生铁、钢锭，纺织厂的棉纱，其成本是多少呢？需要按生产步骤核算半产品成本。

一、逐步结转分步法（计算半成品成本分步法）★★★

（一）逐步结转分步法的含义与计算程序（见表13-29和图13-4）

考霸笔记
逐步结转分步法就是为了分步计算半成品成本而采用的一种分步法，也称计算半成品成本分步法。

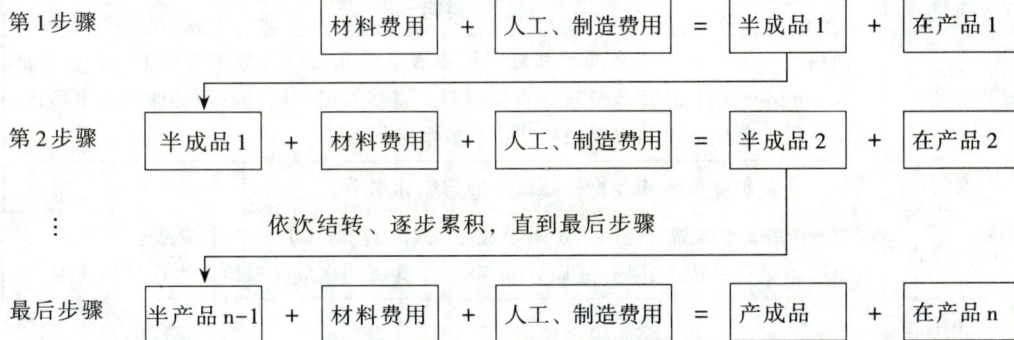

表13-29　　　　　　　　逐步结转分步法的含义与计算程序

项目	说明
含义	按照产品加工的顺序，逐步计算并结转半成品成本，直到最后加工步骤才能计算产成品成本的方法
计算程序	（1）按照产品加工顺序计算第一个加工步骤的半成品成本，然后结转给第二个加工步骤 （2）第二步骤把第一步骤转来的半成品成本加上本步骤耗用的材料和加工费用，即可求得第二个加工步骤的半成品成本 （3）如此顺序逐步转移累计，直到最后一个加工步骤才能计算出产成品成本

第1步骤　　　　　材料费用 ＋ 人工、制造费用 ＝ 半成品1 ＋ 在产品1

第2步骤　　半成品1 ＋ 材料费用 ＋ 人工、制造费用 ＝ 半成品2 ＋ 在产品2

⋮　　　　　依次结转、逐步累积，直到最后步骤

最后步骤　半产品n-1 ＋ 材料费用 ＋ 人工、制造费用 ＝ 产成品 ＋ 在产品n

图13-4　逐步结转分步法的计算程序

【提示】按照上一步骤成本在下一步骤成本计算单中的反映方式，逐步结转分步法分为综合结转和分项结转（见表13-30）：

表13-30　　　　　　　　逐步结转分步法分类

分类	说明
逐步综合结转	以"直接材料"或专设的"半成品"项目综合列入下一步骤的成本计算单中
逐步分项结转	以直接材料、直接人工、制造费用等项目分成本项目分别列入下一步骤的成本计算单中

第十三章

（二）逐步综合结转分步法

考霸笔记

在逐步综合结转分步法下，半成品通过半成品库收发，由于各月所生产的半成品的单位成本不同，因而所耗半成品的单位成本可以和材料核算一样，采用先进先出或加权平均等方法计算。

1.成本计算单的填写思路：上一个环节的"本期减少"=下一个环节的"本期增加"（如图13-5所示）

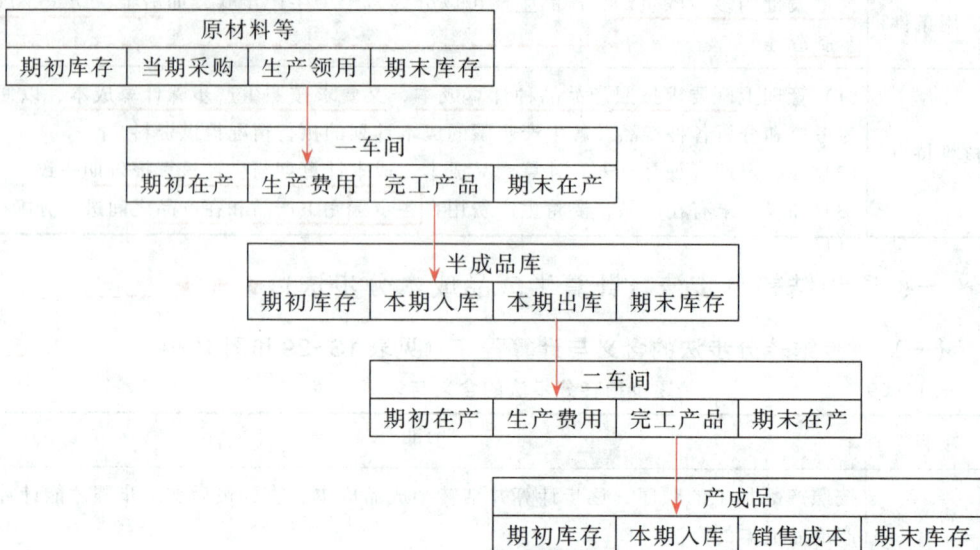

原材料等			
期初库存	当期采购	生产领用	期末库存

一车间			
期初在产	生产费用	完工产品	期末在产

半成品库			
期初库存	本期入库	本期出库	期末库存

二车间			
期初在产	生产费用	完工产品	期末在产

产成品			
期初库存	本期入库	销售成本	期末库存

图13-5　成本计算单的填写思路

【提示】综合结转可以按照半成品的实际成本结转，也可以按照半成品的计划成本结转。考试时一般只考按照半成品的实际成本结转。

考霸笔记

成本还原不改变成本总额，只是更准确地反映各个成本项目的明细构成情况。

2.综合结转的成本还原（见表13-31）

表13-31　　　　　　　　　　综合结转的成本还原

为什么需要进行成本还原？

项目	说明
含义	从最后一个步骤起，把各步骤所耗上一步骤半成品的综合成本按照上一步骤所产半成品成本的结构，逐步分解为直接材料、直接人工、制造费用等原始成本项目，从而求得按原始成本项目反映的产成品成本资料
目的	从整个企业角度考核和分析产品成本的构成和水平
计算公式	还原分配率=本步骤所耗用上步骤半成品成本/上步骤本月所产半成品全部成本 原始成本项目的成本还原=还原分配率×上步骤所产半成品原始成本项目的成本

【提示】

如何进行成本还原？

（1）典型的成本还原计算单（以2步骤生产为例）（见表13-32）

表13-32　　　　　　　　　　典型的成本还原计算单

项目	还原分配率	半成品	直接材料	直接人工	制造费用	成本合计
还原前产成品成本		W2	A2	B2	C2	
本月所产半成品成本			A1	B1	C1	
成本还原	$k=\dfrac{W2}{A1+B1+C1}$	−W2	a1 =k·A1	b1 =k·B1	c1 =k·C1	
还原后产成品成本			A2+a1	B2+b1	C2+c1	
还原后产成品单位成本						

①前两行数据从哪里找？都是每个车间的"本月完工"。

②解铃还须系铃人，要把第2车间的"半成品"成本构成分解出来，需要回到第1车间，考查其原始的成本构成比例。选择分配标准时，要选择第1车间"本月完工半成品"那一行的数据。

（2）成本还原的次数较正常生产步骤少一步。

【思考】逐步分项结转法是否需要成本还原？

3.逐步结转分步法的特点（见表13-33）

表13-33　　　　　　　　　　逐步结转分步法的特点

项目	说明
优点	（1）能提供各个生产步骤的半成品成本资料 （2）为各生产步骤的在产品实物管理及资金管理提供资料 （3）能够全面地反映各生产步骤的生产耗费水平，更好地满足各生产步骤成本管理的要求
适用情形	大量大批连续式复杂生产的企业。这种企业，有的不仅将最终产成品作为商品对外销售，而且生产步骤所产半成品也经常作为商品对外销售

二、平行结转分步法（不计算半成品成本分步法）★★★

（一）平行结转分步法的含义与计算程序（如图13-6所示）

平行结转分步法是指在计算各步骤成本时，不计算各步骤所产半成品成本，也不计算各步骤所耗上一步骤的半成品成本，而只计算本步骤发生的各项其他费用，以及这些费用中应计入产成品成本的份额，将相同产品的各步骤成本明细账中的这些份额平行结转、汇总，即可计算出该种产品的产成品成本。

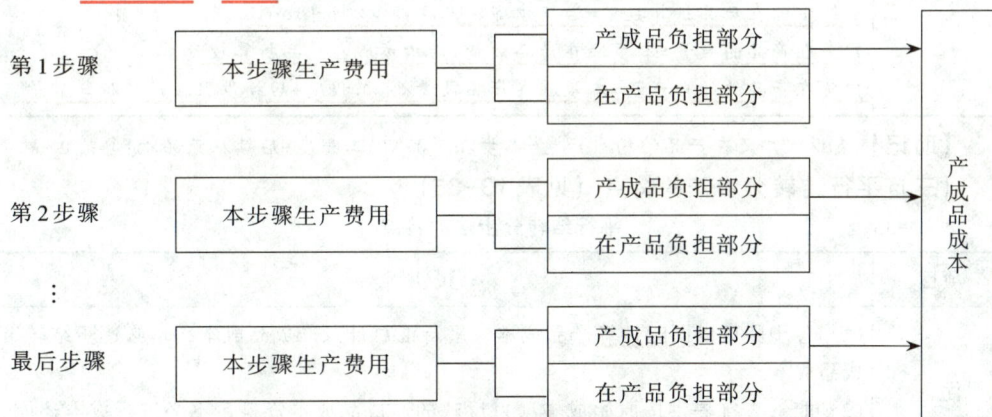

图13-6　平行结转分步法的计算程序

【提示】在实物流转上，半成品转入下一步骤继续加工（否则无法进行后续生产），但是在成本核算上，半成品的成本并不结转到下一生产步骤的成本计算单中去。当产品最终完工入库时，才将各步骤费用中应由完工产品负担的份额，从各步骤成本计算单中转出，平行汇总计算产成品的成本。

（二）平行结转分步法下完工与在产的划分（如图13-7所示）

采用平行结转分步法，每一生产步骤的生产费用也要在其完工产品与月末在产

考霸笔记：平行结转分步法的成本计算对象是各种产成品及其经过的各生产步骤中的成本份额，而各步骤的产品生产费用并不随半成品实物的结转而结转。这种结转各步骤成本的方法，也称为"不计算半成品成本分步法"。

平行结转法下如何计算约当产量？

考霸笔记：凡"参与"了该步骤加工，但还未最终完工形成产成品的，都属于该步骤的"广义在产品"。

品之间进行分配。

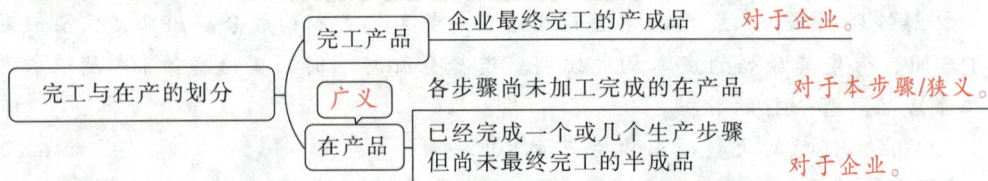

图13-7　平行结转分步法下完工与在产的划分

【提示】广义在产品范围的确定要点：为了正确分配在产品应承担的成本，要站在本步骤"往后看"，广义在产品包括"本步骤在产"和"后续步骤在产"，但是不包括"前序步骤在产"，因为前面生产步骤的在产品还没有流转到本步骤来，不可能承担本步骤的生产费用。

【重点】确定完工产品与在产品数量的精确解析（见表13-34）：

表13-34　　　　　　确定完工产品与在产品数量的精确解析

项目	说明
完工产品数量	最终完工的产成品需要返回到各个生产步骤去计算应承担的生产费用，此时，需要根据倒推至本步骤的"完工领用比"（折算比例）来计算最终完工产成品在各个生产步骤中的"中间完工产品"的数量。所以： 某步骤中间完工产品数量=最终完工产品数量×折算比例
在产品数量	如果采用约当产量法进行完工与在产的生产费用分配，对于每一个生产步骤，尚未加工完成的在产品（狭义的在产品）需要计算约当产量；已完成本步骤生产但尚未最终完工的在产品（广义的在产品），无须计算约当产量，即相对于本步骤的完工程度为100%，但是需要根据"完工领用比"计算它们相对于本步骤而言的"中间在产品"数量。所以： 后续步骤在产品折算数量=后续步骤在产品数量×折算比例 广义在产品的数量=本步骤在产品数量+后续步骤在产品折算数量 广义在产品的约当产量=本步骤在产品数量×完工程度+后续步骤在产品折算数量

【助记】某步骤广义在产品的约当产量=本步在产品×完工程度+后续在产品×折算比例

（三）平行结转分步法的特点（见表13-35）

表13-35　　　　　　　　平行结转分步法的特点

项目	说明
优点	（1）各步骤可以同时计算产品成本，平行汇总计入产成品成本，不必逐步结转半成品成本 （2）能够直接提供按原始成本项目反映的产成品成本资料，不必进行成本还原，因而能简化和加速成本计算工作
缺点	（1）不能提供各个步骤的半成品成本资料 （2）在产品的费用在产品最后完成以前，不随实物转出而转出，即不按其所在的地点登记，而按其发生的地点登记，因而不能为各个生产步骤在产品的实物和资金管理提供资料 （3）各生产步骤的产品成本不包括所耗半成品费用，因而不能全面地反映该步骤产品的生产耗费水平（第一步骤除外），不能更好地满足这些步骤成本管理的要求

【总结】逐步结转分步法与平行结转分步法的比较（见表13-36）

表13-36 逐步结转分步法与平行结转分步法的比较

项目	逐步结转分步法	平行结转分步法
是否计算半成品成本	√	×
生产费用与半成品实物转移是否同步	√	×
完工产品的含义	各步骤的完工产品	最终完工的产成品
在产品的含义	狭义的在产品（仅指本步骤尚未加工完成的半成品）	广义的在产品（既包括本步骤尚未加工完成的半成品，也包括本步骤加工完毕、但尚未最终完工的产品）
是否需要成本还原	● 逐步综合结转法：√ ● 逐步分项结转法：×	×
各步骤能否同时计算产成品成本	不能，需要依次结转、逐步累积，直到最后一个步骤才能计算出产成品成本	可以，各步骤能同时计算产成品成本，平行汇总计算最终完工产品的成本

智能测评

在线练习		我要提问
扫码在线做题	扫码看答案	扫码答疑
本书"本章同步强化训练"均配备二维码，打开微信"扫一扫"即可完成在线测评，查看本章详细的测评反馈报告，了解知识掌握情况，也可扫码直接看答案噢。 快来扫码做题吧！		本书配备答疑专用二维码，打开微信"扫一扫"，即可完成在线提问，获取专业老师全面个性化解答，让学习问题不再拖延。 快来扫码提问吧！

本章同步强化训练

一、单选题

1.间接成本是指与成本对象相关联的成本中（　　　）。

A.不能追溯到成本对象的那一部分产品成本

B.不能用一种经济合理的方式追溯到成本对象的那一部分产品成本

C.可以直接追溯到成本对象的那一部分成本

D.可以用经济合理的方式追溯到成本对象的那一部分成本

2.企业在生产中为生产工人发放安全头盔所产生的费用，应计入（　　　）。

A.直接材料　　　　　B.管理费用　　　　　C.制造费用　　　　　D.直接人工

3. 采用交互分配法分配辅助生产费用时，第一次交互分配是在（　　）之间进行的。

A. 各辅助生产车间
B. 辅助生产车间以外的受益单位
C. 各受益的基本生产车间
D. 各受益的企业管理部门

4. 甲企业基本生产车间生产乙产品，依次经过三道工序，工时定额分别为40小时、35小时和25小时。月末完工产品和在产品成本采用约当产量法分配。假设制造费用随加工进度在每道工序陆续均匀发生，各工序月末在产品平均完工程度为60%，第三道工序月末在产品数量为6 000件。分配制造费用时，第三道工序在产品约当产量是（　　）件。

A. 3 660
B. 3 450
C. 6 000
D. 5 400

5. 甲公司生产某种产品，需两道工序加工完成，公司不分步计算产品成本。该产品的定额工时为100小时，其中第1道工序的定额工时为20小时，第2道工序的定额工时为80小时。月末盘点时，第1道工序的在产品数量为100件，第2道工序的在产品数量为200件。如果各工序在产品的完工程度均按50%计算，月末在产品的约当产量为（　　）件。

A. 90
B. 120
C. 130
D. 150

6. 某企业生产的产品需要经过若干加工工序才能形成产成品，且月末在产品数量变动较大，产品成本中原材料所占比重较小。该企业在完工产品和在产品之间分配生产费用时，宜采用（　　）。

A. 不计算在产品成本的方法

B. 在产品成本按年初数固定计算的方法

C. 在产品成本按其所耗用的原材料费用计算的方法

D. 约当产量法

7. 某产品本月完工50件，月末在产品60件，在产品平均完工程度为50%，累计发生产品生产费用100 000元，采用约当产量法计算在产品成本时，本月完工产品的总成本是（　　）元。

A. 37 500
B. 45 455
C. 62 500
D. 54 545

8. 在使用同种原料生产主产品的同时，附带生产副产品的情况下，由于副产品价值相对较低，而且在全部产品价值中所占的比重较小，因此，在分配主产品和副产品的加工成本时（　　）。

A. 通常先确定主产品的加工成本，然后再确定副产品的加工成本

B. 通常先确定副产品的加工成本，然后再确定主产品的加工成本

C. 通常先利用售价法分配主产品和副产品的加工成本

D. 通常先利用可变现净值法分配主产品和副产品的加工成本

9. 各种成本计算方法的根本主要体现在（　　）不同。

A. 各生产要素成本的归集和分配
B. 成本计算对象
C. 成本计算期
D. 完工产品和期末在产品的成本分配

10. 甲制药厂正在试制生产某流感疫苗。为了核算此疫苗的试制生产成本，该企业最适合选择的成本计算方法是（　　）。

A. 品种法
B. 分批法
C. 分步法
D. 品种法与分步法相结合

11. 产品成本计算不定期，一般也不存在完工产品与在产品之间费用分配问题的成本计算方法是（　　）。

A. 平行结转分步法
B. 逐步结转分步法
C. 分批法
D. 品种法

12. 适合汽车修理企业采用的成本计算方法是（　　）。

A. 品种法
B. 分批法
C. 逐步结转分步法
D. 平行结转分步法

13.某种产品由三个生产步骤构成，采用逐步结转分步法计算成本。本月第一生产步骤转入第二生产步骤的生产费用为 4 000 元，第二生产步骤转入第三生产步骤的生产费用为 3 000 元。本月第三生产步骤发生的费用为 3 500 元（不包括上一生产步骤转入的费用），第三步骤月初在产品费用为 1 000 元，月末在产品费用为 700 元，本月该种产品的产成品成本为（　　　）元。

A. 7 500　　　　　B. 6 800　　　　　C. 6 500　　　　　D. 1 700

14.某企业只生产一种产品，生产分两个步骤在两个车间进行，第一车间为第二车间提供半成品，第二车间将半成品加工成产成品。月初两个车间均没有在产品。本月第一车间投产 100 件，有 80 件完工并转入第二车间，月末第一车间尚未加工完成的在产品相对于本步骤的完工程度为 60%；第二车间完工 50 件，月末第二车间尚未加工完成的在产品相对于本步骤的完工程度为 50%。该企业按照平行结转分步法计算产品成本，各生产车间按约当产量法在完工产品和在产品之间分配生产费用。月末第一车间的在产品约当产量为（　　　）件。

A. 12　　　　　B. 27　　　　　C. 42　　　　　D. 50

15.下列成本核算方法中，不利于考查企业各类存货资金占用情况的是（　　　）。

A.品种法　　　　　　　　　　　B.分批法
C.逐步结转分步法　　　　　　　D.平行结转分步法

16.下列关于成本计算分步法的表述中，正确的是（　　　）。

A.逐步结转分步法不利于各步骤在产品的实物管理和成本管理
B.当企业经常对外销售半成品时，应采用平行结转分步法
C.采用逐步分项结转分步法时，无须进行成本还原
D.采用平行结转分步法时，无须将产品生产费用在完工产品和在产品之间进行分配

17.在基本生产车间均进行产品成本计算的情况下，不便于通过"生产成本"明细账分别考查各基本生产车间存货占用资金情况的成本计算方法是（　　　）。

A.品种法　　　　　　　　　　　B.分批法
C.逐步结转分步法　　　　　　　D.平行结转分步法

二、多选题

1.在制造成本法下，以下各项支出中，可以计入产品成本的有（　　　）。

A.生产车间管理人员的工资
B.因操作不当造成的废品净损失
C.存货跌价损失
D.行政管理部门使用的固定资产计提的折旧

2.甲公司有供电、燃气两个辅助生产车间，公司采用交互分配法分配辅助生产成本。本月供电车间供电 20 万度，成本费用为 10 万元，其中燃气车间耗用 1 万度电；燃气车间供气 10 万吨，成本费用为 20 万元，其中供电车间耗用 0.5 万吨燃气。下列计算中，正确的有（　　　）。

A.供电车间分配给燃气车间的成本费用为 0.5 万元
B.燃气车间分配给供电车间的成本费用为 1 万元
C.供电车间对外分配的成本费用为 9.5 万元
D.燃气车间对外分配的成本费用为 19.5 万元

3.如果不考虑 12 月的成本计算问题，下列哪些划分完工产品成本与在产品成本的方法，能使得某种产品本月发生的生产费用就是本月完工产品的成本（　　　）？

A. 不计算在产品成本的方法

B. 在产品成本按年初数固定计算的方法

C. 在产品成本按其所耗用的原材料费用计算

D. 定额比例法

4. 某公司生产联产品 A 和 B，7 月份发生加工成本 649.5 万元，分别生产了 50 吨的 A 产品和 70 吨的 B 产品。其中 A 产品可以直接出售，价格为 15 万元/吨；B 产品需进一步加工，加工成本为 335 万元，加工后可按 25 万元/吨的价格出售。A、B 产品均不计算在产品成本，则下列表述正确的有（　　）。

A. A 产品应分配的联合成本为 225 万元

B. B 产品应分配的联合成本为 424.5 万元

C. A 产品每吨成本为 4.5 万元

D. B 产品每吨成本为 6.06 万元

5. 成本计算分批法的特点是（　　）。

A. 产品成本计算期与产品生产周期基本一致，成本计算不定期

B. 月末无须进行在产品与完工产品之间的费用分配

C. 比较适用于冶金、纺织、造纸行业企业

D. 以成本计算品种法原理为基础

6. 下列可以采用分步法计算半成品成本的企业有（　　）。

A. 钢铁厂　　　　　　　　B. 纺织厂　　　　　　　　C. 发电厂　　　　　　　　D. 机械修理厂

7. F 公司是一个家具制造企业。该公司按生产步骤的顺序，分别设置加工、装配和油漆三个生产车间。公司的产品成本计算采用平行结转分步法，按车间分别设置成本计算单。装配车间成本计算单中的"月末在产品成本"项目的"月末在产品"范围应包括（　　）。

A. 加工车间正在加工的在产品　　　　　　B. 装配车间正在加工的在产品

C. 装配车间已经完工的半成品　　　　　　D. 油漆车间正在加工的在产品

8. 以下关于成本计算分步法的表述中，正确的有（　　）。

A. 逐步结转分步法有利于各步骤在产品的实物管理和成本管理

B. 当企业经常对外销售半成品时，不宜采用平行结转分步法

C. 采用逐步分项结转分步法时，需要进行成本还原

D. 采用平行结转分步法时，无须将产品生产费用在完工产品和在产品之间进行分配

三、计算分析题

甲公司有锅炉和供电两个辅助生产车间，分别为基本生产车间和行政管理部门提供蒸汽和电力，两个辅助生产车间之间也相互提供产品，2013 年 9 月份的辅助生产及耗用情况如下：

（1）辅助生产情况

项目	锅炉车间	供电车间
生产费用	60 000 元	100 000 元
生产数量	15 000 吨	200 000 度

（2）各部门耗用辅助生产产品情况

耗用部门		锅炉车间（吨）	供电车间（度）
辅助生产车间	锅炉车间		75 000
	供电车间	2 500	
基本生产车间		12 000	100 000
行政管理部门		500	25 000

要求：

（1）分别采用直接分配法、交互分配法对辅助生产费用进行分配（结果填入下方表格中，不用列出计算过程）。

- 辅助生产费用分配表（直接分配法）

项目		锅炉车间	供电车间	合计
待分配费用				
分配	基本生产成本			
	管理费用			

- 辅助生产费用分配表（交互分配法）

项目		锅炉车间	供电车间	合计
待分配费用				
交互分配	锅炉车间			
	供电车间			
对外分配辅助生产费用				
对外分配	基本生产成本			
	管理费用			

（2）说明直接分配法、交互分配法各自的优缺点，并指出甲公司适合采用哪种方法对辅助生产费用进行分配。

2. A公司是一个化工生产企业，生产甲、乙、丙三种产品。这三种产品是联产品，本月发生联合生产成本748 500元。该公司采用可变现净值法分配联合生产成本。由于在产品主要是生产装置和管线中的液态原料，数量稳定并且数量不大，在成本计算时不计算月末在产品成本。产成品存货采用先进先出法计价。

本月的其他有关数据如下：

产品	甲	乙	丙
月初产成品成本（元）	39 600	161 200	5 100
月初产成品存货数量（千克）	18 000	52 000	3 000
销售量（千克）	650 000	325 000	150 000
生产量（千克）	700 000	350 000	170 000
单独加工成本（元）	1 050 000	787 500	170 000
产成品售价（元）	4	6	5

要求：

（1）分配本月联合生产成本。

产品	甲	乙	丙	合计
产量				
单价				
本月产量售价总额				
单独加工成本				
可变现净值				
分配率*				
分配联合生产成本				

（2）确定月末产成品存货成本。

产品	甲	乙	丙
期初存量（千克）			
本期产量（千克）			
本期销量（千克）			
期末存量（千克）			
单独加工成本（元）			
分配来的联合生产成本（元）			
总成本（元）			
单位成本（元）			
期末存货成本（元）			

3.甲公司是一家机械制造企业，只生产销售一种产品，生产过程分为两个步骤，第一步骤产出的半成品直接转入第二步骤继续加工，每件半成品加工成一件产成品，产品成本计算采用逐步综合结转分步法，月末完工产品和在产品之间采用约当产量法分配生产成本。

第一步骤耗用的原材料在生产开工时一次投入，其他成本费用陆续发生；第二步骤除耗用第一步骤半成品外，还需要追加其他材料，追加材料及其他成本陆续发生，第一步骤和第二步骤月末在产品完工程度均为本步骤的50%。

2015年6月的成本核算资料如下：

（1）月初在产品成本（单位：元）

项目	半成品	直接材料	直接人工	制造费用	合计
第一步骤		3 750	2 800	4 550	11 100
第二步骤	6 000	1 800	780	2 300	10 880

（2）本月生产量（单位：件）

项目	月初产品数量	本月投产数量	本月完工数量	月末在产品
第一步骤	60	270	280	50
第二步骤	20	280	270	30

（3）本月发生的生产费用（单位：元）

项目	直接材料	直接人工	制造费用	合计
第一步骤	16 050	24 650	41 200	81 900
第二步骤	40 950	20 595	61 825	123 370

要求：

（1）编制第一、二步骤成本计算单（结果填入下方表格中，不用列出计算过程）。

● 第一步骤成本计算单（2015年6月/单位：元）

项目	直接材料	直接人工	制造费用	合计
月初在产品成本				
本月生产费用				
合计				
分配率				
完工半成品转出				
月末在产品				

● 第二步骤成本计算单（2015年6月/单位：元）

项目	半成品	直接材料	直接人工	制造费用	合计
月初在产品成本					
本月生产费用					
合计					
分配率					
完工半成品转出					
月末在产品					

（2）编制产成品还原计算表（结果填入下方表格中，不用列出计算过程）。

● 产成品成本还原计算表（2015年6月/单位：元）

项目	半成品	直接材料	直接人工	制造费用	合计
还原前产成品成本					
本月所产半成品成本					
成本还原					
还原后产成品成本					
还原后产成品单位成本					

4.甲公司是一家化工原料生产企业，只生产一种产品，产品分两个生产步骤在两个基本生产车间进行，第一车间生产的半成品转入半成品库，第二车间领用半成品后继续加工成产成品，半成品的发出计价采用加权平均法。甲公司采用逐步综合结转分步法计算产品成本，月末对在产品进行盘点，并按约当产量法在完工产品和在产品之间分配生产费用。

第一车间耗用的原材料在生产过程中逐渐投入，其他成本费用陆续发生。第二车间除耗用第一车间生产的半成品外，还需耗用其他材料，耗用的半成品和其他材料均在生产开始时一次投入，其他成本费用陆续发生。第一车间和第二车间的在产品完工程度均为50%。

甲公司还有机修和供电两个辅助生产车间，分别为第一车间、第二车间和行政管理部门提供维修和电力，两个辅助生产车间之间也相互提供产品或服务。甲公司按照交互分配法分配辅助生产费用。

甲公司2014年8月份的成本核算资料如下：

（1）月初在产品成本（单位：元）

生产车间	半成品	直接材料	直接人工	制造费用	合计
第一车间		2 750	2 625	3 625	9 000
第二车间	23 720	1 900	2 800	3 600	32 020

（2）本月生产量（单位：吨）

生产车间	月初在产品数量	本月完工数量	月末在产品数量
第一车间	5	70	8
第二车间	8	85	10

（3）机修车间本月发生生产费用6 500元，提供维修服务100小时；供电车间本月发生生产费用8 800元，提供电力22 000度。各部门耗用辅助生产车间产品或服务的情况如下：

耗用部门		机修车间（小时）	供电车间（度）
辅助生产部门	机修车间		2 000
	供电车间	20	
基本生产车间	第一车间	40	10 200
	第二车间	35	9 300
行政管理部门		5	500
合计		100	22 000

（4）基本生产车间本月发生的生产费用（单位：元）

生产车间	直接材料	直接人工	制造费用
第一车间	86 050	71 375	99 632
第二车间	93 100	51 200	79 450.50

注：制造费用中尚未包括本月应分配的辅助生产费用。

（5）半成品收发结存情况

半成品月初结存13吨，金额46 440元；本月入库70吨，本月领用71吨，月末结存12吨。

要求：

（1）编制辅助生产费用分配表（结果填入下方表格中，不用列出计算过程。单位成本要求保留四位小数）。

项目		机修车间			供电车间			合计
		耗用量/小时	单位成本	分配金额	耗用量/度	单位成本	分配金额	
待分配费用								
交互分配	机修车间							
	供电车间							
对外分配辅助生产费用								
对外分配	第一车间							
	第二车间							
	行政管理部门							
	合计							

（2）编制第一车间的半成品成本计算单（结果填入下方表格中，不用列出计算过程）。

第一车间半成品成本计算单

2014年8月/单位：元

项目	产量（吨）	直接材料	直接人工	制造费用	合计
月初在产品					
本月生产费用					
合计					
分配率					
完工半成品转出					
月末在产品					

（3）编制第二车间的半成品成本计算单（结果填入下方表格中，不用列出计算过程）。

第二车间产品成本计算单

2014年8月/单位：元

项目	产量（吨）	半成品	直接材料	直接人工	制造费用	合计
月初在产品						
本月生产费用						
合计						
分配率						
完工产品转出						
月末在产品						

5.甲企业使用同种原料生产联产品A和B，采用平行结转分步法计算产品成本。产品生产分为两个步骤，第一步骤对原料进行预处理后，直接转移到第二步骤进行深加工，生产出A、B两种产品。原料只在第一步骤生产开工时一次性投放，两个步骤的直接人工和制造费用随加工进度陆续发生。第一步骤和第二步骤均采用约当产量法在产成品和在产品之间分配成本。月末留存在本步骤的实物在产品的完工程度分别为60%和50%。

联产品成本按照可变现净值法进行分配，其中，A产品可直接出售，售价为8.58元/千克；B产品需继续加工，加工成本为0.336元/千克，售价为7.2元/千克。A、B两种产品的产量比例为6：5。

2017年9月相关成本核算资料如下：

（1）本月产量资料（单位：千克）

项目	月初留存在本步骤的实物在产品	本月投产	合计	本月本步骤完成的产品	月末留存在本步骤的实物在产品
第一步骤	8 000	92 000	100 000	90 000	10 000
第二步骤	7 000	90 000	97 000	88 000	9 000

（2）月初在产品成本（单位：元）

项目	直接材料	直接人工	制造费用	合计
第一步骤	50 000	8 250	5 000	63 250
第二步骤		3 350	3 600	6 950

（3）本月发生成本（单位：元）

项目	直接材料	直接人工	制造费用	合计
第一步骤	313 800	69 000	41 350	424 150
第二步骤		79 900	88 900	168 800

要求：

（1）编制各步骤产品成本计算单以及产品成本汇总计算单（结果填入下方表格中，不用列出计算过程）

• 第一步骤成本计算单/2017年9月/单位：元

项目	直接材料	直接人工	制造费用	合计
月初在产品成本				
本月生产成本				
合计				
分配率				
产成品成本中本步骤份额				
月末在产品				

- 第二步骤成本计算单/2017年9月/单位：元

项目	直接材料	直接人工	制造费用	合计
月初在产品成本				
本月生产成本				
合计				
分配率				
产成品成本中本步骤份额				
月末在产品				

- 产品成本汇总计算单/2017年9月/单位：元

项目	直接材料	直接人工	制造费用	合计
第一步骤				
第二步骤				
合计				

（2）计算A、B产品的单位成本。

6.甲公司是一家机械制造企业，只生产销售一种产品，生产过程分为两个步骤，第一步骤产出的半成品直接转入第二步骤继续加工，每件半成品加工成一件产成品，产品成本计算采用平行结转分步法，月末完工产品和在产品之间采用约当产量法分配生产成本。

原材料在第一步骤生产开工时一次投入，各个步骤加工成本类费用陆续发生，第一步骤和第二步骤月末在产品完工程度分别为本步骤的50%和40%。

2015年6月的成本核算资料如下：

（1）月初在产品成本（单位：元）

项目	直接材料	直接人工	制造费用	合计
第一步骤	11 200	5 845	8 900	25 945
第二步骤		4 650	9 250	13 900

（2）本月生产量（单位：件）

项目	月初在产品数量	本月投产数量	本月完工数量	月末在产品数量
第一步骤	120	2 700	2 750	70
第二步骤	150	2 750	2 800	100

（3）本月发生的生产费用（单位：元）

项目	直接材料	直接人工	制造费用	合计
第一步骤	98 690	44 050	67 410	210 150
第二步骤		60 670	77 370	138 040

要求：

（1）编制第一、二步骤成本计算单（结果填入下列表格中，不用列出计算过程）。

- 2015年6月第一步骤成本计算单（单位：元）

项目	直接材料	直接人工	制造费用	合计
月初在产品成本				
本月生产费用				
合计				
分配率				
产成品中本步骤份额				
月末在产品				

- 2015年6月第二步骤成本计算单（单位：元）

项目	直接材料	直接人工	制造费用	合计
月初在产品成本				
本月生产费用				
合计				
分配率				
产成品中本步骤份额				
月末在产品				

（2）编制产品成本汇总计算表（结果填入下列表格中，不用列出计算过程）。

- 2015年6月产成品成本汇总计算表（单位：元）

项目	直接材料	直接人工	制造费用	合计
第一步骤				
第二步骤				
合计				
单位成本				

7.甲公司是一家模具生产企业，只生产一种产品。产品分两个生产步骤在两个基本生产车间进行，第一车间为第二车间提供半成品，第二车间将半成品加工成产成品，每件产成品耗用2件半成品。甲公司采用平行结转分步法计算产品成本，月末对在产品进行盘点，并按约当产量法在完工产品和在产品之间分配生产费用。

第一车间耗用的原材料在生产过程中逐渐投入，其他成本费用陆续发生。第二车间除耗用第一车间生产的半成品外，还需耗用其他材料，耗用的半成品和其他材料均在生产开始时一次投入，其他成本费用陆续发生，第一车间和第二车间的在产品相对于本车间的完工程度均为50%。

甲公司还有机修和供电两个辅助生产车间，分别为第一车间、第二车间和行政管理部门提供维修和电力，两个辅助生产车间之间也相互提供产品或服务。甲公司按照交互分配法分配辅助生产费用。

甲公司2014年8月份的成本核算资料如下：

（1）月初在产品成本（单位：元）

生产车间	直接材料	直接人工	制造费用	合计
第一车间	8 125	3 500	11 250	22 875
第二车间	5 500	3 500	3 700	12 700

（2）本月生产量（单位：件）

生产车间	月初在产品	本月投入	本月完工	月末在产品
第一车间	5	75	70	10
第二车间	5	35	30	10

（3）机修车间本月发生生产费用8 250元，提供维修服务150小时；供电车间本月发生生产费用10 500元，提供电力21 000度。各部门耗用辅助生产车间产品或服务情况如下：

耗用部门		机修车间（小时）	供电车间（度）
辅助生产部门	机修车间		1 000
	供电车间	50	
基本生产车间	第一车间	45	9 800
	第二车间	45	9 700
行政管理部门		10	500
合计		150	21 000

（4）基本生产车间本月发生的生产费用（单位：元）

生产车间	直接材料	直接人工	制造费用	合计
第一车间	42 875	22 000	56 302.50	42 875
第二车间	34 500	38 500	39 916.25	34 500

注：制造费用中尚未包括本月应分配的辅助生产费用。

要求：

（1）编制辅助生产费用分配表（结果填入下方表格中，不用列出计算过程。单位成本要求保留四位小数）。

辅助生产费用分配表（交互分配法）

2014年8月   单位：元

项目		机修车间			供电车间			合计
		耗用量/小时	单位成本	分配金额	耗用量/度	单位成本	分配金额	
待分配费用								
交互分配	机修车间							
	供电车间							
对外分配辅助生产费用								
对外分配	第一车间							
	第二车间							
	行政管理部门							
	合计							

（2）编制第一车间的成本计算单（结果填入下方表格中，不用列出计算过程）。

第一车间成本计算单

2014年8月   单位：元

项目	产量（件）	直接材料	直接人工	制造费用	合计
月初在产品					
本月生产费用					
合计					
分配率					
产成品中本步骤份额					
月末在产品					

（3）编制第二车间的成本计算单（结果填入下方表格中，不用列出计算过程）。

第二车间成本计算单

2014年8月   单位：元

项目	产量（件）	直接材料	直接人工	制造费用	合计
月初在产品					
本月生产费用					
合计					
分配率					
产成品中本步骤份额					
月末在产品					

（4）编制产品成本汇总计算表（结果填入下方表格中，不必列出计算过程）。

生产车间	产成品（件）	直接材料	直接人工	制造费用	合计
第一车间					
第二车间					
合计					
单位成本					

8.甲公司有第一、第二两个基本生产车间，生产A、B两种产品，A产品在第一车间完成后直接对外出售；B产品需经过第一、第二两个车间分步完成，第一车间加工B半成品后转入半成品库，第二车间领用B半成品并将每件B半成品继续加工成一件产成品。

甲公司还有锅炉和供电两个辅助生产车间，分别为基本生产车间和行政管理部门提供蒸汽和电力，两个辅助生产车间之间也相互提供产品。公司按照交互分配法分配辅助生产费用，分配至各基本生产车间的辅助生产费用计入该车间的"制造费用"账户，分配至行政管理部门的辅助生产费用计入"管理费用"账户。

第一车间原材料由A、B两种产品直接领用，其他各项费用均为两种产品共同耗用，生产工人的工资及其他职工薪酬按产品实用人工工时比例分配，制造费用按产品实用机器工时比例分配。

B半成品仅用于第二车间生产，不对外出售，半成品发出采用加权平均法计价，第二车间从半成品库领用B半成品加工，不再耗用其他原材料。公司采用逐步结转分步法核算B产品成本，第二车间不设"半成品"成本项目，耗用的B半成品成本直接记入"直接材料费用"成本项目，为分析产品成本的构成和水平，按本月B半成品成本构成对B产成品进行成本还原。

A产品的在产品数量流动不大，定额成本比较准确，月末在产品成本按定额成本法计算。B产品采用约当产量法在完工产品和在产品之间分配生产费用，第一车间原材料陆续投入，其他费用陆续发生，在产品平均完工程度为50%；第二车间半成品一次投入，其他费用陆续发生，在产品平均完工程度为40%。

甲公司2013年9月份的成本核算资料如下：

（1）产量（件）

项目		月初在产品	本月投产	月末在产品	本月完工
第一车间	A产品	250	450	200	500
	B半成品	200	700	300	600
第二车间	B产品	50	550	100	500

（2）辅助生产费用

锅炉车间本月发生生产费用60 000元，提供蒸汽15 000吨；供电车间本月发生生产费用37 500元，提供电力200 000度。

各部门耗用辅助生产产品情况如下：

耗用部门	锅炉车间（吨）	供电车间（度）
锅炉车间		40 000
供电车间	2 500	
第一车间	7 000	80 000
第二车间	5 000	60 000
行政管理部门	500	20 000
合计	15 000	200 000

（3）月初在产品成本

项目		直接材料（元）	直接人工（元）	制造费用（元）
第一车间	A产品	175 000	75 000	75 000
	B半成品	30 000	75 000	75 000
第二车间	B产品	48 250	14 000	56 500

（4）本月基本生产费用

① 第一车间：发生材料费用740 000元，其中A产品领用材料320 000元，B半成品领用材料420 000元；生产工人工资及其他职工薪酬900 000元，A产品实用工人工时20 000小时，B半成品实用工人工时40 000小时；制造费用（尚未包括分配的辅助生产费用）547 800元，A产品实际机器工时1 000小时，B半成品实用机器工时1 000小时。

② 第二车间：发生生产工人工资及其他职工薪酬580 000元，制造费用（尚未包括分配的辅助生产费用）445 500元。

（5）A产品的在产品单位定额成本

A产品的在产品单位定额成本1 300元，其中直接材料费用700元/件，直接人工费用300元/件，制造费用300元/件。

（6）B半成品收发结存情况

B半成品月初结存200件，成本388 000元，本月入库600件，本月出库550件，月末结存250件。

要求：

（1）编制生产费用分配表，结果填入下方表格中，分配过程中，分配率精确到万分之一。

项目		锅炉车间			供电车间			合计
		耗用量/吨	单位成本	分配金额	耗用量/度	单位成本	分配金额	
待分配费用								
交互分配	辅助生产——锅炉							
	辅助生产——供电							
对外分配辅助生产费用								
对外分配	制造费用/一车间							
	制造费用/二车间							
	管理费用							
	合计							

（2）编制 A 产品的成本计算单（结果填入下方表格中，不用列出计算过程）。

项目	产品数量	直接材料	直接人工	制造费用	合计
月初在产品成本					
本月生产费用					
合计					
月末在产品成本					
本月完工产品成本					

（3）编制 B 半成品、B 产品的成本计算单（结果填入下方表格中，不用列出计算过程）。

● 第一车间

项目	产品数量	直接材料	直接人工	制造费用	合计
月初在产品成本					
本月生产费用					
合计					
月末在产品成本					
本月完工半成品成本					

● 第二车间

项目	产品数量	直接材料	直接人工	制造费用	合计
月初在产品成本					
本月生产费用					
合计					
月末在产品成本					
本月完工产品成本					

（4）编制 B 产成品成本还原计算表（结果填入下方表格中，不用列出计算过程）。

项目	半成品	直接材料	直接人工	制造费用	成本合计
还原前产成品成本					
本月所产半成品成本					
成本还原					
还原后产成品成本					

9. F公司是一家服装生产企业，常年大批量生产甲、乙两种工作服。产品生产过程划分为裁剪、缝纫两个步骤，相应设置裁剪、缝纫两个车间。裁剪车间为缝纫车间提供半成品，经缝纫车间加工最终形成产成品。甲、乙两种产品耗用主要材料（布料）相同，且在生产开始时一次投入。所耗辅助材料（缝纫线和扣子等）由于金额较小，不单独核算材料成本，而直接计入制造费用。

F公司采用平行结转分步法计算产品成本。实际发生的生产费用在各种产品之间的分配方法是：材料费用按定额材料费用比例分配；生产工人薪酬和制造费用按实际生产工时分配。月末完工产品与在产品之间生产费用的分配方法是：材料费用按定额材料费用比例分配；生产工人薪酬和制造费用按定额工时比例分配。

F公司8月份有关成本计算资料如下：

（1）甲、乙两种产品定额资料：

● 甲产品定额资料

生产车间	单件产成品定额		本月（8月份投入）	
	材料费用（元）	工时（小时）	材料费用（元）	工时（小时）
裁剪车间	60	1.0	150 000	1 500
缝纫车间		2.0		4 000
合计	60	3.0	150 000	5 500

● 乙产品定额资料

生产车间	单件产成品定额		本月（8月份投入）	
	材料费用（元）	工时（小时）	材料费用（元）	工时（小时）
裁剪车间	80	0.5	100 000	500
缝纫车间		1.5		2 500
合计	80	2.0	100 000	3 000

（2）8月份甲产品实际完工入库产成品2 000套。

（3）8月份裁剪车间、缝纫车间实际发生的原材料费用、生产工时数量以及生产工人薪酬、制造费用如下：

● 8月份裁剪车间实际耗用生产工时和生产费用：

产品名称	材料费用（元）	生产工时（小时）	生产工人薪酬（元）	制造费用（元）
甲产品		1 600		
乙产品		800		
合计	280 000	2 400	30 000	120 000

● 8月份缝纫车间实际耗用生产工时和生产费用：

产品名称	材料费用（元）	生产工时（小时）	生产工人薪酬（元）	制造费用（元）
甲产品		4 200		
乙产品		2 800		
合计		7 000	140 000	350 000

（4）裁剪车间和缝纫车间甲产品的期初在产品成本如下：

车间	直接材料（元）		定额工时（小时）	直接人工（元）	制造费用（元）	合计（元）
	定额	实际				
裁剪车间	30 000	30 000	2 000	18 500	60 000	108 500
缝纫车间			800	7 200	15 600	22 800

要求：

（1）将裁剪车间和缝纫车间8月份实际发生的材料费用、生产工人薪酬和制造费用在甲、乙两种产品之间分配。

（2）编制裁剪车间和缝纫车间的甲产品成本计算单，结果填入答题卷给定的"甲产品成本计算单"中。

● 甲产品成本计算单：裁剪车间

项目	产品产量（套）	直接材料（元）		定额工时（小时）	直接人工（元）	制造费用（元）	合计（元）
		实际	定额				
月初在产品成本							
本月生产费用							
生产费用合计							
分配率							
计入产成品份额							
月末在产品成本							

● 甲产品成本计算单：缝纫车间

项目	产品产量（套）	直接材料（元）		定额工时（小时）	直接人工（元）	制造费用（元）	合计（元）
		定额	实际				
月初在产品成本							
本月生产费用							

续表

项目	产品产量（套）	直接材料（元）		定额工时（小时）	直接人工（元）	制造费用（元）	合计（元）
		定额	实际				
生产费用合计							
分配率							
计入产成品份额							
月末在产品成本							

（3）编制甲产品的成本汇总计算表，结果填入答题卷给定的"甲产品成本汇总计算表"中。

生产车间	产成品（套）	直接材料	直接人工	制造费用	合计（元）
裁剪车间					
缝纫车间					
合计					
单位成本					

第十四章
标准成本法

本章导学

本章框架图

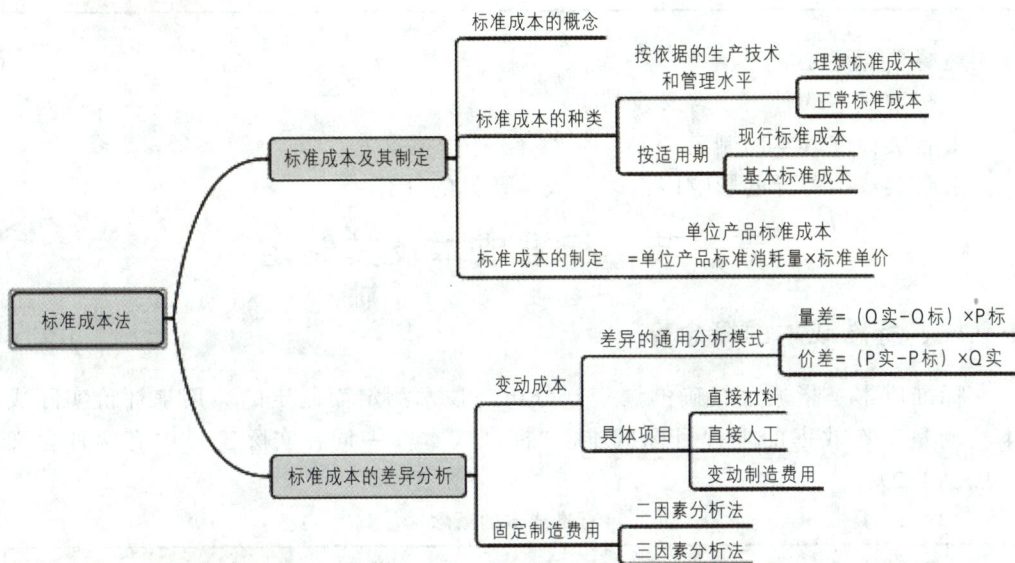

本章考情概述

本章考情分析

　　标准成本法是指通过制定标准成本，将标准成本与实际成本进行比较得出成本差异，并对成本差异进行因素分析，据以加强成本控制的一种会计信息系统和成本控制系统。标准成本法与成本核算结合起来，是一种成本计算与成本控制相结合的方法，能克服实际成本计算系统的缺陷（尤其是不能提供有助于成本控制的确切信息的缺陷）。

　　本章属于一般章，主要讲述标准成本的分类以及标准成本的制定、各类成本差异的计算和责任归属，内容相对独立。分析变动成本差异，实质上就是利用第2章财务报表分析中的因素分析法来计算各项变动成本的差异；分析固定制造费用差异，要对比掌握二因素分析法和三因素分析法。本章近5年题型题量分析，见表14-1。

表14-1   近5年题型题量分析

项目	2014年	2015年	2016年	2017年	2018年
单项选择题	3题4.5分	2题3分		1题1.5分	1题1.5分
多项选择题	3题6分		1题2分		1题2分
计算分析题			1题8分		
综合题					
合计	6题10.5分	2题3分	2题10分	1题1.5分	2题3.5分

重要考点预览

1.标准成本的种类、含义及特点

2.各类标准成本的制定

3.各类成本差异的影响因素以及成本差异的计算

第一节　标准成本及其制定

考霸笔记
讨论标准成本制定时，"标准成本"是指单位产品标准成本；讨论成本差异计算时，"标准成本"是指实际产量下的标准成本。

一、标准成本的概念★

标准成本是指通过精确的调查、分析与技术测定而制定的，用来评价实际成本、衡量工作效率的一种目标成本。"标准成本"一词在实际工作中有两种含义（见表14-2）：

表14-2   标准成本的概念

含义	说明
单位产品的标准成本	标准成本=单位产品标准成本=单位产品标准消耗量×标准单价
实际产量的标准成本总额	标准成本（总额）=实际产量×单位产品标准成本

二、标准成本的种类★

（一）第一组：按制定时所依据的生产技术和经营管理水平（见表14-3）

表14-3   标准成本的种类（第一组）

	理想标准成本	正常标准成本
含义	在最优条件下，利用现有的规模和设备能够达到的最低成本	在效率良好的条件下，根据下期一般应该发生的生产要素消耗量、预计价格和预计生产经营能力利用程度制定出来的标准成本
依据	理论上的业绩标准、生产要素的理想价格和可能实现的最高生产经营能力利用水平	考虑了生产经营过程中难以避免的损耗和低效率
用途	提供一个完美无缺的目标，揭示实际成本下降的潜力，因要求太高，不宜作为考核依据	实际工作中广泛使用

【常考点】有关损耗是否纳入标准成本的计算（见表14-4）。

表14-4　　　　　　　　有关损耗是否纳入标准成本的计算

损耗		理想标准成本	正常标准成本
不可避免	机器修理	√	√
	改换品种	√	√
	调整设备	√	√
很难避免	产品销路不佳	×	√
	生产技术故障	×	√
	正常废品损失	×	√
	停工时间	×	√
应该避免	偶然和意外情况	×	×
	不应该的浪费	×	×

考霸笔记 从数量上看，正常标准成本应大于理想标准成本，但又小于历史平均水平，是要经过努力才能达到的一种标准，因而可以调动职工的积极性。在标准成本系统中广泛使用正常标准成本。

【提示1】理想标准成本的"最优条件"（见表14-5）　天时地利人和。

表14-5　　　　　　　　　　理想标准成本的"最优条件"

项目	说明
理论业绩标准	指在生产过程中毫无技术浪费时的生产要素消耗量，最熟练的工人全力以赴工作、不存在废品损失和停工时间等条件下可能实现的最优业绩
最高生产经营能力利用水平	指理论上可能达到的设备利用程度，只扣除不可避免的机器修理、改换品种、调整设备等的时间，而不考虑产品销路不佳、生产技术故障等造成的影响
生产要素的理想价格	指原材料、劳动力等生产要素在计划期间最低的价格水平

【提示2】正常标准成本的特点（见表14-6）　贴合实际。

表14-6　　　　　　　　　　　正常标准成本的特点

特点	说明
客观性和科学性	用科学方法根据客观实验和过去实践经充分研究后制定出来的
现实性	排除了各种偶然性和意外情况，又保留目前条件下难以避免的损失，代表正常情况下的消耗水平
激励性	它是应该发生的成本，可以作为评价业绩的尺度，成为督促职工去努力争取的目标
稳定性	可以在工艺技术水平和管理有效性水平变化不大时持续使用，不需要经常修订

（二）第二组：按适用期（见表14-7）

考霸笔记 与时间段挂钩。

表14-7　　　　　　　　　　标准成本的种类（第二组）

	现行标准成本	基本标准成本
含义	根据其适用期间应该发生的价格、效率和生产经营能力利用程度等预计的标准成本	一经制定，只要生产的基本条件无重大变化，就不予变动的一种标准成本
依据	在这些决定因素发生变化时，需要按照改变了的情况加以修订	生产的基本条件无重大变化
用途	（1）可以作为评价实际成本的依据（预算是按照时间段进行的） （2）可以用来对存货和销货成本进行计价	（1）与各期实际成本进行对比，可以反映成本变动的趋势（对照尺度不变） （2）由于不按各期实际修订，不宜用来直接评价工作效率和成本控制的有效性（与当前期间脱钩）

考霸笔记 与生产条件挂钩。

第十四章

【提示】有关生产条件发生变化时，是否对标准成本作出修订（见表14-8）

表14-8　　　　有关生产条件发生变化时，是否对标准成本作出修订

变化性质		现行标准成本	基本标准成本
生产基本条件的重大变化	产品的物理结构的变化（物）	√	√
	生产技术和工艺的根本变化（物）	√	√
	重要原材料和劳动力价格的重要变化（采购）	√	√
非生产基本条件的重大变化	生产经营能力利用程度变化（人）	√	×
	工作方法改变而引起的效率变化（人）	√	×
	市场供求变化导致的售价变化（销售）	√	×

三、标准成本的制定 ★★　　本节内容指"正常标准成本"的制定。

制定一个成本项目的标准成本，一般需要分别确定其用量标准和价格标准，两者相乘后得出单位产品该成本项目的标准成本。

（一）直接材料（见表14-9）

表14-9　　　　　　　　　　　　直接材料

标准	制定方法
用量标准	现有技术条件生产单位产品所需的材料数量，包括必不可少的消耗以及各种难以避免的损失
价格标准	预计下一年度实际需要支付的进料单位成本，包括发票价格、运费、检验和正常损耗（不含非正常损耗）等成本，是取得材料的完全成本

【提示】正常损耗率的处理方法：标准成本=不考虑损耗的标准成本÷（1－损耗率）

（二）直接人工（见表14-10）

表14-10　　　　　　　　　　　　直接人工

标准	制定方法
用量标准	单位产品的标准工时：在现有生产技术条件下，生产单位产品所需要的时间，包括直接加工操作必不可少的时间，以及必要的间歇和停工，如工间休息、调整设备时间、不可避免的废品耗用工时等
价格标准	标准工资率：它可能是预定的工资率，也可能是正常的工资率 （1）计件工资制： ① 标准工资率=每件产品支付的工资/标准工时 ② 标准工资率=预定的小时工资 （2）月工资制：标准工资率=月工资总额/可用工时总量

（三）制造费用

制造费用的标准成本是按部门分别编制，然后将同一产品涉及的各部门单位制

存在正常损耗时如何确定标准成本？

考霸笔记
结合会计上存货的入账价值，注意要排除入库后的仓储成本。

考霸笔记
直接人工的用量标准可以作为制造费用的用量标准。

造费用标准加以汇总，得出整个产品制造费用标准成本（见表14-11）。

表14-11　　　　　　　　　　　　　　制造费用

项目	说明
变动制造费用	包括运输费、电力费、消耗材料、从事直接生产的间接人工费、燃料费等
固定制造费用	包括折旧费、管理人员工资、不从事直接生产的间接人工费、保险费等

1.变动制造费用（见表14-12）

表14-12　　　　　　　　　　　　　　变动制造费用

标准	制定方法
用量标准	单位产品直接人工工时（或机器工时）
价格标准	变动制造费用的标准分配率=$\dfrac{\text{变动制造费用预算总数}}{\text{直接人工标准总工时}}$

2.固定制造费用（见表14-13）

表14-13　　　　　　　　　　　　　　固定制造费用

标准	制定方法
用量标准	单位产品直接人工工时（或机器工时）
价格标准	固定制造费用的标准分配率=$\dfrac{\text{固定制造费用预算总数}}{\text{直接人工标准总工时}}$

第二节　标准成本的差异分析

一、变动成本的差异分析★★★

（一）差异的通用分析模式

1.分析模式推导（因素分析法）

直接材料、直接人工和变动制造费用都属于变动成本，它们的实际成本高低取决于实际用量和实际价格，标准成本的高低取决于标准用量和标准价格，所以其成本差异可以归结为价格脱离标准造成的价格差异与用量脱离标准造成的数量差异两类，如图14-1所示：

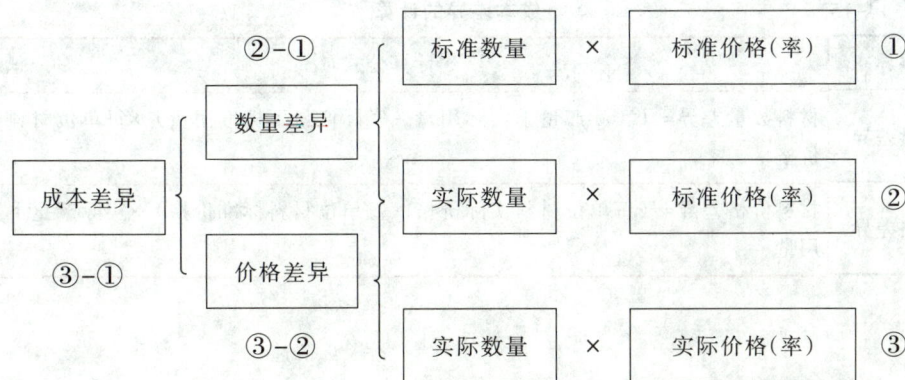

图14-1　分析模式推导（因素分析法）

考霸笔记
作为数量标准的计量单位，应尽可能与变动制造费用保持较好的线性关系。

考霸笔记
固定制造费用的用量标准与变动制造费用的用量标准相同，包括直接人工工时、机器工时、其他用量标准等，并且两者要保持一致，以便进行差异分析。这个标准的数量在制定直接人工用量标准时已经确定。

考霸笔记
成本差异是指一定时期生产一定数量的产品所发生的实际成本与相关的标准成本之间的差额。

变动成本差异的通用分析公式如何理解？

【推导】 成本差异=实际成本−标准成本

=实际数量×实际价格−标准数量×标准价格

$$= \frac{实际}{数量} \times \frac{实际}{价格} - \frac{实际}{数量} \times \frac{标准}{价格} + \frac{实际}{数量} \times \frac{标准}{价格} - \frac{标准}{数量} \times \frac{标准}{价格}$$

$$= \left(\frac{实际}{价格} - \frac{标准}{价格} \right) \times \frac{实际}{数量} + \left(\frac{实际}{数量} - \frac{标准}{数量} \right) \times \frac{标准}{价格}$$

=价格差异+数量差异

2.分析模式可视化（如图14-2所示，见表14-14）

每小时、每kg（或材料的其他计量单位）的价格——分配率P

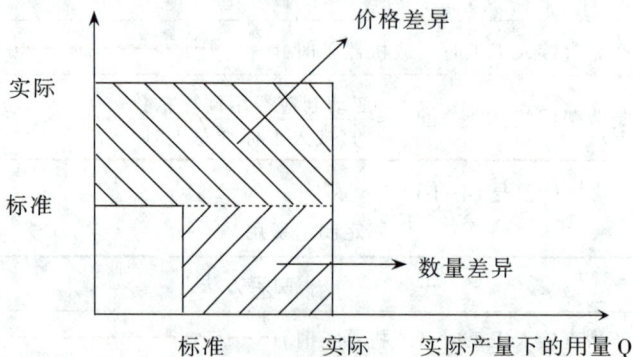

图14-2 分析模式可视化

考霸笔记

不管实际数与标准数的大小如何，都在坐标轴上按此顺序标出，以便计算。

表14-14 数量差异与价格差异的计算

差异	计算	助记
数量差异	$\left(Q_{实际} - Q_{标准} \right) \times P_{标准}$	外−内
价格差异	$\left(P_{实际} - P_{标准} \right) \times Q_{实际}$	上−下

其中：

$P_{实际}$=实际变动成本÷$Q_{实际}$

$Q_{标准}$=实际产量×单位标准用量

（二）直接材料成本差异分析

1.成本差异的计算（见表14-15）

表14-15 成本差异的计算

差异	计算公式
数量差异	材料数量差异=（实际产量下实际用量−实际产量下标准用量）×每单位材料标准价格
价格差异	材料价格差异=（每单位材料实际价格−每单位材料标准价格）×实际产量下实际用量

2.成本差异的分析（见表14-16）

表14-16　　　　　　　　　成本差异的分析

	价格差异	数量差异
责任归属	材料价格差异是在采购过程中形成的，不应由耗用材料的生产部门负责，而应由采购部门对其作出说明	材料数量差异是在材料耗用过程中形成的，反映生产部门的成本控制业绩
形成原因	供应厂家调整售价，本企业未按经济采购批量进货、未能及时订货造成的紧急订货、采购时舍近求远使运费和途耗增加、不必要的快速运输方式、违反合同被罚款等	工人操作疏忽造成废品或废料增加，新工人上岗造成用料增多，机器或工具不适造成用料增加；操作技术改进而节省材料等

考霸笔记
有时多用料并非生产部门的责任，如购入材料质量低劣、规格不符会使用料超过标准，又如工艺变更、检验过严也会使数量差异加大，对此要进行具体的分析和调查。

（三）直接人工成本差异分析

1.成本差异的计算（见表14-17）　　注意不同性质差异的汉语名称。

表14-17　　　　　　　　　成本差异的计算

差异	计算公式
数量差异	人工效率差异＝（实际产量下实际工时 － 实际产量下标准工时）×标准工资率
价格差异	工资率差异＝（实际工资率 － 标准工资率）×实际产量下实际工时

考霸笔记
有时人工效率低下并非生产部门的责任，如材料质量不高也会影响生产效率。

2.成本差异的分析（见表14-18）

表14-18　　　　　　　　　成本差异的分析

	价格差异	数量差异
责任归属	主要由人力资源部门管控，形成差异的具体原因会涉及生产部门或其他部门	主要是生产部门的责任
形成原因	工资率差异形成的原因复杂且难以控制，包括直接生产工人升级或降级使用、奖励制度未产生实效、工资率调整、加班或使用临时工、出勤率变化等	包括工作环境不良、工人经验不足、劳动情绪不佳、新工人上岗太多、机器或工具选用不当、设备故障较多、作业计划安排不当、产量太少无法发挥批量节约的优势等

考霸笔记
降级使用：生产过程中使工资级别较高、技术水平较高的工人从事了要求较低的工作，从而造成了浪费。

（四）变动制造费用的差异分析

1.成本差异的计算（见表14-19）　　注意不同性质差异的汉语名称。

表14-19　　　　　　　　　成本差异的计算

差异	计算公式
数量差异	效率差异＝（实际产量下实际工时 － 实际产量下标准工时）×变动制造费用标准分配率
价格差异	耗费差异＝（变动制造费用实际分配率 － 变动制造费用标准分配率）×实际产量下实际工时

变动成本项目差异由哪些部门负责？

2.成本差异的责任归属（见表14-20）

表14-20　　　　　　　　　　　　成本差异的责任归属

差异	责任归属
数量差异 生产部门。	变动制造费用的效率差异，是由于实际工时脱离了标准，多用工时导致的费用增加，因此其形成原因与人工效率差异相似
价格差异	耗费差异是部门经理的责任，他们有责任将变动制造费用控制在弹性预算限额之内

考霸笔记
固定费用与变动费用不同，不因业务量而变动，故差异分析有别于变动费用。

二、固定制造费用差异分析 ★★★

固定制造费用总差异=实际产量下实际固定制造费用-实际产量下标准固定制造费用

（一）二因素分析法

二因素分析法，是将固定制造费用差异分为耗费差异和能量差异。

1.耗费差异（见表14-21）

表14-21　　　　　　　　　　　　耗费差异

项目	说明
含义	固定制造费用的实际金额与其预算金额之间的差额。在考核时不考虑业务量的变动，以原来的预算数作为标准，实际数超过预算数即视为耗费过多
计算公式	耗费差异=固定制造费用实际数 - 固定制造费用预算数 　　　　=固定制造费用实际数 - 预算产量×单位产品标准工时×固定制造费用标准分配率

考霸笔记
不知道实际产量时作出的预算。

【提示】

（1）生产能量（预算产量下标准工时）=预算产量×单位产品标准工时。

（2）固定制造费用标准分配率=固定制造费用预算数÷生产能量，下文中简称为"标准分配率"。

2.能量差异（见表14-22）

如何理解并记忆三因素分析法？

表14-22　　　　　　　　　　　　能量差异

项目	说明
含义	固定制造费用预算金额与固定制造费用标准成本的差额，它反映实际产量下标准工时未能达到生产能量而造成的损失
计算公式	能量差异=固定制造费用预算数 - 固定制造费用标准成本 　　　　=生产能量×标准分配率 - 实际产量标准工时×标准分配率 　　　　=（生产能量 - 实际产量下标准工时）×标准分配率

考霸笔记
采用三因素分析法，能够更好地说明生产能力利用程度和生产效率高低所导致的成本差异情况，便于分清责任。

（二）三因素分析法

三因素分析法，是将固定制造费用差异分为耗费差异、闲置能量差异和效率差异三部分。耗费差异的计算与二因素分析法相同。二因素分析法中的"能量差异"进一步分为两部分：

1.闲置能量差异（见表14-23）

表14-23　　　　　　　　　　　　闲置能量差异

项目	说明
含义	实际产量下实际工时未达到生产能量而形成的闲置能量差异
计算公式	闲置能量差异=固定制造费用预算数 - 实际产量实际工时×标准分配率 =生产能量×标准分配率 - 实际产量实际工时×标准分配率 =（生产能量 - 实际产量下实际工时）×标准分配率

> **考霸笔记**
> 生产能量没有充分利用。

2.效率差异（见表14-24）

表14-24　　　　　　　　　　　　效率差异

项目	说明
含义	实际产量下实际工时脱离实际产量下标准工时而形成的效率差异
计算公式	效率差异=（实际产量下实际工时 - 实际产量下标准工时）×标准分配率

> **考霸笔记**
> 已利用生产能量的工作效率。

【跨章节联系】标准成本中心（第19章《责任会计》）不对生产能量的利用程度负责（无权决定产量），即不对固定制造费用的闲置能量差异承担责任。因为闲置能量差异只反映预算（计划）生产能力的利用程度，可能是由于产销量达不到一定规模造成的，一般不能说明固定制造费用的超支或节约。

【总结】固定制造费用的差异分析比较（如图14-3所示）

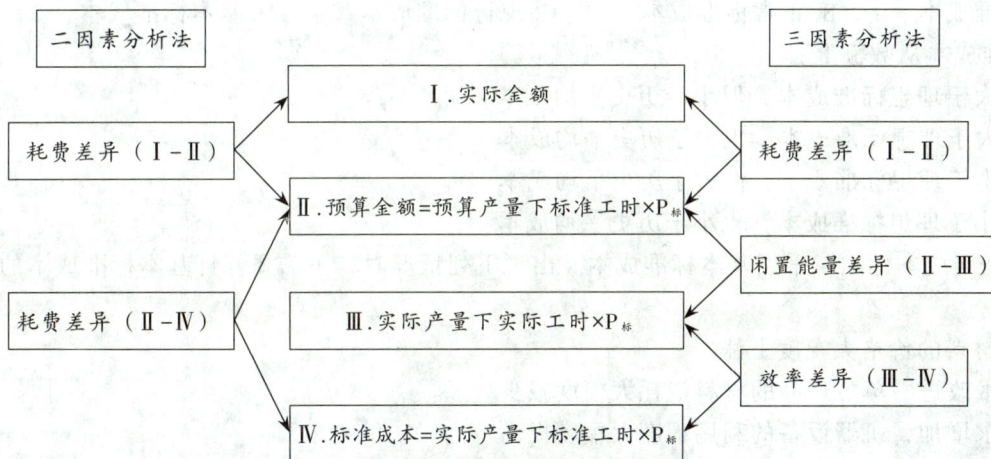

图14-3　固定制造费用的差异分析比较

【助记】固定制造费用差异的命名规律（见表14-25）

表14-25　　　　　　　　固定制造费用差异的命名规律

差异名称	说明
耗费差异	与物料相关，和实际数联系在一起
能量差异	与产能相关，和预算数联系在一起
效率差异	与工时相关，和标准数联系在一起

智能测评

在线练习	我要提问
扫码在线做题　　扫码看答案	扫码答疑
本书"本章同步强化训练"均配备二维码，打开微信"扫一扫"即可完成在线测评，查看本章详细的测评反馈报告，了解知识掌握情况，也可扫码直接看答案噢。 快来扫码做题吧！	本书配备答疑专用二维码，打开微信"扫一扫"，即可完成在线提问，获取专业老师全面个性化解答，让学习问题不再拖延。 快来扫码提问吧！

本章同步强化训练

一、单选题

1. 以资源无浪费、设备无故障、产出无废品、工时都有效的假设前提为依据而制定的标准成本是（　　）。

A. 理想标准成本　　　　B. 正常标准成本　　　　C. 现行标准成本　　　　D. 基本标准成本

2. 正常标准成本从数额上看，（　　）。

A. 它应当大于理想标准成本，但小于历史平均成本

B. 它应当大于理想标准成本，也大于历史平均成本

C. 它应当小于理想标准成本，但大于历史平均成本

D. 它应当小于理想标准成本，也小于历史平均成本

3. 甲公司制定成本标准时采用基本标准成本。出现下列情况时，不需要修订基本标准成本的是（　　）。

A. 主要原材料的价格大幅度上涨

B. 操作技术改进，单位产品的材料消耗大幅度减少

C. 市场需求增加，机器设备的利用程度大幅度提高

D. 技术研发改善了产品性能，产品售价大幅度提高

4. 下列情况中，需要对基本标准成本进行修订的是（　　）。

A. 重要的原材料价格发生重大变化　　　　B. 工作方法改变引起的效率变化

C. 生产经营能力利用程度的变化　　　　D. 市场供求变化导致的售价变化

5. 出现下列情况时，不需要修订基本标准成本的是（　　）。

A. 产品的物理结构发生变化

B. 重要原材料和劳动力价格发生变化

C. 生产技术和工艺发生变化

D. 市场变化导致的生产能力利用程度发生变化

6. 甲公司是一家化工生产企业，生产单一产品，按正常标准成本进行成本控制。公司预计下

一年度的原材料采购价格为13元/千克，运输费为2元/千克，运输过程中的正常损耗为5%，原材料入库后的储存成本为1元/千克。该产品的直接材料价格标准为（　　）元。

  A. 15   B. 16   C. 15.79   D. 16.79

7. 甲公司是制造业企业，生产W产品，生产工人每月工作22天，每天工作8小时，平均月薪为13 200元，该产品的直接加工必要时间为每件3小时，正常工间休息和设备调整等非生产时间为每件0.2小时，正常的废品率为8%，则单位产品直接人工标准成本为（　　）元。

  A. 244.57   B. 240   C. 259.2   D. 260.87

8. 甲公司是一家模具制造企业，正在制定某模具的标准成本。加工一件该模具需要的必不可少的加工操作时间为90小时，设备调整时间为1小时，必要的工间休息为5小时。正常的废品率为4%。该模具的直接人工标准工时是（　　）小时。

  A. 93.6   B. 96   C. 99.84   D. 100

9. 在确定直接人工正常标准成本时，标准工时不包括（　　）。

  A. 设备意外故障产生的停工时间   B. 必要的工间休息

  C. 每日例行设备调整时间   D. 不可避免的废品所耗用的工时

10. 下列各项中，属于"直接人工标准工时"组成内容的是（　　）。

  A. 由于设备意外故障产生的停工工时

  B. 由于更换产品产生的设备调整工时

  C. 由于生产作业计划安排不当产生的停工工时

  D. 由于外部供电系统故障产生的停工工时

11. 下列关于制定正常标准成本的表述中，正确的是（　　）。

  A. 直接材料的价格标准不包括购进材料发生的检验成本

  B. 直接人工标准工时包括直接加工操作必不可少的时间，不包括各种原因引起的停工工时

  C. 直接人工的价格标准是指标准工资率，它可以是预定的工资率，也可以是正常的工资率

  D. 固定制造费用和变动制造费用的用量标准可以相同，也可以不同。例如，以直接人工工时作为变动制造费用的用量标准，同时以机器工时作为固定制造费用的用量标准

12. 甲公司生产销售乙产品，当月预算产量为1 200件，材料标准用量为5千克/件，材料标准单价为2元/千克，当月实际产量为1 100件，购买并耗用材料5 050千克。实际采购价格比标准价格低10%。则当月直接材料成本数量差异是（　　）元。

  A. -900   B. -1 060   C. -1 100   D. -1 900

13. 在标准成本差异分析中，材料价格差异是根据实际数量与价格脱离标准的差额计算的，其中实际数量是指材料的（　　）。

  A. 采购数量   B. 入库数量   C. 领用数量   D. 耗用数量

14. 甲公司采用标准成本法进行成本控制。某种产品的变动制造费用标准分配率为3元/小时，每件产品的标准工时为2小时。2014年9月，该产品的实际产量为100件，实际工时为250小时，实际发生变动制造费用1 000元，变动制造费用耗费差异为（　　）元。

  A. 150   B. 200   C. 250   D. 400

15. 下列变动成本差异中，无法从生产过程的分析中找出产生原因的是（　　）。

  A. 变动制造费用效率差异   B. 变动制造费用耗费差异

  C. 材料价格差异   D. 直接人工效率差异

16. 使用三因素法分析固定制造费用差异时，固定制造费用闲置能量差异是（　　）。

A.实际工时偏离生产能量而形成的差异

B.实际费用与预算费用之间的差异

C.实际工时脱离实际产量标准工时形成的差异

D.实际产量标准工时偏离生产能量形成的差异

17.甲企业采用标准成本法进行成本控制。当月产品实际产量大于预算产量,导致的成本差异是（　　）。

A.直接材料数量差异　　　　　　　　B.直接人工效率差异

C.变动制造费用效率差异　　　　　　D.固定制造费用能量差异

18.甲公司本月发生固定制造费用35 800元,实际产量为2 000件,实际工时为2 400小时。企业生产能量为3 000小时,每件产品标准工时为1小时,固定制造费用标准分配率为10元/小时,固定制造费用耗费差异是（　　）。

A.不利差异5 800元　　　　　　　　B.不利差异4 000元

C.不利差异6 000元　　　　　　　　D.不利差异10 000元

19.使用三因素分析法分析固定制造费用差异时,固定制造费用的效率差异反映（　　）。

A.实际工时脱离生产能量形成的差异

B.实际工时脱离实际产量标准工时形成的差异

C.实际产量标准工时脱离生产能量形成的差异

D.实际耗费与预算金额的差异

20.企业进行固定制造费用差异分析时可以使用三因素分析法。下列关于三因素分析法的说法中,正确的是（　　）。

A.固定制造费用耗费差异＝固定制造费用实际成本－固定制造费用标准成本

B.固定制造费用闲置能量差异＝（生产能量－实际工时）×固定制造费用标准分配率

C.固定制造费用效率差异＝（实际工时－标准产量标准工时）×固定制造费用标准分配率

D.三因素分析法中的闲置能量差异与二因素分析法中的能量差异相同

21.某公司生产单一产品,实行标准成本管理。每件产品的标准工时为3小时,固定制造费用的标准成本为6元,企业生产能力为每月生产产品400件。7月份公司实际生产产品350件,发生固定制造成本2 250元,实际工时为1 100小时。根据上述数据计算,7月份公司固定制造费用效率差异为（　　）元。

A.100　　　　　　B.150　　　　　　C.200　　　　　　D.300

22.在进行成本差异分析时,固定制造费用的差异可以分解为（　　）。

A.价格差异和数量差异　　　　　　　B.耗费差异和效率差异

C.能量差异和效率差异　　　　　　　D.耗费差异和能量差异

二、多选题

1.下列各项中,需要修订产品基本标准成本的情况有（　　）。

A.产品生产能量利用程度显著提升　　B.生产工人技术操作水平明显提升

C.产品主要材料价格发生重要变化　　D.产品物理结构设计出现重大改变

2.甲公司制定产品标准成本时采用现行标准成本。下列情况中,需要修订现行标准成本的有（　　）。

A.季节原因导致材料价格上升　　　　B.订单增加导致设备利用率提高

C.采用新工艺导致生产效率提高 　　　　　D.工资调整导致人工成本上升

3.甲公司制定产品标准成本时采用基本标准成本。下列情况中，需要修订基本标准成本的有（ 　　 ）。

A.季节原因导致材料价格上升 　　　　　B.订单增加导致设备利用率提高

C.采用新工艺导致生产效率提高 　　　　　D.工资调整导致人工成本上升

4.制定正常标准成本时，直接材料价格标准应包括（ 　　 ）。

A.仓储费 　　　　　B.入库检验费

C.运输途中的合理损耗 　　　　　D.运输费

5.下列各项中，易造成材料数量差异的情况有（ 　　 ）。

A.优化操作技术节约材料 　　　　　B.材料运输保险费提高

C.工人操作疏忽导致废品增加 　　　　　D.机器或工具不合适多耗材料

6.下列各项原因中，属于材料价格差异形成原因的有（ 　　 ）。

A.材料运输保险费率提高 　　　　　B.运输过程中的损耗增加

C.加工过程中的损耗增加 　　　　　D.储存过程中的损耗增加

7.下列各项中，通常不属于形成直接材料价格差异的原因有（ 　　 ）。

A.操作疏忽致使废品增加 　　　　　B.机器或工具选用不当

C.违反采购合同被罚款 　　　　　D.紧急订货形成的采购成本增加

8.在进行标准成本差异分析时，通常把变动成本差异分为价格脱离标准造成的价格差异和用量脱离标准造成的数量差异两种类型。下列标准成本差异中，通常应由生产部门负责的有（ 　　 ）。

A.直接材料的价格差异 　　　　　B.直接人工的数量差异

C.变动制造费用的价格差异 　　　　　D.变动制造费用的数量差异

9.下列成本差异中，通常不属于生产部门责任的有（ 　　 ）。

A.直接材料价格差异 　　　　　B.直接人工工资率差异

C.直接人工效率差异 　　　　　D.变动制造费用效率差异

10.下列关于固定制造费用差异的表述中，正确的有（ 　　 ）。

A.在考核固定制造费用的耗费水平时以预算数作为标准，不管业务量增加或减少，只要实际数额超过预算即视为耗费过多

B.固定制造费用闲置能量差异是生产能量与实际产量的标准工时之差与固定制造费用标准分配率的乘积

C.固定制造费用能量差异的高低取决于两个因素：生产能量是否被充分利用、已利用生产能量的工作效率

D.固定制造费用的闲置能量差异计入存货成本不太合理，最好直接结转本期损益

三、计算分析题

1.甲公司是一家制造业企业，只生产和销售防滑瓷砖一种产品。产品生产工艺流程比较成熟，生产工人技术操作比较熟练，生产组织管理水平较高，公司实行标准成本制度，定期进行标准成本差异分析。

甲公司生产能量6 000平方米，2016年9月实际生产5 000平方米。其他相关资料如下：

（1）实际消耗量

项目	直接材料	直接人工	变动制造费用	固定制造费用
实际使用量	24 000千克	5 000人工小时	8 000机器小时	8 000机器小时
实际单价	1.5元/千克	20元/小时	15元/小时	10元/小时

（2）标准成本资料

项目	用量标准	价格标准
直接材料	5千克/平方米	1.6元/千克
直接人工	1.2小时/平方米	19元/小时
变动制造费用	1.6小时/平方米	12.5元/小时
固定制造费用	1.5小时/平方米	8元/小时

要求：

（1）计算直接材料的数量差异、价格差异和成本差异。

（2）计算直接人工的人工效率差异、工资率差异和成本差异。

（3）计算变动制造费用的效率差异、耗费差异和成本差异。

（4）计算固定制造费用的耗费差异、闲置能量差异、效率差异和成本差异。

（5）计算产品成本差异总额和单位成本差异。

第十五章
作业成本法

本章导学

本章框架图

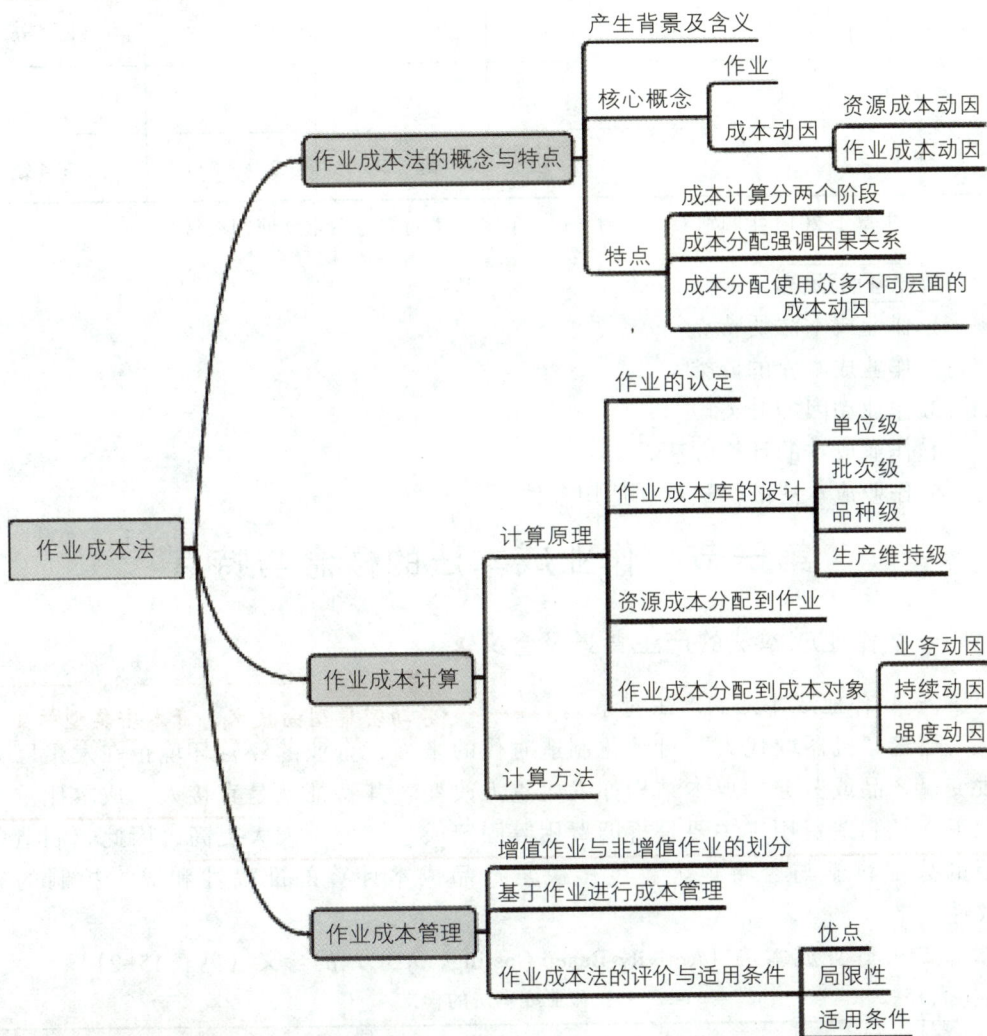

本章考情概述

本章考情分析

　　本章属于重点章。作业成本法的实质就是研究如何将间接成本和辅助费用更准确地分配到产品和服务中，与第13章《产品成本计算》存在天然的联系。学习本章，要在完全掌握传统的成本计算方法的基础上，对比掌握作业成本法的特殊之处，谨防命题专家命制与产品成本计算的品种法、分批法和分步法结合相关的综合性题目。本章近5年题型题量分析，见表15-1。

表15-1   近5年题型题量分析

年份	2014年	2015年	2016年	2017年	2018年
单项选择题			1题1.5分	1题1.5分	
多项选择题		2题4分		1题2分	
计算分析题					0.5题4分
综合题					
合计		2题4分	1题1.5分	2题3.5分	0.5题4分

注：本章于2015年阔别CPA《财务成本管理》教材多年后重新回归教材。

重要考点预览

1. 作业成本法的特点
2. 作业成本库的分类
3. 作业动因的分类
4. 作业成本的计算方法
5. 作业成本法的优缺点和适用条件

第一节　作业成本法的概念与特点

一、作业成本法的产生背景及含义 ★

（一）作业成本法的产生背景

> 考霸笔记
> 劳动密集型向技术、资本密集型转变。

随着"机器取代人"自动化制造时代的来临，企业的经营环境正在发生巨大改变，产品或劳务的成本结构亦发生重大改变，其特征就是直接人工成本比重大大下降，制造费用（主要是折旧费用等固定成本）比重大大提高，因此，制造费用的分配科学与否将很大程度上决定产品成本计算的准确性和成本控制的有效性。

（二）作业成本法（Activity-Based Costing，ABC）的含义（见表15-2）

表15-2   作业成本法的含义

项目	说明
含义	将间接成本和辅助费用更准确地分配到产品和服务的一种成本计算方法
原理	在计算产品成本时，首先按经营活动中发生的各项作业来归集成本，计算出作业成本；然后再按各项作业成本与成本对象（产品、服务或顾客）之间的因果关系，将作业成本分配到成本对象，最终完成成本计算过程

二、作业成本法的核心概念 ★★

（一）作业（见表15-3）

表15-3 作业

考霸笔记
具有标准化的特征。

项目	说明
含义	作业是指企业中特定组织（成本中心、部门或产品线）重复执行的任务或活动
举例	签订采购合同、将材料运到仓库、对材料进行质量检验、办理入库手续、登记材料明细账等。企业的全部经营活动是由一系列相互关联的作业组成的

【提示】

（1）作业的类别。

① 一项非常具体的活动，如车工作业（将加工对象的毛坯固定在车床的卡盘上）；

② 可能泛指一类活动，如机加工车间的车、铣、刨、磨等所有作业可以统称为机加工作业；

③ 将机加工作业、产品组装作业等统称为生产作业（相对于产品研发、设计、销售等作业而言）。

（2）由若干个相互关联的具体作业组成的作业集合，被称为作业中心。例如某圆珠笔制造厂，可以设立"制芯"和"制壳"两个作业中心，每个作业中心内部由数个具体的作业组成。

（二）资源（见表15-4）

表15-4 资源

项目	说明
含义	作业耗费的人工、能源和实物资产（车床和厂房等）
特点	任何一项产品的形成都要耗费一定的作业。作业是连接资源和产品的纽带，它在消耗资源的同时生产出产品

（三）成本动因（见表15-5）

成本动因（Cost Driver）是指作业成本和产品成本的驱动因素（度量指标）。

如何区分资源成本动因和作业成本动因？

表15-5 成本动因

项目	资源成本动因	作业成本动因
含义	引起作业成本增加的驱动因素，用来衡量一项作业的资源消耗量	引起产品成本增加的驱动因素，用来衡量一个成本对象（产品、服务或顾客）需要的作业量

续表

项目	资源成本动因	作业成本动因
举例	产品质量检验工作（作业）需要有检验人员、专用的设备，并耗用一定的能源（电力）等。检验作业作为成本对象（作业成本库），耗用的各项资源构成了检验作业的成本	每批产品完工后都需进行质量检验，如果对任何产品的每一批次进行质量检验所发生的成本相同，则检验的"次数"就是检验作业的成本动因，即引起产品检验成本增加的驱动因素
作用	依据资源成本动因可以将资源成本分配给各有关作业	计量各成本对象耗用作业的情况，并被用来作为作业成本的分配基础（分配给各产品）

考霸笔记
作业成本法的基本指导思想是：作业消耗资源，产品（服务或顾客）消耗作业。

传统成本法与作业成本法有哪些相同点与不同点？

三、作业成本法的特点 ★★

（一）成本计算分两个阶段（见表15-6）

表15-6　　　　　　　　　成本计算的两个阶段

阶段	计算重点
第一阶段	将作业执行中消耗的资源分配（包括追溯和间接分配）到作业，计算作业的成本
第二阶段	根据第一阶段计算的作业成本分配（包括追溯和间接分配）到各有关成本对象（产品或服务）

【提示1】传统成本计算方法下，（不同性质的各种）间接成本的分配路径是"资源→部门→产品"（间接费用一次分配就到产品）。作业成本法下间接成本的分配路径是"资源→作业→产品"（间接费用两次分配才到产品），如图15-1所示。

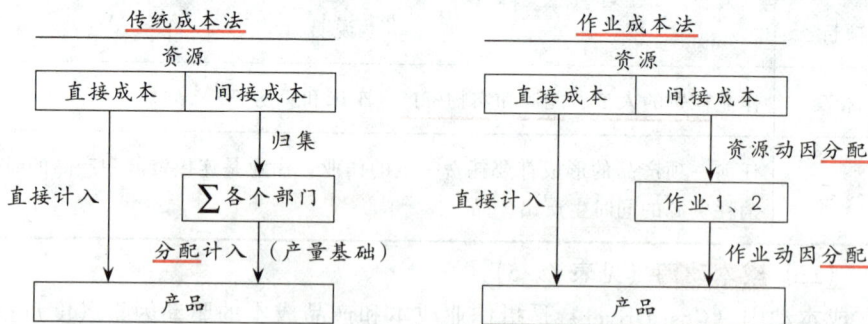

图15-1　传统成本计算方法和作业成本法下间接成本的分配路径

【提示2】在作业成本法下，直接成本可以直接计入有关产品，与传统的成本计算方法并无差异，只是直接成本的范围比传统成本要大：

（1）凡是易于追溯到产品的材料、人工和其他成本，都可以直接归属于特定产品（如特定产品的专用设备折旧费），尽量减少不准确的分配。

（2）不能追溯到产品的成本，则先追溯有关作业或分配到有关作业，计算作业成本，然后再将作业成本分配到有关产品。

（二）成本分配强调因果关系

作业成本法认为，将成本分配到成本对象有三种不同的形式：追溯、动因分配和分摊。

1.追溯和动因分配（见表15-7）

追溯和动因分配。

表15-7　　　　　　　　　　　追溯和动因分配

	追溯	动因分配
含义	把成本直接分配给相关的成本对象	对于不能追溯的成本，根据成本动因将成本分配到各成本对象的过程
例子	一项成本能否追溯到产品，可以通过实地观察来判断：例如确认某种产品专用生产线所耗用的人工工时数，可以通过观察来实现	找到引起成本变动的真正原因，即成本与成本动因之间的因果关系，例如： （1）设备单位时间耗电量和设备开动时间与检验作业应承担的能源成本 （2）检验次数与产品应承担的检验成本
与传统成本计算成本计算的区别	传统成本计算的直接成本，通常仅限于直接人工和直接材料，其他成本都归集于制造费用统一分配	传统成本计算，以产品数量作为间接费用唯一的成本动因，是不符合实际情况的
评价	作业成本法强调尽可能扩大追溯到个别产品的成本比例，得到的产品成本是最准确的	动因分配虽然不像追溯那样准确，但只要因果关系建立恰当，成本分配的结果同样可以达到较高的准确程度

【提示】 作业成本法的成本分配主要使用追溯和动因分配，尽可能减少不准确的分摊，因此能够提供更加真实、准确的成本信息。

2.分摊

有些成本既不能追溯，也不能合理、方便地找到成本动因，只好使用产量作为分配基础，将其强制分配给成本对象。

3.成本分配使用众多不同层面的成本动因（见表15-8）

表15-8　　　　　　　　成本分配使用众多不同层面的成本动因

计算方法	成本分配
传统成本法	产量（或生产量相关的业务量，如人工工时、机器工时、人工工资等）被认为是能够解释产品成本变动的唯一动因，并以此作为分配基础进行间接费用的分配。而制造费用是一个由多种不同性质的间接费用组成的集合，这些性质不同的费用有些是随产量变动的，而多数并不随产量变动，因此用单一的产量作为分配制造费用的基础显然是不合适的
作业成本法	作业成本法的独到之处，在于它把资源的消耗首先追溯或分配到作业，然后使用不同层面和数量众多的作业动因将作业成本分配到产品。采用不同层面的、众多的成本动因进行成本分配，要比采用单一分配基础更加合理，更能保证产品成本计算的准确性

追溯、动因分配和分摊三种方式的区别有哪些？

考霸笔记
作业成本法认为，有些"制造费用"的项目可以直接归属于成本对象，例如特定产品的专用设备折旧等。凡能够追溯到个别产品、个别批次、个别品种的成本，就应追溯，而不要间接分配。

第二节 作业成本计算

一、作业成本法计算原理 ★★★（如图15-2所示）

考霸笔记
考试时的主观题一般只考最后一个步骤，前面步骤的相关信息题目都会给定。

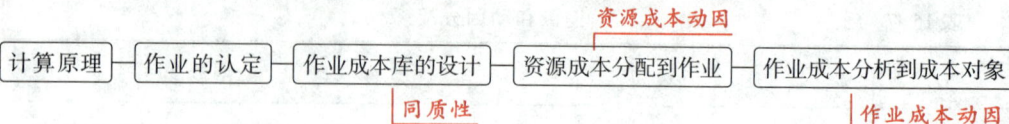

图15-2 作业成本法计算原理

（一）作业的认定（见表15-9）

作业认定需要对每项消耗资源的作业进行定义，识别每项作业在生产活动中的作用、与其他作业的区别，以及每项作业与耗用资源的联系，从而确认每一项作业完成的工作以及执行该工作耗用的资源成本。

表15-9　作业的认定

认定形式	说明
自上而下	根据企业总的生产流程，自上而下进行分解
自下而上	通过与员工和经理进行交谈，自下而上地确定他们所做的工作，并逐一认定各项作业

（二）作业成本库的设计

1.单位级作业成本库（见表15-10）

表15-10　单位级作业成本库

项目	说明
作业含义	单位级（Unit-Level）作业是指每一单位产品至少要执行一次的作业
举例	机器加工、组装等。主要包括直接材料、直接人工工时、机器成本和直接能源消耗等
成本特征	此类成本是直接成本，可以追溯到每个单位产品上，即直接计入成本对象的成本计算单

考霸笔记
单位级作业成本与产量成比例变动。

2.批次级作业成本库（见表15-11）

表15-11　批次级作业成本库

项目	说明
作业含义	批次级（Batch-Level）作业指同时服务于每批产品或许多产品的作业
举例	生产前机器调试、成批产品转移至下一工序的运输、成批采购和检验等
成本特征	取决于批次，而非每批中单位产品的数量（一群羊是放，一只羊也是放）

考霸笔记
批次级作业成本与产品批次成比例变动。

3.品种级作业成本库（见表15-12）

表15-12　　　　　　　　　　品种级作业成本库

项目	说明
作业含义	品种级作业亦称产品（线）级（Product Line）作业，指服务于某种型号或样式产品的作业
举例	产品设计、产品生产工艺规程制定、工艺改造、产品更新等（研发设计类）
成本特征	此类成本仅仅因为某个特定的产品线存在而发生，随产品品种数而变化，不随产量、批次数而变化　△

4.生产维持级作业成本库（见表15-13）

表15-13　　　　　　　　　　生产维持级作业成本库

项目	说明
作业含义	生产维持级（Facility Support）作业指服务于整个工厂的作业
举例	工厂保安、维修、行政管理、保险、财产税等
成本特征	它们是为了维护生产能力而进行的作业，不依赖于产品的数量、批次和种类　△

> **考霸笔记**
> 对于维持级作业成本，也可以直接依据直接人工或机器工时分配给成本对象。

【总结】不同层级的作业成本的分配方法如图15-3所示：

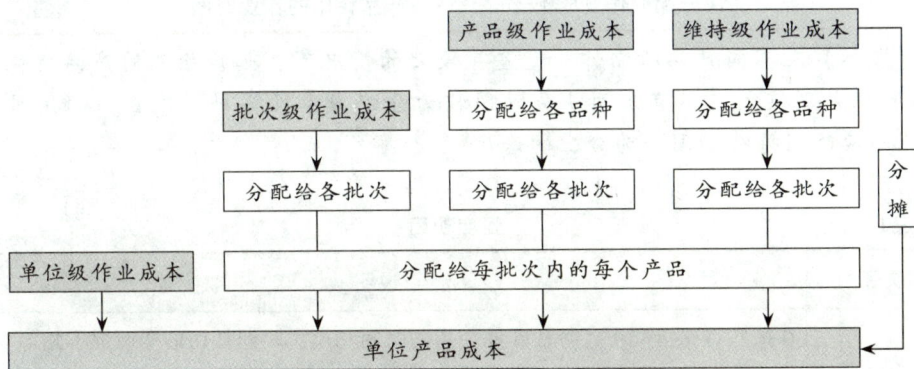

图15-3　不同层级的作业成本的分配方法

（三）资源成本分配到作业

资源成本借助于资源成本动因分配到各项作业。

> **考霸笔记**
> 考试时一般直接给出各个作业成本库所耗用的资源成本，无须自行归集。

（四）作业成本分配到成本对象

1.分配方法（见表15-14）

表15-14　　　　　　　　　　分配方法

步骤	计算公式
根据作业成本动因计算单位作业成本	单位作业成本＝本期作业成本库归集总成本÷总作业量
根据作业量计算成本对象负担的作业成本	某产品应分配的作业成本＝单位作业成本×某产品的作业量

2.作业成本动因（作业量的计量单位）

（1）业务动因（见表15-15）

表15-15　　　　　　　　　　业务动因

项目	说明
含义	业务动因通常以执行的次数作为作业动因
假定	执行每次作业的成本（包括耗用的时间和单位时间耗用的资源）相等（标准化作业）
计算公式	分配率＝归集期内作业成本总成本÷归集期内总作业次数 某产品应分配的作业成本＝分配率×该产品耗用的作业次数

（批注：计数。）

（左侧批注：如何理解成本动因、精确度、成本三者的关系？）

（2）持续动因（见表15-16）

表15-16　　　　　　　　　　持续动因

项目	说明
含义	执行一项作业所需的时间标准
假定	执行作业的单位时间内耗用的资源是相等的
计算公式	分配率＝归集期内作业成本总成本÷归集期内总作业时间 某产品应分配的作业成本＝分配率×该产品耗用的作业时间

（批注：计时。）

【提示】在不同产品所需作业量差异较大的情况下，如检验不同产品所耗用的时间长短差别较大，不宜采用业务动因作为分配成本的基础（次数多的用时可能短），而应改用持续动因作为分配的基础。

（3）强度动因（见表15-17）

表15-17　　　　　　　　　　强度动因

项目	说明
含义	在某些特殊情况下（每次作业耗用的时间和单位时间耗用的资源都不相等），将作业执行中实际耗用的全部资源单独归集，并将该项单独归集的作业成本直接计入某一特定的产品
适用条件	一般适用于某一特殊订单或某种新产品试制等，用产品订单或工作单记录每次执行作业时耗用的所有资源及其成本，订单或工作单记录的全部作业成本即应计入该订单产品的成本

（左侧批注：考霸笔记　单独记账，当作直接成本。）

【总结】三类作业成本动因的比较（见表15-18）：

表15-18　　　　　　　　　三类作业成本动因的比较

项目	精确度	执行成本
业务动因	最差	最低
持续动因	居中	居中
强度动因	最高	最贵

【提示】作业成本驱动产品成本，是作业成本法最主要的创新，同时作业成本法也是最耗费时间和精力的。

作业成本法如何计算？

二、作业成本法计算示例 ★★★

（一）计算步骤（见表15-19）

表15-19　　　　　　　　作业成本法计算步骤

步骤	计算公式
分配作业成本	作业成本分配率=当期发生的作业成本÷当期各产品耗用的总作业量 某产品耗用的作业成本=∑（该产品耗用的作业量×作业成本分配率）
汇总全部成本	某产品当期总成本=当期投入该产品的直接成本+该产品当期耗用的各项作业成本

【提示】如同传统成本计算方法一样，作业成本分配时可以采用实际分配率或者预算分配率。采用预算分配率时，发生的成本差异可以直接结转本期营业成本，也可以计算作业成本差异率并据以分配给有关产品。如采用预算分配率时，计算方法如下（见表15-20）：

表15-20　　　　　　　采用预算分配率时的计算方法

步骤	计算公式
确定预算作业成本分配率	预算作业成本分配率=预算作业成本÷预算作业产出
分配作业成本	某产品分配的作业成本=预算分配率×该产品实际耗用的作业量
汇总全部成本	某产品当期发生总成本=当期投入该产品的实际直接成本+该产品分配的各项作业成本
计算、结转作业成本差异	某项作业成本差异=当期实际作业成本−已分配的作业成本
进行作业成本差异调整	（1）差异可以直接结转本期营业成本 （2）差异也可以计算作业成本差异分配（调整）率并据此分配给各个产品对象：某项作业成本差异分配（调整）率=作业成本差异÷预算作业成本

（表15-20内注）实际−预算。

（二）完全成本法和作业成本法的比较（见表15-21）

表15-21　　　　　　　完全成本法和作业成本法的比较

项目	完全成本法	作业成本法
分配方法	以产量基础分配全部制造费用，而不管这些费用的驱动因素是什么	制造费用归集于多个成本库，分别按不同成本动因分配
分配结果	（1）高估了简单产品（产品级作业成本低）的成本（因为产量高） （2）低估了复杂产品（产品级作业成本高）的成本（因为产量低）	提高了间接费用分配的合理性

考霸笔记

完全成本法和作业成本法都是对全部生产成本进行分配，不区分固定成本和变动成本，这与变动成本法不同。从长远来看，所有成本都是变动成本，都应当分配给产品。

【提示】完全成本法以产量基础作为间接费用的唯一分配率，夸大了高产量产品的单位成本。

第十五章

第三节　作业成本管理

一、增值作业与非增值作业的划分（见表15-22）★★

考霸笔记
作业管理的核心就是识别出不增加顾客价值的作业，从而找到需要改进的地方。

表15-22　　　　　　　　　　增值作业与非增值作业的划分

	增值作业	非增值作业
含义	最终增加顾客价值的作业	不会增加顾客价值的作业
区分标准	看这个作业的发生是否有利于增加顾客的价值，或者说增加顾客的效用	

二、作业成本管理系统（见表15-23）★★

表15-23　　　　　　　　　　作业成本管理系统

项目	说明
含义	作业成本管理主要从成本方面来优化企业的作业链和价值链，是作业管理的中介，是作业管理的核心方面
目的	作业成本管理就是要努力找到非增值作业成本（由非增值作业引发的成本）并努力消除它、转化它或将之降到最低

☑ 作业成本管理的内容：四个步骤（如图15-4所示）

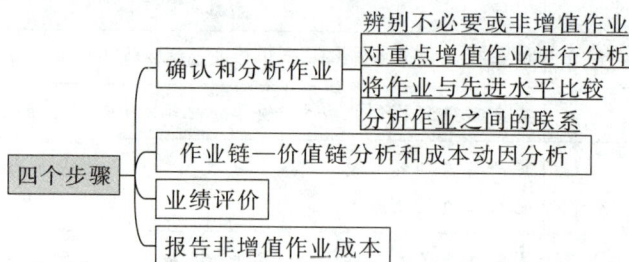

```
                        辨别不必要或非增值作业
            确认和分析作业  对重点增值作业进行分析
                        将作业与先进水平比较
                        分析作业之间的联系
四个步骤  作业链—价值链分析和成本动因分析
            业绩评价
            报告非增值作业成本
```

图15-4　作业成本管理的内容：四个步骤

三、作业成本法的优点、局限性与适用情景条件★★

（一）作业成本法的优点（见表15-24）→三个有利于。

表15-24　　　　　　　　　　作业成本法的优点

优点	说明
有利于获得更准确的产品和产品线成本	（1）一方面作业成本法提高了追溯到个别产品的成本比例，减少了成本分配对于产品成本的扭曲 （2）另一方面采用多种成本动因作为间接成本的分配基础，使得分配基础与被分配成本的相关性得到改善
有助于改进成本控制	作业成本法提供了了解产品作业过程的途径，使管理人员知道成本是如何发生的，从成本动因上改进成本控制，包括改进产品设计和生产流程等，可以消除非增值作业、提高增值作业的效率，有助于持续降低成本和不断消除浪费
有利于为战略管理提供信息支持	（1）企业的价值链也就是其作业链，作业成本法与价值链分析概念一致，可以为其提供信息支持 （2）实现成本领先战略，除了规模经济之外，需要低成本完成作业的资源和技能

【提示】准确的成本信息，可以提高经营决策的质量，如定价决策、扩大生产规模、放弃产品线等经营决策。

（二）作业成本法的局限性（见表15-25）

表15-25　　　　　　　　　　　　作业成本法的局限性

局限性	说明
开发和维护费用较高	作业成本法的成本动因多于完全成本法，成本动因的数量越大，开发和维护费用越高
确定成本动因比较困难	并不是所有的间接成本都和特定的成本动因相关联：有时找不到与成本相关的驱动因素；或者设想的若干驱动因素与成本的相关程度都很低；或者取得驱动因素数据的成本很高。为按照作业成本法的计算要求，就会出现人为主观分配，导致扭曲产品成本数据
不符合对外财务报告	采用作业成本法的企业，为了使对外财务报表符合会计准则的要求，需要<u>重新调整</u>成本数据。这种调整不仅工作量大，而且技术难度大，有可能出现混乱 ● 作业成本法下可能把某些期间费用（如采购员的出差费）归入某个作业成本库（采购次数/批次级），计入产品成本
不利于管理控制	完全成本法按部门建立成本中心，为实施责任会计和业绩评价提供了方便。而作业成本系统的成本库与企业的组织结构不一致，不利于提供管理控制的信息 ● 作业成本法下的作业消耗的资源可能是跨部门的

（三）作业成本法的适用情景条件（见表15-26）

表15-26　　　　　　　　　　　　作业成本法的适用情景条件

方面	说明
从成本结构看	这些公司的<u>制造费用</u>在产品成本中占有<u>较大比重</u>。若使用单一的分配率，成本信息的扭曲会比较严重
从产品品种看	这些公司的<u>产品多样性程度高</u>，包括产品产量的多样性、规模的多样性、产品制造或服务复杂程度的多样性、原材料的多样性和产品组装的多样性
从外部环境看	这些公司面临的<u>竞争很激烈</u>。传统的成本计算方法是在竞争较弱、产品多样性较低的背景下设计的。当竞争变得激烈，产品的多样性增加时，传统成本计算方法的缺点被放大了，实施作业成本法变得有利
从公司规模看	这些公司的<u>规模比较大</u>，有更为强大的信息沟通渠道和完善的信息管理基础设施，并且对信息的需求更为强烈

考霸笔记
在企业生产自动化程度较高、直接人工比较少、企业的作业流程比较清晰、企业相关业务数据完备而且可获得、企业信息化基础工作较好、易产生成本扭曲并且准确的成本信息具有较大价值时，适宜采用作业成本法。

智能测评

在线练习	我要提问
扫码在线做题　　　扫码看答案	扫码答疑
本书"本章同步强化训练"均配备二维码，打开微信"扫一扫"即可完成在线测评，查看本章详细的测评反馈报告，了解知识掌握情况，也可扫码直接看答案噢。 快来扫码做题吧！	本书配备答疑专用二维码，打开微信"扫一扫"，即可完成在线提问，获取专业老师全面个性化解答，让学习问题不再拖延。 快来扫码提问吧！

本章同步强化训练

一、单选题

1.甲企业采用作业成本法计算产品成本，每批产品生产前需要进行机器调试，在对调试作业中心进行成本分配时，最适合采用的作业成本动因是（　　）。

　A.产品品种　　　　　B.产品数量　　　　　C.产品批次　　　　　D.每批产品数量

2.下列各项中，应使用强度动因作为作业量计量单位的是（　　）。

　A.产品的生产准备　　　　　　　　　B.产品的研究开发

　C.产品的分批质检　　　　　　　　　D.产品的机器加工

3.按产出方式的不同，企业的作业可以分为以下四类。其中，随产量变动而正比例变动的作业是（　　）。

　A.单位级作业　　　　B.批次级作业　　　　C.产品级作业　　　　D.生产维持级作业

4.某车间只生产两种产品，其裁剪作业成本按预算分配率分配。本月按照预算分配率分配给西服的剪裁成本为45 000元，分配给夹克的剪裁成本为25 000元，本月车间实际发生的裁剪成本为68 600元，则夹克的实际成本应为（　　）元。

　A.44 100　　　　　　B.24 500　　　　　　C.68 600　　　　　　D.26 500

5.作业成本法划分增值与非增值作业是基于（　　）。

　A.是否有利于增加股东财富　　　　　B.是否有利于增加顾客价值

　C.是否有利于降低生产成本　　　　　D.是否有利于提高产品质量

6.某公司的主营业务是软件开发。该企业产品成本构成中，直接成本所占比重很小，而且与间接成本之间缺少明显的因果关系。该公司适宜采用的成本核算制度是（　　）。

　A.产量基础成本计算制度　　　　　　B.作业基础成本计算制度

　C.标准成本计算制度　　　　　　　　D.变动成本计算制度

二、多选题

1.相对于作业成本法，传统成本法的缺点有（　　）。

A.传统成本法按产量基础分配制造费用，会产生误导决策的成本信息

B.传统成本法将固定成本分摊给不同产品

C.传统成本法容易夸大高产量产品的成本

D.传统成本法容易刺激经理人员过度生产

2.作业成本法认为，将成本分配到成本对象的方式有（　　）。

　A.追溯　　　　　　　B.动因分配　　　　　C.分摊　　　　　　　D.汇总

3.下列关于作业成本法的说法中，正确的有（　　）。

A.作业成本法与传统的成本计算方法不同，直接成本不可以直接计入有关产品

B.作业成本法与传统的成本计算方法无异，直接成本可以直接计入有关产品，但直接成本的范围比传统成本计算的范围要小

C.作业成本法与传统的成本计算方法无异，直接成本可以直接计入有关产品，但直接成本的范围比传统成本计算的范围要大

D.作业成本法下，不能追溯到产品的成本，则先追溯有关作业或分配到有关作业，计算作

业成本，然后再将作业成本分配到有关产品

4.在作业成本法下，下列有关成本分配方式的表述中，正确的是（　　）。

A.追溯是指将成本直接确认分配到某一成本对象的过程

B.追溯这一方式是可以通过实地观察来判断的

C.使用追溯方式最能真实地反映产品成本

D.使用动因分配方式最能真实地反映产品成本

5.下列关于作业成本法的说法，正确的有（　　）。

A.作业成本法是将间接成本和辅助费用更准确地分配到作业、生产过程、产品、服务及顾客中的一种成本计算方法

B.作业成本法的基本思想是"作业消耗资源，产品（服务或顾客）消耗作业"

C.作业成本法主要使用追溯和动因分配方式来分配成本

D.作业成本法强调使用不同层面和数量众多的资源成本动因将作业成本分配到产品

6.下列各项作业中，属于品种级作业的有（　　）。

A.产品组装 　　　　　　　　　　B.产品生产工艺改造

C.产品检验 　　　　　　　　　　D.产品推广方案制订

7.下列各项中，适合作为单位级作业的作业动因有（　　）。

A.生产准备次数 　　B.零部件产量 　　C.采购次数 　　D.耗电千瓦时数

8.在作业成本法下，下列作业中需要（或可以）先分配给各个品种，然后再分配给各个批次，最后分配到特定产品的作业有（　　）。

A.单位级作业 　　　B.批次级作业 　　C.产品级作业 　　D.生产维持级作业

9.与作业基础成本计算制度相比，产量基础成本计算制度存在的局限性有（　　）。

A.间接成本集合缺乏同质性

B.成本计算过于复杂

C.容易夸大高产量产品的成本

D.成本分配基础与间接成本集合之间缺乏因果联系

10.当间接成本在产品成本中所占比例较大时，采用产量基础成本计算制度可能导致的结果有（　　）。

A.夸大低产量产品的成本 　　　　　B.夸大高产量产品的成本

C.缩小低产量产品的成本 　　　　　D.缩小高产量产品的成本

11.某企业生产经营的产品品种繁多，间接成本比重较大，成本会计人员试图推动该企业采用作业成本法计算产品成本，下列理由中适合用于说服管理层的有（　　）。

A.通过作业管理可以提高成本控制水平

B.使用作业成本信息有利于价值链分析

C.使用作业成本法可提高成本分配准确性

D.使用作业成本信息可以提高经营决策质量

12.下列关于作业成本法与传统的成本计算方法（以产量为基础的完全成本计算方法）比较的说法中，正确的有（　　）。

A.传统的成本计算方法对全部生产成本进行分配，作业成本法只对变动成本进行分配

B.传统的成本计算方法按部门归集间接费用，作业成本法按作业归集间接费用

C.作业成本法的直接成本计算范围要比传统的成本计算方法的计算范围小

D.与传统的成本计算方法相比，作业成本法不便于实施责任会计和业绩评价

13.下列关于作业成本法的表述中，不正确的有（　　）。

A.竞争激烈的环境中，相对于传统成本计算方法，作业成本法减少了决策失误引起的成本

B.规模小的公司相比较规模大的公司更愿意采用作业成本法

C.作业成本法提高了会计数据对管理控制的有用性

D.作业成本法为实施责任会计和业绩评价提供了方便

三、计算分析题

1.甲公司是一家制造企业，生产A、B两种产品，按照客户订单分批组织生产，采用分批法核算产品成本。由于产品生产工艺稳定，机械化程度较高，制造费用在总成本中比重较大，公司采用作业成本法按实际分配率分配制造费用。公司设有三个作业成本库：材料切割作业库，以切割次数作为成本动因；机器加工作业库，以机器工时作为成本动因；产品组装作业库，以人工工时作为成本动因。

2018年9月，公司将客户本月订购A产品的18个订单合并成901A批，合计生产2 000件产品；本月订购B产品的6个订单合并成902B批，合计生产8 000件产品。A、B产品各自领用X材料，共同耗用Y材料。X、Y材料在各批次开工时一次领用，依次经材料切割、机器加工、产品组装三个作业完成生产。其中，材料切割在各批次开工时一次完成，机器加工和产品组装随完工进度陆续均匀发生。

9月末，901A批产品全部完工；902B批产品有4 000件完工，4 000件尚未完工。902B未完工产品机器加工完工进度为50%，产品组装尚未开始。902B生产成本采用约当产量法在完工产品和月末在产品之间进行分配。

其他相关资料如下：

（1）本月直接材料费用

901A、902B分别领用X材料的成本为160 000元、100 000元；共同耗用Y材料20 000千克，单价为5元/千克，本月901A、902B的Y材料单耗相同，按产品产量进行分配。

（2）本月制造费用

作业成本库	作业成本（元）	成本动因	作业量		
			901A	902B	合计
材料切割	240 000	切割次数（次）	12 000	12 000	24 000
机器加工	900 000	机器工时（小时）	2 000	1 000	3 000
产品组装	435 000	人工工时（小时）	1 700	1 200	2 900
合计	1 575 000	—	—	—	—

要求：

（1）编制直接材料费用分配表、作业成本分配表（结果填入下方表格中，不用列出计算过程）。

直接材料费用分配表

金额单位：元

产品批次	共同耗用Y材料的分配			X材料费用	直接材料费用总额
	产量（件）	分配率	应分配材料费用		
901A					
902B					
小计					

作业成本分配表

金额单位：元

作业成本库	作业成本	成本分配率	901		902B	
			作业量	分配金额	作业量	分配金额
材料切割						
机器加工						
产品组装						
合计		—	—		—	

（2）编制901A、902B的产品成本计算单（结果填入下方表格中，不用列出结算过程）。

产品成本计算单

产品批次：901A

单位：元

项目	月初在产品成本	本月生产成本	合计	完工产品成本	完工产品单位成本	月末在产品成本
直接材料						
制造费用						
其中：材料切割						
机器加工						
产品组装						
制造费用小计						
合计						

产品成本计算单

产品批次：902B

单位：元

项目	月初在产品成本	本月生产成本	合计	完工产品成本	完工产品单位成本	月末在产品成本
直接材料						
制造费用						
其中：材料切割						
机器加工						
产品组装						
制造费用小计						
合计						

2.E公司是一个生产和销售电话的小型企业，主要有无绳电话和传真电话两种产品。公司最近开始试行作业成本计算系统，有关资料如下：

（1）2008年年初制定了全年各月的作业成本预算，其中2008年8月份的预算资料如下：

作业名称	作业动因	作业动因预算数	作业成本预算额（元）
机器焊接	焊接工时	1 000工时	30 000
设备调整	调整次数	300次数	1 500 000
发放材料	生产批次	25批次	62 500
质量抽检	抽检次数	400次数	170 000
合计			1 762 500

（2）8月4日，该公司承接了甲客户购买500部传真电话和2 000部无绳电话的订单，有关的实际作业量如下：

产品名称	焊接工时	调整次数	生产批次	抽检次数
无绳电话	250	100	10	100
传真电话	500	200	20	200

（3）8月31日，为甲客户加工的产品全部完工。8月份各项作业成本实际发生额如下表所示（单位：元）：

作业名称	作业成本实际发生额
机器焊接	23 850
设备调整	1 440 000
发放材料	76 500
质量抽检	128 775
合计	1 669 125

要求：

（1）计算作业成本的预算分配率。

作业名称	作业成本预算额（元）	作业动因预算数	作业成本预算分配率
机器焊接			
设备调整			
发放材料			
质量抽检			

（2）按预算分配率分配作业成本。

产品	机器焊接	设备调整	发放材料	质量抽检	合计
无绳电话					
传真电话					
合计					

（3）计算差异调整率（按预算作业成本为标准）。

作业名称	差异调整率［（实际－预算）/预算］
机器焊接	
设备调整	
发放材料	
质量抽检	

（4）分别计算甲客户无绳电话和传真电话的实际作业总成本。

产品		机器焊接	设备调整	发放材料	质量抽检	合计
无绳电话	已分配成本					
	差异调整额					
	小计					
传真电话	已分配成本					
	差异调整额					
	小计					

本章导学

第十六章

本量利分析

本章框架图

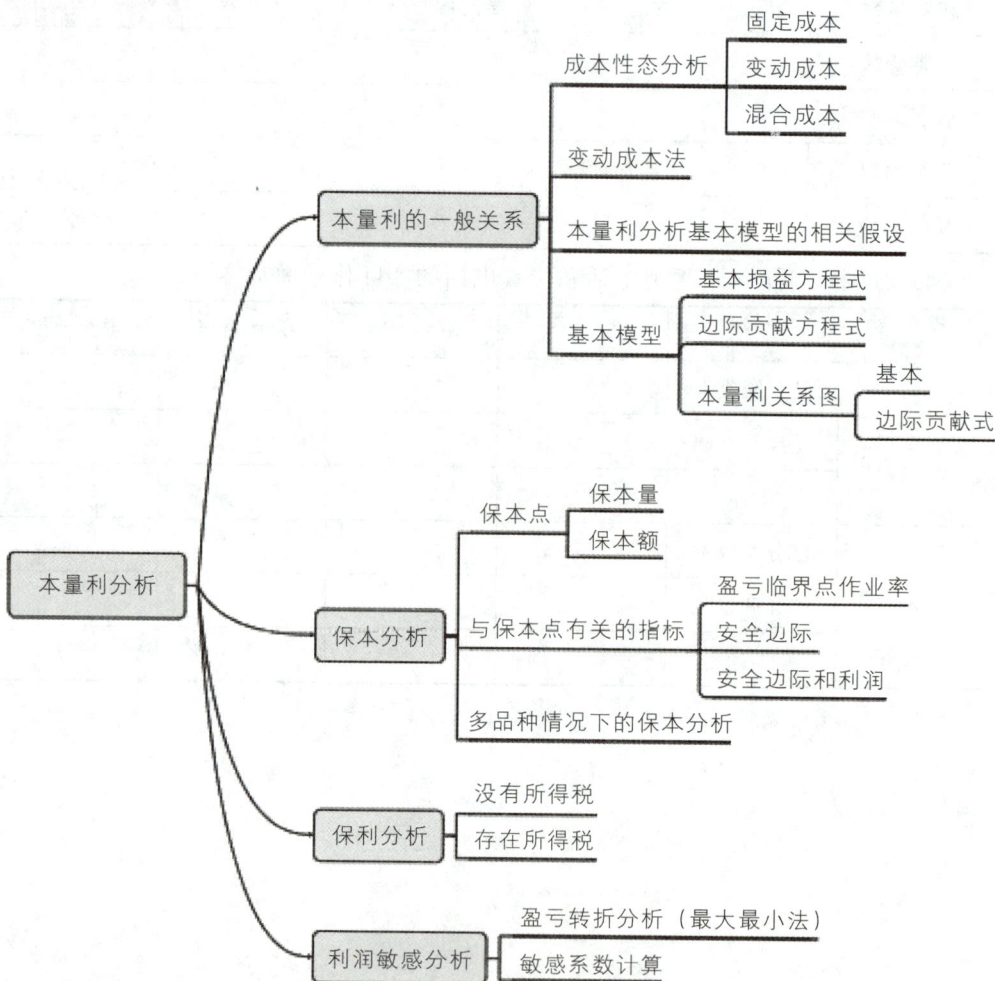

本量利分析
├─ 本量利的一般关系
│   ├─ 成本性态分析
│   │   ├─ 固定成本
│   │   ├─ 变动成本
│   │   └─ 混合成本
│   ├─ 变动成本法
│   ├─ 本量利分析基本模型的相关假设
│   └─ 基本模型
│   ├─ 基本损益方程式
│   ├─ 边际贡献方程式
│   └─ 本量利关系图
│   ├─ 基本
│   └─ 边际贡献式
├─ 保本分析
│   ├─ 保本点
│   │   ├─ 保本量
│   │   └─ 保本额
│   ├─ 与保本点有关的指标
│   │   ├─ 盈亏临界点作业率
│   │   ├─ 安全边际
│   │   └─ 安全边际和利润
│   └─ 多品种情况下的保本分析
├─ 保利分析
│   ├─ 没有所得税
│   └─ 存在所得税
└─ 利润敏感分析
    ├─ 盈亏转折分析（最大最小法）
    └─ 敏感系数计算

本章考情概述

本章考情分析

本章属于重点章，但是难度不大。本量利分析是管理会计的基础，成本性态分析是本量利分析的起点，基本的损益方程式是本量利分析的基础，学习本章要注意掌握各个指标的含义，它们大多是在基本的损益方程式的基础上衍生出来的。本章内容与其他章的内容具有重要联系，具体概括如下：

（1）利润（本章特指息税前利润EBIT）可以为第5章投资项目利用间接法计算营业期现金流量和第8章企业价值评估的计算实体现金流量提供相关数据。

（2）边际贡献率和变动成本率与第12章应收账款信用决策的"应收账款占用资金应计利息"的计算有关。

（3）息税前利润对销售量的敏感系数就是第9章所谈的经营杠杆系数。本章近5年题型题量分析，见表16-1。

表16-1　近5年题型题量分析

年份	2014年	2015年	2016年	2017年	2018年
单项选择题	1题1.5分	1题1.5分	1题1.5分		1题1.5分
多项选择题					1.75题3.5分
计算分析题	0.5题4分	1题8分	1题8分		
综合题		0.25题3.75分		0.67题10分	
合计	1.5题5.5分	2.25题13.25分	2题9.5分	0.67题10分	2.75题5分

重要考点预览

1. 成本性态分析
2. 本量利的基本方程式和边际贡献方程式
3. 保本分析
4. 保利分析
5. 敏感分析

第一节　本量利的一般关系

一、成本性态分析（见表16-2）★★

表16-2　成本性态分析

项目	说明
成本性态的含义	成本性态（Cost Behavior）又称成本习性，指成本总额与业务量（如产品产量、销量等）之间的依存关系
成本按性态分类	固定成本（Fixed Cost）、变动成本（Variable Cost）和混合成本（Mixed Cost）

> **考霸笔记**
> 此处讨论的成本是指与生产经营有关的成本，不包括与筹资有关的成本（财务费用）。

【知识扩展】对于管理会计而言，理解成本性态是至关重要的。现实世界中充满了这样的例子，管理者由于使用错误的关于成本性态的信息而使决策严重失误，如错误的撤销产品线、关闭生产车间、项目投标价格过高或过低等。

（一）固定成本

考霸笔记
能够使固定成本保持稳定的特定的业务量范围，称为相关范围。

1.固定成本的含义与特点（见表16-3，如图16-1所示）

表16-3 固定成本的含义与特点

项目	说明
含义	在特定的业务量范围内不受业务量变动影响，一定期间的总额能保持相对稳定的成本
特点	（1）一定期间的固定成本的稳定性是有条件的，即业务量变动的范围是有限的，例如车间的照明用电 （2）一定期间的固定成本的稳定性是相对的，并不意味着每月该项成本的实际发生额都完全一样（期间的相对性） （3）固定成本的稳定性，是针对成本总额而言的，如果从单位产品分摊的固定成本来看，则正好相反

图16-1 固定成本总额与单位固定成本

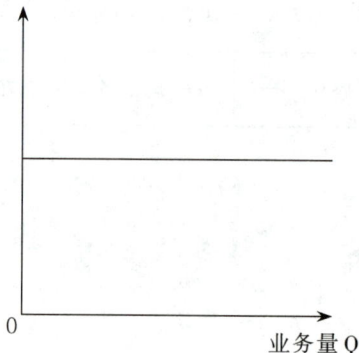

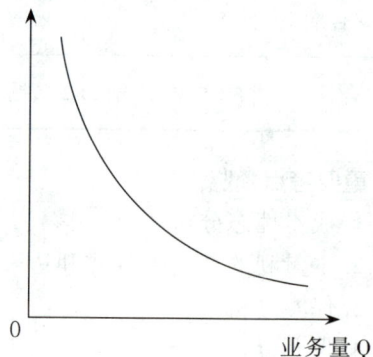

【思考】当原有的相关范围被打破，固定成本是否还表现为某种固定性？

【答案】原有的相关范围被打破，自然有了新的相关范围；原有的固定成本变化了，自然又有了新的固定成本，只不过其固定性体现在新的相关范围内罢了。

2.固定成本的分类（见表16-4）

约束性固定成本和酌量性固定成本如何区分？

表16-4 固定成本的分类

项目	约束性固定成本	酌量性固定成本
含义	不能通过当前的管理决策行动加以改变的固定成本（以前决策的结果）	可以通过管理决策行动而改变数额的固定成本（与经营方针有关）
举例	按直线法计提的固定资产折旧、财产保险费、管理人员工资、取暖费、照明费等	科研开发费、广告费、职工培训费等
特点	属于提供和维持生产经营所需设施、机构而必须的支出，是企业为了维持一定的业务量所必须负担的最低成本	为完成特定活动而发生，关系到企业的竞争能力

（二）变动成本

1.变动成本的含义与特点（见表16-5，如图16-2所示）

表16-5　　　　　　　　　　　变动成本的含义与特点

项目	说明
含义	在特定产量范围内其总额随业务量变动而正比例变动的成本
特点	（1）这类成本直接受业务量的影响，两者稳定的正比例关系，该比例系数即为单位变动成本 （2）单位成本的稳定性是有条件的，即业务量变动的范围（相关范围）是有限的

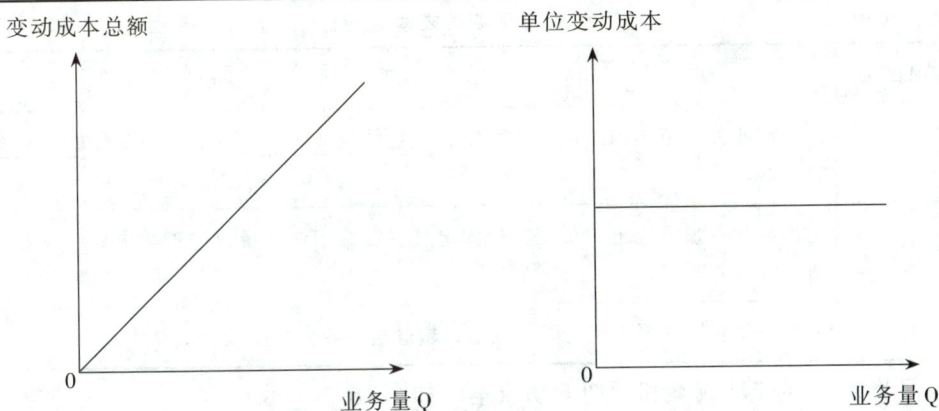

图16-2　变动成本总额与单位变动成本

【提示】考试时，变动成本通常有三种表现形式（见表16-6）：

表16-6　　　　　　　　　考试时，变动成本通常有三种表现形式

表现形式	计算方法
从量计算	V=a元/单位产品
从价计算	V=某金额×b%/单位产品
总额分摊	V=某期间内成本总额÷产销量

2.变动成本的分类（见表16-7）

表16-7　　　　　　　　　　　变动成本的分类

	技术性（约束性）变动成本	酌量性变动成本
含义	与产量有明确的生产技术或产品结构设计关系的变动成本	可以通过管理决策行动改变的变动成本
典型项目	一部汽车需装配一套发动机配件、一套传动系配件、一套制动系配件等	按销售额一定百分比开支的佣金、新产品研制费、技术转让费等
特点	这类成本是利用生产能力所必须发生的成本，生产能力利用越充分，发生额越多	这类成本的效用主要是提高竞争能力或改善企业形象，通常要依靠经理人员的综合判断来决定

如何理解变动成本法消除了完全成本法的局限性？

考霸笔记
业务量增加时，固定成本不变，那么总成本的增加额是由变动成本增加引起的，因此，变动成本是产品生产的增量成本（相关成本）。

技术性变动成本和酌量性变动成本如何区分？

考霸笔记
当从价计算的变动成本与产品销售收入（单价）相关时，注意其联动关系。

混合成本的分类有哪些？

（三）混合成本

1.半变动成本（见表16-8）

表16-8　　　　　　半变动成本

项目	说明
含义	在初始成本的基础上随业务量正比例增长的成本
典型项目	电费和电话费等公用事业费、燃料、维护和修理费等
特点	（1）通常有一个初始成本，一般不随业务量变动而变动，相当于固定成本 （2）在这个基础上，成本总额随业务量变化呈正比例变化，又相当于变动成本

考霸笔记
混合成本是指除固定成本和变动成本之外的成本，其因业务量的变动而变动，但不成正比例关系。

2.延期变动成本（见表16-9）

表16-9　　　　　　延期变动成本

项目	说明
含义	在一定业务量范围内总额保持稳定，超过特定业务量则开始随业务量成比例增长的成本
典型项目	在正常业务量情况下给员工支付固定月工资，当业务量超过正常水平后则需支付加班费
特点	在某一业务量以下表现为固定成本，超过这一业务量则成为变动成本

☑ 图示：半变动成本和延期变动成本（如图16-3所示）

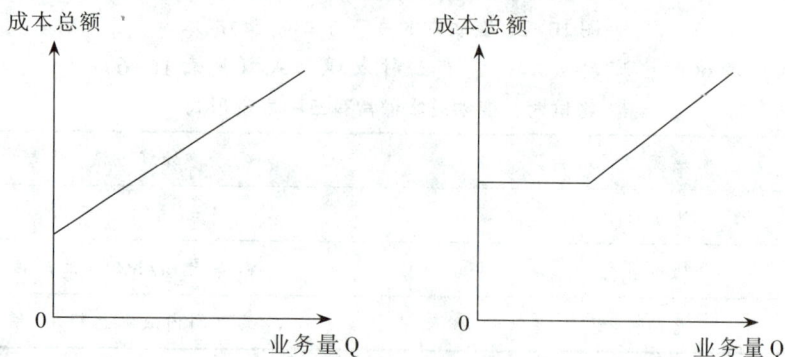

图16-3　半变动成本和延期变动成本

3.阶梯式成本（见表16-10，如图16-4所示）

表16-10　　　　　　阶梯式成本

项目	说明
含义	成本总额随业务量呈阶梯式增长的成本，又名步增成本、半固定成本
典型项目	受开工班次影响的动力费、整车运输费用、检验人员工资等
特点	这类成本在一定业务量范围内的发生额是固定的，但当业务量增长到一定限度，其发生就突然跳跃到一个新的水平，然后在业务量增长的一定限度内，发生额又保持不变，直到另一个跳跃

考霸笔记
半固定成本（阶梯式成本）和固定成本的区别是：就特定企业而言，针对固定成本的业务量相关范围较大，其直接取决于企业的经营能力，而针对半固定成本的业务量相关范围较小。

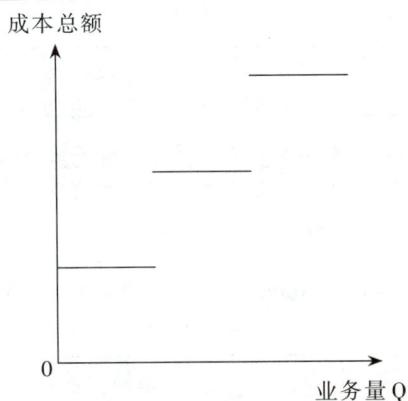

图16-4　阶梯式成本

4.曲线变动成本（见表16-11）

··

考霸笔记
指总额随业务量增长而呈曲线增长的成本，但不是直线关系。

表16-11　　　　　　　　　　　曲线变动成本

分类	变化率（边际成本）递减的成本	变化率（边际成本）递增的成本
特点	成本随业务量增加而增加，但增长越来越慢，比业务量增加得要慢	成本随业务量增加而增加，且增长越来越快，比业务量增加得要快
图示		
举例	有价格折扣或优惠条件下的原材料采购费	累进税率、累进计件工资等

（四）混合成本的分解（见表16-12）

表16-12　　　　　　　　　　　混合成本的分解

项目	说明
含义	产品的总成本是各种性态的成本组合而成的，可将它看成是混合成本。如果把所有的混合成本均拟合成半变动成本，就能建立总成本的直线方程 $y=a+b \cdot x$，以便在决策和计划中使用
依据	任何一条曲线，在一定区间内都近似的表现为一条直线。因而，各种非线性成本，在相关范围内可以近似地看成是半变动成本

考霸笔记
用于管理决策的数据并不要求十分精确，只要其误差不影响决策的结果，就不妨碍模型的使用。

第十六章

项目	说明
方法	混合成本的分解，一般是根据大量的历史成本资料或成本发生的具体过程进行分析计算，寻找混合成本与产量之间的规律性的数量关系，最终确定固定成本和变动成本的历史平均值或标准值，它们代表正常的成本水平

1.回归直线法（Regression Analysis）（见表16-13，如图16-5所示）

表16-13 　　　　　　　　　　　　　　回归直线法

考霸笔记
各观测点的数据与直线相应各点误差的平方和最小。

项目	说明
含义	根据一系列历史成本资料，用数学上的最小平方法原理，计算能代表平均成本水平的直线截距和斜率，以其作为固定成本和单位变动成本
计算公式	总成本直线方程：$Y = a + b \cdot X$ （1）联立方程组：$\sum xy = a\sum x + b\sum x^2$，$\sum y = na + b\sum x$ （2）解出参数：$a = \dfrac{\sum y - b\sum x}{n}$，$b = \dfrac{n\sum xy - \sum x\sum y}{n\sum x^2 - \left(\sum x\right)^2}$

成本总额 Y

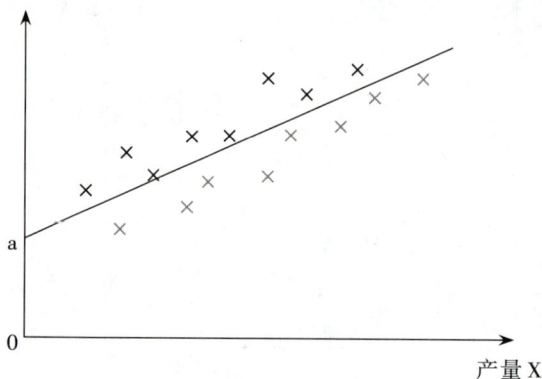

图16-5　回归直线法

【知识扩展】基本原理：在既定的生产流程和工艺设计条件下，历史数据可以比较准确地表达成本和业务量之间的依存关系，而且只要生产流程和工艺不变，这种相互关系可以应用到现在或将来的决策当中。

2.工业工程法（Engineering Analysis）（见表16-14）

表16-14 　　　　　　　　　　　　　　工业工程法

考霸笔记
建立标准成本（应有数）和制定预算时（面向未来），使用工业工程法比历史成本分析更加科学。

项目	说明
含义	运用工业工程的研究方法，逐项研究决定成本高低的每个因素，在此基础上直接估算固定成本和单位变动成本
适用范围	这种方法可以在没有历史成本数据、历史成本数据不可靠，或者需要对历史成本分析结论进行验证（历史不可能验证自己）的情况下使用（适用范围广）

二、变动成本法★

（一）变动成本法的概念

变动成本法也称直接成本法、边际成本法。在此方法下，产品成本只包括<u>直接材料</u>、<u>直接人工</u>和<u>变动制造费用</u>，即变动生产成本（见表16-15）。

表16-15　　　　　　　　　　　　变动成本法的概念

完全成本法	生产经营耗费	变动成本法
产品成本	直接材料	产品成本
	直接人工	
	变动制造费用	
	*固定制造费用	期间费用
期间费用	销售费用（变动+固定）	
	管理费用（变动+固定）	
	财务费用	

（二）变动成本法的作用

变动成本法解决了在完全成本法下，销售不变但可通过增加生产、调节库存来调节利润的问题，可以使企业内部管理者更加注重销售，更加注重市场，便于进行更为合理的内部业绩评价，为企业内部管理提供有用的管理信息，为企业预测前景、规划未来和作出正确决策服务。具体如下：

1.能够揭示利润和业务量之间的正常关系。

2.便于分清各部门经济责任（联系"变动成本差异的责任归属"），有利于进行成本控制和业绩评价。（固定制造费用往往是不可控成本）

3.可以简化成本计算，避免固定制造费用分摊中的主观臆断性，便于加强日常管理。

【总结】变动成本法提高了成本信息的有用性，有利于企业的短期决策。

三、本量利分析基本模型的相关假设（见表16-16）★

表16-16　　　　　　　　　　本量利分析基本模型的相关假设

假设	说明
相关范围假设	（1）<u>期间假设</u>：成本性态的划分应该限定在一定期间内。无论是固定成本还是变动成本，其固定性与变动性均体现在特定的期间内，其金额大小也是在特定的期间内加以计量而得到 （2）<u>业务量假设</u>：成本性态的划分均体现在一定业务量范围内分析和计量的结果

考霸笔记
由于产销不平衡，变动成本法与完全成本法计入当期损益的固定成本不相等，这是两种方法存在诸多差异最直接、最根本的原因。

考霸笔记
以下假设的背后有一条共同假设：企业的全部成本可以合理地或比较准确地分解为固定成本和变动成本。

续表

假设	说明
相关范围假设	• 随着时间的推移和业务量发生较大的变化（突破了"相关范围"），成本性态可能也随之变化，就需要重新加以计量
模型线性假设	企业总成本按性态可以近似地描述为：Y=a+b·X （1）固定成本不变 （2）变动成本与业务量成完全线性关系（单位变动成本不变） （3）销售收入与销售数量成完全线性关系（产品单价不变）
产销平衡假设	本量利分析中的"量"是指销售数量而非生产数量，产品单价不变时"量"可用销售收入表示
品种结构不变假设	在一个多品种生产和销售的企业中，各种产品的销售收入在总收入中所占发生的比重不会发生变化

【提示1】假设产销平衡的原因：本量利分析的核心是分析收入与成本之间的对比关系。产量的变动对固定成本和变动成本都可能产生影响，这种影响也会影响到收入与成本之间的对比关系（见表16-17）。

表16-17　　　　　　　　　　假设产销平衡的原因

项目	说明
收入	一般指的是"当期收入"
成本	（1）如果当期销售量＜当期生产量，那么期末存货库存就会吸收一部分"当期成本" （2）如果当期销售量＞当期生产量，那么"当期成本"就会包括一部分以前期间发生的成本，因为用了上期末的库存

• 由此可见，站在销售量的角度进行本量利分析时，就必须假设产销关系是平衡的。

【提示2】四大假设之间的关系：

（1）相关范围假设是最基本的假设，是本量利分析的出发点。

（2）模型线性假设是由相关范围假设派生而来，是相关范围假设的延伸和具体化。

（3）产销平衡假设与品种结构不变假设是对模型线性假设的进一步补充。

（4）品种结构不变假设又是多品种条件下产销平衡假设的前提条件。

四、本量利分析基本模型★★★

（一）损益方程式

1.基本的损益方程式（见表16-18）

考霸笔记
公式中的成本是广义的：其既包括付现成本，也包括非付现成本；既包括制造成本，也包括期间费用。但是，其不包括财务费用和所得税费用。

表16-18　　基本的损益方程式

项目	说明
计算公式	假设产量和销量相同，则有： （息税前）利润=单价×销量−单位变动成本×销量−固定成本=P·Q−V·Q−F
实际运用	这个方程式是最基本也是最重要的方程式，要求给定其中4个，能求出另一个变量的值

【提示】在规划期间利润时，通常把单价、单位变动成本和固定成本视为稳定的常量，只有销量和利润两个自由变量。给定销量时，可利用方程式直接计算出预期利润；给定目标利润时，可直接计算出应达到的销售量。

考霸笔记
此方程式通常用来计算实现目标利润所需的销量Q，将在第3节中讨论。

2.计算税后利润的损益方程式

税后利润（经营）=息税前利润×（1−所得税税率）=（P·Q−V·Q−F）×（1−所得税税率）

（二）边际贡献方程式

1.边际贡献（Contribution Margin）（见表16-19，图16-6）

产品边际贡献和制造边际贡献如何区分？

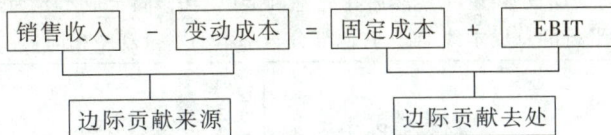

表16-19　　边际贡献

项目	说明
含义	销售收入减去变动成本以后的差额
计算公式	• 边际贡献（元）=销售收入−变动成本=（单价−单位变动成本）×销量=（P−V）×Q • 单位边际贡献（元/件）=单价−单位变动成本=P−V
分类	• 制造（生产）边际贡献=销售收入−生产变动成本（产品变动成本） • 产品（总营业）边际贡献=制造边际贡献−销售和管理变动成本（期间变动成本）
作用	边际贡献是产品扣除自身变动成本后给企业所作的贡献，它首先用于补偿企业的固定成本，如果还有剩余才成为利润，如果不足以补偿固定成本则发生亏损

考霸笔记
通常，如果在"边际贡献"前未加任何定语，那么则是指"产品边际贡献"。

销售收入 − 变动成本 = 固定成本 + EBIT

边际贡献来源　　　　　　　边际贡献去处

图16-6　边际贡献来源和去处

2.边际贡献率和变动成本率（见表16-20）

表16-20　　边际贡献率和变动成本率

项目	边际贡献率（Contribution-Margin Ratio）	变动成本率（Variable-Cost Ratio）
含义	边际贡献在销售收入中所占的百分率	变动成本在销售收入中所占的百分率
计算公式	边际贡献率=边际贡献/销售收入 $=\dfrac{\text{单位边际贡献}\times\text{销量}}{\text{单价}\times\text{销量}}$ =（P−V）/P	变动成本率=变动成本/销售收入 $=\dfrac{\text{单位变动成本}\times\text{销量}}{\text{单价}\times\text{销量}}$ =V/P
二者关系	边际贡献率+变动成本率=1	

考霸笔记
边际贡献率可以理解为每1元销售收入中边际贡献所占的比重，反映产品给企业作出贡献的能力。

3.两个方程式（见表16-21）

表16-21　　　　　　　　　　　　　　　两个方程式

项目	说明
边际贡献方程式	（息税前）利润=边际贡献-固定成本=单位边际贡献×销量-固定成本
边际贡献率方程式	（息税前）利润=边际贡献-固定成本=销售收入×边际贡献率-固定成本

（三）本量利关系图

考霸笔记
本量利图能清晰地显示企业不盈利也不亏损时应达到的产销量，故又称为盈亏临界图或损益平衡图。

将成本、销量、利润的关系反映在直角坐标系中，即成为本量利关系图。

1.基本的本量利图（见表16-22）

表16-22　　　　　　　　　　　　　　基本的本量利图

项目	说明	
特点	将固定成本置于变动成本之下，从而清楚地表明固定成本不随业务量变动的特征	
图示		
横轴	销售量（Q）	销售额（S）
斜率	收入线：单价P 总成本线：单位变动成本V	收入线：1（销售额=1×S） 总成本线：变动成本率（V/P）

考霸笔记
边际贡献式本量利图强调的是边际贡献及其形成过程，更符合盈亏临界分析的思路，也更符合变动成本法的思路。

2.边际贡献式本量利图（见表16-23）

表16-23　　　　　　　　　　　　边际贡献式本量利图

项目	说明	
画法	先从原点画变动成本线VC，然后在此基础上以（0，固定成本）为起点画一条与变动成本线VC平行的总成本线TC，其他部分与基本的本量利图相同	
图示		
横轴	销售量（Q）	销售额（S）
斜率	收入线：单价P 总成本线：单位变动成本V	收入线：1（销售额=1×S） 总成本线：变动成本率（V/P）

【提示】明确各条直线之间的差额。

第二节　保本分析（见表16-24）

表16-24　　　　　　　　　　　　　　保本分析

项目	说明
主要指标	保本点，亦称盈亏临界点（Break-Even Point），是指企业收入和成本相等的经营状态，即边际贡献等于固定成本时企业所处的既不盈利又不亏损的状态
研究背景	研究如何确定保本点，以及有关因素变动的影响，为决策提供超过哪个业务量企业会有盈利，或者低于哪个业务量企业会亏损等信息

一、保本点的计算（见表16-25）★★★

表16-25　　　　　　　　　　　　　保本点的计算

项目	计算公式
保本量	盈亏临界点销售量 $Q_0 = \dfrac{F}{P-V} = \dfrac{固定成本}{单位边际贡献}$
保本额	盈亏临界点销售额 $S_0 = Q_0 \times P = \dfrac{固定成本}{边际贡献率}$

【提示】

（1）保本点越低，企业经营风险就越小。

（2）降低保本点的途径：降低固定成本总额，降低单位变动成本，提高单位售价。

【思考】如果考虑所得税，盈亏平衡点的计算结果是否发生改变？

【答案】不会发生改变。如果税前利润为零，税后利润也是零，无论税前还是税后，盈亏平衡所要达到的销售量是相同的。

二、与保本点有关的指标 ★★★

（一）盈亏临界点作业率（见表16-26）

表16-26　　　　　　　　　　　　盈亏临界点作业率

项目	说明
含义	盈亏临界点销售量占企业实际或预计销售量（而非最高销售量）的比重
计算公式	盈亏临界点作业率 $= \dfrac{盈亏临界点销售量}{实际或预计销售量} = \dfrac{盈亏临界点销售额}{实际或预计销售额}$

【提示】由于多数企业的生产经营能力是按实际或预计销售量来规划的，所以盈亏临界点作业率表明保本状态下的生产经营能力的利用程度。

（二）安全边际和安全边际率（见表16-27）

安全边际（Margin of Safety）是指实际或预计的销售额（正常销售额）超过盈亏临界点销售额的差额（以金额表示），它表明销售额下降多少企业仍不至亏损。（表示盈利空间）

考霸笔记

固定成本F不仅包括付现成本，还包括折旧等非付现成本，如果题目单独给出后者，不要忘记将其纳入F的计算中。

如何理解公式：盈亏临界点作业率+安全边际率=1？

考霸笔记

实际或预计的销售量（额）就是现在或未来的正常销售量（额）。所谓正常销售量，是指正常市场和正常开工情况下企业的销售数量，也可以用销售金额表示。

考霸笔记

安全边际和安全边际率的数值越大，企业发生亏损的可能性就越小，企业就越安全。

表16-27 安全边际和安全边际率

表现形式	计算公式
实物量	安全边际量=正常销售量-盈亏临界点销售量=$Q-Q_0$
销售额	安全边际额=正常销售额-盈亏临界点销售额=$S-S_0$
相对数	安全边际率=$\dfrac{Q-Q_0}{Q}=\dfrac{S-S_0}{S}$=1-盈亏临界点作业率

考霸笔记
安全边际率是相对指标，便于不同企业和不同行业进行比较。

【提示】关系公式：安全边际率=1/经营杠杆系数

（三）安全边际与利润的关系（见表16-28）

考霸笔记
只有安全边际才能为企业提供利润，盈亏临界点销售额扣除变动成本后只能为企业补偿固定成本，安全边际所提供的边际贡献等于企业利润。

表16-28 安全边际与利润的关系

项目	计算公式
绝对数	息税前利润=安全边际量×单位边际贡献=安全边际额×边际贡献率
相对数	息税前利润率=安全边际率×边际贡献率

三、多品种情况下的保本分析★★★

由于不同产品的计量单位不同，所以在确定多种产品的盈亏临界点时无法计算"盈亏临界点销售量"。但是多种产品的销售收入可以直接相加，所以可以利用"保本额"的公式来计算多种产品的盈亏平衡时的全部销售收入。此时，问题的关键是计算多种产品的加权平均边际贡献率。

如何确定多种产品的盈亏平衡点？

（一）确定多产品的盈亏平衡点（见表16-29）

表16-29 确定多产品的盈亏平衡点

项目	计算公式
确定比率	加权平均边际贡献率=$\dfrac{\sum 各产品边际贡献}{\sum 各产品销售收入}=\sum$ 各产品边际贡献率 × 各产品销售额占总销售额的比重
确定金额	加权平均保本销售额=$\dfrac{固定成本总额}{加权平均边际贡献率}$

整体保本销售额。

【提示】

（1）加权平均边际贡献率的推导：

$$加权平均边际贡献率=\frac{\sum 各产品边际贡献}{\sum 各产品销售收入}=\frac{CM_1+CM_2+\cdots+CM_n}{S_1+S_2+\cdots+S_n}=\frac{CM_1+CM_2+\cdots+CM_n}{S}$$

$$=\frac{CM_1}{S}+\frac{CM_2}{S}+\cdots+\frac{CM_n}{S}$$

$$=\frac{CM_1}{S_1}\times\frac{S_1}{S}+\frac{CM_2}{S_2}\times\frac{S_2}{S}+\cdots+\frac{CM_n}{S_n}\times\frac{S_n}{S}$$

（2）边际贡献率的影响因素（见表16-30）：

表16-30 边际贡献率的影响因素

项目	影响因素
单产品	P、V
多产品	P、V和Q

（3）生产销售多种产品时：

（息税前）利润=总销售收入×加权平均边际贡献率-总固定成本

（二）确定某产品的盈亏平衡点（见表16-31）

表16-31　　　　　　　　　　　确定某产品的盈亏平衡点

项目	计算公式
确定金额	某产品的保本销售额=加权平均保本销售额×该产品的销售百分比
确定数量	某产品的保本销售量=$\dfrac{该产品保本销售额}{该产品销售单价}$

考霸笔记
请参见本量利分析基本假设第4条。

第三节　保利分析（见表16-32）

表16-32　　　　　　　　　　　　保利分析

项目	说明
主要指标	保利点，是在单价和成本水平一定的情况下，为确保预先制定的目标利润可以实现，而必须达到的销售量或销售额
研究背景	企业不会满足于盈亏平衡，更需要有盈利目标，否则就无法生存和发展。保利分析主要研究如何确定保利点，以及有关因素变动的影响

如何计算保利额？

一、没有企业所得税的情况（见表16-33）★★★

表16-33　　　　　　　　　　没有企业所得税的情况

项目	计算公式
实物量	保利量=$\dfrac{固定成本+目标利润}{单价-单位变动成本}$=$\dfrac{固定成本+目标利润}{单位边际贡献}$
销售额	保利额=保利量×单价=$\dfrac{固定成本+目标利润}{边际贡献率}$

考霸笔记
无须记忆公式，利用本量利分析的基本公式，已知目标利润，倒求销量或销售额即可。下同。

【提示】对于多品种情况，保利额=（固定成本+目标利润）÷加权平均边际贡献率

二、存在企业所得税的情况（见表16-34）★★★

表16-34　　　　　　　　　　存在企业所得税的情况

项目	计算公式
实物量	保利量=$\dfrac{固定成本+税后目标利润÷(1-税率)}{单价-单位变动成本}$=$\dfrac{固定成本+税后目标利润÷(1-税率)}{单位边际贡献}$
销售额	保利额=保利量×单价=$\dfrac{固定成本+税后目标利润÷(1-税率)}{边际贡献率}$

考霸笔记
将税后目标利润还原成税前利润即可。

第四节　利润敏感分析

一、利润敏感分析的含义（见表16-35）★★

表16-35　　　　　　　　　　利润敏感分析的含义

项目	说明
含义	基于本量利关系的利润敏感分析，主要研究相关参数变化多大会使企业由盈利转为亏损、各参数变化对利润变化的影响程度，以及各因素变动时如何调整应对，以保证原目标利润的实现
方法	利润敏感分析通常假定在其他参数不变的情况下，分析某一个参数（如单价、销售量、单位变动成本、固定成本）发生特定变化时对利润的影响

第十六章

二、利润敏感分析的方法 ★★★

（一）盈亏转折分析（最大最小法）（见表16-36）

表16-36　　　　　　盈亏转折分析（最大最小法）

项目	说明
问题实质	最大最小分析既可以分析有关参数发生多大变化使企业盈利转为亏损，也可以用来分析一个亏损企业，有关参数发生多大变化才能使企业扭亏为盈，提供能引起目标发生质变的各参数变化界限
解决办法	将利润设为0，而其他参数分别作为待求的未知数，仍然是利用本量利方程式来计算

考霸笔记
与利润同向变化的因素求最小值，反向变化因素求最大值。

（二）各参数的敏感系数计算（见表16-37）

表16-37　　　　　　各参数的敏感系数计算

如何理解敏感系数公式？

项目	说明
问题实质	敏感系数反映了各因素变动百分比和利润变动百分比之间的比例，即当各因素升降1%时，利润将会随之上升或下降百分之几（正号为同向变动，负号为反向变动）
计算公式	敏感系数 $=\dfrac{\text{目标值变动百分比}}{\text{参量值变动百分比}}$

考霸笔记
敏感系数绝对值大于1，则属于敏感因素。

【提示1】

（1）敏感系数为正值的，表明它与利润为同向增减；敏感系数为负值的，表明它与利润为反向增减。

（2）在敏感性分析图中，某直线与利润线的夹角（需考虑方向）越小（越陡峭），则其代表的参量对利润的敏感程度越高。

【提示2】 两个关系公式：

（1）利润对销售量的敏感系数称为经营杠杆系数（DOL）。

（2）利润对单价的敏感系数=1÷息税前利润率（前提：单价的变动不会引起其他因素的变动）

智能测评

在线练习	我要提问
扫码在线做题　　　扫码看答案	扫码答疑
本书"本章同步强化训练"均配备二维码，打开微信"扫一扫"即可完成在线测评，查看本章详细的测评反馈报告，了解知识掌握情况，也可扫码直接看答案噢。 快来扫码做题吧！	本书配备答疑专用二维码，打开微信"扫一扫"，即可完成在线提问，获取专业老师全面个性化解答，让学习问题不再拖延。 快来扫码提问吧！

本章同步强化训练

一、单选题

1. 下列各项成本费用中，属于酌量性固定成本的是（　　）。

A.运输车辆保险费　　　　　　　　　B.广告费

C.生产部门管理人员工资　　　　　　D.行政部门耗用的水电费

2. 下列各项中，属于酌量性变动成本的是（　　）。

A.直接材料成本　　　　　　　　　　B.产品销售税金及附加

C.按销售额一定比例支付的销售代理费　　D.直接人工成本

3. 甲消费者每月购买的某移动通信公司50元套餐，可负费主叫长市话450分钟，超出后主叫国内长市话每分钟0.15元。该通信费是（　　）。

A.变动成本　　　　B.延期变动成本　　　　C.阶梯式成本　　　　D.半变动成本

4. 甲公司机床维修费为半变动成本，机床运行100小时时的维修费为250元，运行150小时时的维修费为300元。机床运行时间为80小时时，维修费为（　　）元。

A.200　　　　　　B.220　　　　　　C.230　　　　　　D.250

5. 下列关于混合成本性态分析的说法中，错误的是（　　）。

A.半变动成本可分解为固定成本和变动成本

B.延期变动成本在一定业务量范围内为固定成本，超过该业务量可分解为固定成本和变动成本

C.阶梯式成本在一定业务量范围内为固定成本，当业务量超过一定限度，成本跳跃到新的水平时，以新的成本作为固定成本

D.为简化数据处理，在相关范围内曲线成本可以近似看成变动成本或半变动成本

6. 下列成本估计方法中，可以用于研究各种成本性态的方法是（　　）。

A.回归直线法　　　B.工业工程法　　　C.契约检查法　　　D.账户分析法

7. 如果企业采用变动成本法核算产品成本，产品成本的计算范围是（　　）。

A.直接材料、直接人工

B.直接材料、直接人工、间接制造费用

C.直接材料、直接人工、变动制造费用

D.直接材料、直接人工、变动制造费用、变动管理及销售费用

8. 某企业本月固定成本为10 000元，生产一种产品，单价为100元，单位变动成本为80元，本月销售量为1 000件。如果打算使下月比本月的息税前利润提高20%，假设其他因素不变，则销售量应提高（　　）。

A.12%　　　　　　B.10%　　　　　　C.8%　　　　　　D.15%

9. 产品边际贡献是指（　　）。

A.销售收入与产品变动成本之差

B.销售收入与销售和管理变动成本之差

C.销售收入与制造边际贡献之差

D.销售收入与全部变动成本（包括产品变动成本和期间变动成本）之差

10. 已知某企业总成本y是销售额x的函数，二者的函数关系为：$y = 5\ 000 + 0.3x$，则该企业

的边际贡献率为（　　　）。

    A.30%　　　　　　　　B.50%　　　　　　　　C.70%　　　　　　　　D.80%

11.若某一企业的经营处于盈亏临界状态，以下说法中错误的是（　　　）。

    A.此时销售额正处于销售收入线与总成本线的交点

    B.此时的经营杠杆系数趋近于无穷小

    C.此时的息税前利润率等于零

    D.此时的边际贡献等于固定成本

12.根据本量利分析原理，只会提高安全边际而不会降低盈亏临界点的措施是（　　　）。

    A.提高单价　　　　　　　　　　　　B.增加总销量

    C.降低单位变动成本　　　　　　　　D.压缩固定成本

13.某企业只生产一种产品，单位变动成本为45元，固定成本总额为60 000元，产品单价为65元。要使安全边际率达到40%，则该企业的销售量应达到（　　　）件。

    A.2 000　　　　　　　　B.3 000　　　　　　　　C.5 000　　　　　　　　D.7 500

14.公司只生产销售一种产品，变动成本率为30%，盈亏临界点作业率为40%，甲公司销售息税前利润率是（　　　）。

    A.18%　　　　　　　　B.12%　　　　　　　　C.42%　　　　　　　　D.28%

15.甲公司只生产一种产品，变动成本率为40%，盈亏临界点作业率为70%。甲公司的销售息税前利润率是（　　　）。

    A.18%　　　　　　　　B.28%　　　　　　　　C.42%　　　　　　　　D.12%

16.下列关于安全边际和边际贡献的表述中，错误的是（　　　）。

    A.边际贡献的大小，与固定成本支出的多少无关

    B.边际贡献率反映产品给企业做出贡献的能力

    C.提高安全边际或提高边际贡献率，可以提高息税前利润

    D.降低安全边际率或提高边际贡献率，可以提高息税前利润率

17.息税前利润率等于（　　　）。

    A.安全边际率×变动成本率　　　　　　B.盈亏临界点作业率×安全边际率

    C.安全边际率×边际贡献率　　　　　　D.边际贡献率×变动成本率

18.下列关于多种产品加权平均边际贡献率的计算公式中，错误的是（　　　）。

    A.加权平均边际贡献率＝∑各产品边际贡献/∑各产品销售收入

    B.加权平均边际贡献率＝∑（各产品安全边际率×各产品销售息税前利润率）

    C.加权平均边际贡献率＝（利润＋固定成本）/∑各产品销售收入

    D.加权平均边际贡献率＝∑（各产品边际贡献率×各产品占总销售额比重）

19.甲公司只生产一种产品，每件产品的单价为5元，单价敏感系数为5。假定其他条件不变，甲公司达到盈亏平衡时的产品单价是（　　　）元。

    A.3　　　　　　　　　　B.3.5　　　　　　　　C.4　　　　　　　　　D.4.5

20.假设某企业只生产销售一种产品，单价为50元，边际贡献率为40%，每年固定成本为300万元，预计下年产销量为20万件，则价格对利润影响的敏感系数为（　　　）。

    A.10　　　　　　　　　B.8　　　　　　　　　C.4　　　　　　　　　D.40

二、多选题

1.下列各项中，属于约束性固定成本的是（   ）。

A.管理人员薪酬　　　　B.固定资产折旧　　　　C.职工培训费　　　　　　D.研究开发支出

2.下列关于变动成本法和完全成本法的说法中，正确的有（   ）。

A.按照变动成本法计算的单位成本总是低于按照完全成本法计算的单位成本

B.按照变动成本法计算的利润总是低于按照完全成本法计算的利润

C.按照变动成本法计算的利润不受当期产量的影响

D.按照变动成本法提供的成本资料能够满足企业长期决策的需要

3.下列关于量本利分析基本假设的表述中，正确的有（   ）。

A.产销平衡　　　　　　　　　　　　B.产品产销结构稳定

C.销售收入与业务量呈完全线性关系　　D.总成本由营业成本和期间费用两部组成

4.下列因素变动会使边际贡献提高的是（   ）。

A.提高销量　　　　B.提高单价　　　　C.降低单位变动成本　　D.降低固定成本

5.某企业只生产一种产品，单价为20元，单位变动成本为12元，固定成本为2 400元，满负荷运转下的正常销售量为400件。以下说法中，正确的有（   ）。

A.在业务量以"金额"表示的边际贡献式本量利图中，该企业的变动成本线斜率为12

B.在业务量以"销售量"表示的边际贡献式本量利图中，该企业的变动成本线斜率为12

C.在业务量以"金额"表示的边际贡献式本量利图中，该企业的销售收入线斜率为20

D.在业务量以"销售量"表示的边际贡献式本量利图中，该企业的销售收入线斜率为20

6.某产品的单位变动成本因耗用的原材料涨价而提高了1元，企业为抵消该变动的不利影响，决定提高产品售价1元（原售价大于单位变动成本）。假设其他因素不变，则（   ）。

A.该产品的单位边际贡献不变　　　　　B.该产品的边际贡献率不变

C.该产品的保本销售量不变　　　　　　D.该产品的保本销售额不变

7.甲公司的经营处于盈亏临界点，下列表述中正确的有（   ）。

A.经营杠杆系数等于零

B.销售额等于销售收入线与总成本线交点处销售额

C.安全边际等于零

D.边际贡献等于固定成本

8.某企业只生产一种产品，该产品的单价为70元，单位产品变动成本为30元，单位期间变动成本为15元，计划销售1 000件，固定成本总额为15 000元，则下列计算中正确的有（   ）。

A.制造边际贡献为25 000元　　　　　　B.产品边际贡献为25 000元

C.安全边际率为40%　　　　　　　　　D.经营杠杆系数为2.5

9.某企业只生产一种产品，单价为20元，单位变动成本为12元，固定成本为2 400元，满负荷运转下的正常销售量为400件。以下说法中，正确的有（   ）。

A.在"业务量"以金额表示的边际贡献式本量利图中，该企业的变动成本线斜率为12

B.在保本状态下，该企业生产经营能力的利用程度为75%

C.安全边际中的边际贡献等于800元

D.该企业的息税前利润率为10%

10.下列关于息税前利润的计算公式中，正确的有（   ）。

A.息税前利润 =（单价 - 单位变动成本）×销售量 - 固定成本

B.息税前利润 = 销售收入×边际贡献率 - 固定成本

C.息税前利润 = 安全边际量×单位边际贡献

D.息税前利润 = 安全边际额×边际贡献率

11.某企业生产一种产品，单价为 20 元，单位变动成本为 12 元，固定成本为 80 000 元/月，每月正常销售量为 25 000 件。以一个月为计算期，下列说法中正确的有（　　）。

A.盈亏临界点销售量为 10 000 件　　　　B.安全边际为 300 000 元

C.盈亏临界点作业率为 40%　　　　D.息税前利润率为 24%

12.某企业只生产一种产品，当年的税前利润为 20 000 元。运用本量利关系对影响税前利润的各因素进行敏感分析后得出，单价的敏感系数为 4，单位变动成本的敏感系数为 - 2.5，销售量的敏感系数为 1.5，固定成本的敏感系数为 - 0.5。下列说法中，正确的有（　　）。

A.上述影响税前利润的因素中，单价是最敏感的，固定成本是最不敏感的

B.当单价提高 10% 时，税前利润将增长 8 000 元

C.当单位变动成本的上升幅度超过 40% 时，企业将转为亏损

D.企业的安全边际率为 66.67%

三、计算分析题

1.甲公司拟加盟乙快餐集团，乙集团对加盟企业采取不从零开始的加盟政策，将已运营 2 年以上、达到盈亏平衡条件的自营门店整体转让给符合条件的加盟商。加盟经营协议期限 15 年，加盟时一次性支付 450 万元加盟费；加盟期内，每年按年营业额的 10% 向乙集团支付特许经营权使用费和广告费。甲公司预计将于 2016 年 12 月 31 日正式加盟，目前正进行加盟店 2017 年度的盈亏平衡分析。其他相关资料如下：

（1）餐厅面积为 400 平方米，仓库面积为 100 平方米，每平方米年租金为 2 400 元。

（2）为扩大营业规模，新增一项固定资产，该资产原值为 300 万元，按直线法计提折旧，折旧年限为 10 年（不考虑残值）。

（3）快餐每份售价 40 元，变动制造成本率为 50%，每年正常销售量为 15 万份。

假设固定成本、变动成本率保持不变。

要求：

（1）计算加盟店年固定成本总额、单位变动成本、盈亏临界点销售额及正常销售量时的安全边际率。

（2）如果计划目标税前利润达到 100 万元，计算快餐销售量；假设其他因素不变，如果快餐销售价格上浮 5%，以目标税前利润 100 万元为基数，计算目标税前利润变动的百分比及目标税前利润对单价的敏感系数。

（3）如果计划目标税前利润达到 100 万元且快餐销售量达到 20 万份，计算加盟店可接受的最低销售价格。

2.甲公司是一家生物制药企业，研发出一种专利产品，该产品投资项目已进行可行性分析，厂房建造和设备购置安装工作也已完成，新产品将于 2016 年开始生产并销售。目前，公司正对该项目进行盈亏平衡分析，相关资料如下：

（1）投资有关的资料：

①专利研发支出资本化金额 150 万元，专利有效期为 10 年，预计无残值；建造厂房使用的

土地的土地使用权，取得成本为500万元，使用年限为50年，预计无残值，两种资产均采用直线法计提摊销。

② 厂房建造成本为400万元，折旧年限为30年，预计净残值率为10%；设备购置成本为200万元，折旧年限为10年，预计净残值率为5%，两种资产均采用直线法计提折旧。

（2）营运有关的资料：

① 新产品销售价格为每瓶80元，销售每年可达10万瓶，每瓶材料成本为20元，变动制造费用为10元，包装成本为3元。

② 公司管理人员实行固定工资制，生产工人和销售人员实行基本工资加提成制，预计新增管理人员2人，每人每年固定工资为7.5万元；新增生产工人25人，人均月基本工资为1 500元，生产计件工资为每瓶2元；新增销售人员5人，人均月基本工资为1 500元，销售提成为每瓶5元。

③ 每年新增其他费用：财产保险费为4万元，广告费50万元，职工培训费10万元，其他固定费用11万元。

（3）假设年生产量等于年销售量。

要求：

（1）计算新产品的年固定成本总额和单位变动成本。

（2）计算新产品的盈亏平衡点年销售量、安全边际率和年息税前利润。

（3）计算该项目的经营杠杆系数。

3.甲公司只生产一种A产品，为了更好地进行经营决策和目标控制，该公司财务经理正在使用2011年相关数据进行本量利分析，有关资料如下：

（1）2011年产销量为8 000件，每件价格为1 000元。

（2）生产A产品需要的专利技术需要从外部购买取得，甲公司每年除向技术转让方支付50万元的固定专利使用费外，还需按销售收入的10%支付变动专利使用费。

（3）2011年直接材料费用200万元，均为变动成本。

（4）2011年人工成本总额为180万元，其中：生产工人采取计件工资制度，全年人工成本支出为120万元；管理人员采取固定工资制度，全年人工成本支出为60万元。

（5）2011年折旧费用总额为95万元，其中：管理部门计提折旧费用15万元，生产部门计提折旧费用80万元。

（6）2011年发生其他成本及管理费用87万元，其中40万元为变动成本，47万元为固定成本。

要求：

（1）计算A产品的单位边际贡献、盈亏临界点销售量和安全边际率。

（2）计算甲公司税前利润对销售量和单价的敏感系数。

（3）如果2012年原材料价格上涨20%，其他因素不变，A产品的销售价格应上涨多大幅度才能保持2011年的利润水平？

4.D物业公司在服务住宅区内开设了一家家政服务中心，为住宅区内住户提供钟点家政服务。家政服务中心将物业公司现有办公用房作为办公场所，每月固定分摊物业公司折旧费、水电费、电话费等共计4 000元。此外，家政服务中心每月发生其他固定费用900元。

家政服务中心现有2名管理人员，负责接听顾客电话、安排调度家政工人以及其他管理工作，每人每月固定工资2 000元；招聘家政工人50名，家政工人工资采取底薪加计时工资制，每人除每月固定工资350元外，每提供1小时家政服务还可获得6元钱。

家政服务中心按提供家政服务小时数向顾客收取费用，目前每小时收费10元，每天平均有250小时的家政服务需求，每月按30天计算。

根据目前家政工人的数量，家政服务中心每天可提供360小时的家政服务。为了充分利用现有服务能力，家政服务中心拟采取降价10%的促销措施。预计降价后每天的家政服务需求小时数将大幅提高。

要求：

（1）计算采取降价措施前家政服务中心每月的边际贡献和税前利润。

（2）计算采取降价措施前家政服务中心每月的盈亏临界点销售量和安全边际率。

（3）降价后每月家政服务需求至少应达到多少小时，降价措施才是可行的？此时的安全边际是多少？

第十七章

短期经营决策

本章导学

本章框架图

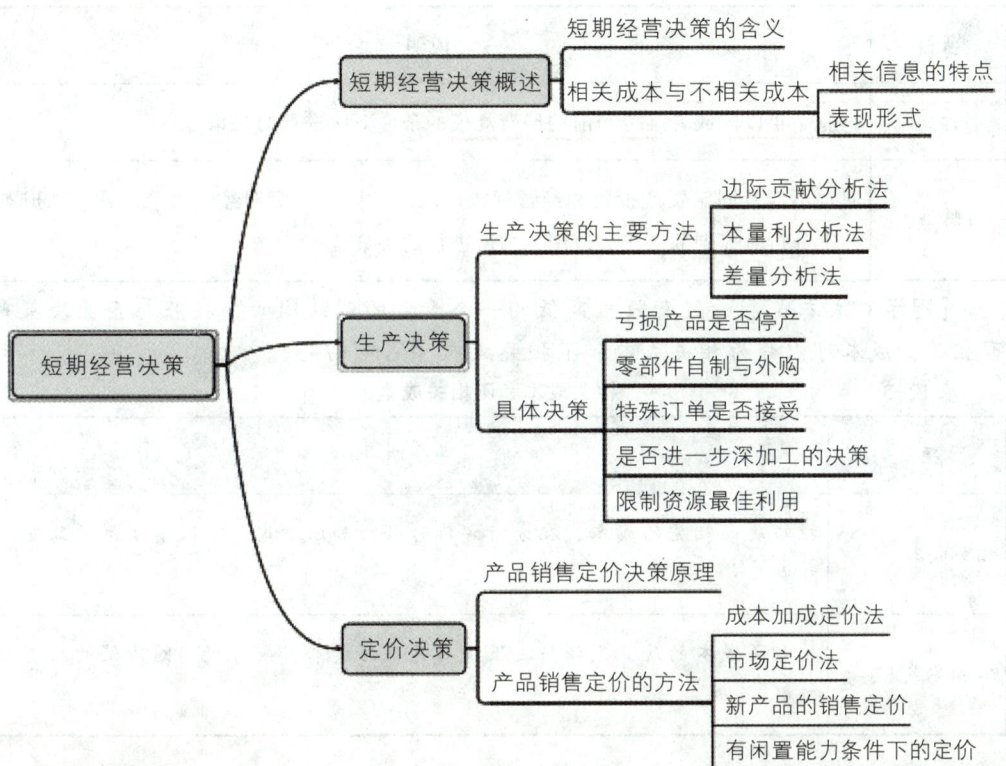

本章考情概述

本章考情分析

本章属于2017年教材的新增内容，本质上，可以视为本量利分析的一些特殊应用，难度不大。本章近5年题型题量分析，见表17-1。

表17-1 近5年题型题量分析

年份	2014年	2015年	2016年	2017年	2018年
单项选择题				2题3分	1题1.5分
多项选择题					1题2分
计算分析题	0.5题4分				
综合题				0.33题5分	0.4题6分
合计	0.5题4分	0分	0分	2.33题8分	2.4题9.5分

重要考点预览

1.生产决策的各种情形

2.产品销售定价的方法

第一节 短期经营决策概述

一、短期经营决策的含义（见表17-2）★

表17-2 短期经营决策的含义

项目	说明
含义	企业一年以内或者维持当前的经营规模的条件下所进行的决策
特点	通常不涉及固定资产投资和经营规模的改变，因此，短期经营决策通常是在成本性态分析时提到的"相关范围"内所进行的决策

考霸笔记

在既定的规模条件下，决定如何有效地进行资源的配置，以获得最大的经济效益。

【提示】成本是影响经营效益高低的一个重要的制约因素，按照与企业决策是否相关，成本可以分为相关成本和不相关成本（见表17-3）。

表17-3 相关成本和不相关成本

项目	说明
相关成本	指与决策相关的成本，在分析评价时必须加以考虑，它随着决策的改变而改变
不相关成本	是相关成本的反义，指与决策没有关联的成本，或者说不随决策的改变而改变

考霸笔记

某项成本到底属于相关成本还是不相关成本，必须结合具体的决策来讨论，抛开决策内容而论成本的相关性是没有意义的。也就是说，成本的无关性是相对的，相关性是绝对的。

二、相关成本与不相关成本 ★★

（一）相关信息的特点（见表17-4）

表17-4 相关信息的特点

特点	说明
相关信息是面向未来的	管理人员可以利用过去的数据进行分析，找到数据之间的适当关系，预测相关成本与效益的数额
相关信息在各个备选方案之间应该有所差异	在所有可获取的备选方案中，同样都发生的那部分成本或者收益对决策不会产生任何影响

（二）相关成本（Relevant Cost）（见表17-5）

表17-5　　　　　　　　　　　　　　　　相关成本

如何区分相关成本和非相关成本？

表现形式	说明
边际成本	指产量增加或减少一个单位所引起的成本变动（Marginal Cost）
机会成本	指放弃另一个方案提供收益的机会。实行本方案时，失去所放弃方案的潜在收益是实行本方案一种代价，称为本方案的机会成本（Opportunity Cost）
重置成本	指目前从市场上购置一项原有资产所需支付的成本，也可以称之为现时成本，它带有现时估计的性质（Replacement Cost）。当备选方案需要动用企业现有资产时，不能根据账面成本（一项资产在账簿中所记录的成本）来估价，而应该以重置成本为依据
付现成本	指需要在将来或最近期间支付现金的成本（Out-of-Pocket Cost），是一种未来成本。当企业资金紧张的时候，付现成本比总成本更重要，需要选择符合企业实际支付能力的方案，例如总成本高而付现成本低的方案（余款暂欠）
可避免成本	当方案或者决策改变时，这项成本可以避免或其数额发生变化（Avoidable Cost）。酌量性固定成本就属此类
可延缓成本	指与已经选定、但可以延期实施而不会影响大局的某方案相关联的成本（Deferrable Cost）
专属成本	指可以明确归属于某种、某批或某个部门的固定成本（Specific Cost）（如专门生产某种零件的设备）
差量成本	指两个备选方案的预期成本之间的差异数，亦称差别成本或差额成本（Differential Cost）

（三）不相关成本（Irrelevant Cost）（见表17-6）

表17-6　　　　　　　　　　　　　　　　不相关成本

表现形式	说明
沉没成本	指由于过去已经发生的，现在和未来的决策无法改变的成本（Sunk Cost），与"历史成本"同义
不可避免成本	指通过管理决策行动而不能改变其数额的成本（Unavoidable Cost）。约束性固定成本就属此类
不可延缓成本	指即使财力有限也必须在企业计划期间发生，否则就会影响企业大局的已选定方案的成本（Undeferrable Cost）
共同成本	指那些需由几种、几批或有关部门共同分担的固定成本（Common Cost）（如厂房折旧费）

第二节 生产决策

一、生产决策的主要方法 ★

（一）边际贡献分析法（见表17-7）

考霸笔记
企业进行不同方案的比较、选择的过程，实质上也是选择最大收益的过程，需要进行成本效益分析（Cost-Benefit Analysis）。

表17-7 边际贡献分析法

项目	说明
含义	通过对比各个备选方案的边际贡献额（销售收入-变动成本）的大小来确定最优方案的决策方法
注意事项	当决策中涉及追加专属成本时，应该使用相关损益指标，某方案的相关损益是指该方案的边际贡献额与专属成本之差，或该方案的相关收入与相关成本之差
决策原则	选择边际贡献总额（相关损益）最大的方案

（二）本量利分析法（见表17-8）

考霸笔记
类似资本结构决策里面的"每股收益无差别点法"。

表17-8 本量利分析法

项目	说明
含义	利用成本、产量和利润之间的依存关系来进行生产决策的方法
指标	息税前利润=营业收入-变动成本-固定成本=（单价-单位变动成本）×销量-固定成本
决策原则	选择利润最大的方案

短期经营决策的基本思路是什么？

（三）差量分析法（见表17-9）

考霸笔记
对于两个以上的备选方案，只能两两进行比较，逐次筛选。

表17-9 差量分析法

项目	说明			
含义	分析备选方案之间的差额收入和差额成本，根据差额利润进行选择的方法			
决策指标		方案1	方案2	差量
	相关收入	R1	R2	差额收入=R1-R2
	相关成本	C1	C2	差额成本=C1-C2
	差额利润=差额收入-差额成本			
决策原则	差额利润＞0：选方案1；差额利润＜0：选方案2			

二、亏损产品是否停产的决策（见表17-10）★★★

表17-10　　　　　　　　　　　亏损产品是否停产的决策

情形	决策原则
亏损产品的生产能力不能转移	亏损产品能够提供正的边际贡献，就不应该立即停产
亏损产品的生产能力可以转移	只有当亏损产品创造的边际贡献大于生产能力转移有关的机会成本时，才会继续生产该亏损产品

为什么亏损产品还要继续生产？

考霸笔记
什么是亏损产品？销售收入＜总生产成本（变动＋固定），或者单价＜单位生产成本。

三、零部件自制与外购的决策（如图17-1所示）★★★

由于收入与该决策无关，所以只要选择相关成本小的方案即可。

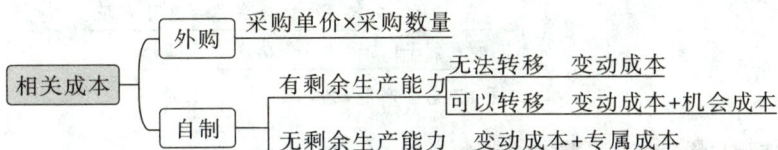

相关成本
- 外购　——　采购单价×采购数量
- 自制
  - 有剩余生产能力
    - 无法转移　变动成本
    - 可以转移　变动成本+机会成本
  - 无剩余生产能力　变动成本+专属成本

图17-1　零部件自制与外购的决策

【提示】在进行自制还是外购的决策时，决策者除了要考虑相关成本因素以外，还要考虑外购产品的质量、送货的及时性、长期供货能力、供货商的新产品研发能力以及本企业有关职工的抱怨程度等因素（非财务因素），在综合考虑各方面因素之后才能进行最后的选择。

四、特殊订单是否接受的决策 ★★★

（一）基本思路（见表17-11）

表17-11　　　　　　　　　　　基本思路

项目	说明
决策指标	相关损益=该订单所提供的边际贡献−该订单所引起的相关成本
决策原则	相关损益＞0，接受订单

考霸笔记
首先考查追加订货是否影响正常销售。

（二）接受订货的条件（如图17-2所示）

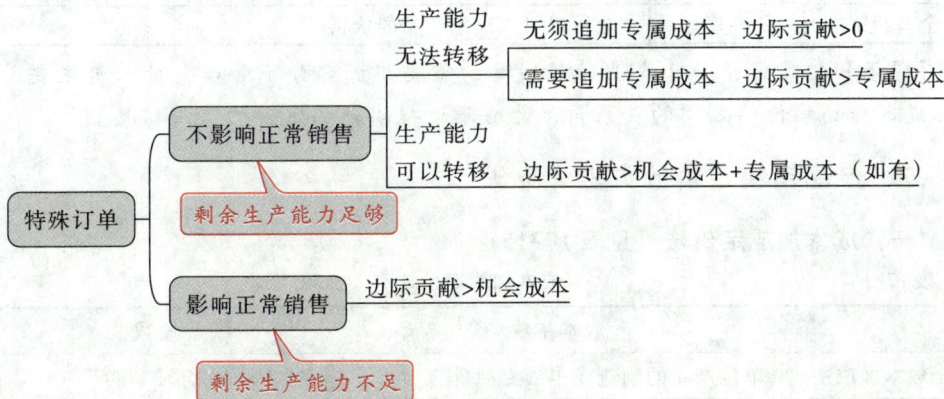

特殊订单
- 不影响正常销售《剩余生产能力足够》
  - 生产能力无法转移
    - 无须追加专属成本　边际贡献>0
    - 需要追加专属成本　边际贡献>专属成本
  - 生产能力可以转移　边际贡献>机会成本+专属成本（如有）
- 影响正常销售《剩余生产能力不足》
  - 边际贡献>机会成本

图17-2　接受订货的条件

五、产品是否应进一步深加工的决策（见表17-12）★★★

表17-12　　　　　　　　　　　产品是否应进一步深加工的决策

项目	说明
决策指标	差额利润=差额收入-差额成本=（深加工后出售收入-直接出售收入）-深加工追加成本
决策原则	差额利润＞0，继续加工，否则直接出售

【总结】产能与成本（如图17-3所示）

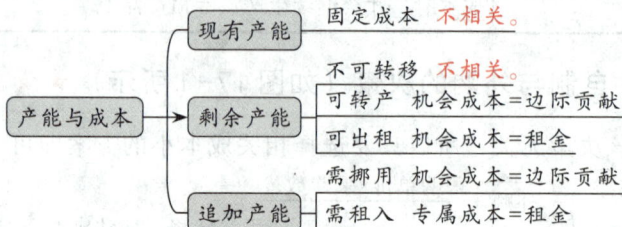

图17-3　产能与成本

六、限制资源最佳利用决策（见表17-13）★★★

表17-13　　　　　　　　　　　限制资源最佳利用决策

项目	说明
决策指标	单位限制资源的边际贡献=单位边际贡献÷单位产品所需用的资源
决策原则	优先安排"单位限制资源的边际贡献"最大的方案，最大化企业总的边际贡献

第三节　定价决策

一、产品销售定价决策原理（见表17-14）★

表17-14　　　　　　　　　　　产品销售定价决策原理

市场类型	例子	企业对市场价格的控制
完全竞争市场	农产品	市场价格是单个厂商所无法左右的，每个厂商只是均衡价格的被动接受者
垄断竞争市场	快消品	厂商可以对价格有一定的影响力
寡头垄断市场	移动通信	
完全垄断市场	公共事业	企业可以自主决定产品的价格

【提示】销售定价属于企业营销战略的重要组成部分，管理会计人员主要是从产品成本与销售价格之间的关系角度为管理者提供产品定价的有用信息。

二、产品销售定价的方法★★★

（一）成本加成定价法（见表17-15）

表17-15　　　　　　　　　　　成本加成定价法

	成本基数	成数
完全成本加成法	单位产品的制造成本（变动+固定）	非制造成本+合理利润
变动成本加成法	单位产品的变动成本（制造+非制造）	固定成本+预期利润

考霸笔记
在该类决策类型中，进一步深加工前的半成品所发生的成本，都是无关的沉没成本。因为无论是否深加工，这些成本都已经发生而不能改变。相关成本只应包括进一步深加工所需的追加成本。

为什么限制资源最佳利用决策是比较单位限制资源的边际贡献？

不同情形如何进行生产决策？

考霸笔记
对于产品定价决策来说，通常针对后三种市场类型的产品。

考霸笔记
先计算成本基数，然后在此基础上加上一定的"成数"，然后通过"成数"获得预期的利润，以此得到产品的目标价格。

【提示】

（1）两种成本加成法虽然计算的成本基数有所不同，但在思路上是相似的，都认为企业的定价必须弥补全部成本，只是成本基数的不同会引起加成比例的差异。

（2）这里所谈论的"变动成本"，和第十六章"本量利分析"所涉及的"变动成本法"里的变动成本含义不同，此处的变动成本是广义的，包括变动制造成本和变动销售、管理费用。

（3）企业还可以使用标准成本作为成本基数。

（二）市场定价法（见表17-16）

表17-16 市场定价法

项目	说明
含义	对于有活跃市场的产品，可以根据市场价格来定价，或者根据市场上同类或者相似产品的价格来定价
特点	有利于时刻保持对市场的敏感性、对同行的敏锐性

（三）新产品的销售定价方法（见表17-17）

表17-17 新产品的销售定价方法

	撇脂性定价	渗透性定价
含义	在新产品试销初期先定出较高的价格，以后随着市场的逐步扩大，再逐步把价格降低	在新产品试销初期以较低的价格进入市场，以期迅速获得市场份额，等到市场地位已经较为稳固的时候，再逐步提高销售价格
特点	一种短期性的策略，往往适用于产品的生命周期较短的产品	在试销初期会减少一部分利润，但是它能有效排除其他企业的竞争，以便建立长期的市场地位，所以这是一种长期的市场定价策略

（四）有闲置能力条件下的定价方法（见表17-18）

表17-18 有闲置能力条件下的定价方法

项目	说明
含义	在企业具有闲置生产能力时，面对市场需求的变化所采用的定价方法
相关成本	当公司存在剩余生产能力时，增量成本即为该批产品的变动成本
定价原则	企业产品的价格应该在变动成本与目标价格之间进行选择：只要价格高于工程变动成本企业就可以接受
计算公式	变动成本=直接材料+直接人工+变动制造费用+变动销售和行政管理费用 目标价格=变动成本+成本加成

智能测评

在线练习	我要提问
扫码在线做题　　　扫码看答案	扫码答疑
本书"本章同步强化训练"均配备二维码,打开微信"扫一扫"即可完成在线测评,查看本章详细的测评反馈报告,了解知识掌握情况,也可扫码直接看答案噢。 快来扫码做题吧!	本书配备答疑专用二维码,打开微信"扫一扫",即可完成在线提问,获取专业老师全面个性化解答,让学习问题不再拖延。 快来扫码提问吧!

本章同步强化训练

一、单选题

1.甲公司生产销售乙、丙、丁三种产品,固定成本为50 000元。除乙产品外,其余两种产品均盈利。乙产品销售量为2 000件,单价为105元,单位成本为110元(其中,单位直接材料成本为20元,单位直接人工成本为35元,单位变动制造费用为45元,单位固定制造费用为10元)。假定生产能力无法转移,在进行短期经营决策时,决定继续生产乙产品的理由是( )。

A.乙产品单价大于55元　　　　　　　　B.乙产品单价大于20元

C.乙产品单价大于100元　　　　　　　　D.乙产品单价大于80元

2.甲公司生产乙产品,生产能力为500件,目前正常订货量为400件,剩余生产能力无法转移。正常销售单价为80元,单位产品成本为50元,其中变动成本为40元。现有客户追加订货100件,报价70元。甲公司如果接受该笔订货,需追加专属成本1 200元。甲公司若接受该笔订货,将增加利润( )元。

A.800　　　　　　B.1 800　　　　　　C.2 000　　　　　　D.3 000

3.有一批可修复废品,存在两种处置方案:一是降价后直接出售;二是修复后按正常价格出售,修复成本为3 000元。降价后出售收入为7 000元,修复后出售收入为11 000元。那么差量利润为( )元。

A.8 000　　　　　　B.4 000　　　　　　C.3 000　　　　　　D.1 000

4.在有关产品是否进行深加工决策中,深加工前的半成品成本属于( )。

A.差量成本　　　　B.重置成本　　　　C.机会成本　　　　D.沉没成本

5.下列各项经营活动中,通常不使用资本成本的是( )。

A.企业价值评估　　B.营运资本管理　　C.存货采购决策　　D.产品定价决策

6.甲公司只生产一种产品,该产品的单位变动成本为50元,销量为200万件,固定成本总额为6 000万元。该企业目标成本利润率为50%,如果采用完全成本加成定价法计算,产品的销售单价应为( )元。

A.75　　　　　　B.80　　　　　　C.100　　　　　　D.120

二、多选题

1.下列成本中属于不相关成本的有 (　　　)。

A.专属成本　　　　　B.共同成本　　　　　C.可避免成本　　　　　D.不可延缓成本

2.零部件自制或外购决策中，如果有剩余产能，需要考虑的因素有 (　　　)。

A.变动成本　　　　　B.专属成本　　　　　C.机会成本　　　　　D.沉没成本

3.当剩余生产能力无法转移时，亏损产品不应停产的条件有 (　　　)。

A.该亏损产品的贡献边际大于0　　　　　B.该亏损产品的单位贡献边际大于0

C.该亏损产品的变动成本率大于1　　　　　D.该亏损产品的变动成本率小于1

4.下列属于产品定价决策通常针对的市场的是 (　　　)。

A.完全竞争市场　　　B.垄断竞争市场　　　C.寡头垄断市场　　　D.完全垄断市场

5.下列有关成本加成定价法的表述中，不正确的有 (　　　)。

A.以完全成本加成法定价时，其成本基数包括单位产品的直接材料、直接人工与制造费用

B.以完全成本加成法定价时，其加成数为单位产品预期利润

C.以变动成本加成法定价时，其成本基数包括单位产品的直接材料、直接人工与变动制造费用

D.以变动成本加成法定价时，其加成数为单位产品的固定制造费用和预期利润

6.以下有关新产品定价的表述中，正确的有 (　　　)。

A.撇脂性定价在新产品试销初期通常价格较高

B.撇脂性定价适用于产品的生命周期较长的产品

C.渗透性定价在新产品试销初期通常价格较低

D.渗透性定价是一种短期的市场定价策略

三、计算分析题

1.甲公司生产A、B、C三种产品，三种产品共用一条生产线，该生产线每月生产能力为12 800机器工时，目前已经满负荷运转。为使公司利润最大，公司正在研究如何调整三种产品的生产结构，相关资料如下：

（1）公司每月固定制造费用为400 000元，每月固定管理费用为247 500元，每月固定销售费用为300 000元。

（2）三种产品当前的产销数据见下表：

项目	产品A	产品B	产品C
每月产销量（件）	1 400	1 000	1 200
销售单价（元）	600	900	800
单位变动成本（元）	400	600	450
生产单位产品所需机器工时（小时）	2	4	5

（3）公司销售部门预测，产品A还有一定的市场空间，按照目前的市场情况，每月销售量可以达到2 000件，产品B和产品C的销量不受限制；生产部门提出，产品B受技术工人数量的限制，每月最多可以生产1 500件，产品A和产品C的产量不受限制。

要求：

（1）计算当前A、B、C三种产品的边际贡献总额、加权平均边际贡献率、盈亏临界点的销售额。

（2）计算调整生产结构后A、B、C三种产品的产量、边际贡献总额、甲公司每月的税前利润增加额。

2. 甲公司是一家智能机器人制造企业，目前生产A、B、C三种型号机器人，最近几年该行业市场需求变化较大，公司正进行生产经营的调整和决策。相关资料如下：

（1）预计2018年A型机器人销量为1 500台，单位售价为24万元，单位变动成本为14万元；B型机器人销量为1 000台，单位售价为18万元，单位变动成本为10万元；C型机器人销量为2 500台，单位售价为16万元，单位变动成本为10万元；固定成本总额为10 200万元。

（2）A、B、C三种型号机器人都需要通过同一台关键设备加工，该设备是公司的关键约束资源，该设备总的加工能力为5 000小时，A、B、C三种型号机器人利用该设备进行加工的时间分别为1小时、2小时和1小时。

要求：

（1）为有效利用关键设备，该公司2018年A、B、C三种型号机器人各应生产多少台？营业利润总计多少？

（2）基于要求（1）的结果，计算公司2018年的加权平均边际贡献率、加权平均盈亏平衡销售额及A型机器人的盈亏平衡销售额、盈亏平衡销售量、盈亏临界点作业率。

（3）假设公司根据市场需求变化，调整产品结构，计划2019年只生产A型机器人，预计2019年A型机器人销量达到5 000台，单位变动成本保持不变，固定成本增加到11 200万元，若想达到要求（1）的营业利润，2019年公司A型机器人可接受的最低销售单价是多少？

（4）基于要求（3）的单位售价、单位变动成本、固定成本和销量，分别计算在这些参数增长10%时，营业利润对各参数的敏感系数，然后按营业利润对这些参数的敏感程度进行排序，并指出对营业利润而言哪些参数是敏感因素。

第十八章
全面预算

本章导学

本章框架图

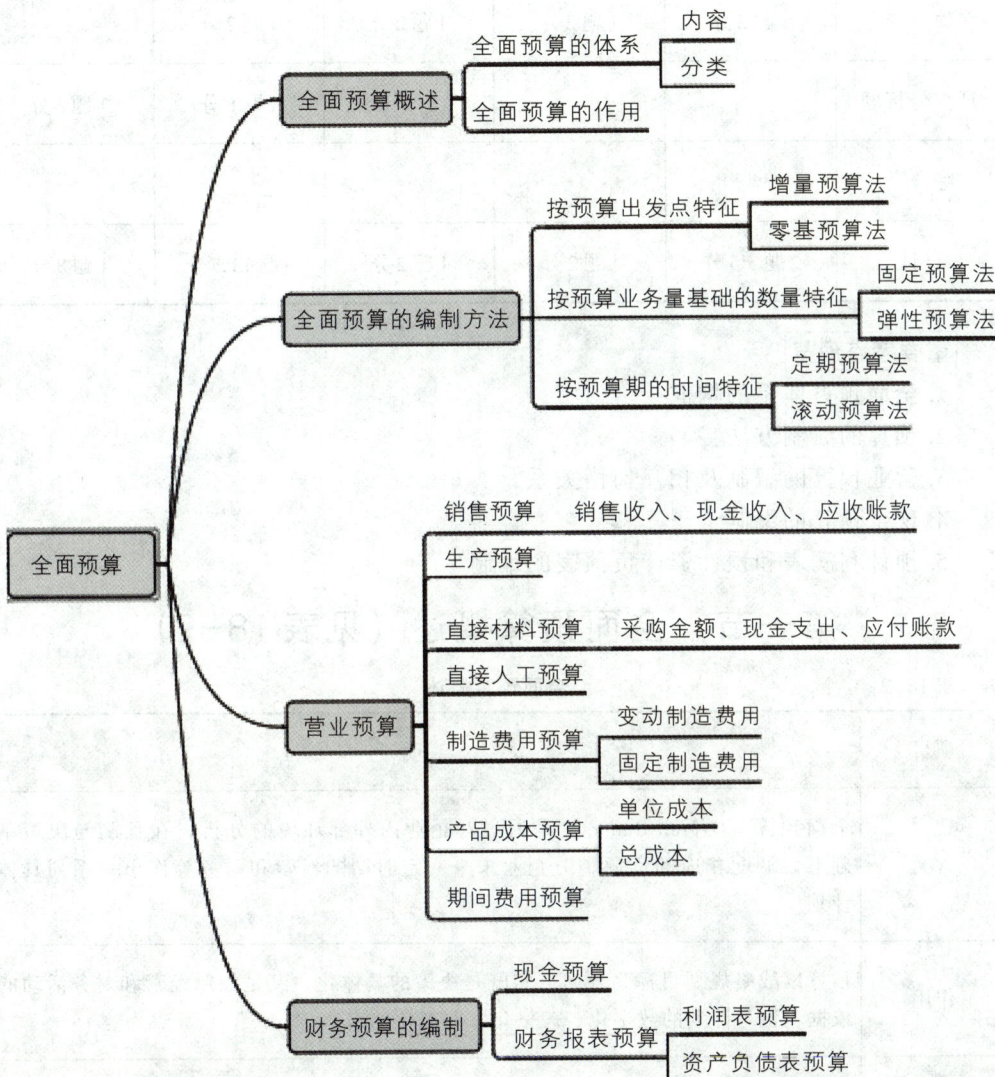

本章考情概述

本章考情分析

《礼记·中庸》中有云，"凡事预则立，不预则废"。全面预算是帮助企业实现其发展战略和年度经营目标的有效管理方法与工具。本章主要介绍了全面预算体系的构成及其编制方法，具有理论结合实际的特点。本章近5年题型题量分析，见表18-1。

表18-1 近5年题型题量分析

年份	2014年	2015年	2016年	2017年	2018年
单项选择题	1题1.5分			1题1.5分	
多项选择题	1题2分	1题2分	1题2分	1题2分	
计算分析题				1题8分	1题8分
综合题					
合计	2题3.5分	1题2分	1题2分	3题11.5分	1题8分

重要考点预览

1. 全面预算体系的构成
2. 预算的编制方法
3. 营业预算的编制及相互勾稽关系
4. 现金预算的编制
5. 预计利润表和预计资产负债表的编制

第一节 全面预算概述（见表18-2）

表18-2 全面预算概述

项目	说明
含义	全面预算（Overall Budget）是通过对企业内外部环境的分析，在预测与决策基础上，调配相应的资源，对企业未来一定时期的经营和财务等作出一系列具体计划
作用	预算以战略规划目标为导向，它既是决策的具体化，又是控制经营和财务活动的依据，也是计划的数字化、表格化、明细化的表达
特征	全面预算体现了预算的全员、全过程、全部门的特征

一、全面预算的内容（如图18-1所示）

全面预算是由资本支出预算（资本预算）、经营预算和财务预算等类别的一系列预算构成的体系，各项预算之间相互联系、关系复杂。图18-1是以制造业企业为例，勾画了全面预算体系中各预算之间的关系。

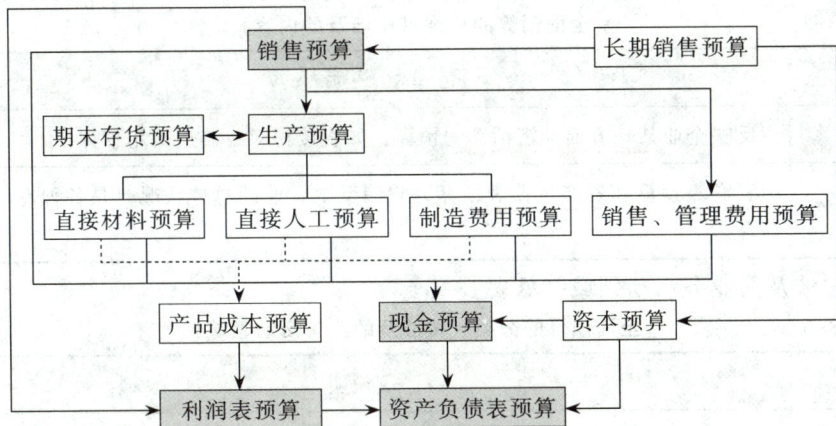

图18-1　全面预算的内容

【提示】预算之间的关系说明（见表18-3）：

表18-3　　　　　　　　　　　　　预算之间的关系说明

预算	说明
长期销售预算	企业应根据长期市场预测和生产能力，编制长期销售预算，以此为基础，确定本年度的销售预算，并根据企业财力确定资本预算
销售预算	销售预算是年度预算的编制起点，根据"以销定产"的原则确定生产预算，同时确定所需要的销售费用
生产预算	（1）生产预算的编制，除了考虑计划销售量之外，还要考虑现有存货和年末存货 （2）根据生产预算来确定直接材料、直接人工和制造费用预算
产品成本预算	是有关预算的汇总（小综合）
现金预算	
利润表预算	是全部预算的综合（大综合）
资产负债表预算	

二、全面预算的分类

考霸笔记
通常，长期和短期的划分以1年为界限。

1.按涉及的预算期（见表18-4）

表18-4　　　　　　　全面预算的分类（按涉及的预算期）

分类	说明
长期预算	包括长期销售预算和资本支出预算，有时还包括长期资金筹措预算和研究与开发预算
短期预算	指年度预算，或者时间更短的季度或月度预算，如直接材料预算、现金预算等

全面预算如何分类？

第十八章

2.按涉及的内容（见表18-5）

表18-5　　　　　全面预算的分类（按涉及的内容）

分类	说明
专门预算	指反映企业某一方面经济活动的预算，如直接材料、制造费用预算
综合预算	指利润表预算和资产负债表预算，它们反映企业的总体状况，是各种专门预算的综合

考霸笔记
本章主要讨论营业预算和财务预算。

3.按涉及的业务活动领域（见表18-6）

表18-6　　　　　全面预算的分类（按涉及的业务活动领域）

分类	说明
营业预算	又称经营预算，是企业日常经营业务的预算，属于短期预算
资本预算	是企业长期投资和长期筹资业务的预算，属于长期预算
财务预算	包括企业财务状况、经营成果和现金流量的预算，属于短期预算

第二节　全面预算的编制方法

一、按预算出发点特征不同的分类★★

如何区分增量预算法与零基预算法？

（一）增量预算法（见表18-7）　➤存在即合理。

表18-7　　　　　增量预算法

项目	说明
含义	又称调整预算法，以历史期实际经济活动及其预算为基础，结合预算期经济活动及相关影响因素的变动情况，以调整历史期经济活动项目及金融形成预算的预算编制方法
前提	（1）现有业务活动是企业必需的 （2）原有的各项业务（的成本水平）都是合理的
缺点	当预算期的情况发生变化，预算数额会受到基期不合理因素的干扰，可能导致预算的不准确（刻舟求剑）；不利于调动各部门达成预算目标的积极性

（二）零基预算法（见表18-8）　➤合理才存在。

表18-8　　　　　零基预算法

项目	说明
含义	不以历史期实际经济活动及其预算为基础，以零为起点，从实际需要出发分析预算期经济活动的合理性，经综合平衡，形成预算。
优点	不受前期费用项目和费用水平的制约，能够调动各部门降低费用的积极性
缺点	编制工作量大

二、按预算业务量基础的数量特征不同的分类 ★★

（一）固定预算法（见表18-9）→又名静态预算法。

表18-9　　　　　　　　　　　　　　固定预算法

项目	说明
含义	指在编制预算时，只根据预算期内正常、可实现的某一固定的业务量（如生产量、销售量等）水平作为唯一基础来编制预算
特点	适应性差和可比性差
适用情况	（1）经营业务稳定，生产产品产销量稳定，能准确预测产品需求及产品成本 （2）编制固定费用预算

（二）弹性预算法 →又名动态预算法。

弹性预算法指在成本性态分析的基础上，依据业务量、成本和利润之间的联动关系，按照预算期内可能的一系列业务量（如生产量、销售量、工时等）水平编制的系列预算。

1.弹性预算法的业务量（见表18-10）

表18-10　　　　　　　　　　　　弹性预算法的业务量

项目	说明
计量单位	编制弹性预算要选用一个最能代表生产经营活动水平的业务量计量单位。例如： （1）以手工操作为主的车间应选用人工工时　　成本动因。 （2）制造单一产品或零件的部门，可以选用实物数量 （3）修理部门可以选用直接修理工时
计量范围	一般来说，可定在正常生产能力的70%~110%之间，或以历史上最高业务量和最低业务量为其上下限

2.弹性预算法的编制方法

（1）公式法（见表18-11）

表18-11　　　　　　　　　　　　　公式法

项目	说明
含义	运用总成本性态模型，测算预算期的成本费用数额，并编制成本费用预算
计算公式	某项预算成本总额y=固定成本预算总额a+单位变动成本预算额b×预计业务量x
优点	便于计算任何业务量的预算成本
缺点	①混合成本中的阶梯成本和曲线成本只能用数学方法修正为直线，才能应用公式法 ②必要时，还需在"备注"中说明适用不同业务量范围的固定费用和单位变动费用

使用弹性预算法编制预算时使用的业务量怎么选择？

弹性预算法两种编制方法的优缺点是什么？

考霸笔记
任何成本均可用y＝a＋b·x近似表示，只要在预算中列示a、b，便可随时计算出任一业务量的预算成本。

第十八章

（2）列表法（见表18-12）

表18-12　　　　　　　　　　　　　　　　列表法

项目	说明
含义	在预计的业务量范围内将业务量分为若干个水平，然后按不同的业务量水平编制预算
编制要点	用列表的方式，在相关范围内每隔一定业务量范围计算相关数值预算（离散型）
优点	① 不管实际业务量多少，不必经过计算即可找到与业务量相近的预算成本 ② 混合成本中的阶梯成本和曲线成本，可按总成本性态模型计算填列，不必修正为近似的直线成本
缺点	在评价和考核实际成本时，往往需要使用插值法来计算"实际业务量的预算成本"，比较麻烦

考霸笔记
对于混合成本（而非总成本），需要按项目分别采用插值法计算。

3.弹性预算法的特点和适用情况（见表18-13）

表18-13　　　　　　　　弹性预算法的特点和适用情况

项目	说明
特点	（1）弹性预算是按一系列业务量水平编制的，从而扩大了预算的适用范围 （2）弹性预算是按成本性态分类列示的，在预算执行中可以计算一定实际业务量的预算成本，以便于预算执行的评价和考核
适用情况	（1）理论上用于编制全面预算中所有与业务量有关的预算 （2）实务中主要用于编制成本费用预算和利润预算，尤其是成本费用预算

考霸笔记
弹性预算法编制预算的准确性，在很大程度上取决于成本性态分析的可靠性。

定期预算法与滚动预算法怎么区分？

三、按预算期的时间特征不同的分类★★

（一）定期预算法（见表18-14）

表18-14　　　　　　　　　　　　　　　　定期预算法

项目	说明
含义	以固定不变的会计期间（如年度、季度、月份）作为预算期间编制预算
优点	保证预算期间与会计期间在时期上配比，便于依据会计报告的数据与预算的比较，考核和评价预算的执行结果
缺点	不利于前后各个期间的预算衔接，不能适应连续不断的业务活动过程的预算管理

（二）滚动预算法（见表18-15）

表18-15　　　　　　　　　　　　　　　　滚动预算法

项目	说明
含义	滚动预算法又称连续预算法或永续预算法，指在上期预算完成情况基础上，调整和编制下期预算，并将预算期间逐期连续向后滚动推移，使预算期间保持一定的时期跨度
分类	按照滚动的时间单位不同可以分为逐月滚动、逐季滚动和混合滚动
优点	（1）能够保持预算的持续性，有利于考虑未来业务活动，结合企业近期目标和长期目标。 （2）使预算随时间的推进不断加以调整和修订，能使预算与实际情况更相适应，有利于充分发挥预算的指导和控制作用（接地气）
缺点	预算期与会计期间脱节，且编制工作量大

考霸笔记
边实施，边修改，边制定。

1.逐月滚动（见表18-16，如图18-2所示）

表18-16　　　　　　　　　　　　　　　逐月滚动

项目	说明
编制方法	在预算编制过程中，以月份为预算的编制和滚动单位，每个月调整一次预算
特征	编制的预算比较精确，但工作量比较大

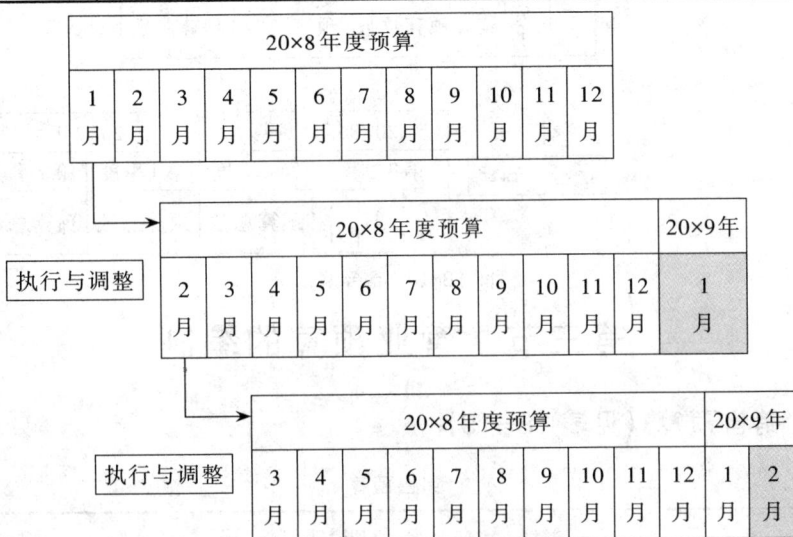

图18-2　逐月滚动

【提示】在1月末，需要根据当月预算执行的情况：

① 修订本年2月~12月的预算；

② 补充制定下一年1月的预算，以此类推。

2.逐季滚动（见表18-17）

表18-17　　　　　　　　　　　　　　　逐季滚动

项目	说明
编制方法	在预算编制过程中，以季度为预算的编制和滚动单位，每个季度调整一次预算
特征	比逐月滚动工作量小，但精确度较差

3.混合滚动（见表18-18，如图18-3所示）

表18-18　　　　　　　　　　　　　　　混合滚动

项目	说明
编制方法	在预算编制过程中，同时以月份和季度作为预算的编制和滚动单位
理论依据	人们对未来的了解程度具有对近期把握较大（按月份编制），对远期的预计把握较小（按季度编制）的特点

20×8年度预算			
第1季度	第2季度	第3季度	第4季度
1月 2月 3月	预算总数	预算总数	预算总数

执行与调整

20×8年度预算			20×9年
第2季度	第3季度	第4季度	第1季度
4月 5月 6月	预算总数	预算总数	预算总数

执行与调整

20×8年度预算		20×9年	
第3季度	第4季度	第1季度	第2季度
7月 8月 9月	预算总数	预算总数	预算总数

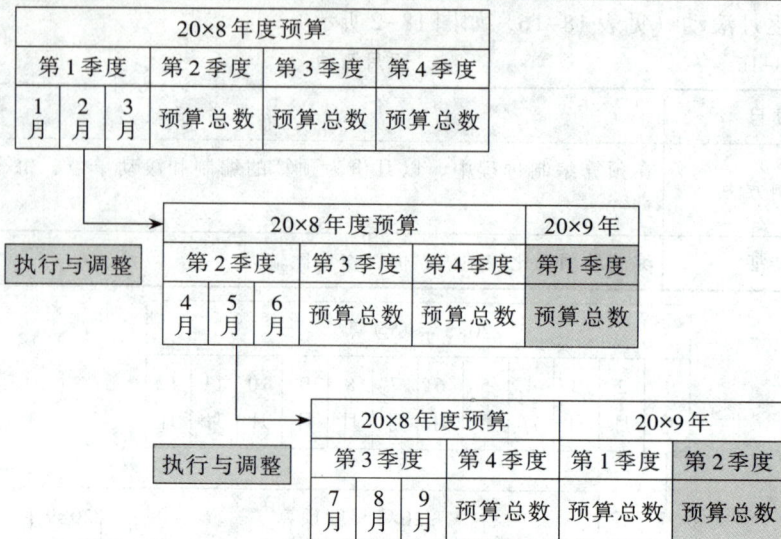

图18-3 混合滚动

第三节 营业预算的编制

一、销售预算（见表18-19）★★

表18-19 销售预算

项目	说明
含义	销售预算是在销售预测的基础上编制的，用于规划预算期销售活动的一种业务预算，它是整个预算的编制起点，也是编制其他有关预算的基础
预测指标	• 销售收入＝预测销售量×单价 • 预计现金收入＝本期销售本期收现＋前期赊销本期收现 　　　　　　　　＝本期销售额×本期收现比例＋前期赊销本期收现 • 期末应收账款＝本期销售额×本期赊销比例＋前期销售额中直至本期仍未收回的部分

为什么说销售预算是整个预算的编制起点？

从后往前。

二、生产预算（见表18-20）★★

考霸笔记
生产预算只有实物量指标，没有价值量指标，无法直接为现金预算提供资料。

从后往前。

表18-20 生产预算

项目	说明
含义	生产预算是为规划预算期生产规模而编制的一种业务预算，它是在销售预算的基础上编制的，并可以作为编制直接材料预算、直接人工预算和产品成本预算等的依据
编制原理	期末存量（已知或推断）＝期初存量（已知或推断）＋预计生产量（？）－预计销售量（销售预算）
预测指标	• 预计期末产成品存货＝下期销售量×某一百分比 • 预计期初产成品存货＝上期期末产成品存货 • 预计生产量＝预计销售量＋预计期末产成品存货－预计期初产成品存货

生产预算为什么不需要预计现金支出？

【思考】既然是"以销定产"，为何不直接将预计销售量作为当期预计生产量？

【答案】通常企业的生产和销售不能做到"同步同量"，需要设置一定的产成品存货，以保证能在发生意外需求时按时供货，并可均衡生产，节省赶工的额外支出。

三、直接材料预算（见表18-21）★★

考霸笔记
预计材料生产需要量→预计材料采购数量→预计材料采购金额→预计采购现金支出。

表18-21

直接材料预算

项目	说明
含义	直接材料预算是为了规划预算期直接材料采购金额的一种业务预算，它以生产预算为基础编制，同时要考虑原材料存货水平
编制原理	期末存量（已知或推断）=期初存量（已知或推断）+预计采购量（？）-预计需用量（生产预算）
预测指标	• 预计材料生产需用量=预计生产量×单位产品材料用量（标准成本资料或定额消耗资料） • 预计期末材料存量=下期生产需用量×某一百分比 • 预计期初材料存量=上期末材料存量 • 本期材料采购数量=本期生产需用量+期末存量-期初存量
	• 本期材料采购金额=本期材料采购数量×单价 • 预计采购现金支出=本期采购本期付现+偿还前期应付账款 从后往前。 =本期采购额×本期付现比例+偿还前期应付账款 • 期末应付账款=本期采购额×本期赊购比例+前期采购额中直至本期仍未支付的部分

从后往前。

四、直接人工预算（见表18-22）★★

考霸笔记
由于人工工资需要使用现金支付，所以无须另外预计现金支出，可直接参加现金预算的汇总。

表18-22

直接人工预算

项目	说明
含义	直接人工预算是一种既反映预算期内人工工时消耗水平，又规划人工成本开支的业务预算，它是以生产预算为基础编制的
预测指标	• 人工总工时=预计生产量×单位产品工时（来自标准成本资料） • 人工总成本=人工总工时×每小时人工成本（来自标准成本资料）

五、制造费用预算（见表18-23）★★

表18-23

制造费用预算

项目	编制方法
变动制造费用	以生产预算为基础来编制： • 有完善的标准成本资料：预算=预计生产量×单位产品的标准成本 • 没有完善的标准成本资料：逐项估计预计产量需要的各项制造费用
固定制造费用	需要逐项进行预计，通常与本期产量无关，可按各期实际需要的支付额预计，然后求出全年数

【提示】

（1）为便于编制成本预算，需要计算小时费用率：

第十八章

制造费用分配率＝制造费用预算额÷预算人工总工时

（2）为便于编制现金预算，需要预计现金支出：制造费用预算数扣除折旧、摊销等非付现成本，可得出"现金支出的费用"。

六、产品成本预算（见表18-24）★★

表18-24　　　　　　　　　　　　　　产品成本预算

项目	说明
含义	产品成本预算是预算期产品生产成本的预算，它是销售预算、生产预算、直接材料预算、直接人工预算、制造费用预算的<u>汇总</u>
预测指标	● 单位成本＝用量标准×价格标准 ● 总成本＝数量×单位成本

考霸笔记
总成本包括生产成本、存货成本和销货成本，前两个成本的数量来自生产预算，销货成本的数量来自销售预算。

【提示】产品成本预算不需要单独估计"现金支出"，因为"成本"包括非付现成本，现金支出的部分已经在直接材料、直接人工和制造费用预算里面考虑了。

七、销售费用和管理费用预算（见表18-25）★★

表18-25　　　　　　　　　　　　销售费用和管理费用预算

项目	编制方法
销售费用预算	它以销售预算为<u>基础</u>，需要分析销售收入、销售利润和销售费用的关系，力求实现销售费用的最有效使用
管理费用预算	管理费用多属于<u>固定成本</u>，所以管理费用预算一般是以过去的实际开支为基础，按预算期可预见的变化来调整（增量预算法）

考霸笔记
销售费用预算应和销售预算相配合，应有按品种、按地区、按用途的具体预算数额。

【总结】营业预算的编制思路（如图18-4所示）：

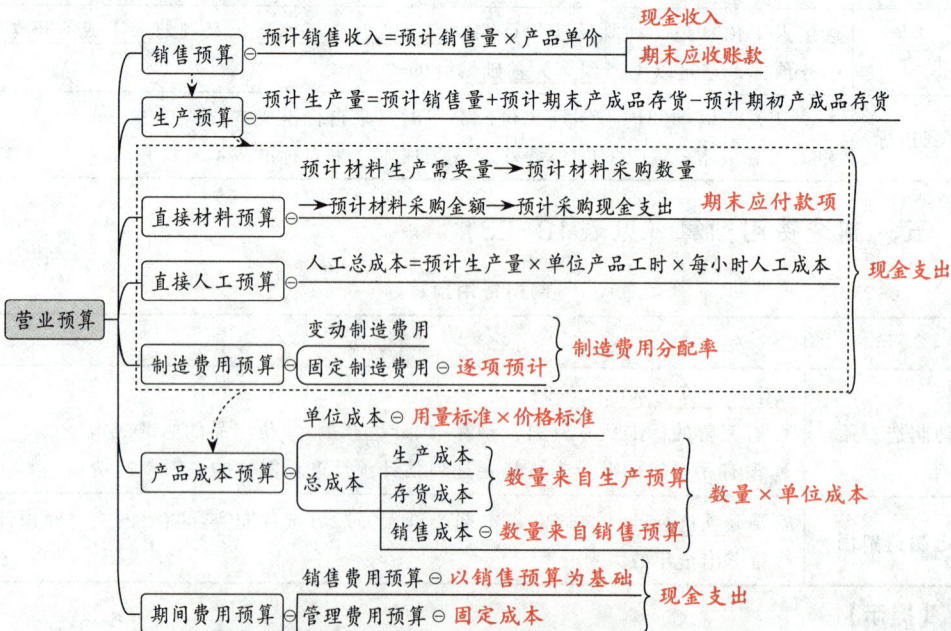

图18-4　营业预算的编制思路

第四节　财务预算的编制

一、现金预算★★★

现金预算的编制步骤是什么？

（一）现金预算概述（见表18-26）

表18-26　　　　　　　　　　现金预算概述

项目	预测方法
编制依据	现金预算（Cash Budget）以各项营业预算和资本支出预算为依据编制，反映各预算期的收入款项和支出款项，以及为满足理想现金余额而进行筹资或归还借款等
编制目的	在资金不足时筹措资金，资金多余时及时处理现金余额，并且提供现金收支的控制限额，发挥现金管理的作用

（二）现金预算的编制（如图18-5所示，见表18-27）

考霸笔记
现金预算要按照收付实现制来编制。

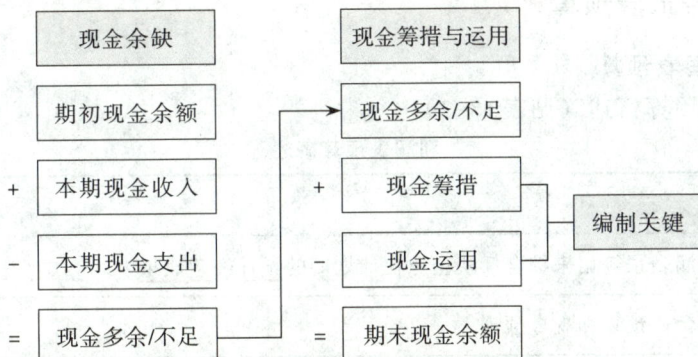

现金余缺		现金筹措与运用
期初现金余额		现金多余/不足
＋ 本期现金收入	＋	现金筹措
－ 本期现金支出	－	现金运用 → 编制关键
＝ 现金多余/不足	＝	期末现金余额

图18-5　现金预算的编制

表18-27　　　　　　　　　　现金预算的编制

项目	预测方法
可供使用现金	包括期初现金余额和预算期现金收入（销售预算），两者之和为"可供使用现金"
现金支出	（1）直接材料、直接人工、制造费用、销售及管理费用的数据来自于前述有关预算 （2）所得税费用、购买设备、股利分配等支出，数据来自于另行编制的专门预算
现金多余或不足	现金多余或不足=可供使用现金－现金支出合计 （1）差额＞最低现金余额：说明现金有多余，可用于偿还过去向银行取得的借款，或者用于短期投资 （2）差额＜最低现金余额：说明现金不足，要向银行取得新的借款
现金筹措与现金运用	（1）借款的金额与利息的支付方式有关，需要一并考虑 （2）现金运用包括归还借款本金和支付利息（包括短期借款利息和长期借款利息）
期末余额	现金期末余额=现金多余或不足+借款额－现金运用

【提示】

（1）编制现金预算时利息支出的确定方法：一般按"新增借款期初借入，偿还借款和利息期末支出"来预计（见表18-28）

表18-28　　　　　　　　编制现金预算时利息支出的确定方法

	还款时支付利息（利随本清）	每期定期支付利息
计息要点	利息金额与还款金额挂钩	利息金额与借款金额挂钩
计息期	累计计息期（借款日→还款日）	本期计息期（本期初→本期末）
计算公式	利息=还款额×期利率×借款期限	利息=（上期末借款余额+本期新增借款额）×期利率

（2）期末现金余额需要满足最低现金余额的要求。

（3）现金预算的编制只能逐期编制，除第一期属题目已知条件外，各期期初余额=上期期末余额。

二、财务报表预算 ★★

（一）利润表预算

1.利润表预算概述（见表18-29）

表18-29　　　　　　　　利润表预算概述

项目	说明
含义	利润表预算用来综合反映企业在计划期的预计经营成果
编制基础	各营业预算和现金预算
编制目的	可以了解企业预期的利润水平：如果预算利润与最初编制方针中的目标利润有较大的不一致，就需要调整部门预算，设法达到目标，或者经企业领导同意后修改目标利润

利润表预算编制的数据来源是什么？

考霸笔记 利润表要按照权责发生制来编制。

2.利润表预算的编制（见表18-30）

表18-30　　　　　　　　利润表预算的编制

主要项目	编制方法
销售收入	来自"销售预算"中的"销售收入"
销售成本	来自"产品成本预算"中的"销货成本"
销售及管理费用	来自"销售费用预算"和"管理费用预算"
借款利息	来自"现金预算"中的"利息支出"
所得税费用	在利润规划时估计的，并已列入现金预算

【提示】"所得税费用"项目是在利润预测时估计的，并已列入现金预算。它通常不是根据"利润总额"和所得税税率计算出来的，因为有诸多纳税调整的事项存在。此外，从预算编制程序上看，这样做的目的是避免数据循环。

（二）资产负债表预算

1.资产负债表预算概述（见表18-31）

考霸笔记
资产负债表预算是编制全面预算的终点。

表18-31 资产负债表预算概述

项目	说明
含义	预计资产负债表用来反映企业在计划期末的预计财务状况
编制基础	以计划期开始日的资产负债表为基础，结合计划期间各项营业预算、资本支出预算、现金预算和预计利润表进行编制
编制目的	判断预算反映的财务状况的稳定性和流动性，如果通过资产负债表预算的分析，发现某些财务比率不佳，必要时可修改有关预算，以改善财务状况

2.资产负债表预算的编制（见表18-32）

考霸笔记
资产负债表预算与会计的资产负债表内容、格式相同，只不过数据反映的是预算期末的财务状况。

表18-32 资产负债表预算的编制

主要项目	编制方法
现金	来自"现金预算"期末金额
应收账款	编制"销售预算"时计算出来的。或者：期末应收账款=期初应收账款+本期销售收入−本期收到的销售货款
直接材料	来自"直接材料预算"，期末存量和采购单价相乘
产成品	来自"产品成本预算"中的"期末存货"
固定资产（原值）	期末余额=期初余额+购买设备支出，其中，购买设备支出在现金预算中登记
累计折旧	本期发生额来自固定制造费用预算和管理、销售费用预算（如包括）
应付账款	编制"直接材料预算"时计算出来的。或者：期末应付账款=期初应付账款+本期采购金额−本期支付的采购货款
短期（长期）借款	期末余额=期初余额+本期借入−本期偿还，其中，本期借入和本期偿还来自"现金预算"
未分配利润	期末未分配利润=期初未分配利润+本期利润−本期股利，其中，本期利润来自于"利润表预算"，本期股利来自于"现金预算"

智能测评

在线练习	我要提问
扫码在线做题　　扫码看答案	扫码答疑

　　本书"本章同步强化训练"均配备二维码，打开微信"扫一扫"即可完成在线测评，查看本章详细的测评反馈报告，了解知识掌握情况，也可扫码直接看答案噢。

　　快来扫码做题吧！

　　本书配备答疑专用二维码，打开微信"扫一扫"，即可完成在线提问，获取专业老师全面个性化解答，让学习问题不再拖延。

　　快来扫码提问吧！

本章同步强化训练

一、单选题

1.下列预算中，不属于营业预算的是（　　）。

A.销售预算　　　　　　B.生产预算　　　　　C.产品成本预算　　　　D.资本支出预算

2.全面预算的编制起点是（　　）。

A.销售预算　　　　　　B.生产预算　　　　　C.产品成本预算　　　　D.现金预算

3.甲公司机床维修费为半变动成本，机床运行100小时的维修费为250元，运行150小时的维修费为300元。如果机床运行时间为80小时，那么维修费为（　　）元。

A.220　　　　　　　　B.230　　　　　　　　C.250　　　　　　　　D.200

4.企业按弹性预算方法编制费用预算，预算直接人工工时为10万小时，变动成本为60万元，固定成本为30万元。如果预算直接人工工时达到12万小时，则预算总成本为（　　）万元。

A.96　　　　　　　　　B.108　　　　　　　　C.102　　　　　　　　D.90

5.下列各项中，不受会计年度制约，预算期始终保持在一定时间跨度的预算方法是（　　）。

A.固定预算法　　　　　B.弹性预算法　　　　C.定期预算法　　　　　D.滚动预算法

6.在下列各项中，不属于滚动预算方法的滚动方式的是（　　）。

A.逐年滚动方式　　　　B.逐季滚动方式　　　C.逐月滚动方式　　　　D.混合滚动方式

7.甲公司正在编制下一年度的生产预算，期末产成品存货按照下季度销量的10%安排。预计一季度和二季度的销售量分别为150件和200件，一季度的预计生产量是（　　）件。

A.145　　　　　　　　B.150　　　　　　　　C.155　　　　　　　　D.170

8.下列预算中，在编制时无须以生产预算为基础的是（　　）。

A.变动制造费用预算　　B.销售费用预算　　　C.产品成本预算　　　　D.直接人工预算

9.甲企业生产一种产品，每件产品消耗材料10千克。预计本期产量为155件，下期产量为198件，本期期初材料存量为310千克，期末材料按下期产量用料的20%确定。本期预计材料采购量为（　　）千克。

A.1 946　　　　　　　B.1 860　　　　　　　C.1 636　　　　　　　D.1 464

10.某企业2009年第一季度产品生产量预算为1 500件，单位产品材料用量为5千克/件，期初材料库存量为1 000千克，第一季度还要根据第二季度生产耗用材料的10%安排季末存量，预计第二季度生产耗用7 800千克材料。材料采购价格预计为12元/千克，则该企业第一季度材料采购的金额为（　　）。

A.78 000元　　　　　　B.87 360元　　　　　C.92 640元　　　　　　D.99 360元

11.某公司生产甲产品，一季度至四季度的预计销售量分别为1 000件、800件、900件和850件，生产每件甲产品需要2千克A材料。公司的政策是每一季度末的产成品存货数量等于下一季度销售量的10%，每一季度末的材料存量等于下一季度生产需要量的20%。该公司二季度的预计材料采购量为（　　）千克。

A.1 600　　　　　　　B.1 620　　　　　　　C.1 654　　　　　　　D.1 668

12.下列各项中，不属于现金预算中"现金余缺（现金多余或不足）"计算项目的是（　　）。

A.付现制造费用　　　　B.所得税费用　　　　C.归还借款利息　　　　D.支付设备价款

13.甲企业正在编制"现金预算"，预计1月初短期借款为50 000元，年利率为12%，该企业不存在长期负债，预计1月末现金余缺为－12 500元。现金不足时，可以通过银行借款解决（利率不变），借款额为1 000元的整数倍，1月末现金余额要求不低于5 000元。假设企业每月末支付一次利息，借款在期初，还款在期末，向银行借款的最低金额为（　　）元。

A.19 000　　　　　　B.20 000　　　　　　C.64 000　　　　　　D.65 000

14.某企业正在编制第四季度的直接材料消耗与采购预算，预计直接材料的期初存量为1 000千克，本期生产消耗量为3 500千克，期末存量为800千克；材料采购单价为每千克25元，材料采购货款有30%当季付清，其余70%在下季付清。该企业第四季度采购材料形成的"应付账款"期末余额预计为（　　）元。

A.3 300　　　　　　B.24 750　　　　　　C.57 750　　　　　　D.82 500

二、多选题

1.下列关于全面预算的表述中，正确的有（　　）。

A.全面预算是业绩考核的基本标准

B.营业预算与业务各环节有关，因此属于综合预算

C.财务部门应当审议企业预算方案

D.在全面预算中，生产预算是唯一没有按货币计量的预算

2.与增量预算编制方法相比，零基预算编制方法的优点有（　　）。

A.编制工作量小　　　　　　　　　　B.可以重新审视现有业务的合理性

C.可以避免前期不合理费用项目的干扰　　D.可以调动各部门降低费用的积极性

3.用列表法编制的弹性预算，主要特点是（　　）。

A.不管实际业务量多少，不必经过计算即可找到与实际业务量相近的预算成本，控制成本比较方便

B.混合成本中的阶梯成本和曲线成本可按其性态直接在预算中反映

C.评价和考核实际成本时往往需要使用插补法计算实物量的预算成本

D.不以成本性态分析为前提

4.短期预算可采用定期预算法编制，该方法（　　）。

A.有利于前后各个期间的预算衔接

B.可以适应连续不断的业务活动过程的预算管理

C.有利于按财务报告数据考核和评价预算的执行结果

D.使预算期间与会计期间在时期上相配比

5.甲公司正在编制全面预算，下列各项中以生产预算为编制基础的有（　　）。

A.销售预算　　　　B.直接材料预算　　　C.直接人工预算　　　D.变动制造费用预算

6.下列营业预算中，通常需要预计现金支出的有（　　）。

A.生产预算　　　　B.销售费用预算　　　C.制造费用预算　　　D.直接材料预算

7.在编制生产预算时，计算某种产品预计生产量应考虑的因素包括（　　）。

A.预计材料采购量　　　　　　　　　B.预计产品销售量

C.预计期初产品存货量　　　　　　　D.预计期末产品存货量

8.下列各项预算中，以生产预算为基础编制的有（　　）。

A.直接人工预算　　　　　　　　　　B.销售费用预算

C.固定制造费用预算　　　　　　　　D.直接材料预算

9. 某批发企业销售甲商品，第三季度各月预计的销售量分别为 1 000 件、1 200 件和 1 100 件，企业计划每月月末商品存货量为下月预计销售量的20%。下列各项预计中，正确的有（　　）。

A.8月份期初存货为240件　　　　　　B.8月份采购量为 1 180 件

C.8月份期末存货为220件　　　　　　D.第三季度采购量为 3 300 件

10. 下列有关预算编制的说法中，正确的有（　　）。

A.弹性预算法适用于与业务量有关的预算的编制

B.定期预算法便于依据会计报告的数据与预算的比较，有利于前后各个期间的预算衔接

C.因为制造费用的发生与生产有关，所以制造费用预算的编制要以生产预算为基础

D.管理费用预算一般以过去的实际开支为基础，按预算期的可预见变化来调整

11. 下列预算中，可用于编制产品成本预算的有（　　）。

A.销售预算　　　　　　　　　　　　B.生产预算

C.直接材料和直接人工预算　　　　　　D.制造费用预算

12. 计算现金预算中的"现金多余或不足"时，不需要考虑的有（　　）。

A.期初现金余额　　　　　　　　　　B.前期实现销售本期收到的现金

C.归还借款、支付利息　　　　　　　　D.购买长期债券

13. 编制现金预算时，如果现金余缺大于最佳现金持有量，则企业可采取的措施有（　　）。

A.销售短期有价证券　　　　　　　　B.偿还部分借款利息

C.购入短期有价证券　　　　　　　　D.偿还部分借款本金

14. 下列关于全面预算中的利润表预算编制的说法中，正确的有（　　）。

A."销售收入"项目的数据，来自销售预算

B."销货成本"项目的数据，来自生产预算

C."销售及管理费用"项目的数据，来自销售及管理费用预算

D."所得税费用"项目的数据，通常是根据利润表预算中的"利润"项目金额和本企业适用的法定所得税税率计算出来的

15. 下列的各项预算中，在编制利润表预算时需要考虑的有（　　）。

A.销售预算　　　　　　　　　　　　B.产品成本预算

C.销售费用和管理费用预算　　　　　　D.资产负债表预算

三、计算分析题

1.GD公司是一家制造企业，正在编制2019年第一、二季度现金预算，年初现金余额为52万元。相关资料如下：

（1）预计第一季度销量为30万件，单位售价为100元；第二季度销量为40万件，单位售价为90元；第三季度销量为50万件，单位售价85元，每季度销售收入60%当季收现，40%下季收现，2019年初应收账款余额为800万元，第一季度收回。

（2）2019年初产成品存货为3万件，每季末产成品存货为下季销量的10%。

（3）单位产品材料消耗量为10千克，单价为4元/千克，当季所购材料当季全部耗用，季初季末无材料存货，每季度材料采购货款50%当季付现，50%下季付现。2019年初应付账款余额为420万元，第一季度偿付。

（4）单位产品人工工时为2小时，人工成本为10元/小时；制造费用按人工工时分配，分配率为7.5元/小时。销售和管理费用全年为400万元，每季度100万元。假设人工成本、制造费用、

销售和管理费用全部当季付现。全年所得税费用为100万元，每季度预缴25万元。

（5）公司计划在上半年安装一条生产线，第一、二季度分别支付设备购置费450万元、250万元。

（6）每季末现金余额不能低于50万元。低于50万元时，向银行借入短期借款，借款金额为10万元的整数倍。借款季初取得，每季末支付当季利息，季度利率为2%。高于50万元时，高出部分以10万元的整数倍偿还借款，季末偿还。第一、二季度无其他融资和投资计划。

要求：

根据上述资料，编制公司2019年第一、二季度现金预算（结果填入下方表格中，不用列出计算过程）。

项目	第一季度	第二季度
期初现金余额		
● 加：销货现金收入		
可供使用的现金合计		
● 减：各项支出		
材料采购		
人工成本		
制造费用		
销售和管理费用		
所得税费用		
购买设备		
现金支出合计		
现金多余或不足		
● 加：短期借款		
减：归还短期借款		
支付短期借款利息		
期末现金余额		

2.甲公司是一个生产番茄酱的公司。该公司每年都要在12月份编制下一年度的分季度现金预算。有关资料如下：

（1）该公司只生产一种50千克桶装番茄酱。由于原料采购的季节性，只在第二季度进行生产，而销售全年都会发生。

（2）每季度的销售收入预计如下：第一季度750万元，第二季度1 800万元，第三季度750万元，第四季度750万元。

（3）所有销售均为赊销。应收账款期初余额为250万元，预计可以在第一季度收回。每个季度的销售有2/3在本季度内收到现金，另外1/3于下一个季度收回。

（4）采购番茄原料预计支出912万元，第一季度需要预付50%，第二季度支付剩余的款项。

（5）直接人工费用预计发生880万元，于第二季度支付。

（6）付现的制造费用第二季度发生850万元，其他季度均发生150万元。付现制造费用均在发生的季度支付。

（7）每季度发生并支付销售和管理费用100万元。

（8）全年预计所得税160万元，分4个季度预缴，每季度支付40万元。

（9）公司计划在下半年安装一条新的生产线，第三季度、第四季度各支付设备款200万元。

（10）期初现金余额为15万元，没有银行借款和其他负债。公司需要保留的最低现金余额为10万元。现金不足最低现金余额时需向银行借款，超过最低现金余额时需偿还借款，借款和还款数额均为5万元的倍数。借款年利率为8%，每季度支付一次利息，计算借款利息时，假定借款均在季度初发生，还款均在季度末发生。

要求：

请根据上述资料，为甲公司编制现金预算。编制结果填入下方给定的表格中，不必列出计算过程。

季度	一	二	三	四	合计
期初现金余额					
● 现金收入：					
本期销售本期收款					
上期销售本期收款					
现金收入合计					
● 现金支出：					
直接材料					
直接人工					
制造费用					
销售与管理费用					
所得税费用					
购买设备支出					
现金支出合计					
现金多余或不足					
向银行借款					
归还银行借款					
支付借款利息					
期末现金余额					

3.A公司是一家零售商，正在编制12月份的预算，有关资料如下：

（1）预计的2018年11月30日资产负债表如下（单位：万元）：

资产	金额	负债及所有者权益	金额
现金	22	应付账款	162
应收账款	76	应付利息	11
存货	132	银行借款	120
固定资产	770	实收资本	700
		未分配利润	7
资产总计	1 000	负债及所有者权益总计	1 000

（2）销售收入预计：2018年11月200万元，12月220万元；2019年1月230万元。

（3）销售收现预计：销售当月收回60%，次月收回38%，其余2%无法收回（坏账）。

（4）采购付现预计：销售商品的80%在前一个月购入，销售商品的20%在当月购入；所购商品的进货款项，在购买的次月支付。

（5）预计12月份购置固定资产需支付60万元，全年折旧费为216万元；除折旧外的其他管理费用均须用现金支付，预计12月份为26.5万元；12月末归还一年前借入的到期借款120万元。

（6）预计销售成本率为75%。

（7）预计银行借款年利率为10%，还款时支付利息。

（8）企业最低现金余额为5万元；预计现金余额不足5万元时，在每月月初从银行借入，借款金额是1万元的整数倍。

（9）假设公司按月计提应计利息和坏账准备。

要求：

计算下列各项的12月份预算金额：

（1）销售收回的现金、进货支付的现金、本月新借入的银行借款。

（2）现金、应收账款、应付账款、存货的期末余额。

（3）税前利润。

第十九章

责任会计

本章框架图

```
                                                        企业的集权与分权
                        企业组织结构与责任中心划分                    科层组织结构
                                                        企业组织结构    事业部制组织结构
                                                                    网络组织结构

                                            划分和类型        标准成本中心
                                成本中心                    费用中心
                                            考核指标
                                            责任成本

                                                        自然的利润中心
                                            划分和类型    人为的利润中心
    责任会计                                              边际贡献
                                利润中心      考核指标     部门可控边际贡献  最佳
                                                        部门税前营业利润
                                                        价格型
                                            内部转移价格    成本型
                                                        协商型

                                            投资中心的划分
                                投资中心                   投资报酬率
                                            考核指标
                                                        乘余收益
```

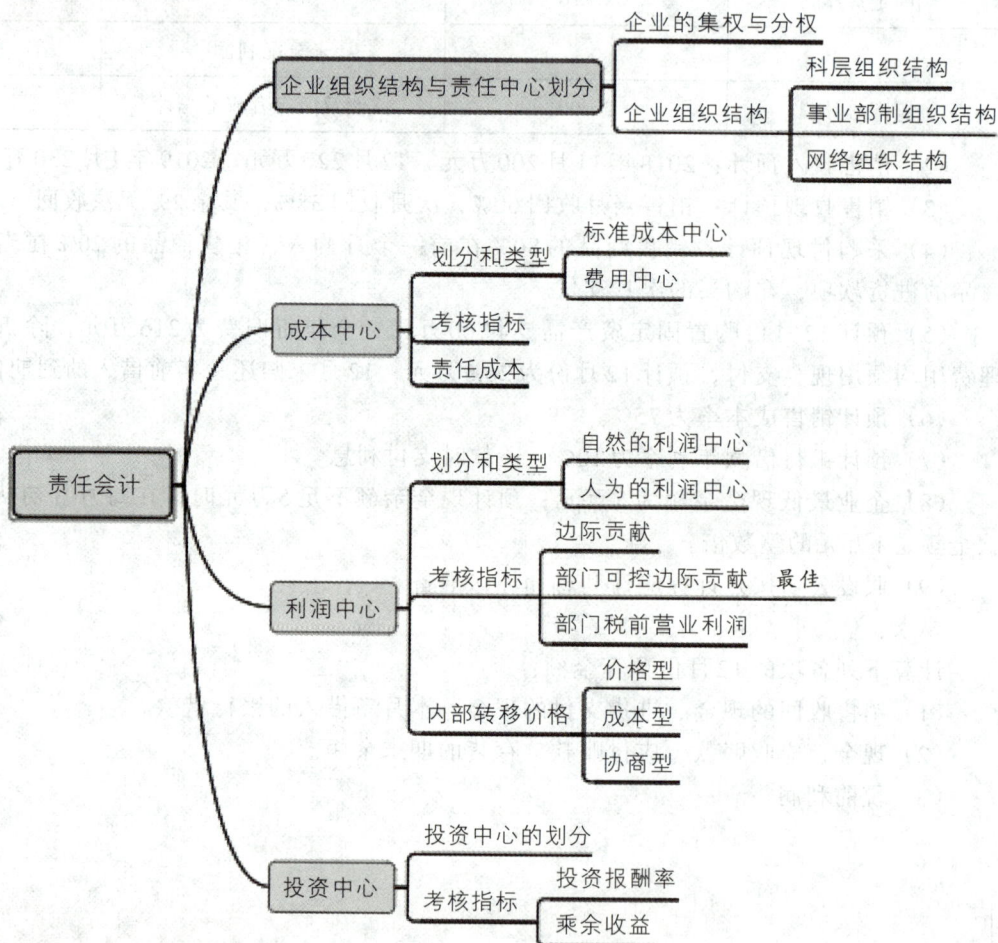

本章考情概述

本章考情分析

　　本章属于一般章，知识难度不大，学习起来较为容易。本章主要阐述公司内部的业绩评价，包括成本中心的类型、考核指标、三种成本计算方法的区别和制造费用的归属和分摊方法；利润中心的类型、考核指标和内部转移价格的种类及适用条件；投资中心业绩评价的投资报酬率和剩余收益指标的计算和特点等。本章近5年题型题量分析，见表19-1。

表 19-1   近5年题型题量分析

项目	2014年	2015年	2016年	2017年	2018年
单项选择题		1题1.5分		2题3分	1题1.5分
多项选择题	2题4分	1题2分	1题2分		
计算分析题				1题8分	
综合题	0.1题1.5分				
合计	2.1题5.5分	2题3.5分	1题2分	3题11分	1题1.5分

重要考点预览

1. 集权与分权的特点
2. 各种组织结构的特点
3. 成本中心的考核指标
4. 责任成本的含义，可控成本的确定原则
5. 利润中心的考核指标
6. 内部转移价格的种类及特点
7. 投资中心的考核指标

第一节　企业组织结构与责任中心划分

一、企业的集权与分权（见表19-2）★

表 19-2   企业的集权与分权

项目	集权	分权
含义	把企业经营管理权限较多集中在企业上层的一种组织形式	把企业的经营管理权适当地分散在企业中下层的一种组织形式
优点	（1）便于提高决策效率，对市场作出迅速反应（一锤定音） （2）容易实现目标的一致性 （3）可以避免重复和资源浪费（集中力量办大事）	（1）可以让高层管理者将主要精力集中于重要事务 （2）权力下放，可以充分发挥下属的积极性和主动性，增加下属的工作满足感，便于发现和培养人才 （3）下属拥有一定的决策权，可以减少不必要的上下沟通，并可以对下属权限内的事情迅速作出反应（将在外军令有所不受）
缺点	容易形成对高层管理者的个人崇拜，形成独裁，导致将来企业高管更替困难，影响企业长远发展（需要制度化接班）	可能产生与企业整体目标不一致的委托-代理问题（诸侯割据）

【提示】采取集权的企业也并不表示不让下级参与决策制定，实际上，下级在某些事务上也拥有一定的灵活性。采取分权的企业有一些决策也是交给上级主管作出的，特别是面对一些不经常发生的和关于企业整体发展的问题时。

考霸笔记
企业组织结构与其责任会计系统存在密切的关系，理想的责任会计系统应反映并支撑企业组织结构。

二、企业组织结构 ★

（一）科层组织结构（Bureaucracy）

1.科层组织的构成（见表19-3）

表19-3　　　　　　　　　　　科层组织的构成

项目	主体（层）	辅助（科）
管理结构	直线指挥机构：如总部、分部、车间、工段和班组等	参谋职能机构：如研究开发部、人力资源部、财务部、营销部及售后服务部等
管理人员	直线人员：如总经理、分部经理、车间主任、工段长和班组长等	参谋人员：如人力资源部部长、财务部部长、营销部部长等。
管理权限	（1）企业生产经营的决策权力主要集中在最高层的直线领导手中 （2）企业的生产经营活动主要由直线人员统一领导和指挥，在自己的职责范围内向下级发布命令指示，并负全面的领导责任	（1）职能部门设立在直线领导之下，分别从事专业管理，是各级直线领导的参谋部 （2）职能部门所拟订的计划、方案以及有关指示等，均应由直线领导批准后下达执行，职能部门对下级领导者和下属职能部门无权直接下达命令或进行指挥，只能提供建议、咨询以及进行业务指导的作用

2.直线职能组织结构的优缺点（见表19-4）

表19-4　　　　　　　　　　直线职能组织结构的优缺点

项目	说明
优点	（1）各个职能部门目标明确，部门主管容易控制和规划 （2）同类专业的员工一起共事，易于相互学习，增长技能 （3）内部资源较为集中，由同一部门员工分享，可减少不必要的重复和浪费
缺点	（1）部门之间的工作协调常会出现困难，导致不同部门各自为政，甚至争夺公司内部资源，因此，整个企业对外在环境的反应会比较迟钝 （2）员工较长时间在一个部门工作，往往眼光会变得狭隘，只看到本部门的目标和利益，缺乏整体意识和创新精神

（二）事业部制组织结构（见表19-5）

表19-5 事业部制组织结构

项目	说明
含义	事业部制是一种分权的组织结构。在这种组织结构中，它把分权管理与独立核算结合在一起，在总公司统一领导下，按照产品、地区或者市场（客户）来划分经营单位（事业部）。各个事业部实行相对独立的经营和核算，具有从生产到销售的全部职能
管理原则	集中决策、分散经营、协调控制
划分标准	按照产品、地区或者客户等内容划分

☑ **主要特点**（见表19-6）：

表19-6 事业部制主要特点

项目	特点
经营上	在总公司之下，企业按照产品类别、地区类别或者顾客类别设置生产经营事业部
人事上	每个事业部设置各自的执行总经理，每位执行总经理都有权进行采购、生产和销售，对其事业部的生产经营，包括收入、成本和利润的实现负全部责任（封疆大吏）
财务上	（1）总公司在重大问题上集中决策，各个事业部独立经营、独立核算、自负盈亏，是一个利润中心 （2）各个事业部的盈亏直接影响总公司的盈亏，总公司的利润是各个事业部利润之和，总公司对各个事业部下达利润指标，各个事业部必须保证对总公司下达的利润指标的实现

（三）网络组织结构（见表19-7）

表19-7 网络组织结构

特点	说明
分散性	它不是几个或几十个大的战略经营单位的结合，而是由为数众多的小规模经营单位构成的企业联合体，这些经营单位具有很大的独立性（小而多，而非大而少）
协作性	在这种组织形式下，独立的小规模经营单位的资源是有限的，在生产经营中必须大量依赖与其他单位的广泛合作
创新性	最高管理层的管理主要集中在驱动创新过程，创新活动已由过去少数高层管理人员推动转变为企业基层人员的重要职责
高效性	在这种组织形式下，行政管理和辅助职能部门被精简。基层企业可以自主地根据具体的市场情况组织生产经营活动，快速地对市场作出反应

事业部制组织结构有什么特点？

考霸笔记
这种新的组织模式的组织结构单元和单元之间的关系类似于一个网络，所以这种新企业组织形式称为扁平化网络组织（N形组织）。从总体上看，它是一个由众多独立的创新经营单位组成的彼此有紧密联系的网络。

第二节　成本中心

一、成本中心的划分和类型 ★★

（一）成本中心的含义与特点（见表19-8）

表19-8　　　　　　　　　成本中心的含义与特点

项目	说明
含义	只对其成本或费用承担经济责任并负责控制和报告成本或费用的责任中心
特点	（1）这个中心往往没有收入，或者有少量收入，但不成为主要的考核内容 （2）任何发生成本的责任领域，都可以确定为成本中心，大的成本中心可能是一个分公司、分厂，小的成本中心可能是一台卡车和两个司机组成的单位（没有门槛） （3）成本中心的职责，是用一定的成本去完成规定的具体任务

> 怎么区分不同成本中心的类型和特点？
>
> 考霸笔记
> 适用于各行各业，不是只有工业企业。

（二）成本中心的类别（见表19-9）

表19-9　　　　　　　　　成本中心的类别

	标准成本中心	费用中心
含义	所生产的产品稳定而明确，并且已经知道单位产品所需要的投入量的责任中心	那些产出物不能用财务指标来衡量，或者投入和产出之间没有密切关系的单位
典型	制造业工厂、车间、工段、班组等	一般行政管理部门、研究开发部门、某些销售部门等
特点	（1）产出能用财务指标来衡量 （2）投入产出之间存在函数关系	（1）产出不能使用财务指标衡量 （2）投入与产出之间的关系不密切

【提示】实际上，任何一种重复性的活动都可以建立标准成本中心，只要这种活动能够计量产出的实际数量，并且能够说明投入与产出之间可望达到的函数关系。例如：银行业根据经手票据的多少，医院根据接受检查或放射治疗的人数，快餐业根据售出的盒饭多少，都可以建立标准成本中心。（服务业也可以）

二、成本中心的考核指标 ★★

> 考霸笔记
> 标准成本中心不对以下决策负责：定价决策、产量决策、产品结构决策、设备和技术决策等。

（一）标准成本中心（见表19-10）

表19-10　　　　　　　　　标准成本中心

项目	说明
考核指标	既定产品质量和数量条件下的标准成本
注意问题	（1）本中心不对生产能力的利用程度负责（无权决定产量），即不对固定制造费用的闲置能量差异承担责任（产能利用不足），只负责既定产量的投入量 （2）本中心必须按规定的质量、时间标准和计划产量来进行生产。过高的产量，提前产出造成积压，超产以后销售不出去，同样会给企业造成损失，也应视为未按计划进行生产

【提示】标准成本中心需要对耗费差异和效率差异承担责任。

（二）费用中心（见表19-11）

表19-11   费用中心

项目	说明 因为缺少度量产出的标准。
考核指标	通常使用费用预算来评价其成本控制业绩
注意问题	（1）业绩涉及预算、工作质量和服务水平。一个费用中心的支出没有超过预算，可能该中心的工作质量和服务水平可能低于计划的要求，并非必然表明该中心业绩良好 （2）如何制定预算 ① 考查同行业类似职能的支出水平，例如，根据销售收入的一定百分比来制定研究开发费用预算 ② 零基预算法：详尽分析支出的必要性及其取得的效果，确定预算标准 （3）在考核预算完成情况时，要利用有经验的专业人员对该费用中心的工作质量和服务水平作出有根据的判断，才能对费用中心的控制业绩作出客观评价（不能光看花钱多少）

【提示】编制费用预算时，不能根据历史经验来编制（增量预算），原因如下：

（1）管理人员为了将来获得更高的预算，倾向于把能花的钱全部花掉。

（2）预算的有利差异只能说明比过去少花了钱，既不表明达到了应有的节约程度，也不能说明成本控制取得了应有的效果。

三、责任成本★★

（一）责任成本概述（见表19-12）

责任成本的范围和特点是什么？

表19-12   责任成本概述

项目	说明
含义	责任成本是以具体的责任单位（部门、单位或个人）为对象，以其承担的责任为范围所归集的成本，也就是特定责任中心的全部可控成本。可控成本是指在特定时期内、特定责任中心能够直接控制其发生的成本
可控成本符合的条件	（1）成本中心有办法知道将发生什么性质的耗费 （2）成本中心有办法计量它的耗费 （3）成本中心有办法控制并调节它的耗费
判别费用责任归属的原则	（1）责任中心有权决定是否使用某种资产或劳务，它就应对这些资产或劳务的成本负责 （2）责任中心通过自己的行动能有效地影响一项成本的数额 （3）某管理人员虽然不直接决定某项成本，但是上级要求他参与有关事项，从而对该项成本的支出施加了重要影响

考霸笔记
从整个企业的空间范围和很长的时间范围来观察，所有成本都是人的某种决策或行为的结果，都是可控的。但是，对于特定的人或时间来说，则有些是可控的，有些是不可控的。

【提示】对可控成本的精确理解

（1）可控成本总是针对特定责任中心来说的（空间）（见表19-13）。

表19-13 对可控成本的精确理解

项目	说明
横向的区别	一项成本，对某个责任中心来说是可控的，对另外的责任中心来说则是不可控的。例如，耗用材料的进货成本，采购部门可以控制，使用材料的生产部门不能控制
纵向的区别	有些成本，对于下级单位来说是不可控的，而对于上级单位来说则是可控的。例如，车间主任不能控制自己的工资，而他的上级则可以控制

（2）可控与否还要考虑成本发生的时间范围（时间）：一般来说，在消耗或支付的当期成本是可控的，一旦消耗或支付就不再可控。例如，折旧费、租赁费等。

（二）责任成本的计算特点 （见表19-14）

表19-14 责任成本的计算特点

	责任成本计算	制造成本计算	变动（边际）成本计算
核算目的	评价成本控制业绩	按会计准则确定存货成本和销货成本（财务报告）	进行经营决策
成本对象	责任中心	产品	
成本范围	各责任中心的可控成本	全部制造成本：直接材料、直接人工和全部制造费用	变动成本：直接材料、直接人工和变动制造费用
共同费用的分配原则	按可控原则分配：谁控制谁负责，将可控的变动间接费用和可控的固定间接费用都要分配给责任中心	按受益原则分配：谁受益谁承担，要分摊全部的制造费用（固定+变动）	只分摊变动制造费用，不分摊固定制造费用

（三）制造费用的归属和分摊方法 （见表19-15）

表19-15 制造费用的归属和分摊方法

步骤	适用情形	举例
直接计入责任中心	能直接判别责任归属的费用项目	机物料消耗、低值易耗品的领用
按责任基础分配（原因）	某些不能直接归属于特定成本中心的费用，数额受成本中心的控制，能找到合理依据来分配	动力费、维修费（成本中心控制使用量）
按受益基础分配（结果）	有些费用不是专门属于某个责任中心的，也不宜用责任基础分配，但与各中心的受益多少有关	按照装机功率分配电费
归入某一个特定的责任中心	有些费用既不能用责任基础分配，也不能按受益基础分配，由其控制此项成本，不对外分配	车间的运输费用和试验检验费用，难以分配到生产班组，建立专门的成本中心，不对外分配
不进行分摊（不可控）	不能归属于任何责任中心的固定成本	车间厂房的折旧是以前决策的结果，可暂时不加控制，作为不可控费用

制造费用的归属步骤是什么？

考霸笔记
对于制造费用，需要仔细研究各项消耗和责任中心的因果关系，采用不同的分配方法。

第三节　利润中心

一、利润中心的划分和类型（见表19-16）★★

表19-16　利润中心的划分和类型

项目	说明	
含义	利润中心是指对利润负责的责任中心。由于利润等于收入减去成本或费用，所以利润中心是对收入、成本或费用都要承担责任的责任中心	
分类	自然的利润中心	人为的利润中心
特点	可以直接向企业外部出售产品，在市场上进行购销业务	在企业内部按内部转移价格出售产品
举例	某些公司采用事业部制，每个事业部均有销售、生产、采购的职能，有很大的独立性	大型钢铁公司分成采矿、炼铁、炼钢、轧钢等几个部门，这些生产部门的产品主要在公司内部转移，它们只有少量对外销售，或者全部对外销售由专门的销售机构完成

【提示】

（1）利润中心存在于大型分散式经营的组织中，小公司或集权式大公司很难存在利润中心。

（2）收入中心只负责分配和销售产品，但不控制产品的生产。

二、利润中心的考核指标★★

"利润"并不是一个十分具体的概念，在其前面加上不同的定语，可以得出不同的具体利润指标（如图19-1所示）。

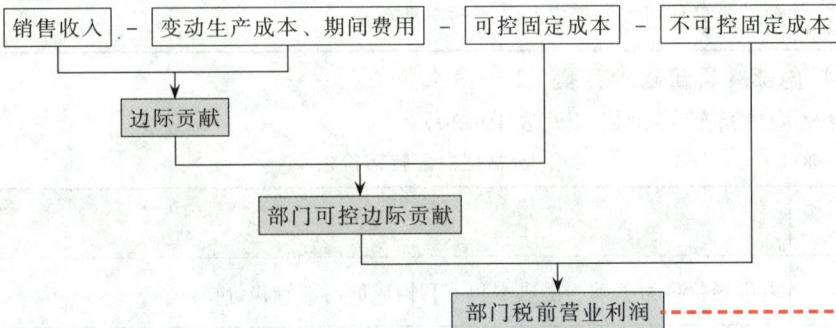

图19-1　利润中心的考核指标

☑ 如何选择评价指标呢（见表19-17）？

表19-17　如何选择评价指标

利润指标	评价
边际贡献	作为业绩评价依据不够全面，部门经理至少可以控制某些固定成本，并且在固定成本和变动成本的划分上有一定的选择余地。因此，业绩评价至少应包括可控制的固定成本
部门可控边际贡献	作为业绩评价依据可能是最佳选择的，它反映了部门经理在其权限和控制范围内有效使用资源的能力
部门税前营业利润	可能更适合评价该部门对企业利润和管理费用的贡献，从而决定该部门的取舍，而不适合于部门经理的评价

评价经理业绩。

评价部门贡献。

考霸笔记

并不是所有可以计量利润的组织单位都是真正意义上的利润中心。仅仅规定一个组织单位的产品价格并把投入成本归集到该单位，并不能使该组织单位具有自主权或独立性。从根本目的上看，利润中心是指管理人员有权对其供货的来源和市场的选择进行决策的单位。

什么是利润中心？

考霸笔记

公司总部的管理费用（如研发、法律、会计、信息服务费用和行政人员的工资等）是部门经理无法控制的成本，由于分配公司管理费用而引起部门利润的不利变化，不能由部门经理负责。

为什么考核部门经理业绩最适合的指标是部门可控边际贡献？

【提示】

（1）固定成本可控与否的区分（见表19-18）

表19-18　　　　　　　　　固定成本可控与否的区分

例子	可控	不可控
折旧、保险费	部门经理有权处理这些有关的资产	部门经理无权处理这些有关的资产
雇员的工资	部门经理有权决定本部门雇佣多少职工	部门经理既不能决定工资水平，又不能决定雇员人数

（2）尽管利润指标具有综合性，但仍然需要一些非货币的计量方法作为补充，包括生产率、市场地位、产品质量、职工态度、社会责任、短期目标和长期目标的平衡等。

三、内部转移价格★★★

（一）制定转移价格的目的（见表19-19）

表19-19　　　　　　　　　制定转移价格的目的

目的	说明
业绩评价	防止成本转移带来的部门间责任转嫁，使各（人为）利润中心都能作为单独的组织单位进行业绩评价
引导决策	作为一种价格，引导下级部门采取明智的决策，生产部门据此确定提供产品的数量，购买部门据此确定所需要的产品数量

（二）内部转移价格的种类【2019年全部改写】

1.价格型内部转移价格（见表19-20）

表19-20　　　　　　　　　价格型内部转移价格

项目	说明
含义	以市场价格为基础、由成本和毛利构成的内部转移价格
适用条件	一般适用于内部利润中心
制定方法	（1）责任中心提供的产品（或服务）经常外销且外销比例较大的，或提供的产品（或服务）有外部活跃市场可靠报价的，可用外销价格或活跃市场报价作为内部转移价格。 （2）责任中心一般不对外销售且外部市场没有可靠报价的产品（或服务），或企业管理层和有关各方认为不需要频繁变动价格的，可参照外部市场或预测价格制定模拟市场价作为内部转移价格 （3）责任中心没有外部市场但企业出于管理需要设置模拟利润中心的，可在生产成本基础上加一定比例毛利作为内部转移价格

怎么辨析不同内部转移价格的适用情形？

2.成本型内部转移价格（见表19-21）

表19-21　　　　　　　　　　成本型内部转移价格

项目	说明
含义	以标准成本等相对稳定的成本数据为基础制定的内部转移价格
适用条件	一般适用于内部成本中心

3.协商型内部转移价格（见表19-22）

表19-22　　　　　　　　　　协商型内部转移价格

项目	说明
含义	企业内部供求双方为使双方利益相对均衡，通过协商机制制定的内部转移价格
适用条件	主要适用于分权程度较高的企业
制定方法	协商价格的取值范围通常较宽，一般不高于市场价，不低于变动成本

第四节　投资中心

一、投资中心的划分 ★★

投资中心，是指某些分散经营的单位或部门，其经理所拥有的自主权不仅包括制定价格、确定产品和生产方法等短期经营决策权，而且还包括投资规模和投资类型等投资决策权。

【提示】三类责任中心的区别（见表19-23）

表19-23　　　　　　　　　　三类责任中心的区别

项目	成本中心	利润中心	投资中心
权限	可控成本的控制权，但没有真正的生产自主权，无权决定产量	有权对其供货的来源和市场的选择进行决策（经营决策权）	短期经营决策权、投资决策权
应用范围	最广	较窄	最小
考核范围	可控的成本费用	成本费用（不含总部管理费用的分摊）、收入、利润	成本费用、收入、利润、投资效果

考霸笔记
投资中心的经理不仅能控制除公司分摊管理费用外的全部成本和收入，而且能控制占用的资产，因此，不仅要衡量其利润，而且要衡量其资产的投资回报率。

如何快速区分投资中心不同考核指标的优缺点？

考霸笔记
从引导部门经理采取与公司总体利益一致的决策来看，投资报酬率并不是一个很好的指标。

二、投资中心的考核指标★★

（一）投资报酬率（见表19-24）

表19-24　　　　　　　　投资报酬率

项目	说明
计算公式	部门投资报酬率=部门税前经营利润÷部门平均净经营资产
有利于业绩评价。优点	（1）它是根据现有的会计资料计算的，比较客观 （2）它是相对数指标，可用于部门之间以及不同行业之间的比较 （3）部门投资报酬率可以分解为投资周转率和部门税前经营利润率两者的乘积，并可进一步分解为资产的明细项目和收支的明细项目，从而对整个部门的经营状况作出评价 • 部门投资报酬率=$\dfrac{部门税前经营利润}{部门销售收入}\times\dfrac{部门销售收入}{部门平均净经营资产}$
不利于引导决策。缺点	部门经理会产生"次优化"行为，放弃高于资本成本而低于目前部门投资报酬率的机会（该投的不投），或者减少现有的投资报酬率较低但高于资本成本的某些资产（不该砍的砍），会使部门的业绩获得较好评价，但却损害了公司整体的利益 • 部门经理放弃或减少的单个项目：税前资本成本<该项目报酬率<该部门目前报酬率 • 当使用投资报酬率作为业绩评价指标时，部门经理可以通过加大公式分子或减小分母来提高这个比率。实际上，减小分母（放弃投资）更容易实现。这样做，会失去可以扩大股东财富的项目（投资规模不断萎缩）

【提示】由于所得税是根据整个企业的收益确定的，与部门的业绩评价没有直接关系，因此投资中心的业绩评价使用税前指标。

（二）剩余收益

为了克服由于使用比率来衡量部门业绩带来的次优化问题，许多公司采用绝对数指标来实现利润与投资之间的联系（见表19-25）。

表19-25　　　　　　　　剩余收益

项目	说明
计算公式	部门剩余收益=部门税前经营利润-部门平均净经营资产应计报酬 =部门平均净经营资产×（实际投资报酬率-要求的税前投资报酬率）
有利于引导决策。优点	（1）与增加股东财富的目标一致，可以使业绩评价与公司的目标协调一致，引导部门经理采纳高于公司资本成本的决策 （2）允许使用不同的风险调整资本成本 • 投资报酬率评价方法并不区别不同资产，无法分别处理风险不同的资产
缺点　不利于业绩评价。	（1）指标是绝对数指标，不便于不同部门之间的比较 • 规模大的部门容易获得较大的剩余收益，而它们的投资报酬率并不一定很高 （2）计算时依赖于会计数据的质量，如果会计信息的质量低劣，必然导致低质量的剩余收益和业绩评价

智能测评

在线练习	我要提问
扫码在线做题　　扫码看答案	扫码答疑
本书"本章同步强化训练"均配备二维码，打开微信"扫一扫"即可完成在线测评，查看本章详细的测评反馈报告，了解知识掌握情况，也可扫码直接看答案噢。 快来扫码做题吧！	本书配备答疑专用二维码，打开微信"扫一扫"，即可完成在线提问，获取专业老师全面个性化解答，让学习问题不再拖延。 快来扫码提问吧！

本章同步强化训练

一、单选题

1.下列各项中，不属于划分成本中心可控成本的条件的是（　　）。

A.成本中心有办法知道将发生什么样性质的耗费

B.成本中心有办法计量它的耗费

C.成本中心有办法控制并调节它的耗费

D.成本中心有办法弥补该成本的耗费

2.某生产车间是一个标准成本中心。为了对该车间进行行业绩评价，需要计算的责任成本范围是（　　）。

A.该车间的直接材料、直接人工和全部制造费用

B.该车间的直接材料、直接人工和变动制造费用

C.该车间的直接材料、直接人工和可控制造费用

D.该车间的全部可控成本

3.在下列业绩评价指标中，最适合评价利润中心部门经理的指标是（　　）。

A.部门边际贡献　　　　　　　　B.部门可控边际贡献

C.部门税前经营利润　　　　　　D.部门税后经营利润

4.部门税前经营利润等于（　　）。

A.部门商品销售收入 – 商品变动成本 – 变动销售费用

B.部门商品销售收入 – 商品变动成本 – 变动销售费用 – 可控固定成本

C.部门商品销售收入 – 商品变动成本 – 变动销售费用 – 可控固定成本 – 不可控固定成本

D.部门商品销售收入 – 商品变动成本 – 变动销售费用 – 可控固定成本 – 不可控固定成本 – 公司管理费用

5.企业某部门本月销售收入为 10 000 元，已销商品的变动成本为 6 000 元，部门可控固定间接费用为 500 元，部门不可控固定间接费用为 800 元，分配给该部门的公司管理费用为 500 元，最能反映该部门真实贡献的金额是（　　）元。

A.2 200　　　　　　B.2 700　　　　　　C.3 500　　　　　　D.4 000

6.下列关于利润责任中心的说法中，错误的是（　　　　）。

A.拥有供货来源和市场选择决策权的责任中心，才能成为利润中心

B.考核利润中心的业绩，除了使用利润指标外，还需使用一些非财务指标

C.为了便于比较不同规模的利润中心业绩，应以利润中心实现的利润与所占用资产相联系的相对指标作为其业绩考核的依据

D.为防止责任转嫁，正确考核利润中心业绩，需要制定合理的内部转移价格

7.某投资中心的部门平均净经营资产为100 000万元，资本成本为20%，剩余收益为10 000万元，则该中心的投资报酬率为（　　　　）。

A.10%　　　　　　　　B.20%　　　　　　　　C.30%　　　　　　　　D.40%

二、多选题

1.下列选项中，属于科层组织结构特点的有（　　　　）。

A.较多的管理层次　　　　　　　　B.控制幅度较宽

C.有利于企业内部的控制　　　　　　D.对市场变化的反应较慢

2.甲部门是一个标准成本中心，下列成本差异中，属于甲部门责任的有（　　　　）。

A.作业计划不当造成的工人效率差异

B.操作失误造成的材料数量差异

C.生产设备闲置造成的固定制造费用闲置能量差异

D.由于采购材料质量缺陷导致工人多用工时造成的变动制造费用效率差异

3.下列各项中，适合建立标准成本中心的单位或部门有（　　　　）。

A.行政管理部门　　　　　　　　B.医院放射科

C.企业研究开发部门　　　　　　D.企业广告宣传部门

4.某生产车间是一个标准成本中心。下列各项标准成本差异中，通常不应由该生产车间负责的有（　　　　）。

A.直接材料数量差异　　　　　　B.直接材料价格差异

C.直接人工工资率差异　　　　　D.固定制造费用闲置能量差异

5.下列成本差异中，通常应由标准成本中心负责的差异有（　　　　）。

A.直接人工数量差异　　　　　　B.变动制造费用效率差异

C.固定制造费用闲置能量差异　　D.直接材料价格差异

6.下列有关成本中心的说法中，正确的是（　　　　）。

A.成本中心不对生产能力的利用程度负责

B.成本中心不进行设备购置决策

C.成本中心不对固定成本负责

D.成本中心应严格执行产量计划，不应超产或减产

7.判别一项成本是否归属责任中心的原则有（　　　　）。

A.责任中心能否通过行动有效影响该项成本的数额

B.责任中心是否有权决定使用引起该项成本发生的资产或劳务

C.责任中心能否参与决策并对该项成本的发生施加重大影响

D.责任中心是否使用了引起该项成本发生的资产或劳务

8.下列成本中，属于生产车间可控成本的有（　　　　）。

A.由于疏于管理导致的废品损失

B.车间发生的间接材料成本

C.按照资产比例分配给生产车间的管理费用

D.按直线法提取的生产设备折旧费用

9.甲公司将某生产车间设为成本责任中心，该车间领用型号为GB007的材料，另外还发生机器维修费、试验检验费以及车间折旧费。下列关于成本费用责任归属的表述中，正确的有（　　）。

A.型号为GB007的材料费用直接计入该成本责任中心

B.车间折旧费按照受益基础分配计入该成本责任中心

C.机器维修费按照责任基础分配计入该成本责任中心

D.试验检验费归入另一个特定的成本中心

10.根据不同情况将制造费用分摊落实到各成本责任中心的方法有（　　）。

A.直接计入

B.按责任基础进行分配

C.按受益基础进行分配

D.按承受能力基础进行分配

11.以下关于责任中心的表述中，正确的有（　　）。

A.任何发生成本的责任领域都可以确定为成本中心

B.任何可以计量利润的组织单位都可以确定为利润中心

C.与利润中心相比，标准成本中心仅缺少销售权

D.投资中心不仅能够控制生产和销售，还能控制占用的资产

12.剩余收益是评价投资中心业绩的指标之一。下列关于剩余收益指标的说法中，正确的有（　　）。

A.剩余收益可以根据现有财务报表资料直接计算

B.剩余收益可以引导部门经理采取与企业总体利益一致的决策

C.计算剩余收益时，对不同部门可以使用不同的资本成本

D.剩余收益指标可以直接用于不同部门之间的业绩比较

13.下列关于"以剩余收益作为投资中心业绩评价标准优点"的表述中，正确的有（　　）。

A.便于按部门资产的风险不同，调整部门的资本成本

B.计算数据可直接来自现有会计资料

C.能够反映部门现金流量的状况

D.能促使部门经理的决策与企业总目标一致

三、计算分析题

1.甲公司是一家上市公司，正对内部A、B投资中心进行业绩考核。其2016年相关资料如下（单位：万元）：

	A投资中心	B投资中心
税前经营利润	153 000	134 400
平均经营资产	1 350 000	900 000
平均经营负债	75 000	60 000
要求的税前报酬率	10%	12%

要求：

（1）分别计算A、B两个投资中心的部门投资报酬率和部门剩余收益。

（2）假定公司现有一个投资机会，投资额为20万元，每年可创造税前经营利润26 000元，如果A、B投资中心都可进行该投资，且投资前后各自要求的税前投资报酬率保持不变，计算A、B投资中心分别投资后的部门投资报酬率和部门剩余收益；分析如果对A、B投资中心进行业绩考核，A、B投资中心是否愿意接受该投资？

（3）综合上述计算，分析部门投资报酬率和部门剩余收益作为投资中心业绩评价指标的优缺点。

2. 已知某集团公司下设多个责任中心，其有关资料如下：

• 资料1：

指标	A投资中心	B投资中心	C投资中心
部门税前经营利润（万元）	10 400	15 800	8 450
部门净经营资产平均占用额（万元）	94 500	145 000	75 500
规定的最低税前投资报酬率		10%	

• 资料2：D利润中心经营收入为52 000元，变动成本总额为25 000元，利润中心负责人可控的固定成本为15 000元，利润中心负责人不可控但应由该中心负担的固定成本为6 000元。

• 资料3：E利润中心的边际贡献为80 000元，负责人可控边际贡献为60 000元，利润中心部门经营利润为45 000元。

要求：

（1）根据资料1计算各个投资中心的下列指标：

① 投资报酬率；

② 剩余收益。

（2）根据资料2计算D利润中心边际贡献总额、可控边际贡献和部门经营利润总额。

（3）根据资料3计算E利润中心负责人的可控固定成本以及不可控但应由该利润中心负担的固定成本。

第二十章
业绩评价

本章导学

本章框架图

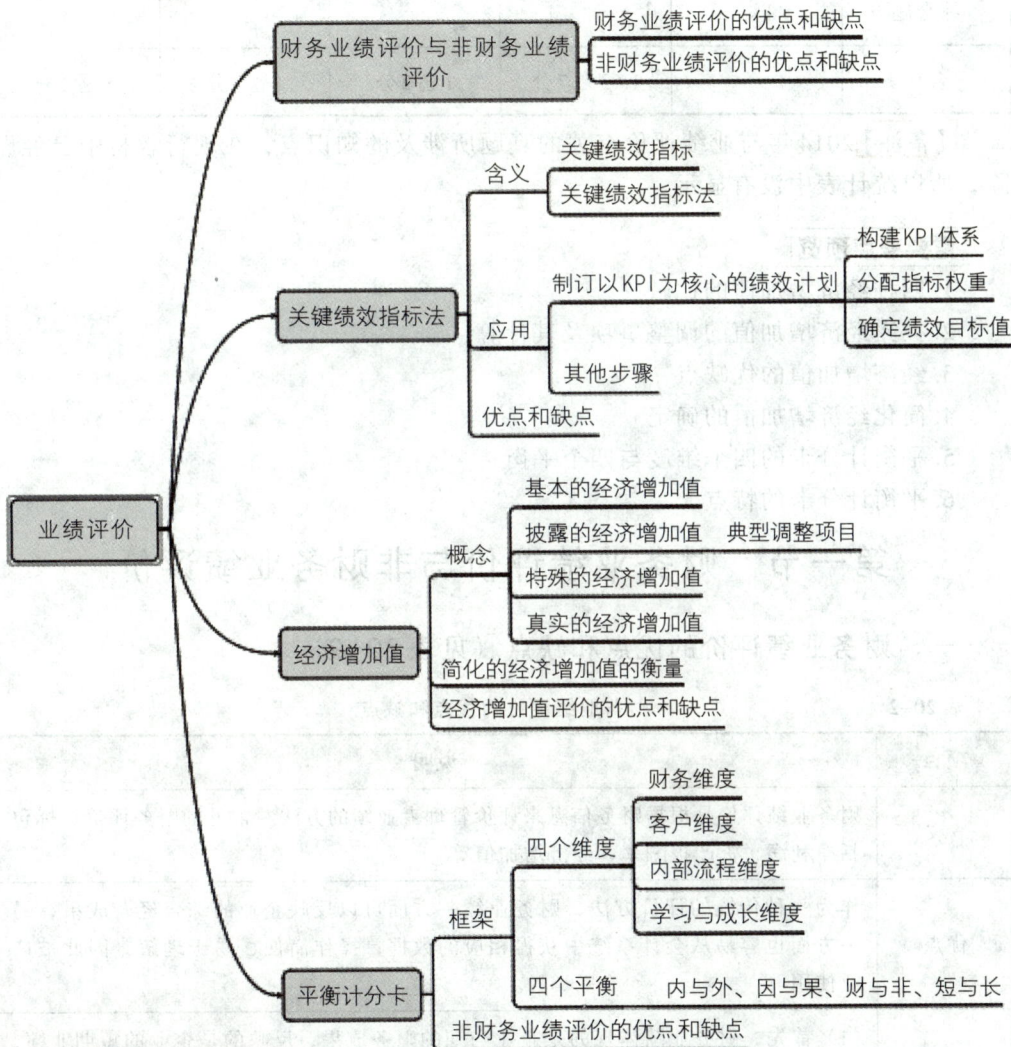

业绩评价
- 财务业绩评价与非财务业绩评价
  - 财务业绩评价的优点和缺点
  - 非财务业绩评价的优点和缺点
- 关键绩效指标法
  - 含义
    - 关键绩效指标
    - 关键绩效指标法
  - 应用
    - 制订以KPI为核心的绩效计划
      - 构建KPI体系
      - 分配指标权重
      - 确定绩效目标值
    - 其他步骤
  - 优点和缺点
- 经济增加值
  - 概念
    - 基本的经济增加值
    - 披露的经济增加值——典型调整项目
    - 特殊的经济增加值
    - 真实的经济增加值
  - 简化的经济增加值的衡量
  - 经济增加值评价的优点和缺点
- 平衡计分卡
  - 框架
    - 四个维度
      - 财务维度
      - 客户维度
      - 内部流程维度
      - 学习与成长维度
    - 四个平衡——内与外、因与果、财与非、短与长
  - 非财务业绩评价的优点和缺点

本章考情概述

本章考情分析

　　本章属于重点章，主要阐述企业业绩评价的经济增加值指标，以及平衡计分卡的有关内容。本章内容较为灵活，考试题型主要是客观题，但有时也会出小的计算题，甚至结合其他章的内容出综合题。本章近5年题型题量分析，见表20-1。

表20-1   近5年题型题量分析

年份	2014年	2015年	2016年	2017年	2018年
单项选择题					
多项选择题		1题2分	1题2分	1题2分	1题2分
计算分析题		0.63题5分			
综合题					
合计		1.63题7分	1题2分	1题2分	1题2分

【备注】2014年与业绩评价有关的真题所涉及的知识点，在现行教材中已经删除，所以统计表中没有显示。

重要考点预览
1.四种经济增加值的比较
2.披露经济增加值的调整事项及其计算
3.经济增加值的优缺点
4.简化经济增加值的确定
5.平衡计分卡的四个维度与四个平衡
6.平衡计分卡的特点

第一节 财务业绩评价与非财务业绩评价

一、财务业绩评价的优点和缺点（见表20-2）★

表20-2   财务业绩评价的优点和缺点

项目	说明
含义	财务业绩评价是根据财务信息来评价管理者业绩的方法。常见的财务评价指标包括净利润、资产报酬率、经济增加值等
优点	作为一种传统的评价方法，财务业绩一方面可以反映企业的综合经营成果，另一方面也容易从会计系统中获得相应的数据，操作简便，易于理解，因此被广泛使用
缺点	（1）首先，财务业绩体现的是企业当期的财务成果，反映的是企业的短期业绩，无法反映管理者在企业的长期业绩改善方面所作的努力 （2）其次，财务业绩是一种结果导向，即只注重最终的财务结果，而对达成该结果的改善过程则欠考虑 （3）最后，财务业绩通过会计程序产生的会计数据进行考核，而会计数据则是根据公认的会计原则产生的，受到稳健性原则有偏估计的影响，因此可能无法公允地反映管理层的真正业绩

谨慎性原则。

二、非财务业绩评价的优点和缺点（见表20-3）★

表20-3　　　　　　　非财务业绩评价的优点和缺点

项目	说明
含义	非财务业绩评价是根据非财务信息指标来评价管理者业绩的方法。例如，与顾客相关的指标、与企业内部营运相关的指标和反映员工学习与成长的指标等
优点	可以避免财务业绩评价只侧重过去、比较短视的不足，更体现长远业绩，更体现外部对企业的整体评价
缺点	一些关键的非财务业绩指标往往比较主观（如客户满意度），数据的收集比较困难（如市场占有率），评价指标数据的可靠性难以保证（如第三方的行业研究报告）

第二节　关键绩效指标法

一、关键绩效指标法的含义（见表20-4）★

表20-4　　　　　　　　关键绩效指标法的含义

项目	说明
关键绩效指标	关键绩效指标（Key Performance Indicator，KPI）是指对企业绩效产生关键影响力的指标，是通过对企业战略目标、关键成果领域的绩效特征分析，识别和提炼出的<u>最能有效驱动企业价值创造的指标</u>
关键绩效指标法	是指基于企业战略目标，通过建立关键绩效指标体系，将价值创造活动与战略规划目标有效联系，并据此进行绩效管理的方法

二、关键绩效指标法的应用（如图20-1所示）★★

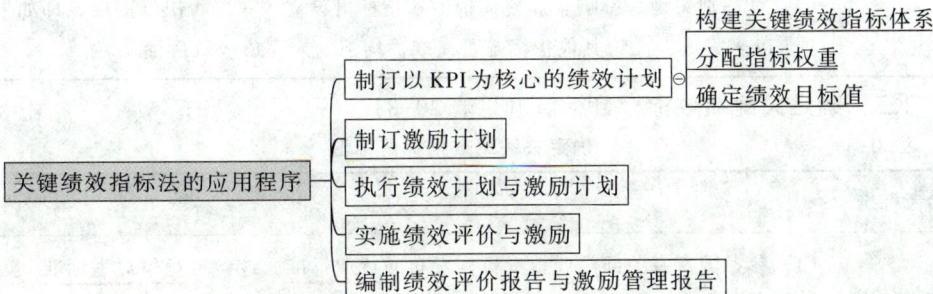

图20-1　关键绩效指标法的应用

关键绩效指标法的应用程序：
- 制订以KPI为核心的绩效计划
  - 构建关键绩效指标体系
  - 分配指标权重
  - 确定绩效目标值
- 制订激励计划
- 执行绩效计划与激励计划
- 实施绩效评价与激励
- 编制绩效评价报告与激励管理报告

☑ 制订绩效计划的详细解读：

考霸笔记
关键绩效指标法可以单独使用，也可以与经济增加值法、平衡计分卡等其他方法结合使用。应用对象可以是企业，也可以是企业所属的单位（部门）和员工。

（一）构建关键绩效指标体系

1.关键绩效指标体系的层次（见表20-5）

表20-5 关键绩效指标体系的层次

KPI层次	制定依据
KPI企业级	根据战略目标，结合价值创造模式，综合考虑企业内外部经营环境等因素加以设定
所属单位（部门）级	根据企业级KPI，结合所属单位（部门）关键业务流程，在沟通反馈的基础上加以设定
岗位（员工）级	根据所属单位（部门）级KPI，结合员工岗位职责和关键工作价值贡献加以设定

考霸笔记
KPI应含义明确、可度量、与战略目标高度相关。同时，KPI的数量不宜过多，每一层级KPI一般不超过10个。

2.关键绩效指标的类别（见表20-6）

表20-6 关键绩效指标的类别

	结果类	动因类
含义	反映企业绩效的价值指标	反映企业价值关键驱动因素的指标
KPI	投资报酬率、权益净利率、经济增加值、息税前利润、自由现金流量等	资本性支出、单位生产成本、产量、销量、客户满意度、员工满意度等

（二）分配指标权重（见表20-7）

表20-7 分配指标权重

项目	说明
总体要求	KPI的权重分配应以企业战略目标为导向，反映被评价对象对企业价值贡献或支持的程度，以及各指标之间的重要性水平
具体实施	（1）单项KPI权重一般设定在5%~30%之间，对特别重要的指标可适当提高权重 （2）对特别关键、影响企业整体价值的指标可设立"一票否决"制度，即如果某项KPI未完成，无论其他指标是否完成，均视为未完成绩效目标

（三）确定关键绩效指标目标值（见表20-8）

表20-8 确定关键绩效指标目标值

参考标准	说明
客观标准	（1）参考国家有关部门或权威机构发布的行业标准，或参考竞争对手标准 （2）参考企业内部标准，包括企业战略目标、年度生产经营计划目标、年度预算目标、历年指标水平等
主观标准	如果不能按照以上两种方法确定的，可以根据企业历史经验值确定

三、关键绩效指标法的优点和缺点 （见表20-9）★★

如何快速区分两种评价方法的优缺点?

表20-9　　　　　　　　关键绩效指标法的优点和缺点

项目	说明
优点	（1）使企业业绩评价与战略目标密切相关，有利于战略目标的实现 （2）通过识别的价值创造模式把握关键价值驱动因素，能够更有效地实现企业价值增值目标 （3）评价指标数量相对较少，易于理解和使用，实施成本相对较低，有利于推广实施
缺点	关键绩效指标的选取需要透彻理解企业价值创造模式和战略目标，有效识别核心业务流程和关键价值驱动因素，指标体系设计不当将导致错误的价值导向或管理缺失

第三节　经济增加值

一、经济增加值的概念★★

（一）什么是经济增加值（见表20-10）

表20-10　　　　　　　　什么是经济增加值

项目	说明
含义	经济增加值（Economic Value Added，EVA）是指从税后净营业利润中扣除包括债务资本和股权资本的全部投入资本的成本后的剩余收益
基本公式	经济增加值=税后净营业利润*－平均资本占用×加权平均资本成本
意义	经济增加值及其改善值是全面评价经营者有效使用资本和为企业创造价值的重要指标。EVA为正，表明经营者在为企业创造价值；EVA为负，表明经营者在损毁企业价值

考霸笔记
EVA的核心是资本投入是有成本的，企业的盈利（经营利润）只有高于其资本成本（包括股权资本成本和债务资本成本）时才会为股东创造价值。

*本节为兼顾我国国资委《暂行办法》和财政部《应用指引》的相关规定，以"税后净营业利润"进行表述，其含义与本教材第二章介绍的管理用财务报表体系中的"税后经营净利润"相同。

【提示】为计算EVA，需要解决经营利润、资本成本和所使用资本数额的计量问题。

（二）不同含义的经济增加值

1.基本经济增加值（见表20-11）

如何准确区分四类不同的经济增加值和各自特点?

表20-11　　　　　　　　基本经济增加值

项目	说明
含义	根据未经调整的经营利润和总资产计算的经济增加值 类似剩余收益。
计算公式	基本经济增加值=税后净营业利润－报表总资产×加权平均资本成本
评价	（1）由于"经营利润"和"总资产"是按照会计准则计算的，它们歪曲了公司的真实业绩 （2）相对于会计利润来说是个进步，它承认了股权资金的成本

2.披露的经济增加值（见表20-12）

表20-12　　　　　　　　　　　披露的经济增加值

项目	说明
含义	披露的经济增加值是利用会计数据进行十几项标准的调整计算出来的。这种调整是根据公布的财务报表及其附注中的数据进行的
计算公式	披露的经济增加值=调整后税后净营业利润-调整后的净投资资本×加权平均资本成本

☑ **典型的调整项目**（见表20-13）

表20-13　　　　　　　　　　　其他特殊项目

项目	会计处理	调整方法
研究与开发费用	满足条件的资本化，其余费用化	将其作为投资并在一个合理的期限内摊销
战略性投资	将投资的利息（或部分利息）计入当期财务费用	将其在一个专门账户中资本化并在开始生产时逐步摊销
营销费用	作为当期费用	资本化并在适当的期限内摊销
折旧费用	大多使用直线法	对某些大量使用长期设备的公司，按照更接近经济现实的"沉淀资金折旧法"处理，前期折旧少，后期折旧多（减速折旧）

【提示】

（1）计算资金成本的"总资产"应为"投资资本"（扣除应付账款等经营性负债），并且，要把表外融资项目纳入"投资资本"之内，例如长期经营租赁取得的资产等。

（2）调整项目仅作用于公式本身，计算加权平均资本的时候，不考虑调整项目，用调整前的净投资资本计算。

3.特殊的经济增加值（见表20-14）

表20-14　　　　　　　　　　　特殊的经济增加值

项目	说明
含义	为了使经济增加值适合特定公司内部的业绩管理，还需要进行特殊的调整。这种调整要使用公司内部的有关数据，调整后的数值称为"特殊的经济增加值"
特点	（1）它是特定企业根据自身情况定义的经济增加值，是"量身定做"的经济增加值 （2）这里的调整项目都是"可控制"的项目，即通过自身的努力可以改变数额的项目 （3）通常对公司内部所有经营单位使用统一的资本成本

考霸笔记：披露的EVA属于常考点，调整前的税后净营业利润和净投资资本就是管理用报表里面的税后经营净利润和净经营资产，所以本考点经常与管理用报表相结合。

考霸笔记：不仅涉及利润表而且还涉及资产负债表的有关项目，需要按照复式记账原理同时调整。例如，将研发费用从当期费用中减除，必须相应增加投资资本。

披露的经济增加值中典型的调整项目有哪些？

考霸笔记：特殊的经济增加值的调整结果使得EVA更接近公司的市场价值。

4.真实的经济增加值（见表20-15）

表20-15　　　　　　　　　　　　真实的经济增加值

项目	说明
含义	真实的经济增加值是公司经济利润最正确和最准确的度量指标
特点	（1）它要对会计数据作出所有必要的调整 （2）对公司中每一经营单位（如传统业务和新兴业务部门）都使用不同的更准确的资本成本　　因地制宜。

【总结】各类经济增加值的对比（见表20-16）

表20-16　　　　　　　　　　各类经济增加值的对比

	基本EVA	披露EVA	特殊EVA	真实EVA
调整范围	不调整	根据公布的财务报表及其附注中的数据	使用公司内部的有关数据作出"可控制"的项目的调整	使用公司内部的有关数据作出"所有必要"的项目的调整
资本成本	通常对公司内部所有经营单位使用统一的资本成本			每一个经营单位都使用不同的资本成本
意义	从公司整体业绩评价来看，是最有意义的		适合特定公司内部业绩管理	经济利润最正确和最准确的度量指标（最接近实际情况）

（三）经济增加值与部门剩余收益的比较（见表20-17）

表20-17　　　　　　　　经济增加值与部门剩余收益的比较

	部门剩余收益	经济增加值
计算口径	（调整前）部门税前营业利润和要求的税前投资报酬率	（调整后）部门税后净营业利润和加权税后平均资本成本
应计成本	使用部门要求的报酬率，主要考虑管理要求及部门个别风险的高低（主观）	与公司的实际资本成本相联系，是基于资本市场的计算方法，资本市场上权益成本和债务成本变动时，公司要随之调整加权平均资本成本（客观）
评价目的	旨在设定部门投资的最低报酬率，防止部门利益伤害整体利益（防止坏事）	旨在使经理人员赚取超过资本成本的报酬，促进股东财富最大化（鼓励好事）

考霸笔记
当税金是重要因素时，经济增加值比剩余收益可以更好地反映部门盈利能力。如果税金与部门业务无关，经济增加值与剩余收益的效果相同。

二、简化的经济增加值的衡量 ★★★

国务院国有资产监督管理委员会从2010年开始对中央企业负责人实行经济增加值考核并不断完善，2012年12月29日发布了第30号令，要求于2013年1月1日开始施行第三次修订后的《中央企业负责人经营业绩考核暂行办法》（以下简称《暂行办法》）。

（一）经济增加值的定义及计算公式（见表20-18）

表20-18　　　　　　　　　　　经济增加值的定义及计算公式

项目	说明
含义	经济增加值是指企业税后净营业利润减去资本成本后的余额
计算公式	EVA=税后净营业利润−资本成本=税后净营业利润−调整后资本×平均资本成本率
中间指标	• 税后净营业利润=净利润+（利息支出+研究开发费用调整项−非经常性损益调整项×50%）×（1−25%） • 调整后资本=平均所有者权益+平均负债合计−平均无息流动负债−平均在建工程

> 调整后资本为什么要减去平均无息流动负债和平均在建工程？

【提示】 企业通过变卖主业优质资产等取得的非经常性收益要在税后净营业利润中全额扣除。

（二）会计调整项目说明 →财管理论和政策导向的双重考虑。

1.税后净营业利润的调整（见表20-19）

表20-19　　　　　　　　　　　税后净营业利润的调整

项目	说明
利息支出	指企业财务报表中"财务费用"项下的"利息支出" • 不是指全部的财务费用，也不考虑投资收益、公允价值变动损益等其他"金融损益"，也不考虑资本化的利息
研究开发费用 调整目的：鼓励研发、推动升级。	指企业财务报表中"管理费用"项下的"研究与开发费"和当期确认为无形资产的研究开发支出 • 《暂行办法》规定有待商榷，"当期确认为无形资产的研究开发支出"已经资本化了，除非是需要摊销的无形资产，否则对净营业利润没有影响。按规定计算较为简化 • 对于勘探投入费用较大的企业，经国资委认定后，将其成本费用情况表中的"勘探费用"视同研究开发费用调整项按照一定比例（不超过50%）予以加回（不是全部）
非经常性收益	（1）变卖主业优质资产收益： ① 减持具有实质控制权的所属上市公司股权取得的收益（不包括在二级市场增持后又减持取得的收益） ② 企业集团（不含投资类企业集团）转让所属主业范围内且资产、收入或者利润占集团总体10%以上的非上市公司资产取得的收益 （2）主业优质资产以外的非流动资产转让收益：企业集团（不含投资类企业集团）转让股权（产权）收益，资产（含土地）转让收益 （3）其他非经常性收益：与主业发展无关的资产置换收益、与经常活动无关的补贴收入等

2.投资资本的调整（见表20-20）

表20-20　　　　　　　　　　　　投资资本的调整

项目	说明
无息流动负债	（1）指财务报表中"应付票据"、"应付账款"、"预收款项"、"应交税费"、"应付利息"、"应付职工薪酬"、"应付股利"、"其他应付款"和"其他流动负债"（不含带息流动负债） （2）对于"专项应付款""特种储备基金"，可视同无息流动负债扣除
在建工程	指企业财务报表中的符合主业规定的"在建工程"

（三）资本成本率的确定（见表20-21）

表20-21　　　　　　　　　　　　资本成本率的确定

企业类型	资本成本率
中央企业	5.5%
军工等资产通用性较差的企业	4.1%
资产负债率在75%以上的工业企业和资产负债率在80%以上的非工业企业	资本成本率上浮0.5个百分点

三、经济增加值评价的优点和缺点（见表20-22）★★

表20-22　　　　　　　　　　经济增加值评价的优点和缺点

项目	说明
优点	（1）经济增加值考虑了所有资本的成本，更真实地反映了企业的价值创造能力，能有效遏制企业盲目扩张规模以追求利润总量和增长率的倾向，引导企业注重长期价值创造 （2）经济增加值不仅仅是一种业绩评价指标，它还是一种全面财务管理和薪金激励体制的框架。经济增加值的吸引力主要在于它把资本预算、业绩评价和激励报酬结合起来了
缺点	（1）EVA仅对企业当期或未来1~3年价值创造情况进行衡量和预判，无法衡量企业长远发展战略的价值创造情况 （2）EVA计算主要基于财务指标，无法对企业的营运效率与效果进行综合评价 （3）不同行业、不同发展阶段、不同规模等的企业，其会计调整项和加权平均资本成本各不相同，计算比较复杂，影响指标的可比性。例如，处于成长阶段的公司经济增加值较少，而处于衰退阶段的公司经济增加值可能较高 （4）经济增加值是绝对数指标，不具有比较不同规模公司业绩的能力

考霸笔记
《暂行办法》规定应付利息、应付股利属于无息负债（虽属融资产生，但本身没有利息），与第二章金融负债的划分不同，国资委只认可"借款本金"属于有息负债，包括"一年内到期的非流动负债"。

考霸笔记
调整目的：鼓励投资、拉动经济。

第四节 平衡计分卡

一、平衡计分卡框架 ★

（一）平衡计分卡的四个维度（见表20-23）

平衡计分卡包括哪几个维度？

考霸笔记
平衡计分卡（Balanced Scorecard, BSC）是指基于企业战略，从四个维度，将战略目标逐层转化为具体的、相互平衡的绩效指标体系，并据此进行绩效管理的方法。

表20-23　　　　　　　　　平衡计分卡的四个维度

维度	解决的问题	常用指标
财务维度	股东如何看待我们？企业的努力是否最终对企业经济收益产生了积极的作用	投资报酬率、权益净利率、经济增加值、息税前利润、自由现金流量、资产负债率、总资产周转率等
客户维度	顾客如何看待我们？顾客是企业之本，是现代企业的利润来源	市场份额、客户满意度、客户获得率、客户保持率、客户获利率、战略客户数量等
内部流程维度	我们的优势是什么？明确自身的核心竞争力，并把他们转化成具体的测评指标	交货及时率、生产负荷率、产品合格率、存货周转率、单位生产成本等
学习与成长维度	我们是否能继续提高并创造价值？企业的学习与成长来自于员工、信息系统和企业程序等	新产品开发周期、员工满意度、员工保持率、员工生产率、培训计划完成率等

（二）平衡计分卡的四个平衡（见表20-24）

表20-24　　　　　　　　　平衡计分卡的四个平衡

角度	平衡
范围	外部评价指标（如股东和客户对企业的评价）和内部评价指标（如内部经营过程、新技术学习等）的平衡
因果关系	成果评价指标（如利润、市场占有率等）和导致成果出现的驱动因素评价指标（如新产品投资开发等）的平衡
指标性质	财务评价指标（如利润等）和非财务评价指标（如员工忠诚度、客户满意程度等）的平衡
时间	短期评价指标（如利润指标等）和长期评价指标（如员工培训成本、研发费用等）的平衡

【提示】平衡计分卡与传统业绩评价的简要区别（见表20-25）

表20-25　　　　　　　　平衡计分卡与传统业绩评价的简要区别

项目	说明
传统业绩评价	传统的业绩评价系统仅仅将指标提供给管理者，无论财务的还是非财务的，很少看到彼此间的关联以及对企业最终目标的影响
平衡计分卡	它的各个组成部分是以一种集成的方式来设计的，管理者能够看到并分析影响企业整体目标的各种关键因素，而不单单是短期的财务结果。它有助于管理者对整个业务活动的发展过程始终保持关注，并确保现在的实际经营业绩与公司的长期战略保持一致

二、平衡计分卡与企业战略管理 ★

（一）平衡计分卡和战略管理的关系（见表20-26）

表20-26　　　　　　　　　　平衡计分卡和战略管理的关系

程序	说明
阐明并诠释愿景与战略	所谓愿景，可以简单理解为企业所要达到的远期目标。有效地说明愿景，可以使其成为企业所有成员的共同理想和目标，从而有助于达成共识
沟通与联系	它使得管理人员在企业中对战略上下沟通，并将它与部门及个人目标联系起来
计划与制定目标值	它使企业能够实现业务计划和财务计划一体化
战略反馈与学习	它使企业以一个组织的形式获得战略型学习与改进的能力

（二）平衡计分卡的要求

为了使平衡计分卡同企业战略更好地结合，必须做到以下几点：

（1）平衡计分卡的四个方面应互为因果，最终结果是实现企业的战略。

（2）平衡计分卡中不能只有具体的业绩衡量指标，还应包括这些具体衡量指标的驱动因素。

（3）平衡计分卡应该最终和财务指标联系起来（而非将其作为核心），因为企业的最终目标是实现良好的经济利润。（股东财富最大化）

三、战略地图架构（见表20-27）★

表20-27　　　　　　　　　　战略地图架构

维度	战略重点	说明
财务维度	长短期对立力量的战略平衡	公司财务绩效的改善，主要是利用收入的增长与生产力的提升两种基本途径
客户维度	战略本是基于差异化的价值主张	企业采取追求收入增长的战略，必须在顾客层面中选定价值主张。此价值主张说明了企业如何针对其目标顾客群创造出具有差异化而又可持续长久的价值
内部流程维度	价值是由内部流程创造的	内部流程完成了组织战略的两个重要部分： （1）针对顾客的价值主张加以生产与交货 （2）为财务层面中的生产力要件进行流程改善与成本降低的作业
学习与成长维度	无形资产的战略性整合	战略地图的学习与成长层面，主要说明组织的无形资产及它们在战略中扮演的角色。无形资产包括人力资本、信息资本和组织资本

四、平衡计分卡与传统业绩评价系统的区别 ★

1.传统的业绩考核注重对员工执行过程的控制，平衡计分卡则强调目标制定的环节。平衡计分卡方法认为，目标制定的前提应当是员工有能力为达成目标而采取必要的行动方案，因此设定业绩评价指标的目的不在于控制员工的行为，而在于使

考霸笔记
一方面，战略规划中所制定的目标是平衡计分卡考核的一个基准；另一方面，平衡计分卡又是一个有效的战略执行系统，它通过引入四个程序，使得管理者能够把长期行为与短期行为联系在一起。

考霸笔记
一个有效的平衡计分卡，绝对不仅仅是业绩衡量指标的结合，其各个指标之间应该互相联系、互相补充，围绕企业战略建立因果关系链，这应当贯穿于平衡计分卡的四个方面。

员工能够理解企业的战略使命并为之付出努力。

2.传统的业绩评价与企业的战略执行脱节。平衡计分卡把企业战略和业绩管理系统联系起来，是企业战略执行的基础架构。→促进战略落地。

3.平衡计分卡在财务、客户、内部流程以及学习与成长四个方面建立公司的战略目标。用来表达企业在生产能力竞争和技术革新竞争环境中所必须达到的、多样的、相互联系的目标。

4.平衡计分卡帮助公司及时考评战略执行的情况，根据需要（每月或每季度）适时调整战略、目标和考核指标。

5.平衡计分卡能够帮助公司有效地建立跨部门团队合作，促进内部管理过程的顺利进行。

五、平衡计分卡的优点和缺点（见表20-28）★

表20-28　　　　　　　　平衡计分卡的优点和缺点

项目	说明
优点	（1）战略目标逐层分解并转化为被评价对象的绩效指标和行动方案，使整个组织行动协调一致 （2）从财务、客户、内部业务流程、学习与成长四个维度确定绩效指标，使绩效评价更为全面完整 （3）将学习与成长作为一个维度，注重员工的发展要求和组织资本、信息资本等无形资产的开发利用，有利于增强企业可持续发展的动力
缺点	（1）专业技术要求高，工作量比较大，操作难度也较大，需要持续地沟通和反馈，实施比较复杂，实施成本高 （2）各指标权重在不同层级及各层级不同指标之间的分配比较困难，且部分非财务指标的量化工作难以落实 （3）系统性强、涉及面广，需要专业人员的指导、企业全员的参与和长期持续地修正与完善，对信息系统、管理能力有较高的要求

智能测评

在线练习	我要提问
扫码在线做题　　扫码看答案	扫码答疑

本书"本章同步强化训练"均配备二维码，打开微信"扫一扫"即可完成在线测评，查看本章详细的测评反馈报告，了解知识掌握情况，也可扫码直接看答案噢。

快来扫码做题吧！

本书配备答疑专用二维码，打开微信"扫一扫"，即可完成在线提问，获取专业老师全面个性化解答，让学习问题不再拖延。

快来扫码提问吧！

本章同步强化训练

一、单选题

1.根据公司公开的财务报告计算披露的经济增加值时，无须纳入调整的事项是（　　）。

A.计入当期损益的研发支出

B.计入当期损益的商誉减值

C.表外长期性经营租赁资产

D.计入当期损益的品牌推广费

2.下列关于经济增加值的说法中，错误的是（　　）。

A.计算基本的经济增加值时，不需要对经营利润和总资产进行调整

B.计算披露的经济增加值时，应从公开的财务报表及其附注中获取调整事项的信息

C.计算特殊的经济增加值时，通常对公司内部所有经营单位使用统一的资金成本

D.计算真实的经济增加值时，通常对公司内部所有经营单位使用统一的资金成本

3.公司经济利润最正确和最准确的度量指标是（　　）。

A.基本的经济增加值

B.披露的经济增加值

C.特殊的经济增加值

D.真实的经济增加值

4.某企业系中央企业，其20×9年末资产负债表中的流动负债项目如下所示（单位：万元）。根据《暂行办法》计算该企业简化的经济增加价值时，应纳入"调整后资本"计算的"平均无息流动负债"为（　　）万元。

流动负债	20×8年12月31日	20×9年12月31日
短期借款	500	600
应付票据	100	80
应付账款	1 200	1 200
预收账款	400	500
应付职工薪酬	300	400
应交税费	200	300
应付利息	50	60
应付股利	100	100
其他应付款（不带息）	200	150
流动负债合计	3 050	3 390

A.2 340　　　　　B.2 515　　　　　C.2 615　　　　　D.2 670

5.某公司为中央企业，20×5年实现的净利润为612万元，财务费用中的利息支出为195万元，"管理费用"项目下的"研究与开发费"和当期确认为无形资产的研究开发支出为300万元；本年末无息流动负债为954万元，上年末无息流动负债为742.5万元，平均所有者权益为3 330万元，平均负债合计为4 140万元，平均在建工程为119.25万元，其中包含的资本化

利息为19.25万元。公司适用的所得税税率为25%，则按简化办法确定20×5年的经济增加值为（　）万元。

 A.625.61   B.576.35   C.489.23   D.343.19

6.下列内部业绩评价的指标中，考虑所得税的影响，能够使业绩评价与企业目标协调一致，并引导经理人员赚取超过资本成本的报酬的是（　）。

 A.部门投资报酬率   B.部门营业利润

 C.部门剩余收益   D.部门经济增加值

7.下列各项中，属于平衡计分卡作为绩效管理工具优点的是（　）。

 A.实施成本低   B.绩效指标全面完整

 C.非财务指标容易量化   D.对管理能力的要求较低

二、多选题

1.使用财务指标进行业绩评价的主要缺点有（　）。

 A.不能计量公司的长期业绩   B.忽视了物价水平的变化

 C.忽视了公司不同发展阶段的差异 D.其可比性不如非财务指标

2.下列关键绩效指标中，属于结果类指标的有（　）。

 A.资本性支出 B.投资报酬率 C.客户满意度 D.自由现金流量

3.下列关于关键绩效指标法表述，正确的有（　）。

 A.对特别关键、影响企业整体价值的指标可设立"一票否决"制度

 B.关键绩效指标法能够将价值创造活动与战略规划目标有效联系起来

 C.关键绩效指标法应单独使用，不能与经济增加值法、平衡计分卡等其他方法结合使用

 D.关键绩效指标法是企业绩效评价方法，其缺陷在于难以用于企业内部的部门业绩评价

4.在计算披露的经济增加值时，下列各项中需要进行调整的项目有（　）。

 A.研究费用   B.争取客户的营销费用

 C.企业并购重组费用   D.资本化利息支出

5.根据《暂行办法》确定资本成本率时，（　）。

 A.中央企业资本成本率原则上由国资委统一确定

 B.企业应根据资本市场资本成本的变化及时调整资本成本率

 C.对军工等资产通用性较差的企业，资本成本率通常会上浮

 D.对资产负债率在75%以上的工业企业和80%以上的非工业企业，资本成本率通常会上浮

6.下列各项中，属于平衡计分卡内部业务流程维度业绩评价指标的有（　）。

 A.息税前利润 B.资产负债率 C.单位生产成本 D.存货周转率

7.甲公司用平衡计分卡进行业绩考评，下列各种维度中，平衡计分卡需要考虑的有（　）。

 A.顾客维度 B.债权人维度 C.股东维度   D.学习与成长维度

8.在使用平衡计分卡进行企业业绩评价时，需要处理几个平衡，下列各项中，正确的有（　）。

 A.财务评价指标与非财务评价指标的平衡

 B.外部评价指标与内部评价指标的平衡

 C.定期评价指标与非定期评价指标的平衡

 D.成果评价指标与驱动因素评价指标的平衡

9.按照平衡计分卡，着眼于企业的核心竞争力，解决"我们的优势是什么"的问题（　　）。

A.可以利用顾客满意度指数作为考核指标　　B.属于内部业务流程维度

C.可以利用交货及时率作为考核指标　　D.属于学习和成长维度

10.下列关于平衡计分卡系统的表述中，正确的有（　　）。

A.平衡计分卡系统以企业发展战略为导向，将长期战略融入考核评价系统

B.平衡计分卡系统体现了"利润来自于员工"的理念

C.平衡计分卡系统构成企业绩效的全面综合评价系统

D.平衡计分卡系统引入了非财务、客户和员工等因素

11.为了使平衡计分卡同企业战略更好地结合，必须做到（　　）。

A.平衡计分卡的四个方面应互为因果，最终结果是实现企业的战略

B.平衡计分卡中不能只有具体的业绩衡量指标，还应包括这些具体衡量指标的驱动因素

C.平衡计分卡应该最终和非财务指标联系起来，因为企业的最终目标是使顾客满意

D.有效的平衡计分卡，要以学习成长能力衡量指标为核心

12.平衡计分卡与传统业绩评价系统的区别体现在（　　）。

A.传统的业绩考核注重对员工执行过程的控制，平衡计分卡则强调采纳纠正措施

B.传统的业绩评价只是企业战略执行的基础架构，而平衡计分卡把企业战略和业绩管理系统联系起来

C.平衡计分卡在财务、客户、内部流程以及学习与成长四个方面建立公司的战略目标

D.平衡计分卡能够帮助公司有效地建立跨部门团队合作，促进内部管理过程的顺利进行

三、计算分析题

1.甲公司是一家国有控股上市公司，采用经济增加值作为业绩评价指标，目前，控股股东正对甲公司2014年度的经营业绩进行评价，其相关资料如下：

（1）甲公司2013年末和2014年末资产负债表如下：

项目	2014年末	2013年末	项目	2014年末	2013年末
货币资金	405	420	应付账款	1 350	1 165
应收票据	100	95	应付职工薪酬	35	30
应收账款	2 060	2 040	应交税费	100	140
其他应收款	330	325	其他应付款	140	95
存货	2 300	2 550	长期借款	2 500	2 500
固定资产	4 600	4 250	优先股	1 200	1 200
在建工程	2 240	1 350	普通股	5 000	5 000
			留存收益	1 700	900
合计	12 025	11 030	合计	12 025	11 030

（2）甲公司2014年度利润相关资料如下：

项目	2014年
管理费用	1 950
其中：研究与开发费	360
财务费用	220
其中：利息支出	200
营业外收入	400
净利润	1 155

（3）甲公司2014年的营业外收入均为非经常性收益。

（4）甲公司长期借款还有3年到期，年利率为8%；优先股为12万股，每股面额为100元，票面股息率为10%；普通股β系数为1.2。

（5）无风险报酬率为3%，市场组合的必要报酬率为13%，公司所得税税率为25%。

要求：

（1）以账面价值平均值为权数计算甲公司的加权平均资本成本。

（2）计算2014年甲公司调整后税后净营业利润、调整后资本和经济增加值。（注：除平均资本成本率按照要求（1）计算的加权平均资本成本外，其余按国务院国有资产监督管理委员会与2013年1月1日开始施行《中央企业负责人经营业绩考核暂行办法》的相关规定计算）

（3）回答经济增加值作为业绩评价指标的优点和缺点。

2.A公司是一家处于成长阶段的上市公司，正在对2010年的业绩进行计量和评价，有关资料如下：

（1）A公司2010年的营业收入为2 500万元，营业成本为1 340万元，销售及管理费用为500万元，利息费用为236万元。

（2）A公司2010年的平均总资产为5 200万元，平均金融资产为100万元，平均经营负债为100万元，平均股东权益为2 000万元。

（3）目前资本市场上风险投资的权益成本为12%，税前净负债成本为8%；2010年A公司董事会对A公司要求的目标权益净利率为15%，要求的目标税前净负债成本为8%。

（4）A公司适用的企业所得税税率为25%。

要求：

（1）计算A公司的经营资产净利率、权益净利率。

（2）计算A公司披露的经济增加值。计算时需要调整的事项如下：为扩大市场份额，A公司2010年年末发生营销支出200万元，全部计入销售及管理费用，计算披露的经济增加值时要求将该营销费用资本化（提示：调整时按照复式记账原理，同时调整税后经营净利润和净经营资产）。

（3）与传统的以盈利为基础的业绩评价相比，经济增加值基础业绩评价主要有什么优缺点？

第二十一章
管理会计报告

本章导学

本章框架图

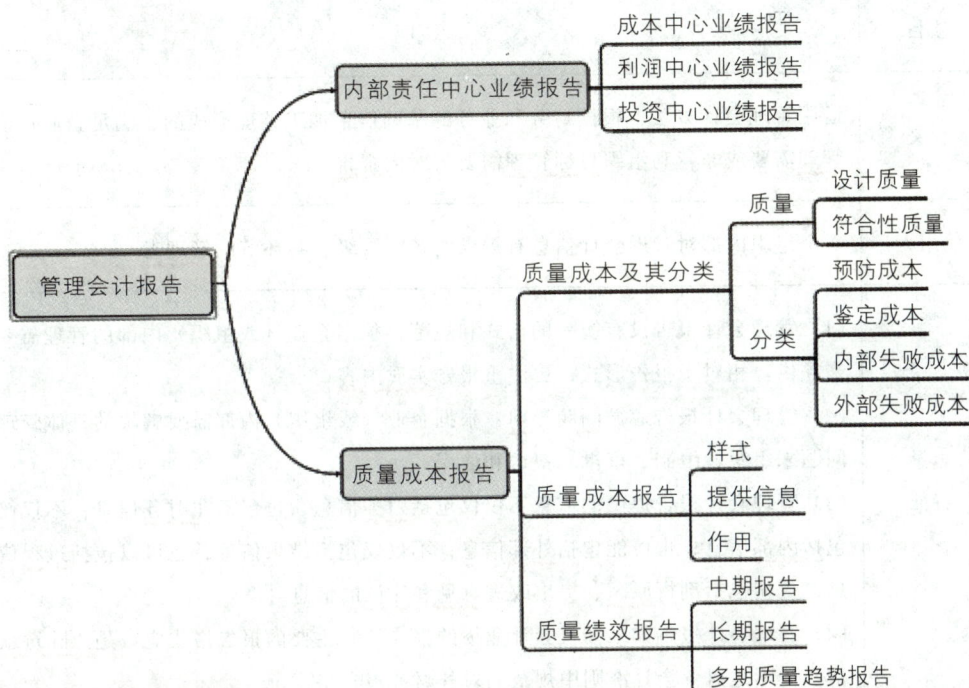

本章考情概述

本章考情分析

　　本章系 2017 年教材新增加的一章，主要介绍了两种常用的管理会计报告。管理会计报告将实际结果与预算相对比，并通过强调差异来提供反馈信息，管理人员根据这些报告进行监督、业绩评价和奖励，从而实现有效的控制。本章近 5 年题型题量分析，见表 21-1。

表 21-1　　　　　　　　　　　近 5 年题型题量分析

年份	2014年	2015年	2016年	2017年	2018年
单项选择题				1题 1.5分	1题 1.5分
多项选择题				1题 2分	
计算分析题					
综合题					
合计				2题 3.5分	1题 1.5分

　　【备注】本章内容于 2017 年才进入教材。

重要考点预览

1.责任中心业绩报告的内容

2.质量成本及其分类

3.质量成本绩效报告的内容

★ 管理会计报告综述（见表21-2）

表21-2   管理会计报告综述

项目	说明
含义	运用管理会计方法，根据财务和业务的基础信息加工整理形成的，满足企业价值管理需要或非营利组织目标管理需要的对内报告
使用者	一个组织内部对管理会计信息有需求的各个层级、各环节的管理者
特征	（1）管理会计报告没有统一的格式和规范，根据企业（或组织）内部的管理需要来提供。相对于报告形式，更注重报告实质内容 （2）管理会计报告遵循问题导向：根据企业（或组织）内部需要解决的具体管理问题来组织、编制、审批、报送和使用 （3）管理会计报告提供的信息不仅仅包括财务信息，也包括非财务信息；不仅仅包括内部信息，也可能包括外部信息；不仅仅包括结果信息，也可以包括过程信息，更应包括剖析原因、提出改进意见和建议的信息 （4）管理会计报告如果涉及会计业绩的报告，其主要的报告格式应该是边际贡献格式，不是财务会计准则中规范的对外财务报告格式

考霸笔记

管理会计报告通常根据要解决的问题而灵活多样，本身并没有统一的格式规范。需要根据企业所面临的管理问题，运用管理会计的工具和方法，融合业务与财务，整合财务信息和非财务信息，形成对企业内部管理决策有用的报告信息。

★ 管理会计报告的分类（如图21-1所示）

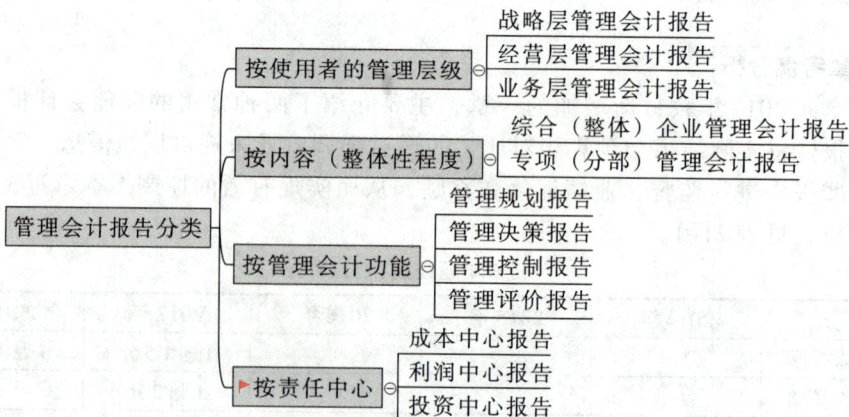

图21-1   管理会计报告的分类

第一节 内部责任中心业绩报告

一、业绩报告概述（见表21-3）

表21-3 业绩报告概述

项目	说明
含义	业绩报告也称责任报告、绩效报告，它是反映责任预算实际执行情况，揭示责任预算与实际结果之间的差异的内部管理会计报告
目的	业绩报告的主要目的在于将责任中心的实际业绩与其在特定环境下本应取得的业绩进行比较，因此实际业绩与预期业绩之间差异的原因应得到分析，并且应尽可能予以数量化
传递信息	（1）关于实际业绩的信息 （2）关于预期业绩的信息 （3）关于实际业绩与预期业绩之间差异的信息
主要特征	（1）报告应当与个人责任相联系 （2）实际业绩应该与最佳标准相比较 （3）重要信息应当予以突出显示

二、成本中心业绩报告（见表21-4）★

表21-4 成本中心业绩报告

项目	说明
考核指标	该成本中心的所有可控成本，即责任成本
报告样式	按成本中心可控成本的各明细项目列示其预算数、实际数和成本差异数的三栏式表格
编制方法 逐级汇总。	（1）由于各成本中心是逐级设置的，所以其业绩报告也应自下而上，从最基层的成本中心逐级向上汇编，直至最高层次的成本中心 （2）每一级的业绩报告，除最基层只有本身的可控成本外，都应包括本身的可控成本和下属部门转来的责任成本

【示例】成本中心业绩报告简表（见表21-5）

表21-5 成本中心业绩报告简表

	预算数	实际数	差异（实际−预算）
本级可控成本（按成本项目）			
下级转入成本（按成本中心）			

如何区分各责任中心业绩报告的考核指标？

考霸笔记
业绩报告侧重对责任中心管理者的业绩评价，其本质是要得到一个结论：与预期的目标相比，责任中心管理者干得怎么样？

考霸笔记
级别越低的责任中心，从事的经营活动越具体，其业绩报告涉及的成本项目分类也越详细。

三、利润中心业绩报告（见表21-6）★

表21-6　　　　　　　　　　利润中心业绩报告

项目	说明
考核指标	该利润中心的边际贡献、分部经理边际贡献和该利润中心部门边际贡献
报告样式	分别列出考核指标的预算数和实际数，以及实际与预算对比的差异数
编制方法	自下而上逐级汇编，直至整个企业的息税前利润

考霸笔记
本章利润中心的考核指标与第19章利润中心的考核指标名称不同，但计算方法一致。

四、投资中心业绩报告（见表21-7）★

考霸笔记
逐级汇总。

表21-7　　　　　　　　　　投资中心业绩报告

项目	说明
考核指标	主要考核指标是投资报酬率和剩余收益，补充的指标是现金回收率和剩余现金流量
报告样式	通常包含上述评价指标的预算数、实际数及实际与预算的对比的差异数三栏式表格

第二节　质量成本报告

质量是企业生存和发展之本。质量包括两层含义（见表21-8）：

表21-8　　　　　　　　　　质量的两层含义

	设计质量	符合性质量
含义	产品或劳务对顾客要求的满足程度	产品或劳务的实际性能与其设计性能的符合程度
解释	设计得怎样？是否满足顾客要求	做得怎样？做出来后是否达到设计的要求

如何辨析质量成本的不同类型？

一、质量成本及其分类★

（一）预防成本（Prevention Costs）（见表21-9）

表21-9　　　　　　　　　　预防成本

项目	说明
含义	为了防止产品质量达不到预定标准而发生的成本，是为防止质量事故的发生，为了最大限度降低质量事故所造成的损失而发生的费用（未雨绸缪）
发生时段	发生在产品生产之前的各阶段
内容	质量工作费用、标准制定费用、教育培训费用、质量奖励费用等

考霸笔记
质量成本是指企业为了保证产品达到一定质量标准而发生的成本，这一概念联接了企业管理中的生产技术与经济效益两个层面。

（二）鉴定成本（Appraisal Costs）（见表21-10）

表21-10　　　　　　　　　　　　鉴定成本

项目	说明
含义	为了保证产品质量达到预定标准而对产品进行检测所发生的成本
发生时段	发生在产品未达到顾客之前的所有阶段
内容	检测工作的费用（送到外部单位）、检测设备的折旧、检测人员的费用（含原材料检测）等

（三）内部失败成本（Internal Failure Costs）（见表21-11）

表21-11　　　　　　　　　　　　内部失败成本

项目	说明
含义	产品进入市场之前由于产品不符合质量标准而发生的成本
发生时段	发生在产品未达到顾客之前的所有阶段
内容	（1）针对不合格产品：废料、返工、修复、重新检测（个别问题） （2）针对整个生产过程：停工整修或变更设计等（系统问题）

（四）外部失败成本（External Failure Costs）（见表21-12）

表21-12　　　　　　　　　　　　外部失败成本

项目	说明
含义	存在缺陷的产品流入市场以后发生的成本（亡羊补牢）
发生时段	发生在产品被消费者接受以后的阶段
内容	产品因存在缺陷而错失的销售机会（丧失回头客），问题产品的退还、返修，处理顾客的不满和投诉发生的成本等

【提示】

（1）一般来说，企业能够控制预防成本和鉴定成本的支出，因此这两种成本属于可控质量成本；而无论是内部还是外部失败成本，企业往往无法预料其发生，并且一旦发生失败成本，其费用的多少往往不能在事前得到，因此失败成本属于不可控质量成本。

（2）注意质量成本报告和质量绩效报告中的相关成本项目。

怎么理解各类质量成本发生的阶段？

6710

二、质量成本报告（见表21-13）★

表21-13　　　　　　　　　　　　质量成本报告

项目	说明
样式	质量成本报告按质量成本的分类详细列示实际质量成本，也可以采用绘制统计图（如饼形图、柱形图）或文字陈述的方式
提供信息	（1）显示各类质量成本的支出情况以及财务影响（占销售额比例） （2）显示各类质量成本的分布情况，以便企业组织的经理人判断各类质量成本的重要性
作用	（1）通过质量成本报告，企业组织的经理人可以全面地评价企业组织当前的质量成本情况 （2）更有针对性的控制质量成本，改善成本结构

考霸笔记
阅读教材中的质量成本报告示例，观察每一类质量成本所包含的项目。

第二十一章

三、质量绩效报告 ★

质量绩效报告反映企业在质量管理方面所取得的进展及其绩效（见表21-14）。

表21-14　　　　　　　　　　　　　质量绩效报告

类型	说明
中期报告	根据当期的质量目标列示质量管理的成效
长期报告	根据长期质量目标列示企业质量管理成效
多期质量趋势报告	（1）列示了企业实施质量管理以来所取得的成效 （2）编制时必须以多个期间企业组织的质量成本相关数据为基础，并绘出质量趋势图

考霸笔记
阅读教材中的质量绩效报告示例，观察每一类质量成本所包含的项目。

考霸笔记
某年度实际数与预算数对比。

考霸笔记
双年度实际数对比。

考霸笔记
多年度实际数对比。

怎么理解质量、成本、交货期三者的关系？

【知识扩展】在企业管理实践中，质量、成本、交货期（工期）成为紧密相关的三个要素，三者之间存在权衡关系（见表21-15）：

表21-15　　　　　　　　质量、成本、交货期三者之间的关系

关系	权衡
质量VS成本	提高质量，短期会增加成本，尤其是预防成本和鉴定成本，但长期会降低成本，给企业带来好的市场声誉和长期经济效益
质量VS交货期	严格控制质量，也会影响交货期。企业为了赶交货期，损害了产品或劳务的质量，影响了企业的声誉和市场份额
成本VS交货期	交货期（紧）会增加成本

智能测评

在线练习	我要提问
扫码在线做题　　扫码看答案	扫码答疑

本书"本章同步强化训练"均配备二维码，打开微信"扫一扫"即可完成在线测评，查看本章详细的测评反馈报告，了解知识掌握情况，也可扫码直接看答案噢。

快来扫码做题吧！

本书配备答疑专用二维码，打开微信"扫一扫"，即可完成在线提问，获取专业老师全面个性化解答，让学习问题不再拖延。

快来扫码提问吧！

本章同步强化训练

一、单选题

1. 成本中心的业绩考核指标是（　　　）。

A.完全成本　　　　　B.制造成本　　　　　C.变动成本　　　　　D.责任成本

2. 反映产品或劳务对顾客要求的满足程度的质量是（　　　）。

A.研发质量　　　　　B.设计质量　　　　　C.符合性质量　　　　　D.生产质量

3. 下列各项中属于质量预防成本的是（　　　）。

A.顾客退货成本　　　　　　　　　　B.废品返工成本

C.处理顾客投诉成本　　　　　　　　D.质量标准制定费

4. 下列各项质量成本中，属于内部失败成本的是（　　　）。

A.产品检测费用　　　　　　　　　　B.产品质量认证费用

C.产品返工费用　　　　　　　　　　D.处理顾客不满和投诉发生的费用

5. 某企业采用作业成本法计算产品成本，为提升产品质量并更加精确的计算产品成本，成立了作业标准评估小组，在标准的测试审查等环节产生了一定的费用。该企业由此发生的费用属于（　　　）。

A.预防成本　　　　　B.鉴定成本　　　　　C.内部失败成本　　　　　D.外部失败成本

6. 老刘从家电商城购买了某知名品牌的电视机一台，不巧在一个星期内出现故障，为此家电商城免费为老刘更换了一台新电视机。该家电商城由此发生的费用属于（　　　）。

A.预防成本　　　　　B.鉴定成本　　　　　C.内部失败成本　　　　　D.外部失败成本

二、多选题

1. 下列有关管理会计报告特征的表述中，正确的有（　　　）。

A.管理会计报告一般按照统一的格式和规范，从而满足了企业管理者的信息需求

B.管理会计报告遵循结果导向，从而解决了企业管理中面临的问题

C.管理会计报告提供的信息是多元化、多层次的

D.管理会计报告如果涉及会计业绩的报告，其不是财务会计准则中规范的对外财务报告格式

2. 下列关于成本中心的说法中，正确的有（　　　）。

A.成本中心的业绩考核指标通常为该成本中心的所有成本

B.成本中心的业绩报告，通常采用三栏式表格

C.成本中心的业绩报告应自下而上逐级向上汇编

D.每一级的业绩报告都应包括本身的可控成本和下属部门转来的责任成本

3. 某企业制造部是一个成本中心，下设甲、乙两个分厂，甲分厂又下设甲1车间和甲2车间，乙分厂下设乙1车间和乙2车间，则该企业的业绩报告中的可控成本内容表述正确的有（　　　）。

A.制造部的可控成本＝甲分厂的责任成本＋乙分厂的责任成本＋制造部本身的可控成本

B.甲分厂的可控成本＝甲1车间的责任成本＋甲2车间的责任成本＋甲分厂本身的可控成本＋制造部分配来的可控成本

C.乙分厂的可控成本＝乙1车间的责任指成本＋乙2车间的责任成本＋乙分厂本身的可控

成本

D.甲1车间的可控成本＝车间本身的可控成本＋甲分厂分配来的管理费用

4.下列选项中属于利润中心业绩报告应披露的考核指标的有（　　）。

A.利润中心的边际贡献　　　　　　　　B.分部经理边际贡献

C.部门边际贡献　　　　　　　　　　　D.部门剩余收益

5.下列选项中属于投资中心业绩报告应披露的考核指标的有（　　）。

A.投资报酬率　　　B.剩余收益　　　C.现金回收率　　　D.剩余现金流量

6.在投资中心的业绩报告中，通常需要列示各考核指标的（　　）。

A.标准数　　　B.预算数　　　C.实际数　　　D.差异数

第三部分

跨章节综合集训

跨章节综合题

一、【综合题·管理用财务报表分析】甲酒店是一家总部位于中国某市的五星级酒店集团。近年来，甲酒店在全国范围内通过托管、合并与自建等方式大力发展经营业务。一家投资公司准备向甲酒店投资入股，现在正对甲酒店的财务状况进行分析。为了进行比较，该投资公司选取了乙酒店作为参照对象，乙酒店是中国酒店业的龙头企业。甲酒店和乙酒店的资产负债表数据与利润表数据如下所示：

（1）两家酒店的资产负债表对比/2008年12月31日/单位：万元

项目	甲酒店		乙酒店	
	年末余额	年初余额	年末余额	年初余额
货币资金	21 376	22 659	74 173	67 775
应收票据	0	900	2	11
应收账款	7 985	4 924	3 271	4 092
预付款项	33 372	15 237	1 765	198
应收利息	0	0	0	0
应收股利	0	0	1 323	320
其他应收款	9 190	10 617	2 657	3 210
存货	24 106	45 672	1 257	1 081
其他流动资产	39	0	0	0
流动资产合计	96 068	100 009	84 448	76 687
可供出售金融资产	0	0	90 921	395 650
长期股权投资	6 121	6 174	95 143	99 223
固定资产	164 917	93 684	25 556	27 989
在建工程	6 148	9 337	699	865
工程物资	136	0	0	0
无形资产	15 479	8 958	21 614	22 086
商誉	0	0	1 100	1 100
长期待摊费用	22 389	10 475	2 678	1 667
递延所得税资产	2 307	528	37	983
非流动资产合计	217 498	129 156	237 748	549 563
资产总计	313 565	229 165	322 196	626 250
短期借款	70 200	50 200	550	1 100

续表

项目	甲酒店		乙酒店	
	年末余额	年初余额	年末余额	年初余额
应付票据	2 000	0	0	0
应付账款	6 336	4 299	5 471	5 592
预收款项	8 089	5 101	2 286	2 428
应付职工薪酬	1 043	1 095	7 392	7 948
应交税费	5 028	5 442	1 847	4 033
应付股利（普通股）	0	69	18	643
其他应付款	31 380	15 134	3 310	4 168
一年内到期的非流动负债	6 773	6 500	0	0
其他流动负债	4	0	0	0
流动负债合计	130 853	87 840	20 874	25 912
长期借款	33 784	41 564	204	204
长期应付款	12 713	10 288	0	0
专项应付款	0	2 635	0	0
预计负债	0	0	221	0
递延所得税负债	1 081	1 441	18 111	95 105
其他非流动负债	6 477	8 368	0	0
非流动负债合计	54 055	64 296	18 536	95 309
负债合计	184 908	152 136	39 410	121 221
股本	36 868	34 568	60 324	60 324
资本公积	49 002	14 793	133 909	362 350
盈余公积	1 290	1 159	44 387	41 835
未配利润	41 497	26 509	44 166	40 520
股东权益合计	128 657	77 029	282 786	505 029
负债及股东权益总计	313 565	229 165	322 196	626 250

（2）两家酒店的利润表对比/2008年度/单位：万元

项目	甲酒店		乙酒店	
	本年金额	上年金额	本年金额	上年金额
营业收入	90 137	61 182	79 363	83 476
营业成本	42 406	23 385	24 855	25 441
税金及附加	4 938	3 056	3 266	3 419
销售费用	1 736	1 097	23 056	23 154
管理费用	27 586	21 355	17 504	18 648
财务费用	6 638	3 736	− 1 745	− 742
资产减值损失	904	172	32	− 28
投资收益（股权）	− 53	55	17 909	18 565
营业利润	5 876	8 436	30 304	32 149
营业外收入	8 957	11 236	1 901	341
营业外支出	134	167	82	35
利润总额	14 699	19 505	32 123	32 455
所得税费用	1 436	2 342	3 269	4 495
净利润	13 263	17 163	28 854	27 960

注：假设利息费用等于财务费用，货币资金均处理为金融资产，长期应付款均为经营性应付款，应收票据、应付票据均为无息票据，递延所得税资产与负债均为经营性质，资产减值损失均为经营资产减值损失，投资收益均为长期股权投资的投资收益。

要求：

（1）按照改进的杜邦财务分析体系，分别计算甲酒店与乙酒店2008年度的经营资产、经营负债、金额资产、金融负债、净经营资产、净负债、经营利润和税后利息的金额，结果填入下列给定的表格中。小数点后取三位小数。

项目		甲酒店	乙酒店
经营资产	年初余额		
	年末余额		
经营负债	年初余额		
	年末余额		
金融资产	年初余额		
	年末余额		
金融负债	年初余额		
	年末余额		

续表

项目		甲酒店	乙酒店
净经营资产	年初余额		
	年末余额		
净负债	年初余额		
	年末余额		
税后经营净利润	本年金额		
税后利息	本年金额		

（2）根据改进的杜邦财务分析体系，分别计算甲酒店与乙酒店2008年度的税后经营净利率、净经营资产周转次数、净经营资产利润率、税后利息率、经营差异率、净财务杠杆、杠杆贡献率、权益净利率，结果填入下列给定的表格中。计算净经营资产周转次数和净财务杠杆时小数点后取四位小数，其他百分率指标小数点后取三位小数。取自资产负债表的数取平均数。

指标	甲酒店	乙酒店	指标差异 =甲酒店 – 乙酒店
税后经营净利率			
净经营资产周转次数			
净经营资产净利率			
税后利息率			
经营差异率			
净财务杠杆			
杠杆贡献率			
权益净利率			

（3）以乙酒店为基准使用连环替代法并按照净经营资产利润率差异、净利息率差异和净财务杠杆差异的顺序，计算甲酒店和乙酒店权益净利率差异的驱动因素，结果填入下列给定的表格中。净财务杠杆小数点后取四位小数，其他百分率指标小数点后取三位小数。

差异影响因素	乙酒店	替换净经营资产净利率	替换税后利息率	替换净财务杠杆
净经营资产净利率				
税后利息率				
经营差异率				
净财务杠杆				
杠杆贡献率				
权益净利率				
差异影响				

（4）根据要求（2）计算的指标结果，简要指出甲酒店与乙酒店相比，在哪些方面存在不足？

（5）使用传统杜邦分析体系分别计算甲酒店与乙酒店的资产营运能力，并与改进杜邦体系的分析结果相比较，结果有何差异？并简要说明理由。

二、【综合题·投资项目的风险衡量、新建项目决策、敏感性分析】甲公司是一家多元化经营的民营企业，投资领域涉及医药、食品等多个行业。受当前经济型酒店投资热的影响，公司正在对是否投资一家经济型酒店项目进行评价，有关资料如下：

（1）经济型酒店的主要功能是为一般商务人士和工薪阶层提供住宿服务，通常采取连锁经营模式。甲公司计划加盟某知名经济型酒店连锁品牌 KJ 连锁，由 KJ 连锁为拟开设的酒店提供品牌、销售、管理、培训等支持服务。加盟 KJ 连锁的一次加盟合约年限为 8 年，甲公司将加盟合约年限作为拟开设酒店的经营年限。加盟费用如下：

费用内容	费用标准	支付时间
初始加盟费	按加盟酒店的实有客房数量收取，每间客房收取 3 000 元	加盟时一次性支付
特许经营费	按加盟酒店收入的 6.5% 收取	加盟后每年年末支付
特许经营保证金	10 万元	加盟时一次性支付，合约到期时一次性归还（无息）

（2）甲公司计划采取租赁旧建筑物并对其进行改造的方式进行酒店经营。经过选址调查，拟租用一幢位于交通便利地段的旧办公楼，办公楼的建筑面积为 4 200 平方米，每平方米每天的租金为 1 元，租赁期为 8 年，租金在每年年末支付。

（3）甲公司需按 KJ 连锁的统一要求对旧办公楼进行改造、装修，配备客房家具用品，预计支出 600 万元。根据税法的规定，上述支出可按 8 年摊销，期末无残值。

（4）租用的旧办公楼能改造成 120 间客房，每间客房每天的平均价格预计为 175 元，客房的平均入住率预计为 85%。

（5）经济型酒店的人工成本为固定成本。根据拟开设酒店的规模测算，预计每年人工成本支出 105 万元。

（6）已入住的客房需发生客房用品、洗涤费用、能源费用等支出，每间入住客房每天的上述成本支出预计为 29 元。除此之外，酒店每年预计发生固定付现成本 30 万元。

（7）经济型酒店需要按收入缴纳税金及附加，税率合计为营业收入的 5.5%。

（8）根据拟开设经济型酒店的规模测算，经济型酒店需要的营运资本预计为 50 万元。

（9）甲公司拟采用 2/3 的资本结构（负债/权益）为经济型酒店项目筹资。在该目标资本结构下，税前债务资本成本为 9%。由于酒店行业的风险与甲公司现有资产的平均风险有较大不同，甲公司拟采用 KJ 连锁的 β 值估计经济型酒店项目的系统风险。KJ 连锁的 β 权益为 1.75，资本结构（负债/权益）为 1/1。已知当前市场的无风险报酬率为 5%，权益市场的平均风险溢价为 7%。甲公司与 KJ 连锁适用的企业所得税税率均为 25%。

（10）由于经济型酒店改造需要的时间较短，改造时间可忽略不计。为简化计算，假设酒店的改造及装修支出均发生在年初（零时点），营业现金流量均发生在以后各年年末，垫支的营运资本在年初投入，在项目结束时收回。一年按 365 天计算。

要求：

（1）计算经济型酒店项目的税后利润（不考虑财务费用，计算过程和结果填入下方给定的表格中）、会计报酬率。

项目	单价（元/间·天）	年销量（间）	金额（元）
● 销售收入			
● 变动成本			
其中：			
● 固定成本	—	—	
其中：	—	—	
● 税前利润	—	—	
所得税	—	—	
● 税后利润	—	—	

（2）计算评价经济型酒店项目使用的折现率。

（3）计算经济型酒店项目的初始（零时点）现金流量、每年的现金净流量及项目的净现值（计算过程和结果填入下方给定的表格中），判断项目是否可行并说明原因。

项目	零时点	第1~7年	第8年

续表

项目	零时点	第1~7年	第8年
现金净流量			
折现系数			
现金净流量的现值			
净现值			

（4）由于预计的酒店平均入住率具有较大的不确定性，请使用最大最小法进行投资项目的敏感性分析，计算使经济型酒店项目净现值为零的最低平均入住率。

三、【综合题·投资项目的风险衡量、以旧换新】E公司是一家民营医药企业，专门从事药品的研发、生产和销售。公司自主研发并申请发明专利的BJ注射液自上市以来销量快速增长，目前生产已达到满负荷状态。E公司正在研究是否扩充BJ注射液的生产能力，有关资料如下：

（1）BJ注射液目前的生产能力为400万支/年。E公司经过市场分析认为，BJ注射液具有广阔的市场空间，拟将其生产能力提高到1 200万支/年。由于公司目前没有可用的厂房和土地用于增加新的生产线，只能拆除当前生产线，新建一条生产能力为1 200万支/年的生产线。

（2）当前的BJ注射液生产线于2009年年初投产使用，现已使用两年半，目前的变现价值为1 127万元。生产线的原值为1 800万元，税法规定的折旧年限为10年，残值率为5%，按照直线法计提折旧。公司建造该条生产线时计划使用10年，项目结束时的变现价值为115万元。

（3）新建生产线的预计支出为5 000万元，税法规定的折旧年限为10年，残值率为5%，按照直线法计提折旧。新生产线计划使用7年，项目结束时的变现价值预计为1 200万元。

（4）BJ注射液目前的年销售量为400万支，销售价格为每支10元，单位变动成本为每支6元，每年的固定付现成本为100万元。扩建完成后，第1年的销量预计为700万支，第2年的销量预计为1 000万支，第3年的销量预计为1 200万支，以后每年稳定在1 200万支。由于产品质量稳定、市场需求巨大，扩大生产不会对产品的销售价格、单位变动成本产生影响。扩大生产后，每年的固定付现成本将增加到220万元。

（5）项目扩建需用半年时间，停产期间预计减少200万支BJ注射液的生产和销售，固定付现成本照常发生。

（6）生产BJ注射液需要的营运资本随销售额的变化而变化，预计为销售额的10%。

（7）扩建项目预计能在2011年年末完成并投入使用。为简化计算，假设扩建项目的初始现金流量均发生在2011年年末（零时点），营业现金流量均发生在以后各年年末，垫支的营运资本在各年年初投入，在项目结束时全部收回。

（8）E公司目前的资本结构（负债/权益）为1/1，税前债务成本为9%，β（权益）为1.5，当前市场的无风险报酬率为6.25%，权益市场的平均风险溢价为6%。公司拟采用目前的资本结构为扩建项目筹资，税前债务成本仍维持9%不变。

（9）E公司适用的企业所得税税率为25%。

要求：

（1）计算公司当前的加权平均资本成本。公司能否使用当前的加权平均资本成本作为扩建项目的折现率？请说明原因。

（2）计算扩建项目的初始现金流量（零时点的增量现金净流量）、第1年至第7的增量现金净流量、扩建项目的净现值（计算过程和结果填入答题卷中给定的表格中），判断扩建项目是否可行并说明原因。

项目	零时点	第1年	第2年	第3年	第4年	第5年	第6年	第7年
增量现金净流量								
折现系数								
NCF现值								
净现值								

（3）计算扩建项目的静态回收期。如果类似项目的静态回收期通常为3年，E公司是否应当采纳该扩建项目？请说明原因。

四、【综合题·管理用财务分析体系、企业价值评估】G公司是一家生产企业，2×09年度的资产负债表和利润表如下表所示：

- 资产负债表/2×09年12月31日/单位：万元

资产	金额	负债和股东权益	金额
货币资金	95	短期借款	300
交易性金融资产	5	应付账款	535
应收账款	400	应付职工薪酬	25
存货	450	应付利息	15
其他流动资产	50	流动负债合计	875
流动资产合计	1 000	长期借款	600
可供出售金融资产	10	长期应付款	425
固定资产	1 900	非流动负债合计	1 025
其他非流动资产	90	负债合计	1 900
非流动资产合计	2 000	股本	500
		未分配利润	600
		股东权益合计	1 100
资产总计	3 000	负债和股东权益总计	3 000

- 利润表/2×09年/单位：万元

项目	金额
一、营业收入	4 500
减：营业成本	2 250
销售及管理费用	1 800
财务费用	72
资产减值损失	12
加：公允价值变动收益	− 5
二、营业利润	361
加：营业外收入	8
减：营业外支出	6
三、利润总额	363
减：所得税费用（税率25%）	90.75
四、净利润	272.25

G公司没有优先股，目前发行在外的普通股为500万股，2×10年初的每股价格为20元。公司的货币资金全部是经营活动必需的资金，长期应付款是经营活动引起的长期应付款；利润表中的资产减值损失是经营资产减值带来的损失，公允价值变动收益属于交易性金融资产公允价值变动产生的收益。

G公司管理层拟用改进的财务报表分析体系评价公司的财务状况和经营成果，并收集了以下财务比率的行业平均数据：

财务比率	行业平均数据
净经营资产净利率	16.60%
税后利息率	6.30%
经营差异率	10.30%
净财务杠杆	0.5236
杠杆贡献率	5.39%
权益净利率	21.99%

为进行2×10年度财务预测，G公司对2×09年财务报表进行了修正，并将修正后结果作为基期数据，具体内容如下（单位：万元）：

- 资产负债表项目（年末）

项目	2×09年（修正后基期数据）
经营营运资本	435
净经营长期资产	1 565
净经营资产合计	2 000
净负债	900
股本	500
未分配利润	600
股东权益合计	1 100

- 利润表项目（年度）

项目	2×09年（修正后基期数据）
营业收入	4 500
税后经营净利润	337.5
减：税后利息费用	54
净利润合计	283.5

G公司2×10年的预计销售增长率为8%，经营营运资本、净经营性长期资产、税后经营净利润占销售收入的百分比与2×09年修正后的基期数据相同。公司采用剩余股利分配政策，以修正

后基期的资本结构（净负债/净经营资产）作为2×10年的目标资本结构。公司2×10年不打算增发新股，税前借款利率预计为8%，假定公司年末净负债代表全年净负债水平，利息费用根据年末净负债和预计借款利率计算。G公司适用的所得税税率为25%，加权平均资本成本为10%。

要求：

（1）计算G公司2×09年度的净经营资产、净负债、税后经营净利润和金融损益。

（2）计算G公司2×09年度的净经营资产净利率、税后利息率、经营差异率、净财务杠杆、杠杆贡献率和权益净利率，分析其权益净利率高于或低于行业平均水平的原因。

（3）预计G公司2×10年度的实体现金流量、债务现金流量和股权现金流量。

（4）如果G公司2×10年及以后年度每年的现金流量保持8%的稳定增长，计算其每股股权价值，并判断其2×10年年初的股价被高估还是被低估。

五、【综合题·可持续增长率、高速增长、EPS无差别点】E公司的2×01年度财务报表主要数据如下（单位：万元）：

项目	金额
销售收入	1 000
税后利润	100
现金股利	40
本年利润留存	60
负债	1 000
股东权益（200万股，每股面值1元）	1 000
负债及股东权益总计	2 000

要求：

请分别回答下列互不相关的问题：

（1）计算该公司的可持续增长率。

（2）假设该公司2×02年度计划销售增长率是10%。公司拟通过提高销售净利率或提高资产负债率来解决资金不足的问题。请分别计算销售净利率、资产负债率达到多少时可以满足销售增长所需资金。计算时假设除正在考查的财务比率之外，其他财务比率不变，销售不受市场限制，销售净利率涵盖了负债的利息，并且公司不打算发行新的股份。

（3）如果公司计划2×02年销售增长率为15%，它应当筹集多少股权资本？计算时假设不变的销售净利率可以涵盖负债的利息，销售不受市场限制，并且不打算改变当前的经营效率和财务政策。

（4）假设公司为了扩大业务，需要增加资金200万元。这些资金有两种筹集方式：全部通过增加借款取得，或者全部通过增发股份取得。如果通过借款补充资金，由于资产负债率提高，新增借款的利息率为6.5%，而2×01年负债的平均利息率是5%；如果通过增发股票补充资金，预计发行价格为10元/股。假设公司的所得税税率为20%，固定的成本和费用（包括管理费用和销售费用）可以维持在2×01年125万元/年的水平，变动成本率也可以维持2×01年的水平，请计算两种筹资方式的每股收益无差别点（销售收入）。

五、【综合题·股票、债券、可转债筹资】H公司是一个高成长的公司，目前每股价格为20元，每股股利为1元，股利预期增长率为6%。

公司现在急需筹集资金5 000万元，有以下三个备选方案：

• 方案1：按照目前市价增发股票250万股。

• 方案2：平价发行10年期的长期债券。目前，新发行的10年期政府债券的到期收益率为3.6%。H公司的信用级别为AAA级，目前上市交易的AAA级公司债券有3种。这3种公司债券及与其到期日接近的政府债券的到期收益率如下表所示：

债券发行公司	上市债券到期日	上市债券到期收益率	政府债券到期日	政府债券到期收益率
甲	2×13年7月1日	6.5%	2×13年6月30日	3.4%
乙	2×14年9月1日	6.25%	2×14年8月1日	3.05%
丙	2×16年6月1日	7.5%	2×16年7月1日	3.6%

• 方案3：发行10年期的可转换债券，债券面值为每份1 000元，票面利率为5%，每年年末付息一次。转换价格为25元；不可赎回期为5年，5年后可转换债券的赎回价格为1 050元，此后每年递减10元。假设等风险普通债券的市场利率为7%。

要求：

（1）计算按方案1发行股票的资本成本。

（2）计算按方案2发行债券的税前资本成本。

（3）根据方案3，计算第5年年末可转换债券的底线价值，并计算按方案3发行可转换债券的税前资本成本。

（4）判断方案3是否可行并解释原因。如方案3不可行，请提出三种可行的具体修改建议（例如：票面利率至少提高到多少，方案才是可行的？修改发行方案时，债券的面值、期限、付息方式均不能改变，不可赎回期的改变以年为最小单位，赎回价格的确定方式不变）。

六、【综合题·营运资本筹资策略与财务报表分析】甲公司是一家化工原料生产企业，生产经营无季节性影响。股东使用管理用财务报表分析体系对公司2×13年度业绩进行评价，主要的管理用财务报表数据如下（单位：万元）：

• 资产负债表项目（年末）：

项目	2×13年	2×12年
经营性流动资产	7 500	6 000
减：经营性流动负债	2 500	2 000
经营性长期资产	20 000	16 000
净经营资产合计	25 000	20 000
短期借款	2 500	0
长期借款	10 000	8 000
净负债合计	12 500	8 000
股本	10 000	10 000
留存收益	2 500	2 000
股东权益合计	12 500	12 000

● 利润表项目（年度）：

项目	2×13年	2×12年
销售收入	25 000	20 000
税后经营净利润	3 300	2 640
减：税后利息费用	1 075	720
净利润	2 225	1 920

股东正在考虑对甲公司进行业绩评价：使用权益净利率作为业绩评价指标，2×13年的权益净利率超过2×12年的权益净利率即视为完成业绩目标。

甲公司的企业所得税税率为25%。为简化计算，计算相关财务指标时，涉及的资产负债表数据均使用其各年年末数据。

要求：

（1）如果采用权益净利率作为评价指标，计算甲公司2×12年、2×13年的权益净利率，评价甲公司2×13年是否完成业绩目标。

（2）使用改进的杜邦分析体系，计算影响甲公司2×12年、2×13年权益净利率高低的三个驱动因素，定性分析甲公司2×13年的经营管理业绩和理财业绩是否得到提高。

（3）计算甲公司2×12年末、2×13年末的易变现率，分析甲公司2×12年、2×13年采用了哪种营运资本筹资政策。如果营运资本筹资政策发生变化，会给公司带来什么影响？

七、【2018年·综合题·约束资源最优利用决策、杠杆系数、资本结构决策（EPS无差别点法）】GD公司是一家制造业上市公司，生产A、B、C三种产品，最近几年，市场需求旺盛，公司正在考虑通过筹资扩大产能。2018年，公司长期债务为10 000万元，年利率为6%，流通在外普通股为1 000万股，每股面值为1元，无优先股。

● 资料一：A、B、C三种产品都需要通过一台关键设备加工，该设备是公司的关键约束资源。年加工能力为2 500小时。假设A、B、C三种产品当年生产当年销售，年初、年末无存货，当时预计2019年A、B、C三种产品的市场正常销量及相关资料如下：

项目	A产品	B产品	C产品
市场正常销量（件）	400	600	1 000
单位售价（万元）	2	4	6
单位变动成本（万元）	1.2	1.6	3.5
单位约束资源消耗（小时）	1	2	2.5
固定成本总额（万元）	1 000		

● 资料二：为满足市场需求，公司2019年年初拟新增一台与关键约束资源相同的设备，需要筹集10 000万元。该设备新增年固定成本600万元，原固定成本总额1 000万元照常发生，现有两种筹资方案可供选择。

（1）方案1：平价发行优先股筹资6 000万元，面值100元，票面股息率10%；按每份市价1 250元发行债券筹资4 000万元，期限10年，面值1 000元，票面利率9%。

（2）方案2：平价发行优先股筹资6 000万元，面值100元，票面股息率10%；按每份市价10元发行普通股筹资4 000万元。

● 资料三：新增关键设备到位后，假设A产品尚有市场空间，其他条件不变，如果剩余产能不能转移，公司拟花费200万元进行广告宣传，通过扩大A产品的销量实现剩余产能的充分利用。公司的企业所得税税率为25%。

要求：

（1）根据资料一，为有效利用现有的一台关键设备，计算公司A、B、C三种产品的生产安排优先顺序和产量，在该生产安排下，公司的经营杠杆和财务杠杆各是多少？

（2）根据资料二，采用每股收益无差别点法，计算两个方案每股收益无差别点的息税前利润，并判断公司应选择哪一个筹资方案。在该筹资方案下，公司的经营杠杆、财务杠杆、每股收益各是多少？

（3）结合要求（1）、（2）的结果，说明经营杠杆、财务杠杆发生变化的主要原因。

（4）根据资料三，计算并判断公司是否应利用该剩余产能。

八、【综合题·企业价值评估、经济增加值】F公司是一家商业企业，主要从事商品批发业务，该公司2×08年实际和2×09年预计的主要财务数据如下（单位：亿元）：

● 利润表项目：

年份	2×08年实际（基期）	2×09年预计
一、销售收入	500	530
减：营业成本和费用（不含折旧）	380	400
折旧	25	30
二、息税前利润	95	100
减：财务费用	21	23
三、税前利润	74	77
减：所得税费用	14.8	15.4
四、净利润	59.2	61.6

● 资产负债表项目：

年份	2×08年实际（基期）	2×09年预计
流动资产	267	293
固定资产净值	265	281
资产总计	532	574
流动负债	210	222
长期借款	164	173
负债合计	374	395
股本	100	100
期末未分配利润	58	79
股东权益合计	158	179
负债及股东权益总计	532	574

其他资料如下：

（1）F公司的全部资产均为经营性资产，流动负债均为经营性负债，长期负债均为金融性负债，财务费用全部为利息费用。估计债务价值时采用账面价值法。

（2）F公司预计从2010年开始实体现金流量会以6%的年增长率稳定增长。

（3）加权平均资本成本为12%。

（4）F公司适用的企业所得税税率为20%。

要求：

（1）计算F公司2009年的经营现金净流量、购置固定资产的现金流出和实体现金流量。

（2）使用现金流量折现法估计F公司2008年底的公司实体价值和股权价值。

（3）假设其他因素不变，为使2008年年底的股权价值提高到700亿元，F公司2009年的实体现金流量应是多少？

（4）计算F公司2009年的经济增加值（涉及资产负债表的数据使用平均数）。

智能测评

扫码看答案	我要提问
打开微信"扫一扫"即可直接看答案，登录高顿网校网页端进入课程，即可批量下载"本章同步强化训练"答案噢。	本书配备答疑专用二维码，打开微信"扫一扫"，即可完成在线提问，获取专业老师全面个性化解答，让学习问题不再拖延。 　　快来扫码提问吧！

附录　注册会计师全国统一考试（专业阶段）全真模拟测试卷

高顿财经研究院根据最新考纲和教材，精选历年真题，组建了一套题型、题量完全和正式考试一致的真题模拟卷，帮助你提前感受考试场景，进入备考状态，考生们可以随时随地手机扫码在线模考练习。

"全真模拟测试卷"具有如下特点：

1.根据最新考纲和教材，剔除或修改已过时的题目，排除教材修改带来的影响；

2.在线练习，即时反馈，随时随地检测学习效果。

开启真题模考练习，只需一步：

扫码下方二维码，开始全真模拟测试吧！